KB166294

숭실대학교 한국문학과예술연구소 학술총서 59

조선왕조 의궤 정재도의 무용기록

The Dance Records of Uigwe Jeongjaedo of Joseon Dynasty

본 저서는 2014년도 정부(교육부)의 재원으로 한국연구재단의 지원을 받아 수행된 연구임
[NRF-2014S1A5B5A02015904].

숭실대학교 한국문학과예술연구소 학술총서 59

조선왕조 의궤 정재도의 무용기록

The Dance Records of Uigwe Jeongjaedo of Joseon Dynasty

손선숙

역락

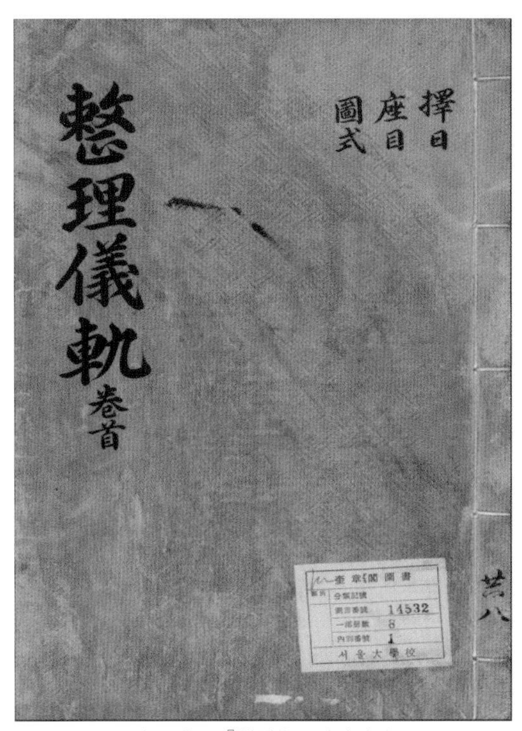

정조 을묘『원행을묘정리의궤』
서울대 규장각 도서번호-14532

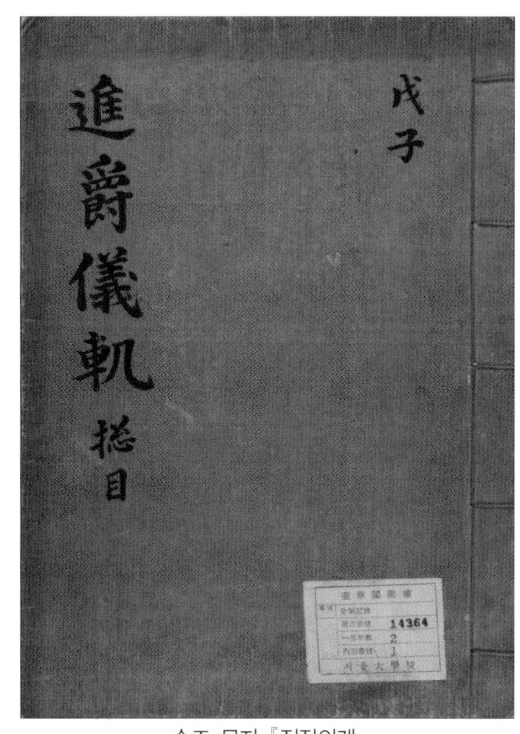

순조 무자『진작의궤』
서울대 규장각 도서번호-14364

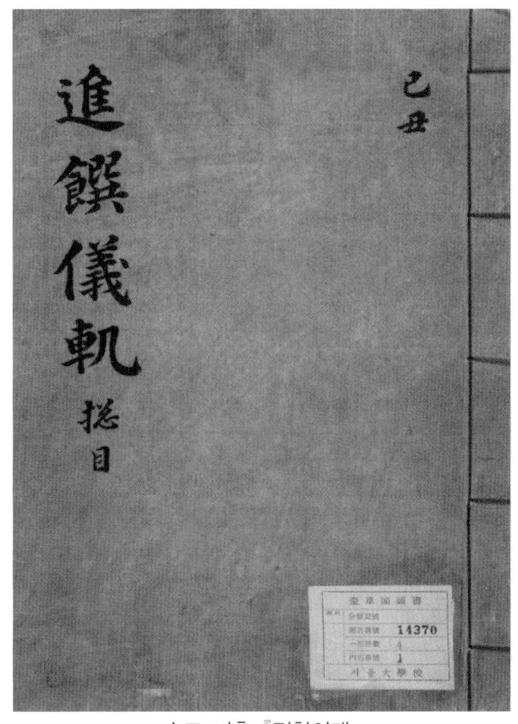

순조 기축『진찬의궤』
서울대 규장각 도서번호-14370

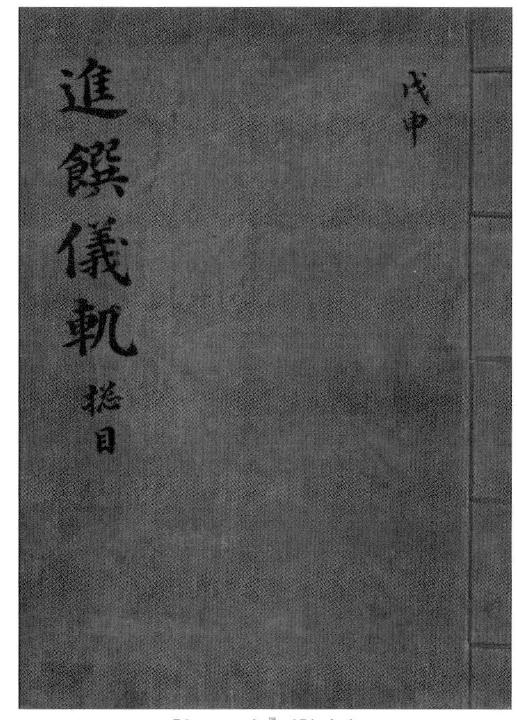

헌종 무신『진찬의궤』
서울대 규장각 도서번호-14372

고종 무진 『진찬의궤』
서울대 규장각 도서번호-14374

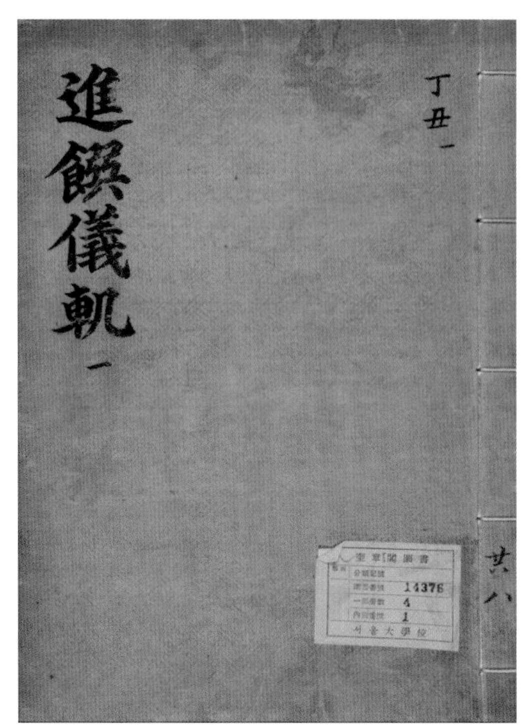

고종 정축 『진찬의궤』
서울대 규장각 도서번호-14376

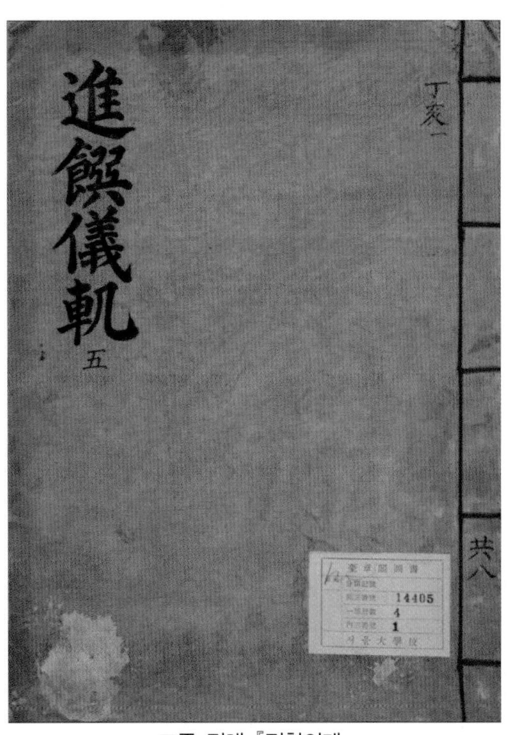

고종 정해 『진찬의궤』
서울대 규장각 도서번호-14405

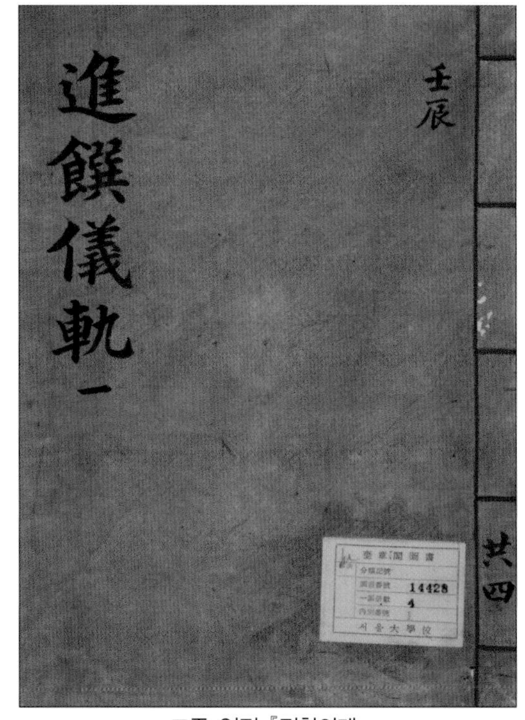

고종 임진 『진찬의궤』
서울대 규장각 도서번호-14428

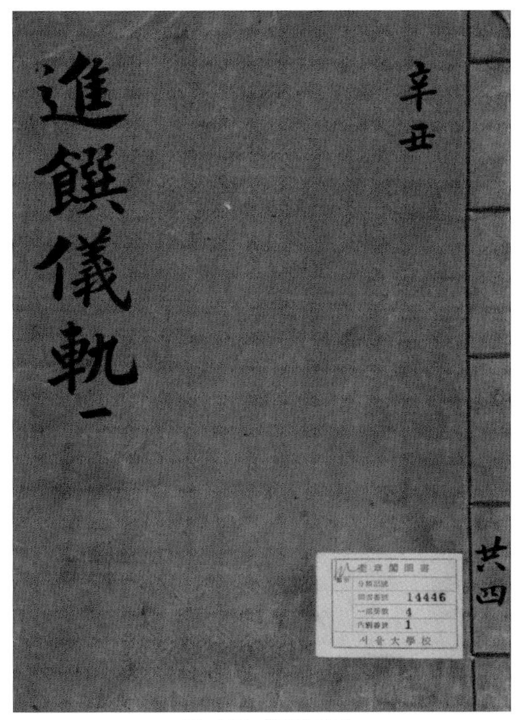

고종 신축『진찬의궤』
서울대 규장각 도서번호-14446

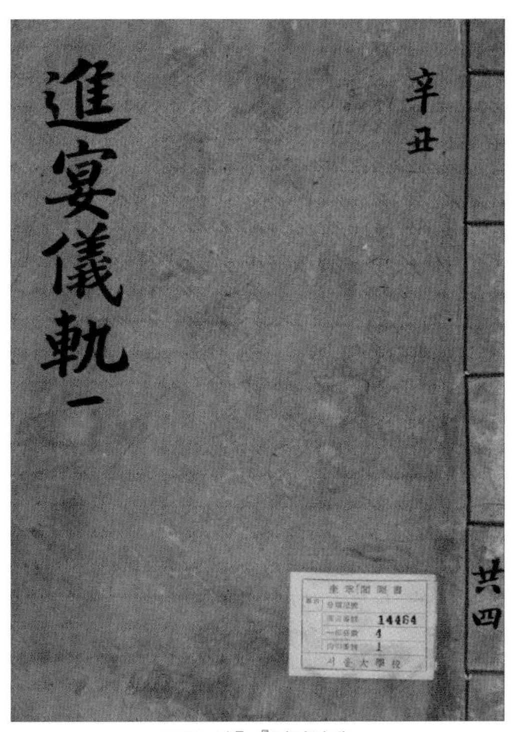

고종 신축『진연의궤』
서울대 규장각 도서번호-14464

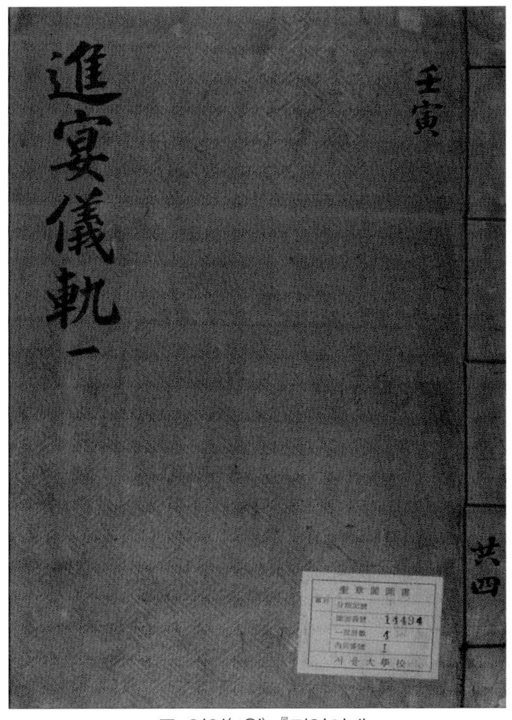

고종 임인(4월)『진연의궤』
서울대 규장각 도서번호-14494

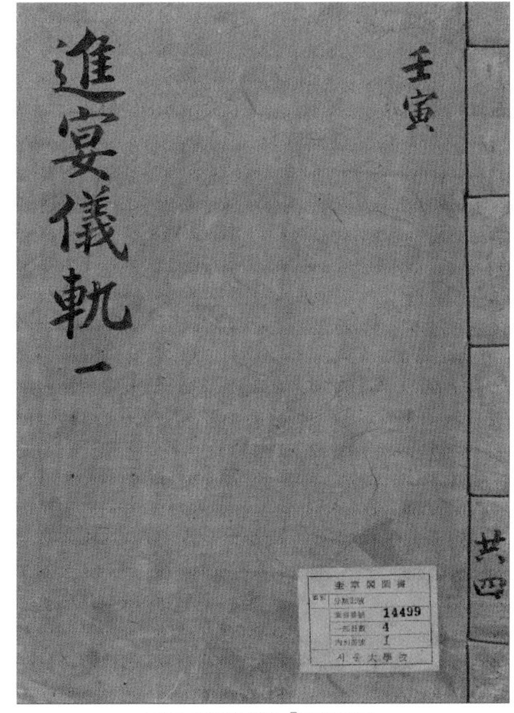

고종 임인(11월)『진연의궤』
서울대 규장각 도서번호-14499

머리말

필자의 『조선왕조 의궤 정재도의 무용기록』 연구는 故 장사훈 박사가 순조(純祖) 무자(戊子) 『진작의궤(進爵儀軌)』 해제(解題)에 남긴 아래의 글에서 시작한다.

> " …(중략)… 정재(呈才)에 한해서는 무보만 있을 뿐 그림이 빠져있는 점이 아쉽다. 그러나 각종 『진작의궤』·『진찬의궤』·『진연의궤』에는 무보는 없어도 『악학궤범』에 빠져있는 춤추는 모습과 그림이 있어 상호 보완될 것이다. …(중략)… 의궤에는 정재와 음악의 체제 확립에 크게 이바지할 수 있는 많은 자료가 담겨져 있다. …(중략)… 잊혀진 지난날의 찬란한 궁중 정재의 재현과 전통적인 춤의 진수(眞髓)를 파악하는 데 도움을 주리라 믿는다."

필자가 의궤 정재도 연구를 본격적으로 시행한 것은 2014년 숭실대 한국문학과예술연구소 연구교수로 재직할 때이다. 그러나 의궤 정재도 연구를 마음먹은 것은 2005년『궁중정재용어사전』을 출간한 시점으로 거슬러 올라간다. 당시 정재용어사전을 집필하며 간간히 의궤 정재도 내용을 참조하면서 정재도의 중요성을 알았지만 구체적인 연관성을 찾지는 못하였고, 『고려사』「악지」·『악학궤범』·『정재무도홀기』와 의궤 정재도와의 연관성을 찾기 위해 여러 편의 논문을 발표하였지만 이 또한 정재도의 전체적인 내용을 파악하기에는 한계가 있었다.

필자의 '의궤 정재도 연구'의 기초설계는 2000년 초 송방송 교수님과 함께 『고려사』「악지」·『악학궤범』·『정재무도홀기』 등 세 가지 고무보의 무용 주제색인을 담당하면서 이 과정에서 12종의 의궤에 기록된 342점 정재도의 주제색인을 동시에 수행하였다. 정재도 자료를 정리하면서 간간히 보상무·포구락·수연장·검기무·향령무·가인전목단 등 개별 정재도 연구를 발표하였지만, 12종의 의궤에 수록된 342점의 정재도에 기록된 무용 전체를 파악하기에는 시간적으로 역부족이었다.

그동안 정재 연구와 함께 『고려사』 「악지」·『악학궤범』·『정재무도홀기』 등의 고무보(古舞譜)에 기록된 정재 종목을 문헌 기록대로 복원 공연을 해오던 중에 2013년 세종 조의 궁중악무 '봉래의' 복원("세종의 꿈, 봉황의 춤사위를 타고 하늘로 오르다!"/국립국악원/2013년 11월 21일)을 계기로 의궤 정재도를 총체적으로 해석하는 연구방법을 구체화 시켰고, 또한 이러한 과정의 결과물로 2018년 조선전기 '동동(動動)'을 복원('동동(動動), 시간이 흘러도 변함없는 사랑의 염원이여!'/국가지정무형문화재전수회관 풍류극장/2018년 12월 1일)하였다. 이렇게 정재 연구와 함께 고무보(古舞譜)에 기록된 정재 종목을 문헌 기록대로 복원 공연을 해 오면서 의궤 정재도의 중요성과 실용성을 확인하였고, 의궤 정재도에 기록된 무용기록을 출간하기로 마음먹었다. 하여 107년간의 기록을 품은 342점의 정재도에 기록된 무도내용을 정재홀기와 비교하여 44종의 정재도 무도내용의 이론적 근거를 확인하고 정재도의 종합적 해석을 목적으로 한 필자의 의궤 정재도 연구는 2017년 6월에 원고를 완료하였고, 이후 단행본 출간을 위한 수정 작업을 2019년 9월까지 최종 완료하였다.

정재도는 정조대(1795)부터 고종대(1902)까지 무려 107년간 궁중연향에서 추어진 무용을 기록한 것으로, 의궤에 기록되어 있다. 12종의 의궤에 전하는 정재도는 모두 342점이고, 이들 정재도에 기록된 정재 종목의 수는 무려 44종이다. 지금까지 문헌을 통해 전해지는 정재 종목이 53종인 것에 비하면 거의 모든 정재가 의궤 정재도에 수록된 셈이다. 정재도의 수가 많다는 것은 앞으로 정재 복원을 위한 이론적 토대를 마련할 수 있는 근간을 찾을 수 있는 것을 의미한다. 정재도는 무동과 여령으로 구분하여 제시되어있는데, 정재도를 통하여 무용수들이 배열된 대형의 형태, 출연한 무용수들의 숫자, 무용수들이 바라보는 방향, 무용수들이 서 있는 위치, 춤사위[동작] 등을 시각적으로 확인할 수 있게 하였다.

정재도는 궁중 왕실행사에서 공연되었던 정재를 정확히 기록하는 것과 후대에 참고가 되도록 하려는 두 가지 목적을 가지고 있다. 궁중 잔치와 관련된 음악과 춤, 잔치의 여러 모습을 상세하게 표현한 정재도는 궁중기록화의 일종으로, 한국왕실무용을 생생하고 입체적으로 전해 주는 역사 현장의 전달자 역할을 한다. 전통 시대의 시각 자료가 태부족한 상황에서 정재도를 통하여 무용에서 중요한 정재대형의 형태와 춤사위에 이르기까지 조선 시대의 생동감 있는 궁중 문화의 현장을 상세히 파악하여 복원할 수 있게 상세히 그려져 있다.

최근 조선왕실의 역사를 고스란히 간직한 외규장각 의궤가 수백 년 만에 고국 땅을 밟게 되었고, 의궤에 대한 관심이 집중되고 있다. 의궤는 왕실의 주요 행사와 왕실에서 주최한 국가행사에 대한 기록을 생생하게 볼 수 있으며 당시의 왕실의 문화뿐만 아니라 당시의 시대상을 반영하고 있기에 연구적 가치가 매우 크다고 볼 수 있다. 정재도는 단순히 정재연구의 보조역할이 아닌 보다 실질적인 내용을 도식화하여 제시하고자 한 것으로서 정재내용과 관련된 주 내용을 시각적(視覺的)으로 직접 살필 수 있게 하였다.

본서의 구성은 크게 3단계로 진행하였는데, 첫째는 정재도가 수록된 기록양상을 의궤별과 정재별 그리고 무동과 여령으로 구분하여 살피고, 둘째는 정재도에 기록된 무용기록의 구조와 유형 그리고 특징을 살폈다. 셋째는 정재도에 기록된 무용기록을 도상학적 관점으로 살피는 것에 두고, 먼저 정재도 내용을 기록관점으로 검토하고, 다음으로는 정재도에 기록된 내용의 근거 확인을 위해 『정재무도홀기』와 비교하였고, 마지막으로는 각 정재도마다 정재내용을 어떤 양상으로 제시하고자 한 것인지와 무용구성과 구조를 종합적으로 해석하여 정재도에 기록된 무용기록을 총체적으로 살폈다.

필자가 30여 년 동안 '궁중정재'라는 한 가지 주제로 귀결되고, 지속적으로 연구를 해왔던 결정적인 이유는 무용학계에 '궁중정재복원전문가'가 전무하기 때문이다. '궁중정재복원전문가'가 되기 위해서는 정재홀기와 의궤 정재도에 전하는 무용기록물 940여 정재종목의 방대한 자료를 분석해야 하는 것과 궁중정재 관련 문헌들을 이론을 위한 이론이 아닌 실제 관점으로 접근해야 하는 것, 궁중정재의 교육방법이 민속무용과는 다르다는 점, 궁중정재의 복원을 위해 고문헌을 토대로 안무[설계]하고 제작하는 방법을 모두 알아야 하고, 무엇보다도 궁중정재의 실제를 제작하여야 하는 부담감이 뒤따르기 때문에 이론과 실제를 겸비한 자여야 한다. 실기만으로도 많은 시간이 소요되는 예술 장르의 특성을 고려한다면, 그리고 기존에 해왔던 정재전승자들의 성과물을 비판적인 관점으로 거론할 수밖에 없는 본 장르의 특수성 때문에 그 어느 누구도 선뜻 이 작업에 뛰어드는 것은 쉽지 않은 일이다. 힘들었지만 남들이 가지 않는 길을 간다는 묘한 매력에 빠졌고, 무용학계에 처음 발표된 결과물이라는 것에 위안을 삼았고, 무엇보다도 이론을 바탕으로 궁중정재를 복원하여 공연물로 발표하였다는 것에 자부심을 느꼈다.

지금까지 정재연구를 해오면서 필자가 이러한 고민을 할 때마다, 그리고 이러한 업적을 무용학계에 발표할 수 있었던 것은 여러 스승님들의 지도편달이 있었기 때문이다. 먼저 본 저서인『조선왕조 의궤 정재도의 무용기록』이 발간될 수 있게 의궤 정재도의 주제색인 방법을 알려주시고, 2000년 초 인연으로 무용학계 발전을 위한 큰 그림을 그릴 수 있게 아이디어와 함께 "주변의 의식에 동요하지 말고, 남들이 하는 것을 쫓아가기보다는 남들이 보지 못하는 것을 발견하고 그들이 생각하지 못하는 큰 그림을 항상 그려야 한다."라는 격려와 조언을 아끼지 않는 송방송 교수님께 감사드린다. 그리고 이러한 한국 궁정왕실의 가·무·악 융합적 연구가 실제로 발현될 수 있게 연구 기반을 마련하고 한국문학과예술연구소 총서 발간을 허락하신 숭실대학교 조규익 교수님과 전통음악 복원연구를 담당하는 문숙희 교수님께 진심으로 감사드린다. 또한 궁중정재 복원의 고증연구의 필요성을 강조하시고 그 뜻에 따라 지금까지 정재연구에 매진할 수 있게 정신적인 버팀목이 되어주신 이흥구·손경순 교수님과 정재 관련 다양한 글쓰기를 권유하시고 이의 중요성을 일깨워주신 김태원 교수님께도 감사드린다.

그리고 필자의 연구로 바쁜 와중에도 꿋꿋하게 자신의 소임을 다하는 궁중정재아카데미 단원들과 봉래의보존회 회원들께도 진심으로 고마움을 표한다. 무엇보다도 상업성과는 무관한 본 저서를 소담스럽게 꾸며주신 역락 이대현 사장님과 권분옥 선생님께 감사드린다.

2019년 9월

손 선 숙

차례

일러두기

1. 본 연구 대상은 의궤 중 정재도가 기록된 12종의 의궤에 수록된 342점의 정재도로 한정한다. 본문의 정재도는 서울대 규장각 소장본을 저본으로 삼았다.

正祖 乙卯年 『園行乙卯正理儀軌』(서울대 규장각 도서번호-14532)
純祖 戊子年 『進爵儀軌』(서울대 규장각 도서번호-14364)
純祖 己丑年 『進饌儀軌』(서울대 규장각 도서번호-14370)
憲宗 戊申年 『進饌儀軌』(서울대 규장각 도서번호-14372)
高宗 戊辰年 『進饌儀軌』(서울대 규장각 도서번호-14374)
高宗 丁丑年 『進饌儀軌』(서울대 규장각 도서번호-14376)
高宗 丁亥年 『進饌儀軌』(서울대 규장각 도서번호-14405)
高宗 壬辰年 『進饌儀軌』(서울대 규장각 도서번호-14428)
高宗 辛丑年 『進饌儀軌』(서울대 규장각 도서번호-14446)
高宗 辛丑年 『進宴儀軌』(서울대 규장각 도서번호-14464)
高宗 壬寅年(4月) 『進宴儀軌』(서울대 규장각 도서번호-14494)
高宗 壬寅年(11月) 『進宴儀軌』(서울대 규장각 도서번호-14499)

2. 본문의 제4장에 제시한 『정재무도홀기』 내용은 한국정신문화연구원 간행의 『정재무도홀기』 원문과 국립국악원에서 펴낸 한국음악학자료총서 제4집 고종 계사년(1893) 『정재무도홀기』의 영인본을 저본으로 삼았다.

『呈才舞圖笏記』(한국정신문화연구원, 1994)
『時用舞譜(全)呈才舞圖笏記』 『한국음악학자료총서』4(국립국악원, 1989)

3. 제4장 정재도의 무용기록에서 정재명은 가나다순으로 배열하였고, 정재별 내용 검토에서 두 번째 단락인 『정재무도홀기』의 각 정재의 정리내용과 관련된 모든 서술내용은 『한국궁중무용사』의 조선후기 내용을 재인용하였음을 밝힌다.
4. 무도내용의 구분은 무동·여령·무용수 구성·집박악사·악사·대기무용수·대형·춤사위·위치·방향·의상 등의 내용이 다른 것은 모두 다른 유형으로 구분하였다.
5. 의궤 정재도의 춤사위 용어는 그림 속의 무용수를 기준으로 팔을 펼쳐 든 위치를 90도·45도 각도를 기준으로 삼아 사실적인 형태로 기록하는 것을 원칙으로 삼았다. 용어 서술은 오른손·왼손·앞[前]·뒤[後]·위[上]·아래[下] 그리고 좌무 1, 우무 1 순으로 기록하였다.
6. 한자는 되도록 자제할 것이나, 처음에만 한자와 한글을 병기하고, 그 외에는 모두 한글로 기록한다. 다만 제4장에서 정재도 수록 현황의 전체 출처를 제시할 때에는 가독성과 출처 확인을 위해 각주에 한자로 명기한다.

〈 〉: 정재 작품 제목과 〈표〉와 〈그림〉을 표시하였다.
『 』: 책명을 표시하였다.
( ): 한글과 한자의 음이 같을 때 표시하였다.
[ ]: 한글과 한자의 음이 다를 때 표시하였다.
“ ”: 논문, 연구물 제목 및 인용글을 표시하였다.
‘ ’: 강조의 글을 표시하였다.
【 】: 고려사악지, 악학궤범, 정재무도홀기 등 고무보에 기록된 세주 내용을 표시하였다.

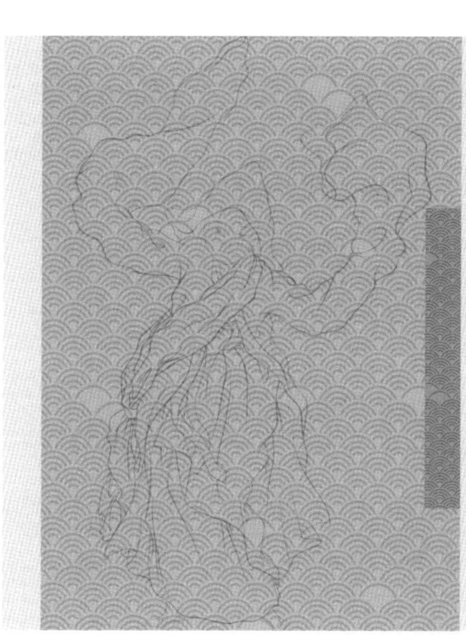

제1장
총서

정재도(呈才圖)는 궁중 잔치에서 추어졌던 무용의 모습들을 기록한 그림을[1] 말한다. 정재도는 의궤(儀軌)에 수록되어 있는데, 의궤는 의례의 궤범(軌範)을 줄인 말로, 왕실 및 국가의 의례와 관련된 각종 행사를 치른 후 그 전말을 정리하여 후일 실용적 궤범으로 삼기 위하여 편찬한 문헌이다. 조선왕조 기록문화의 진수로 꼽히며, 2007년 유네스코 세계기록문화유산으로 지정되었을 만큼 역사적 가치가 높다. 최근 조선왕실의 역사를 고스란히 간직한 외규장각 의궤가 수백 년 만에 고국 땅을 밟고 있고, 의궤에 대한 관심이 집중되고 있다. 의궤는 왕실의 주요 행사와 왕실에서 주최한 국가행사에 대한 기록을 생생하게 볼 수 있으며, 당시의 왕실의 문화뿐만 아니라 당시의 시대상을 반영하고 있기에 연구적 가치가 매우 크다고 볼 수 있다.

정재도는 궁중 왕실행사에서 공연되었던 무용을 정확하게 기록하는 것과 후대에 참고가 되도록 하려는 두 가지 목적을 가지고 있다. 궁중 잔치와 관련된 음악과 춤, 잔치의 여러 모습을 상세하게 표현한 정재도는 궁중기록화의 일종으로, 한국왕실무용을 생생하

1) 조선시대에 궁중에서 추어졌던 무용을 궁중무용 혹은 궁중정재라고 하는데, 통상적으로 조선시대의 무용을 일컬어 학계에서는 정재(呈才)라고 부른다. 정재는 歌・舞・樂이 융합된 종합예술로 이루어져 있다.

고 입체적으로 전해 주는 역사 현장의 전달자 역할을 한다. 전통 시대의 시각 자료가 태부족한 상황에서도 조선시대의 생동감 있는 궁중 문화의 현장을 상세히 파악할 수 있고, 특히 궁중연향의 내연·외연·야연·왕세자회작 등의 여러 잔치에 추어진 정재의 일 모습을 찾을 수 있다.

정재도는 단순히 정재연구의 보조역할이 아닌 보다 실질적인 내용을 도식화하여 제시하고자 한 것으로서 정재내용과 관련된 주 내용을 시각적(視覺的)으로 직접 살필 수 있게 하였다. 무동과 여령으로 구분하여 제시되어있는데, 정재도를 통하여 무용에서 중요한 주요 대형의 형태와 출연한 무용수[舞妓]들의 숫자, 무용수들이 바라보는 방향, 무용수들이 서 있는 위치 및 춤사위 등을 오늘날에도 복원할 수 있도록 상세히 그려져 있다.

정재도는 제2의 무보(舞譜)로 꼽힌다. 그 이유는 고려시대의 『고려사(高麗史)』「악지(樂志)」, 조선 전기의 『악학궤범(樂學軌範)』, 조선 후기의 『정재무도홀기(呈才舞圖笏記)』와 같은 무보에는 춤 내용을 문자로 설명하고 있고, 무용수들이 선 위치를 제시한 배열도(排列圖)도 문자로 기록하고 있어, 춤의 시작과 변화된 대형의 형태와 무기(舞妓)들 위치를 알 수 있다. 그러나 춤의 매체인 몸의 움직임을 알기에는 무보로서 기록의 한계가 있다. 정재도는 이러한 한계점을 보완하기 위해 만들어진 실용보고서이다.

일찍이 정재도 연구의 필연성을 언급한 장사훈 박사는 "…(생략)… 정재에 한해서는 무보만 있을 뿐 그림이 빠져있는 점이 아쉽다. 그러나 각종 『진작의궤』·『진찬의궤』·『진연의궤』에는 무보는 없어도 『악학궤범』에 빠져있는 춤추는 모습과 그림이 있어 상호 보완될 것이다. …(생략)… 정재와 음악의 체제 확립에 크게 이바지 할 수 있는 많은 자료가 담겨져 있다. …(생략)… 잊혀 진 지난날의 찬란한 궁중정재의 재현과 전통적인 춤의 진수(眞髓)를 파악하는데 도움을 주리라 믿는다."라고[2] 의궤에 해제(解題)의 글을 남겼다.

정재도는 정조 대(1795)부터 고종 대(1902)까지 무려 107년간 궁중연향에서 추어진 무용을 의궤에 기록으로 남겼다. 12종의 의궤에 전하는 정재도는 모두 342점이고, 정재 종목의 수는 44종목이다. 지금까지 문헌을 통해 전해지는 정재 종목이 53종인 것에 비하면

2) 韓國音樂學資料叢書(3), 純祖 戊子年 『進爵儀軌』(서울: 은하출판사, 1981), 3쪽.

거의 모든 정재가 의궤 정재도에 수록된 셈이다. 정재도의 수가 많다는 것은 앞으로 정재 복원을 위한 이론적 토대를 마련할 수 있는 근간을 찾을 수 있는 것을 의미한다.

의궤에 수록된 정재도의 종수를 왕조별로 살펴보면 정조(正祖) 을묘년(乙卯年: 1795년) 『정리의궤(整理儀軌)』·순조(純祖) 무자년(戊子年: 1828년) 『진작의궤(進爵儀軌)』·순조 기축년(己丑年: 1829년) 『진찬의궤(進饌儀軌)』·헌종(憲宗) 무신년(戊申年: 1848년) 『진찬의궤』·고종(高宗) 무진년(戊辰年: 1868년) 『진찬의궤』·고종 정축년(丁丑年: 1877년) 『진찬의궤』·고종 정해년(丁亥年: 1887년) 『진찬의궤』·고종 임진년(壬辰年: 1892년) 『진찬의궤』·고종 신축년(辛丑年: 1901년) 『진찬의궤』·고종 신축년(1901년) 『진연의궤(進宴儀軌)』·고종 임인년(壬寅年: 1902년 4월) 『진연의궤』·고종 임인년(1902년 11월) 『진연의궤』이다.[3)]

그리고 12종의 의궤에 전하는 정재도 종목은 〈가인전목단(佳人剪牧丹)〉·〈검기무(劍器舞)〉·〈경풍도(慶豐圖)〉·〈고구려무(高句麗舞)〉·〈공막무(公莫舞)〉·〈관동무(關東舞)〉·〈광수무(廣袖舞)〉·〈만수무(萬壽舞)〉·〈망선문(望仙門)〉·〈몽금척(夢金尺)〉·〈무고(舞鼓)〉·〈무산향(舞山香)〉·〈무애무(無导舞)〉·〈박접무(撲蝶舞)〉·〈보상무(寶相舞)〉·〈봉래의(鳳來儀)〉·〈사선무(四仙舞)〉·〈선유락(船遊樂)〉·〈수연장(壽延長)〉·〈아박무(牙拍舞)〉·〈연백복지무(演百福之舞)〉·〈연화대무(蓮花臺舞)〉·〈연화무(蓮花舞)〉·〈영지무(影池舞)〉·〈오양선(五羊仙)〉·〈육화대(六花隊)〉·〈장생보연지무(長生寶宴之舞)〉·〈제수창(帝壽昌)〉·〈처용무(處容舞)〉·〈첨수무(尖袖舞)〉·〈첩승무(疊勝舞)〉·〈초무(初舞)〉·〈최화무(催花舞)〉·〈춘광호(春光好)〉·〈춘대옥촉(春臺玉燭)〉·〈춘앵전(春鶯囀)〉·〈침향춘(沈香春)〉·〈포구락(抛毬樂)〉·〈하황은(荷皇恩)〉·〈학무(鶴舞)〉·〈향령무(響鈴舞)〉·〈향발무(響鈸舞)〉·〈헌선도(獻仙桃)〉·〈헌천화(獻天花)〉이다.

3) 정재도가 수록된 의궤는 지금까지 12종이 전하는데, 정조 을묘년(1795) 『정리의궤』·순조 무자년(1828) 『진작의궤』·순조 기축년(1829) 『진찬의궤』·헌종 무신년(1848) 『진찬의궤』·고종 신축년(1901) 『진찬의궤』·고종 신축년(1901) 『진연의궤』는 영인되었고, 반면 고종 정해년(1887) 『진찬의궤』·고종 무진년(1868) 『진찬의궤』·고종 정축년(1877) 『진찬의궤』·고종 임진년(1892) 『진찬의궤』·고종 임인년(1902: 4월) 『진연의궤』·고종 임인년(1902: 11월) 『진연의궤』는 미영인본으로서 규장각과 장서각에 각각 소장되어 있다. 규장각에 수록된 의궤는 正祖 乙卯年 『園行乙卯正理儀軌』(서울대 규장각 도서번호-14532), 純祖 戊子年 『進爵儀軌』(서울대 규장각 도서번호-14364), 純祖 己丑年 『進饌儀軌』(서울대 규장각 도서번호-14370), 憲宗 戊申年 『進饌儀軌』(서울대 규장각 도서번호-14372), 高宗 戊辰年 『進饌儀軌』(서울대 규장각 도서번호-14374), 高宗 丁丑年 『進饌儀軌』(서울대 규장각 도서번호-14376), 高宗 丁亥年 『進饌儀軌』(서울대 규장각 도서번호-14405), 高宗 壬辰年 『進饌儀軌』(서울대 규장각 도서번호-14428), 高宗 辛丑年 『進饌儀軌』(서울대 규장각 도서번호-14446), 高宗 辛丑年 『進宴儀軌』(서울대 규장각 도서번호-14464), 高宗 壬寅年(4月) 『進宴儀軌』(서울대 규장각 도서번호-14494), 高宗 壬寅年(11月) 『進宴儀軌』(서울대 규장각 도서번호-14499)이다. 출처: 서울대학교 규장각한국학연구원 사이트 kyujanggak.snu.ac.kr

기존의 정재도 연구에서는 처음으로 정재도를 무용관점에서 살핀 연구가 시도되었는데, 개별 정재종목의 무도(舞圖) 내용을[4] 살핀 연구이다. 44종목의 정재도에서 6편의 정재도만 연구된 것으로 볼 때 아직 연구되지 않은 정재도가 많다는 것을 알 수 있다. 그리고 정재도의 제작 배경과 정재도의 수록 현황을 밝히는 연구가[5] 진행되었는데, 여기서는 정재도 44종 전체를 다루었지만 정재도의 실제 내용을 찾아내지 못하였다. 두 연구의 성향은 분명히 다르다. 첫 번째가 정재도에 그려진 무용의 실제를 해석한 것이라면 두 번째는 의궤의 제작 경위와 정재도의 수록양상을 밝힌 것으로, 연구 관점과 목적이 다르다. 이렇게 서로 다른 연구를 수행한 연구진 모두 의궤 전체를 거시적인 시각으로 바라본 정재도 연구가 필요함을 강조하였고, 무용사 관점에서 정재도 내용의 타당성에 대한 자세한 고찰이 필요함을 공통적으로 피력하고 있다.

무엇보다도 지금까지 의궤 연구는 미술사,[6] 복식사,[7] 건축사,[8] 한국사,[9] 음악사[10]

4) 孫善淑, "寶相舞 呈才圖 研究: 『進爵儀軌』·『進宴儀軌』·『進饌儀軌』를 중심으로," 『무용예술학연구』 제14집(서울: 한국무용예술학회, 2004), 143~164쪽; "拋毬樂 呈才圖 研究: 『進爵儀軌』·『進宴儀軌』·『進饌儀軌』를 중심으로," 『한국무용사학』 제3집(서울: 韓國舞踊史學會, 2004), 7~34쪽; "壽延長 呈才圖 研究: 『進爵儀軌』·『進宴儀軌』·『進饌儀軌』를 중심으로," 『한국무용사학』 제4집(서울: 韓國舞踊史學會, 2005), 103~121쪽; "響鈴舞 呈才圖 硏究," 『韓國音樂史學報』 제38집(서울: 韓國音樂史學會, 2007), 79~105쪽; "의궤의 <검기무> 정재도 연구," 『한국무용기록학회지』 제14집(서울: 한국무용기록학회, 2008), 129~144쪽; "의궤 정재도 <가인전목단>의 도상학적 연구," 『한국동방학』 제15집(서울: 한국동방학회, 2008), 345~375쪽.

5) 조경아, "조선후기 의궤의 정재도(呈才圖) 기록 현황," 『무용예술학연구』 제37집(서울: 한국무용예술학회, 2012), 129~155쪽.

6) 김남희, "19세기 감로탱화와 풍속화의 비교연구," 『미술교육연구논총』 제32집(서울: 한국교육대학교 미술교육학회, 2012), 277~298쪽; 김지영, "조선후기 의궤(儀軌) 반차도(班次圖)의 기초적 연구," 『韓國學報』 제31집 1호(서울: 일지사, 2005), 56~100쪽; 김성혜, "의궤에 보인 준화의 형태와 의미," 『남북문화예술연구』 제10집(서울: 남북문화예술학회, 2012), 175~205쪽; 안태욱, "조선 후기 궁중연정도 硏究," 『동악미술사학』 제7집(서울: 동악미술사학회, 2006), 279~298쪽; 제송희, "8세기 행렬반차도 연구," 『美術史學硏究』 273집(서울: 韓國美術史學會, 2012), 101~132쪽; 이경수, "조선시대 의궤도에 나타난 조형성 硏究," 『디자인 論文集』 권5(서울: 홍익대학교 산업디자인연구소, 2000), 279~311쪽.

7) 박가영, "『순조무자진작의궤』에 나타난 궁중무용복식의 고증 및 디지털콘텐츠화," 『韓服文化』 제13집(서울: 한복문화학회, 2010), 103~120쪽.

8) 경세진·조재모, "조선후기 궁중연향의 설행과 공간운용에 관한 연구: 순조 조 궁중연향의궤를 중심으로," 『대한건축학회지회연합회 학술발표대회논문집』 제1권(서울: 대한건축학회지회연합회, 2012), 157~158쪽; 김종수, "외연과 내연의 의례구성과 특징(Ⅰ)," 『韓國音樂史學報』 제29집(서울: 한국음악사학회, 2002), 149~176쪽; "외연과 내연의 의례구성과 특징(Ⅱ)." 『韓國音樂史學報』 제30집(서울: 한국음악사학회, 2003), 251~269쪽.

9) 강문식, "규장각 소장 의궤(儀軌)의 현황과 특징," 『규장각』 제37집(서울: 서울대학교 규장각 한국학연구원, 2010), 131~155; 신병주, "광해군 시기 의궤의 편찬과 그 성격," 『南冥學硏究』 제22집(서울: 경상대학교 남명학연구소, 2006), 253~287쪽; "조선시대 의궤(儀軌) 편찬의 역사," 『朝鮮時代史學報』 제54집(서울: 조선시대사학회, 2010), 269~300쪽; "조선왕실 의궤 분류의 현황과 개선 방안," 『朝鮮時代史學報』 제57집(서울: 조선시대사학회, 2011), 243~277쪽; "조선후기 기록물 편찬과 관리," 『기록학연구』 제17집(서울: 한국기록학회, 2008), 39~84쪽; 신명호, "조선 초기 의궤편찬(儀軌編纂)의 배경과 의의," 『朝鮮時代史學報』 제59집(서울: 조선시대사학회, 2011), 5~35쪽; 박용만, "장서각 소장 의궤의 현황과 기록유산의 가치," 『장서각』 제26집(성남: 한국학중앙연구원, 2011), 104~126쪽; 김연주, "의궤 연구의 현황과 과제," 『한국말글학』 제23집(서울: 한국말글학회, 2006), 1~20쪽

관점에서는 많이 이루어졌으나 정재도를 무용 관점에서 다룬 연구는 아직 초보적인 수준에 머물러 있다. 그 첫 번째 이유로 정재도를 실제 관점이 아닌 무용 이론사 관점으로 연구되어 왔기 때문이다. 정재도는 조선 후기 당시 추어졌던 무용의 실제를 그림으로 남긴 것으로서, 연향이 베풀어질 때마다 그때 추어진 여러 무용을 그림으로 남긴 것이다. 따라서 정재도의 내용은 정재를 실제 춘 실무자만이 알 수 있다. 두 번째 이유로는 정재도에 그려진 그림은 시대별 혹은 연향별로 무용의 구성을 다르게 한 것을 그림으로 보여준 것으로서 『정재무도홀기』의 정재내용과 비교하여야 정확한 내용을 알 수 있다. 이것은 정재도에 그려진 무도내용이 『정재무도홀기』에는 문자로 기록되어 있기 때문인데, 『정재무도홀기』와 정재도의 내용을 일일이 대조하며 비교하여야 정재도의 내용을 정확하게 해석할 수 있다.

지금까지 정재도의 무용적 연구는 일부만 진행되어 왔는데 내용을 살펴보면 다음과 같다.

첫 번째로, 정재도에 그려진 그림의 사실적 표현 요소를 살핀 연구이다. 기존의 정재도 연구에서는 조선조에 행해졌던 정재 공연의 다양한 내용을 회화(繪畵)로 제시하고 있다. 정재마다 무동(舞童)[11]과 여령(女伶)[12]으로 구분되어 기록에 차이가 있지만 기록형식은 무용수들이 배열된 형태[대형]와 위치 및 방향 그리고 출연한 무용수 수와 춤사위 형태 순으로 기록된 것이 같다. 무용학계에서는 정재도의 무도내용이 모두 같은 것으로 바라보고 있고, 정재내용의 상징적 모습을 보여주는 것으로 잘못 해석하고 있다.

이처럼 정재내용의 사실적 구성요소를 밝힌 기존의 정재도 연구는 대부분 개별 정재 종목을 대상으로 하였는데, 2004년에 〈보상무〉 정재도와 〈포구락〉 정재도를 시작으로,

10) 송혜진, "≪종묘친제규제도설≫ 제7폭 <오향친제반차도>의 주악도상 해석," 『한국음악연구』 제25집(서울: 한국국악학회, 2012), 151~180쪽; 한영우, "조선시대 ≪儀軌≫ 편찬과 現存 儀軌 조사 연구," 『韓國史論』 제48집(서울: 서울대학교 국사학과, 2002), 15~54쪽; 박정련, "숙종조 진연의 공연문화에 관한 연구: 『숙종실록』과 숙종조 『기해진연의궤』를 중심으로," 『韓國音樂史學報』 제38집(서울: 한국음악사학회, 2007), 39~79쪽; 김영봉, "조선조에 의궤(儀軌)에 나타난 연례악(宴禮樂)의 변천," 『民族音樂學』 제14집(서울: 서울대학교 동양음악연구소, 1992), 56~88쪽.

11) 무동(舞童)은 궁중의 남자 무용수를 말한다.

12) 여령(女伶)은 궁중의 여자 무용수를 말한다.

2005년에 〈수연장〉 정재도, 2007년에 〈향령무〉 정재도, 2008년에 〈검기무〉 정재도와 〈가인전목단〉 정재도 연구가 진행되었다.[13] 이 연구들은 정재도의 내용 이해와 정리를 목적으로 정재도에 그려진 내용 그대로를 살핀 것으로서, 정재도가 수록된 의궤의 종류와 내용을 비교·검토하고, 무동정재와 여령정재로 구분하여 공통점과 차이점에 대해 논의하였다. 이 연구에서는 정재 종목별로 정재도를 통합 비교하여 여령과 무동으로 구분하여 대형·이동·방향·무용수 수·춤사위 형태 등의 기록 양상을 살폈다. 이 연구의 결과에서는 그림의 사실적 요소만 거론하였을 뿐 정재도 내용의 근거와 종합적 해석을 이끌어 내지는 못하였다.

한편 정재도가 제작된 시기와 배경 그리고 기록현황을 살핀 연구에서는 일부 정재도 내용의 사실적 표현요소를 검토하기도 하였다. 44종의 정재도 전체를 대상으로 하여 정재도의 규모, 내용변화, 수량, 제작시기 및 배경, 기록 현황과 변화 등을 살핀 이 연구는 기록의 정확성에 대해 다룬 점이 기존의 연구와는 대별된다 하겠다. 이 연구에서는 정재도에 그려진 모든 내용을 춤 진행의 한 장면으로 보았다.[14] 그러나 정재도에 그려진 내용은 여러 진행 장면을 한 면에 그려놓은 것으로서, 이러한 내용의 정확성은 『정재무도홀기』에 기록된 정재내용과 비교하여야 알 수 있다. 이 연구 결과에서는 연구자 스스로가 거시적인 관점의 정재도 연구가 기존에 없는 점과 정재도 전체를 대상으로 한 연구가 없다는 것을 문제로 삼으며 정재도에 그려진 내용의 타당성에 대한 고찰이 필요함을 피력하고 있다.

두 번째로, 정재도 내용의 사실적 근거를 확인한 연구로서 정재도와 『정재무도홀기』의 내용을 비교하여 정재도에 제시된 내용의 실체를[15] 밝힌 연구이다. 이 연구는 정재

13) 孫善淑, "寶相舞 呈才圖 硏究: 『進爵儀軌』·『進宴儀軌』·『進饌儀軌』를 중심으로," 『무용예술학연구』제14집(서울: 한국무용예술학회, 2004), 143~164쪽; "抛毬樂 呈才圖 硏究: 『進爵儀軌』·『進宴儀軌』·『進饌儀軌』를 중심으로," 『한국무용사학』제3집(서울: 韓國舞踊史學會, 2004), 7~34쪽; "壽延長 呈才圖 硏究: 『進爵儀軌』·『進宴儀軌』·『進饌儀軌』를 중심으로," 『한국무용사학』제4집(서울: 韓國舞踊史學會, 2005), 103~121쪽; "響鈴舞 呈才圖 硏究," 『韓國音樂史學報』제38집(서울: 韓國音樂史學會, 2007), 79~105쪽; "의궤의 <검기무> 정재도 연구," 『한국무용기록학회지』제14집(서울: 한국무용기록학회, 2008), 129~144쪽; "의궤 정재도 <가인전목단>의 도상학적 연구," 『한국동방학』제15집(서울: 한국동방학회, 2008), 345~375쪽.

14) 조경아, "조선후기 의궤의 정재도(呈才圖) 기록 현황," 『무용예술학연구』제37집(서울: 한국무용예술학회, 2012), 129~155쪽.

15) 손선숙, "<포구락>무도와 홀기의 연관성 연구," 『한국무용기록학회지』제8집(서울: 한국무용기록학회, 2005), 87~122쪽.

의 교육과 정재 실기와 이론의 병행 연구를 위해 정재홀기[16]와 무도내용을 비교하여 서로의 단적인 기록을 상호 보완하였는데, 정재홀기 외 도식화된 무보의 세부적 관찰을 통해 문헌을 근거로 한쪽으로 편중되어온 현 정재연구에 새로운 방향을 제시한 것에 의의가 있겠다. 그러나 이 연구 또한 1편으로 그쳐 아직 연구해야 할 정재도가 많은 것을 알 수 있다.

세 번째로, 정재도의 종합적 해석을 위한 무용 연구는 아직 학계에서 시도되지 않았다. 그 이유는 의궤에 수록된 정재도 342점이 모두 연구되어야만 정재도의 기록구조와 무용형식미를 찾을 수 있고 그림 속 대상이 가지는 상징적 가치와 내재적 혹은 본질적 의미를 종합적으로 해석할 수 있다. 정재도의 종합적 해석은 의궤 속의 정재 기록과 정재도 기록, 그리고 『정재무도홀기』의 정재 기록 이 세 가지를 통합 비교하여야 정확한 무용 연구로 이끌어낼 수 있다.

이와 같이 기존에 시도되었던 정재도의 무용연구는 거의 이루어지지 않은 편이다. 지금까지 이루어진 정재도 연구 수는 6편인데 44종의 정재도에 비하면 그리 많은 편이 아니다. 대부분의 정재도 연구는 몇몇 개별 정재 종목을 중심으로 진행되었고, 연구 또한 그림의 사실적 표현요소만 살펴보는 내용 검토가 주로 이루어 졌다. 현재 의궤 번역서가 출간되어[17] 다양한 분야에서 의궤와 관련된 연구가 집중적으로 진행된 것과는 달리 무용관점의 정재도 연구가 미비했던 가장 큰 이유는 『정재무도홀기』와 정재도를 통합 비교하는 전문 정재연구자가 부족한 것도 현 문제점으로 꼽을 수 있겠다. 정재도 연구는 이론 연구자가 아닌 정재 이론과 실기 두 가지 분야의 실력을 갖춘 자이어야 만이 가능한 것으로, 이러한 연구진을 양성하는 교육기관이 부족한 것 또한 문제점으로 지적된다.

16) 정재홀기란 궁중 무보를 지칭한 것으로, 『高麗史』「樂志」, 『樂學軌範』, 『呈才舞圖笏記』 등을 일컫는다.

17) 한국예술학과 음악사료강독회, 『高宗辛丑進宴儀軌』 卷一(서울: 한국예술종합학교 전통예술원, 2001), 1~514 쪽, 한국예술학과 음악사료강독회, 『高宗辛丑進宴儀軌』 卷二(서울: 한국예술종합학교 전통예술원, 2001), 1~540쪽, 한국예술학과 음악사료강독회, 『高宗辛丑進宴儀軌』 卷三(서울: 한국예술종합학교 전통예술원, 2002), 1~452 쪽, 한국예술학과 음악사료강독회, 『국역헌종무신진찬의궤』 卷首 · 卷一(서울: 민속원, 2004), 1~480쪽; 한국예술학과 음악사료강독회, 『국역헌종무신진찬의궤』 卷二(서울: 민속원, 2004), 1~422쪽; 한국예술학과 음악사료강독회, 『국역헌종무신진찬의궤』 卷三(서울: 민속원, 2007), 1~400쪽; 宋芳松 · 金鍾洙, 『國譯純祖己丑進饌儀軌』 卷首 · 卷一(서울: 민속원, 2007), 1~502쪽; 宋芳松외 3인, 『國譯純祖己丑進饌儀軌』 卷三 · 附編(서울: 민속원, 2007), 1~370쪽; 宋芳松외 2인, 『國譯純祖己丑進饌儀』 卷二(서울: 민속원, 2007), 1~302쪽; 인남순 역주, 『국역고종정해진찬의궤』(서울: 보고사, 2008), 1~703쪽, 이의강, 『국역순조무자진작의궤』(서울: 보고사, 2006), 1~389쪽.

본 연구의 목적은 조선 후기 궁중 잔치에 추어졌던 무용을 기록한 정재도를 도상학[18] 관점에서 분석하려는 것이다. 12종의 의궤에 수록된 342점의 정재도 전체를 대상으로, 정재도 내용의 정확한 해석을 위한 연구로 진행한 본 연구 내용은 의궤 정재도에 그려진 무용적인 내용에 관한 것이다. 주지하듯이 정재도는 12종의 의궤에 모두 44종의 정재가 수록되어 있다. 정재마다 같은 그림의 정재도가 작게는 1점, 많게는 19점이 의궤에 수록되어있다.[19] 정재 별로 여령과 무동으로 구분하여 반복되어 기록되어 있는데, 이 그림들은 정재마다 같기도 하고 다르기도 하다.

조선조에 행해졌던 정재 공연의 다양한 내용을 그림으로 제시하고 있는 정재도는 일정한 형식을 갖추고 있다. 이것은 정재의 진행 과정과도 연결되는 부분인데 일부 정재에서는 그 형식에서 벗어난 경우도 있다. 이것은 결국 시대적으로나 연향별로 정재가 다른 모습으로 연행된 것을 의미하는데, 본 연구를 통하여 정확한 내용을 찾을 수 있을 것으로 기대한다. 따라서 조선조 의궤의 정재도 연구는 다음과 같이 모두 3단계로 진행할 것이다.

첫째, 그림에서 발견되는 사실적 표현적 요소를 찾기 위해 정재도를 검토할 것이다. 정재도를 의궤별로 통합하여 내용을 그려진 사실 그대로를 살펴볼 것인데, 무동과 여령으로 구분하여 무용 내용에 차이가 있는지를 살펴볼 것이다.

둘째, 조선후기의 무보인 『정재무도홀기』와[20] 비교하여 정재도의 정확한 내용을 살

---

18) 도상학(iconography)이라는 용어는 본래 '이미지'를 의미하는 그리스어 eikon과 '기록하기'를 뜻하는 graphe의 합성어이다. 일반적으로 도상학은 미술품, 특히 기독교 미술에서 작품내용이나 의미를 연구하는 학문으로서 기독교 도상학은 카타콤 회화의 발굴에 따라 해석이 필요했던 16세기부터 시작되었다. 기존의 그림 해석에서 발전되어 바르부르크 연구소의 창시자인 바르부르크(A.Warburg, 1866~1929)는 미술을 타 분야와 연관 지어 파악해야 한다고 주장하면서 도상해석학이라는 용어를 처음으로 사용했다. 도상해석학은 파노프스키(Erwin Panofsky, 1892~1976)에 의해 구체적인 이론과 방법으로 전개되었는데, 이것은 형상의 의미파악과 이해에 주력하는 도상학 단계에 머무르지 말고 작품의 본질적 의미를 해석하는 도상해석학으로 진행되어야 한다는 입장을 밝히면서 도상해석의 방법을 도상학적 검토, 도상학적 분석, 도상학적 해석 등의 3단계로 나누어 구체적으로 설명하고 있다. 필자는 기존 미술계에서 연구되는 관점과는 달리 무용학 관점에서의 연구 방안을 모색하면서 진행할 것이다. 이유는 궁중왕실의 기록은 의례라는 큰 틀 안에서 제작되었고 실제의 무용도 그 범주 안에서 진행되기 때문이다.

19) 정재도의 수록 종수는 정재도에 기록된 내용 그대로 명기하였고, <연화대무>와 <연화무> 정재도를 비롯한 기록 종수의 수정은 제2장에서 다루어 질 것이다. <무고>는 19점, <포구락>은 17점, <가인전목단>은 16점, <아박무>·<몽금척>·<헌선도>는 15점, <보상무>·<수연장>·<장생보연지무>·<향령무>는 14점, <검기무>·<선유락>·<춘앵전>은 11점, <사선무>·<연백복지무>는 10점, <경풍도>·<만수무>·<제수창>·<향발>은 9점, <학무>·<연화대무>·<헌천화>는 8점, <봉래의>·<육화대>·<하황은>은 7점, <첨수무>·<초무>는 6점, <무애무>·<첩승무>는 5점, <광수무>·<처용무>·<최화무>는 4점, <오양선>·<무산향>·<춘광호>·<침향춘>은 3점, <연화무>는 2점, <고구려무>·<공막무>·<관동무>·<망선문>·<박접무>·<영지무>·<준대옥촉>은 1점이 수록되어 있다.

펴볼 것이다. 또한『정재무도홀기』와 정재도를 비교하여 정재도에 나타난 무용구성과 구조 형식의 관계에 대해서도 살펴볼 것이다. 정재연향과 직접 관련된 내용은 정재홀기에 기록되어 있다. 문자[漢字]로 기록되어 진행 순서는 살필 수 있지만 실제의 형태는 알 수 없다. 궁중정재는 정재대형을 중심으로 내용이 진행된다.『정재무도홀기』에는 정재대형의 진행을 설명하고는 있지만 문자로 기록되어 정재대형의 형태를 정확하게 알지 못하는 단점이 있는데 이를 보완하는 것이 정재도이다. 무엇보다 정재마다 추어진 춤사위 형태를 정재도를 통해서 구체적으로 확인할 수 있다.『정재무도홀기』와 정재도는 연향에서 추어진 내용을 하나는 그림으로 하나는 문자로 기록하였기 때문에 이 두 가지 문헌을 비교하여야만 정재도 내용을 정확하게 해석 할 수 있다.[21]

셋째, 정재도마다 정재내용을 어떤 양상으로 제시하고자 한 것인지와 정재도마다 서로 다른 형태로 그려진 이유에 대해 살펴보고, 정재도의 무용구성과 무용형식 그리고 기록구조를 종합적으로 해석할 것이다. 왕조 및 연향별로 변화된 내용을 제시한 정재도의

20) 정재홀기로는『高麗史』「樂志」·『樂學軌範』·『呈才舞圖笏記』가 있다. 이들 문헌은 이론이나 역사와 같은 학문적 목적이 아니라 '궤범' 이란 말 그대로 교육적·실용적 목적을 가지는 것으로, 이것은 곧 정재의 실연을 위한 이론과 실기 내용을 기록한 것이다. 고려시대의 궁중무용은『高麗史』「樂志」와『樂學軌範』권3에, 조선전기의 궁중무용은『樂學軌範』권4와 권5에, 조선후기의 궁중무용은『呈才舞圖笏記』에 각각 전한다. 원전으로는『樂學軌範』, 韓國古典叢書(復元版)Ⅱ, 詩歌類 原本 影印, 大提閣, 1973, 1~430쪽; 震檀學會,『樂學軌範』(서울: 一潮閣, 2001), 1~237쪽;『呈才舞圖笏記』韓國音樂學資料叢書④(서울: 국립국악원, 1980), 1~200쪽;『呈才舞圖笏記』(성남: 韓國精神文化硏究院, 1994), 1~545쪽; 이하 번역서로는 장사훈,『韓國傳統舞踊硏究』(서울: 일지사, 1972), 1~654쪽; 정은혜,『呈才硏究Ⅰ』(서울: 대광출판사, 1993), 1~364쪽; 이혜구,『신역악학궤범』(서울: 국립국악원, 2000), 1~1016쪽; 성무경외,『완역집성정재무도홀기』(서울: 보고사, 2005), 1~942쪽; 李興九·孫敬順,『조선궁중무용Ⅰ』(서울: 열화당, 2000), 1~227쪽; 李興九·孫敬順,『조선궁중무용Ⅱ』(서울: 은하출판사, 2003), 1~419쪽이 있고, 그 외 정재홀기를 복원관점으로 재해석한 문헌으로는 李興九·孫敬順,『한국궁중무용총서.1』헌선도·오양선·수연장(서울: 은하출판사, 2008), 1~469쪽; 李興九·孫敬順,『한국궁중무용총서.2』포구락·연화대무(서울: 은하출판사, 2009), 1~465쪽; 李興九·孫敬順,『한국궁중무용총서.3』무애무(無㝵舞)·아박무(牙拍舞)·무고(舞鼓)(서울: 은하출판사, 2009), 1~286쪽; 李興九·孫敬順,『한국궁중무용총서.4』몽금척(夢金尺)·수보록(受寶籙)·근천정(覲天庭)·수명명(受明命)·하황은(荷皇恩)(서울: 은하출판사, 2009), 1~292쪽; 李興九·孫敬順,『한국궁중무용총서.5』하성명(賀聖明)·성택(聖澤)·육화대(六花隊)·곡파(曲破(서울: 은하출판사, 2009), 1~278쪽; 李興九·孫敬順,『한국궁중무용총서.6』역대 악제 및 일무 (서울: 은하출판사, 2009), 1~254쪽; 李興九·孫敬順,『한국궁중무용총서.7』봉래의(鳳來儀)·향발무(響鈸舞)·교방가요(敎坊歌謠)·문덕곡(文德曲(서울: 은하출판사, 2009), 1~293쪽; 李興九·孫敬順,『한국궁중무용총서.8』처용무(處容舞)·학무(鶴舞)(서울: 은하출판사, 2010), 1~457쪽; 李興九·孫敬順,『한국궁중무용총서.9』경풍도·무산향·첨수무·심향춘·제수창·가인전목단(서울: 은하출판사, 2010), 1~411쪽; 李興九·孫敬順,『한국궁중무용총서.10』박접무·연백복지무·장생보연지무·춘앵전(서울: 은하출판사, 2010), 1~458쪽; 李興九·孫敬順,『한국궁중무용총서.11』헌천화·만수무·최화무·고구려무·선유락(서울: 은하출판사, 2010), 1~ 365쪽; 李興九·孫敬順,『한국궁중무용총서.12』항장무·검기무·공막무·보상무·초무·사선무·첩승무(서울: 은하출판사, 2010), 1~405쪽; 李興九·孫敬順,『한국궁중무용총서.13』춘광호·영지무·연화무·망선문·춘대옥촉·광수무·사자무·관동무·향령무·왕모대가무(서울: 은하출판사, 2011), 1~369쪽이 있다

21) 지금까지 정재도에 그려진 정재 그림이 같은 것에 대해서 단순히 정재의 일 모습을 보여준 것으로 잘못 해석하고 있다. 정재도에 그려진 내용은 왕조별 혹은 연향별로 무용의 구성을 달리 한 것을 그림으로 보여준 것으로서 이러한 내용은『정재무도홀기』의 정재내용과 비교하여야 정확하게 알 수 있다.

무용해석은 모든 정재[53종]의 내용이 걸려 있는 문제로서 매우 중요하며, 이러한 연구는 정재도에 그려진 무용의 정확한 해석을 위해 반드시 필요하다.

이제 고문헌을 토대로 궁중정재가 복원되어야 한다는 목소리가 학계에서 커지고 있고 국민들의 관심이 집중되고 있는 현 시점에서 정재도의 무용을 정확하게 파악하여 제대로 된 무용구조와 무용형식을 찾아내는 것은 시급한 일이라고 하겠다. 그리고 앞으로 궁중정재의 복원뿐만 아니라 정재도의 정확한 해석과 정재의 완전한 연구를 위해서도 반드시 필요하다.

기존의 궁중정재 복원은 1960대 초 국립국악원을 기반으로 시작되었다. 복원의 근간은 『악학궤범』과 『정재무도홀기』를 바탕으로 하였지만 결과는 일제강점기에 공연된 정재내용을 여과 없이 그대로 수용한 것이었다. 그 이유는 첫째로 『악학궤범』과 『정재무도홀기』에는 정재내용[대형·이동·방향·춤사위]이 문자로 기록되어 있어 형태를 알 수 없었기 때문이었다. 그러다보니 문헌을 토대로 한 복원이기보다는 정재전승자의 주관적인 내용을 바탕으로 제작될 수밖에 없는 현실적 어려움이 있었다. 둘째로 당시에는 정재도와 같은 여러 문헌을 통합 비교하여 종합적으로 해석해야 한다는 연구 분위기와 연구기반이 조성되지 못하였다. 셋째 이유로는 당시에는 정재이론가가 없었고, 무엇보다도 이론과 실기 두 가지를 겸비한 무용학자가 무용계에 아직 배출되지 않은 시대적 환경적 요인을 들 수 있다.

따라서 필자가 시도한 의궤 정재도 연구는 정재홀기와는 다른 맥락에서 정재내용을 찾을 수 있다는 것과 기존의 정재 연구에 또 다른 새로운 연구 방향을 제시한 것으로 기존의 정재도 연구와는 대별된다. 특히 본 연구 대상으로 삼은 정재도는 1795년부터 1902년까지 107년간의 정재 모습과 정재가 변천한 모습 그리고 앞으로 궁중정재의 복원을 위한 실제 내용을 연구한 것으로서, 지금까지 문헌 고증연구 없이 그리고 정재전승자들의 경험을 토대로 복원하였던 기존의 문제점을 해결할 수 있을 것이다.

이상으로 필자가 진행한 의궤 정재도 연구의 결과는 앞으로 정재도 연구뿐만 아니라 조선조 궁중정재의 복원에 결정적으로 활용될 것으로 본다. 의궤 정재도와 『정재무도홀기』 두 문헌의 상호 보완적 관계성과 조선조 궁중 연향에 추어진 공연의 실상과 변천양상도 살펴 볼 수 있을 것이다. 또한 정재도에 기록된 정재내용을 무적구조(舞的構造)와 의례관점에서 분석하는 새로운 연구 방법이 마련될 것이며, 문헌 고증을 통한 정재복원과 정재도의 무용기록화 연구의 정확성과 합리성을 도출해 낼 것으로 기대한다.

제2장

정재도의 기록양상

본문에서는 44종의 정재도 내용을 통합 비교하여 의궤별과 정재도별로 수록현황을 살펴볼 것이다. 그리고 정재도의 무용수 구성 현황을 무동정재와 여령정재로 구분하여 살펴보고 이어 정재도의 기록구조를 무용수 역할별로 살펴보도록 하겠다.

1. 의궤별 정재도 수록현황

정재도가 수록된 의궤는 지금까지 12종이 전한다. 정조 대(1975)에서부터 고종 대(1902)까지 무려 107년 세월의 한국 왕실무용을 기록으로 남긴 정재도의 정재 종목은 44종이고, 총 342점의 정재도가 수록되어있다.

의궤에 수록된 정재도를 왕조별로 살펴보면 정조 을묘년(1795년) 『정리의궤』·순조 무자년(1828년) 『진작의궤』·순조 기축년(1829년) 『진찬의궤』·헌종 무신년(1848년) 『진찬의궤』·고종 무진년(1868년) 『진찬의궤』·고종 정축년(1877년) 『진찬의궤』·고종 정해년(1887년) 『진찬의궤』·고종 임진년(1892년) 『진찬의궤』·고종 신축년(1901년) 『진찬의궤』·고종 신축년

(1901년) 『진연의궤』· 고종 임인년(1902년 4월) 『진연의궤』· 고종 임인년(1902년 11월) 『진연의궤』이다.

이들 의궤는 왕조별로 진행한 궁중행사의 전말을 기록하였는데 각 의궤별로 편찬된 내용을 정리하면, 먼저 정조 을묘 『정리의궤』에는 정조가 혜경궁을 모시고 현륭원(顯隆園)을 참배하고 화성(華城) 행궁(行宮)에 행차한 과정의 전말을 기록하였다. 순조 무자 『진작의궤』는 순원왕후(純元王后)의 40세 생일을 경축하는 의미로 거행된 2차례의 진작 의식에 대한 내용을 기록하였다. 순조 기축 『진찬의궤』에는 순조의 40세와 즉위 30년을 기념하여 거행된 두 차례의 진찬에 관한 전말의 내용을 기록하였다. 헌종 무신 『진찬의궤』에는 대왕대비(大王大妃 순원왕후純元王后 금씨金氏)의 육순(六旬)을 경축하는 의미로 올린 진찬 의식에 대한 내용을 기록하였다. 고종 무진 『진찬의궤』에는 고종 5년에 익종비(翼宗妃 신정왕후神貞王后 조씨趙氏)의 주갑(周甲)을 경축하기 위한 진찬 의식에 대한 내용을 기록하였다. 고종 정축 『진찬의궤』에는 고종 14년에 익종비 신정왕후 조씨의 칠순(七旬)을 경축하기 위한 진찬 의식에 대한 내용을 기록하였다. 고종 정해 『진찬의궤』에는 익종비 신정왕후 조씨의 팔순(八旬)을 경축하기 위한 진찬 의식에 대한 내용을 기록하였다. 고종 임진 『진찬의궤』에는 고종의 보령(寶齡)이 망오(望五)에 이르고 즉위한지 30주년이 된 것을 경축하기 위한 진찬 의식에 대한 내용을 기록하였다. 고종 신축 『진찬의궤』에는 명헌태후(明憲太后) 효정왕후(孝定王后)가 망팔(望八)에 이른 것을 기념하기 위하여 올린 진찬 의식에 대한 내용을 기록하였다. 고종 신축 『진연의궤』에는 고종의 탄생(誕生) 50년을 기념하기 위하여 설행된 진연 의식에 대한 내용을 기록하였다. 고종 임인(4월) 『진연의궤』에는 고종의 기로소(耆老所) 입소(入所)를 경축하기 위해 베푼 진연 의식에 대한 내용을 기록하였다. 고종 임인(11월) 『진연의궤』에는 고종의 망육순(望六旬)과 즉위 40주년을 맞이하여 세자와 신하들이 연향을 바친 내용 전말을 기록하였다. 이상의 내용을 정리하면 〈표 1〉과 같다.

표 1 정조 대(1975)에서부터 고종 대(1902)의 의궤 편찬 경위[22)]

번호	의궤명/소장처 및 번호	정의
1	정조 을묘 『정리의궤』 (奎 14532)	1795년(정조19) 정조가 혜경궁을 모시고 현륭원(顯隆園)을 참배하고 화성(華城) 행궁(行宮)에 행차한 과정을 기록한 책
2	순조 무자 『진작의궤』 (奎 14364)	1828년(순조 28) 순원왕후(純元王后: 1789~1857)의 40세 생일을 경축하는 의미로 2월과 6월에 각각 거행된 2차례의 진작 의식에 대해 기록한 의궤
3	순조 기축 『진찬의궤』 (奎 14370)	1829년(순조29) 순조(1790~1834)의 40세와 즉위 30년을 기념하여 2월과 6월에 각각 올린 두 차례의 진찬에 관해 기록한 의궤
4	헌종 무신 『진찬의궤』 (奎 14372)	1848년(헌종 14) 대왕대비 순원왕후 금씨(大王大妃 純元王后 金氏: 1789~1857)의 육순(六旬)을 경축하는 의미로 올린 진찬 의식에 대해 기록한 의궤
5	고종 무진 『진찬의궤』 (奎 14374)	1868년(고종 5) 익종비 신정왕후 조씨(翼宗妃 神貞王后 趙氏: 1808~1890)의 주갑(周甲)을 경축하기 위한 진찬 의식에 관해 기록한 의궤
6	고종 정축 『진찬의궤』 (奎 14376)	1877년(고종 14) 익종비 신정왕후 조씨(翼宗妃 神貞王后 趙氏: 1808~1890)의 칠순(七旬)을 경축하기 위한 진찬 의식에 관해 기록한 의궤
7	고종 정해 『진찬의궤』 (奎 14405)	1887년(고종 24) 익종비 신정왕후 조씨(翼宗妃 神貞王后 趙氏: 1808~1890)의 팔순(八旬)을 경축하기 위한 진찬 의식에 관해 기록한 의궤
8	고종 임진 『진찬의궤』 (奎 14428)	1892년(고종 29) 고종(1852~1919)의 보령(寶齡)이 망오(望五)에 이르고 즉위한 지 30주년이 된 것을 경축하기 위한 진찬 의식에 관해 기록한 의궤
9	고종 신축 『진찬의궤』 (奎 14446)	1901년(光武 5) 명헌태후(明憲太后) (효정왕후(孝定王后: 1831~1903)가 망팔(望八: 71세)에 이른 것을 기념하기 위하여 올린 진찬에 관해 기록한 의궤
10	고종 신축 『진연의궤』 (奎 14464)	1901년(光武 5) 고종(1851·1919)의 탄생(誕生) 50년(재위 38년)을 기념하기 위하여 설행된 진연에 관해 기록한 의궤
11	고종 임인 『진연의궤』(4월) (奎 14494)	1902년(光武 6) 高宗의 기로소(耆老所) 입소(入所)를 경축하기 위해 베푼 進宴에 관해 기록한 의궤
12	고종 임인 『진연의궤』(11월) (奎 14499)	1902년 고종의 망륙순(望六旬)(51세)와 즉위 40주년을 맞이하여 11月 4日에서 11月 9日까지 세자와 신하들이 연향을 바친 일을 기록한 의궤

다음으로 의궤에 수록된 정재도 종목을 왕조별로 살펴보면 다음과 같다.

정조 을묘년(1795년) 『정리의궤』에는 봉수당(奉壽堂) 진찬 때 추었던 여령정재 14종목이 기록되어 있는데, 정재 종목은 〈헌선도〉·〈몽금척〉·〈하황은〉·〈포구락〉·〈무고〉·〈아박〉·〈향발〉·〈학무〉·〈연화대〉·〈수연장〉·〈처용무〉·〈첨수무〉·〈선유락〉·〈검무〉이다. 〈포구락〉과 〈무고〉는 쌍정재이지만 제목의 표기는 〈포구락〉과 〈무고〉로 되어있고,[23)] 〈검무〉

22) 의궤의 편찬 내용은 서울대학교 규장각한국학연구원에서 밝힌 내용을 인용하였음을 밝힌다. 출처: 서울대학교 규장각한국학연구원 사이트 kyujanggak.snu.ac.kr/

의 무구 형태는 장검이다.

순조 무자년(1828년) 『진작의궤』에는 자경전(慈慶殿)과 연경당(演慶堂)에서 추었던 무동정재가 기록되어 있다. 자경전에서 춘 무동정재 9점은 〈초무〉·〈아박무〉·〈향발무〉·〈수연장무〉(壽延長舞)·〈첨수무〉·〈광수무〉·〈무고〉·〈포구락〉·〈처용무〉이다.[24] 연경당에서 춘 무동정재 23점은 〈망선문〉·〈경풍도〉·〈만수무〉·〈헌천화〉·〈춘대옥촉〉·〈보상무〉·〈향령〉·〈영지〉·〈박접〉·〈침향춘〉·〈연화무〉·〈춘앵전〉·〈춘광호〉·〈첩승〉·〈최화무〉·〈가인전목단〉·〈무산향〉·〈무고〉·〈아박〉·〈포구락〉·〈향발〉·〈고구려〉·〈공막무〉이다.[25]

순조 기축년(1829년) 『진찬의궤』에는 명정전(明政殿)과 자경전에서 춘 무동정재와 여령정재가 기록되어 있다. 명정전에서 춘 무동정재 6종목은 〈초무〉·〈아박〉·〈향발〉·〈무고〉·〈광수무〉·〈첨수무〉이다.[26] 자경전에서 춘 여령정재 18종목은 〈몽금척〉·〈장생보연지무〉·〈헌선도〉·〈향발〉·〈아박〉·〈포구락〉·〈수연장〉·〈하황은〉·〈무고〉·〈연화무〉·〈검기무〉·〈선유락〉·〈오양선〉·〈첨수무〉·〈춘앵전〉·〈보상무〉·〈가인전목단〉·〈처용무〉이다.[27] 자경전에서 춘 무동정재 11종목은 〈연백복지무〉·〈아박〉·〈무애무〉·〈최화무〉·〈가인전목단〉·〈장생보연지무〉·〈제수창〉·〈무고〉·〈향발〉·〈사선무〉·〈보상무〉이고, 그 외 가자(歌者)도 수록되어 있다.[28]

헌종 무신년(1848년) 『진찬의궤』에는 통명전(通明殿)에서 추었던 여령정재 16종목이 기록되어 있는데, 정재 종목은 〈몽금척〉·〈장생보연지무〉·〈헌선도〉·〈향령〉·〈보상무〉·〈가인전목단〉·〈포구락〉·〈무고〉·〈선유락〉·〈관동무〉·〈검기무〉·〈처용무〉·〈하황은〉·〈향발〉·〈아박〉·〈춘앵전〉이다.[29]

고종 무진년(1868년) 『진찬의궤』에는 강령전(康寧殿)에서 추었던 여령정재 10종목이 기록되어 있는데, 정재 종목은 〈몽금척〉·〈헌선도〉·〈하황은〉·〈포구락〉·〈무고〉·〈선유락〉·

23) 正祖 乙卯 『整理儀軌』 卷首, 8b~15a. 『정리의궤』에는 <무고>와 <포구락>을 쌍정재로 추어졌지만 다른 정재도와는 달리 춤 제목을 <무고>와 <포구락>으로 명기되어 정재명의 기록에 차이가 있다.

24) 純祖 戊子 『進爵儀軌』, 卷首13a~17a.

25) 純祖 戊子 『進爵儀軌』, 卷首37a~48a.

26) 純祖 己丑 『進饌儀軌』, 卷首17a~19b.

27) 純祖 己丑 『進饌儀軌』, 卷首20a~28b.

28) 純祖 己丑 『進饌儀軌』, 卷首57b~63a

29) 憲宗 戊申 『進饌儀軌』, 卷首15b~23a.

〈검기무〉·〈가인전목단〉[30]·〈보상무〉·〈향령무〉이다.[31] 〈향령무〉의 경우는 원문에 정재명이 지워져 있었지만, 의궤 악장 기록을 통해 〈향령무〉임을 확인하였다.[32]

고종 정축년(1877년) 『진찬의궤』에는 통명전에서 추었던 여령정재 16종목이 기록되어 있는데, 정재 종목은 〈장생보연지무〉·〈몽금척〉·〈헌선도〉·〈수연장〉·〈가인전목단〉·〈포구락〉·〈보상무〉·〈선유락〉·〈무고〉·〈하황은〉·〈검기무〉·〈향령〉·〈춘앵전〉·〈아박〉·〈학무〉·〈연화대무〉이다.[33]

고종 정해년(1887년) 『진찬의궤』에는 만경전(萬慶殿)에서 추었던 여령정재 21종목이 기록되어 있는데, 정재 종목은 〈장생보연지무〉·〈몽금척〉·〈헌선도〉·〈수연장〉·〈가인전목단〉·〈포구락〉·〈보상무〉·〈선유락〉·〈무고〉·〈하황은〉·〈검기무〉·〈향령〉·〈춘앵전〉·〈아박〉·〈학무〉·〈연화대무〉·〈연백복지무〉·〈무산향〉·〈오양선〉·〈향발〉·〈첨수무〉이다.[34]

고종 임진년(1892년) 『진찬의궤』에는 강령전(康寧殿)에서 추었던 무동정재와 여령정재가 기록되어 있다. 강령전에서 춘 무동정재 18종목은 〈초무〉·〈만수무〉·〈사선무〉·〈헌선도〉·〈제수창〉·〈향령무〉·〈아박〉·〈헌천화〉·〈보상무〉·〈몽금척〉·〈경풍도〉·〈가인전목단〉·〈무고〉·〈포구락〉·〈연백복지무〉·〈장생보연지무〉·〈수연장〉·〈침향춘〉이고, 그 외 가자도 수록되어 있다.[35] 강령전에서 춘 여령정재 26종목은 〈헌선도〉·〈수연장〉·〈포구락〉·〈사선무〉·〈몽금척〉·〈무고〉·〈연백복지무〉·〈제수창〉·〈하황은〉·〈오양선〉·〈가인전목단〉·〈장생보연지무〉·〈만수무〉·〈보상무〉·〈최화무〉·〈첩승〉·〈헌천화〉·〈경풍도〉·〈춘앵전〉·〈향령〉·〈검기무〉·〈선유락〉·〈무산향〉·〈침향춘〉·〈학무〉·〈연화대무〉이다.[36]

고종 신축년(1901년) 『진찬의궤』에는 경운당(慶運堂)에서 추어진 여령정재 20종목이 수록되어 있는데, 정재 종목은 〈첨수무〉·〈몽금척〉·〈무고〉·〈헌선도〉·〈수연장〉·〈가인전

30) 원문에는 춤 제목이 일부 지워져있으나 춤의 형태로 볼 때 <가인전목단>이다.
31) 高宗 戊辰 『進饌儀軌』, 卷首12b~17a.
32) 高宗 戊辰 『進饌儀軌』, 卷3.9b.
33) 高宗 丁丑 『進饌儀軌』, 卷首17b~25a.
34) 高宗 丁亥 『進饌儀軌』, 卷首20b~30b.
35) 高宗 壬辰 『進饌儀軌』, 卷首20b~29b.
36) 高宗 壬辰 『進饌儀軌』, 卷首30a~42b.

목단〉·〈장생보연지무〉·〈포구락〉·〈사선무〉·〈검기무〉·〈선유락〉·〈춘앵전〉·〈향령〉·〈학무〉·〈연화대무〉·〈봉래의〉·〈육화대〉·〈헌천화[男]〉·〈아박무〉·〈최화무〉이다.[37] 이 중 고종 신축년『진찬의궤』에 수록된 〈헌천화〉는 여령정재가 아닌 무동정재로 잘못 수록되어 있다.[38]

고종 신축년(1901년)『진연의궤』에는 함녕전(咸寧殿)에서 추어진 무동정재와 여령정재가 수록되어 있다. 함녕전에서 춘 무동정재 17종목은 〈초무〉·〈만수무〉·〈사선무〉·〈헌선도〉·〈제수창〉·〈향령〉·〈아박〉·〈몽금척〉·〈경풍도〉·〈가인전목단〉·〈무고〉·〈포구락〉·〈연백복지무〉·〈장생보연지무〉·〈수연장〉·〈봉래의〉·〈육화대〉이고, 그 외 가자도 수록되어 있다.[39] 여령정재 24종목은 〈첩승〉·〈헌선도〉·〈수연장〉·〈몽금척〉·〈무고〉·〈연백복지무〉·〈제수창〉·〈가인전목단〉·〈장생보연지무〉·〈만수무〉·〈보상무〉·〈헌천화〉·〈경풍도〉·〈춘앵전〉·〈향령〉·〈포구락〉·〈사선무〉·〈검기무〉·〈선유락〉·〈학무〉·〈연화대무〉·〈봉래의〉·〈육화대〉·〈무애무〉이다.[40]

고종 임인년(1902년 4월)『진연의궤』에는 함녕전에서 추어진 무동정재와 여령정재가 수록되어 있다. 함녕전에서 춘 무동정재 23종목은 〈초무〉·〈가인전목단〉·〈무고〉·〈춘광호〉·〈광수무〉·〈만수무〉·〈사선무〉·〈헌선도〉·〈제수창〉·〈향령〉·〈아박〉·〈몽금척〉·〈경풍도〉·〈헌천화〉·〈보상무〉·〈포구락〉·〈연백복지무〉·〈장생보연지무〉·〈수연장〉·〈봉래의〉·〈육화대〉·〈첩승무〉·〈무애무〉이고, 그 외 가자도 수록되어 있다.[41] 함녕전에서 춘 여령정재 24종목은 〈아박무〉·〈몽금척〉·〈쌍무고〉·〈연백복지무〉·〈제수창〉·〈가인전목단〉·〈장생보연지무〉·〈만수무〉·〈보상무〉·〈헌천화〉·〈경풍도〉·〈춘앵전〉·〈향령〉·〈쌍포구락〉·〈사선무〉·〈쌍검기무〉·〈선유락〉·〈학무〉·〈연화대무〉·〈헌선도〉·〈수연장〉·〈봉래의〉·〈육화대〉·〈무애무〉이다.[42]

고종 임인년(1902년 11월)『진연의궤』에는 중화전(中和殿)에서 춘 무동정재와 관명전(觀明

37) 高宗 辛丑『進饌儀軌』, 卷首19b~29a.
38) 高宗 辛丑『進饌儀軌』, 卷首28a.
39) 高宗 辛丑『進宴儀軌』, 卷首19b~28a.
40) 高宗 辛丑『進宴儀軌』, 卷首28b~40a.
41) 高宗 壬寅『進宴儀軌』, 卷首17b~29b.
42) 高宗 壬寅『進宴儀軌』, 卷首29a~41b.

殿)에서 춘 여령정재가 기록되어 있다. 중화전에서 춘 무동정재 26종목은 〈초무〉·〈만수무〉·〈사선무〉·〈헌선도〉·〈제수창〉·〈향령〉·〈아박〉·〈헌천화〉·〈보상무〉·〈몽금척〉·〈경풍도〉·〈가인전목단〉·〈무고〉·〈포구락〉·〈연백복지무〉·〈장생보연지무〉·〈수연장〉·〈봉래의〉·〈육화대〉·〈첩승무〉·〈춘앵전〉·〈향발〉·〈무애무〉·〈춘광호〉·〈광수무〉이고, 그 외 가자도 수록되어 있다.[43] 관명전에서 춘 여령정재 21종목은 〈헌선도〉·〈몽금척〉·〈수연장〉·〈가인전목단〉·〈장생보연지무〉·〈만수무〉·〈보상무〉·〈연백복지무〉·〈제수창〉·〈쌍포구락〉·〈사선무〉·〈봉래의〉·〈육화대〉·〈검기무〉·〈선유락〉·〈쌍무고〉·〈향령〉·〈학무〉·〈연화대무〉·〈춘앵전〉·〈경풍도〉이다.[44]

이들 의궤에는 가자(歌者)도 수록한 경우도 있는데, 가자를 수록한 의궤는 순조 기축『진찬의궤』·고종 임진『진찬의궤』·고종 신축『진연의궤』·고종 임인(4월·11월)『진연의궤』이고, 모두 무동정재에 제시되었다. 이상 의궤에 기록된 정재도 종수를 살펴보면, 정조 을묘『정리의궤』에는 14점, 순조 무자『진작의궤』에는 32점, 순조 기축『진찬의궤』에는 36점, 헌종 무신『진찬의궤』에는 16점, 고종 무진『진찬의궤』에는 10점, 고종 정축『진찬의궤』에는 16점, 고종 정해『진찬의궤』에는 21점, 고종 임진『진찬의궤』에는 45점, 고종 신축『진찬의궤』에는 20점, 고종 신축『진연의궤』에는 42점, 고종 임인(4월)『진연의궤』에는 48점, 고종 임인(11월)『진연의궤』에는 47점이 수록되었다.[45]

그리고 무동만 수록된 의궤는 순조 무자『진작의궤』이고, 여령만 수록된 의궤는 정조 을묘『정리의궤』·헌종 무신『진찬의궤』·고종 무진『진찬의궤』·고종 정축『진찬의궤』·고종 정해『진찬의궤』·고종 신축『진찬의궤』이다. 여령과 무동이 함께 수록된 의궤는 순조 기축『진찬의궤』·고종 임진『진찬의궤』·고종 신축『진연의궤』·고종 임인(4월)『진연의궤』·고종 임인(11월)『진연의궤』이다. 이상의 내용을 정리하면 〈표 2〉와 같다.

43) 高宗 壬寅『進宴儀軌』, 卷首20b~33a.
44) 高宗 壬寅『進宴儀軌』, 卷首33b~43b.
45) 정재도 종수는 가자도 포함시켰다.

표 2 의궤별 정재도 수록현황[46]

	의궤	장소	구분[수록]	정재명	출처
1	정조 을묘 (1795) 『정리의궤』	봉수당	여령 [14점]	헌선도·몽금척·하황은·포구락(雙)·무고(雙)·아박·향발·학무·연화대·수연장·처용무·첨수무·선유락·검무	서울대 규장각
2	순조 무자 (1828) 『진작의궤』	자경전	무동 [9점]	초무·아박무·향발무·수연장무·첨수무·광수무·무고·포구락·처용무	서울대 규장각
		연경당	무동 [23점]	망선문·경풍도·만수무·헌천화·춘대옥촉·보상무·향령·영지·박접·침향춘·연화무·춘앵전·춘광호·첩승·최화무·가인전목단·무산향·무고·아박·포구락·향발·고구려·공막무	서울대 규장각
3	순조 기축 (1829) 『진찬의궤』	명정전	무동 [6점]	초무·아박·향발·무고·광수무·첨수무	서울대 규장각
		자경전	여령 [18점]	몽금척·장생보연지무·헌선도·향발·아박·포구락·수연장·하황은·무고·연화무·검기무·선유락·오양선·첨수무·춘앵전·보상무·가인전목단·처용무	서울대 규장각
		자경전	무동 [11점]	연백복지무·아박·무애무·최화무·가인전목단·장생보연지무·제수창·무고·향발·사선무·보상무·[歌者]	서울대 규장각
4	헌종 무신 (1848) 『진찬의궤』	통명전	여령 [16점]	몽금척·장생보연지무·헌선도·향령·보상무·가인전목단·포구락·무고·선유락·관동무·검기무·처용무·하황은·향발·아박·춘앵전	서울대 규장각
5	고종 무진 (1868) 『진찬의궤	강령전	여령 [10점]	몽금척·헌선도·하황은·포구락·무고·선유락·검기무·가인전목단·보상무·향령무	서울대 규장각
6	고종 정축 (1877) 『진찬의궤』	통명전	여령 [16점]	장생보연지무·몽금척·헌선도·수연장·가인전목단·포구락·보상무·선유락·무고·하황은·검기무·향령·춘앵전·아박·학무·연화대무	서울대 규장각
7	고종 정해 (1887) 『진찬의궤』	만경전	여령 [21점]	장생보연지무·몽금척·헌선도·수연장·가인전목단·포구락·보상무·선유락·무고·하황은·검기무·향령·춘앵전·아박·학무·연화대무·연백복지무·무산향·오양선·향발·첨수무	서울대 규장각
8	고종 임진 (1892) 『진찬의궤』	강령전	무동 [18점]	초무·만수무·사선무·헌선도·제수창·향령무·아박·헌천화·보상무·몽금척·경풍도·가인전목단·무고·포구락·연백복지무·장생보연지무·수연장·침향춘·[歌者]	서울대 규장각
		강령전	여령 [26점]	헌선도·수연장·포구락·사선무·몽금척·무고·연백복지무·제수창·하황은·오양선·가인전목단·장생보연지무·만수무·보상무·최화무·첩승·헌천화·경풍도·춘앵전·향령·검기무·선유락·무산향·침향춘·학무·연화대무	서울대 규장각
9	고종 신축	경운당	여령	첨수무·몽금척·무고·헌선도·수연장·가인전목단·장생보연지	서울대

46) <표 2>에 제시한 의궤별 정재도 수록현황과 정재명은 의궤 정재도에 기록된 대로 명기하였고, 歌者는 정재 종수에 포함시키지 않았다.

	의궤	장소	구분[수록]	정재명	출처
	(1901.5월) 『진찬의궤』		[20점]	무·포구락·사선무·검기무·선유락·춘앵전·향령·학무·연화대무·봉래의·육화대·헌천화[男][47]·아박무·최화무	규장각
10	고종 신축 (1901.7월) 『진연의궤』	함녕전	무동 [17점]	초무·만수무·사선무·헌선도·제수창·향령·아박·몽금척·경풍도·가인전목단·무고·포구락·연백복지무·장생보연지무·수연장·봉래의·육화대·[歌者]	서울대 규장각
		함녕전	여령 [24점]	첩승·헌선도·수연장·몽금척·무고·연백복지무·제수창·가인전목단·장생보연지무·만수무·보상무·헌천화·경풍도·춘앵전·향령·포구락·사선무·검기무·선유락·학무·연화대무·봉래의·육화대·무애무	서울대 규장각
11	고종 임인 (1902.4월) 『진연의궤』	함녕전	무동 [23점]	초무·가인전목단·무고·춘광호·광수무·만수무·사선무·헌선도·제수창·향령·아박·몽금척·경풍도·헌천화·보상무·포구락·연백복지무·장생보연지무·수연장·봉래의·육화대·첩승무·무애무·[歌者]	서울대 규장각
		함녕전 내진연	여령 [24점]	아박무·몽금척·쌍무고·연백복지무·제수창·가인전목단·장생보연지무·만수무·보상무·헌천화·경풍도·춘앵전·향령·쌍포구락·사선무·쌍검기무·선유락·학무·연화대무·헌선도·수연장·봉래의·육화대·무애무	서울대 규장각
12	고종 임인 (1902.11월) 『진연의궤』	중화전	무동 [25점]	초무·만수무·사선무·헌선도·제수창·향령·아박·헌천화·보상무·몽금척·경풍도·가인전목단·무고·포구락·연백복지무·장생보연지무·수연장·봉래의·육화대·첩승무·춘앵전·향발·무애무·춘광호·광수무·[歌者]	서울대 규장각
		관명전	여령 [21점]	헌선도·몽금척·수연장·가인전목단·장생보연지무·만수무·보상무·연백복지무·제수창·쌍포구락·사선무·봉래의·육화대·검기무·선유락·쌍무고·향령·학무·연화대무·춘앵전·경풍도	

2. 정재별 정재도 수록현황

전술하였듯이 정조 대(1975)에서부터 고종 대(1902)까지 무려 107년 세월의 한국 왕실무용을 기록으로 남긴 정재도가 수록된 의궤는 모두 12종이고, 정재 종목은 44종이며 총 342점의 정재도가 수록되어있다. 의궤마다 적게는 1점에서 많게는 19점이 수록되어

47) 고종 신축년(1901) 『진찬의궤』에 여령정재로 소개된 <헌천화>는 무동정재로 잘못 수록하고 있다. 그러나 <표 2>에는 의궤에 기록된 정재 종수를 제시한 것으로서 의궤에 기록된 대로 여령정재에 포함시켰고, 무동과 여령의 확인은 제4장 <헌천화>에서 밝히기로 한다.

있고, 무동정재와 여령정재로 구분하여 제시하면서 왕조 및 연향별로 추어진 춤의 모습과 의상 및 무구의 형태까지 변화된 모습을 시각적으로 살필 수 있게 하였는데, 정재도가 수록된 현황을 정재 종목별로 살펴보면 다음과 같다.

〈가인전목단〉 정재도는 11종의 의궤에 16점이 전하고, 무동은 6점·여령은 10점이다. 〈검기무〉 정재도는 11종의 의궤에 11점이 전하고, 모두 여령정재이다. 〈경풍도〉 정재도는 5종의 의궤에 9점이 전하고, 무동은 5점·여령은 4점이다. 〈고구려무〉 정재도는 1종의 의궤에 1점이 전하고, 무동정재이다. 〈공막무〉 정재도는 1종의 의궤에 1점이 전하고, 무동정재이다. 기존의 정재도 연구에서는 검을 들고 추는 순조 무자 『진작의궤』의 〈첨수무〉를 〈공막무〉와 같은 내용으로 보고 〈공막무〉 정재도가 2점 수록된 것으로[48] 보았지만, 순조 무자 『진작의궤』의 의궤 악장과 반차도를 확인하였을 때 〈첨수무〉였다. 따라서 〈공막무〉는 1종의 의궤에 1점이 수록된 것으로 수정되어야 한다. 〈관동무〉 정재도는 1종의 의궤에 1점이 전하고, 여령정재이다. 〈광수무〉 정재도는 4종의 의궤에 4점이 전하고, 모두 무동정재이다.

〈만수무〉 정재도는 5종의 의궤에 9점이 전하고, 무동은 5점·여령은 4점이다. 〈망선문〉 정재도는 1종의 의궤에 1점이 전하고, 무동정재이다. 〈몽금척〉 정재도는 11종의 의궤에 15점이 전하고, 무동은 4점·여령은 11점이다. 〈무고〉 정재도는 12종의 의궤에 19점이 전하고, 무동은 7점·여령은 12점이다. 〈무산향〉 정재도는 3종의 의궤에 3점이 전하고, 무동은 1점, 여령은 2점이다. 〈무애무〉 정재도는 4종의 의궤에 5점이 전하고, 무동은 3점·여령은 2점이다.

〈박접무〉 정재도는 1종의 의궤에 1점이 전하고, 무동정재이다. 〈보상무〉 정재도는 10종의 의궤에 14점이 전하고, 무동은 5점·여령은 9점이다. 〈봉래의〉 정재도는 4종의 의궤에 7점이 전하고, 무동은 3점·여령은 4점이다.

〈사선무〉 정재도는 6종의 의궤에 10점이 전하고, 무동은 5점·여령은 5점이다. 〈선유

48) 조경아는 〈공막무〉 정재도가 2종의 의궤에 2점이 수록된 것으로 밝혔다. 조경아, "조선후기 의궤의 정재도 기록 현황," 『무용예술학연구』 제37집(서울: 한국무용예술학회, 2012), 140쪽.

락〉 정재도는 11종의 의궤에 11점이 전하고, 모두 여령정재이다. 〈수연장〉 정재도는 10종의 의궤에 14점이 전하고, 무동은 5점·여령은 9점이다.

〈아박무〉 정재도는 11종의 의궤에 15점이 전하고, 무동은 6점·여령은 9점이다. 〈연백복지무〉 정재도는 6종의 의궤에 10점이 전하고, 무동은 5점·여령은 5점이다. 〈연화대무〉 정재도는 8종의 의궤에 8점이 전하고, 모두 여령정재이다. 의궤 정재도에 기록된 제목으로 볼 때는 8종의 의궤에 8점이 수록된 것이 맞지만, 순조 기축 『진찬의궤』에 기록된 〈연화무〉를 정재 악장과 반차도(班次圖) 내용과 비교하였을 때 정재명을 〈연화무〉로 잘못 기록한 것이었다. 따라서 〈연화대무〉 정재도의 수록 종수는 9종의 의궤에 9점이 수록된 것으로[49] 수정되어야 한다. 〈연화무〉 정재도는 2종의 의궤에 2점이 전하는데, 무동 1점·여령 1점이다. 그러나 순조 기축 『진찬의궤』에 제시된 〈연화무〉 정재도를 반차도와 악장 기록과 비교하였을 때 〈연화대무〉임을 확인하였다. 따라서 〈연화무〉 정재도의 수록 종수는 1종의 의궤에 1점이 전하고, 무동정재인 것으로 수정되어야 한다.[50] 〈영지무〉 정재도는 1종의 의궤에 1점이 전하고, 무동정재이다. 〈오양선〉 정재도는 3종의 의궤에 3점이 전하고, 모두 여령정재이다. 〈육화대〉 정재도는 4종의 의궤에 7점이 전하고, 무동은 3점·여령은 4점이다.

〈장생보연지무〉 정재도는 9종의 의궤에 14점이 전하고, 무동은 5점·여령은 9점이다. 〈제수창〉 정재도는 5종의 의궤에 9점이 전하고, 무동은 5점·여령은 4점이다. 〈처용무〉 정재도는 4종의 의궤에 4점이 전하고, 무동은 1점·여령은 3점이다.

〈첨수무〉 정재도는 5종의 의궤에 6점이 전하고, 무동은 2점·여령은 4점이다. 〈첩승무〉 정재도는 5종의 의궤에 5점이 전하고, 무동은 3점·여령은 2점이다. 〈초무〉 정재도는 6종의 의궤에 6점이 전하고, 모두 무동정재이다. 〈최화무〉 정재도는 4종의 의궤에 4점이 전하고, 무동은 2점·여령은 2점이다. 〈춘광호〉 정재도는 3종의 의궤에 3점이 전하고, 모두 무동정재이다. 〈춘대옥촉〉 정재도는 1종의 의궤에 1점이 전하고, 무동정재이다. 〈춘앵전〉 정재도는 10종의 의궤에 11점이 전하고, 무동은 2점·여령은 9점이다. 〈침

49) <연화대무> 정재도 수록 종수는 <표 3>에 바로잡았고, 구체적인 내용은 본문의 제4장 <연화대무> 참조

50) <연화무> 정재도 수록 종수는 <표 3>에 바로잡았고, 구체적인 내용은 본문의 제4장 <연화무> 참조

향춘〉 정재도는 2종의 의궤에 3점이 전하고, 무동은 2점·여령은 1점이다.

〈포구락〉 정재도는 12종의 의궤에 17점이 전하고, 무동은 6점·여령은 11점이다.

〈하황은〉 정재도는 7종의 의궤에 7점이 전하고, 모두 여령정재이다. 〈학무〉 정재도는 8종의 의궤에 8점이 전하고, 모두 여령정재이다. 〈향령무〉 정재도는 10종의 의궤에 14점이 전하고, 무동은 5점·여령은 9점이다. 고종 무진 『진찬의궤』에 정재명이 누락되어 있어 의궤 악장 기록과 비교하였을 때 〈향령무〉임을[51] 확인하였고, 정재도 수록 종수에 포함시켰다. 〈향발무〉 정재도는 6종의 의궤에 9점이 전하고, 무동은 5점·여령은 4점이다. 〈헌선도〉 정재도는 11종의 의궤에 15점이 전하고, 무동은 4점·여령은 11점이다. 〈헌천화〉 정재도는 6종의 의궤에 8점이 전하는데, 무동은 4점·여령은 4점이다. 그러나 고종 신축 『진찬의궤』에 여령정재로 제시된 〈헌천화〉의 실제 무도내용은 무동정재이다. 이로 볼 때 〈헌천화〉 정재도는 무동은 5점·여령은 3점이[52] 된다.

이상으로 12종의 의궤에 수록된 44종의 정재도 수록현황을 살폈을 때, 고종 무진 『진찬의궤』에 정재명이 지워져 있는 종목은 의궤 악장 기록을 통해 〈향령무〉임을 확인하였고, 순조 기축 『진찬의궤』에 수록된 〈연화무〉는 〈연화대무〉임을 확인하였고, 고종 신축 『진찬의궤』에 수록된 〈헌천화〉는 여령정재가 아닌 무동정재가 잘못 수록되었고, 순조 무자 『진작의궤』의 〈공막무〉와 〈첨수무〉는 정재명은 다르지만 무도내용이 같은 것을 확인하였고, 〈최화무〉와 〈첨수무〉는 각각 정재명은 같은데 무도내용이 다른 것을 확인하였다. 이상 12종의 의궤에 44종의 정재도가 수록된 현황을 정리하면 아래의 〈표 3〉과 같다.

---

51) 高宗 戊辰 『進饌儀軌』, 卷1.8b.

52) <헌천화> 정재도 중 고종 신축 『진찬의궤』에는 여령정재로 제시하였지만 실제는 무동정재로 제시하고 있어 의궤 기록과 정재도 내용에 차이가 있다. 따라서 <헌천화>의 여령정재는 高宗 壬辰 『進饌儀軌』[여령]38a · 高宗 辛丑 『進宴儀軌』[여령]34a · 高宗 壬寅 『進宴儀軌』[4월: 여령]34a이고, 무동정재는 純祖 戊子 『進爵儀軌』[무동]38b · 高宗 壬辰 『進饌儀軌』[무동]24a · 高宗 辛丑 『進饌儀軌』[여령[男]28a · 高宗 壬寅 『進宴儀軌』[4월: 무동]24a · 高宗 壬寅 『進宴儀軌』[11월: 무동]24a이다.

표 3 정재도 수록현황53)

정재명	점 (그림이 같은 점)	의궤명 / 종	1	2		3			4	5	6	7	8		9	10		11		12	
			정조 을묘 정리 의궤	순조 무자 진작 의궤		순조기축 진찬의궤			헌종 무신 진찬 의궤	고종 무진 진찬 의궤	고종 정축 진찬 의궤	고종 정해 진찬 의궤	고종 임진 진찬 의궤		고종 신축 진찬 의궤	고종 신축 진연 의궤		고종 임인 진연 의궤		고종 임인 진연 의궤	
			봉수당	자경전	연경당	명정전	자경전	자경전	통명전	강령전	통명전	만경전	강령전	강령전	경운당	함령전	함령전	함령전	함령전	중화전	관명전
			14점	9점	23점	6점	18점	11점	16점	10점	16점	21점	18점	26점	20점	17점	24점	23점	24점	25점	21점
			여령	무동	무동	무동	여령	무동	여령	여령	여령	여령	무동	여령	여령	무동	여령	무동	여령	무동	여령
가인전목단	16	11	–	–	○	–	○	○	○	○	○	○	○	○	○	○	○	○	○	○	○
검기무	11	11	○	–	–	–	○	–	○	○	○	○	–	○	○	–	○	–	○	–	○
경풍도	9	5	–	–	○	–	–	–	–	–	–	–	○	○	–	○	○	○	○	○	○
고구려무	1	1	–	–	○	–	–	–	–	–	–	–	–	–	–	–	–	–	–	–	–
공막무	1	1	–	–	○	–	–	–	–	–	–	–	–	–	–	–	–	–	–	–	–
관동무	1	1	–	–	–	–	–	–	○	–	–	–	–	–	–	–	–	–	–	–	–
광수무	4	4	–	○	–	○	–	–	–	–	–	–	–	–	–	–	–	○	–	○	–
만수무	9	5	–	–	○	–	–	–	–	–	–	–	○	○	–	○	○	○	○	○	○
망선문	1	1	–	–	○	–	–	–	–	–	–	–	–	–	–	–	–	–	–	–	–
몽금척	15	11	○	–	–	–	○	–	○	○	○	○	○	○	○	○	○	○	○	○	○
무고	19	12	○	○	○	○	○	○	○	○	○	○	○	○	○	○	○	○	○	○	○
무산향	3	3	–	–	○	–	–	–	–	–	–	○	–	○	–	–	–	–	–	–	–
무애무	5	4	–	–	–	–	–	○	–	–	–	–	–	–	–	–	○	○	○	○	–
박접무	1	1	–	–	○	–	–	–	–	–	–	–	–	–	–	–	–	–	–	–	–
보상무	14	10	–	–	○	–	○	○	○	○	○	○	○	○	–	–	○	○	○	○	○
봉래의	7	4	–	–	–	–	–	–	–	–	–	–	–	–	○	○	○	○	○	○	○
사선무	10	6	–	–	–	–	–	○	–	–	–	–	○	○	○	○	○	○	○	○	○
선유락	11	11	○	–	–	–	○	–	○	○	○	○	–	○	○	–	○	–	○	–	○
수연장	14	10	○	○	–	–	○	–	–	–	○	○	○	○	○	○	○	○	○	○	○
아박무	15	11	○	○	○	○	○	○	○	–	○	○	○	–	○	○	–	○	○	○	–

53) <표 3> 정재도 수록현황에서는 가자를 제외한 정재 종목만 표시하였고, <연화무>·<연화대무>·<향령무> 정재도 수록 종수는 수정된 내용으로 바로잡았고, 구체적인 내용은 본문의 제4장에서 자세히 밝힐 것이다. 여기서 '◆'는 무동과 여령의 구분이 잘못된 것을 표시한 것이다. '★'는 동일정재가 무용수 역할 구성을 다르게 하여 내용이 전혀 다른 것을 제시한 것을 표시한 것이다. '◎'는 정재명은 다른데 무도내용이 같은 것을 표시한 것이다. '■'는 정재도에 제목이 누락된 것을 표시한 것이다. '+'는 정재도에 정재명이 잘못 표기된 것을 표시한 것이다. '◉'는 정재명은 같은데 무도내용이 다른 것을 표시한 것이다.

정재명	점 (그림이 같은 점)	의궤명 / 종	1	2		3			4	5	6	7	8		9	10		11		12	
			정조 을묘 정리 의궤	순조 무자 진작 의궤		순조기축 진찬의궤			헌종 무신 진찬 의궤	고종 무진 진찬 의궤	고종 정축 진찬 의궤	고종 정해 진찬 의궤	고종 임진 진찬 의궤		고종 신축 진찬 의궤	고종 신축 진연 의궤		고종 임인 진연 의궤		고종 임인 진연 의궤	
			봉수당	자경전	연경당	명정전	자경전	자경전	통명전	강령전	통명전	만경전	강령전	강령전	경운당	함령전	함령전	함령전	함령전	중화전	관명전
			14점	9점	23점	6점	18점	11점	16점	10점	16점	21점	18점	26점	20점	17점	24점	23점	24점	25점	21점
			여령	무동	무동	무동	여령	무동	여령	여령	여령	여령	무동	여령	여령	무동	여령	무동	여령	무동	여령
연백복지무	10	6	–	–	–	–	–	○	–	–	–	○	○	○	–	○	○	○	○	○	○
연화대무	9	9	○	–	–	–	◎	–	–	–	○	○	–	○	○	–	○	–	○	–	○
연화무	1	1	–	–	○	–	+	–	–	–	–	–	–	–	–	–	–	–	–	–	–
영지무	1	1	–	–	○	–	–	–	–	–	–	–	–	–	–	–	–	–	–	–	–
오양선	3	3	–	–	–	–	○	–	–	–	–	○	–	○	–	–	–	–	–	–	–
육화대	7	4	–	–	–	–	–	–	–	–	–	–	–	–	○	○	○	○	○	○	○
장생보연지무	14	9	–	–	–	–	○	○	○	–	○	○	○	○	○	○	○	○	○	○	○
제수창	9	5	–	–	–	–	–	○	–	–	–	–	○	○	–	○	○	○	○	○	○
처용무	4	4	○	○	–	–	○	–	○	–	–	–	–	–	–	–	–	–	–	–	–
첨수무★	6	5	○	◉	–	○	○	–	–	–	–	○	–	–	○	–	–	–	–	–	–
첩승무	5	5	–	–	○	–	–	–	–	–	–	–	–	○	–	–	○	○	–	○	–
초무	6	6	–	○	–	○	–	–	–	–	–	–	○	–	–	○	–	○	–	○	–
춘광호	3	3	–	–	○	–	–	–	–	–	–	–	–	–	–	–	–	○	–	○	–
춘대옥촉	1	1	–	–	○	–	–	–	–	–	–	–	–	–	–	–	–	–	–	–	–
춘앵전	11	10	–	–	○	–	○	–	○	–	○	○	–	○	○	–	○	–	○	○	○
최화무★	4	4	–	–	★	–	–	○	–	–	–	–	–	○	○	–	–	–	–	–	–
침향춘	3	2	–	–	○	–	–	–	–	–	–	–	○	○	–	–	–	–	–	–	–
포구락	17	12	○	○	○	–	○	–	○	○	○	○	○	○	○	○	○	○	○	○	○
하황은	7	7	○	–	–	–	○	–	○	○	○	○	–	○	–	–	–	–		–	–
학무	8	8	○	–	–	–	–	–	–	–	○	○	–	○	○	–	○	–	○	–	○
향령무	14	10	–	–	○	–	–	–	○	■	○	○	○	○	○	○	○	○	○	○	○
향발무	9	6	○	○	○	○	○	○	○	–	–	○	–	–	–	–	–	–	–	○	–
헌선도	15	11	○	–	–	–	○	–	○	○	○	○	○	○	○	○	○	○	○	○	○
헌천화	8	6	–	–	○	–	–	–	–	–	–	–	○	○	◆	–	○	○	○	○	–

〈표 3〉에서 확인되듯이 44종의 정재도에 드러난 기록내용을 살폈을 때 정재 종목의 제목과 춤의 내용이 다른 점이 드러났고, 여령정재인데 무동정재로 제시한 경우도 있고, 정재 제목은 다른데 무도내용이 같은 것과 정재도에 춤 제목이 누락된 경우도 나타났다. 이상의 내용을 정리하면 다음과 같다.

첫째, 정재 종목과 무도내용이 다른 정재를 제시하였다. 〈연화무〉 정재도를 예를 들면, 〈연화무〉 정재도는 2종의 의궤에 2점이 전하며, 무동은 1점, 여령은 1점이다. 2점의 〈연화무〉 정재도를 비교하였을 때 무도내용이 2가지로 구분되어 있다. 가장 큰 차이점은 무용수 구성이 다른 점인데, 하나는 협무 6인이고, 또 다른 하나는 죽간자(竹竿子) 2인·동기(童妓) 2인·협무(挾舞) 2인으로 구성되었다. 협무 6인으로 구성된 〈그림 1〉의 〈연화무〉는 순조 무자 『진작의궤』에[54] 수록되어 있고, 죽간자 2인·동기 2인·협무 2인으로 구성된 〈그림 2〉의 〈연화무〉는 순조 기축 『진찬의궤』에[55] 수록되어 있는데, 〈그림 2〉는 무용수 구성과 무구의 형태로 볼 때 〈연화대무〉와 같다. 이의 확인을 위해 『정재무도홀기』와 비교하였을 때[56] 죽간자·동기·협무로 구성된 〈그림 2〉의 〈연화무〉는 〈연화대무〉의 무용수 구성과 같다. 그리고 이를 순조 기축 『진찬의궤』의 악장 기록과 반차도를 비교하였을 때[57] 〈연화무〉가 아닌 〈연화대무〉임을 확인하였다. 따라서 순조 기축 『진찬의궤』 정재도에 제시된 〈연화무〉는 〈연화대무〉이며, 정재 제목을 〈연화무〉로 잘못 표기[58]한 것이다.

54) <그림 1> 純祖 戊子 『進爵儀軌』, 卷首42a.

55) <그림 2> 純祖 己丑 『進饌儀軌』, 卷首24b.

56) 조선후기의 <연화대무>는 『정재무도홀기』에 6편이 전한다. <蓮花臺舞>, 『呈才舞圖笏記』(성남: 한국정신문화연구원, 1994년), 71쪽·136쪽·363쪽·480쪽·516쪽; 『時用舞譜(全)呈才舞圖笏記』, 韓國音樂學資料叢書四, (서울: 은하출판사, 1989년), 167쪽.

57) 純祖 己丑 『進饌儀軌』, 卷首8a·17a.

58) 시기적으로 <연화대무>는 고려시대부터 추어진 춤이고 <연화무>가 문헌에 처음 등장하는 시기는 조선후기 1828년 순조 무자 『진작의궤』이다. 여기서는 <연화무>의 유래를 동기가 연꽃 안에서 나온 것에 기원을 두고 있다. 따라서 <연화무>는 춤의 시원을 <연화대무>로 하여 조선후기에 재구성된 것으로 보여 진다.

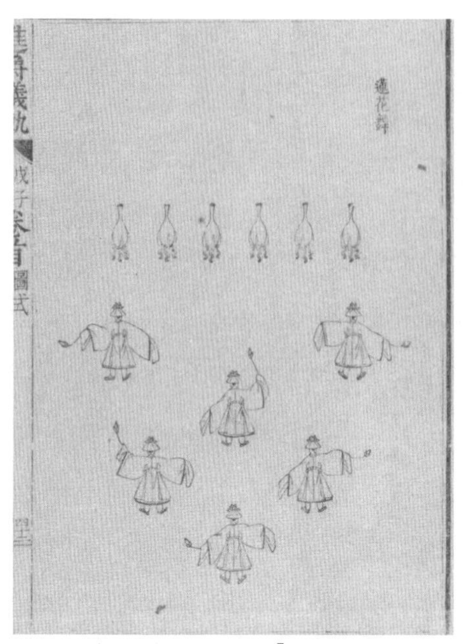

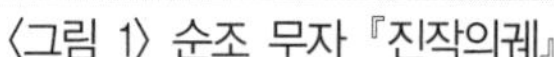

〈그림 1〉 순조 무자『진작의궤』

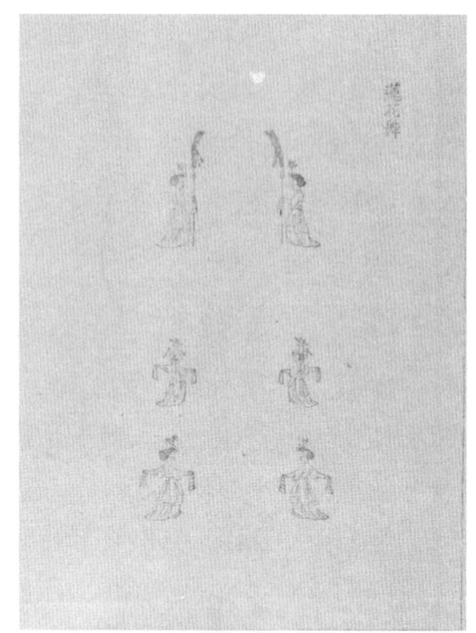

〈그림 2〉 순조 기축『진찬의궤』

둘째, 동일 정재인데 무용수 역할 및 구성에 차이가 있다. 〈최화무〉는 동일정재인데 무용수 구성에 차이가 있다. 일반적으로 무용수의 구성과 수의 차이는 다른 정재에서도 흔히 있는 일이다. 예로 〈포구락〉에서 죽간자·봉화(奉花)·봉필(奉筆)의 유무 차이는 춤의 진행에 차이는 있지만 그 춤의 주체적인 내용에는 별 다른 지장을 주지 않는다. 그러나 〈최화무〉는 일반 다른 정재에서처럼 무용수 구성에 차이가 있는 것과는 다르다. 무용수 구성을 죽간자 2인·중무 1인·협무 4인과 협무 6인 등 2가지로 제시하였는데, 이를『정재무도홀기』와 비교하였을 때 〈최화무〉는 무용수 구성을 다르게 하여 2가지 성격의 내용으로 추어진 것을 확인하였다.[59] 비단 〈최화무〉뿐만 아니라 정재에서 죽간자·중무·협무와 협무로만 구성된 정재는 내용에 많은 차이가 드러나는데, 가장 큰 차이는 정재대형의 구성이다. 정재대형의 구성이 다르다는 것은 춤의 전체적인 순서와 무대구조 그리고 진행구조가 다른 것을 의미한다. 죽간자 2인·중무(中舞) 1인·협무 4인으로 구성된 〈그림 3〉의[60] 〈최화무〉는 전후대형(前後隊形)·일렬대형(一列隊形)·사우대형(四隅隊形)·오방대

59) <催花舞>,『呈才舞圖笏記』, 1994년, 57쪽·125쪽·455쪽;『時用舞譜(全)呈才舞圖笏記』, 1989년, 174쪽.

형(五方隊形)을 구성하여 춤을 추고, 협무 6인으로 구성된 〈그림 4〉의[61] 〈최화무〉는 일렬대형·2대좌우대형(左右隊形)·전후대형으로 구성하여 춘다. 그리고 무용수 구성의 차이에 따라 음악적 구성도 서로 다른데, 죽간자 2인·중무 1인·협무 4인으로 구성된 〈최화무〉는 당악(唐樂)과 향악(鄕樂)의 이중적 구조로 구성되었고, 협무 6인으로 구성된 〈최화무〉는 향당교주(鄕唐交奏)로 구성되어 차이가 있다.[62] 따라서 의궤 정재도에 무용수 구성을 다르게 하여 무용 진행구조를 2가지로 제시한 〈최화무〉는 왕조별 혹은 연향별로 새로운 형태의 서로 다른 정재로 제작한[63] 것을 알리고자 한 것을 알 수 있다.

〈그림 3〉 순조 기축 『진찬의궤』

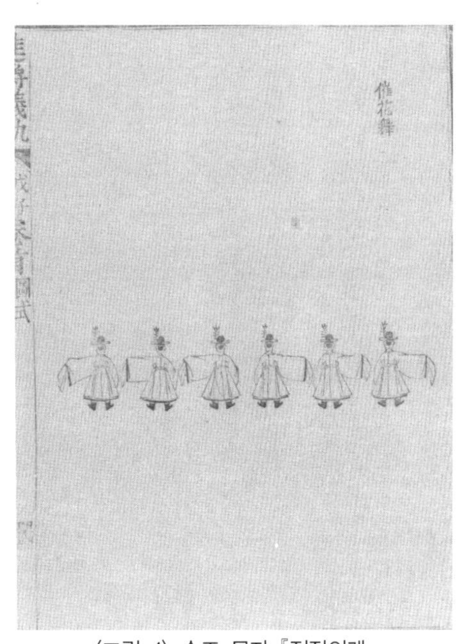

〈그림 4〉 순조 무자 『진작의궤』

60) <그림 3> 純祖 己丑 『進饌儀軌』, 卷首26b.

61) <그림 4> 純祖 戊子 『進爵儀軌』, 卷首15a.

62) 손선숙, "조선후기 당악과 향악의 이중적 음악구성 정재연구: <경풍도> · <만수무> · <몽금척> · <봉래의> · <수연장> · <연백복지무> · <연화대무> · <오양선> · <육화대> · <장생보연지무> · <제수창> · <최화무> · <하황은> · <헌천화> · <헌선도>를 중심으로," 『대한무용학회논문집』제74권5호(서울: 대한무용학회, 2016), 75~94쪽.

63) 손선숙, "협무[무용수] 6인 구성 정재의 정재도 연구," 『우리춤과 과학기술』31집(서울: 우리춤연구소, 2015), 37~84쪽; "조선후기 당악과 향악의 이중적 음악구성 정재연구," 『대한무용학회논문집』제74권5호(서울: 대한무용학회, 2016), 75~94쪽.

셋째, 여령정재인데 무동정재로 잘못 제시하였다. 〈헌천화〉 정재도는 6종의 의궤에 8점이 수록되었는데, 순조 무자 『진작의궤』·고종 임진 『진찬의궤』·고종 임진 『진찬의궤』·고종 신축 『진찬의궤』·고종 신축 『진연의궤』·고종 임인 『진연의궤』[4월·11월]이다. 무용수 구성은 집당 2인·선모 1인·협무 2인으로 무동과 여령 모두 같지만, 이 중 고종 신축 『진찬의궤』에는 여령정재로 제시하면서 실제 정재도에는 무동으로 잘못 제시하고[64] 있다.

〈그림 5〉 고종 무진 『진찬의궤』

〈그림 6〉 고종 정축 『진찬의궤』

넷째, 춤 제목이 누락된 정재도가 있다. 〈그림 5〉처럼 고종 무진 『진찬의궤』에[65] 수록된 정재도에는 정재명이 지워져있다. 여령 4인이 2대좌우대형으로 서서 좌대와 우대가 서로 마주보고 춤을 추는데,[66] 의궤 악장 기록을[67] 통해 〈향령무〉임을 확인하였다.

64) 高宗 辛丑 『進饌儀軌』, 卷首28a
65) <그림 5> 高宗 戊辰 『進饌儀軌』, 卷首17a.
66) 헌종 무신년 통명전에서 추어진 <향령무>는 여령 4인이 2대좌우대형으로 서서 추었다. 한국예술학과 음악사료강독회, 『국역헌종무신진찬의궤』卷首·卷一(서울: 한국예술종합학교 전통예술원, 2004), 137~138쪽.
67) 高宗 戊辰 『進饌儀軌』, 卷1.9b

대부분 〈향령무〉는 〈그림 6〉처럼[68] 협무 6인이 품자대형(品字隊形)에서 춤추는 것으로 알고 있다.[69]

〈그림 7〉 헌종 무신『진찬의궤』

혹시 다른 왕조에서 협무 4인 구성의 〈향령무〉가 추어진 적이 있는지 14점의 〈향령무〉 정재도를 통합 비교하였을 때 〈그림 7〉처럼[70] 헌종 무신년에 추었던 기록이 발견되는데, 의궤 악장에 "여기 4인이 각기 방울을 좌우 손가락에 매달고 모두 북향하여 악절에 따라 방울을 울리며 춘다"[71]라고 되어 있다. 따라서 〈향령무〉는 고종 무진년과 헌종 무신년에는[72] 여령 4인으로 구성하여 춘 것을 알 수 있다. 이로 볼 때 〈향령무〉는 왕조별로 무용수 구성을 다르게 하여 정재대형에 변화를 주어 추었던 것을 알 수 있다.[73]

다섯째, 정재 제목은 다른데 무도내용이 같다. 〈공막무〉와 〈첨수무〉 정재도를 예를 들면, 〈그림 8〉의 〈공막무〉[74]와 검을 들고 추는 〈그림 9〉의 〈첨수무〉[75] 내용이 같은데, 〈공막무〉와 〈첨수무〉의 좌무와 우무의 그림을 서로 바꿔 놓은 것을 알 수 있다. 〈공막무〉 정재도는 모두 1점이[76] 전하고, 〈첨수무〉 정재도는 모두 6점이[77] 전하는데,

68) <그림 6> 高宗 丁丑『進饌儀軌』, 卷首23a.

69)『呈才舞圖笏記』의 <향령무>는 모두 8편이 전하는데 모두 협무 6인이 품자대형을 구성하여 춤을 추었다. <響鈴舞>,『呈才舞圖笏記』, 1994년, 43쪽 · 115쪽 · 224쪽 · 280쪽 · 345쪽 · 464쪽 · 512쪽,『時用舞譜(全)呈才舞圖笏記』, 1989년, 169쪽.

70) <그림 7> 憲宗 戊申『進饌儀軌』, 卷首17a.

71) "…(前略)… ○女妓四人, 各繫鈴於左右手指, 並北向, 隨樂節搖響而舞." 헌종 무신『진찬의궤』에 제시된 <향령무>는 실제 무용수 4인으로 구성되어 추어진 사실을 의궤의 정재악장 기록에서 확인하였다. 憲宗 戊申『進饌儀軌』, 劵6.57쪽; 번역서로는 한국예술학과 음악사료강독회,『국역헌종무신진찬의궤 卷首 · 卷一』(서울: 민속원, 2004), 137~138쪽.

72) 憲宗 戊申『進饌儀軌』, 卷首21a; 高宗 戊辰『進饌儀軌』, 卷首8b · 17a.

73) 손선숙, "향령무 정재도 연구,"『韓國音樂史學報』제38집(서울: 韓國音樂史學會, 2007), 79~105쪽; "의궤 정재도의 도상학적 연구(Ⅱ): <보상무> · <수연장> · <장생보연지무> · <향령무> · <헌선도>를 중심으로,"『무용역사기록학』37호(서울: 무용역사기록학회, 2015), 101~137쪽.

74) <그림 10> 純祖 戊子『進爵儀軌』, 卷首8a.

75) <그림 11> 純祖 戊子『進爵儀軌』, 卷首15a.

76) <公莫舞> 정재도는 純祖 戊子『進爵儀軌』48a에 기록되어 있다.

이중 순조 무자 진작 때에만 검을 들고 추었다. 기존의 정재도 연구에서 조경아는 〈첨수무〉에서 검을 들고 추는 내용을 〈공막무〉와 같은 내용으로 보고 〈공막무〉 정재도가 2점 수록된 것으로 보았다.[78] 그러나 이의 내용을 『정재무도홀기』와 비교하였을 때 〈첨수무〉 정재도는 '검'을 들고 추기도 하고, 소매를 말아 잡고 추기도 하고, '첨수(尖袖)'라는 무구를 잡고 추는 등 3가지 내용으로 춘 것으로,[79] 〈첨수무〉 정재도는 왕조 및 연향에 따라 내용을 다르게 하여 춘 것을 제시한 것이다. 따라서 의궤의 정재도는 단순히 그림의 형태로만으로는 알 수 없고, 『정재무도홀기』와 의궤의 반차도와 악장(樂章) 기록 등 여러 내용을 통합 비교하여야만 정확하게 해석할 수 있다.

〈그림 8〉 순조 무자 『진작의궤』

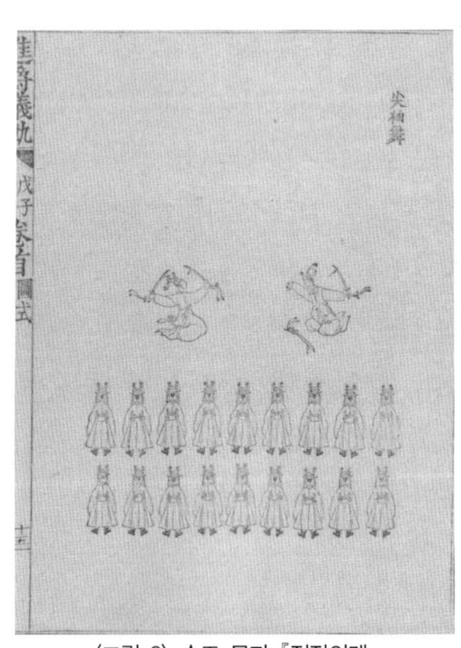

〈그림 9〉 순조 무자 『진작의궤』

77) <尖袖舞> 정재도는 正祖 乙卯 『整理儀軌』[여령]14a; 純祖 戊子 『進爵儀軌』[무동]15a; 純祖 己丑 『進饌儀軌』[무동]19b; 純祖 己丑 『進饌儀軌』[여령]26b; 高宗 丁亥 『進饌儀軌』[여령]30b; 高宗 辛丑 『進饌儀軌』[여령]19b에 기록되어 있다.

78) 조경아, "조선후기 의궤의 정재도 기록 현황," 『무용예술학연구』 제37집(서울: 한국무용예술학회, 2012), 140쪽.

79) 손선숙, "검기무 · 공막무 · 첨수무 정재도 연구," 『우리 춤과 과학기술』 34집(서울: 우리춤연구소, 2016), 41~66쪽.

3. 무동정재와 여령정재의 정재도 분포

44종의 정재도는 무동정재와 여령정재로 구분하여 제시하였는데, 무동과 여령으로 추기도 하고 무동 혹은 여령이 추기도 하였다. 무동과 여령 2가지로 제시한 정재는 〈가인전목단〉·〈경풍도〉·〈만수무〉·〈몽금척〉·〈무고〉·〈무산향〉·〈무애무〉·〈보상무〉·〈봉래의〉·〈사선무〉·〈수연장〉·〈아박무〉·〈연백복지무〉·〈육화대〉·〈장생보연지무〉·〈제수창〉·〈처용무〉·〈첨수무〉·〈첩승무〉·〈춘앵전〉·〈최화무〉·〈침향춘〉·〈포구락〉·〈향령무〉·〈향발무〉·〈헌선도〉·〈헌천화〉이다. 무동정재로 제시한 정재는 〈고구려무〉·〈공막무〉·〈관동무〉·〈광수무〉·〈망선문〉·〈박접무〉·〈연화무〉·〈영지무〉·〈초무〉·〈춘광호〉·〈춘대옥촉〉이다. 여령정재로 제시한 정재는 〈검기무〉·〈선유락〉·〈연화대무〉·〈오양선〉·〈하황은〉·〈학무〉이다. 이상의 내용을 정리하면 〈표 4〉와 같다.

표 4 무동과 여령의 정재도 분포

정재명	무동	여령	정재명	무동	여령
가인전목단	6점	10점	연화대무	–	9점
검기무	–	11점	영지무	1점	–
경풍도	5점	4점	오양선	–	3점
고구려무	1점	–	육화대	3점	4점
공막무	1점	–	장생보연지무	5점	9점
관동무	1점	–	제수창	5점	4점
광수무	4점	–	처용무	1점	3점
만수무	5점	4점	첨수무	2점	4점
망선문	1점	–	첩승무	3점	2점
몽금척	4점	11점	초 무	6점	–
무 고	7점	12점	춘광호	3점	–
무산향	1점	2점	춘대옥촉	1점	–
무애무	3점	2점	춘앵전	2점	1점
박접무	1점	–	최화무	2점	2점

정재명	무동	여령	정재명	무동	여령
보상무	5점	9점	침향춘	2점	1점
봉래의	3점	4점	포구락	6점	11점
사선무	5점	5점	하황은	–	7점
선유락	–	11점	학 무	–	8점
수연장	5점	9점	향령무	5점	9점
아박무	6점	9점	향발무	5점	4점
연백복지무	5점	5점	헌선도	4점	11점
연화무	1점	–	헌천화	5점	3점

제3장 정재도의 기록구조

1. 정재도의 무용기록 구조

본문에서는 12종의 의궤에 기록된 44종의 정재도를 통합 비교하여 공통적으로 드러난 내용을 중심으로 무용수의 구성 현황과 실제의 기록구조를 무용수 역할별로 살펴보도록 하겠다.

먼저 12종의 의궤에 수록된 44종의 정재도는 일정한 형식의 틀을 갖추어 기록하고 있다. 무용수 역할별로 기록하고 있는데, 정재는 무용수들의 역할에 따라 서는 위치가 정해져 있고 44종의 정재도에 제시된 기록구조는 모두 같다. 특히 정조 을묘『정리의궤』에는 다른 의궤와는 달리 정재대형을 1~2가지를 제시하여 기록하였다. 이와 같은 경우 무용수의 수를 늘려 한 것처럼 보이지만 실제는 한 종목의 정재에 구성된 정재대형을 2가지로 제시하여 당시에 추어진 춤의 양태를 구체적으로 알리고자 한 것이다.

44종의 정재도를 통합 비교하였을 때 공통적으로 드러난 무용수의 구성은 죽간자·족자(簇子)·선모(仙母)[치어인(致語人)·중심무(中心舞)·황처용(黃處容)]·황개(黃蓋)·작선(雀扇)·원무(元舞)

· 협무(挾舞) · 집당(執幢) · 보등(寶燈) · 집사기(執事妓) · 봉화(奉花) · 봉필(奉筆) · 집박악사(執拍樂師) · 악사(樂師) · 대기무용수 · 가자(歌者)이다. 이들 무용수 중에서 죽간자 · 족자 · 선모[치어인 · 중심무 · 황처용] · 원무 · 동기(童妓) · 황개 · 작선 · 협무 · 집당 · 보등 · 집연화기(執蓮花妓) 등은 직접 춤을 추는 주역무용수들이고,80) 집사기 · 봉화 · 봉필은 춤의 진행 속에 각 역할을 맡아서 실제 춤 외 간접적인 도움을 주는 무용수들이다. 반면 집박악사 · 악사는 춤의 진행을 돕는 무용수들로서 실제 춤을 추지는 않지만, 연향이라는 큰 범주 속에 포함되어 정재 종목에 따라 등장과 퇴장에 참여하기도 하고, 춤 진행에 따라 박을 치기도 하고, 무구의 설치를 돕기도 한다. 가자는 정재 종목에 따라 노래를 부르는 무용수들로 남쪽에 배열하기도 하고 좌우에 배치되기도 한다. 대기무용수는 정재 연향에 출연하는 모든 무용수들로 앞의 정재 종목을 출 때 다음 순서를 기다리는 무용수를 말한다. 이상 44종의 정재도에 공통적으로 나타난 무용수 구성과 역할을 분류하였을 때 〈표 5〉와 같이 정리된다.

표 5 무용수의 역할구분

구분		역할	내용
주역 무용수	의물	죽간자 · 족자 · 황개	춤 진행에 직접 참여하거나 도입부 및 종결부와 진행부에서 춤을 춤
	중심 무용수	선모[치어인 · 중심무 · 황처용] 원무 · 협무 · 동기 그 외 보등 · 집당 · 작선 · 집연화기	춤 전반에 참여하여 주도적인 역할을 하는 무용수
진행 무용수(가)		봉화 · 봉필 · 집사기	무용수의 역할을 보좌하는 역할을 담당함.
진행 무용수(나)		집박악사 · 악사	춤의 진행순서와 절차를 알리고 무구설치를 담당함.
기타		대기무용수	다음 차례를 기다리는 무용수
		가자	정재에 필요한 노래를 담당함

다음으로 44종의 정재도를 살폈을 때 정재도는 모두 6가지 유형으로 구분하여 기록하

80) 무용에서는 작품에 출연하는 모든 사람을 무용수라 일컫는다. 그러나 궁중정재에서는 역할에 따라 사용되는 명칭이 다르고 이들이 서는 위치가 다르다. 따라서 본 저서에서는 무용수의 역할 구분을 위해 각 정재에서 직접 춤을 추는 무용수를 주역무용수라 부를 것이다.

였는데 기본적으로 각 정재에서 주체적인 춤을 추는 주역무용수[선모·협무·죽간자·족자·황개]만 제시한 것, 무용수와 대기무용수를 함께 제시한 것, 무용수와 악사를 제시한 것, 무용수와 집박악사를 제시한 것, 무용수와 대기무용수 및 춤의 진행을 돕는 악사와 집박악사를 모두 포함시켜 제시한 것, 가자(歌者)를 제시한 것 등으로, 내용을 살펴보면 다음과 같다.

첫째, 주역무용수만 제시한 의궤는 헌종 무신『진찬의궤』·고종 무진『진찬의궤』·고종 정축『진찬의궤』·고종 정해『진찬의궤』·고종 임진『진찬의궤』·고종 신축『진찬의궤』·고종 신축『진연의궤』·고종 임인(4월·11월)『진연의궤』이다. 이들 의궤에는 각 정재마다 주도적인 역할을 하며 춤을 추는 주역무용수들로만 제시하였다.

둘째, 주역무용수와 대기무용수를 함께 제시한 의궤는 순조 무자『진작의궤』·순조 기축『진찬의궤』이다. 이들 의궤에는 주역무용수와 함께 대기무용수를 함께 제시하였는데, 대기무용수는 남쪽에 배열되었다. 다만 순조 무자『진작의궤』의 〈처용무〉에는 대기무용수가 제시되지 않았다.

셋째, 주역무용수와 악사를 제시한 의궤는 순조 기축『진찬의궤』이며, 이 의궤에 수록된 정재 중 〈헌선도〉에는 악사가 북쪽의 좌우에, 〈아박〉에는 악사가 동쪽에 위치하였다.

넷째, 주역무용수와 집박악사를 제시한 의궤는 순조 기축『진찬의궤』이며, 이 의궤에 수록된 정재 중 〈가인전목단〉에는 집박악사가 북쪽의 좌우에 위치하였다.

다섯째, 주역무용수와 대기무용수 그리고 춤의 진행을 돕는 악사와 집박악사를 모두 포함시켜 제시한 의궤는 정조 을묘『정리의궤』이다. 다만 이 의궤에 수록된 정재 중에서 〈선유락〉은 주역무용수와 집사기만 제시하였다.

여섯째, 가자를 제시한 의궤는 순조 기축『진찬의궤』[무동]·고종 임진『진찬의궤』·고종 신축『진연의궤』·고종 임인(4월·11월)『진연의궤』이다. 이상의 내용을 정리하면 〈표 6〉과 같다.

표 6 정재도의 무용수 구성 현황

무용수 구성	의궤명
주역무용수 [선모·협무·죽간자·황개]	헌종 무신 『진찬의궤』·고종 무진 『진찬의궤』·고종 정축 『진찬의궤』·고종 정해 『진찬의궤』·고종 임진 『진찬의궤』·고종 신축 『진찬의궤』 ·고종 신축 『진연의궤』 ·고종 임인(4월·11월) 『진연의궤』
주역무용수·대기무용수	순조 무자 『진작의궤』(무동) 순조 기축 『진찬의궤』(무동)
주역무용수·악사	순조 기축 『진찬의궤』(여령)
주역무용수·집박악사	순조 기축 『진찬의궤』(여령)
주역무용수·악사 집박악사·대기무용수	정조 을묘 『정리의궤』 〈선유락〉에는 대기무용수가 없고, 대형도 1가지만 제시하였다.
가자(歌者)	순조 기축 『진찬의궤』(무동) 고종 임진 『진찬의궤』(무동) 고종 신축 『진연의궤』 (무동) 고종 임인(4월·11월) 『진연의궤』 (무동)

2. 정재도의 무용기록 유형

먼저 정재도에 공통적으로 나타난 기록구조를 무용수 중심으로 살펴보았을 때 6가지 유형으로 기록되어 있다. 정재마다 구성된 무용수에 따라 기록구조에 차이를 보이는데, 앞서 제시한 무용수 역할별로 기록된 공통된 형식을 가지고 있다.

내용을 살펴보면, 첫째는 〈그림 10-가〉처럼 죽간자와 족자가 북쪽에 서고 무대가운데에 주역무용수[선모·협무]가 서고 그 좌우에 악사가 서고, 후대에 대기무용수가 선다. 둘째는 〈그림 10-나〉처럼 족자가 북쪽에 서고 무구[보상반·탁자·화병]가 그 남쪽에 설치되고, 죽간자는 남쪽에 서고, 주역무용수는 무대가운데에 선다. 셋째는 〈그림 10-다〉처럼 무구가 북쪽에 설치되고, 그 뒤 남쪽에 선모가 서고, 그 뒤에 족자와 협무가 선다. 넷째는 〈그림 10-라〉처럼 악사와 집박악사가 북쪽에 서고 주역무용수가 그 뒤에 선다. 다섯째는 〈그림 10-마〉처럼 주역무용수로만 구성되어 무대가운데에서 선다. 여섯째,

〈그림 10-바〉처럼 가자는 앞[北]에 서고 악대[연주자]가 뒤[南]에 배열한다.

가	나	다	라	마	바
죽간자 족자 죽간자 [무구] 악사 주역무용수 악사 [선모·협무 외] 대기무용수	족자 [무구] 악사 주역무용수 악사 [선모·협무 외] 죽간자 죽간자	무구 선모 협무·족자·협무	악사 및 집박악사 주역무용수 [선모·협무 외]	주역무용수 [선모·협무 외]	가자 악대[연주자]

〈그림 10〉 무용수별 기록구조

다음으로 44종목의 정재도 기록구조를 살폈을 때, 정재마다 무용수 구성과 무구의 유무에 차이가 있지만 정재도에 기록된 양상은 같다. 의궤마다 무용수 위치에 차이를 두고 기록하였는데, 공통적으로 드러난 기록구조를 무용수 역할별로 살펴보면 다음과 같다.

첫째, 죽간자의 위치를[81] 북쪽과 남쪽 2군데로 제시하고 있다. 죽간자는 죽간자만 구성되기도 하고 족자와 함께 구성되기도 한다. 죽간자가 등장하는 정재는 〈최화무〉·〈연화대무〉·〈육화대〉·〈봉래의〉·〈몽금척〉·〈수연장〉·〈연백복지무〉·〈하황은〉·〈포구락〉·〈헌선도〉·〈오양선〉·〈장생보연지무〉·〈제수창〉이다. 이들 정재 모두 죽간자는 〈그림 11〉의 〈봉래의〉처럼[82] 북쪽에 선 위치인데 반해 〈그림 12〉의 〈헌선도〉는[83] 죽간자가 선 위치를 남쪽으로 제시하여 차이가 있다. 그리고 죽간자의 방향은 정재 모두 북향과 상대,[84] 2가지를 제시하고 있다.

81) 정재도와『呈才舞圖笏記』내용을 비교하였을 때, 죽간자의 방향을 '북향'과 '상대' 2가지로 제시한 것은 도입부와 진행부에서의 방향을 제시한 것이다. 북향한 것은 구호를 부를 때의 방향이고, 상대한 것은 진행부에서 바라보는 방향을 제시한 것이다. 그리고 44종의 정재도 중 <헌선도>만이 유일하게 죽간자가 남쪽에 배열한다. 죽간자의 위치가 남쪽인 것은 조선전기의 위치인데 <헌선도>는 그 진행을 따른 것을 알 수 있다. 그러나 자세한 내용은 다음 연구로 미루기로 한다.

82) <그림 11> 高宗 辛丑『進宴儀軌』, 卷首39a.

83) <그림 12> 高宗 辛丑『進宴儀軌』, 卷首29a.

84) 죽간자의 상대를 제시한 정재로는 <장생보연지무>와 <제수창>이 있다. <長生寶宴之舞>,『呈才舞圖笏記』, 1994년, 40쪽 · 107쪽 · 170쪽 · 217쪽 · 273쪽 · 336쪽 · 457쪽 · 491쪽,『時用舞譜(全)呈才舞圖笏記』, 1989년, 155쪽; <帝壽昌>,『呈才舞圖笏記』, 1994년, 200쪽 · 256쪽 · 317쪽 · 437쪽.

〈그림 11〉 고종 신축『진연의궤』

〈그림 12〉 고종 신축『진연의궤』

둘째, 족자의 위치를 북쪽과 선모 뒤로 제시하고 있다. 족자가 등장하는 정재는 〈만수무〉·〈몽금척〉·〈제수창〉·〈하황은〉이다. 족자는 혼자 구성되기도 하고 죽간자와 함께 구성되는데, 이들 정재 중 족자로만 구성된 정재는 〈그림 13〉의 〈만수무〉이다.[85] 〈그림 14〉의 〈몽금척〉외 〈제수창〉·〈하황은〉에서는 족자가 북쪽의 좌우죽간자 사이에 서고, 〈만수무〉에서는 족자가 선모 뒤[南]에 서 있다. 정재별로 족자가 선 위치에 차이가 있지만 족자가 바라보는 방향은 북향으로 모두 같다.

85) <그림 13> 高宗 辛丑『進宴儀軌』, 卷首33a.

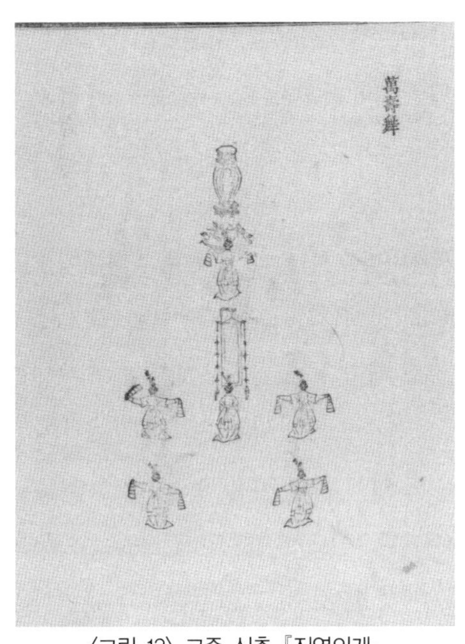

〈그림 13〉 고종 신축 『진연의궤』

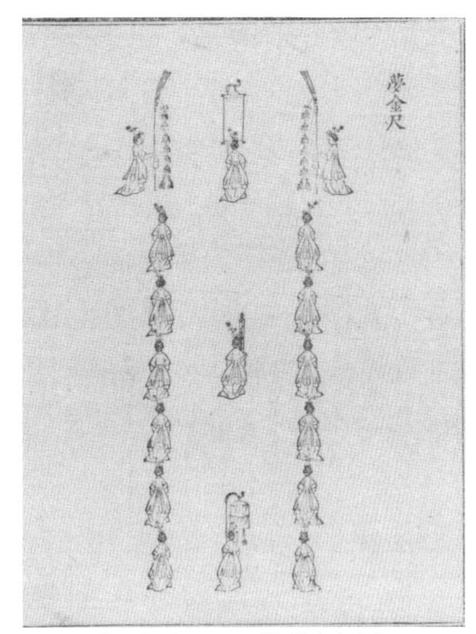

〈그림 14〉 고종 신축 『진연의궤』

셋째, 황개의 위치를 남쪽과 전대(前隊)로[86] 제시하고 있다. 황개는 〈몽금척〉과 〈제수창〉 정재에 구성되는 무용수이다. 황개는 의물로 남쪽에 서서 춤이 마칠 때까지 그 자리에 머무르거나 무용수들과 함께 회무를 돌며 춤추기도 한다. 〈그림 14〉의 〈몽금척〉에서는[87] 6대의 좌우무용수 사이 남쪽에 배열하고, 〈그림 15〉의 〈제수창〉에서는[88] 황개가 후대의 앞[전대]에 선다.[89]

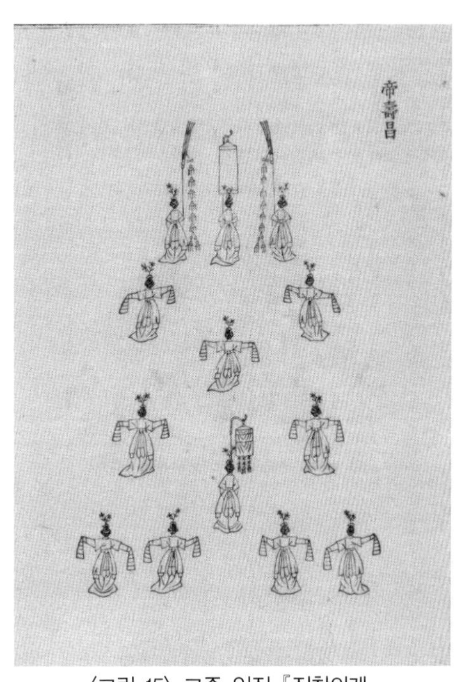

〈그림 15〉 고종 임진 『진찬의궤』

86) 전대(前隊)는 북쪽에 선 무용수들을 말한다.
87) <그림 14> 高宗 辛丑 『進宴儀軌』, 卷首30a.
88) <그림 15> 高宗 壬辰 『進饌儀軌』, 卷首33b.
89) 정재도와 『정재무도홀기』 내용을 비교하였을 때, <몽금척>에서는 황개가 좌우협무 사이와 남쪽에 배열하기도 하고 무용수들과 함께 회무를 돈다. 그리고 <제수창>에서는 황개가 좌우협무와 나란히 서기도 하고 전대에 서기도 한다.

넷째, 선모의 위치는 3가지로 제시되었는데, 좌우협무 사이와 협무를 기준으로 협무의 북쪽[전대]과 남쪽[후대]에 선다. 정재마다 선모의 명칭을 치어인·중심무·황 처용 등으로 부르는데 역할은 선모와 같다. 선모가 구성된 정재는 〈최화무〉·〈경풍도〉·〈육화대[중심무]〉·〈몽금척[치어인]〉·〈연백복지무〉·〈하황은〉·〈만수무〉·〈헌선도〉·〈오양선〉·〈장생보연지무〉·〈제수창〉·〈처용무[황처용]〉이다. 정재마다 사용된 정재대형의 형태에 따라 선모가 선 위치가 달라지는데, 먼저 선모가 무대가운데에서 춤출 때에는 〈그림 16〉의 〈육화대〉처럼[90] 좌우협무가 2대좌우대형에서 춤출 때이다. 그리고 오방대형·사우대형·삼대(三隊)에서 춤출 때인데, 〈그림 17〉의 〈장생보연지무〉처럼[91] 오방대형 가운데에 서는 것으로, 그 외 〈오양선〉·〈하황은〉·〈처용무〉도 이에 해당된다.

그리고 선모가 북쪽과 남쪽에 선 전후대형에서이다. 선모가 협무의 전대에 선 정재는 〈그림 18〉의 〈만수무〉[92]이고, 선모가 협무의 후대에 선 정재는 〈그림 19〉의 〈연백복지무〉[93]이다. 선모가 협무를 기준으로 남쪽 혹은 북쪽에 선 경우는 정재내용에 따라 차이가 있는데, 선모가 전대[북쪽]에 선 경우는 선모가 혼자 나아가 치어를 부를 때이고, 선모가 후대[남쪽]에 선 경우는 협무가 앞으로 나아가 창사를 부르거나 춤을 출 때이다.

90) <그림 16> 高宗 辛丑『進宴儀軌』, 卷首39b.
91) <그림 17> 高宗 辛丑『進宴儀軌』, 卷首32b.
92) <그림 18> 高宗 壬寅『進宴儀軌』, 卷首20a.
93) <그림 19> 高宗 丁亥『進饌儀軌』, 卷首28b.

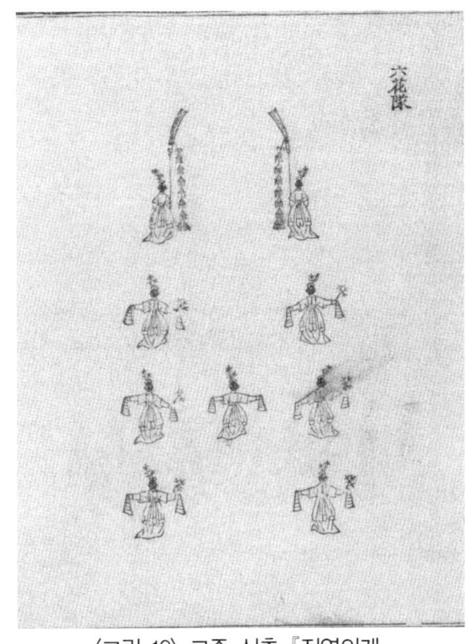

〈그림 16〉 고종 신축 『진연의궤』

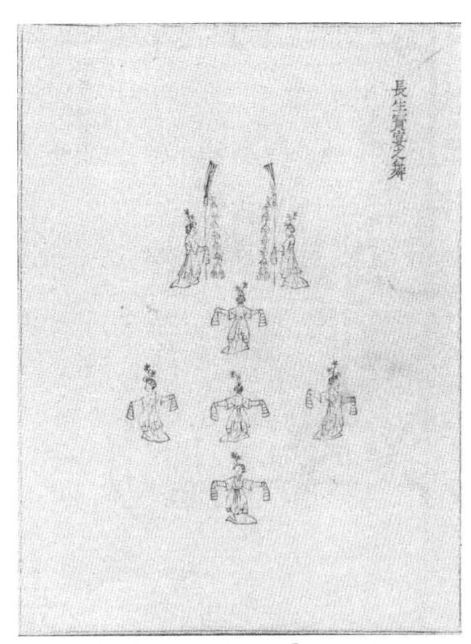

〈그림 17〉 고종 신축 『진연의궤』

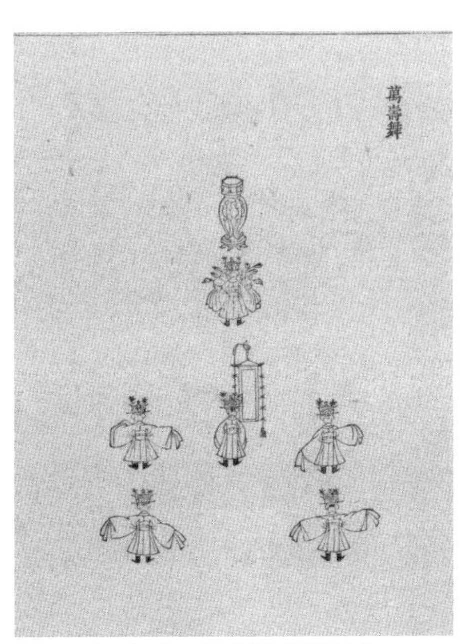

〈그림 18〉 고종 임인 『진연의궤』

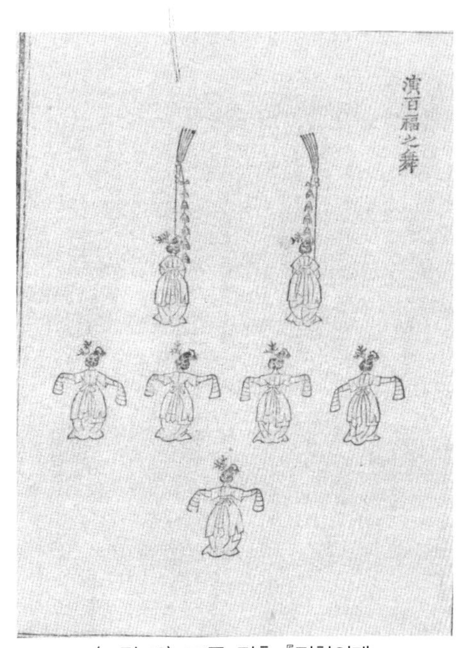

〈그림 19〉 고종 정축 『진찬의궤』

다섯째, 원무(元舞)는 협무와 같은 역할이나 협무 중에서도 중심적인 역할을 하는 무용수를 말한다. 이들이 서는 위치는 정재마다 사용된 무용수 구성에 따른 정재대형에 따라 달라지는데 대부분 협무의 앞[北]과 뒤[南] 혹은 안쪽[內舞]에 선다. 〈사선무〉·〈무고〉 등이 이에 해당되는데, 〈그림 20〉의 〈사선무〉94)에서는 집연화를 든 무용수 뒤에 선 무용수가 원무이다. 그리고 〈그림 21〉의 〈무고〉 정재에서는95) 무대가운데 북 주위에 서서 북채를 잡고 북을 치는 무용수[內舞妓]가 원무이며, 원무 주위에서 춤추는 무용수는 협무이다.

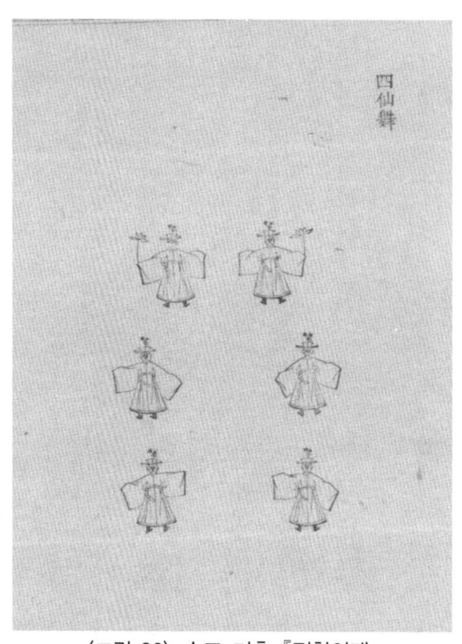

〈그림 20〉 순조 기축 『진찬의궤』

〈그림 21〉 고종 신축 『진연의궤』

94) <그림 20> 純祖 己丑 『進饌儀軌』, 卷首62a.
95) <그림 21> 高宗 辛丑 『進宴儀軌』, 卷首30b.

여섯째, 협무는 춤 진행에서 중심적인 역할을 하는 무용수[선모·원무]의 전후 혹은 좌우에 선다. 협무는 〈춘앵전〉과 〈무산향〉을 제외한 나머지 정재에 모두 등장한다. 협무는 〈그림 22〉처럼[96] 협무로만 구성되기도 하고, 〈그림 23〉처럼[97] 선모와 다른 무용수들과 함께 구성되기도 한다. 협무는 선모를 기준으로 좌와 우, 전과 후에 서기도 한다. 협무가 서는 위치에 따라 그 명칭이 달라지는데, 좌우에 서면 좌대와 우대 또는 좌우협무 및 좌우협으로 불리 우고, 전후에 서면 전대와 후대 및 전후대로 불린다.

〈그림 22〉 고종 정축 『진찬의궤』

〈그림 23〉 고종 정축 『진찬의궤』

96) <그림 22> 高宗 丁丑 『進饌儀軌』, 卷首22b.
97) <그림 23> 高宗 丁丑 『進饌儀軌』, 卷首22a.

일곱 번째, 봉화·봉필·집사기 등 이들이 서는 위치는 주역무용수의 앞[북] 혹은 좌우에 선다. 봉화·봉필·집사기는 특정 정재에 등장하는 무용수로서 이들은 춤에 직접 참여하기보다는 그 춤에 필요한 진행을 돕는 역할을 한다. 예로 봉화와 봉필은 〈포구락〉의 구성원으로 〈그림 24〉처럼[98] 포구문(抛毬門) 좌우에 서서 상과 벌을 주는 역할을 담당한다. 집사기는 〈그림 25〉처럼 〈선유락〉의[99] 구성원으로서 배[船] 앞 좌우에 서서 호령(號令)하며 춤의 진행을 알리는 역할을 한다.

〈그림 24〉 헌종 무신 『진찬의궤』

〈그림 25〉 고종 정해 『진찬의궤』

98) <그림 24> 憲宗 戊申『進饌儀軌』, 卷首18b.
99) <그림 25> 高宗 丁亥『進饌儀軌』, 卷首24a.

여덟 번째, 악사와 집박악사는 주역무용수의 앞[북] 혹은 좌우에 선다. 정재마다 이들의 역할이 다양하게 진행되는데, 이들은 대부분 춤 속에 합류하기보다는 궁중연향 속에서 의례적 진행을 돕는 무용수로, 춤의 진행에 직·간접적으로 관여하는데 일부 정재에서는 등장과 퇴장 시에 회무를 돌며 춤추기도 한다. 그리고 집박악사와 악사 이 둘의 역할은 분명하게 구분되어 있다. 먼저 악사는 각 정재에 사용하는 무구의 설치와 진행에 관여하는데, 정재마다 수행하는 역할이 다르다. 예로 〈연화대무〉에서는 〈그림 26〉처럼[100] 좌죽간자(左竹竿子) 뒤에 서서 두 동기(童妓)의 연화관(蓮花冠) 끈을 차례로 묶어주는 역할을 하고, 〈무고〉·〈포구락〉·〈가인전목단〉에서는 무구[북·포구문·화준]를 설치하기도 한다. 반면 집박악사는 〈그림 27〉의 〈하황은〉처럼[101] 무용수들의 앞 혹은 좌우에 서서 춤 진행에 따라 박을 치고, 또 〈아박무〉에서는 춤과 가사 진행에 따라 박을 친다.[102]

〈그림 26〉 정조 을묘 『정리의궤』

〈그림 27〉 정조 을묘 『정리의궤』

100) <그림 26> 正祖 乙卯 『整理儀軌』, 卷首12b.

101) <그림 27> 正祖 乙卯 『整理儀軌』, 卷首9b.

102) 손선숙, "조선전기 <동동>(動動) 중기(中機)의 무용복원 연구," 『한국문학과 예술』 제28집(서울: 한국문학과예술연구소, 2018), 39~68쪽.

아홉 번째, 대기무용수와 가자는 남쪽에 선다. 먼저 대기무용수는 다음 순서를 기다리는 무용수로, 그 연향에 참여한 모든 무용수를 말한다. 예로 〈그림 28〉처럼[103)]〈검무〉를 추는 무용수들 뒤에 〈연화대무〉를 추는 동기를 비롯한 여러 무용수들이 남쪽에 배열하고 있다. 반면 가자는 〈그림 29〉처럼[104)] 악대와 가자만 구성되어 있어 그 위치는 명확하지 않지만 『악학궤범』 소재 〈학연화대처용무합설〉과 〈교방가요〉와 비교해볼 때 가자와 악대 모두 남쪽에 배열하고, 가자는 악대 앞에 선 것을 알 수 있다.

〈그림 28〉 정조 을묘 『정리의궤』

〈그림 29〉 고종 임진 『진찬의궤』

3. 정재도의 무용기록 특징

정재도의 무도내용은 의궤별로 기록에 차이가 있다. 12종의 의궤에 수록된 342점의 정재도를 통합 비교하였을 때 44종의 정재도에 기록된 특징은 다음과 같다.

103) <그림 28> 正祖 乙卯 『整理儀軌』, 卷首15a.
104) <그림 29> 高宗 壬辰 『進饌儀軌』, 卷首29b.

〈그림 30〉 헌종 무신 『진찬의궤』

첫째, 정재대형을 1~2가지로 제시하였다. 대부분의 의궤에는 정재대형을 1가지 제시하였으나 정조 을묘 『정리의궤』에는 다른 의궤와는 달리 정재대형을 2가지 제시하였다. 예로, 〈향발무〉 정재도는 정조 을묘 『정리의궤』·순조 무자 『진작의궤』·순조 기축 『진찬의궤』·헌종 무신 『진찬의궤』·고종 정해 『진찬의궤』·고종 임인 『진연의궤』 등 6종의 의궤에 9점이 전한다. 이 중 〈그림 30〉의 헌종 무신년과 〈그림 31〉의 고종 정해년에는 대형을 1가지로 제시하였으나 〈그림 32〉의 정조 을묘년에는 대형을 일렬대형과 4대좌우대형 2가지를 제시하였다.

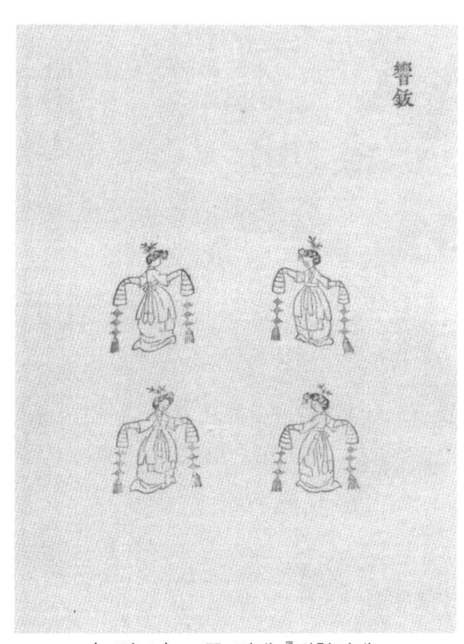

〈그림 31〉 고종 정해 『진찬의궤』

〈그림 32〉 정조 을묘 『정리의궤』

둘째, 한 면에 여러 내용을 제시하였다. 〈가인전목단〉 정재도를 예를 들면[105] 〈그림 33〉에는 집박악사가 마주보고 선 좌우[東西] 위치와 방향, 무용수가 차례로 꽃을 집어 드는 내용, 무용수가 왼손으로 꽃을 잡는 내용, 무용수 전체가 화준을 바라보는 방향[내향], 좌선(左旋)과 우선(右旋)하는 춤과 춤사위 등 7가지 내용을 제시하고 있다. 또한 〈장생보연지무〉를 예를 들면[106] 〈그림 34〉에는 진행부에서 죽간자가 상대한 방향과 오방대형에서의 북향무·상대무·상배무와 춤사위 등 5가지 내용을 제시하고 있다.

〈그림 33〉 순조 기축 『진찬의궤』

〈그림 34〉 고종 정축 『진찬의궤』

셋째, 무도내용을 중복 및 반복 기록하였다. 동일한 무도내용 전체를 정재도마다 그대로 반복하여 기록하기도하고, 일부 무용수의 내용만 반복하기도 하고 또한 동일 무도내용을 다른 종목의 정재도에 중복 사용한 것을 제시하고 있다.

105) 제4장 <가인전목단>편 참조
106) 제4장 <장생보연지무>편 참조

먼저 내용이 같은 정재도를 의궤마다 중복하여 제시한 것을 예를 들면, 〈그림 35〉의[107] 〈헌천화〉 정재도에 제시된 무도내용은 고종 임진 『진찬의궤』 외 순조 무자 『진작의궤』·고종 신축 『진찬의궤』·고종 임인[4월·11월] 『진연의궤』에도 기록되어 있다. 또한 〈그림 36〉의[108] 〈가인전목단〉 정재도에 제시된 무도내용은 고종 신축 『진연의궤』 외 고종 임인 『진연의궤』·고종 임진 『진찬의궤』·고종 신축 『진찬의궤』에도 기록되어 있다.

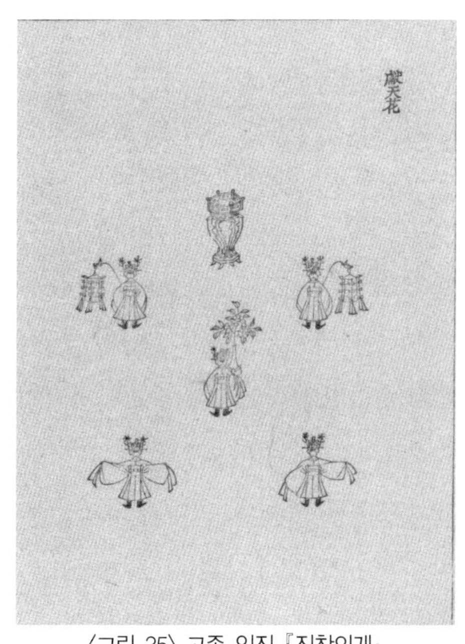

〈그림 35〉 고종 임진 『진찬의궤』

〈그림 36〉 고종 신축 『진연의궤』

다음으로는 정재도에 그려진 일부 무용수의 춤사위를 동일 정재도에서 반복하여 제시하였는데, 〈그림 37〉과 〈그림 38〉은 모두 〈검기무〉이다. 〈그림 37〉의 〈검기무〉 내용이 〈그림 38〉의 〈검기무〉 우대의 그림과 같은 것을 알 수 있다.

107) <그림 35> 純祖 戊子 『進爵儀軌』[무동]38b; 高宗 壬辰 『進饌儀軌』[무동]24a; 高宗 壬寅 『進宴儀軌』[4월: 무동]24a; 高宗 壬寅 『進宴儀軌』[11월: 무동]24a; 高宗 辛丑 『進饌儀軌』[여령[男]28a.

108) <그림 36> 高宗 辛丑 『進宴儀軌』[여령]32a; 高宗 壬寅 『進宴儀軌』[4월: 여령]32a; 高宗 壬辰 『進饌儀軌』[여령]35a; 高宗 辛丑 『進饌儀軌』[여령]22a.

〈그림 37〉 고종 무진 『진찬의궤』

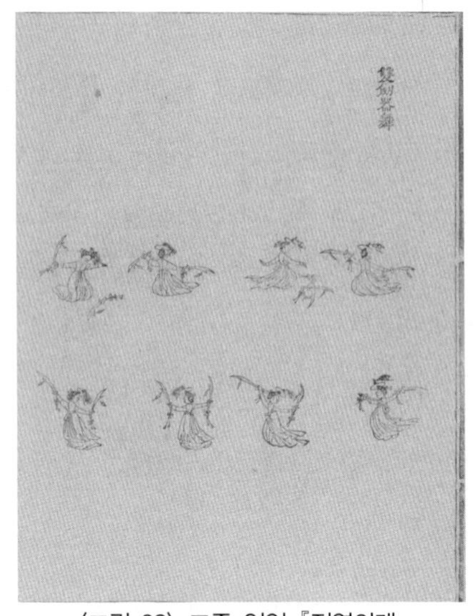
〈그림 38〉 고종 임인 『진연의궤』

그리고 동일한 무도내용을 다른 종목의 정재도에도 중복하여 제시하였다. 〈그림 39〉의 순조 무자년 〈공막무〉 내용과 〈그림 40〉의 순조 무자년 〈첨수무〉의 무도내용이 같은 것을 알 수 있는데, 다만 차이가 있다면 좌무와 우무의 그림을 서로 바꾸어 그린 점이다.

〈그림 39〉 〈공막무〉

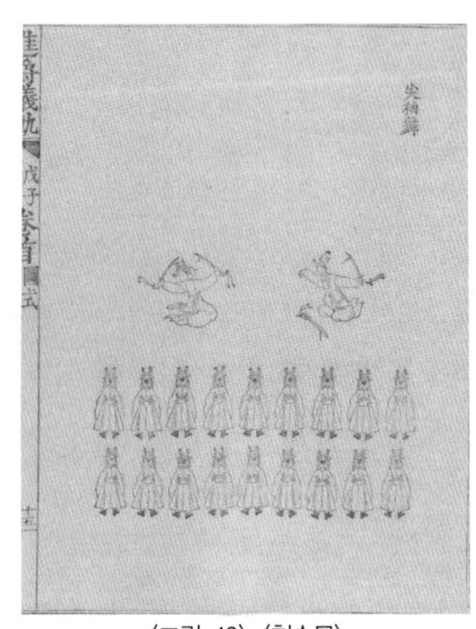
〈그림 40〉 〈첨수무〉

넷째, 『정재무도홀기』에 기록된 내용을 제시하였다. 예로 〈그림 41〉과 〈그림 42〉의 〈경풍도〉 정재도의 무동과 여령을 비교하면[109] 무용수 구성은 같지만 경풍도를 받든 선모의 자세에 차이가 있다. 무동은 무릎을 꿇어 앉아있고, 반면 여령은 서 있다. 여기서 무동이 꿇어앉은 것은 선모가 창사를 부른 후 탁자 위에 경풍도를 올려놓기 위해 궤하는 내용을 제시한 것이고, 반면 여령이 서 있는 것은 선모가 경풍도를 들고 무진하는 춤과 창사 부르는 내용을[110] 제시한 것이다.

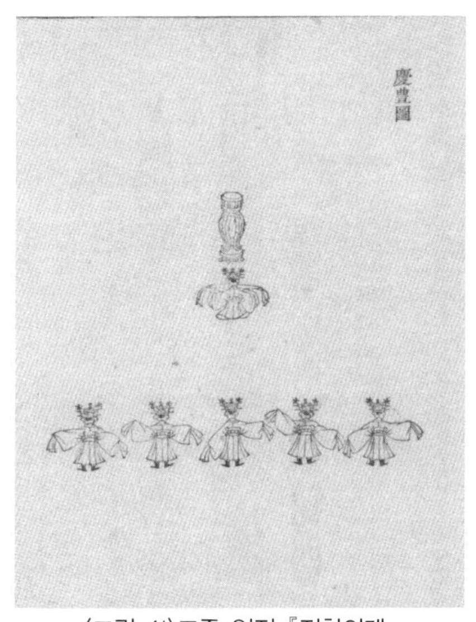

〈그림 41〉고종 임진 『진찬의궤』

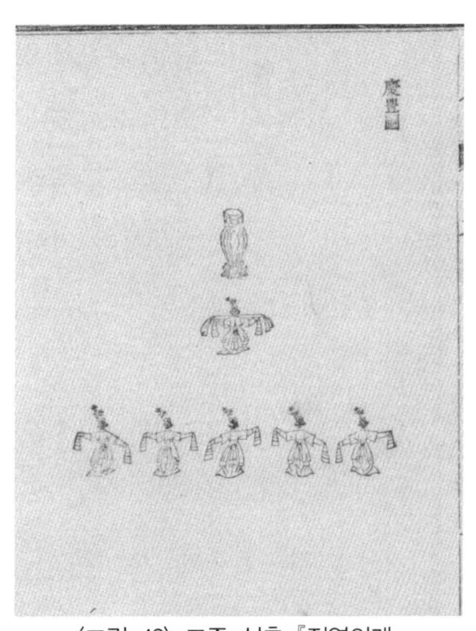

〈그림 42〉 고종 신축 『진연의궤』

또한 〈포구락〉을 예를 들면,[111] 〈그림 43〉의 〈포구락〉 정재도에서 죽간자가 상대한 것은 구호를 부른 다음 물러나서는 위치와 상대하는 내용을 제시한 것이고, 좌대의 제1대 좌무가 포구문을 향해 오른손을 내밀고 왼손을 어깨에 걸친 것은 포구희하는 내용을 제시한 것이고, 제2대의 좌우무가 두 팔을 옆으로 펴 든 것은 포구희를 하기위해 무진하

109) 제4장 <경풍도>편 참조.

110) 손선숙, "조선후기 당악과 향악의 이중적 음악구성 정재연구: <경풍도>·<만수무>·<몽금척>·<봉래의>·<수연장>·<연백복지무>·<연화대무>·<오양선>·<육화대>·<장생보연지무>·<제수창>·<최화무>·<하황은>·<헌천화>·<헌선도>," 『대한무용학회논문집』 제74권5호(서울: 대한무용학회, 2016), 75~94쪽.

111) 제4장 <포구락>편 참조.

〈그림 43〉 고종 임인 『진연의궤』

는 내용을 제시한 것이고, 나머지 후대인 3대·4대·5대·6대가 염수한 것은 전대가 포구희 할 때 손을 여미고 기다리는 내용을 제시한 것으로, 이러한 내용은 모두 『정재무도홀기』에 기록되어 있다.

다섯째, 『정재무도홀기』에 기록되지 않은 내용 제시하였다. 〈몽금척〉을[112] 예를 들면 『정재무도홀기』에는 협무 12인이 차례로 나아가 족자 좌우에 배열하는 것으로 기록되었지만 변화된 대형의 형태는 알 수 없다. 이 내용은 〈그림 44〉의 정재도를 통해 6대좌우대형으로 배열된 것을 알 수 있다.[113] 또한 〈무고〉를 예를 들면[114] 〈그림 45〉의 〈무고〉 정재도 상단에는 협무들이 일렬대형과 전후대형으로 서서 상대하며 춤추는 내용을 제시하였는데, 이 내용은 『정재무도홀기』에는 기록되지 않은 내용이다.

〈그림 44〉 헌종 무신 『진찬의궤』

〈그림 45〉 정조 을묘 『정리의궤』

112) 제4장 <몽금척>편 참조.

113) 손선숙, "정재 무보체계의 보완과 방안마련연구(1): 몽금척의 정재대형을 중심으로," 『무용예술학연구』 제20집(서울: 한국무용예술학회, 2007), 101~125쪽.

114) 제4장 <무고>편 참조.

여섯째, 왕조별로 변화된 내용을 제시하였다. 〈수연장〉을 예를 들면,[115] 〈그림 46〉의 순조 무자년에는 무동 4인이 추었고,[116] 반면 〈그림 47〉의 고종 신축년·고종 임진년·고종 임인년에는[117] 무동 8인이 추었다. 협무 4인 구성의 〈수연장〉은 순조 무자년에 처음 등장하는데, 『정재무도홀기』에 기록된 〈수연장〉의 무용수 구성이 협무 8인인 것을 미루어 볼 때 왕조별로 무용수 구성에 차이를 두어 추었음을 알 수 있다.

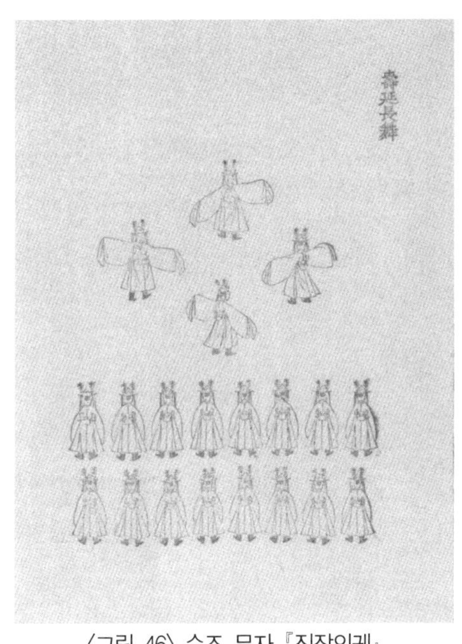

〈그림 46〉 순조 무자 『진작의궤』

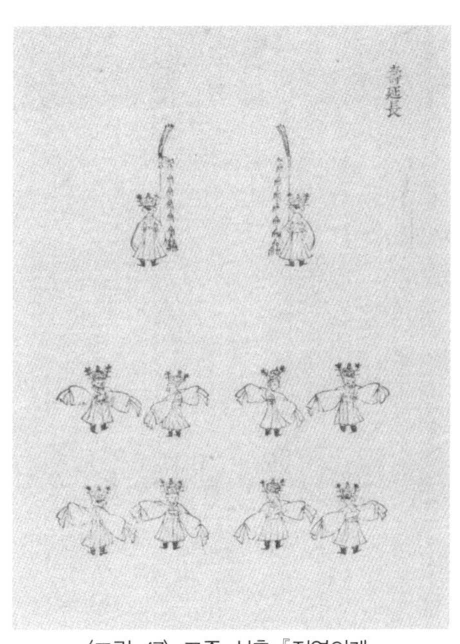

〈그림 47〉 고종 신축 『진연의궤』

일곱 번째, 연향별로 변화된 내용을 제시하였다. 〈최화무〉를 예를 들면,[118] 〈최화무〉는 왕조 및 연향에 따라 무용수 구성을 죽간자 2인·선모 1인·협무 4인과 협무 6인으로 차이를 두어 전혀 다른 내용으로 추었다. 고종 신축년·고종 임진년·순조 기축년에는 죽간자 2인·선모 1인·협무 4인으로 구성하여 〈그림 48〉처럼 전후대형을 구성하여 춤을

115) 제4장 <수연장>편 참조.
116) <그림 46> 純祖 戊子 『進爵儀軌』[무동]14b.
117) <그림 47>의 무도내용은 고종 신축년 · 고종 임진년 · 고종 임인년이 모두 같다. 高宗 辛丑 『進宴儀軌』[무동]26b; 高宗 壬辰 『進饌儀軌』[무동]28b; 高宗 壬寅 『進宴儀軌』[4월: 무동]26b; 高宗 壬寅 『進宴儀軌』[11월: 무동]28b.
118) 제4장 <최화무>편 참조.

추었고, 순조 무자년에는 협무 6인으로 구성하여 〈그림 49〉처럼 일렬대형을 구성하여 춤을 추었다.

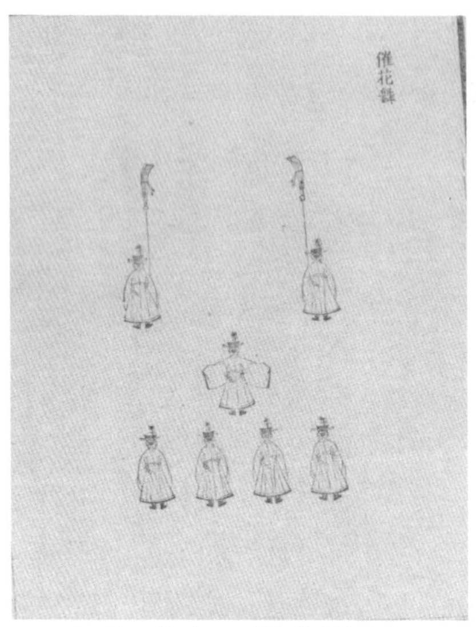

〈그림 48〉 순조 기축 『진찬의궤』

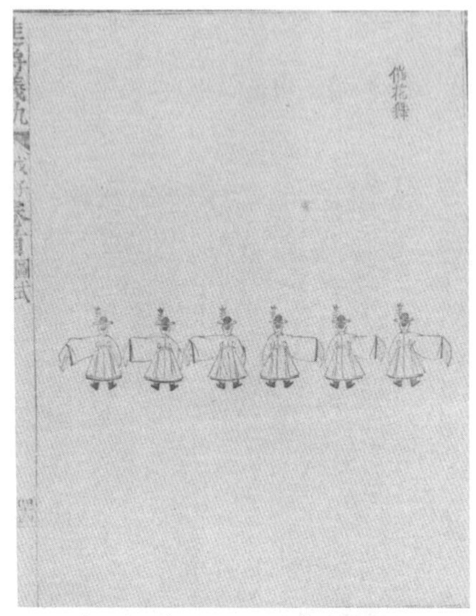

〈그림 49〉 순조 무자 『진작의궤』

여덟 번째, 춤을 추는 무용수 외 춤 진행을 돕는 무용수들이 참여한 것과 그들이 서는 위치를 제시하였다. 궁중정재는 의례와 의식을 수반한 춤이다. 따라서 궁중에서 출 때에는 정재를 직접 추는 무용수[죽간자·족자·선모·협무]들과 춤 진행에 직접 참여하는 집박악사·악사·봉화·봉필 등이 서는 위치를 제시하고 있다.

먼저 봉화와 봉필을 예를 들면, 이들 무용수들은 〈포구락〉과 〈보상무〉의 구성 인원이다. 〈포구락〉과 〈보상무〉 춤의 주체는 포구희로, 포구희를 하는 협무 외 봉화·봉필이 참여하는데, 이들은 공이 들어가고 들어가지 않음에 따라 상과 벌을 주는 역할을 한다. 『정재무도홀기』에는 〈그림 50〉과 〈그림 51〉처럼 기록되어 봉화·봉필이 등장하는 것은 알 수 있지만 이들이 서는 위치는 정확하게 알 수 없다. 이러한 단점을 보완해 준 것이 정재도인데, 봉화가 동쪽, 봉필이 서쪽에 선 것을[119] 〈그림 52〉의 정재도를 통해 알 수

119) 봉화가 서쪽, 봉필이 동쪽에 선 <포구락> 정재도는 高宗 壬寅 『進宴儀軌』[11월]무동27a, 高宗 壬寅 『進宴儀軌』[4월]무동25a, 高宗 辛丑 『進宴儀軌』[무동]25a, 高宗 壬辰 『進饌儀軌』[무동]27a, 高宗 丁亥 『進饌儀軌』[여령]23a, 高宗 丁丑 『進饌

있게 하였다. 그러나 일부 정재도에는 봉화가 서쪽, 봉필이 동쪽에 서 있는데, 이것은 의궤 악장 기록을 통해 봉화와 봉필의 위치가 잘못 그려진 것을 확인하였다.[120)]

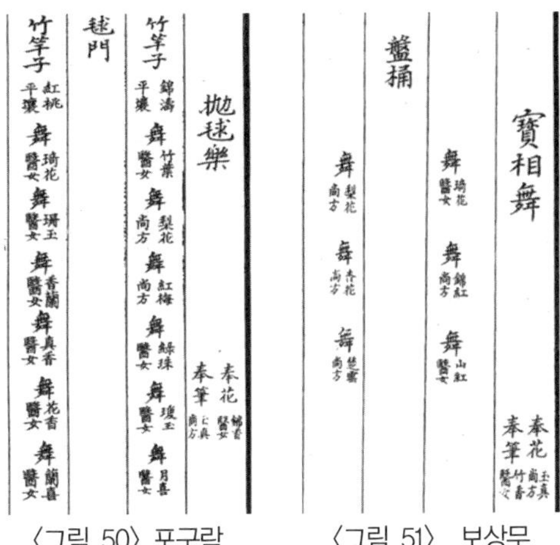

〈그림 50〉 포구락 〈그림 51〉 보상무

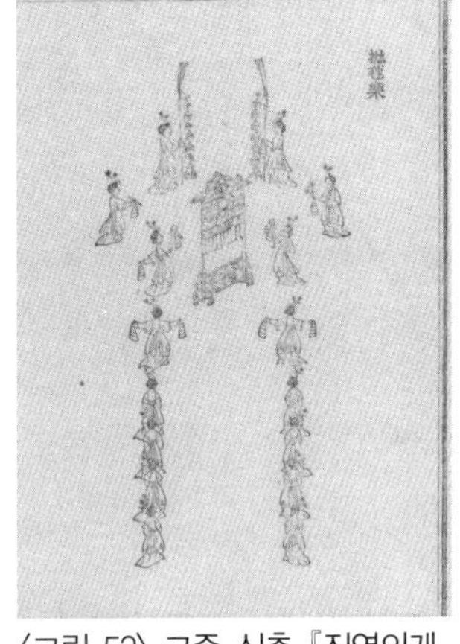

〈그림 52〉 고종 신축 『진연의궤』

다음으로 악사는 춤 진행에 직접 참여하여 무구를 설치하거나 무구를 묶어주는 등 다양한 역할을 하는 무용수이다. 악사가 등장하는 것은 『정재무도홀기』의 기록을 통해 알 수 있지만 이들이 서는 위치는 알 수 없다. 〈헌선도〉를 예를 들면, 〈헌선도〉는 악사가 탁자를 설치하기도 하고 선모에게 선도반(仙桃盤)을 건네주기도 하는데, 악사 2인이 탁자 좌우에 앉아 있는 것이 〈그림 53〉에서 확인된다.

〈그림 53〉 순조 기축 『진찬의궤』

그리고 집박악사는 춤 진행에 직접 참여하지는 않지만 연향에 참여하여 음악의 진행에 따라 춤의

儀軌』[여령]20a에 기록되어 있다. 한국예술학과 음악사료강독회, 『국역헌종무신진찬의궤』卷首·卷一(서울: 민속원, 2004), 132쪽; 손선숙, "보상무 정재도 연구: 『進爵儀軌』·『進宴儀軌』·『進饌儀軌』를 중심으로," 『무용예술학연구』제14집(서울: 한국무용예술학회, 2004), 143~166쪽; "포구락 정재도 연구: 『進爵儀軌』·『進宴儀軌』·『進饌儀軌』를 중심으로," 『한국무용사학』제3집(서울: 韓國舞踊史學會, 2004), 7~34쪽.

120) 손선숙, "<포구락> 무도와 홀기의 연관성 연구," 『한국무용기록학회지』제8호(서울: 한국무용기록학회, 2005), 87~122쪽.

구조가 변할 때마다 박을 치며 춤을 이끄는 역할을 한다. 집박악사가 궁중연향에 참여하는 것은 알 수 있지만 이들이 춤 속에 직접 등장하거나 서는 위치는 『정재무도홀기』의 기록을 통해서는 확인되지 않는다. 이들이 서는 위치는 〈그림 54〉의 〈하황은〉과 〈그림 55〉의 〈처용무〉 정재도를 통해 무용수들의 앞과 좌우[東西]에 선 것을 알 수 있고, 이들이 연향에 참여한 것을 알 수 있다.

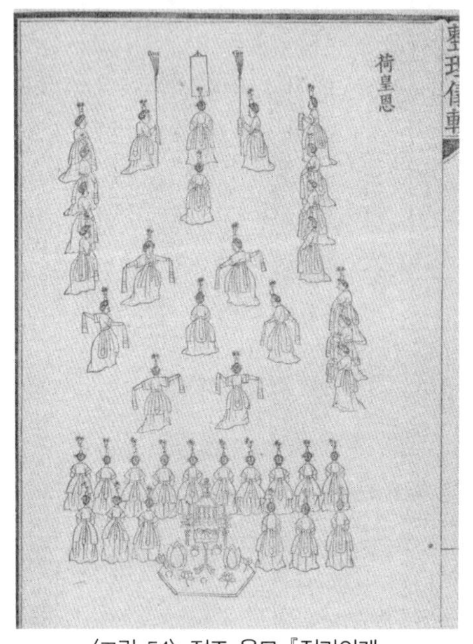

〈그림 54〉 정조 을묘 『정리의궤』

〈그림 55〉 정조 을묘 『정리의궤』

아홉 번째, 왕조별로 각 연향에 추어지는 정재 종목과 출연하는 무용수들이 대기하는 위치와 창사를 부르는 가자(歌者)들의 위치를 제시하였다. 궁중정재가 추어지는 공간은 궁궐 안이다. 궁중 잔치는 연향의 목적에 따라 1작(爵)부터 9작까지 진행한다. 각 연향에 출연하는 무용수들이 기다리는 과정을 〈그림 56〉의 〈광수무〉와 〈그림 57〉의 〈학무〉에서 확인할 수 있는데, 〈광수무〉와 〈학무〉를 추는 무용수 뒤에 출연무용수들이 서 있는 것이 보인다. 이들을 대기무용수라 부르는데, 대기무용수를 제시한 정재도는 순조 무자 『진작의궤』·순조 기축 『진찬의궤』·정조 을묘 『정리의궤』이다.

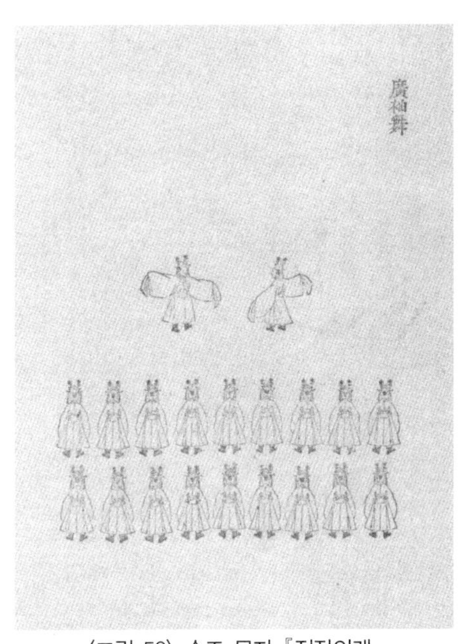

〈그림 56〉 순조 무자 『진작의궤』

〈그림 57〉 정조 을묘 『정리의궤』

그리고 가자는 정재 종목에 따라 사용되는 노래를 부르는 역할을 한다. 이들이 서는 위치를 〈그림 58〉에서 확인할 수 있는데, 가자를 제시한 정재도는 순조 기축 『진찬의궤』·고종 임진 『진찬의궤』·고종 신축 『진연의궤』·고종 임인(4월·11월) 『진연의궤』이다.

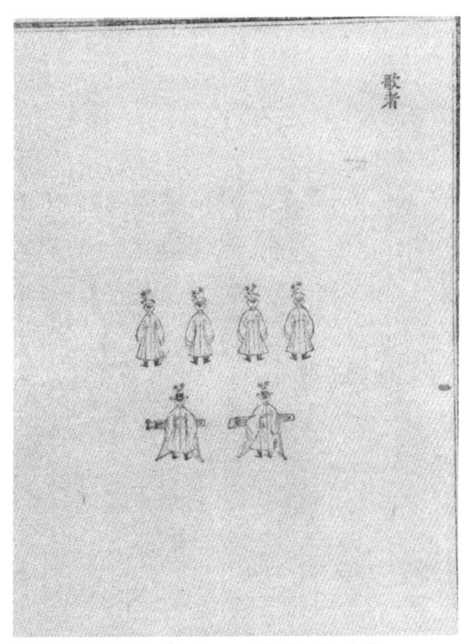

〈그림 58〉 순조 기축 『진찬의궤』

열 번째, 왕조 및 연향별로 변화된 의상의 형태와 한삼 착용의 유무를 알 수 있게 하였다. 〈그림 59〉의 순조 기축년과 〈그림 60〉의 고종 신축년에 추어진 〈무고〉를 비교하면, 동일 정재인데도 의상의 형태에 차이가 있음을 알 수 있다. 또한 무동정재인데도 순조 기축년에는 한삼을 착용하지 않았고, 고종 신축년에는 한삼을 착용하였다.

〈그림 59〉 순조 기축 『진찬의궤』

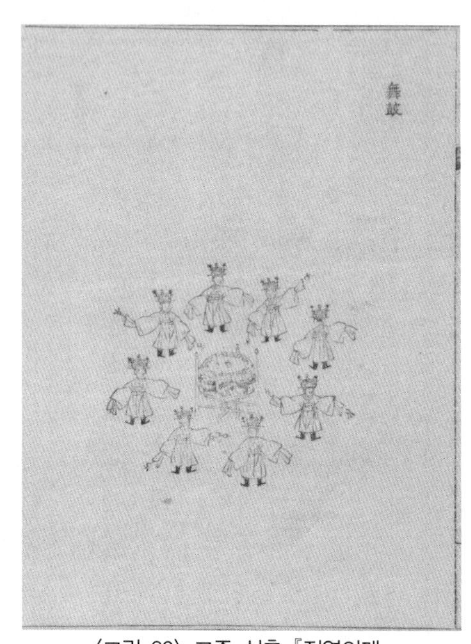

〈그림 60〉 고종 신축 『진연의궤』

열한 번째, 왕조 및 연향별로 변화된 무구의 형태와 무구를 잡는 모양새를 제시하였다. 먼저 〈그림 61〉의 정조 을묘년과 〈그림 62〉의 고종 임인년[4월]에 추어진 〈검기무〉를 비교하면, 정조대와 고종대의 무구[검] 형태에 차이가 있다.

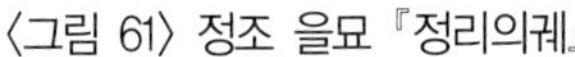

〈그림 61〉 정조 을묘 『정리의궤』

〈그림 62〉 고종 임인 『진연의궤』

그리고 〈그림 63〉의 헌종 무신년과 〈그림 64〉의 고종 임인년[4월]에 추어진 〈가인전목단〉을 비교하면, 헌종대에는 한삼을 걷어내고 맨손으로 꽃을 잡았고, 고종 임인년에는 한삼 위로 꽃을 잡았다.

〈그림 63〉 헌종 무신 『진찬의궤』

〈그림 64〉 고종 임인 『진연의궤』

제4장 정재도의 무용기록

본문에서는 의궤에 기록된 342점의 정재도를 정재별로 통합하여 대형의 형태와 무용수 구성인원 그리고 춤사위 형태를 기준으로 그림의 내용이 같은 것끼리 분류하여 그림에서 발견되는 표현 요소를 그려진 사실 그대로 살펴볼 것이다. 그리고 『정재무도홀기』와 비교하여 정재도에 제시된 내용의 근거와 실제에 대해 살펴보고, 각 정재도마다 정재 내용을 어떤 양상으로 제시하고자 한 것인지와 무용구성과 구조를 종합적으로 해석할 것이다.

1. 가인전목단佳人剪牧丹

〈가인전목단〉 정재도는 순조 무자 『진작의궤』·순조 기축 『진찬의궤』·헌종 무신 『진찬의궤』·고종 무진 『진찬의궤』·고종 정해 『진찬의궤』·고종 정축 『진찬의궤』·고종 임진 『진찬의궤』·고종 신축 『진찬의궤』·고종 신축 『진연의궤』·고종 임인(4월·11월) 『진연의궤』에 수록되어 있다. 11종의 의궤에 16점이[121] 전하는데, 무동은 6점·여령은 10점이다.

1) 〈가인전목단〉 정재도 검토

16점의 〈가인전목단〉 정재도를 살폈을 때 무용수는 집박악사(執拍樂師)[122] 2인, 협무(挾舞) 4인·8인·10인·12인·18인으로 구성되었고, 무도내용은 8가지 유형으로 구분되어 있는데,[123] 내용을 살펴보면 다음과 같다.

〈그림 65〉는 순조 무자 『진작의궤』에 수록된 정재도이다.[124] 무동정재이며, 무용수 구성은 협무 4인이다. 무동 4인이 사우(四隅) 위치에 서서 춤을 추는데, 서북(西北)과 동남(東南)에 선다. 무동 4인 중 무동 2인이 꽃을 잡았는데 모두 오른손으로 잡았고, 꽃은 한삼 위로 잡았다. 춤은 화준(花樽)을 중심으로 내향(內向)·외향(外向) 그리고 우선(右旋)·좌선(左旋)을 하고, 좌대와 우대 그리고 전대(前隊)와 후대(後隊)가 상대(相對)·상배(相背)하며 춤을 춘다. 춤사위는 '양수평거(兩手平擧)[125]·우수반상거좌수평거(右手半上擧左手平擧)[126]·우수반하거좌수반상거(右手半下擧左手半上擧)[127]·우수평거좌수반하거(右手平擧左手半下擧)'[128]이다.

〈그림 66〉은 순조 기축 『진찬의궤』에 수록된 정재도이다.[129] 무동정재이며, 무용수 구성은 협무 18인이다. 무동 18인이 원(圓)으로 서서 춤을 추는데, 18인 중 3인이 꽃을 왼손으로 잡았고, 무용수 전체가 한삼을 끼지 않았다. 춤은 화준을 중심으로 내향·외향 그리고 우선·좌선을 하고, 춤사위는 '양수평거·양수반하거[130]·우수반상거좌수반하거(右手半上擧左手半下擧)[131]·우수평거좌수반하거·우수반하거좌수평거(右手半下擧左手平擧)[132]·우수하

121) <佳人剪牧丹> 정재도는 純祖 戊子 『進爵儀軌』[무동]44a, 純祖 己丑 『進饌儀軌』[여령]28a·[무동]59a, 憲宗 戊申 『進饌儀軌』[여령]18a, 高宗 戊辰 『進饌儀軌』[여령]16a, 高宗 丁亥 『進饌儀軌』[여령]22b, 高宗 丁丑 『進饌儀軌』[여령]19b, 高宗 壬辰 『進饌儀軌』[무동]26a·[여령]35a, 高宗 辛丑 『進饌儀軌』[여령]22a, 高宗 辛丑 『進宴儀軌』[무동]24a·[여령]32a, 高宗 壬寅 『進宴儀軌』[4월: 무동]18a·[여령]32a, 高宗 壬寅 『進宴儀軌』[11월: 무동]26a·[여령]35a에 기록되어 있다.

122) 집박악사는 박(拍)을 들고 정재의 진행에 따라 박을 치면서 춤의 진행을 돕는 역할을 한다.

123) 손선숙, "의궤 정재도의 도상학적 연구(Ⅰ): <가인전목단>·<몽금척>·<무고>·<아박무>·<포구락>을 중심으로," 『무용역사기록학』제36집(서울: 무용역사기록학회, 2015), 183~221쪽.

124) <그림 65> 순조 무자 『진작의궤』[무동]44a.

125) 양수평거(兩手平擧): 두 팔을 옆으로 나란히 펼쳐 든 동작.

126) 우수반상거좌수평거(右手半上擧左手平擧): 오른팔은 위로 반[45°] 올려 들고, 왼팔은 옆으로 펴든 동작.

127) 우수반하거좌수반상거(右手半下擧左手半上擧): 오른팔은 아래로 반[45°] 내려 들고, 왼팔은 위로 반 올려 든 동작.

128) 우수평거좌수반하거(右手平擧左手半下擧): 오른팔은 옆으로 펴 들고, 왼팔은 아래로 반[45°] 내려 든 동작.

129) <그림 66> 순조 기축 『진찬의궤』[무동]59a.

130) 양수반하거(兩手半下擧): 두 팔을 아래로 반쯤 내려 든 동작.

131) 우수반상거좌수빈하거(右手半上擧左手半下擧): 오른팔은 위로 반 올려 들고, 왼팔은 아래로 반[45°] 내려 든 동작.

거좌수반상거(右手下擧左手半上擧)'[133]이다.

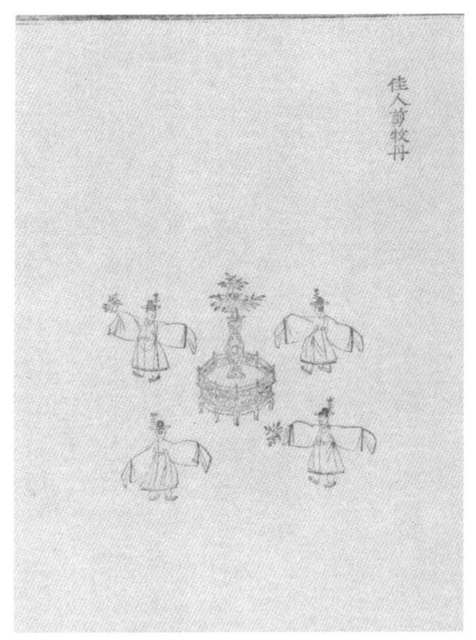

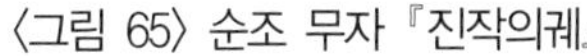
〈그림 65〉 순조 무자 『진작의궤』

〈그림 66〉 순조 기축 『진찬의궤』

〈그림 67〉은 순조 기축 『진찬의궤』에 수록된 정재도이다.[134] 여령정재이며, 무용수 구성은 집박악사 2인·협무 12인이다. 집박악사 2인이 북쪽에서 상대하고, 여령 12인이 원으로 서서 춤을 추는데, 그 중 1인이 꽃을 한삼 위로 잡았다. 춤은 화준을 중심으로 내향과 좌선·우선을 하고, 특히 좌대의 협무 1인이 왼손에 꽃을 잡고 제자리로 돌아가는 모습을 보이고 우대의 협무 1인은 오른손을 화준을 향해 내밀고 있어, 무용수들이 차례로 꽃을 집어 드는[135] 내용임을 짐작케 한다. 춤사위는 '양수평거·양수반하거·우수반하거좌수반상거'이다.

〈그림 68〉은 헌종 무신 『진찬의궤』·고종 무진 『진찬의궤』에 수록된 정재도이다.[136]

132) 우수반하거좌수평거(右手半下擧左手平擧): 오른팔은 아래로 반쯤 내려 들고, 왼팔은 옆으로 펴 든 동작.
133) 우수하거좌수반상거(右手下擧左手半上擧): 오른팔은 아래로 내려 들고, 왼팔은 위로 반쯤 올려 든 동작.
134) <그림 67> 순조 기축 『진찬의궤』[여령]28a.
135) 현행 <가인전목단>에서는 무용수 전체가 동시에 꽃을 집어 든다.
136) <그림 68> 헌종 무신 『진찬의궤』[여령]18a; 고종 무진 『진찬의궤』[여령]16a.

여령정재이며, 무용수 구성은 협무 8인이다. 여령 8인이 원으로 서서 춤을 추는데, 모두 오른손에 꽃을 잡았고, 꽃을 잡은 손의 한삼이 벗겨져 있다. 춤은 화준을 중심으로 내향과 우선을 하고, 춤사위는 '양수평거·우수평거좌수반하거'이다.

〈그림 67〉 순조 기축 『진찬의궤』

〈그림 68〉 헌종 무신 『진찬의궤』

〈그림 69〉는 고종 정해 『진찬의궤』·고종 정축 『진찬의궤』에 수록된 정재도이다.[137) 여령정재이며, 무용수 구성은 협무 12인이다. 여령 12인이 원으로 서서 춤을 추는데, 모두 오른손에 꽃을 잡았고 꽃을 잡은 손의 한삼이 벗겨져 있다. 춤은 화준을 중심으로 내향·외향 그리고 우선을 하고, 춤사위는 '양수평거·양수반하거·우수평거좌수반하거'이다.

〈그림 70〉은 고종 임인 『진연의궤』[4월·11월]·고종 신축 『진연의궤』·고종 임진 『진찬의궤』에 수록된 정재도이다.[138) 무동정재이며, 무용수 구성은 협무 8인이다. 무동 8인이 원으로 서서 춤을 추는데 그중 무동 4인이 꽃을 한삼 위로 잡았다. 꽃을 잡은 위치가

137) <그림 69> 고종 정해 『진찬의궤』[여령]22b; 고종 정축 『진찬의궤』[여령]19b

138) <그림 70> 고종 임인 『진연의궤』[11월: 무동]26a, 고종 임인 『진연의궤』[4월: 무동]18a; 고종 신축 『진연의궤』[무동]24a; 고종 임진 『진찬의궤』[무동]26a.

서로 다른데 1인은 오른손, 3인은 왼손에 잡았다. 춤은 화준을 중심으로 내향·외향 그리고 우선을 하고, 춤사위는 '양수평거·양수반하거·우수평거좌수반하거·우수반하거좌수평거'이다.

〈그림 69〉 고종 정해 『진찬의궤』

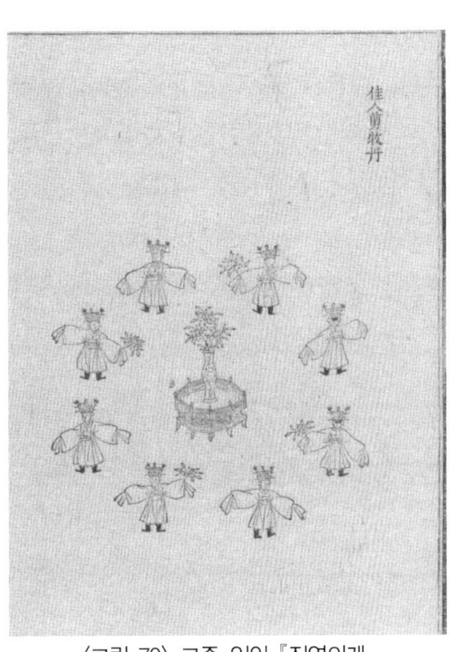

〈그림 70〉 고종 임인 『진연의궤』

〈그림 71〉은 고종 임인 『진연의궤』[11월]에 수록된 정재도이다.139) 여령정재이며, 무용수 구성은 협무 10인이다. 여령 10인이 원으로 서서 춤을 추는데, 이 중 5인이 오른손에 꽃을 잡았고 한삼 위로 잡았다. 춤은 화준을 중심으로 내향과 우선·좌선을 하고, 춤사위는 '양수평거·양수반하거·우수반하거좌수평거'이다.

〈그림 72〉는 고종 신축 『진연의궤』·고종 임인 『진연의궤』[4월]·고종 임진 『진찬의궤』·고종 신축 『진찬의궤』에 수록된 정재도이다.140) 여령정재이며, 무용수 구성은 협무 12인이다. 여령 12인이 원으로 서서 춤을 추는데, 이 중 6인이 오른손에 꽃을 한삼 위로

139) <그림 71> 고종 임인 『진연의궤』[11월: 여령]35a.

140) <그림 72> 고종 신축 『진연의궤』[여령]32a; 고종 임인 『진연의궤』[4월: 여령]32a; 고종 임진 『진찬의궤』[여령]35a; 고종 신축 『진찬의궤』[여령]22a.

잡았다. 춤은 화준을 중심으로 내향과 우선·좌선을 하고, 춤사위는 '양수평거·양수반하거·우수반하거좌수평거'이다.

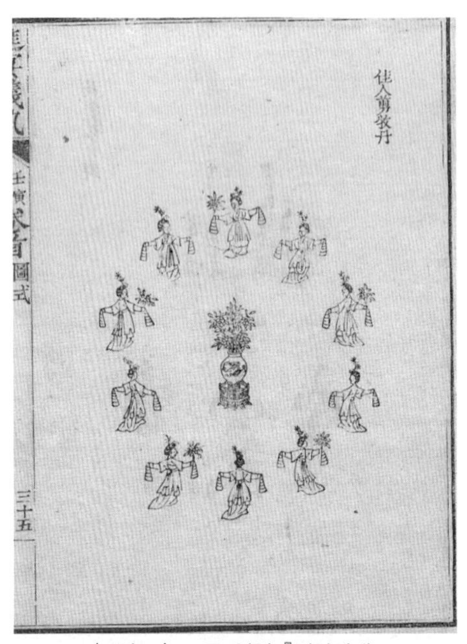

〈그림 71〉 고종 임인 『진연의궤』

〈그림 72〉 고종 임진 『진찬의궤』

이상 16점의 〈가인전목단〉 정재도를 살폈을 때 드러난 무도내용은 화준을 중심으로 춤을 추는 것으로, 꽃을 집어 드는 것과 꽃을 잡고 춤추는 내용, 2가지를 제시하고 있다. 여령정재와 무동정재별로 무도내용이 구분되어 있고, 특히 〈그림 68·69〉와 〈그림 71·72〉는 무용수 인원에 차이가 있지만 춤 내용은 같다. 무용수는 집박악사 2인·협무 12인, 협무 4인·8인·10인·12인·18인 등 6가지로, 왕조 및 연향에 따라 구성에 차이가 있다.

정재대형은 원과 사우대형이고,141) 정재방향은 화준을 중심으로 내향·외향하고, 정재이동은 좌선·우선을 하였다. 꽃은 정재도별로 오른손과 왼손으로 잡아 꽃을 잡는 손의 위치가 다양한데, 정재도 모두 무용수 전체가 오른손으로 잡기도 하고 일부 무용수만 잡

141) 4인 구성의 무도내용은 좌우대 혹은 전후대가 상대와 상배하는 것으로 보이고 있지만 무용수가 선 위치로 볼 때 대형은 사우(四隅)이다.

기도 하였다. 특히 무동정재의 경우는 한 정재도에서 오른손과 왼손, 등 2가지로 꽃을 잡는 모습을 보여주고 있다. 꽃을 잡은 손의 형태도 정재도별로 차이가 있는데, 꽃을 한삼 위로 잡기도 하고 한삼을 걷어내고 손으로 직접 잡기도 하고, 한삼을 끼지 않은 경우도 드러났다.

〈가인전목단〉 정재도에 공통적으로 드러난 정재춤사위는 '양수반하거 · 양수평거(兩手平擧) · 우수반상거좌수반하거(右手半上擧左手半下擧) · 우수반상거좌수평거(右手半上擧左手平擧) · 우수반하거좌수반상거(右手半下擧左手半上擧) · 우수반하거좌수평거(右手半下擧左手平擧) · 우수평거좌수반하거(右手平擧左手半下擧) · 우수하거좌수반상거(右手下擧左手半上擧)'이다.

2) 〈가인전목단〉 정재도 분석

〈가인전목단〉 무보는 『정재무도홀기』에 7편이 전하는데,[142] 무동정재와 여령정재로 추었고, 무용수 구성은 협무 8인·10인·12인으로[143] 차이가 있다. 〈가인전목단〉 내용은 변화되지 않았지만 연향에 따라 무동정재 시에는 창사가 생략되었다.[144]

내용을 정리하면, 악사가 무대 중앙에 화준[꽃병]을 설치하면 2대좌우대형인 초입대형에서 좌대(左隊)는 밖으로 돌고, 우대(右隊)는 안으로 돌아[145] 무대가운데 화준을 중심

佳人剪牧丹

舞 李壽山 舞 李壽命 舞 李龜龍 舞 李壽億

舞 李用振 舞 金福同 舞 金巖回 舞 權興成

花樽

樂奏長春不老之曲 鄕唐交奏 樂師帥花樽奉擧舞童二人入置於殿內而出○拍舞八人分左右舞進而立 花樽在中○拍左隊外回右隊內回○拍並斂手北向立樂止唱詞 萬朶先開照殿紅 姚黃魏紫妬玲瓏 新翻玉笛淸平樂 別樣仙香撲蝶風 訖○拍 鄕唐交奏○拍左右挾舞作向花而圓舞

〈가인전목단〉 무보(『정재무도홀기』, 장서각소장)

142) <가인전목단>은 한국학중앙연구원 간행의 『呈才舞圖笏記』에 6편, 국립국악원 간행의 『呈才舞圖笏記』에 1편이 수록되었으며, 국립국악원 간행의 『呈才舞圖笏記』에는 내용이 일부 낙정되었다. 『呈才舞圖笏記』(성남: 한국정신문화연구원, 1994년), 123쪽 · 207쪽 · 262쪽 · 326쪽 · 444쪽 · 509쪽; 『時用舞譜(全)呈才舞圖笏記』, 韓國音樂學資料叢書四, (서울: 은하출판사, 1989년), 134쪽.

143) <가인전목단>의 무용수는 무동정재는 협무 8인, 여령정재는 협무 10인 · 12인으로 구성되었다. 『한국궁중무용사』에는 협무 10인 · 12인으로 제시되어 본문에서 바로잡는다. 손선숙, 『한국궁중무용사』(서울: 보고사, 2017), 172쪽.

144) 『呈才舞圖笏記』, 1994년, 444쪽.

145) 후대의 문헌에서는 이를 교선무(交旋舞)라 부르는데, 교선무는 『정재무도홀기』와 같은 원전사료에는 기록되지 않은 새로운 용어로서, 일제강점기 재현 정재로 현행될 당시 만들어져 사용된 것이다. 손선숙, "交旋舞에 대한 硏究: 문헌적 근거를 중심으로," 『韓國舞踊協會學術論文集』 제8집(서울: 한국무용협회, 2001), 121~141쪽.

으로 둥글게 선다. 무용수 전체가 화준을 향해 바라보고 등을 지고 추고, 무용수들끼리 각각 마주보고 추다가 꽃을 희롱하며 꽃을 꺾어 들고 마주보고 등을 지고 추고, 제자리에서 빙글빙글 돌며 추다가 처음의 자리로 돌아와서면 춤이 마친다.

『정재무도홀기』의 〈가인전목단〉 내용은 꽃을 잡기 전과 후로 구분되어 춤이 진행되는데, 정재대형은 〈그림 73〉처럼 2대좌우대형과 원대형의 춤을 보여주고 있다.

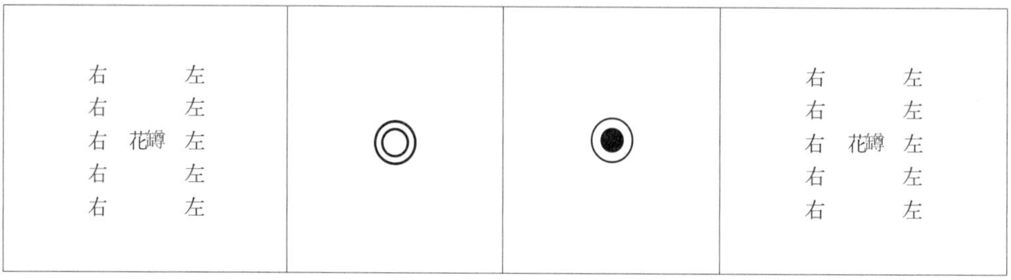

右　　左 右　　左 右 花罇 左 右　　左 右　　左	◎	◉	右　　左 右　　左 右 花罇 左 右　　左 右　　左

〈그림 73〉『정재무도홀기』의 〈가인전목단〉 대형 구성

앞서 〈가인전목단〉 정재도에 공통적으로 드러난 내용은 꽃을 잡는 모습과 꽃을 잡은 다음 화준을 중심으로 춤을 추는 것으로, 다음과 같이 정리된다.

첫째, 무용수는 6가지로 구성되어 왕조 및 연향별로 차이가 있는데, 집박악사 2인·협무 12인, 협무 4인·8인·10인·12인·18인이다.

둘째, 무동정재와 여령정재로 추었다.

셋째, 정재대형은 원과 사우대형으로 구성되었다.

넷째, 정재방향은 내향·외향으로 구성되었다. 방향은 화준을 향하기도[내향] 하고 등을 지기도[외향] 한다.

다섯째, 정재이동은 오른쪽[우선] 혹은 왼쪽[좌선]으로 구성되었다.

여섯째, 꽃을 무용수 전체가 오른손에 잡은 것과 일부 무용수만 잡은 것, 그리고 한 정재도에서는 오른손과 왼손에 각각 잡은 것을 제시하였다.

일곱 번째, 꽃을 한삼 위로 잡은 것과 한삼을 걷어 올리고 손으로 잡은 모습을 보여주고, 한삼을 착용하지 않은 예도 보여주고 있다.

여덟 번째, 무용수들이 꽃을 차례로 집어 드는 내용을 제시하였다.

아홉 번째, 정재춤사위 구성은 '양수반하거·양수평거·우수반상거좌수반하거·우수반상거좌수평거·우수반하거좌수반상거·우수반하거좌수평거·우수평거좌수반하거·우수하거좌수반상거'이다.

이상의 내용은 아래의 정재홀기 기록에서 확인된다.

> …(생략)… ≪용례 1≫ ○박을 치면, 좌우협이 꽃을 향해서 원을 만들어 춤춘다. ○박을 치면, 바깥을 향하여 등지고 춘다. ○박을 치면, 각각 상대(相對)하여 춤춘다. ○박을 치면, 모두 크게 돌고 꽃을 마주하면서 기뻐하며 춤춘다. ○박을 치면, 모두 꽃을 희롱하며 춤춘다. ≪용례 2≫ ○박을 치면, 모두 꽃가지를 반(盤)에서 꺾어 들고, 돌면서 기뻐하여 춤추는데 등지기도 하고, 마주보기도 하며, 소매를 한번 뿌리고 한번 돌면서 춤춘다.

『정재무도홀기』〈가인전목단〉의 ≪용례 1≫은 꽃을 잡기 전 둥글게 서서 화준을 바라보고 등지고 각각 마주보고 크게 돌며 추다가 꽃을 잡기 위해 희롱하며 춤추는 내용이고, ≪용례 2≫는 꽃을 잡은 후 빙글빙글 돌며 춤추고 화준을 등지고 마주보고 소매를 떨쳐 뿌리며 춤을 추는 내용이다.

정재홀기와 〈가인전목단〉 정재도 내용을 비교하였을 때, 정재도에서 무용수 일부가 꽃을 잡고 춤추는 것은 꽃을 잡기 전 희롱하는 내용과 꽃을 잡는 과정으로 ≪용례 1≫을 제시한 것이고, 무용수 모두가 꽃을 잡고 춤추는 것은 꽃을 잡은 후의 내용으로 ≪용례 2≫를 제시한 것이다.

3) 〈가인전목단〉 정재도 해석

11종의 의궤에 16점이 수록된 〈가인전목단〉 정재도는 무동은 6점·여령은 10점이다. 16점의 정재도를 살폈을 때 무도내용이 적게는 1점, 많게는 4점이 같은 내용으로 그려졌는데 〈그림 65·66·67·71〉은 1점, 〈그림 68·69〉는 2점, 〈그림 70·72〉는 4점이 같다.

정재도를 통합 비교하였을 때 〈가인전목단〉은 정재도마다 한 그림 속에 여러 내용을 제시하였는데, 화준을 중심으로 내향·외향·좌선·우선하는 것이 공통이었다. 그 외 〈그림 66〉에는 상대·상배와 무용수들이 차례로 꽃을 집어 드는 과정을, 〈그림 67〉에는 무용수 1인이 화준의 꽃을 잡는 과정을, 〈그림 65·70·71·72〉에는 좌대와 우대가 차례로 꽃을 잡는 과정과 무용수가 일정한 형식을 갖추어 꽃을 잡는 것을, 〈그림 68·69〉에는 무용수 전체가 꽃을 잡고 추는 춤과 춤사위 형태를 보여주고 있다.

무용수 구성은 왕조 및 연향에 따라 6가지로 구분하여 제시하였는데, 협무 12인·집박악사 2인과 협무 4인·8인·10인·12인·18인으로 차이가 있다. 여기서 집박악사는 정재홀기에는 기록되지 않았지만 연향에 참여하여 〈가인전목단〉을 추는 무용수들 앞에 서서 춤 진행에 도움을 주는 역할을 한 것을 알 수 있다.

무도내용은 인원의 차이에 따라 대형의 형태도 달랐지만 대부분 화준을 중심으로 둥글게 선 대형에서 내향·외향·상대·상배·우선·좌선하는 춤을 보여준 것으로, 의궤 정재도에는 이러한 내용들을 무용수 구성과 의상 및 무구의 형태와 한삼 착용의 유무에 차이를 두어 8가지 유형으로 제시하였다.

〈가인전목단〉 정재도와 정재홀기를 비교하였을 때 무용수가 화준을 중심으로 둥글게 선 대형에서 내향·외향·상대·우선·좌선하는 것은 꽃을 잡기 전과 잡은 후의 춤 내용으로, 『정재무도홀기』에 기록된 내용을 사실적으로 제시한 것이다. 그리고 무용수 전체가 꽃을 잡거나 절반만 잡는 경우, 그리고 무용수 구성 중에서 1~2인만 잡는 등 3가지로 제시하였다. 정재도 기록을 통해 무용수 구성 중에서 절반이 꽃을 잡은 경우는 왕조 및 연향별로 무용수가 〈무고〉 정재처럼 원무와 협무로 구분되어 있다고 볼 수 있지만 『정재무도홀기』와 비교하였을 때 무용수 전체가 꽃을 잡고 춘 것이었다.[146]

그리고 〈가인전목단〉은 좌대와 우대로 구분되어있으므로 〈그림 65·70·71·72〉에서 무용수 절반이 꽃을 잡은 것은 좌대와 우대가 차례대로 잡는 것을 보여준 것이다. 이 내

146) "○박을 치면, 모두 꽃가지를 꺾어 들고 반(盤)을 둥글게 돌며 즐겁게 춤추고, 혹은 등지고 혹은 마주보고, 일불일전하며 춤춘다." "○拍, 並花枝剪執, 盤,轉歡舞, 或背或面, 一拂一轉而舞"

용은 의궤 악장 기록에서 "무동 4인이 두 대로 나누어 각각 항아리의 꽃 한 가지를 취하여 진퇴(進退) 선전(旋轉)하면서 춤춘다"는[147] 내용에서 알 수 있다. 또한 좌대와 우대가 나누어 무용수들이 차례로 꽃을 집어 드는 내용을 표현한 〈그림 67〉에서도 확인된다. 따라서 『정재무도홀기』에는 무용수 전체가 꽃을 동시에 집어든 것으로 기록되어 있지만 〈가인전목단〉 정재도를 통해 무용수[협무]들이 차례로 꽃을 집어 드는 것을 알 수 있고, 무엇보다도 꽃을 잡는 내용이 다양한 과정으로 진행된 것 그리고 오른손과 왼손으로 바꾸어가며 꽃을 잡아 여러 형태의 춤으로 추어진 것을 알 수 있다.

반면 정재홀기에 기록되지 않은 내용을 정재도에 제시하였는데, 집박악사가 북쪽의 좌우에 선 위치, 꽃을 잡는 모양새, 한삼을 걷고 꽃을 잡은 것, 한삼 위로 꽃을 잡은 것, 한삼을 끼지 않은 것, 왼손으로 꽃을 잡은 내용 등이다.

이상으로, 의궤의 〈가인전목단〉 정재도는 왕조 및 연향에 따라 무용수 구성을 협무 4인·8인·10인·12인·18인으로 차이를 두어, 사우와 원대형에서 화준을 중심으로 꽃을 잡기 전 희롱하는 내용과 꽃을 잡는 과정 그리고 꽃을 잡은 후 춤추는 내용을 제시하고 있다. 이와 같은 여러 내용을 한 그림 속에 제시한 〈가인전목단〉 정재도는 무도내용이 서로 연관성을 가지는 특징을 보인다.

2. 검기무劍器舞

〈검기무〉 정재도는 정조 을묘 『정리의궤』·순조 기축 『진찬의궤』·헌종 무신 『진찬의궤』·고종 무진 『진찬의궤』·고종 정축 『진찬의궤』·고종 정해 『진찬의궤』·고종 신축 『진찬의궤』·고종 임진 『진찬의궤』·고종 신축 『진연의궤』·고종 임인(4월·11월) 『진연의궤』에 수록되어 있다. 11종의 의궤에 11점이[148] 전하는데, 모두 여령정재이며 〈쌍검기무(雙

147) 이의강, 『국역순조무자진작의궤』(서울: 보고사, 2006), 305쪽.

148) <劍器舞> 정재도는 正祖 乙卯 『整理儀軌』[여령]15a, 純祖 己丑 『進饌儀軌』[여령]25a, 憲宗 戊申 『進饌儀軌』[여령]20b, 高宗 戊辰 『進饌儀軌』[여령]15b, 高宗 丁丑 『進饌儀軌』[여령]22b, 高宗 丁亥 『進饌儀軌』[여령]25b, 高宗 辛丑 『進饌儀軌』[여령]24a, 高宗 壬辰 『進饌儀軌』[여령]40a, 高宗 辛丑 『進宴儀軌』[여령]37a, 高宗 壬寅 『進宴儀軌』[4월: 여령]37a[雙], 高宗

劍器舞)〉로도 추었다.

1) 〈검기무〉 정재도 검토

11점의 〈검기무〉 정재도를 살폈을 때 무용수는 협무 2인·4인·8인, 대기무용수 25인, 집박악사 2인으로 구성되었고, 무도내용은 4가지 유형으로 구분되어 있는데[149] 내용을 살펴보면 다음과 같다.

〈그림 74〉는 정조 을묘 『정리의궤』에 수록된 정재도이다.[150] 여령정재이며, 무용수 구성은 협무 2인·대기무용수 25인·집박악사 2인이다. 여령 2인이 양손에 검을 잡고 일렬대형으로 서서 마주보고 춤춘다. 집박악사 2인은 양손에 박을 잡고 동쪽에서 서향하고, 대기무용수 25인은 염수하고 남쪽에 서서 북향한다. 무용수는 머리에 전립(戰笠)을[151] 착용하고 장검[a]을 들었으며, 춤사위는 '우수전여만좌수후반거(右手前如彎左手後半擧)·양수전반하거(兩手前半下擧)'이다.

〈그림 75〉는 순조 기축 『진찬의궤』·고종 임진 『진찬의궤』·고종 신축 『진찬의궤』·고종 신축 『진연의궤』·고종 임인 『진연의궤』[11월]에 수록된 정재도이다.[152] 여령정재이며, 무용수 구성은 협무 4인이다. 여령 4인이 2대좌우대형으로 서서 전대(前隊) 2인은 서로 마주보고 앉아 농검(弄劍)과 검을 잡은 후의 춤을 추고, 후대(後隊) 2인은 일어서서 양수집검하여 마주보고 춤을 춘다. 무용수마다 검을 잡은 손 위치가 다른데, 전대의 좌무(左舞)는 양수집검하고, 전대의 우무(右舞)는 검을 잡지 않았으며, 후대의 좌우무(左右舞)는 모두 양손에 검을 잡았다. 무용수는 머리에 전립을 착용하고 단검[b]을 들었으며, 춤사

壬寅 『進宴儀軌』[11월: 여령]40a에 기록되어 있다.

149) 손선숙, "검기무·공막무·첨수무 정재도 연구," 『우리 춤과 과학기술』34집(서울: 우리춤연구소, 2016), 41~66쪽.

150) <그림 74> 정조 을묘 『정리의궤』[여령]15a.

151) 전립(戰笠): 무관(武官)의 전복(戰服)에 착용하던 것으로 전립(氈笠) 또는 벙거지라고도 한다. 짐승의 털을 다져서 담(毯)을 만들고 이것으로 복발형(覆鉢形)의 모옥(帽屋)과 양태(涼太)를 만든다. 대체로 평량자(平涼子)와 같은 형태이다. 모옥에는 정자(頂子)에 끝을 꿰어 작우(雀羽)와 삭모(蒴毛)를 달았고 이것으로 품 등을 구분한다. 모옥과 양태가 연결된 부분에는 붉은 색의 매듭실을 두르고 매듭을 맺었다. 출처: 패션큰사전편찬위원회 Daum백과사전

152) <그림 75> 순조 기축 『진찬의궤』[여령]25a; 고종 임진 『진찬의궤』[여령]40a; 고종 신축 『진찬의궤』[여령]24a; 고종 신축 『진연의궤』[여령]37a; 고종 임인 『진연의궤』[11월: 여령]40a.

위는 '양수농검(兩手弄劍)·우수후반하거좌수전반상거(右手後半下擧左手前半上擧)·양수반하거(兩手半下擧)·양수평거(兩手平擧)·우수전평거좌수상거(右手前平擧左手上擧)'이다.

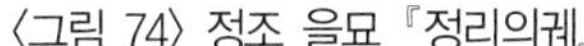
〈그림 74〉 정조 을묘『정리의궤』

〈그림 75〉 순조 기축『진찬의궤』

〈그림 76〉은 헌종 무신『진찬의궤』·고종 무진『진찬의궤』·고종 정축『진찬의궤』·고종 정해『진찬의궤』에 수록된 정재도이다.153) 여령정재이며, 무용수 구성은 협무 4인이다. 여령 4인이 2대좌우대형으로 서서 마주보고 춤추는데, 전대 2인은 서로 마주보고 앉아 농검·집검과 잡은 후의 춤을 추고, 후대 2인은 기립하여 양수집검하고 마주보고 춘다. 무용수마다 검을 잡은 손 위치가 다른데, 전대의 좌무는 양수집검하고 전대의 우무는 우수집검과 좌수농검하고, 후대 2인은 모두 양손에 검을 잡았다. 무용수는 머리에 전립을 착용하고 단검[b]을 들었으며, 춤사위는 '우수후반하거좌수전반상거(右手後半下擧左手前半上擧)·양수평거·우수전반하거좌수상거(右手前半下擧左手上擧)'이다.

153) <그림 76> 헌종 무신『진찬의궤』[여령]20b; 고종 무진『진찬의궤』[여령]15b; 고종 정축『진찬의궤』[여령]22b; 고종 정해『진찬의궤』[여령]25b.

〈그림 77〉은 고종 임인 『진연의궤』[4월]에 수록된 정재도이다.[154] 〈쌍검기무〉로 여령 정재이며 무용수 구성은 협무 8인이다. 여령 8인이 4대좌우대형으로 서서 상대하며 춤추는데, 무용수 중심으로[155] 한다. 먼저 전대 4인은 좌무와 우무가 각각 서로 마주보고 앉아 농검·집검과 잡은 후의 춤을 추고, 후대 4인은 기립하여 양수집검하고 마주보고 춘다. 무용수마다 검을 잡은 손 위치가 다른데, 전대의 좌무 2인은 농검과 양수집검하고 전대의 우무 2인은 우수집검좌수농검(右手執劍左手弄劍)과 양수집검하였으며, 후대의 좌우무 4인은 모두 양손에 검을 잡았다. 무용수는 머리에 전립을 착용하고 단검[b]을 들었으며, 춤사위는 '우수후반하거좌수전반상거·양수반하거·양수평거·우수전반하거좌수후상거(右手前半下擧左手後上擧)'이다.

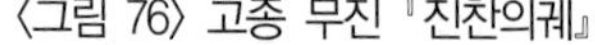
〈그림 76〉 고종 무진 『진찬의궤』

〈그림 77〉 고종 임인 『진연의궤』

이상 11점의 〈검기무〉 정재도를 살폈을 때 드러난 무도내용은 검을 잡기 전과 잡은

154) <그림 77> 고종 임인 『진연의궤』[4월: 여령]37a[雙].

155) 정재의 대형은 무대가운데를 중심으로 좌대와 우대로 구분되어 있는데, 대열중심은 좌대와 우대의 사이를 말하고 무용수 중심은 좌무와 우무 사이를 말한다.

후의 춤을 제시한 것이다. 정재도 모두 여령정재로 추었고, 무용수는 협무 2인·대기무용수 25인·집박악사 2인과 협무 4인·8인 등 3가지로, 왕조 및 연향에 따라 구성에 차이가 있다. 정재대형은 일렬대형·2대좌우대형·4대좌우대형으로 구성되었고, 무용수 인원과는 상관없이 무용수들이 마주보고 춤추는데 일렬대형과 2대좌우대형에서는 대열중심, 4대좌우대형에서는 무용수 중심으로 한다. 춤 대형마다 춤 구성이 구분되어 있는데, 전대는 농검·집검과 잡은 후의 춤을 추고, 반면 후대는 검을 잡은 후의 춤으로 모두 기립하여 마주보고 춘다.

〈검기무〉 정재도에 공통적으로 드러난 정재춤사위는 '양수농검(兩手弄劒)·양수반하거(兩手半下擧)·양수전반하거(兩手前半下擧)·양수평거(兩手平擧)·우수전반하거좌수상거(右手前半下擧左手上擧)·우수전반하거좌수후상거·우수전여만좌수후반거(右手前如彎左手後半擧)·우수전평거좌수상거(右手前平擧左手上擧)·우수후반하거좌수전반상거(右手後半下擧左手前半上擧)'이다.

2) 〈검기무〉 정재도 분석

〈검기무〉 무보는 『정재무도홀기』에 7편이 전하는데,[156] 모두 여령정재로 추었다. 무용수는 협무 4인으로 구성되었고, 내용은 모두 같다.

내용을 정리하면, 악사가 검(劒) 2개를 전중좌우에 두고 나가면 협무 4인이 2대좌우대형으로 서서 상대·환대·상배하며 추다가, 다시 마주보고 앉아 농검·집검하고 일어나 여러 가지 재주를 부리며 춤을 춘다.

『정재무도홀기』의 〈검기무〉는 검을 잡기 전과 후로 구분되어 춤이 진행되는데, 정재대형은 〈그림 78〉처럼 2대좌우대형과 원대형을 구성하여 춘다.

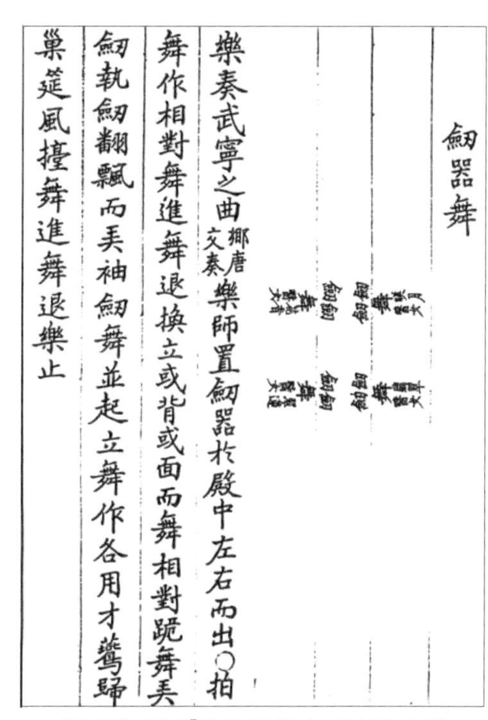
劒器舞

樂奏武寧之曲鄕唐交奏樂師置劒器於殿中左右而出○拍
舞作相對舞進舞退換立或背或面而舞相對跪舞矣
劒執劒翻飄而矣袖劒舞並起立舞作各用才藝歸
巢筵風擡舞進舞退樂止

〈검기무〉 무보(『정재무도홀기』, 장서각 소장)

156) <劍器舞>, 『呈才舞圖笏記』, 1994년, 140쪽·177쪽·358쪽·416쪽·518쪽; 『時用舞譜(全)呈才舞圖笏記』, 1989년, 178쪽.

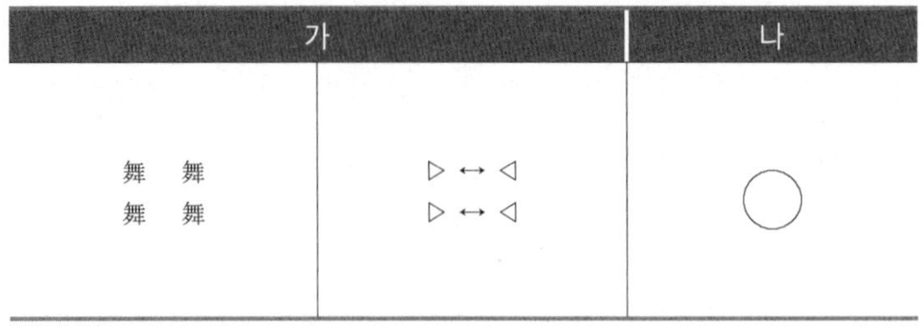

〈그림 78〉『정재무도홀기』의 〈검기무〉 대형 구성

앞서 〈검기무〉 정재도에 공통적으로 드러난 내용을 정리하면 다음과 같다.

첫째, 무용수는 3가지로 구성되어 왕조 및 연향별로 차이가 있는데, 협무 2인·대기무용수 25인·집박악사 2인과 협무 4인·8인이다.

둘째, 모두 여령정재이다.

셋째, 정재대형 구성은 일렬대형·2대좌우대형·4대좌우대형이다.

넷째, 정재방향 구성은 상대이다. 상대하는 기준이 대형에 따라 차이가 있는데, 일렬대형과 2대좌우대형에서는 대열중심, 4대좌우대형에서는 무용수 중심으로 한다.

다섯째, 전대는 농검·집검과 잡은 후의 춤을 추고, 후대는 검을 잡은 후 기립하여 마주보고 춤춘다.

여섯째, 정재춤사위 구성은 '양수농검·양수반하거·양수전반하거·양수평거·우수전반하거좌수상거·우수전반하거좌수후상거·우수전여만좌수후반거·우수전평거좌수상거·우수후반하거좌수전반상거'이다.

이상의 내용은 아래의 정재홀기 기록에서 확인된다.

음악이 무령지곡(武寧之曲)〈향당교주(鄕唐交奏)〉을 연주한다. 악사(樂師)가 검기(劍器)를 전중(殿中) 좌우에 놓고 나간다. ○박을 치면, 춤을 추며 서로 마주보고, 앞으로 나아갔다 뒤로 물러나 서로 바꾸어 선다. 혹은 등을 지고 혹은 서로 마주보고 춤을 춘다. ≪용례 1≫

서로 마주보고 꿇어앉아 춤을 춘다. ≪용례 2≫ 검을 어르고, 검을 잡고 회오리바람이 불듯이 검을 휘돌리며 춤을 춘다. ≪용례 3≫ 다 같이 일어서서 춤을 춘다. 제비가 제 집으로 돌아가듯이 대자리가 바람에 날리듯이 춤을 춘다. ○춤을 추며 앞으로 나아갔다가 뒤로 물러나며 춤을 춘다. 음악이 그친다.

『정재무도홀기』 〈검기무〉의 ≪용례 1≫은 무용수가 마주보고 앉아 춤추는 내용이고, ≪용례 2≫는 검을 잡기 전 검을 희롱하는 내용이고, ≪용례 3≫은 검을 잡은 후 일어나 춤추는 내용이다.

정재홀기와 〈검기무〉 정재도 내용을 비교하였을 때 정재도에서 무용수가 마주보고 앉아 춤추는 것은 ≪용례 1≫을 제시한 것이고, 마주보고 앉아 농검·집검하는 춤은 ≪용례 2≫를 제시한 것이고, 일어서서 마주보고 춤추는 것은 ≪용례 3≫을 제시한 것이다.

3) 〈검기무〉 정재도 해석

11종의 의궤에 11점이 수록된 〈검기무〉 정재도는 모두 여령정재로 추어졌다. 11점의 정재도를 살폈을 때 무도내용이 적게는 1점, 많게는 5점이 같은 내용으로 그려졌는데, 〈그림 74·77〉은 1점, 〈그림 75〉는 5점, 〈그림 76〉은 4점이 같다.

정재도를 통합 비교하였을 때 〈검기무〉는 〈쌍검기무〉로도 추어졌다. 정재도마다 한 그림 속에 여러 내용을 제시하였는데, 〈그림 74〉는 일렬대형에서 무용수 모두 검을 잡고 상대하는 춤과 집박악사의 위치, 〈그림 75·76〉은 2대좌우대형에서 전대의 농검·집검과 후대가 양수집검하고 마주보는 춤, 〈그림 77〉은 4대좌우대형에서 전대의 농검·집검과 후대가 양수집검하고 마주보며 추는 춤과 춤사위 형태이다.

무용수 구성은 왕조 및 연향에 따라 3가지로 구분하여 제시하였는데, 협무 4인, 협무 8인, 협무 2인·대기무용수 25인·집박악사 2인으로 차이가 있다. 여기서 대기무용수 25인은 〈검기무〉 무용수 구성과는 직접 관련이 없고, 정조 을묘년 당시에 여러 정재 종목을 추기위해 남쪽에서 대기하는 무용수들을 말하는 것으로, 배열된 위치를 남쪽으로 제시하고 있다. 집박악사 또한 정재홀기에는 기록되지 않았지만 연향에 참여하여 〈검기무〉를 추는 무용수들 동쪽에 서서 춤 진행에 도움을 주는 역할을 한 것을 알 수 있다.

무도내용은 인원의 차이에 따라 정재대형을 일렬대형·2대좌우대형·4대좌우대형으로 구성하여 대형의 형태에는 차이가 있지만 대부분 농검·집검과 잡은 후의 춤, 그리고 일어서서 마주보고 검을 휘두르며 추는 춤을 보여주고 있다. 의궤 정재도에는 이러한 내용들을 무용수 구성과 의상 및 무구의 형태에 차이를 두어 4가지 유형으로 제시하였다.

〈검기무〉 정재도와 정재홀기를 비교하였을 때 정재도에서 무용수가 마주보고 앉아 춤추는 것은 검을 잡기 전의 춤과 검을 잡는 춤을 제시한 것이고, 일어서서 마주보고 춤추는 것은 검을 잡은 후의 춤으로, 이러한 내용은 『정재무도홀기』에 기록된 내용을 사실적으로 제시한 것이다.

반면 정재홀기에 기록되지 않은 내용을 정재도에 제시하였는데, 상대하는 중심이 대형에 따라 대열과 무용수로 구분된 것, 검을 오른손으로 먼저 잡는 것, 농검·집검과 잡은 후의 춤사위이다. 여기서 일어난 다음 마주보는 춤은 정재홀기에 구체적으로 기록되지 않은 내용이지만 '각용재(各用才)'라는 기록을 통해 마주보는 춤이 포함된 것을 짐작할 수 있다.

이상으로, 의궤의 〈검기무〉 정재도에는 모두 여령이 춘 것을 소개하고 있고, 왕조 및 연향에 따라 무용수 구성을 2인·4인·8인으로 차이를 두어 일렬대형·2대좌우대형·4대좌우대형에서 농검·집검과 잡은 후의 춤을 제시하였고, 상대하는 것이 2대좌우대형에서는 대열중심, 4대좌우대형에서는 무용수 중심으로 하여 정재대형에 따라 차이가 있음을 제시하고 있다.

3. 경풍도慶豐圖

〈경풍도〉 정재도는 순조 무자 『진작의궤』·고종 임진 『진찬의궤』·고종 신축 『진연의궤』·고종 임인(4월·11월) 『진연의궤』에 수록되었다. 5종의 의궤에 9점이[157] 전하는데,

무동은 5점·여령은 4점이다.

1) 〈경풍도〉 정재도 검토

9점의 〈경풍도〉 정재도를 살폈을 때 무용수는 선모 1인·협무 5인으로 구성되었다. 무도내용은 무동과 여령으로 구분하여 2가지 유형으로 제시하였는데[158] 내용을 살펴보면 다음과 같다.

〈그림 79〉는 순조 무자 『진작의궤』·고종 임진 『진찬의궤』·고종 신축 『진연의궤』·고종 임인 『진연의궤』[4월·11월]에 수록된 정재도이다.[159] 무동정재이고, 무용수 구성은 선모 1인·협무 5인이다. 선모 1인이 전대에서 경풍도를[160] 받들고 앉아 있고,[161] 협무 5인이 후대에 일렬로 서서 북향하고 팔을 펴 들고 춤추는데, 춤사위는 '우수평거좌수반하거·우수반하거좌수상거(右手半下擧左手上擧)·양수평거·우수반하거좌수평거'이다.

〈그림 80〉은 고종 임인 『진연의궤』[4월·11월]·고종 신축 『진연의궤』·고종 임진 『진찬의궤』에 수록된 정재도이다.[162] 여령정재이고, 무용수 구성은 선모 1인·협무 5인이다. 선모 1인이 전대에서 경풍도를 들고 서 있고,[163] 협무 5인이 후대에 일렬로 서서 북향하고 팔을 펴 들고 춤추는데, 춤사위는 '우수평거좌수반하거·우수반하거좌수반상거·우수반상거좌수반하거·양수평거·우수반하거좌수평거'이다.

157) <慶豐圖> 정재도는 純祖 戊子 『進爵儀軌』[무동]37b, 高宗 壬辰 『進饌儀軌』[무동]25b, 高宗 壬辰 『進饌儀軌』[여령]25b, 高宗 辛丑 『進宴儀軌』[여령]34b, 高宗 辛丑 『進宴儀軌』[무동]34b, 高宗 壬寅 『進宴儀軌』[4월: 무동]23b, 高宗 壬寅 『進宴儀軌』[11월: 무동]25b, 高宗 壬寅 『進宴儀軌』[11월: 여령]43b, 高宗 壬寅 『進宴儀軌』[4월: 여령]34b에 수록되었다.

158) 손선숙, "조선후기 당악과 향악의 이중적 음악구성 정재연구: <경풍도>·<만수무>·<몽금척>·<봉래의>·<수연장>·<연백복지무>·<연화대무>·<오양선>·<육화대>·<장생보연지무>·<제수창>·<최화무>·<하황은>·<헌천화>·<헌선도>를 중심으로," 『대한무용학회논문집』 제74권5호(서울: 대한무용학회, 2016), 75~94쪽.

159) <그림 79> 순조 무자 『진작의궤』[무동]37b; 고종 임진 『진찬의궤』[무동]25b; 고종 신축 『진연의궤』[무동]34b; 고종 임인 『진연의궤』[4월: 무동]23b; 고종 임인 『진연의궤』[11월: 무동]25b.

160) 경풍도(慶豐圖)는 <경풍도> 정재에서 사용되는 무구이다.

161) <그림 79>에 경풍도를 들고 있는 선모[무동]의 의상이 뒤에 선 협무들과는 달리 바닥에 붙어있고 발이 보이지 않는 것으로 보아 탁자 위에 올려놓기 위해 앉은 동작으로 이해된다.

162) <그림 80> 고종 임인 『진연의궤』[11월: 여령]43b; 고종 임인 『진연의궤』[4월: 여령]34b; 고종 신축 『진연의궤』[여령]34b; 고종 임진 『진찬의궤』[여령]25b.

163) <그림 79>과 <그림 80>의 선모 길이를 재어보았을 때, <그림 79>의 선모는 2.5cm, 협무는 3.5cm이다. 반면 <그림 80>의 선모는 3cm, 협무는 3.5cm이다. <그림 80>의 경우 선모와 협무의 차이가 0.5cm로 무동과는 차이가 있어 무동과 여령의 선모 춤 내용에 차이가 있는 것으로 본다. 이의 정확한 내용은 본문의 <경풍도> 정재도 해석에서 밝히기로 함.

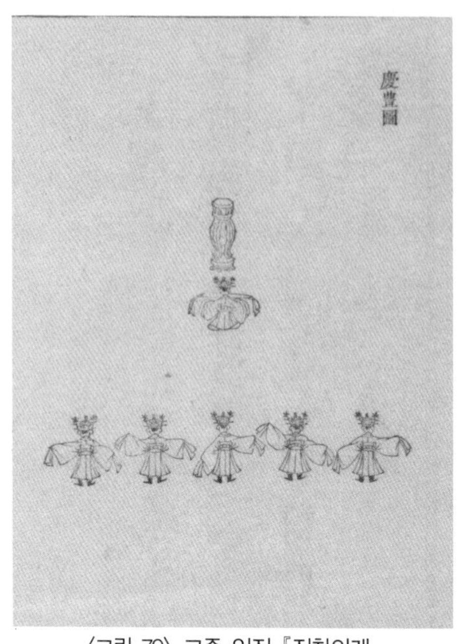

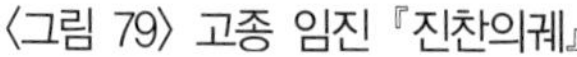
〈그림 79〉 고종 임진 『진찬의궤』

〈그림 80〉 고종 신축 『진연의궤』

이상 9점의 〈경풍도〉 정재도를 살폈을 때 드러난 무도내용은 선모는 전대에 협무 5인은 후대에 선 전후대형의 형태, 선모가 전대에서 경풍도를 받들고 선 것과 앉아 있는 것, 협무 5인이 후대에서 두 팔을 옆으로 펴 들고 춤추는 내용을 제시한 것이다. 무용수는 무동정재와 여령정재 모두 선모 1인·협무 5인으로 구성이 같고, 선모 1인이 전대에서 경풍도를 들고 있는 것은 같지만, 무동은 경풍도를 받들고 앉아 있고, 여령은 받들고 서 있는 것에 차이가 있다. 〈경풍도〉 정재도에 공통적으로 드러난 정재춤사위는 '양수평거·우수반상거좌수반하거·우수반하거좌수반상거·우수반하거좌수상거·우수반하거좌수평거·우수평거좌수반하거'이다.

2) 〈경풍도〉 정재도 분석

〈경풍도〉 무보는 『정재무도홀기』에 5편이[164] 전하는데, 무동정재와 여령정재로 추어

164) <慶豐圖>, 『呈才舞圖笏記』, 1994년, 193쪽 · 249쪽 · 308쪽 · 424쪽; 『時用舞譜(全)呈才舞圖笏記』, 1989년, 107쪽.

졌으며, 무용수는 선모 1인·협무 5인으로 구성이 같다. 연향에 따라 내용에 변화를 주었는데, 선모와 협무가 상대할 때의 무진·무퇴와 회선(回旋)한 다음의 상대이무 그리고 협무의 창사가 생략되었다.[165)]

내용을 정리하면, 악사가 탁자를 설치하고 물러나면 선모가 경풍도를 받들고 무진하여 창사를 부른 후 탁자 위에 내려놓고 물러나면 이어 협무 5인이 창사를 부른다. 선모는 전대에, 협무 5인은 후대에 서서 서로 마주보고 무진·무퇴하고, 이어 선모는 무대가운데에서 춤추고 협무가 회무를 돌아 무용수 전체가 처음 대형으로 서면 춤이 마친다.

『정재무도홀기』의 〈경풍도〉 내용은 〈그림 81〉처럼 선모는 전대에 서고 협무 5인이 후대에 선 전후대형을 유지하며 춤을 추는데, 선모가 경풍도를 받들고 나아가 창사를 부르고, 이어 협무 5인이 창사를 부르고, 선모와 협무가 서로 마주보고 무진·무퇴하고, 회무를 돌아 처음 대형으로 서면 춤이 마친다.

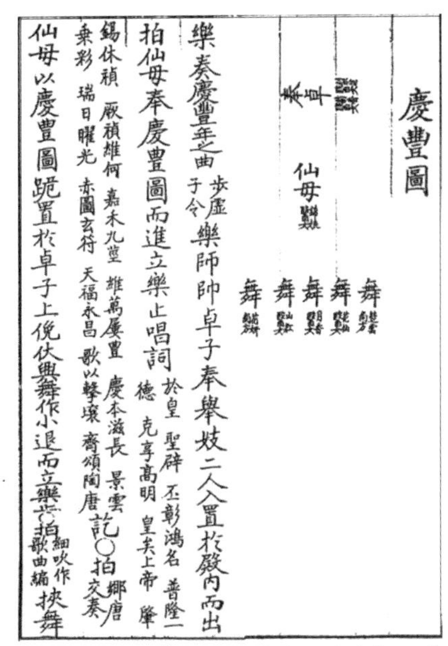

慶豐圖

奉卓 仙母

舞 舞 舞 舞 舞

樂奏慶豐年之曲 步虛子令 樂師帥卓子奉舉妓二人入置於殿內而出

拍 仙母奉慶豐圖而進立 樂止 唱詞 於皇聖辟 丕彰鴻名 普隆一德 克享高明 皇矣上帝 降

錫休禎 厥禎維何 嘉禾九莖 維萬屢豐 慶本滋長 景雲

秉彩 瑞日曜光 赤圖玄符 天福永昌 歌以擊壤 齊頌陶唐 訖 ○拍 鄉唐交奏

仙母以慶豐圖跪置於卓子上俛伏興舞作小退而立 樂止 拍 細吹作 歌曲編 挾舞

〈경풍도〉 무보(『정재무도홀기』, 장서각 소장)

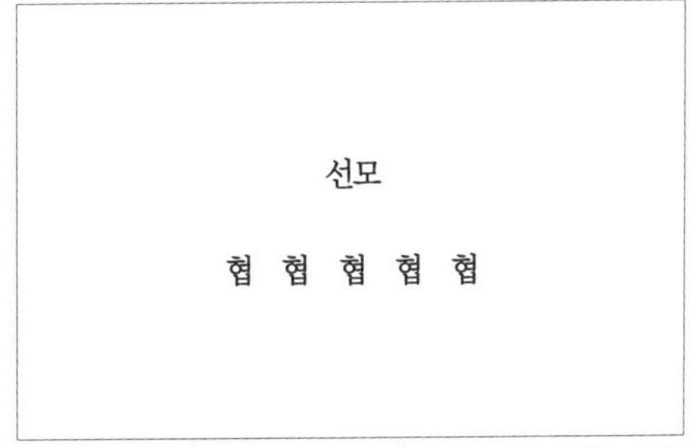

〈그림 81〉『정재무도홀기』의 〈경풍도〉 대형 구성

165) 손선숙, 『한국궁중무용사』(서울: 보고사, 2017), 177쪽.

앞서 〈경풍도〉 정재도에 공통적으로 드러난 내용을 정리하면 다음과 같다.

첫째, 무용수 구성은 선모 1인·협무 5인으로, 무동과 여령 모두 같다.
둘째, 무동정재와 여령정재로 추었다.
셋째, 정재대형 구성은 전후대형이다.
넷째, 정재방향 구성은 북향이다.
다섯째, 선모의 춤은 2가지로, 선모가 전대에서 경풍도를 받들고 앉아 있는 것과 서 있는 내용이다.
여섯째, 협무 5인의 춤은 후대에서 팔을 펴들고 춤추는 내용이 모두 같다.
일곱 번째, 정재춤사위 구성은 '양수평거·우수반상거좌수반하거·우수반하거좌수반상거·우수반하거좌수상거·우수반하거좌수평거·우수평거좌수반하거'이다.

이상의 내용은 아래의 정재홀기 기록에서 확인된다.

> …(전략)… ≪용례 1≫ ○박을 치면, 선모가 경풍도(慶豊圖)를 받들고 앞으로 나아간다. 음악이 그치고 ≪용례 2≫ 창사를 부른다. …(생략)… ≪용례 3≫ ○박을 치면, 선모는 꿇어앉아 경풍도를 탁자(卓子)위에 올려놓고 일어서서 춤을 추며 뒤로 조금 물러나서면, 음악이 그친다. …(생략)… ≪용례 4≫ ○박을 치면, 후대 5인이 나란히 줄을 지어 춤을 추며 앞으로 나아가 선다.

『정재무도홀기』 〈경풍도〉의 ≪용례 1≫은 선모가 경풍도를 받들고 북향하여 무진하는 내용이고, ≪용례 2≫는 선모가 경풍도를 받들고 서서 창사를 부르는 내용이고, ≪용례 3≫은 선모가 경풍도를 탁자 위에 올려놓기 위해 앉는[跪] 내용이고, ≪용례 4≫는 후대 5인이 일렬로 서서 무진하는 내용이다.

정재홀기와 〈경풍도〉 정재도 내용을 비교하였을 때 정재도에서 선모가 경풍도를 받들고 서 있는 것은 선모가 창사를 부르기 위해 무진하는 춤과 창사부르는 춤으로 ≪용례 1·2≫를 제시한 것이고, 경풍도를 받들고 앉아 있는 것은 선모가 창사를 부른 뒤 탁자 위에 올려놓기 위해 궤하는 춤으로 ≪용례 3≫을[166] 제시한 것이고, 후대 5인이 일렬대형으로 서 있는 것은 협무 5인이 무진하는 춤으로 ≪용례 4≫를 제시한 것이다.

3) 〈경풍도〉 정재도 해석

5종의 의궤에 9점이 수록된 〈경풍도〉 정재도는 무동은 5점·여령은 4점이다. 9점의 정재도를 살폈을 때 무도내용이 적게는 4점, 많게는 5점이 같은 내용으로 그려졌는데, 〈그림 79〉는 5점, 〈그림 80〉은 4점이 같다.

정재도를 통합 비교하였을 때 〈경풍도〉는 정재도마다 한 그림 속에 여러 내용을 제시하였는데, 〈그림 79·80〉은 전후대형에서 선모가 전대에서 경풍도를 들고 앉거나 선 모습, 협무가 후대에서 두 팔을 펴들고 춤추는 것과 춤사위 형태이다.

무용수 구성은 무동과 여령 모두 선모 1인과 협무 5인으로 같다. 무도내용은 전후대형에서 전대의 선모가 경풍도를 받들고 서거나 앉아 있는 내용과 후대의 협무 5인의 춤을 제시한 것으로, 의궤 정재도에는 이러한 내용들을 무동과 여령으로 구분하여 2가지 유형으로 제시하였다.

〈경풍도〉 정재도와 정재홀기를 비교하였을 때 정재도에서 선모는 전대에 협무는 후대에 선 전후대형의 형태, 선모가 경풍도를 받들고 무진하는 춤, 선모가 경풍도를 들고 창사부르는 춤, 선모가 창사를 부른 후 탁자 위에 경풍도를 올려놓기 위해 궤하는 춤, 후대 5인이 팔을 펴들고 추는 춤은 『정재무도홀기』에 기록된 내용을 사실적으로 제시한 것이다. 여기서 무동 및 여령의 선모 춤 내용을 다르게 본 것은, 먼저 〈경풍도〉에서 선모가 경풍도를 받들고 있는 내용은 첫째, 경풍도를 받들고 무진하는 내용, 둘째, 경풍도를 탁자 위에 올려놓기 위해 궤하는 내용, 셋째, 경풍도를 들고 창사를 부르는 내용 등, 3가지가 이에 해당된다.

다음으로 〈그림 79〉의 선모와 후대의 협무 5인의 하체 길이가 다른 점, 발이 보이지

166) 무동과 여령으로 구분하여 제시하였는데, 무동에서는 경풍도를 창사부르는 내용을, 여령정재에서는 경풍도를 들고 무진하는 춤과 창사를 부른 뒤 탁자 위에 올려놓기 위해 궤하는 춤을 제시하였다.

않은 점, 상체 의상이 바닥에 닿은 점, 그리고 〈그림 80〉의 선모[여령] 의상[치마]을 〈그림 79〉와 비교하였을 때 여령에 비해 하체의 길이가 짧았다. 이로 미루어볼 때 〈그림 79〉의 선모[무동] 춤은 경풍도를 탁자 위에 올려놓기 위해 궤하는 내용에 해당되고, 〈그림 80〉의 선모[여령]는 경풍도를 받들고 무진하는 내용과 경풍도를 들고 창사를 부르는 내용에 해당된다. 반면 정재홀기에 기록되지 않은 내용을 정재도에 제시하였는데, 후대 5인이 팔을 펴들고 춤추는 춤사위 형태이다.

이상으로, 의궤의 〈경풍도〉 정재도에는 왕조 및 연향에 상관없이 무용수를 선모 1인과 협무 5인으로 구성하여 전후대형에 선 선모와 협무의 위치, 선모가 경풍도를 받들고 무진, 창사, 궤(跪)하여 탁자 위에 올려놓는 춤, 협무 5인의 춤을 제시하고 있다.

4. 고구려무高句麗舞

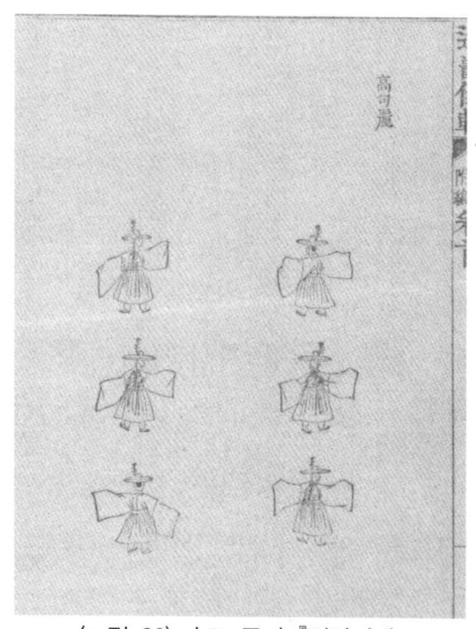
〈그림 82〉 순조 무자 『진작의궤』

〈고구려무〉 정재도는 순조 무자 『진작의궤』에 수록되어 있다. 1종의 의궤에 1점이[167] 전하고, 무동정재로 추었다.

1) 〈고구려무〉 정재도 검토

1점의 〈고구려무〉 정재도를 살폈을 때 무용수는 협무 6인으로 구성되었는데[168] 내용을 살펴보면 다음과 같다.

167) <高句麗舞> 정재도는 純祖 戊子 『進爵儀軌』[무동]47b에 수록되어 있다.

168) 손선숙, "협무[무용수] 6인 구성 정재의 정재도 연구: <고구려무>·<망선문>·<박접무>·<사선무>·<연화무>·<영지무>·<첩승무>·<최화무>·<춘광호>·<춘대옥촉>·<향령무>를 중심으로," 『우리 춤과 과학기술』31집(서울: 우리춤연구소, 2015), 37~84쪽.

〈그림 82〉는 순조 무자 『진작의궤』에 수록된 정재도이다.169) 무동정재이며, 무용수 구성은 협무 6인이다. 무동 6인이 삼대(三隊)로 나누어 서서170) 좌대와 우대가 두 팔을 옆으로 펴 들고 상대·남향·북향하며 춤춘다. 무대 대열별로 무용수들이 바라보는 방향에 차이가 있는데, 제1대는 상대, 제2대는 남향, 제3대는 남향·북향하며 춤추고, 춤사위는 '양수평거(兩手平擧)·우수반상거좌수반하거(右手半上擧左手半下擧)·우수반하거좌수평거(右手半下擧左手平擧)·우수평거좌수반하거(右手平擧左手半下擧)'이다.

2) 〈고구려무〉 정재도 분석

〈고구려무〉 무보는 『정재무도홀기』에 모두 3편이171) 전하는데, 무동정재와 여령정재로 추어졌다. 무용수 구성은 협무 6인으로 모두 같고, 연향에 따라 추어진 내용은 변함없지만 무동정재 시에는 창사를 생략172)하였다.

樂奏賀聖朝之曲 鄕唐交奏○拍舞六人斂手足蹈而進立樂
止唱詞 金花折風帽 白馬少遲回 翩翩舞廣袖 似鳥海東来 訖○拍 鄕唐交奏○拍舞作相
對儀如葉舞或背或面進退旋轉而舞○拍斂手足蹈○
拍舞退樂止

〈고구려무〉 무보(『정재무도홀기』, 장서각 소장)

내용을 정리하면, 협무 6인이 2대좌우대형으로 서서 무진하고 창사를 부른 다음 서로 마주보고 등지고 춤을 추고, 나아갔다 물러나 빙글빙글 돌면서 춤을 춘다.

『정재무도홀기』의 〈고구려무〉 내용은 협무 6인이 춤추는 내내 2대좌우대형을 유지하며 춤을 추는데 〈그림 83〉처럼 서로 마주보고 등지고 춤을 추고, 나아갔다 물러나 빙글빙글 돌면서 춤을 춘다.

169) <그림 82> 순조 무자 『진작의궤』[무동]47b.

170) "○무동 6인이 세 대로 나누어 서로 마주 보고 춤춘다." 이의강, 『국역순조무자진작의궤』(서울: 보고사, 2006), 307~308쪽; 純祖 戊子 『進爵儀軌』, 附編4b.

171) <高句麗舞>, 『呈才舞圖笏記』, 1994년, 44쪽·465쪽; 『時用舞譜(全)呈才舞圖笏記』, 1989년, 117쪽.

172) <高句麗舞>, 『呈才舞圖笏記』, 1994년, 465쪽.

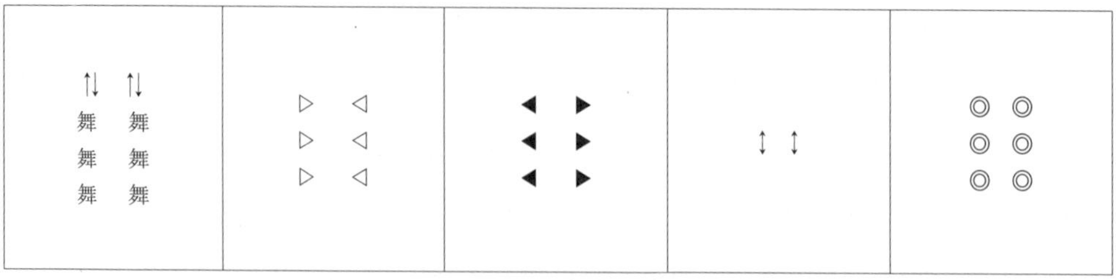

⇅ ⇅ 舞 舞 舞 舞 舞 舞	▷ ◁ ▷ ◁ ▷ ◁	◀ ▶ ◀ ▶ ◀ ▶	↕ ↕	◎ ◎ ◎ ◎ ◎ ◎

〈그림 83〉『정재무도홀기』의 〈고구려무〉 대형 구성

앞서 〈고구려무〉 정재도에 공통적으로 나타난 내용을 정리하면 다음과 같다.

첫째, 무용수 구성은 협무 6인이다.

둘째, 무동정재이다.

셋째, 정재대형 구성은 2대좌우대형이다.

넷째, 정재방향 구성은 상대·남향·북향이다. 무용수들마다 바라보는 방향에 차이가 있는데, 제1대는 상대, 제2대는 남향, 제3대는 남향·북향한다.

다섯째, 춤은 두 팔을 옆으로 펴들거나 혹은 한 팔은 아래로 한 팔은 위로 들고 추는데, 정재춤사위 구성은 '양수평거·우수반상거좌수반하거·우수반하거좌수평거·우수평거좌수반하거'이다.

이상의 내용은 아래의 정재홀기 기록에서 확인된다.

> …(전략)… ≪용례 1≫ ○박을 치면, 무동 6인이 손을 여미고 족도하면서 앞으로 나와 선다. 음악이 그치면 창사한다. …(생략)… ≪용례 2≫ ○박을 치면, 무작하여 서로 마주하는데, 춤의 의례는 엽무(葉舞)와 같다. ≪용례 3≫ 혹은 등지기도 하고 ≪용례 4≫ 혹은 마주하기도 하며 ≪용례 5≫ 나아갔다 물러나고 ≪용례 6≫ 선전(旋轉)하며 춘다. ○박을 치면, 손을 여미고 족도한다. ≪용례 7≫ ○박을 치면, 춤추며 물러나고 음악이 그친다.

『정재무도홀기』 〈고구려무〉의 ≪용례 1≫은 무용수 전체가 북향하여 무진하는 내용이고, ≪용례 2·4≫는 상대하는 내용이고, ≪용례 3≫은 상배하는 내용이고, ≪용례 5≫

는 북향하여 무진·무퇴하는 내용이고, ≪용례 6≫은 빙글빙글 도는 내용이고, ≪용례 7≫은 춤을 마친 뒤 무용수 전체가 무퇴하는 내용이다.

정재홀기와 〈고구려무〉 정재도 내용을 비교하였을 때, 정재도에서 무용수가 2대좌우대형으로 서서 북향하고 선 것은 무진·무퇴하는[173] 내용인 ≪용례 1·5·7≫을 제시한 것이고, 제1대의 상대는 ≪용례 2≫를 제시한 것이고, 제2·3대의 남향과 북향은 혹면(或面)·혹배(或背)하는 춤인 ≪용례 3·4≫를 제시한 것이다.

3) 〈고구려무〉 정재도 해석

1종의 의궤에 1점이 수록된 〈고구려무〉 정재도는 무동정재로 추어졌다. 정재도를 살폈을 때 무용수는 협무 6인으로 구성되었고, 2대좌우대형에서 북향·남향·상대하는 춤을 보여주고 있다.

〈고구려무〉 정재도와 정재홀기를 비교하였을 때 정재도에서 2대좌우대형으로 선 협무 6인이 상대하는 춤과 북향하는 춤은 『정재무도홀기』에 기록된 내용을 사실적으로 제시한 것이다. 반면 제1대의 우무, 제2대의 좌우협무, 제3대의 좌무가 남향하는 춤은 정재홀기에 기록되지 않은 내용인데, 이것은 북쪽을 기준으로 혹면·혹배하는 춤 방향을 제시한 것으로 짐작된다.

이상으로, 의궤의 〈고구려무〉 정재도에는 협무 6인이 2대좌우대형으로 선 형태, 창사를 부르기 전 무진하는 춤, 춤을 마친 다음 무퇴하는 춤, 2대좌우대형에서 상대·북향하는 춤, 북쪽을 기준으로 혹배·혹면하는 방향과 춤사위를 제시하고 있다.

173) <고구려무>에서 '진퇴이무'의 해석은 북향하여 하는 것과 상배하여 진퇴하는 것으로 실행할 수 있다. 그러나 필자가 이를 '북향진퇴'로 해석한 것은 정재에서 상대와 상배는 반드시 춤의 마무리로 북향하는 것이 기본 구조이므로 이의 형식에 따라 '북향진퇴'로 해석하였다.

5. 공막무公莫舞

〈공막무〉 정재도는 순조 무자 『진작의궤』에 수록되어 있다. 1종의 의궤에 1점이 전하고,[174] 무동정재로 추었다.

1) 〈공막무〉 정재도 검토

〈그림 84〉 순조 무자 『진작의궤』

1점의 〈공막무〉 정재도를 살폈을 때 무용수는 협무 2인으로 구성되었는데[175] 내용을 살펴보면 다음과 같다.

〈그림 84〉는 순조 무자 『진작의궤』에 수록된 정재도이다.[176] 무동정재이며, 무용수 구성은 협무 2인이다. 무동 2인이 일렬대형에서 서로 마주보고 앉아 농검·집검과 잡은 후의 춤을 춘다. 좌무는 양손에 검을 잡았고 우무는 오른손에는 검을 잡고 왼손은 농검하며 춤을 춘다. 무용수는 머리에 전립을 착용하고 단검[b]을 들었으며, 춤사위는 '우수평거좌수반상거(右手平擧左手半上擧)'이다.

2) 〈공막무〉 정재도 분석

〈공막무〉 무보는 『정재무도홀기』에 2편이[177] 전하는데, 무동정재로 추어졌다. 무용수 구성은 협무 2인으로 모두 같고, 내용 또한 같다.

174) <公莫舞> 정재도는 純祖 戊子 『進爵儀軌』[무동]48a에 기록되어 있다.
175) 손선숙, "검기무·공막무·첨수무 정재도 연구," 『우리 춤과 과학기술』34집(서울: 우리춤연구소, 2016), 41~66쪽.
176) <그림 84> 순조 무자 『진작의궤』[무동]48a.
177) <公莫舞>, 『呈才舞圖笏記』, 1994년, 68쪽·4/7쪽.

내용을 정리하면, 협무 2인이 마주보고 무진·무퇴·혹배·혹면하고 둥글게 돌며 춤을 춘다. 이어 악사가 검을 전중 좌우에 설치하고 나가면 협무 2인이 검을 잡고 일어나 춤을 춘다.

『정재무도홀기』의 〈공막무〉 내용은 협무 2인이 처음부터 일렬대형으로 서서 춤을 추는데 〈그림 85〉처럼 북쪽을 바라보고 무진·무퇴하고, 상대·상배하며 춤추고 상대하여 무진·무퇴하고 둥글게 돌며 춤춘다.

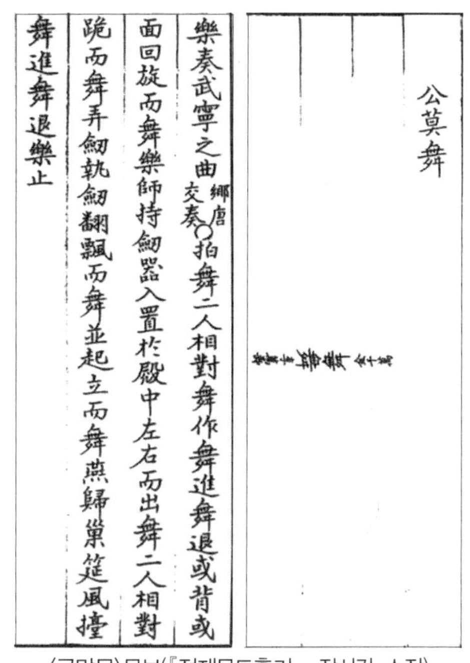
公莫舞

樂奏武寧之曲鄕唐交奏○拍舞二人相對舞作舞進舞退或背或面回旋而舞樂師持劒器入置於殿中左右而出舞二人相對跪而舞弄劒執劒翻飄而舞並起立而舞燕歸巢筵風擡舞進舞退樂止

〈공막무〉무보(『정재무도홀기』, 장서각 소장)

↑↓ ↑↓ 舞 舞	▷ ◁	◀ ▶	▷ ⇆ ◁	○

〈그림 85〉『정재무도홀기』의 〈공막무〉 대형 구성

앞서 〈공막무〉 정재도에 공통적으로 나타난 내용을 정리하면 다음과 같다.

첫째, 무용수 구성은 협무 2인이다.

둘째, 무동정재이다.

셋째, 정재대형 구성은 일렬대형이다.

넷째, 정재방향 구성은 상대로, 마주보는 것은 대열중심으로 한다.

다섯째, 농검·집검과 검을 잡은 후의 춤을 춘다.

여섯째, 정재춤사위 구성은 '우수평거좌수반상거'이다.

이상의 내용은 아래의 정재홀기 기록에서 확인된다.

> …(전략)… ○박을 치면, 무(舞) 2인이 서로 마주보고 춤을 추는데, 앞으로 나아갔다 뒤로 물러나며 춤을 춘다. 잠깐 등을 지고 잠깐 마주보고, 둥글게 돌며 춤을 춘다. ○악사가 칼[劍器]을 전중(殿中) 좌우에 놓고 나간다. 무 2인이 서로 마주보고 꿇어앉아 춤을 춘다. ≪용례 1≫ 검을 어르고, ≪용례 2≫ 검을 잡고 휘오리 바람이 불듯이 검을 휘돌리며 춤을 춘다. ≪용례 3≫ 다 같이 일어나 춤을 춘다. 제비가 제 집으로 돌아가듯이 대자리가 바람에 날리듯이 춤을 춘다. 춤을 추며 앞으로 나아갔다가 뒤로 물러나며 춤을 춘다. 음악이 그친다.

『정재무도홀기』〈공막무〉의 ≪용례 1≫은 무용수가 마주보고 앉아 검을 잡기 전에 검을 희롱하는 내용이고, ≪용례 2≫는 검을 잡고 휘두르며 춤추는 내용이다.

정재홀기와 〈공막무〉 정재도 내용을 비교하였을 때, 정재도에서 무용수가 마주보고 앉아 한손에 검을 잡고 다른 한손에 검을 잡지 않은 것은 검을 잡기 전 농검하는 춤으로 ≪용례 1≫을 제시한 것이고, 양손에 검을 잡은 것은 검을 잡은 후 회오리바람이 일듯이 춤추는 내용으로 ≪용례 2≫를 제시한 것이고, 후대가 일어서서 마주보고 춤추는 것은 ≪용례 3≫을 제시한 것이다.

3) 〈공막무〉 정재도 해석

1종의 의궤에 1점이 수록된 〈공막무〉 정재도는 무동정재로 추어졌다. 정재도를 살폈을 때 무용수는 협무 2인으로 구성되었고, 일렬대형에서 협무 2인이 서로 마주보고 앉아 농검·집검과 잡은 후의 춤을 보여주고 있다.

〈공막무〉 정재도와 정재홀기를 비교하였을 때 정재도에서 무동 2인이 마주보고 앉아 검을 잡기 전의 춤과 잡은 후의 춤을 춘 것은 『정재무도홀기』에 기록된 내용을 사실적으로 제시한 것이다. 반면 정재홀기에 기록되지 않은 내용을 정재도에 제시하였는데, 검을 오른손으로 먼저 잡는 것과 농검·집검과 잡은 후의 춤사위이다.

이상으로, 의궤의 〈공막무〉 정재도에는 협무 2인이 일렬대형에서 농검·집검과 검을 잡은 후의 춤, 그리고 검을 잡을 때 오른손으로 먼저 잡는 것과 춤사위를 제시하고 있다.

6. 관동무關東舞

〈관동무〉 정재도는 헌종 무신 『진찬의궤』에 수록되어 있다. 1종의 의궤에 1점이 전하는데[178] 여령정재로 추었다.

1) 〈관동무〉 정재도 검토

1점의 〈관동무〉 정재도를 살폈을 때[179] 무용수는 협무 8인으로 구성되었고, 내용을 살펴보면 다음과 같다.

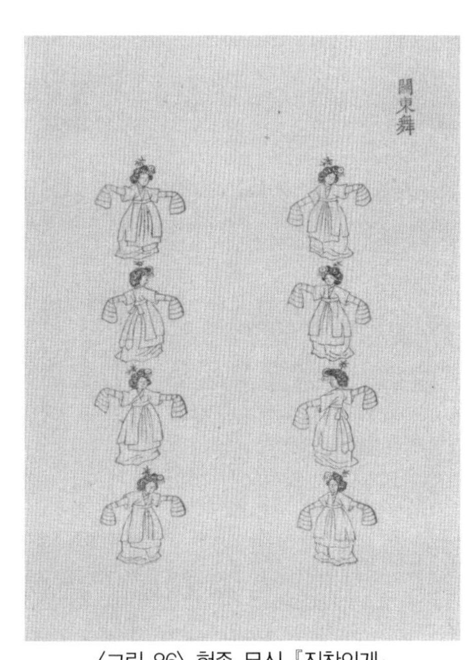

〈그림 86〉 헌종 무신 『진찬의궤』

〈그림 86〉은 헌종 무신 『진찬의궤』에 수록된 정재도이다.[180] 여령정재이며, 무용수 구성은 협무 8인이다. 협무 8인이 2대좌우대형으로 서서 좌대와 우대가 두 팔을 옆으로 펴 들고 상대와 남향하며 춤춘다. 무용수마다 바라보는 방향에 차이가 있는데, 제1대·제4대는 남향하고, 제2대·제3대는 상대·남향하며 춤추고, 춤사위는 '양수평거·양수반하거(兩手半下擧)·우수반하거좌수평거(右手半下

178) <關東舞> 정재도는 憲宗 戊申 『進饌儀軌』[여령]20a에 수록되어 있다.
179) 손선숙, "의궤 정재도의 도상학적 연구(Ⅲ): <관동무>·<광수무>·<무산향>·<무애무>·<선유락>·<연화대무>·<처용무>·<초무>·<춘앵전>·<침향춘>·<학무>·<향발무> 정재도를 중심으로," 『무용역사기록학』제40호(서울: 무용역사기록학회, 2016), 141~186쪽.
180) <그림 86> 헌종 무신 『진찬의궤』[여령]20a.

擧左手平擧)·우수평거좌수반하거(右手平擧左手半下擧)'이다.

2) 〈관동무〉 정재도 분석

〈관동무〉 무보는 정재홀기에 전하지 않는다. 의궤 악장[181]에서 내용이 확인되는데, 여령정재이며 무용수는 협무 8인이다.

내용을 정리하면, 협무 8인이 2대좌우대형으로 서서 몸을 구부렸다 폈다하며 춤추고, 가사에 맞는 형상을 몸으로 표현하고 2대좌우대형으로 서서 무진·무퇴하고 선전(旋轉)하며 춤춘다.

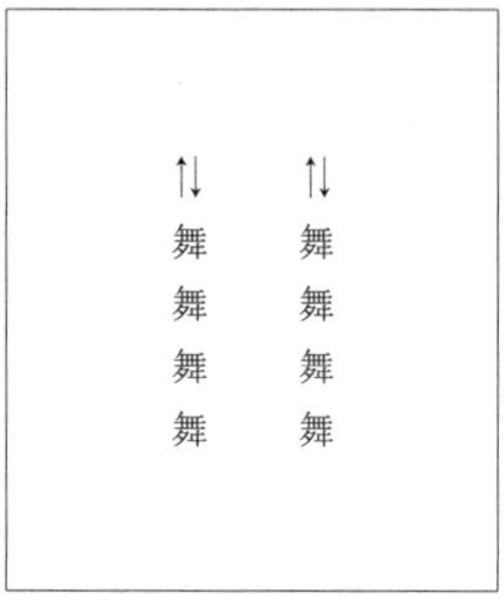

↑↓	↑↓
舞	舞
舞	舞
舞	舞
舞	舞

〈그림 87〉
〈관동무〉의 대형 구성

의궤 악장 기록을 통해서 본 〈관동무〉의 춤 구조는 협무 8인이 〈그림 87〉처럼 2대좌우대형에서 무진·무퇴하고 돌면서 춤을 추고, 시 구절에 따른 형상을 표현하며 몸을 구부렸다 폈다하면서 추기도 하고, 각 방향으로 몸을 돌리며 추는 춤으로 진행된 것을 알 수 있다.

앞서 〈관동무〉 정재도에 공통적으로 나타난 내용을 정리하면 다음과 같다.

첫째, 무용수 구성은 협무 8인이다.
둘째, 여령정재이다.
셋째, 정재대형 구성은 2대좌우대형이다.
넷째, 정재방향 구성은 좌우상대와 남향이다.
다섯째, 정재춤사위 구성은 '양수평거·양수반하거·우수반하거좌수평거·우수평거좌수반하거'이다.

181) <關東舞> 무보는 『呈才舞圖笏記』에 수록되지 않았다. 따라서 본문에서는 <關東舞>의 내용을 의궤 악장 기록으로 대신하여 살펴볼 것이다. 憲宗 戊申 『進饌儀軌』, 韓國音樂學資料叢書 六(서울: 국립국악원, 1989), 33쪽.

이상의 내용은 의궤 악장 기록에서 확인된다.

…(생략)… "≪용례 1≫ ○무기(舞妓)로 하여금 노래하고 춤추게 했는데, 구부렸다 폈다 하고 돌면서 구절에 맞춰 형상을 표현하였다. ≪용례 2≫ ○여기(女妓) 8인이 2대로 나누어 관동곡(關東曲)을 같이 부르고 진퇴하고 돌며 춤춘다"라고 하였다"[182]

의궤 악장 〈관동무〉의 ≪용례 1≫은 몸을 구부리고 펴는 춤과 선전하며 춤추는 내용이고, ≪용례 2≫는 2대좌우대형에서 무진·무퇴·선전하며 춤추는 내용이다. 의궤 악장과 〈관동무〉 정재도 내용을 비교하였을 때, 정재도에서 협무 8인이 2대좌우대형에서 남향한 것은 각 방향으로 몸을 돌리며 춤추는 내용으로 ≪용례 1·2≫를 제시한[183] 것이다.

3) 〈관동무〉 정재도 해석

1종의 의궤에 1점이 수록된 〈관동무〉 정재도는 여령정재로 추어졌다. 정재도를 살폈을 때 무용수는 협무 8인으로 구성되었고, 2대좌우대형에서 상대·남향하며 춤추는 내용을 보여주고 있다. 〈관동무〉 정재도와 의궤 악장의 기록을 비교하였을 때 정재도에서 제1대·제3대[우무]·제4대가 남향한 것은 시 구절에 맞추어 각 방향으로 몸을 돌리면서 춤추는 것으로 의궤 악장에 기록된 내용을 사실적으로 제시한 것이다. 반면 여령 8인이 상대하는 춤과 춤사위는 의궤 악장에 기록되지 않은 내용이다.

이상으로, 의궤의 〈관동무〉 정재도에는 협무 8인이 2대좌우대형으로 선 형태와 상대하는 춤, 그리고 시 구절에 맞추어 각 방향으로 몸을 돌리면서 춤추는 것과 춤사위를 제시하고 있다.

182) 한국예술학과 음악사료강독회, 『국역헌종무신진찬의궤』卷首 · 卷一(서울: 민속원, 2004), 146쪽; 憲宗 戊申 『進饌儀軌』, 卷1.22a.

183) ≪용례 1≫ 또한 도는 것은 맞지만 대형이 제시되지 않았다.

7. 광수무廣袖舞

〈광수무〉 정재도는 순조 무자 『진작의궤』·순조 기축 『진찬의궤』·고종 임인(4월·11월) 『진연의궤』에 수록되어 있다. 4종의 의궤에 4점이 전하는데,184) 모두 무동정재로 추었다.

1) 〈광수무〉 정재도 검토

4점의 〈광수무〉 정재도를 살폈을 때 무용수는 협무 2인, 대기무용수 18인·20인으로 구성되었고, 무도내용은 3가지 유형으로 구분되어 있는데185) 내용을 살펴보면 다음과 같다.

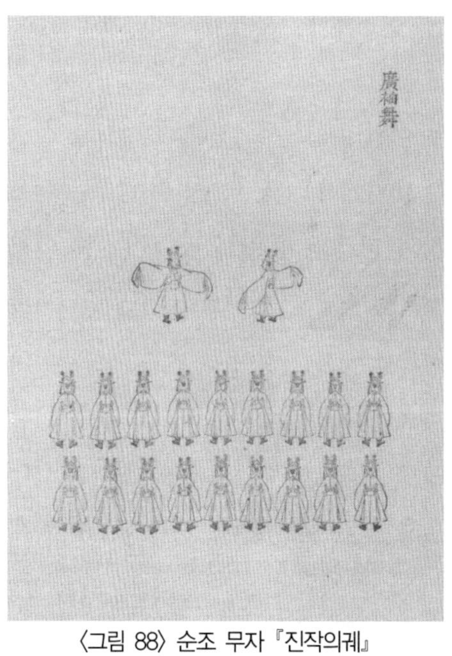

〈그림 88〉 순조 무자 『진작의궤』

〈그림 88〉은 순조 무자 『진작의궤』에 수록된 정재도이다.186) 무동정재이며, 무용수 구성은 협무 2인·대기무용수 18인이다. 무동 2인이 일렬대형에서 두 팔을 옆으로 펴들고 마주보고 춤추고, 대기무용수 18인은 염수하고 남쪽에 서서 북향한다. 춤사위는 '우수반상거좌수평거(右手半上擧左手平擧)·우수평거좌수반하거'이다.

〈그림 89〉는 고종 임인 『진연의궤』[4월·11월]에 수록된 정재도이다.187) 무동정재이며, 무용수 구성은 협무 2인이다. 무동 2인이 일

184) <廣袖舞> 정재도는 純祖 戊子 『進爵儀軌』[무동]15b, 純祖 己丑 『進饌儀軌』[무동]19a, 高宗 壬寅 『進宴儀軌』[4월: 무동]19b, 高宗 壬寅 『進宴儀軌』[11월: 무동]32b에 수록되어 있다.

185) 손선숙, "의궤 정재도의 도상학적 연구(Ⅲ): <관동무>·<광수무>·<무산향>·<무애무>·<선유락>·<연화대무>·<처용무>·<초무>·<춘앵전>·<침향춘>·<학무>·<향발무> 정재도를 중심으로," 『무용역사기록학』 제40호(서울: 무용역사기록학회, 2016), 141~186쪽.

186) <그림 88> 순조 무자 『진작의궤』[무동]15b.

187) <그림 89> 고종 임인 『진연의궤』[4월: 무동]19b; 고종 임인 『진연의궤』[11월: 무동]32b.

렬대형에서 두 팔을 옆으로 펴 들고 마주보고 춤추고, 춤사위는 '우수반상거좌수평거·우수평거좌수반하거'이다.

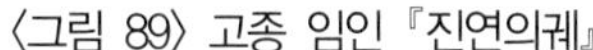
〈그림 89〉 고종 임인 『진연의궤』

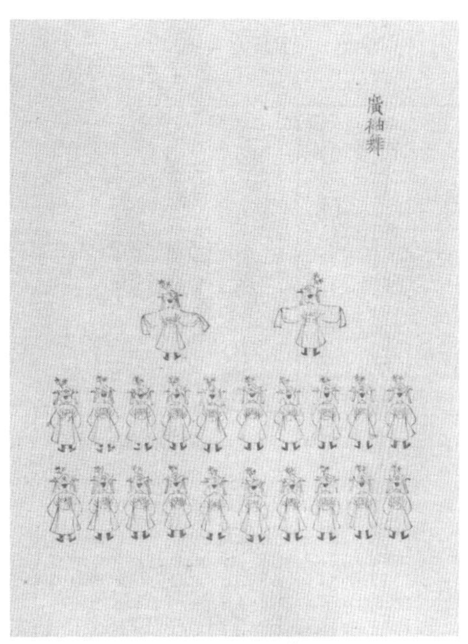

〈그림 90〉 순조 기축 『진찬의궤』

〈그림 90〉은 순조 기축 『진찬의궤』에 수록된 정재도이다.188) 무동정재이며, 무용수 구성은 협무 2인·대기무용수 20인이다. 무동 2인이 북향하여 두 팔을 펴 들고 춤추고, 대기무용수 20인은 염수하고 남쪽에 서서 북향한다. 춤사위는 '양수평거'이다.

이상 4점의 〈광수무〉 정재도를 살폈을 때 드러난 무도내용은 일렬대형에서 상대하는 춤과 북향하는 춤을 제시한 것이다. 모두 무동정재로 추었는데, 무용수는 협무 2인, 협무 2인·대기무용수 18인, 협무 2인·대기무용수 20인 등 3가지로, 왕조 및 연향에 따라 구성에 차이가 있다. 의궤 정재도에 이러한 내용을 3가지 유형으로 구분하여 제시하였지만 〈그림 88·89〉는 대기무용수의 유무에 차이가 있을 뿐 무동 2인의 춤 내용이 같

188) <그림 90> 순조 기축 『진찬의궤』[무동]19a.

다. 그리고 〈광수무〉 정재도에 공통적으로 드러난 정재춤사위는 '우수반상거좌수평거(右手半上擧左手平擧)·우수평거좌수반하거·양수평거'이다.

2) 〈광수무〉 정재도 분석

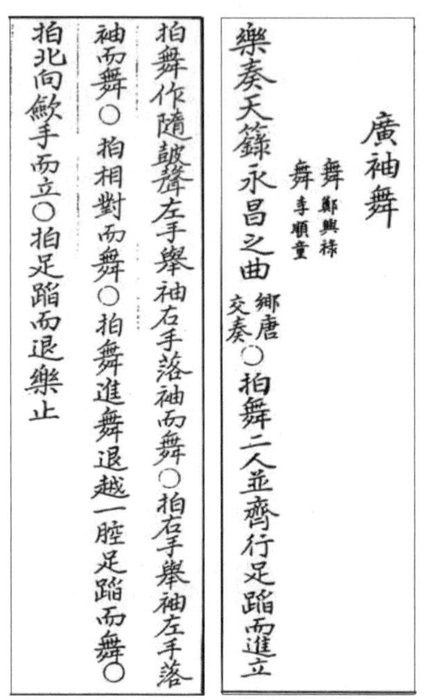

廣袖舞

舞 鄭興祿
舞 李順童

樂奏天籟永昌之曲 鄉唐交奏 ○拍舞二人並齊行足蹈而進立

拍舞作隨鼓聲左手擧袖右手落袖而舞○拍右手擧袖左手落袖而舞○拍相對而舞○拍舞進舞退越一腔足蹈而舞○拍北向斂手而立○拍足蹈而退樂止

〈광수무〉무보(『정재무도홀기』, 장서각 소장)

〈광수무〉 무보는 『정재무도홀기』에 1편이[189] 전하고, 무동정재로 추어졌으며 무용수 구성은 협무 2인이다.

내용을 정리하면, 협무 2인이 일렬대형으로 서서 북[鼓聲]소리에 따라 좌우 팔을 위·아래로 흔들고, 상대·북향·무진·무퇴하며 춤을 춘다.

『정재무도홀기』의 〈광수무〉는 춤추는 내내 일렬대형을 유지하며 추는데, 〈그림 91〉처럼 무진·무퇴하고 북향무·상대·상배하며 춤춘다.

⇅ ⇅ 舞 舞	△ △	▷ ◁	◁ ▷

〈그림 91〉『정재무도홀기』의 〈광수무〉 대형 구성

189) <廣袖舞>, 『呈才舞圖笏記』, 1994년, 428쪽.

앞서 〈광수무〉 정재도에 공통적으로 나타난 내용을 정리하면 다음과 같다.

첫째, 무용수는 3가지로 구성되어 왕조 및 연향별로 차이가 있는데, 협무 2인, 협무 2인·대기무용수 18인, 협무 2인·대기무용수 20인이다.

둘째, 모두 무동정재이다.

셋째, 정재대형 구성은 일렬대형이다.

넷째, 정재방향 구성은 북향과 상대이다.

다섯째, 정재춤사위 구성은 '우수반상거좌수평거·우수평거좌수반하거·양수평거'이다.

이상의 내용은 아래의 정재홀기 기록에서 확인된다.

> …(생략)… ≪용례 1≫ ○박을 치면, 무 2인이 다 같이 나란히 줄을 지어 족도하며 나아가 선다. ≪용례 2≫ ○박을 치면, 춤을 추며 북소리에 따라 왼손은 들고 오른손은 떨어뜨리고 춤을 춘다. ≪용례 3≫ ○박을 치면, 오른손은 들고 왼손은 떨어뜨리고 춤을 춘다. ≪용례 4≫ ○박을 치면, 서로 마주보고 춤을 춘다. ≪용례 5≫ ○박을 치면, 춤을 추며 나아가고 춤을 추며 물러난다.

『정재무도홀기』〈광수무〉의 ≪용례 1·5≫는 도입부와 종결부의 내용으로 일렬대형에서 무진·무퇴하는 내용이고, ≪용례 2·3≫은 진행부의 내용으로 북향하고 춤추는 내용이고, ≪용례 4≫는 진행부의 내용으로 마주보고 춤추는 내용이다.

정재홀기와 〈광수무〉 정재도 내용을 비교하였을 때, 정재도에서는 도입부·종결부·진행부의 춤을 제시하였는데, 일렬대형에서 북향하고 춤추는 것은 도입부·종결부에서 북향무·무진·무퇴하는 춤으로 ≪용례 1·2·3·5≫를 제시한 것이고, 상대한 것은 진행부의 춤인 ≪용례 4≫를 제시한 것이다.

3) 〈광수무〉 정재도 해석

4종의 의궤에 4점이 수록된 〈광수무〉 정재도는 모두 무동정재로 추어졌다. 4점의 정재도를 살폈을 때 무도내용이 적게는 1점, 많게는 2점이 같은 내용으로 그려졌는데, 〈그림 88·90〉은 1점, 〈그림 89〉는 2점이 같다.

정재도를 통합 비교하였을 때 〈광수무〉는 정재도마다 한 그림 속에 여러 내용을 제시하였는데, 〈그림 88·89〉에는 일렬대형에서 상대하는 춤과 춤사위 형태, 〈그림 90〉에는 일렬대형에서 북향하며 추는 춤과 춤사위 형태이다.

무용수 구성은 왕조 및 연향에 따라 3가지로 구분하여 제시하였는데, 협무 2인, 협무 2인·대기무용수 18인, 협무 2인·대기무용수 20인으로 차이가 있다. 여기서 대기무용수 18인과 20인은 〈광수무〉 무용수 구성과는 직접 관련이 없고, 순조 무자년과 기축년 당시에 여러 정재 종목을 추기위해 남쪽에서 대기하는 무용수들의 위치를 제시한 것이다.

무도내용은 일렬대형에서의 춤을 제시한 것으로, 의궤 정재도에는 이러한 내용들을 무용수 구성과 의상에 차이를 두어 3가지 유형으로 제시하였다.

〈광수무〉 정재도와 정재홀기를 비교하였을 때 정재도에서 협무 2인이 일렬대형에서 북향과 상대한 것은 도입부·종결부에서 북향무·무진·무퇴하는 내용과 진행부에서 상대하는 내용을 제시한 것으로, 이러한 내용은 『정재무도홀기』에 기록된 내용을 사실적으로 제시한 것이다. 반면 춤사위는 정재홀기에 기록되지 않은 내용이다.

이상으로, 의궤의 〈광수무〉 정재도에는 협무 2인이 일렬대형에서 북향무·무진·무퇴·상대하는 춤과 춤사위를 제시하고 있다.

8. 만수무萬壽舞

〈만수무〉 정재도는 순조 무자 『진작의궤』·고종 임진 『진찬의궤』·고종 신축 『진연의궤』·고종 임인(4월·11월) 『진연의궤』에 수록되었다. 5종의 의궤에 9점이[190] 전하는데,

무동은 5점·여령은 4점이다.

1) 〈만수무〉 정재도 검토

9점의 〈만수무〉 정재도를 살폈을 때 무용수는 족자(簇子) 1인·선모 1인·협무 4인으로 구성되었고, 무도내용은 무동과 여령으로 구분하여 2가지 유형으로 제시하였는데[191] 내용을 살펴보면 다음과 같다.

〈그림 92〉는 순조 무자 『진작의궤』·고종 임진 『진찬의궤』·고종 신축 『진연의궤』·고종 임인 『진연의궤』[4월·11월]에 수록된 정재도이다.[192] 무동정재이며, 무용수 구성은 족자 1인·선모 1인·협무 4인이다. 선모는 전대에서 선도반(仙桃盤)을 들고 서 있고, 족자는 좌우 제1대 무용수와 나란히 서고, 협무 4인은 2대좌우대형으로 서서 북향하고 팔을 펴 들고 춤춘다. 춤사위는 '우수평거좌수[전]여만(右手平擧左手[前]如彎)·우수평거좌수반하거·우수반상거좌수평거·우수반하거좌수평거'이다.

〈그림 93〉은 고종 임인 『진연의궤』[4월·11월]·고종 신축 『진연의궤』·고종 임진 『진찬의궤』에 수록된 정재도이다.[193] 여령정재이며, 무용수 구성은 족자 1인·선모 1인·협무 4인이다. 선모는 전대에서 선도반을 들고 서 있고, 족자는 좌우 제1대 무용수와 나란히 서고, 협무 4인은 2대좌우대형으로 서서 북향하고 팔을 펴 들고 춤춘다. 춤사위는 '양수평거·양수평거[좌수불]·우수반상거좌수반하거·우수반하거좌수반상거'이다.

---

190) <萬壽舞>는 純祖 戊子 『進爵儀軌』[무동]38a, 高宗 壬辰 『進饌儀軌』[무동]21a, 高宗 壬辰 『進饌儀軌』[여령]36a, 高宗 辛丑 『進宴儀軌』[무동]20a, 高宗 辛丑 『進宴儀軌』[여령]33a, 高宗 壬寅 『進宴儀軌』[4월: 무동]20a, 高宗 壬寅 『進宴儀軌』[4월: 여령]33a, 高宗 壬寅 『進宴儀軌』[11월: 무동]21a, 高宗 壬寅 『進宴儀軌』[11월: 여령]36a에 기록되어 있다.

191) 손선숙, "조선후기 당악과 향악의 이중적 음악구성 정재연구: <경풍도>·<만수무>·<몽금척>·<봉래의>·<수연장>·<연백복지무>·<연화대무>·<오양선>·<육화대>·<장생보연지무>·<제수창>·<최화무>·<하황은>·<헌천화>·<헌선도>를 중심으로," 『대한무용학회논문집』제74권5호(서울: 대한무용학회, 2016), 75~94쪽.

192) <그림 92> 순조 무자 『진작의궤』[무동]38a; 고종 임진 『진찬의궤』[무동]21a; 고종 신축 『진연의궤』[무동]20a; 고종 임인 『진연의궤』[4월: 무동]20a; 고종 임인 『진연의궤』[11월: 무동]21a.

193) <그림 93> 고종 임인 『진연의궤』[11월: 여령]36a; 고종 임인 『진연의궤』[4월: 여령]33a; 고종 신축 『진연의궤』[여령]33a; 고종 임진 『진찬의궤』[여령]36a.

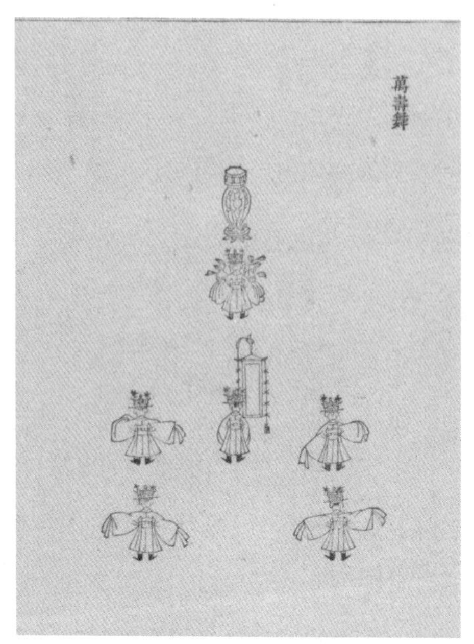

〈그림 92〉 고종 신축 『진연의궤』

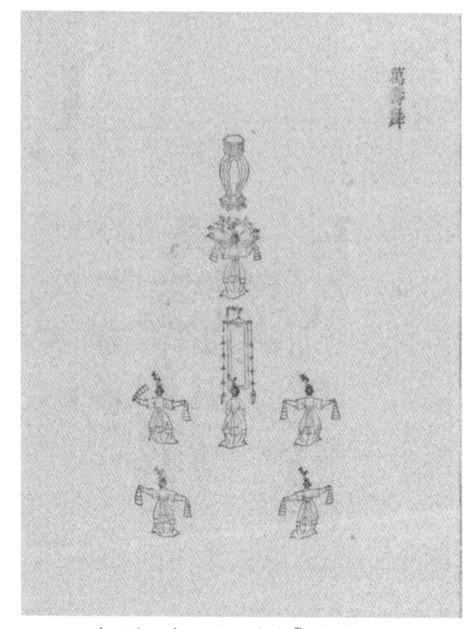

〈그림 93〉 고종 임진 『진찬의궤』

이상 9점의 〈만수무〉 정재도를 살폈을 때 드러난 무도내용은 선모는 전대에서 선도반을 들고 서고, 족자는 좌우 제1대 무용수와 나란히 서고, 협무 4인은 2대좌우대형으로 서서 북향하고 팔을 펴 들고 춤춘다. 무용수 구성은 무동과 여령 모두 족자 1인·선모 1인·협무 4인으로 같다. 무도내용이 〈그림 92·93〉처럼 여령과 무동으로 구분되어 있지만 협무의 춤사위에 차이가 있을 뿐 무도내용은 같다. 〈만수무〉 정재도에 공통적으로 나타난 정재춤사위는 '양수평거[좌수불]·양수평거·우수반상거좌수반하거·우수반상거좌수평거·우수반하거좌수반상거·우수반하거좌수평거·우수평거좌수[전]여만·우수평거좌수반하거'이다.

2) 〈만수무〉 정재도 분석

〈만수무〉 무보는 『정재무도홀기』에 5편이[194] 전하는데, 무동정재와 여령정재로 추었고, 무용수는 족자 1인·선모 1인·협무 4인으로 구성이 같다. 연향에 따라 내용에 변화를 주었는데, 무동정재와 여령정재에 따라 춤사위를 이수고저(以袖高低)와 수무(手舞) 2가지로 구분하여 추었고,[195] 무동정재 시에는 창사를 생략하기도[196] 하였다.

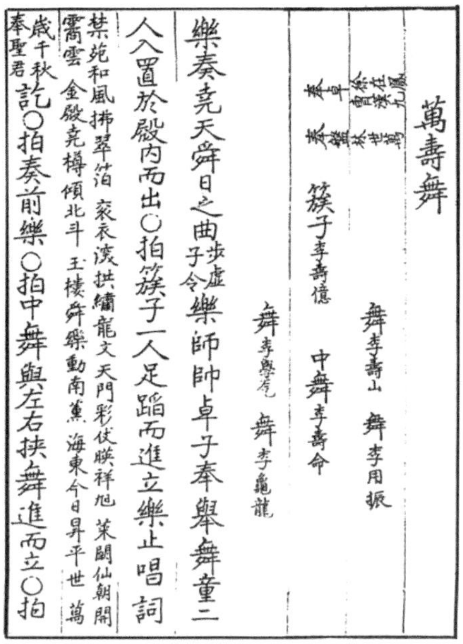
萬壽舞
簇子 李壽億　中舞 李壽命
舞 李壽山　舞 李用振
舞 李龜龍
樂奏堯天舜日之曲(步虛子令) 樂師帥卓子奉擧舞童二人入置於殿內而出○拍簇子一人足蹈而進立樂止唱詞
禁苑和風拂翠箔 衮衣淺拱繡龍文 天門彩仗映祥旭 萊闕仙朝開需雲 金殿堯樽傾北斗 玉樓舜樂動南薰 海東今日昇平世 萬歲千秋奉聖君 訖○拍奏前樂○拍中舞與左右挾舞進而立○拍

〈만수무〉 무보(『정재무도홀기』, 장서각 소장)

내용을 정리하면, 악사가 탁자(卓子)를 전내에 설치하고 물러나면 족자가 나아가 창사를 부른다. 이어 중무(中舞)가[197] 앞으로 나아가 악사에게서 선도반을 건네받아 창사를 부르고, 탁자 위에 올려놓고 물러난다. 중무와 좌우협무가 서로 마주보고 등지고 춤추고, 대[자리]를 바꾸어 다시 중무와 좌우협무가 서로 마주보고 등지고 춤춘다. 이어 중무가 좌우협무와 차례로 각각 마주보고 춤추다가 회선(回旋)하여 일렬로 서고, 선모와 좌우협이 이수고저를 춘다. 후대는 무퇴하고 전대는 무진하여 초열로 서서 마주보고 춤추고, 다시 제자리로 돌아와 북향하면 춤이 마친다.

『정재무도홀기』의 〈만수무〉는 2대좌우대형·일렬대형·사우대형·전후대형을 구성하여 〈그림 94〉처럼 진행하는데, 2대좌우대형에서는 무진·무퇴·상대·상배를 추고, 전후대형에서는 선모가 나아가 선도반을 바치고, 전후대(前後隊)가 서로 환대(換隊)하고, 사우대형

194) <萬壽舞>, 『呈才舞圖笏記』, 1994년, 198쪽·253쪽·313쪽·432쪽; 『時用舞譜(全)呈才舞圖笏記』, 1989년, 121쪽.

195) 무동정재에서는 '以袖高低' 춤을 추고, 여령정재에서는 '手舞'를 추어, 무동정재와 여령정재의 춤사위가 구분된 것을 알 수 있다. 『呈才舞圖笏記』, 1994년, 198쪽·313쪽.

196) 『呈才舞圖笏記』, 1994년, 432쪽.

197) 중무(中舞): 궁중정재를 추는 무용수 명칭. 시대별과 연향별로 명칭을 다르게 사용하였는데, 고려 및 조선전기에는 왕모(王母)로, 조선후기에는 선모(仙母) 또는 중무로 부른다. 중무·왕모·선모는 무대가운데에서 추는 무용수를 가리키는 것으로 춤추는 역할이 같다.

(四隅隊形)에서는 선모가 사우의 협무와 각각 상대하고, 일렬대형에서는 무용수 전체가 무진·무퇴하며 춤춘다.

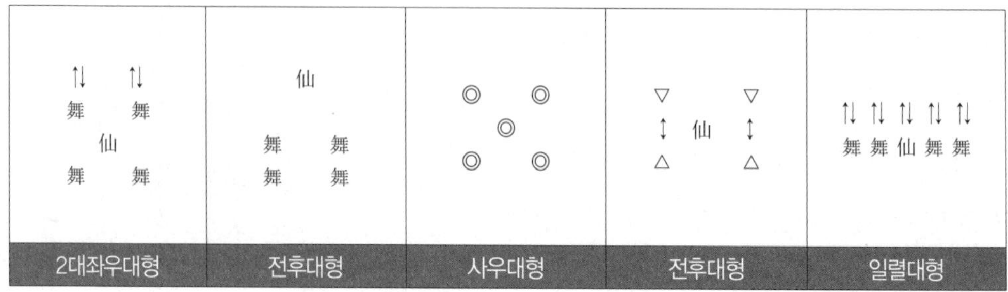

〈그림 94〉『정재무도홀기』의 〈만수무〉 대형 구성

앞서 〈만수무〉 정재도에 공통적으로 드러난 내용을 정리하면 다음과 같다.

첫째, 무용수 구성은 족자 1인·선모 1인·협무 4인으로, 무동과 여령 모두 같다.
둘째, 무동정재와 여령정재로 추었다.
셋째, 정재대형 구성은 2대좌우대형·전후대형이다.
넷째, 정재방향 구성은 북향이다. 족자는 좌우 제1대 무용수 사이에 나란히 서서 북향하고, 선모는 전대에서 선도반을 들고 북향하고, 협무 4인은 2대좌우대형에서 북향한다.
다섯째, 정재춤사위 구성은 '양수평거[좌수불]·양수평거·우수반상거좌수반하거·우수반상거좌수평거·우수반하거좌수반상거·우수반하거좌수평거·우수평거좌수[전]여만·우수평거좌수반하거'이다.

이상의 내용은 아래의 정재홀기 기록에서 확인된다.

…(생략)… ○박을 치면, 족자 1인이 족도하며 나아가 선다. 음악이 그치고 창사를 부른다. …(생략)… ≪용례 1≫ ○박을 치면, 선모와 좌우협무가 춤을 추며 나아가 선다. ○박을 치면, 손을 여미고 족도한다. ○박을 치면, 선모는 족도하며 조금 나아가 선다. 무동 1인이

선도반을 받들고 선모의 오른쪽으로 나아가 서쪽을 향하여 꿇어앉아 올린다. ≪용례 2≫ 선모가 반(盤)을 받아들면, 음악이 그치고 창사를 부른다. …(생략)… ○박을 치면, 선모가 꿇어앉아 선도반을 탁자 위에 올려놓고 구부려 엎드렸다가 일어나 조금 물러나서면 음악이 그친다. …(생략)… ≪용례 3≫ ○박을 치면, 선모와 좌우협무는 춤을 춘다. ○박을 치면, 서로 마주보고 춤을 춘다. …(생략)… ≪용례 4≫ ○박을 치면, 후대는 북쪽을 향하여 춤을 춘다. ≪용례 5≫ ○박을 치면, 조금 나아가 선다. ○박을 치면, 손을 여미고 족도한다. ≪용례 6≫ ○박을 치면, 춤을 추며 물러나면【족자 1인이 족도하며 물러난다】 음악이 그친다.

『정재무도홀기』 〈만수무〉의 ≪용례 1·5≫는 선모와 협무가 북향하여 무진하는 내용이고, ≪용례 2≫는 선모가 선도반을 받들고 창사를 부르는 내용이고, ≪용례 3≫은 선모와 협무가 북향하여 춤추는 내용이고, ≪용례 4≫는 전후대가 환대한 다음 후대가 북향하는 내용이고, ≪용례 6≫은 족자·선모·협무가 북향하여 무퇴하는 내용이다.

정재홀기와 〈만수무〉 정재도 내용을 비교하였을 때 정재도에서 선모가 선도반을 들고 전대에 선 것은 ≪용례 2≫를 제시한 것이고, 선모와 협무가 북향한 것은 ≪용례 1·3·4·5·6≫을 제시한 것이다.

3) 〈만수무〉 정재도 해석

5종의 의궤에 9점이 수록된 〈만수무〉 정재도는 무동은 5점·여령은 4점이다. 9점의 정재도를 살폈을 때 무도내용이 적게는 4점, 많게는 5점이 같은 내용으로 그려졌는데, 〈그림 92〉는 5점, 〈그림 93〉은 4점이 같다.

정재도를 통합 비교하였을 때 〈만수무〉는 정재도마다 한 그림 속에 여러 내용을 제시하였는데, 〈그림 92·93〉에는 전후대형에서 선모가 전대에서 선도반을 들고 북향하고 선 모습, 후대의 협무가 북향하며 추는 춤과 춤사위 형태이다.

무용수 구성은 무동과 여령 모두 족자 1인·선모 1인·협무 4인으로 같다. 무도내용 또한 2대좌우대형과 전후대형의 춤을 제시한 것으로, 의궤 정재도에는 이러한 내용들을 무동과 여령으로 구분하여 2가지 유형으로 제시하였다.

〈만수무〉 정재도와 정재홀기를 비교하였을 때 정재도에서 선모가 전대에서 선도반을 들고 북향한 것과 무용수 전체가 북향한 것은 선모가 선도반을 들고 창사를 부르는 것과 무용수 전체가 북향하여 무진·무퇴하는 내용으로 『정재무도홀기』에 기록된 내용을 사실적으로 제시한 것이다. 반면 정재홀기에 기록되지 않은 내용을 정재도에 제시하였는데, 족자의 위치가 좌우 제1대 사이인 것과 선모와 족자의 위치가 바뀐 점,[198] 그리고 협무 4인의 춤사위 형태이다.

이상으로, 의궤의 〈만수무〉 정재도는 족자 1인·선모 1인·협무 4인이 2대좌우대형과 전후대형에서의 춤을 제시한 것이다. 정재도에 공통적으로 제시된 내용은 선모가 선도반을 들고 창사부르는 내용과 북향무, 그리고 무진·무퇴하는 내용이다.

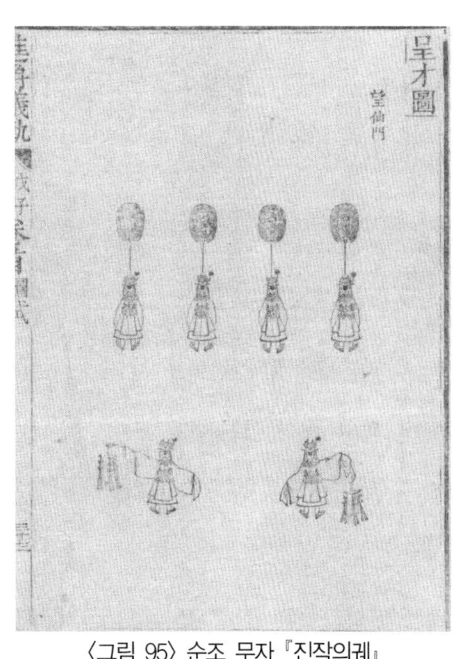

〈그림 95〉 순조 무자 『진작의궤』

9. 망선문望仙門

〈망선문〉 정재도는 순조 무자 『진작의궤』에 수록되어 있다. 1종의 의궤에 1점이 전하고,[199] 무동정재로 추었다.

1) 〈망선문〉 정재도 검토

1점의 〈망선문〉 정재도를 살폈을 때 무용수는 작선(雀扇) 4인·협무[집당] 2인으로 구성되었는데[200] 내용을 살펴보면 다음과 같다.

〈그림 95〉는 순조 무자 『진작의궤』에 수록된 정재도이

198) 탁자가 족자의 북쪽에 설치되어있고, 선모가 탁자 남쪽에서 선도반을 받들고 선 위치로 볼 때 이 내용은 창사를 부를 때이다. 이 내용으로 볼 때 선모가 창사를 부를 때에는 선모가 족자 앞으로 나아가 탁자 남쪽에 서는 것을 알 수 있다.

199) <望仙門> 정재도는 純祖 戊子 『進爵儀軌』[무동]37a에 수록되어 있다.

200) 손선숙, "협무[무용수] 6인 구성 정재의 정재도 연구: <고구려무>·<망선문>·<박접무>·<사선무>·<연화무>·<영지무>·<첩승무>·<최화무>·<춘광호>·<춘대옥촉>·<향령무>를 중심으로," 『우리 춤과 과학기술』31집(서울: 우리춤연구소, 2015), 37~84쪽.

다.[201] 무동정재이며, 무용수 구성은 작선 4인·협무[집당] 2인이다. 작선[의물]을 든 협무 4인은 북쪽에서 북향하고, 협무 2인은 각각 외수(外手)로 집당을 잡고 남쪽에서 북향하며 춤을 춘다.[202] 무도내용으로 볼 때 좌우무의 외수(外袖)는 위로 펴들고 내수(內袖)는 아래로 비스듬하게 내려 들고 있다. 춤사위는 '우수반상거좌수반하거·우수반하거좌수반상거(右手半下擧左手半上擧)'이다.

2) 〈망선문〉 정재도 분석

〈망선문〉 무보는 『정재무도홀기』에 1편이[203] 전하는데, 무동정재로 추어졌으며 무용수 구성은 작선 4인과 집당 2인이다.

望仙門

奉雀扇 李順童
奉雀扇 李應根
奉雀扇 鄭興祿
奉雀扇 成有相
執幢舞 吳壽山
執幢舞 韓奇福

樂奏彩雲駕鶴之曲 鄕唐交奏 ○拍奉雀扇四人齊行小進而立○拍執幢二人舞進入雀扇作門○拍相向而舞○拍相背而舞○拍一人左旋一人右旋還出作門而舞○拍相向而舞○拍相背而舞○拍回旋入作門或背或面旋轉而舞○拍還出作門而舞○拍斂手足蹈○拍舞退 奉雀扇四人足蹈而退 樂止

〈망선문〉 무보(『정재무도홀기』, 장서각 소장)

내용을 정리하면, 무동 4인이 작선을 들고 앞[전대]에서 문을 만들면 무동 2인이 당(幢)을 들고 문 사이로 들어가 마주보고 등지며 춤을 추는데, 이와 같은 춤을 여러 차례 반복하며 춤을 춘다.

『정재무도홀기』의 〈망선문〉은 춤추는 내내 전후대형을 유지하며 춤을 추는데 〈그림 96〉과 같이 진행한다.

201) <그림 95> 순조 무자 『진작의궤』[무동]37a.

202) "○무동 4인이 작선(雀扇)을 받들고 앞에서 작문하여 서고 무동 2인이 집당하여 뒤에 있다가 작문을 출입하며 춤춘다." 이의강, 『국역순조무자진작의궤』(서울: 보고사, 2006), 286쪽; 純祖 戊子 『進爵儀軌』, 附編1b.

203) <望仙門>, 『呈才舞圖笏記』, 1994년, 451쪽.

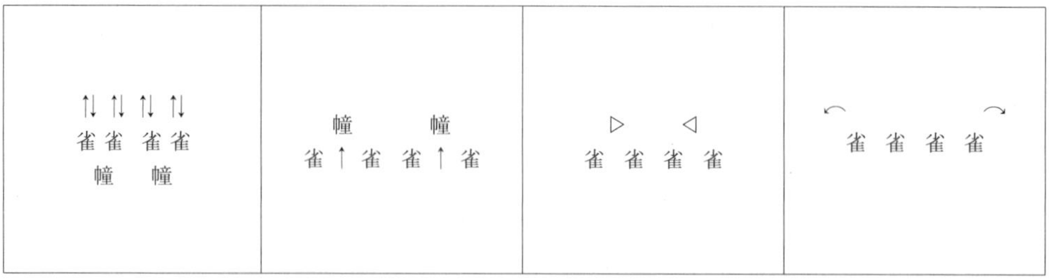

⇅ ⇅ ⇅ ⇅ 雀雀 雀雀 幢 幢	幢 幢 雀 ↑ 雀 雀 ↑ 雀	▷ ◁ 雀 雀 雀 雀	↶ ↷ 雀 雀 雀 雀

〈그림 96〉『정재무도홀기』의 〈망선문〉 대형 구성

앞서 〈망선문〉 정재도에 공통적으로 나타난 내용을 정리하면 다음과 같다.

첫째, 무용수 구성은 작선 4인·협무[집당] 2인이다.
둘째, 무동정재이다.
셋째, 정재대형 구성은 전후대형으로, 작선 4인은 북쪽에 집당 2인은 남쪽에 선다.
넷째, 정재방향 구성은 북향으로, 작선 4인과 집당 2인 모두 북향한다.
다섯째, 정재춤사위 구성은 '우수반상거좌수반하거·우수반하거좌수반상거'이다.

이상의 내용은 아래의 정재홀기 기록에서 확인된다.

> ≪용례 1≫ ○박을 치면, 작선 4인이 나란히 소진(小進)하여 선다. ○박을 치면, 집당 2인이 작선으로 만든 문(門) 사이로 들어온다. ○박을 치면, 서로 향하여 춤춘다. ○박을 치면, 서로 등지며 춤춘다. ≪용례 2≫ ○박을 치면, 한 사람은 왼쪽으로 돌고, 한 사람은 오른쪽으로 돌아 다시 문으로 나오며 춤춘다. ○박을 치면, 서로 마주하며 춤춘다. ○박을 치면, 서로 등지며 춤춘다. ≪용례 3≫ ○박을 치면, 회선(回旋)하여 문으로 들어가 혹은 등지고 혹은 마주보고 돌면서【旋轉】 춤춘다. ≪용례 4≫ ○박을 치면, 다시 문을 나오며 춤춘다. ○박을 치면, 손을 여미고 족도한다. ≪용례 5≫ ○박을 치면, 물러난다.【작선 4인이 족도하며 물러난다.】

『정재무도홀기』 〈망선문〉의 ≪용례 1≫은 작선 4인이 초열대형에서 북향하고 무진하는 내용이다. ≪용례 2·3·4≫는 집당 2인이 작선 4인이 만든 문 사이로 들어가는 내용으로, 이때 작선 4인은 외선(外旋)하여 돌아 나온다. ≪용례 5≫는 작선 2인이 북향하여 무퇴하는 내용이다.

정재홀기와 〈망선문〉 정재도 내용을 비교하였을 때, 정재도에서 작선 4인과 집당 2인이 북향한 것은 작선 4인이 무진·무퇴하는 ≪용례 1·5≫를 제시한 것이고, 집당 2인이 작선 4인의 남쪽에서 북향하고 선 것은 집당 2인이 각각 외선하여 작문으로 들어가기 전의 위치와 집당 2인이 문[작선] 사이로 나아가는 방향으로 ≪용례 2·3·4≫를 제시한 것이다.

3) 〈망선문〉 정재도 해석

1종의 의궤에 1점이 수록된 〈망선문〉 정재도는 무동정재로 추었다. 정재도를 살폈을 때, 〈망선문〉 정재도에는 한 그림 속에 여러 내용을 제시하였는데, 작선의 위치와 일렬대형에서 북향하며 추는 춤과 춤사위 형태이다. 무용수는 작선 4인과 집당 2인으로 구성되었고, 작선은 전대[북]에 집당은 후대[남]에 선 전후대형에서 무용수 모두 북향하고 춤을 춘다.

〈망선문〉 정재도와 정재홀기를 비교하였을 때 정재도에서 집당 2인이 작선 뒤[남]에서 북향 한 것은 처음 춤을 추기 전의 배열위치와 작선 4인과 집당 2인이 무진·무퇴하는 춤으로 『정재무도홀기』에 기록된 내용을 사실적으로 제시한 것이다. 정재도에 집당 2인이 작선 뒤[남]에 서 있는 위치로 볼 때 집당 2인이 작선의 남쪽에서 상대·상배하며 춤추는 것으로 해석할 수 있으나, 이를 정재홀기와 비교하였을 때 집당 2인은 작선의 북쪽에서 상대·상배하는 것이었다. 결국 정재도에 집당 2인이 작선의 남쪽에 서 있는 것은 2가지를 제시한 것이었는데 하나는 초열 위치이고, 또 다른 하나는 좌우무가 각각 외선하여 작문으로 들어가기 전의 위치를 제시한 것으로 이것은 정재홀기에 기록되지 않은 내용이다.

이상으로, 의궤의 〈망선문〉 정재도에는 무용수를 집당 2인과 작선 4인으로 구성하여, 처음 춤을 추기 전의 배열위치와 작선은 전대에 집당은 후대에 선 전후대형에서 작선 4

인이 북향하여 무진·무퇴하는 춤과 집당 2인이 각각 외선하여 문으로 들어가기 전 남쪽에 서 있는 위치 그리고 춤사위를 제시하고 있다.

10. 몽금척夢金尺

〈몽금척〉 정재도는 정조 을묘 『정리의궤』·순조 기축 『진찬의궤』·헌종 무신 『진찬의궤』·고종 무진 『진찬의궤』·고종 정해 『진찬의궤』·고종 정축 『진찬의궤』·고종 임진 『진찬의궤』·고종 신축 『진찬의궤』·고종 신축 『진연의궤』·고종 임인(4월·11월) 『진연의궤』에 수록되어 있다. 11종의 의궤에 15점이[204] 전하는데, 무동은 4점·여령은 11점이다.

1) 〈몽금척〉 정재도 검토

15점의 〈몽금척〉 정재도를 살폈을 때 무용수는 집박악사 2인·악사 1인·족자 1인·죽간자 2인·금척 1인·황개 1인·협무 12인·대기무용수 14인으로 구성되어 정재도마다 차이가 있고, 무도내용은 5가지 유형으로 구분되어 있는데[205] 내용을 살펴보면 다음과 같다.

〈그림 97〉은 고종 신축 『진연의궤』·고종 임진 『진찬의궤』·고종 임인 『진연의궤』[4월·11월]에 수록된 정재도이다.[206] 무동정재이며, 무용수 구성은 족자 1인·죽간자 2인·금척 1인·황개 1인·협무 12인이다. 죽간자 2인은 북쪽에 서서 북향하고, 족자 1인은 죽간

204) <夢金尺> 정재도는 正祖 乙卯 『整理儀軌』[여령]9a, 純祖 己丑 『進饌儀軌』[여령]20a, 憲宗 戊申 『進饌儀軌』[여령]15b, 高宗 戊辰 『進饌儀軌』[여령]12b, 高宗 丁亥 『進饌儀軌』[여령]21a, 高宗 丁丑 『進饌儀軌』[여령]18a, 高宗 壬辰 『進饌儀軌』[무동]25a · [여령]32a, 高宗 辛丑 『進饌儀軌』[여령]20a, 高宗 辛丑 『進宴儀軌』[무동]23a · [여령]30a, 高宗 壬寅 『進宴儀軌』[4월: 무동]23a · [4월: 여령]30a, 高宗 壬寅 『進宴儀軌』[11월: 무동]25a · [11월: 여령]34a에 기록되어 있다.

205) 손선숙, "의궤 정재도의 도상학적 연구(Ⅰ): <가인전목단> · <몽금척> · <무고> · <아박무> · <포구락>을 중심으로," 『무용역사기록학』36집(서울: 무용역사기록학회, 2015), 183~221쪽, "조선후기 당악과 향악의 이중적 음악구성 정재연구: <경풍도> · <만수무> · <몽금척> · <봉래의> · <수연장> · <연백복지무> · <연화대무> · <오양선> · <육화대> · <장생보연지무> · <제수창> · <최화무> · <하황은> · <헌천화> · <헌선도>를 중심으로," 『대한무용학회논문집』제74권5호(서울: 대한무용학회, 2016), 75~94쪽.

206) <그림 97> 고종 신축 『진연의궤』[무동]23a; 고종 임진 『진찬의궤』[무동]25a; 고종 임인 『진연의궤』[4월: 무동]23a; 고종 임인 『진연의궤』[11월: 무동]25a,

자 사이에 서서 북향하고, 금척 1인은 2대좌우대형 사이에 서서 북향하고, 황개 1인은 제6대 좌우협무 사이에 서서 북향한다. 무동 12인은 초열대형[2대좌우대형]에서 모두 북향한다. 춤사위는 '염수'이다.

〈그림 98〉은 고종 임진『진찬의궤』· 고종 신축『진찬의궤』· 고종 신축『진연의궤』· 고종 임인『진연의궤』[4월 · 11월]에 수록된 정재도이다.[207] 여령정재이며, 무용수 구성은 족자 1인 · 죽간자 2인 · 금척 1인 · 황개 1인 · 협무 12인이다. 죽간자 2인은 북쪽에서 상대하고, 족자 1인은 죽간자 사이에 서서 북향하고, 금척 1인은 2대좌우대형 사이에 서서 북향하고, 황개 1인은 제6대 좌우협무 사이에 서서 북향한다. 여령 12인은 초열대형[2대좌우대형]에서 모두 북향한다. 춤사위는 '염수'이다.

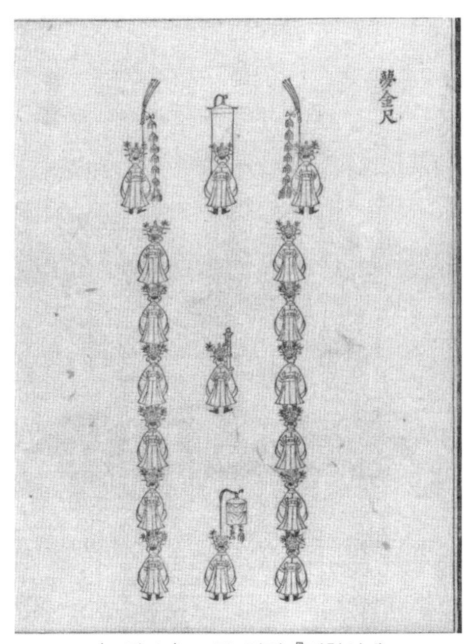

〈그림 97〉 고종 임진『진찬의궤』

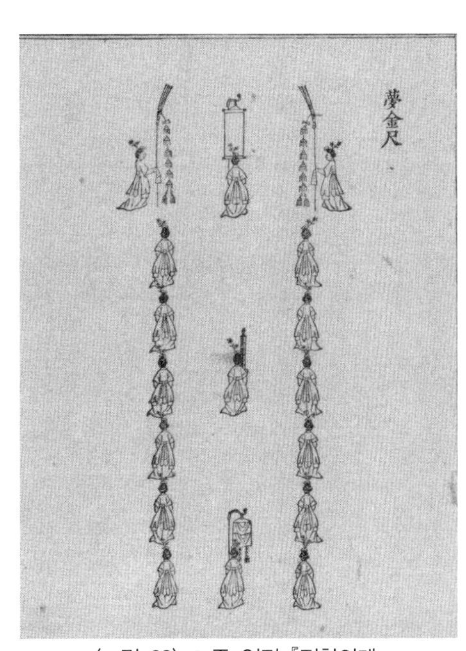

〈그림 98〉 고종 임진『진찬의궤』

〈그림 99〉는 헌종 무신『진찬의궤』· 고종 무진『진찬의궤』· 고종 정축『진찬의궤』· 고종 정해『진찬의궤』에 수록된 정재도이다.[208] 여령정재이며, 무용수 구성은 족자 1인 ·

207) <그림 98> 고종 임진『진찬의궤』[여령]32a; 고종 신축『진찬의궤』[여령]20a; 고종 신축『진연의궤』[여령]30a; 고종 임인『진연의궤』[4월: 여령]30a; 고종 임인『진연의궤』[11월: 여령]34a.

죽간자 2인·금척 1인·황개 1인·협무 12인이다. 죽간자 2인은 북쪽에 서서 상대하고, 족자 1인은 죽간자 사이에 서서 북향하고, 금척 1인은 6대좌우대형에서 전대의 좌우협무 사이에 서서 북향하고, 황개 1인은 후대의 좌우협무 사이에 서서 북향한다. 여령 12인은 6대좌우대형으로 서서 북향하며 춤추고, 춤사위는 '염수'이다.

〈그림 100〉은 순조 기축『진찬의궤』에 수록된 정재도이다.[209] 여령정재이며, 무용수 구성은 족자 1인·죽간자 2인·금척 1인·황개 1인·협무 12인이다. 죽간자 2인은 북쪽에 서서 상대하고, 족자 1인은 죽간자 사이에 서서 북향하고, 금척 1인은 6대좌우대형에서 전대의 좌우협무 사이에 서서 북향하고, 황개 1인은 후대의 좌우협무 사이에 서서 북향한다. 여령 12인은 6대좌우대형으로 서서 북향·상대·상배하며 팔을 펴들고 춤추는데, 춤사위는 '양수평거·양수반하거·우수반상거좌수반하거·우수평거좌수반하거·우수반하거좌수평거'이다.

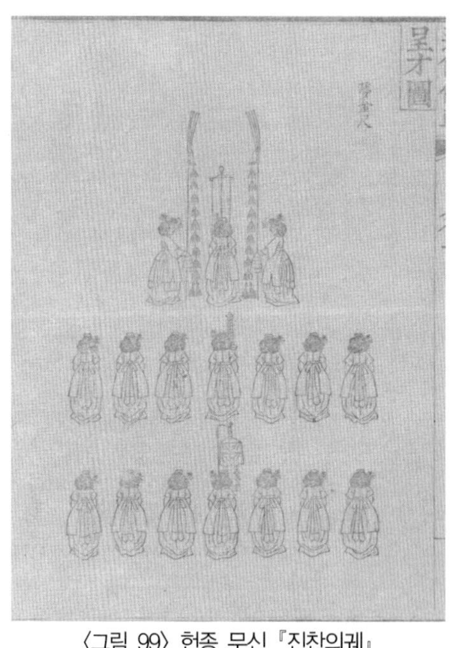

〈그림 99〉 헌종 무신『진찬의궤』

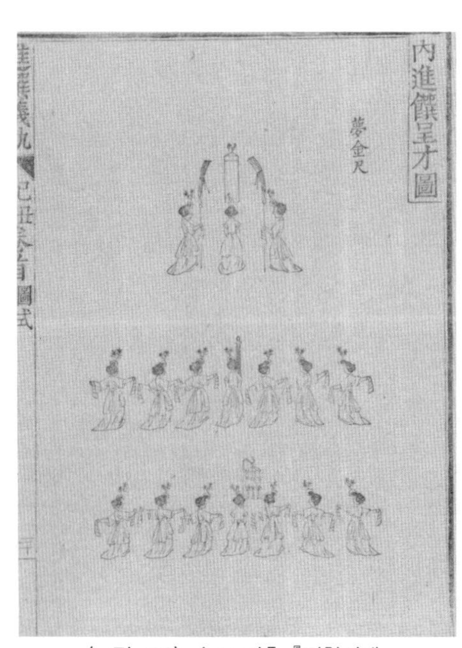

〈그림 100〉 순조 기축『진찬의궤』

208) <그림 99> 헌종 무신『진찬의궤』[여령]15b; 고종 무진『진찬의궤』[여령]12b; 고종 정축『진찬의궤』[여령]18a; 고종 정해『진찬의궤』[여령]21a.

209) <그림 100> 순조 기축『진찬의궤』[여령]20a.

〈그림 101〉은 정조 을묘 『정리의궤』에 수록된 정재도이다.[210] 여령정재로 내용을 2가지로 구분하여 제시하였다. 먼저 상단의 무용수 구성은 집박악사 2인·악사 1인·족자 1인·죽간자 2인·금척 1인·황개 1인·협무 12인이다. 초열 [2대좌우대형]에서 죽간자 2인은 북쪽에 서서 상대하고, 족자 1인은 죽간자 사이에 서서 북향하고, 금척 1인은 2대좌우대형 사이에 서서 북향하고, 황개 1인은 제6대 좌우협무 사이에 서서 북향한다. 여령 12인은 2대좌우대형에서 북향과 상대하며 팔을 펴들고 춤추는데, 춤사위는 '우수반하거좌수반하거(右手半下擧左手半下擧)·양수반하거·우수평거좌수반하거·양수평거·우수반하거좌수반상거'이다.

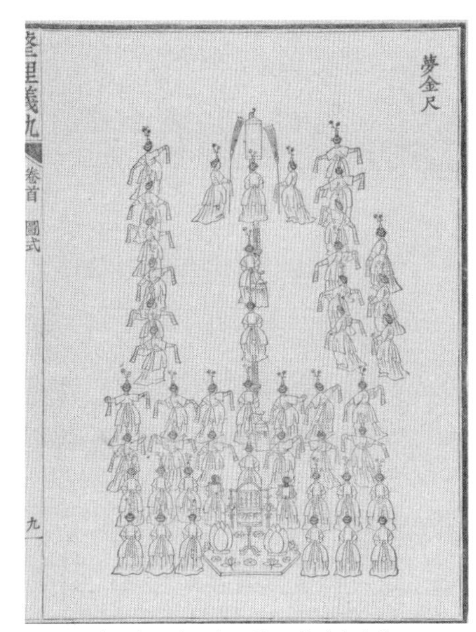

〈그림 101〉 정조 을묘 『정리의궤』

반면 하단의 무용수 구성은 금척 1인·황개 1인·협무 12인·대기무용수 14인이다. 죽간자가 생략되었고, 금척 1인은 6대좌우대형에서 전대의 좌우협무 사이에 서서 북향하고, 황개 1인은 후대의 좌우협무 사이에 서서 북향하고, 대기무용수 14인은 염수하고 남쪽에 서서 북향한다. 여령 12인은 2대좌우대형에서 북향과 상대하며 팔을 펴들고 춤추는데, 춤사위는 '양수평거·양수반하거·우수평거좌수반하거·우수반상거좌수반하거·우수평거좌수반상거·우수반하거좌수평거·우수반하거좌수반상거'이다.

이상 15점의 〈몽금척〉 정재도를 살폈을 때 드러난 무도내용은 2대좌우대형과 6대좌우대형에서의 춤을 제시하였다. 무용수는 족자 1인·죽간자 2인·금척 1인·황개 1인·협무 12인과 족자 1인·죽간자 2인·금척 1인·황개 1인·협무 12인·집박악사 2인·악사 1인·대기무용수 14인 등 2가지로, 왕조 및 연향에 따라 구성에 차이가 있다.

대형은 초열인 2대좌우대형과 6대좌우대형 2가지를 제시하였는데 〈그림 97·98〉에는 2대좌우대형, 〈그림 99·100〉에는 6대좌우대형, 〈그림 101〉에는 2대좌우대형과 6대좌

210) 〈그림 101〉 정조 을묘 『정리의궤』[여령]9a.

우대형 2가지를 제시하였다. 방향은 죽간자는 상대와 북향을, 족자·금척·황개는 북향, 협무 12인은 북향·상대·상배를 제시하였다. 무용수별로 서는 위치가 정해져 있는데, 죽간자와 족자는 북쪽에 서고, 금척과 황개는 좌우협무 사이에 서는 것이 공통적이다. 이들 무용수들이 서는 위치는 2대 및 6대좌우대형 상관없이 항상 그 위치를 유지하였고, 집박악사와 악사는 동쪽에서 서향하였다.

〈몽금척〉 정재도에 공통적으로 나타난 정재춤사위는 '양수반하거·양수평거·염수·우수반상거좌수반하거·우수반하거좌수반상거·우수반하거좌수반하거·우수반하거좌수평거·우수평거좌수반상거·우수평거좌수반하거'이다.

夢金尺

竹竿子 舞 舞 舞 舞 舞 舞

簇子 金尺 黃蓋

竹竿子 舞 舞 舞 舞 舞 舞

樂奏壽寧之曲步虛子令○拍簇子一人竹竿子二人齊行足蹈而進立樂止口號奉貞符之靈異美盛德之形容冀借優容式孚宴譽訖○拍鄕唐交奏○拍左右第一隊舞進而立○拍斂手立於簇子左右○拍第二隊舞進而立○拍斂手足蹈○拍第三隊舞進而立○拍斂手

〈몽금척〉 무보 (『정재무도홀기』, 장서각 소장)

2) 〈몽금척〉 정재도 분석

〈몽금척〉 무보는 『정재무도홀기』에 모두 7편이[211] 전하는데, 여령정재와 무동정재로 추었다. 무용수는 족자 1인·죽간자 2인·금척 1인·황개 1인·협무 12인으로 구성되었고, 내용은 변화되지 않았지만 연향에 따라 무동정재 시에는 죽간자의 구호가 생략[212]되기도 한다.

내용을 정리하면, 족자와 죽간자가 무진하여 구호를 부르고 좌우로 물러나서면 각 대가 차례로 무진하여 족자 좌우에 섰다가 무퇴하여 족자 뒤에 6대좌우대형으로 배열한다.[213] 금척과 황개가 무진하여 금척인이 치어를 부르고, 이어 무용수 전체가 창사를 부르며 무진·무퇴를 한다. 무용수 전체가 좌선회무(左旋回舞)를 3바퀴 돌아

211) 『呈才舞圖笏記』, 1994년, 92쪽·160쪽·189쪽·245쪽·305쪽·421쪽; 『時用舞譜(全)呈才舞圖笏記』, 1989년, 104쪽.

212) <夢金尺>, 『呈才舞圖笏記』, 1994년, 421쪽.

213) 조선후기의 홀기 <몽금척>에는 2대좌우대형에서 무용수들이 차례로 나아가 족자좌우에 서고 물러나는 내용이 기록되지 않았는데, 이 내용을 정재도와 비교하였을 때 무용수들이 족자좌우에서 물러나 6대좌우대형으로 선 것을 확인하였다. 손선숙, "정재 무보체계의 보완과 방안마련연구(1): <몽금척>의 정재대형을 중심으로," 『무용예술학연구』 제20집(서울: 한국무용예술학회, 2007), 101~125쪽.

초열로 서면 죽간자가 무진하여 후구호를 부르고 무용수 전체가 물러나면 춤이 마친다.

『정재무도홀기』의 〈몽금척〉은 정재대형을 2대좌우대형과 6대좌우대형으로 구성하여 〈그림 102〉처럼 진행한다.

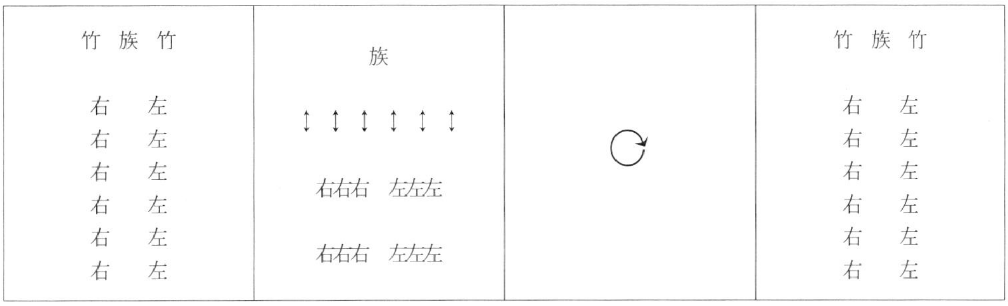

<table>
<tr>
<td>竹 族 竹

右 左
右 左
右 左
右 左
右 左
右 左</td>
<td>族

↕ ↕ ↕ ↕ ↕ ↕

右右右 左左左

右右右 左左左</td>
<td>↻</td>
<td>竹 族 竹

右 左
右 左
右 左
右 左
右 左
右 左</td>
</tr>
</table>

〈그림 102〉『정재무도홀기』의 〈몽금척〉 대형 구성

앞서 〈몽금척〉 정재도에 공통적으로 나타난 내용을 정리하면 다음과 같다.

첫째, 무용수는 2가지로 구성되어 왕조 및 연향별로 차이가 있는데, 족자 1인·죽간자 2인·금척 1인·황개 1인·협무 12인과 족자 1인·죽간자 2인·금척 1인·황개 1인·협무 12인·집박악사 2인·악사 1인·대기무용수 14인이다.

둘째, 무동정재와 여령정재로 추었다.

셋째, 정재대형 구성은 2대좌우대형과 6대좌우대형이다.

넷째, 정재방향 구성은 북향·상대·상배이다. 죽간자는 북향·상대이고, 협무 12인은 북향·상대·상배이다.

다섯째, 정재춤사위 구성은 '양수반하거·양수평거·염수·우수반상거좌수반하거·우수반하거좌수반상거·우수반하거좌수반하거·우수반하거좌수평거·우수평거좌수반상거·우수평거좌수반하거'이다.

이상의 내용은 아래의 정재홀기 기록에서 확인된다.

≪용례 1≫ ○박을 치면, 족자(簇子) 1인과 죽간자(竹竿子) 2인이 나란히 줄을 지어 족도하며 앞으로 나아가 선다. 음악이 그치고, 구호(口號)를 부른다. …(생략)… ≪용례 2≫ 6대 12인은 손을 여미고 족도하며 음악의 절차에 따라 창사를 부른다. …(생략)… ○박을 치면, 6대 12인은 춤을 추며, 그 창을 부르며 세 번 앞으로 나아갔다 뒤로 물러나며 춤을 춘다. ○박을 치면, 우죽간자가 족도하며 먼저 나아가고 다음에 족자·금척·황개·좌죽간자·좌대 6인·우대 6인이 차례로 나아가 좌선회무를 3회 하는데 우죽간자와 이어지면 창사를 부른다. …(생략)… 도는 것을 3회를 마치고【우죽간자가 남쪽에 이르면 북향한다】≪용례 3≫ ○박을 치면, 족자·금척(金尺)·황개(黃蓋)는 가운데로, 무 12인은 6대를 만들어 다 같이 맨 처음의 자리로 줄지어 선다. ≪용례 4≫ ○박을 치면, 죽간자 2인은 앞으로 나아가 선다. 음악이 그치고, 구호를 부른다. …(생략)… 끝나고, ○박을 치면, 보허자령(步虛子令)을 연주한다. ○박을 치면, 죽간자 2인·족자·금척·황개인은 다 같이 족도하며 뒤로 물러난다. ≪용례 5≫ ○박을 치면, 무 12인은 춤을 추며 앞으로 나아간다. ○박을 치면, 손을 여미고 족도한다. ○박을 치면, 춤을 추며 뒤로 물러난다.

『정재무도홀기』〈몽금척〉의 ≪용례 1·4≫는 도입부와 종결부의 내용으로 2대좌우대형에서 죽간자가 북향 무진하여 구호를 부르고 무퇴하는 내용이고, ≪용례 2≫는 6대좌우대형에서 창사를 부르며 무진·무퇴하는 내용이고, ≪용례 3≫은 무용수 전체가 회무를 돌아 초열인 2대좌우대형으로 서는 내용이고, ≪용례 5≫는 춤을 마친 다음 협무 12인이 초열인 2대좌우대형으로 서서 무진·무퇴하는 내용이다.

정재홀기와 〈몽금척〉 정재도 내용을 비교하였을 때 정재도에서 죽간자가 북향한 것은 죽간자가 도입부·종결부에서 구호를 부를 때 바라보는 방향으로 ≪용례 1·4≫를 제시한 것이고, 죽간자를 포함한 무용수 전체가 회무를 돈 다음 초열로 설 때의 ≪용례 3≫을 제시한 것이다. 무용수들이 2대좌우대형에서 북향 염수한 것은 죽간자가 선구호·후구호를 부를 때 무용수들이 뒤에서 기다리는 것과 춤을 시작하기 전과 마친 다음의 동작을 보여준 것이다. 그리고 2대좌우대형에서 '양수평거'로 춤춘 것은 2가지로 예상되는데, 하나는 좌선회무[3잡]를 돌고 난 다음 초열로 설 때의 춤사위로 ≪용례 3≫을 제시한 것이고, 두 번째는 종결부에서 죽간자가 후구호를 부른 다음 무용수 전체가 무진할 때의 춤사위로 ≪용례 5≫의 내용을 제시한 것이다. 다음으로 6대좌우대형에서 무용수들이 양수평거로 춤 춘 것은 창사를 부르며 무진·무퇴하며 추는 것과 춤사위로 ≪용례 2≫의 내용을 보여준 것이다.

3) 〈몽금척〉 정재도 해석

11종의 의궤에 15점이 수록된 〈몽금척〉 정재도는 무동은 4점·여령은 11점이다. 15점의 정재도를 살폈을 때, 무도내용이 적게는 1점, 많게는 5점이 같은 내용으로 그려졌는데 〈그림 100·101〉은 1점, 〈그림 97·99〉는 4점, 〈그림 98〉은 5점이 같다.

정재도를 통합 비교하였을 때 〈몽금척〉은 정재도마다 한 그림 속에 여러 내용을 제시하였는데, 〈그림 97〉에는 죽간자와 족자의 위치, 죽간자의 북향, 2대좌우대형의 형태, 금척 1인과 황개 1인의 위치, 2대좌우대형에서 협무 12인이 북향 염수한 것을 제시한 것이다. 〈그림 98〉에는 죽간자와 족자의 위치, 죽간자의 상대, 2대좌우대형의 형태, 금척 1인과 황개 1인의 위치, 2대좌우대형에서 협무 12인이 북향 염수한 것을 제시한 것이다. 〈그림 99〉에는 죽간자와 족자의 위치, 죽간자의 상대, 6대좌우대형의 형태, 금척 1인과 황개 1인의 위치, 6대좌우대형에서 협무 12인이 북향 염수한 것을 제시한 것이다. 〈그림 100〉에는 죽간자와 족자의 위치, 죽간자의 상대, 6대좌우대형의 형태, 금척 1인과 황개 1인의 위치, 6대좌우대형에서 협무 12인이 상대·상배하는 춤과 춤사위를 제시한 것이다. 〈그림 101〉에는 집박악사와 악사의 위치와 방향, 죽간자와 족자의 위치, 죽간자의 상대, 2대좌우대형의 형태, 금척 1인과 황개 1인의 위치, 2대좌우대형에서 협무 12인이 북향무와 상대하는 춤과 춤사위, 그리고 6대좌우대형의 형태, 금척 1인과 황개 1인의 위치, 6대좌우대형에서 협무 12인이 북향무·상대하는 춤과 춤사위를 제시한 것이다.

무용수 구성은 왕조 및 연향별로 2가지로 구분하여 제시하였는데, 족자 1인·죽간자 2인·금척 1인·황개 1인·협무 12인과 족자 1인·죽간자 2인·금척 1인·황개 1인·협무 12인·집박악사 2인·악사 1인·대기무용수 14인으로 차이가 있다. 여기서 대기무용수 14인은 〈몽금척〉 무용수 구성과는 직접 관련이 없고, 정조 을묘년 당시 여러 정재 종목을 추기위해 남쪽에서 대기하는 무용수들의 위치를 제시한 것이다. 집박악사 및 악사 또한 정재홀기에는 기록되지 않았지만 연향에 참여하여 〈몽금척〉을 추는 무용수들 동쪽에 서서 춤 진행에 도움을 주는 역할을 한 것을 알 수 있다.

무도내용은 도입부·종결부·진행부의 춤으로 2대좌우대형과 6대좌우대형에서의 죽간자 춤과 협무 12인의 북향·상대·상배 춤을 제시한 것이다. 의궤 정재도에는 이러한 내용들을 무용수 구성과 의상에 차이를 두어 5가지 유형으로 제시하였다.

〈몽금척〉 정재도와 정재홀기를 비교하였을 때 정재도에서 죽간자가 2대좌우대형에서 북향한 것은 도입부와 종결부에서 죽간자가 선구호·후구호를 부르는 방향과 위치를 제시한 것이다. 그리고 협무 12인이 북향한 것은 좌선회무[3잡]를 돌고 난 다음 초열로 설 때의 춤과 도입부와 종결부에서 죽간자가 선구호·후구호를 부른 다음 무용수 전체가 무진·무퇴하는 춤을 제시한 것이다. 다음으로 6대좌우대형에서 협무 12인이 북향한 것은 진행부의 춤을 출 때 바라보는 방향을 제시한 것이고, 금척·황개가 무진하는 것 그리고 협무 12인이 북향하고 창사를 부르며 무진·무퇴하는 춤을 제시한 것으로, 이러한 내용은 모두 『정재무도홀기』에 기록된 내용을 사실적으로 제시한 것이다.

반면 정재홀기에 기록되지 않은 내용을 정재도에 제시하였는데, 2대와 6대좌우대형에서 죽간자가 상대한 것, 집박악사와 악사가 동쪽에서 서향한 것, 2대좌우대형에서 협무 12인의 상대춤, 6대좌우대형의 위치와 형태, 6대좌우대형에서 협무 12인이 상대·상배하는 춤과 여러 형태의 춤사위이다. 특히 6대좌우대형에서 죽간자가 상대한 것은 협무 12인이 진행부의 춤을 출 때 바라보는 방향을 제시한 것으로, 도입부에서 죽간자가 구호를 부른 뒤 물러나 마주보는 내용을 제시한 것이다. 이것은 궁중정재의 기본법례에 의해 일률적으로 진행되는 무용구조에 의해 알 수 있고 이 내용은 『정재무도홀기』 〈장생보연지무〉와 〈제수창〉에서 확인된다. 따라서 〈몽금척〉 정재도에서 죽간자가 상대한 것은 진행부에서 죽간자가 바라보는 방향을 제시한 것으로, 『정재무도홀기』의 〈몽금척〉에는 죽간자의 무퇴만 기록되었지만 그 무퇴에는 물러난 다음 마주본다는 내용도 포함된 것이다. 결국 〈몽금척〉 정재도에서 죽간자의 방향을 북향과 상대, 2가지를 제시한 것은 도입부·종결부와 진행부에서 죽간자가 바라보는 방향이 다른 것을 제시한 것이다.

이상으로, 의궤의 〈몽금척〉 정재도는 왕조 및 연향에 따라 무용수 구성을 2가지로 차이를 두어 2대좌우대형과 6대좌우대형에서의 춤을 제시한 것으로, 집박악사·악사·대기 무용수의 배열 위치를 알 수 있게 하였다. 무용수 역할별로 서는 위치가 정해져 있는데, 죽간자와 족자는 북쪽에 서고, 금척과 황개는 좌우협무 사이에 서는 것이 공통적이었다. 이들 무용수들이 서는 위치는 2대 및 6대좌우대형 상관없이 항상 그 위치를 유지하였고, 집박악사와 악사는 동쪽에서 서향하였다. 따라서 〈몽금척〉 정재도는 『정재무도홀기』의 도입부·종결부·진행부의 춤을 제시한 것으로, 2대좌우대형과 6대좌우대형을 중심으로 진행되고 변화되는 춤 내용을 사실적으로 보여주었고, 이러한 내용을 한 면에 여러 형태로 제시하고 있다.

11. 무고舞鼓

〈무고〉 정재도는 정조 을묘 『정리의궤』·순조 무자 『진작의궤』·순조 기축 『진찬의궤』·헌종 무신 『진찬의궤』·고종 무진 『진찬의궤』·고종 정축 『진찬의궤』·고종 정해 『진찬의궤』·고종 임진 『진찬의궤』·고종 신축 『진찬의궤』·고종 신축 『진연의궤』·고종 임인(4월·11월) 『진연의궤』에 기록되어 있다. 12종의 의궤에 19점이[214] 전하는데, 무동은 7점·여령은 12점이고, 〈쌍무고〉로도 추어졌다.

1) 〈무고〉 정재도 검토

19점의 〈무고〉 정재도를 살폈을 때, 무용수 구성은 원무(元舞) 4인·8인, 협무 4인·8인, 악사 3인, 대기무용수 16인·18인이다. 무도내용은 11가지 유형으로 구분되어 있는데[215] 내용을 살펴보면 다음과 같다.

214) <舞鼓> 정재도는 正祖 乙卯 『整理儀軌』[여령]10b, 純祖 戊子 『進爵儀軌』[무동]16a · [무동]45b, 純祖 己丑 『進饌儀軌』[무동]18b · [무동]61a · [여령]24a, 憲宗 戊申 『進饌儀軌』[여령]19a, 高宗 戊辰 『進饌儀軌』[여령]14b, 高宗 丁丑 『進饌儀軌』[여령]21b, 高宗 丁亥 『進饌儀軌』[여령]24b, 高宗 壬辰 『進饌儀軌』[무동]26b · [여령]32b, 高宗 辛丑 『進饌儀軌』[여령]20b, 高宗 辛丑 『進宴儀軌』[무동]24b · [여령]30a, 高宗 壬寅 『進宴儀軌』[4월: 여령]30b · [4월: 무동]18b, 高宗 壬寅 『진연의궤』[11월: 여령]41a · [무동]26b에 기록되어 있다.

<그림 103>은 순조 무자 『진작의궤』에 수록된 정재도이다.[216] 무동정재이며, 무용수 구성은 원무 4인과 대기무용수 16인이다. 원무 4인이 양손에 북채를 잡고 북[鼓]을 중심으로 사우(四隅)[217] 위치에서 내향(內向)하고 격고(擊鼓)하면서 춤추고, 대기무용수 16인은 염수하고 남쪽에 서서 북향한다. 춤사위는 '양수반하거·우수반하거좌수평거·우수평거좌수반하거'이다.

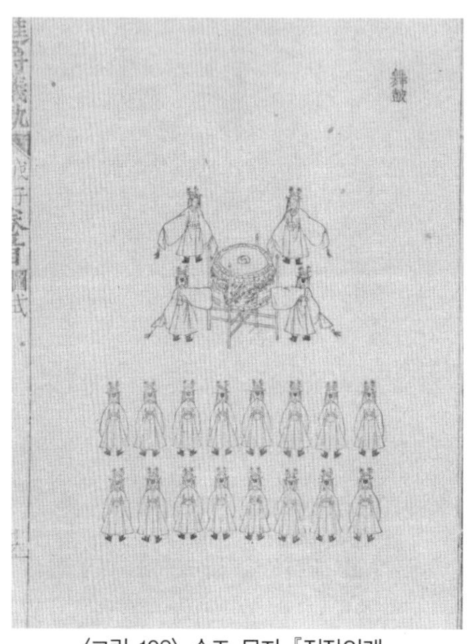

<그림 103> 순조 무자 『진작의궤』

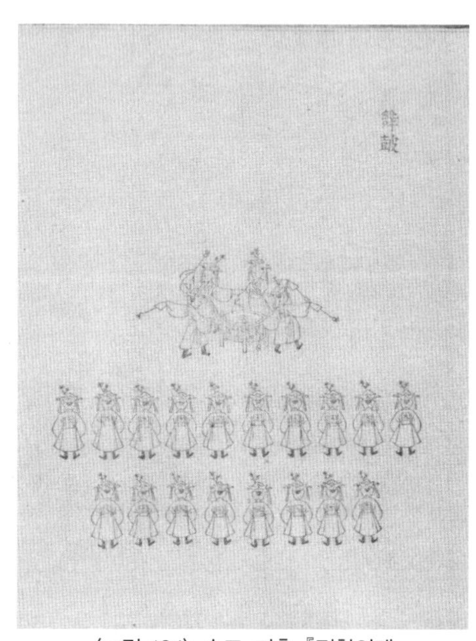

<그림 104> 순조 기축 『진찬의궤』

<그림 104>는 순조 기축 『진찬의궤』에 수록된 정재도이다.[218] 무동정재이며, 무용수 구성은 원무 4인과 대기무용수 18인이다. 원무 4인이 양손에 북채를 잡고 북을 중심으로 사우 위치에서 내향하고 격고하면서 춤추고 우선하며[219] 춤춘다. 대기무용수 18인은

215) 손선숙, "의궤 정재도의 도상학적 연구(Ⅰ): <가인전목단>·<봉금척>·<무고>·<아박무>·<포구락>을 중심으로," 『무용역사기록학』36집(서울: 무용역사기록학회, 2015), 183~221쪽.

216) <그림 103> 순조 무자 『진작의궤』[무동]16a.

217) 정재홀기 <무고>에는 원무가 서는 위치를 사방으로 제시하고 있지만 정재도에는 원무가 사우에 서 있다. 사방과 사우는 대형을 말하는데, 사방은 동서남북 정방위에 선 위치이고, 사우는 동남·서북·북동·남서에 선 위치이다.

218) <그림 104> 순조 기축 『진찬의궤』[무동]18b.

219) 후좌협의 방향에 의해 우선(右旋)하는 것을 짐작할 수 있다.

염수하고 남쪽에 서서 북향한다. 춤사위는 '우수휘상거좌수평거(右手揮上擧左手平擧)·우수반하거좌수평거·우수평거좌수반하거'이다.

〈그림 105〉는 순조 무자 『진작의궤』에 수록된 정재도이다.220) 무동정재이며, 무용수 구성은 원무 4인이다. 원무 4인이 양손에 북채를 잡고 북을 중심으로 사우 위치에서 외향과 우선하며 춤추는데, 전우협(前右挾)의 방향에 의해 우선하는 것을 짐작할 수 있다. 춤사위는 '양수반하거·우수반하거좌수휘거(右手半下擧左手揮擧)·우수반하거좌수후하염(右手半下擧左手後下斂)·우수후하염좌수반하거(右手後下斂左手半下擧)'이다.

〈그림 105〉 순조 무자 『진작의궤』

〈그림 106〉 고종 무진 『진찬의궤』

〈그림 106〉은 고종 무진 『진찬의궤』에 수록된 정재도이다.221) 여령정재이며, 무용수 구성은 원무 4인이다. 원무 4인이 양손에 북채를 잡고 북을 중심으로 사우 위치에 서서 내향하고 격고하면서 춤추고, 춤사위는 '양수상거(兩手上擧)'이다.

220) <그림 105> 순조 무자 『진작의궤』[무동]45b.
221) <그림 106> 고종 무진 『진찬의궤』[여령]14b.

〈그림 107〉은 순조 기축 『진찬의궤』에 수록된 정재도이다.[222] 무동정재이며, 무용수 구성은 원무 4인과 협무 8인이다. 원무와 협무가 북을 중심으로 둥글게[圓] 서서 춤을 추는데, 북채는 원무 4인이 양손에 잡았고 북을 중심으로 내향·외향과 우선·좌선하며 춤을 춘다. 무용수 모두가 한삼을 착용하지 않았고, 춤사위는 '양수평거·양수반하거·우수반상거좌수반하거·우수반하거좌수반상거·우수평거좌수반하거·우수반하거좌수평거'이다.

〈그림 108〉은 고종 임진 『진찬의궤』·고종 신축 『진연의궤』·고종 임인 『진연의궤』[4월·11월]에 수록된 정재도이다.[223] 무동정재이며, 무용수 구성은 원무 4인과 협무 4인이다. 원무 4인과 협무 4인이 북을 중심으로 둥글게[圓] 서서 춤을 추는데, 북채를 잡은 원무 4인은 북의 사우[內舞]에 서고, 협무 4인은 사방에 선다. 북을 중심으로 내향·외향과 우선·좌선을 하고, 춤사위는 '양수반하거·우수반상거좌수반하거·우수평거좌수반하거·양수평거·우수반하거좌수평거'이다.

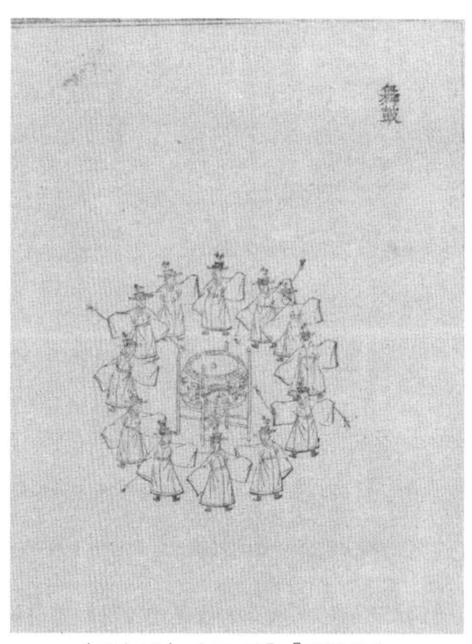

〈그림 107〉 순조 기축 『진찬의궤』

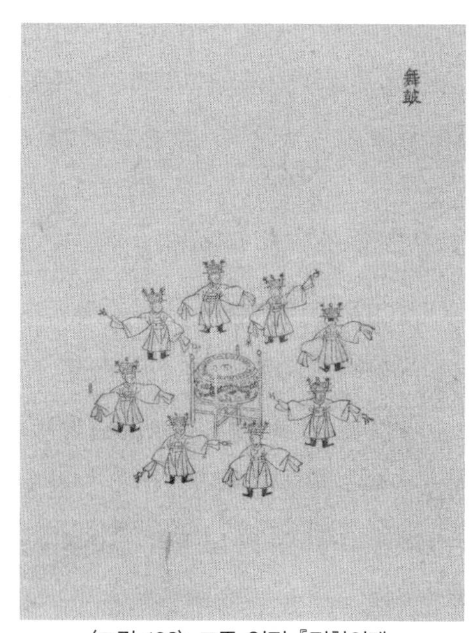

〈그림 108〉 고종 임진 『진찬의궤』

222) <그림 107> 순조 기축 『진찬의궤』[무동]61a.

223) <그림 108> 고종 임진 『진찬의궤』[무동]26b; 고종 신축 『진연의궤』[무동]24b; 고종 임인 『진연의궤』[4월: 무동]18b; 고종 임인 『진연의궤』[11월: 무동]26b.

〈그림 109〉는 고종 신축 『진연의궤』·고종 임진 『진찬의궤』·순조 기축 『진찬의궤』에 수록된 정재도이다.[224] 여령정재이며, 무용수 구성은 원무 4인과 협무 8인이다. 북을 중심으로 춤을 추는데, 먼저 북채를 잡은 원무[내무(內舞)] 4인은 북을 중심으로 북의 사우에 서서 외향하고 격고하면서 춤추는 것과 우선·좌선하며 춤추고, 춤사위는 '우수평거좌수반하거·양수반하거' '우수반하거좌수여만(右手半下擧左手如彎)'이다. 그리고 협무[외무(外舞)] 8인은 원무 주위의 사방 위치에[225] 서서 원무를 중심으로 내향과 우선·좌선을 하고, 춤사위는 '우수반하거좌수평거·우수평거좌수반하거·양수평거·양수반하거'이다.

〈그림 109〉 순조 기축 『진찬의궤』

〈그림 110〉 고종 신축 『진찬의궤』

〈그림 110〉은 고종 신축 『진찬의궤』에 수록된 정재도이다.[226] 여령정재이며, 무용수 구성은 원무 4인과 협무 4인이다. 북을 중심으로 춤을 추는데, 〈그림 110〉의 원무 춤은 〈그림 109〉의 원무 4인의 춤과 같다. 먼저 북채를 잡은 원무[내무] 4인은 북의 사우에

224) <그림 109> 고종 신축 『진연의궤』[여령]30a; 고종 임진 『진찬의궤』[여령]32b; 순조 기축 『진찬의궤』[여령]24a.
225) <그림 109>의 <무고> 정재도에서 협무 8인이 선 위치를 <수연장>과 <봉래의>의 무도와 비교하였을 때 사방대형과 같다.
226) <그림 110> 고종 신축 『진찬의궤』[여령]20b.

서서 북을 중심으로 외향하며 격고하면서 춤추는 것과 우선·좌선하며 춤추고, 춤사위는 '우수평거좌수반하거·양수반하거·우수반하거좌수여만(右手半下擧左手如彎)'이다. 그리고 협무[외무] 4인은 원무 주위의 사방 위치에 서서 원무를 중심으로 외향·내향과 우선·좌선을 하고, 춤사위는 '우수반하거좌수평거·우수평거좌수반하거·양수평거·양수반하거'이다.

〈그림 111〉은 고종 정해 『진찬의궤』·고종 정축 『진찬의궤』·헌종 무신 『진찬의궤』에 수록된 정재도이다.[227] 여령정재이며, 무용수 구성은 원무 4인과 협무 4인이다. 북을 중심으로 춤을 추는데, 북채를 잡은 원무[내무] 4인은 북의 사우에 서고, 협무[외무] 4인은 원무 주위의 사방에서 춘다. 〈그림 111〉의 원무 춤은 〈그림 106〉의 원무 4인의 춤과 같은데, 원무 4인이 양손에 북채를 잡고 북을 중심으로 사우 위치에 서서 내향하며 격고하면서 춤추고, 춤사위는 '양수상거'이다. 그리고 협무[외무]는 원무를 중심으로 사방 위치에 서서 내향과 우선·좌선을 하고, 춤사위는 '우수반하거좌수평거·우수반상거좌수반하거·양수평거·양수반하거'이다.

〈그림 111〉 고종 정해 『진찬의궤』

〈그림 112〉 고종 임인 『진연의궤』

227) <그림 111> 고종 정해 『진찬의궤』[여령]24b; 고종 정축 『진찬의궤』[여령]21b; 헌종 무신 『진찬의궤』[여령]19a.

〈그림 112〉는 고종 임인 『진연의궤』[4월·11월]에 수록된 정재도이다.[228) 〈쌍무고〉이며 여령정재로 추었고, 무용수 구성은 원무 8인과 협무 8인이다. 북을 중심으로 춤을 추는데, 좌대와 우대로 구분하여 각각의 춤을 추고 있다.

먼저 좌대의 원무[내무] 4인은 북채를 잡고 북의 사우에 서고, 협무[내무] 4인은 사방에서 춘다. 〈그림 112〉 좌대의 원무의 춤은 〈그림 109·110〉의 내용과 같은데, 원무 4인은 북을 중심으로 외향하며 격고하면서 춤추는 것과 우선·좌선하며 춤추고, 춤사위는 '우수평거좌수반하거·양수반하거·우수반하거좌수여만(右手半下擧左手如彎)'이다. 그리고 좌대의 협무는 원무를 중심으로 사방 위치에 서서 내향과 우선·좌선을 하고, 춤사위는 '우수평거좌수반하거·양수평거·양수반하거'이다.

다음으로 우대의 원무 4인은 북채를 잡고 북의 사우에 서고, 협무 4인은 원무의 사우에서 춘다. 원무는 외향하며 격고하면서 춤추는 것과 우선·좌선하며 춤추고, 춤사위는 '우수반상거좌수반하거·우수반하거좌수여만(右手半下擧左手如彎)·우수절견좌수반하거(右手折肩左手半下擧)'이다. 그리고 우대의 협무는 원무 주위의 사방에서 내향과 우선을 하고, 춤사위는 '우수반상거좌수반하거·우수반하거좌수평거·양수반하거'이다.

〈그림 113〉 정조 을묘 『정리의궤』

〈그림 113〉은 정조 을묘 『정리의궤』에 수록된 정재도이다.[229) 〈쌍무고〉이며 여령정재로 추었고, 무용수 구성은 원무 8인·대기무용수 14인·악사 3인이다. 상단과 하단으로 구분하여 내용을 제시하였는데, 상단에는 일렬대형과 전후대형을 구성하였고 무용수 모두 북채를 잡지 않았다. 하단에는 좌대와 우대로 구분하여 모두 사우대형에서 춤을 추는데, 무용수 모두 북채를 잡고 북을 중심으로 각각의 춤을 추고 있다.

먼저 상단의 무용수 구성은 원무 8인이다. 좌대와 우대

228) 〈그림 112〉 고종 임인 『진연의궤』[11월: 여령]41a; 고종 임인 『진연의궤』[4월: 여령]30b.
229) 〈그림 113〉 정조 을묘 『정리의궤』[여령]10b.

의 대형이 서로 다른데, 상단의 좌대는 원무 4인이 전후대형에서 상대하며 춤추고, 춤사위는 '양수반상거(兩手半上擧)·양수반하거·우수평거좌수반상거·우수절견좌수반하거'이다. 그리고 상단의 우대는 원무 4인이 추는데, 2인은 전후대형에서 2인은 일렬대형에서 춘다. 전후대형에서는 원무 2인이 남북상대하며 춤추고, 춤사위는 '우수반하거좌수평거·우수평거좌수반하거'이다. 일렬대형에서는 좌무와 우무가 동서상대하며 춤추고, 춤사위는 '우수반상거좌수반하거·우수반하거좌수반상거'이다.

다음으로 하단의 무용수 구성은 원무 8인·대기무용수 14인·악사 3인이다. 하단은 〈쌍무고〉로, 좌대와 우대 모두 사우대형에서 춤을 춘다. 먼저 하단의 좌대는 원무 4인이 사우에서 북을 중심으로 외향하며 격고하면서 춤추는 것과 우선·좌선하며 춤추고, 좌대의 춤사위는 '우수평거좌수반하거·양수반하거·우수반하거좌수여만(右手半下擧左手如彎)'이다. 그리고 하단의 우대 또한 원무 4인이 사우에서 북을 중심으로 외향하며 격고하면서 춤추는 것과 우선·좌선하며 춤추고, 우대의 춤사위는 '우수반상거좌수반하거·우수반하거좌수여만(右手半下擧左手如彎)·우수절견좌수반하거'이다. 대기무용수 14인은 염수하고 남쪽에 서서 북향한다.

이상 19점의 〈무고〉 정재도를 살폈을 때 드러난 무도내용은 북채를 잡기 전과 잡은 후 북을 중심으로 격고하는 내용을 제시한 것이다. 무용수는 원무[북치는 무용수]만 구성되기도 하고, 원무·대기무용수, 원무·협무, 원무·대기무용수·악사 등으로 구분하여 구성되었는데, 무용수는 원무 4인·대기무용수 16인, 원무 4인·대기무용수 18인, 원무 4인, 원무 4인·협무 8인, 원무 4인·협무 4인, 원무 8인·협무 8인, 원무 8인·대기무용수 14인·악사 3인 등 7가지로 왕조 및 연향에 따라 구성에 차이가 있다.

〈무고〉 정재도는 무도내용이 같은 것을 의궤별로 중복 혹은 반복하여 제시하였는데, 〈그림 110〉의 원무 춤은 〈그림 109〉의 원무 4인의 춤과 같고, 〈그림 111〉의 원무 춤은 〈그림 106〉의 원무 4인의 춤과 같고, 〈그림 112〉의 원무의 춤은 〈그림 109·110〉의 원무 4인의 춤과 같고, 〈그림 113〉 하단의 좌대 원무 4인의 춤은 〈그림 109·110·111[좌대]〉의 원무 춤과 같고 무용수들이 바라보는 방향만 다르다. 〈그림 113〉 하단의 우대 원무 4인의 춤은 〈그림 103〉의 원무 춤과 같다.

〈무고〉 정재도는 정재대형을 사우대형·사방대형·원대형·일렬대형·전후대형 등으로, 무용수 구성에 따라 5가지를 제시하였다. 무용수 별로 대형 구성에 차이가 있는데, 먼저 원무는 북을 잡기 전과 잡은 후의 춤을 제시하였다. 원무가 북채를 잡기 전에는 일렬대형과 전후대형을 제시하였고, 북채를 잡은 후에는 원대형과 북을 중심으로 항상 사우에 서는 것이 공통적이었다. 따라서 원무는 일렬대형과 전후대형에서의 상대춤, 사우대형에서 격고하는 춤, 원대형에서 내향·외향·우선·좌선하는 춤을 제시하였다. 다음으로 협무는 사방·사우·원 등 3가지 정재대형을 제시하였는데, 협무가 원무와 나란히 둥글게 서기도 하고 원무 주위[사방·사우]에 서서 내향·외향·우선·좌선하는 춤을 제시하였다.

정재방향은 무용수 중심의 좌우상대와 전후상대 그리고 북을 중심으로 내향·외향하였고, 정재이동은 우선과 좌선을 하였다. 북채는 무용수 구성과 관계없이 원무가 잡았고, 한삼의 착용 유무는 왕조 및 연향별로 차이가 있다. 따라서 무도내용은 북채를 잡기 전과 잡은 후의 춤을 제시하면서 춤 내용을 4가지로[230] 제시하였는데, 첫째, 원무 4인이 북의 사우에서 추는 춤, 둘째, 원무가 북 중심의 사우에서 추고 협무가 원무 중심의 사우와 사방에서 추는 춤, 셋째, 원무와 협무가 함께 원으로 서서 추는 춤, 넷째, 북채를 잡기 전의 춤으로 구분되어 있다.

그리고 〈무고〉 정재도에 공통적으로 나타난 정재춤사위는 '양수반상거(兩手半上擧)·양수반하거·양수상거(兩手上擧)·양수평거·우수반상거좌수반하거·우수반하거좌수반상거·우수반하거좌수여만(右手半下擧左手如彎)·우수반하거좌수평거·우수반하거좌수후하염(右手半下擧左手後下斂)·우수반하거좌수휘거(右手半下擧左手揮擧)·우수절견좌수반하거(右手折肩左手半下擧)·우수평거좌수반상거·우수평거좌수반하거·우수후하염좌수반하거(右手後下斂左手半下擧)·우수휘상거좌수평거(右手揮上擧左手平擧)'이다.

230) <그림 105 · 106>은 무동과 여령 4인으로 구성되어 사우 위치에서 춤을 추는데, 모두 양손에 북채를 잡았다. <그림 109 · 110 · 111>은 모두 여령 8인과 12인이 춤을 추는데, 원무와 협무의 위치가 북의 안과 밖으로 구분되어 있다. <그림 107 · 108>은 무용수 전체가 원으로 서서 춤을 춘다. <그림 112 · 113>은 <쌍무고>로 <그림 113>의 상단에는 무용수들이 북채를 잡지 않고 춤을 춘다.

2) 〈무고〉 정재도 분석

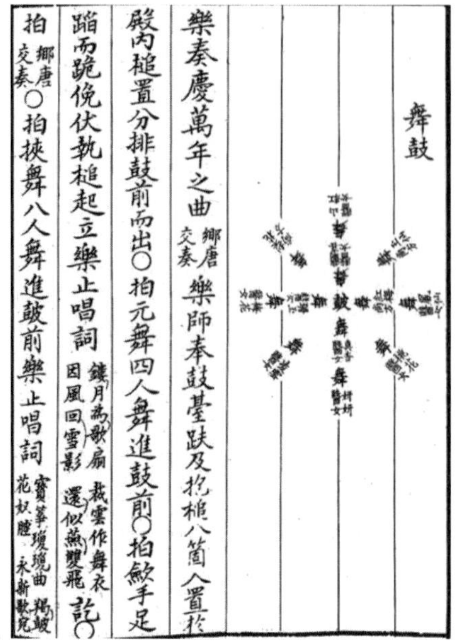

舞鼓

樂奏慶萬年之曲 鄉唐交奏 樂師奉鼓臺趺及枹槌八箇入置於殿內槌置分排鼓前而出○拍元舞四人舞進鼓前○拍斂手足蹈而跪俛伏執槌起立樂止唱詞 鑱月爲歌扇 裁雲作舞衣 因風回雪影 還似燕雙飛 訖○拍 鄉唐交奏○拍挾舞八人舞進鼓前樂止唱詞 寶箏瓊瓌曲 羯鼓花奴腔 永新歌究

〈무고〉 무보(『정재무도홀기』, 국립국악원 소장)

〈무고〉 무보는 『정재무도홀기』에 10편이[231] 전하는데, 여령정재와 무동정재로 추어졌다. 무용수는 북을 치는 원무 4인과 원무 주위에서 춤을 추는 협무 4인과 8인으로 구성되었다.[232] 〈무고〉 내용은 변화되지 않았지만 연향에 따라 무동정재 시에는 창사가 생략되었다.[233]

내용을 정리하면, 악사가 무구인 북[鼓]과 북채[槌]를 전내(殿內)에 놓고 나가면 원무 4인이 춤을 추며 북 앞으로 나아가 엎드려 북채를 잡고 일어서서 창사를 부르고, 이어 협무 4인이 춤을 추며 북 앞으로 나아가 창사를 부른다. 원무와 협무가 다 같이 사방으로 서서 북 장단에 맞춰 북을 치고, 북을 등지고 둥글게 돌며 춤춘다. 춤을 모두 마치면 북채를 처음 자리에 내려놓고 물러나고, 악사가 무구를 들고 나가면 음악이 그친다.

『정재무도홀기』의 〈무고〉 내용은 북채를 설치하는 내용, 북채를 잡고 창사를 부르는 내용, 북을 치는 춤, 춤을 마친 다음 무구를 바닥에 내려놓는 춤, 북채를 거두어 가는 내용 등으로 진행된다. 정재대형을 전후대형과 원[사방·사우] 대형으로 구성하여 〈그림 114〉처럼 진행하는데, 〈그림 114-가〉는[234] 원무와 협무가 둥글게 선 것이고, 〈그림 114-나〉는[235] 원무는 북 주위에 협무는 원무 주위에 선 것이다.

231) 『呈才舞圖笏記』, 1994년, 118쪽 · 156쪽 · 205쪽 · 261쪽 · 322쪽 · 383쪽 · 407쪽 · 441쪽 · 507쪽; 『時用舞譜(全)呈才舞圖笏記』, 1989년, 130쪽.

232) 조선후기에는 협무 4인과 8인으로 구성하여 추었는데, 협무 4인으로 구성된 <무고>는 1994년, 118쪽 · 156쪽 · 205쪽 · 261쪽 · 322쪽 · 383쪽 · 407쪽 · 441쪽 · 507쪽에 수록되었고, 협무 8인으로 구성된 <무고>는 1989년, 130쪽에 수록되었다.

233) 『呈才舞圖笏記』, 1994년, 441쪽.

234) 『呈才舞圖笏記』, 1994년, 118쪽 · 156쪽 · 205쪽 · 261쪽 · 322쪽 · 383쪽 · 407쪽 · 441쪽 · 507쪽.

235) 『時用舞譜(全)呈才舞圖笏記』, 1989년, 130쪽.

초열	가	나
鼓 舞 舞 舞 舞 舞 舞 舞 舞	舞 舞 舞 舞 鼓 舞 舞 舞 舞	舞 舞 舞 舞 舞 舞 鼓 舞 舞 舞 舞 舞 舞

〈그림 114〉『정재무도홀기』의 〈무고〉 대형 구성

앞서 〈무고〉 정재도에 공통적으로 나타난 내용은 북채를 잡기 전의 춤과 잡은 후의 춤을 제시한 것으로, 정리하면 다음과 같다.

첫째, 무용수는 7가지로 구성되어 왕조 및 연향별로 차이가 있는데, 원무 4인·대기무용수 16인, 원무 4인·대기무용수 18인, 원무 4인, 원무 4인·협무 8인, 원무 4인·협무 4인, 원무 8인·협무 8인, 원무 8인·대기무용수 14인·악사 3인이다.

둘째, 무동정재와 여령정재로 추었다.

셋째, 정재대형 구성은 사우대형·사방대형·원대형·일렬대형·전후대형이다.

넷째, 북채를 잡은 것과 잡지 않은 무용수로 구분되어 있고, 북채는 무용수 전체가 잡기도 하고 일부만 잡기도 하였다.

다섯째, 무용수 역할별로 춤 구성에 차이가 있는데, 먼저 원무 춤은 4가지로 원무 4인이 북의 사우에서 추는 춤, 원무가 북 중심의 사우에 서고 협무가 원무 중심의 사우·사방에서 추는 춤, 원무와 협무가 함께 원으로 추는 춤, 북채를 잡기 전의 춤이다. 다음으로 협무 춤은 원무 주위에서의 춤, 원무와 함께 원으로 추는 춤, 2가지이다.

여섯째, 무용수 역할에 따라 무구 사용과 무용수 구성면에 차이가 있는데, 북채를 잡은 원무는 4인으로 같고, 협무는 북채를 잡지 않은 무용수로 4인과 8인으로 구성되었다.

일곱 번째, 원무의 위치는 사우로 공통이고, 협무의 위치는 사우와 사방 2가지로 제시하였다.

여덟 번째, 정재방향 구성은 내향·외향·상대이다. 무용수 역할별로 차이가 있는데, 원무는 북[鼓]을 중심으로 내향·외향하고, 협무는 무용수 중심으로 좌우상대와 전후상대를 하고 그리고 원무를 중심으로 내향·외향한다.

아홉 번째, 정재이동 구성은 우선·좌선이다.

열 번째, 정재춤사위 구성은 '양수반상거·양수반하거·양수상거·양수평거·우수반상거좌수반하거·우수반하거좌수반상거·우수반하거좌수여만·우수반하거좌수평거·우수반하거좌수후하염·우수반하거좌수휘거·우수절견좌수반하거·우수평거좌수반상거·우수평거좌수반하거·우수후하염좌수반하거·우수휘상거좌수평거'이다.

이상의 내용은 아래의 정재홀기 기록에서 확인된다.

> …(생략)… ○박을 치면, 악사가 북[鼓]과 북틀을 받들고 북채[槌] 8개를 안고 들어가 전내(殿內)에 놓는데, 북채는 북 앞에 나누어 벌여 놓고 나간다. ≪용례 1≫ ○박을 치면, 원무(元舞) 4인이 춤을 추며 북 앞으로 나아간다. ≪용례 2≫ ○박을 치면, 다 같이 손을 여미고 족도하며 꿇어앉아 엎드려 북채를 잡고 일어서면, 음악이 그치고, 창사를 부른다. …(생략)… 끝나고, ○박을 치면, 향당교주를 연주한다. ○박을 치면, 협무 4인이 춤을 추며 북 앞으로 나아가면, 음악이 그치고 창사를 부른다. …(생략)… 끝나고, ○박을 치면, 향당교주(鄕唐交奏)를 연주한다. ≪용례 3≫ ○박을 치면, 다 같이 춤을 추며【북소리에 따라 족도한다】 사방(四方)으로 대를 나눈다. 북소리를 기다려 떨어뜨렸다가【장고 채로 한 장단 친다】 북소리에 맞춰 일제히 북채를 들어올린다. 북 장단에 맞춰 북을 치고, 북을 등지고, ≪용례 4≫ 둥글게 돈다.

『정재무도홀기』〈무고〉의 ≪용례 1≫은 북채를 집어 들기 전 나아가는 내용이고, ≪용례 2≫는 북채를 들고 창사 부르는 내용이고, ≪용례 3≫은 북의 사방에서 북을 치며 춤추는 내용이고, ≪용례 4≫는 북을 등지고 돌면서 춤을 추는 내용이다.

정재홀기와 〈무고〉 정재도 내용을 비교하였을 때, 정재도에서 제시한 일렬대형·전후대형은 북채를 집어 들기 전의 춤인 ≪용례 1≫의 내용으로 이해되는데, 이유는 〈그림 113〉의 원무 8인이 북채를 잡고 있지 않기 때문이다. 따라서 북채를 잡기 전 일렬대형 혹은 전후대형으로 서서 마주보고 추는 춤이 있었음을 짐작할 수 있다.[236] 그리고 원무 4인이 북채를 잡고 사우에서 내향·외향하며 춤춘 것은 북을 중심으로 다양한 형태로 북을 치며 춤추는 내용인 ≪용례 3≫을 제시한 것이고, 원무와 협무가 각각 좌선·우선한 것은 북을 중심으로 빙글빙글 돌면서 북을 치며 춤추는 내용으로 ≪용례 4≫를 제시한 것이다.

3) 〈무고〉 정재도 해석

12종의 의궤에 19점이 수록된 〈무고〉 정재도는 무동은 7점·여령은 12점이다. 19점의 정재도를 살폈을 때 무도내용이 적게는 1점, 많게는 4점이 같은 내용으로 그려졌는데 〈그림 103~107·110·113〉은 1점, 〈그림 112〉는 2점, 〈그림 109·111〉은 3점, 〈그림 108〉은 4점이 같다.

정재도를 통합 비교하였을 때 정재도 모두 격고하는 내용을 제시하였는데, 〈그림 103·106〉은 원무가 북의 사우에서 내향하며 격고하는 춤을 제시하였다. 〈그림 104〉는 원무가 북의 사우에서 내향하며 격고하는 춤과 우선하는 춤을 제시하였다. 〈그림 105〉는 원무가 북의 사우에서 외향하며 격고하는 춤과 우선하는 춤을 제시하였다. 〈그림 107·108〉은 무용수 전체가 원으로 서서 북을 중심으로 내향·외향과 우선·좌선하는 춤을 제시하였다. 〈그림 109〉는 원무가 북의 사우에서 외향하며 격고하고 우선·좌선하는 것과 협무가 원무의 사방에서 내향과 우선·좌선하는 춤을 제시하였다. 〈그림 110〉은 원무가 북의 사우에서 외향하며 격고하고 우선·좌선하는 것과 협무가 원무의 사방에서 외향·내향과 우선·좌선하는 춤을 제시하였다. 〈그림 111〉은 원무가 북의 사우에서 내향하며

236) <무고> 정재는 악사가 북과 북채를 설치하면 무용수들이 바닥에 놓여 진 북채를 집어 들고 춤을 추고, 춤이 마치면 다시 북채를 바닥에 내려 놓고 물러나면, 악사가 북과 북채를 거두어 나간다.

격고하고 우선·좌선하는 것과 협무가 원무의 사방에서 내향과 우선·좌선하는 춤을 제시하였다. 〈그림 112〉는 〈쌍무고〉로 무구[북]가 2개 준비된 것과 원무가 북의 사우에서 외향하며 격고하는 춤과 우선·좌선하고, 협무가 원무의 사우에서 내향·우선·좌선과 원무의 사방에서 내향과 우선하는 춤을 제시하였다. 〈그림 113〉에는 일렬대형·전후대형·사우대형의 춤을 제시한 것으로, 일렬대형에서 무용수 중심으로 좌우상대하는 춤과 전후대형에서 전후대가 상대하는 춤을 제시하였고, 사우대형에서는 북을 중심으로 북을 치는 춤으로, 원무가 북의 사우에서 외향하며 격고하는 춤과 우선·좌선하는 춤을 제시하였다.

무용수 구성은 왕조 및 연향에 따라 7가지로 구분하여 제시하였는데, 원무 4인·대기무용수 16인, 원무 4인·대기무용수 18인, 원무 4인, 원무 4인·협무 8인, 원무 4인·협무 4인, 원무 8인·협무 8인, 원무 8인·대기무용수 14인·악사 3인 등으로 차이가 있다. 여기서 대기무용수 14인·16인·18인은 〈무고〉 무용수 구성과는 직접 관련이 없고, 정조 을묘년·순조 무자년·순조 기축년 당시에 여러 정재 종목을 추기위해 남쪽에서 대기하는 무용수들의 위치를 제시한 것이다. 악사 또한 정재홀기에는 기록되지 않았지만 무구를 전내에 설치하는 것 외에 연향에 참여하여 〈무고〉를 추는 무용수들 동쪽과 서쪽에서서 춤 진행에 도움을 주는 역할을 한 것을 알 수 있다.

무도내용은 정재도마다 무용수 구성에 차이가 있지만 북채를 잡은 원무는 항상 4인이고, 협무는 4인·8인으로 구성되었다. 인원의 차이에 따라 대형의 형태도 달랐지만 대부분 북채를 집어 들기 전의 춤과 북채를 잡고 북을 중심으로 춤추는 내용을 보여준 것으로, 원무는 일렬대형과 전후대형에서의 상대춤, 사우대형에서 격고하는 춤, 원대형에서 내향·외향·우선·좌선하는 춤을 제시하였고, 협무는 사우·사방·원대형에서 내향·외향·우선·좌선하는 춤을 제시하였다.

〈무고〉는 〈쌍무고〉로[237] 추기도 하였는데 무구와 무용수 구성은 2배로 늘렸지만 춤 내용은 같다. 〈무고〉 정재도는 대부분 무도내용을 중복 혹은 반복하여 제시하였는데,

237) 고종 임인년과 정조 을묘년에는 <쌍무고>로 추었다.

북채를 잡기 전과 잡은 후의 춤으로 구분하여 첫째, 원무 4인이 북의 사우에서 추는 춤, 둘째, 원무가 북 중심의 사우에서 추고 협무가 원무 중심의 사우와 사방에서 추는 춤, 셋째, 원무와 협무가 함께 원으로 추는 춤, 넷째, 북채를 잡기 전의 춤 등이다. 의궤 정재도에는 이러한 내용들을 무용수 구성과 의상 및 무구에 차이를 두어 11가지 유형으로 제시하였다.

〈무고〉 정재도와 정재홀기를 비교하였을 때 정재도에서 원무 4인과 협무 4인·8인이 사우·사방·원으로 서서 춤추는 것은 북채를 잡은 후의 춤으로, 북 주위에서 춤추는 내용을 제시한 것이다. 모두 격고하는 춤을 제시한 것인데, 원무는 사우에 서는 것이 공통이고 협무는 사우와 사방에 서서 춤을 춘다. 무용수 전체가 큰 원으로 서기도 하고, 북채를 잡은 원무는 북 가까이에 서고 북채를 잡지 않은 협무는 그 주위에 둥글게 서서 춤을 춘다. 북채를 잡은 원무는 4인으로 같지만 협무는 4인과 8인으로 차이가 있고, 무용수 구성과 상관없이 북채는 항상 원무 4인이 잡았다. 이렇게 원무와 협무가 북을 중심으로 내향·외향한 것은 격고하는 춤, 좌선·우선한 것은 북을 치며 도는 춤으로, 이러한 내용은 『정재무도홀기』에 기록된 내용을 사실적으로 제시한 것이다.

반면 정재홀기에 기록되지 않은 새로운 내용을 정재도에서 확인하였는데, 〈쌍무고〉에서 원무 8인이 일렬대형과 전후대형에서 상대하며 춤추는 것은 북채를 잡기 전의 춤을 제시한 것으로, 북채를 잡기 전에 다양한 춤이 있었음을 시사하고 있다. 또한 악사들이 동쪽과 서쪽에 서서 춤의 진행에 함께 한 것과 한삼 착용의 유무[238] 그리고 북채를 잡은 모양새와 여러 형태의 춤사위이다.

이상으로, 의궤의 〈무고〉 정재도는 무용수 구성을 왕조 및 연향에 따라 7가지로 차이를 두어, 일렬대형·전후대형에서 북채를 집어 들기 전의 춤과 사우·사방·원대형에서 북채를 잡고 격고하는 내용을 제시한 것이다. 정재도에 공통적으로 제시된 내용은 대기 무용수의 위치, 악사의 위치와 방향, 원무가 북채를 잡고 북의 사우에서 격고하는 춤, 협무가 원무를 중심으로 사우·사방에서 추는 춤, 원무와 협무가 함께 원대형으로 서서

238) 순조 기축년 진찬 때 〈무고〉 정재에서는 한삼을 착용하지 않았다. 순조 기축『진찬의궤』[무동]61a.

내향·외향·좌선·우선하는 춤, 북채를 잡기 전 일렬대형에서 무용수 중심으로 한 좌우 상대춤, 전후대형에서 전후대가 상대하는 춤과 다양한 춤사위 형태이다.

12. 무산향舞山香

〈무산향〉 정재도는 순조 무자 『진작의궤』·고종 정해 『진찬의궤』·고종 임진 『진찬의궤』에 기록되어 있다. 3종의 의궤에 3점이 전하는데,[239] 무동은 1점·여령은 2점이다.

1) 〈무산향〉 정재도 검토

3점의 〈무산향〉 정재도를 살폈을 때 무용수는 협무 1인이고, 무도내용은 2가지 유형으로 구분되어 있는데[240] 내용을 살펴보면 다음과 같다.

〈그림 115〉는 고종 정해 『진찬의궤』·고종 임진 『진찬의궤』에,[241] 〈그림 116〉은 순조 무자 『진작의궤』에[242] 수록된 정재도이다. 〈그림 115〉의 무용수 구성은 여령 1인, 〈그림 116〉의 무용수 구성은 무동 1인이다. 여령과 무동 모두 1인이 추는데, 남향하여 두 팔을 펴들고 춤추는 것이 같다. 위치 또한 대모반(玳瑁盤) 북쪽의 가장자리로 같고, 춤사위는 '양수평거[우수불]'이다.

239) <舞山香> 정재도는 純祖 戊子 『進爵儀軌』[무동]45a, 高宗 丁亥 『進饌儀軌』[여령]29a, 高宗 壬辰 『進饌儀軌』[여령]41a에 수록되어 있다.

240) 손선숙, "의궤 정재도의 도상학적 연구(Ⅲ): <관동무>·<광수무>·<무산향>·<무애무>·<선유락>·<연화대무>·<처용무>·<초무>·<춘앵전>·<침향춘>·<학무>·<향발무> 정재도를 중심으로," 『무용역사기록학』 제40호(서울: 무용역사기록학회, 2016), 141~186쪽.

241) <그림 115> 고종 정해 『진찬의궤』[여령]29a; 고종 임진 『진찬의궤』[여령]41a.

242) <그림 116> 순조 무자 『진작의궤』[무동]45a.

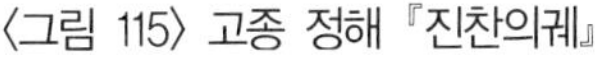

〈그림 115〉 고종 정해『진찬의궤』

〈그림 116〉 순조 무자『진작의궤』

이상 3점의 〈무산향〉 정재도를 살폈을 때 드러난 무도 내용은 대모반 북쪽 가장자리에서 남향하는 춤을 제시한 것이다. 무용수 구성은 1인으로 같고, 정재춤사위는 '양수평거[우수불]'이다. 의궤에는 이러한 내용을 무동정재와 여령정재로 구분하여 2가지 유형으로 제시하였지만 한삼과 의상 형태에 차이가 있을 뿐 무도내용은 같다.

舞山香

舞

樂奏慶春光之曲 鄕唐交奏 樂師帥玳瑁盤奉擧妓入置於殿內

而出○拍舞一人斂手足蹈進玳瑁盤中而立樂止唱詞

衆中偏得君王笑 催換香羅窄袖衣 遲響新歌鶯轉樹 倚風輕舞拂雲飛 訖○拍 鄕唐交奏○拍舞作小退

拍右一轉小進○拍左一轉至盤邊○拍擧袖後拂 先右次左○拍擧袖

回旋足蹈而退一步還北向而舞○拍以袖高低而舞○拍拂袖

回旋而退盤邊○拍隨身腰合節而舞○拍轉歡盤邊而舞

〈무산향〉 무보(『정재무도홀기』, 장서각 소장)

2) 〈무산향〉 정재도 분석

〈무산향〉 무보는『정재무도홀기』에 3편이[243] 전하고 무동정재와 여령정재로 추어졌으며, 무용수 구성은 협무 1인으로 모두 같다. 연향에 따라 내용은 변함없이 추어졌으

243) <舞山香>,『呈才舞圖笏記』, 1994년, 316쪽 · 435쪽;『時用舞譜(全)呈才舞圖笏記』, 1989년, 115쪽.

나 기록에 차이가 있는데, 창사를 부르고 난 다음 오른 소매를 먼저 든 다음에 왼 소매를 드는[先擧右袖 次擧左袖] 내용이 생략되었고, 무동정재 시에는 창사를 생략244)하기도 하였다.

내용을 정리하면, 악사가 대모반(玳瑁盤)을 전내에 놓고 나가면, 무기 1인이 손을 여미고 족도하며 나아가 대모반 가운데에 서서 창사를 부른다. 이어 무기 1인이 대모반 위에서 무진·무퇴·좌우일전·회선[盤邊]·좌우대수·이수고저·번수이무하며 춤춘다.

『정재무도홀기』의 〈무산향〉 내용은 대모반 위 한정된 장소에서만 춤이 추어지며 〈그림 117〉과 같이 진행한다.

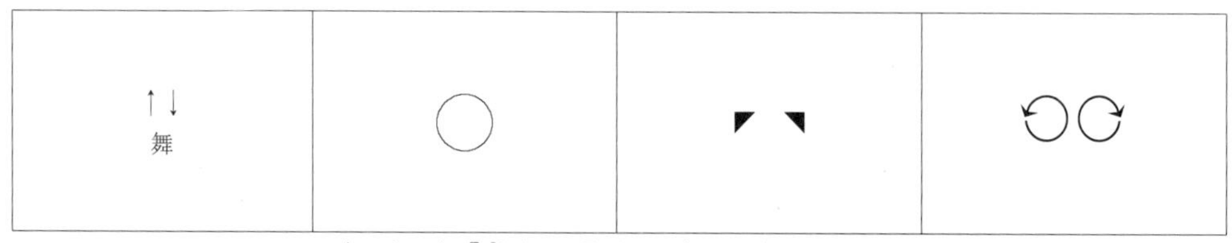

〈그림 117〉『정재무도홀기』의 〈무산향〉 대형 구성

앞서 〈무산향〉 정재도에 공통적으로 나타난 내용을 정리하면 다음과 같다.

첫째, 무용수 구성은 1인이다.
둘째, 무동정재와 여령정재로 추었다.
셋째, 무용수 위치는 대모반 북쪽이다.
넷째, 정재방향은 남향이다.
다섯째, 두 팔을 옆으로 펴 들고 오른손의 한삼을 뿌리며 추는데, 정재춤사위 구성은 '양수평거[우수불]'이다.

이상의 내용은 아래의 정재홀기 기록에서 확인된다.

244) 『呈才舞圖笏記』, 1994년, 435~436쪽 참조.

…(생략)… ○박을 치면, 춤을 추며 조금 물러난다. ≪용례 1≫ ○박을 치면, 오른쪽으로 한번 돌고 조금 나아간다. ○박을 치면, 왼쪽으로 한번 돌고 반(盤) 가장자리에 이른다. …(생략)… ≪용례 2≫ ○박을 치면, 소매를 들어 둥글게 돌면서【回旋】 족도하며 한 걸음 뒤로 물러나 다시 북쪽을 향하여 춤을 춘다. …(생략)… ≪용례 3≫ ○박을 치면, 소매를 떨치며 둥글게 돌면서 반 가장자리로 물러난다. …(생략)… ≪용례 4≫ ○박을 치면, 반 가장자리에서 즐겁게 돌며 춤춘다. …(생략)… ≪용례 5≫ ○박을 치면, 춤을 추며 한번 떨쳐 뿌리고 한 번 돌면서 춤을 춘다. …(생략)… ≪용례 6≫ ○박을 치면, 반 가장자리에서 즐겁게 돌며 춤춘다.

『정재무도홀기』 〈무산향〉의 ≪용례 1≫은 좌와 우로 각각 돌며 대모반 가장자리로 나아가는 내용이다. ≪용례 2≫는 팔을 펴 들고 대모반 가장자리를 크게 원으로 돌며 춤추는 내용이다. ≪용례 3≫은 좌우 손을 뿌리며 대모반 가장자리를 크게 원으로 돌며 춤추는 내용이다. ≪용례 4·6≫은 대모반 가장자리를 돌며 춤추는 내용이다. ≪용례 5≫는 좌우 한 팔씩 뿌리며 좌우로 돌며 춤추는 내용이다.

정재홀기와 〈무산향〉 정재도 내용을 비교하였을 때 정재도에서 무용수 1인이 대모반 북쪽에서 남향하고 춘 것은 대모반 가장자리를 둥글게 돌며 춤추는 내용으로, ≪용례 1~6≫을 제시한 것이다.

3) 〈무산향〉 정재도 해석

3종의 의궤에 3점이 수록된 〈무산향〉 정재도는 무동 1점과 여령 2점이다. 3점의 정재도를 살폈을 때 무도내용이 적게는 1점, 많게는 2점이 같은 내용으로 그려졌는데, 〈그림 115〉는 2점, 〈그림 116〉은 1점이 같다.

정재도를 통합 비교하였을 때 〈무산향〉은 정재도마다 한 그림 속에 여러 내용을 제시하였는데 〈그림 115·116〉 모두 무용수의 위치가 대모반의 북쪽인 것, 남향한 것, 양수평거하며 오른손의 한삼을 떨쳐 뿌리며 추는 춤사위 형태이다. 무용수 구성은 협무 1인으로 모두 같고, 무도내용은 대모반 가장자리를 돌면서 춤추는 것으로, 의궤에는 이러한 내용을 무동과 여령으로 구분하여 정재도별로 2가지 유형으로 나누어 제시하였다.

〈무산향〉 정재도와 정재홀기를 비교하였을 때 정재도에서 협무 1인이 대모반 가장자리의 북쪽에 서서 남향한 것은 대모반 위에서 좌우로 각 일전(一轉)하며 나아가는 춤, 대모반 가장자리를 둥글게 돌며 좌우 손을 떨쳐 뿌리며 도는 춤으로, 이러한 내용은 『정재무도홀기』에 기록된 내용을 사실적으로 제시한 것이다.

이상으로, 의궤의 〈무산향〉 정재도는 협무 1인이 좌우 손을 떨쳐 뿌리며 도는 춤과 대모반 가장자리를 둥글게 도는 춤을 제시한 것이다.

13. 무애무無㝵舞

〈무애무〉 정재도는 순조 기축 『진찬의궤』·고종 신축 『진연의궤』·고종 임인(4월·11월) 『진연의궤』에 기록되어 있다. 4종의 의궤에 5점이 전하는데,[245] 무동은 3점·여령은 2점이다.

1) 〈무애무〉 정재도 검토

5점의 〈무애무〉 정재도를 살폈을 때 무용수는 무애(無㝵)[246] 2인과 협무 10인으로 구성되었고, 무도내용은 3가지 유형으로 구분되어 있는데[247] 내용을 살펴보면 다음과 같다.

〈그림 118〉은 순조 기축 『진찬의궤』에 수록된 정재도이다.[248] 무동정재이며, 무용수 구성은 원무 2인과 협무 10인이다. 원무 2인이 북쪽[전대]에, 협무 10인이 남쪽[후대]에

245) <無㝵舞> 정재도는 純祖 己丑 『進饌儀軌』[무동]58b, 高宗 辛丑 『進宴儀軌』[7월: 여령]40a, 高宗 壬寅 『進宴儀軌』[4월: 여령]41a, 高宗 壬寅 『進宴儀軌』[4월: 무동]28b, 高宗 壬寅 『進宴儀軌』[11월: 무동]31b에 기록되어 있다.

246) <무애무>에서는 기녀 2인이 호로 즉 무애(無㝵)를 들고 추는데, 이의 무용수 명칭을 기(妓)·무애(無㝵)·호로(胡虜) 등으로 부른다. 이들 무용수는 원무(元舞)에 해당되므로 무용수를 지칭하는 용어의 통일을 위하여 본문에서는 원무로 사용할 것이다. 손선숙, "궁중정재 무원구성의 변화양상," 『한국무용사학』 제5집(서울: 韓國舞踊史學會, 2006), 125~148쪽.

247) 손선숙, "의궤 정재도의 도상학적 연구(Ⅲ): <관동무>·<광수무>·<무산향>·<무애무>·<선유락>·<연화대무>·<처용무>·<초무>·<춘앵전>·<침향춘>·<학무>·<향발무> 정재도를 중심으로," 『무용역사기록학』 제40호(서울: 무용역사기록학회, 2016), 141~186쪽.

248) <그림 118> 순조 기축 『진찬의궤』[무동]58b.

선 전후대형에서 무용수 모두 북쪽을 향해 춤을 춘다. 원무 2인은 호로(葫蘆)를 내수로 잡았는데 좌무는 왼손, 우무는 오른손에 잡았다. 협무 10인은 양손을 여미고 남쪽에서 북향하고 선다. 춤사위는 대열중심으로 바깥쪽 손은 옆으로 펴들고 안쪽 손은 구부려 들었는데[외수반하거내수여만(外手半下擧內手如彎)] 한삼을 착용하지 않았다. 춤사위는 '우수여만좌수반하거(右手如彎左手半下擧)·우수반하거좌수전여만(右手半下擧左手前如彎)·염수'이다.

〈그림 119〉는 고종 임인 『진연의궤』[4월·11월]에 수록된 정재도이다.[249] 무동정재이며, 무용수 구성은 원무 2인과 협무 10인이다. 원무 2인이 북쪽[전대]에, 협무 10인이 남쪽[후대]에 선 전후대형에서 북쪽을 향해 춤을 춘다. 호로를 내수로 잡았는데 좌무는 왼손, 우무는 오른손에 잡았다. 협무 10인은 양손을 여미고 남쪽에서 북향하고 선다. 춤사위는 대열중심으로 바깥쪽 손은 옆으로 펴들고 안쪽 손은 구부려 들었는데[외수반하거내수여만], 한삼을 착용하였다. 춤사위는 '우수여만좌수반하거·우수반하거좌수전여만·염수'이다.

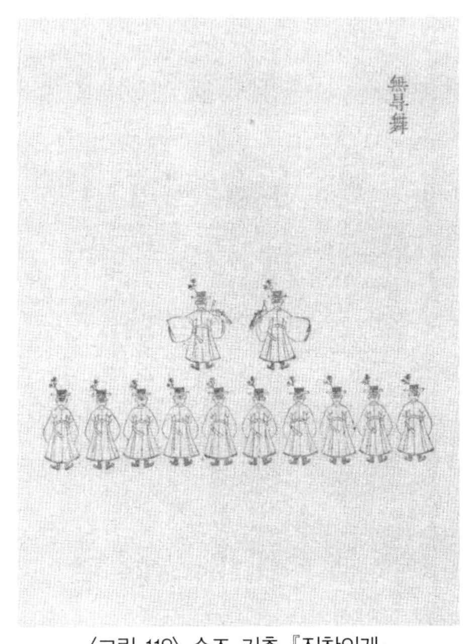

〈그림 118〉 순조 기축 『진찬의궤』

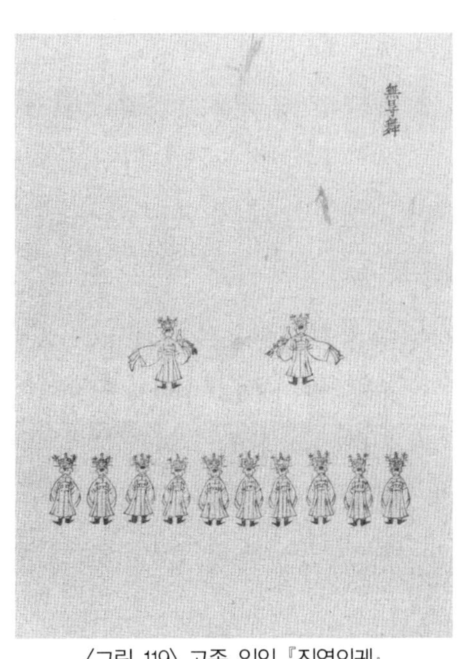

〈그림 119〉 고종 임인 『진연의궤』

249) <그림 119> 고종 임인 『진연의궤』[4월: 무동]28b; 고종 임인 『진연의궤』[11월: 무동]31b.

〈그림 120〉 고종 신축 『진연의궤』

〈그림 120〉은 고종 신축 『진연의궤』·고종 임인 『진연의궤』[4월]에 수록된 정재도이다.[250] 여령정재이며, 무용수 구성은 원무 2인과 협무 10인이다. 원무 2인이 북쪽[전대]에, 협무 10인이 남쪽[후대]에 선 전후대형에서 무용수 모두 북쪽을 향해 춤을 춘다. 호로를 내수로 잡았는데 좌무는 왼손, 우무는 오른손에 잡았다. 협무 10인은 양손을 여미고 남쪽에서 북향하고 선다. 춤사위는 대열중심으로 바깥쪽 손은 옆으로 펴들고 안쪽 손은 구부려 들고[외수반하거내수여만] 추었고, 한삼을 착용하였다. 춤사위는 '우수여만좌수반하거·우수반하거좌수전여만·염수'이다.

이상 5점의 〈무애무〉 정재도를 살폈을 때 드러난 무도내용은 무용수는 전후대형에서의 춤을 제시한 것이다. 무용수는 무동과 여령 모두 원무 2인과 협무 10인으로 구성이 같다. 원무 2인은 전대에 협무 10인은 후대에 선 전후대형에서 무용수 모두 북향하고 춤추는데, 원무 2인이 무구[호로]를 모두 내수로 잡고 외수는 옆으로 펴 들고 '외수반하거내수여만'하는 춤을 제시한 것이다. 그리고 순조 기축 진찬 때에는 한삼을 착용하지 않았는데, 한삼의 유무 및 한삼을 포함한 의상의 형태에 차이가 있을 뿐 무도내용은 모두 같다. 의궤에는 이러한 내용을 무동과 여령으로 구분하여 3가지 유형으로 구분하여 제시하였고, 〈무애무〉 정재도에 공통적으로 드러난 정재춤사위는 '염수·우수반하거좌수전여만·우수여만좌수반하거'이다.

2) 〈무애무〉 정재도 분석

〈무애무〉 무보는 『정재무도홀기』에 6편[251] 전하고, 무동정재와 여령정재로 추어졌다.

250) <그림 120> 고종 신축 『진연의궤』[여령]40a; 고종 임인 『진연의궤』[4월: 여령]41a.

251) <無㝵舞>, 『呈才舞圖笏記』, 1994년, 52쪽·227쪽·283쪽·348쪽·471쪽; 『時用舞譜(全)呈才舞圖笏記』, 1989년, 173쪽.

무용수 구성은 무애[원무] 2인과 협무 10인으로 모두 같다. 내용은 변함없이 추어졌으나 연향에 따라 춤사위를 여령정재에서는 '팔수이무(八手而舞·八袖舞),' 무동정재에서는 '이수고저이무'로 구분하여[252] 추었고, 무동정재 시에는 창사를 생략하기도[253] 한다.

〈무애무〉 무보(『정재무도홀기』, 국립국악원, 소장)

내용을 정리하면, 악사가 호로를 전내에 놓고 물러나면 원무 2인이 창사를 부르고, 이어 호로를 어르고 잡고 일어나 상대·상배하고, 이어 북향하고 창사를 부른다. 이어 전대[호로] 2인과 협무 10인이 회선하여 2대좌우대형으로 서서 상대·상배하고 북향하여 춤추고, 다시 회선하여 초열로 서면 춤이 마친다.

『정재무도홀기』의 〈무애무〉는 전후대형과 2대좌우대형을 구성하여 변화를 주면서 춤을 추는데, 〈그림 121〉처럼 진행한다.

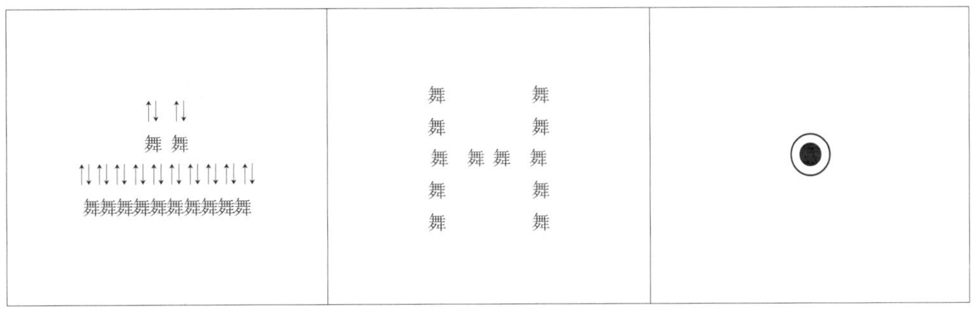

〈그림 121〉『정재무도홀기』의 〈무애무〉 대형 구성

앞서 〈무애무〉 정재도에 공통적으로 나타난 내용을 정리하면 다음과 같다.

252) '팔수이무'를 춘 <무애무>는 『時用舞譜(全)呈才舞圖笏記』, 1989년, 173쪽; 1994년, 350쪽; '이수고저이무'를 춘 <무애무>는 『呈才舞圖笏記』, 1994년, 54쪽·229쪽·284쪽·472쪽.

253) <無㝵舞>, 『呈才舞圖笏記』, 1994년, 471쪽.

첫째, 무용수 구성은 원무 2인과 협무 10인으로, 무동과 여령 모두 같다.

둘째, 무동정재와 여령정재로 추었다.

셋째, 정재대형 구성은 전후대형으로, 원무 2인은 전대에 협무 10인은 후대에 선 전후대형이다.

넷째, 정재방향 구성은 북향으로, 무용수 모두 북향한다.

다섯째, 원무 2인은 호로를 내수로 잡고 앞으로 구부려 들고 외수는 옆으로 펴들고 춤춘다.

여섯째, 한삼 착용의 유무에 차이가 있다.

일곱 번째, 정재춤사위 구성은 '염수·우수반하거좌수전여만·우수여만좌수반하거'이다.

이상의 내용은 아래의 정재홀기 기록에서 확인된다.

> …(생략)… ≪용례 1≫ ○박을 치면, 무(舞) 2인이 춤을 추며 앞으로 나아가서면, 음악이 그친다. ○박을 치면, 세취(細吹)로 가곡(歌曲) 편(編)을 연주한다. 무애(無㝵)가 머리를 들고 창사를 부른다. …(생략)… ≪용례 2≫ ○박을 치면, 일어서서 호로(葫蘆)를 어르며 춤을 춘다. ○박을 치면, 서로 마주보고 춤을 춘다. ○박을 치면, 서로 등을 지고 춤을 춘다. ≪용례 3≫ ○박을 치면, 북쪽을 향해 춤을 춘다. 음악이 그치고, ○박을 치면, 세취(細吹)로 가곡(歌曲) 편(編)을 연주한다. 무애는 창사를 부른다. …(생략)… ≪용례 4≫ ○박을 치면, 무 2인과 후대(後隊) 10인이 춤을 추며 앞으로 나아가서면 음악이 그친다. …(생략)… ○박을 치면, 맨 처음 대형으로 되돌아와서 춤을 춘다. ≪용례 5≫ ○박을 치면, 춤을 추며 앞으로 나아가 선다. ○박을 치면, 손을 여미고 족도한다. ≪용례 6≫ ○박을 치면, 춤을 추며 뒤로 물러난다. 음악이 그친다.

『정재무도홀기』 〈무애무〉의 ≪용례 1≫은 도입부 내용으로 원무 2인이 무진하는 내용이고, ≪용례 2≫는 원무 2인이 호로를 잡고 어르며 춤추는 내용이고, ≪용례 3≫은 원무 2인이 북향하고 춤추는 내용이고, ≪용례 4≫는 원무 2인과 후대 10인이 북향하고 무진하는 내용이고, ≪용례 5·6≫은 종결부의 내용으로 무용수 전체가 초열대형[전후대형]에서 무진·무퇴하는 내용을 제시한 것이다.

정재홀기와 〈무애무〉 정재도 내용을 비교하였을 때, 정재도에서 원무 2인이 전대에 서고, 협무 10인이 후대에 서서 북향한 것은 초열대형[전후대형]에서 원무가 무구인 호로를 잡은 후의 춤을 제시한 것으로, 원무의 무진과 북향무, 원무와 협무가 북향 무진·무퇴하는 춤인 ≪용례 2~6≫을 제시한 것이다.

3) 〈무애무〉 정재도 해석

4종의 의궤에 5점이 수록된 〈무애무〉 정재도는 무동은 3점·여령은 2점이다. 5점의 정재도를 살폈을 때 무도내용이 적게는 1점, 많게는 2점이 같은 내용으로 그려졌는데, 〈그림 118〉은 1점, 〈그림 119·120〉은 2점이 같다.

정재도를 통합 비교하였을 때 〈무애무〉는 정재도마다 한 그림 속에 여러 내용을 제시하였는데 〈그림 118·119·120〉 모두 원무는 전대에 협무는 후대에 선 전후대형의 형태, 원무와 협무의 북향무, 원무 2인이 춤출 때 후대가 염수한 것, 원무 2인이 무구[호로]를 내수에 잡고 추는 춤을 제시한 것이다.

무용수 구성은 무동과 여령 모두 원무 2인·협무 10인으로 같다. 무도내용은 원무가 전후대형에서 북향하고 '외수반하거내수여만'하는 춤을 보여준 것으로, 의궤 정재도에는 이러한 내용을 한삼의 유무와 의상의 형태에 차이를 두어 무동과 여령으로 구분하여 3가지 유형으로 제시하였다.

〈무애무〉 정재도와 정재홀기를 비교하였을 때 정재도에서 원무 2인이 전대에 협무 10인이 후대에 서서 북향 한 것은 전후대형의 형태, 원무의 무진과 북향무, 원무와 협무가 북향 무진·무퇴하는 춤으로, 이러한 내용은 『정재무도홀기』에 기록된 내용을 사실적으로 제시한 것이다.

반면 정재홀기에 기록되지 않은 내용을 정재도에 제시하였는데, 원무 2인이 호로를 모두 내수에 잡은 것으로, 이를 통해 무구[호로]를 대열중심으로 잡고 추는 것을 알 수 있다.

이상으로, 의궤의 〈무애무〉 정재도에는 원무[무애]가 무구인 호로를 잡은 후 전후대형에서의 춤을 제시한 것이다. 정재도에 공통적으로 제시된 내용은 전후대형에서 원무의 무진과 북향무, 원무와 협무가 북향 무진·무퇴하는 춤, 원무 2인이 춤출 때 후대가 염수한 것, 원무가 호로를 내수에 들고 추는 춤과 춤사위 형태이다.

14. 박접무撲蝶舞

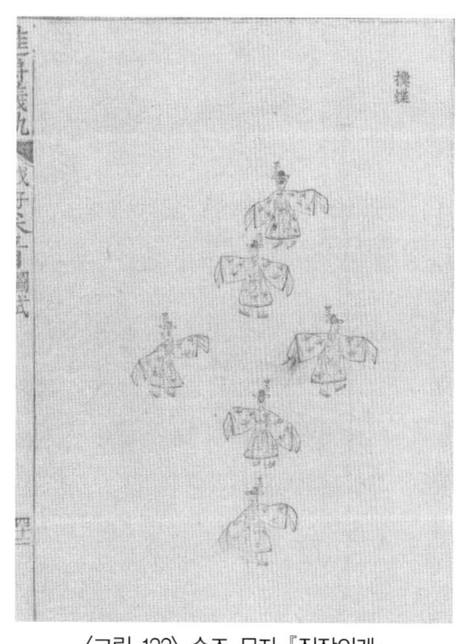

〈그림 122〉 순조 무자 『진작의궤』

〈박접무〉 정재도는 순조 무자 『진작의궤』에 수록되어 있다. 1종의 의궤에 1점이 전하고,[254] 무동정재로 추어졌다.

1) 〈박접무〉 정재도 검토

1점의 〈박접무〉 정재도를 살폈을 때 무용수는 협무 6인으로 구성되었는데[255] 내용을 살펴보면 다음과 같다.

〈그림 122〉는 순조 무자 『진작의궤』에 수록된 정재도이다.[256] 무동정재이며, 무용수 구성은 협무 6인이다. 무동 6인이 춤을 추는데, 2인씩 짝을 지어 각각 전대(前隊)·중대(中隊)·후대(後隊)로 나누어 서서[257] 두 팔을 옆으로 펴 들고 모두 상배하며 춤춘다. 춤사위는 '우수평거좌수반하

254) <撲蝶舞> 정재도는 純祖 戊子 『進爵儀軌』[무동]41a에 수록되어 있다.

255) 손선숙, "협무[무용수] 6인 구성 정재의 정재도 연구: <고구려무>·<망선문>·<박접무>·<사선무>·<연화무>·<영지무>·<첩승무>·<최화무>·<춘광호>·<춘대옥촉>·<향령무>를 중심으로," 『우리 춤과 과학기술』31집(서울: 우리춤연구소, 2015), 37~84쪽.

256) <그림 122> 순조 무자 『진작의궤』[무동]41a.

257) "○무동 1인은 앞에, 1인은 뒤에 있어 전대(前隊)를 만들고, 1인은 왼쪽에, 1인은 오른쪽에 있어 중대(中隊)를 만든다. 1인은 앞에, 1인은 뒤에 있어 후대(後隊)가 된다. 모두 서로 등지고 춤을 춘다." 純祖 戊子 『進爵儀軌』, 附編3a; 이의강, 『국역순조무자진작의궤』(서울: 보고사, 2006), 296~297쪽.

거·양수평거·우수반하거좌수평거·우수반상거좌수반하거'이다.

2) 〈박접무〉 정재도 분석

〈박접무〉 무보는 『정재무도홀기』에 모두 3편이[258] 전하는데, 여령정재와 무동정재로 추어졌다. 무용수 구성은 모두 협무 6인으로 같으며, 연향에 따라 추어진 내용은 변함없지만 무동정재 시에는 창사를 생략하였다.[259]

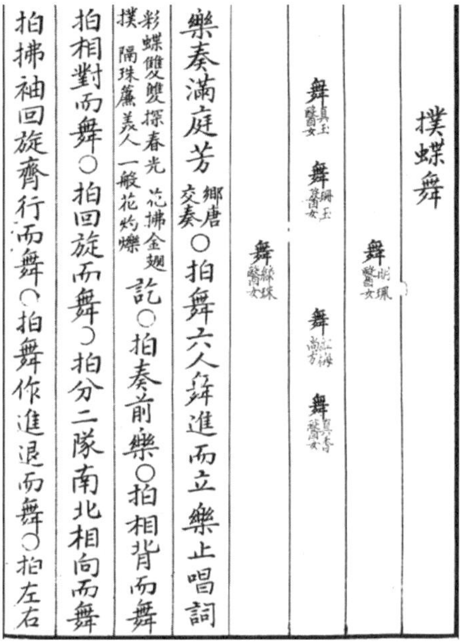
撲蝶舞

樂奏滿庭芳 鄉唐交奏○拍舞六人舞進而立樂止唱詞

彩蝶雙雙探春光 花拂金翅 撲隔珠簾美人一般花灼爍 訖○拍奏前樂○拍相背而舞

拍相對而舞○拍回旋而舞○拍分二隊南北相向而舞

拍拂袖回旋齊行而舞○拍舞作進退而舞○拍左右

〈박접무〉 무보(『정재무도홀기』, 국립국악원 소장)

내용을 정리하면, 협무 6인이 춤을 추며 앞으로 나아가 창사를 부르고, 상배·상대하며 춤을 춘다. 회선(回旋)하여 두 대(隊)를 지어 남과 북이 서로 향하여 춤을 춘다. 손을 떨쳐 뿌리며 둥글게 돌아 나란히 서서 진퇴하며 춤을 춘다. 좌우 제1인부터 무진하여 2대좌우대형으로 서서 서로 향하여 춤을 춘다. 남과 북으로 서서 상배하고 손을 떨쳐 뿌리며 돌아 나란히 서서 춤을 추고, 소매를 번뜩이며 춤추다가 처음 대형으로 선다. 안쪽을 향하고, 소매를 들어 추고 대를 바꾸며 춤을 춘다. 안쪽을 향하여 춤추고, 소매를 들어 춤을 추고 다시 제자리로 되돌아 북향하고 무퇴한다.

『정재무도홀기』의 〈박접무〉는 전후좌우복합대형·전후대형·일렬대형·2대좌우대형으로 구성하여 변화를 주면서 춤을 추는데, 〈그림 123〉처럼 진행한다.

258) <撲蝶舞>, 『呈才舞圖笏記』, 1994년, 54쪽·473쪽; 『時用舞譜(全)呈才舞圖笏記』, 1989년, 144쪽.
259) 『呈才舞圖笏記』, 1994년, 473쪽.

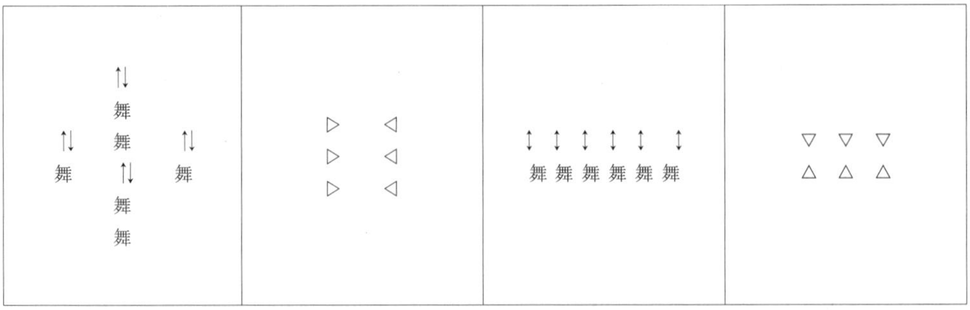

↑↓ 舞 ↑↓ 舞 ↑↓ 舞 ↑↓ 舞 舞 舞	▷ ◁ ▷ ◁ ▷ ◁	↕ ↕ ↕ ↕ ↕ ↕ 舞 舞 舞 舞 舞 舞	▽ ▽ ▽ △ △ △

〈그림 123〉『정재무도홀기』의 〈박접무〉 대형 구성

앞서 〈박접무〉 정재도에 공통적으로 나타난 내용을 정리하면 다음과 같다.

첫째, 무용수 구성은 협무 6인이다.

둘째, 무동정재이다.

셋째, 정재대형 구성은 전후좌우복합대형이다.

넷째, 정재방향 구성은 동향·서향·남향·북향·상배이다. 상배는 협무 2인이 짝을 지어 등을 지고 춤추는데, 전대·후대·좌우대가 각각 무용수 중심으로 한다.

다섯째, 춤은 두 팔을 옆으로 펴들거나 혹은 한 팔은 아래로 한 팔은 위로 들고 추는데, 정재춤사위 구성은 '우수평거좌수반하거·양수평거·우수반하거좌수평거·우수반상거좌수반하거'이다.

이상의 내용은 아래의 정재홀기 기록에서 확인된다.

…(생략)… ≪용례 1≫ ○박을 치면, 무동(舞童) 6인이 춤추며 나아가 선다. 음악이 그치면 창사한다. …(생략)… ≪용례 2≫ ○박을 치면, 서로 등지며 춤춘다. ○박을 치면, 서로 마주보고 춤춘다. ○박을 치면, 돌면서 춤춘다. ○박을 치면, 2대로 나뉘어 남북이 서로 향하여 춤춘다. …(생략)… ○박을 치면, 처음의 배열로 돌아오며 춤춘다. ○박을 치면, 안을 향하여 춤춘다. ○박을 치면, 소매를 들어 올리며 춤춘다. ○박을 치면, 각각 대열을 바꾸며 춤춘다. ○박을 치면, 안을 향하여 춤춘다. ○박을 치면, 소매를 들어 올리며 춤춘다.

◯박을 치면, 처음의 배열로 돌아오며 춤춘다. ◯박을 치면, 모두 북향하여 춤춘다. ≪용례 3≫ ◯박을 치면, 춤추며 나아가 선다. ◯박을 치면, 손을 여미고 족도한다. ≪용례 4≫ ◯박을 치면, 춤추며 물러나면, 음악이 그친다.

『정재무도홀기』 〈박접무〉의 ≪용례 1≫은 전후좌우복합대형에서 무용수 전체가 무진하는 내용이고, ≪용례 2≫는 전후좌우복합대형에서 상배하는 내용이고, ≪용례 3≫은 춤을 마친 다음 전후좌우복합대형에서 북향하고 무진하는 내용이고, ≪용례 4≫는 무퇴하는 내용이다.

정재홀기와 〈박접무〉 정재도 내용을 비교하였을 때, 정재도에서 협무 6인이 전후좌우복합대형에서 북향한 것은 무진·무퇴하는 내용으로 ≪용례 1·3·4≫를 제시한 것이고, 전대·후대·좌우대의 협무 2인이 각각 상배한 것은 ≪용례 2≫를 제시한 것이다

3) 〈박접무〉 정재도 해석

1종의 의궤에 1점이 수록된 〈박접무〉 정재도는 무동정재로 추었다. 정재도를 살폈을 때 무용수는 협무 6인으로 구성되었고, 전후좌우복합대형에서의 춤을 보여주고 있다.

〈박접무〉 정재도와 정재홀기를 비교하였을 때 정재도에서 협무 6인이 전대·중대·후대로 서서 등을 지고 선 것은 전후좌우복합대형의 형태와 이 대형에서 상배하는 춤을, 북향한 것은 북향무·무진·무퇴하는 춤을 제시한 것으로, 이러한 내용은 『정재무도홀기』에 기록된 내용을 사실적으로 제시한 것이다.

반면 정재홀기에 기록되지 않은 내용을 정재도에 제시하였는데, 전후좌우복합대형에서 상배하는 기준이 전대·중대·후대에 선 협무 2인이 각각 무용수 중심으로 하는 것과 춤사위 형태이다.

이상으로, 의궤 〈박접무〉 정재도에는 협무 6인이 선 전후좌우복합대형의 형태, 북향무·무진·무퇴, 무용수 중심으로 상배하는 춤과 춤사위를 제시하고 있다.

15. 보상무寶相舞

〈보상무〉 정재도는 순조 무자 『진작의궤』·순조 기축 『진찬의궤』·헌종 무신 『진찬의궤』·고종 무진 『진찬의궤』·고종 정축 『진찬의궤』·고종 정해 『진찬의궤』·고종 임진 『진찬의궤』·고종 신축 『진연의궤』·고종 임인(4월·11월) 『진연의궤』에 기록되어 있다. 10종의 의궤에 14점이 전하는데,[260] 무동은 5점·여령은 9점이다.

1) 〈보상무〉 정재도 검토

14점의 〈보상무〉 정재도를 살폈을 때 무용수는 봉화 1인, 봉필 1인, 협무 6인·8인·10인으로 구성되어 정재도마다 차이가 있고, 무도내용은 6가지 유형으로 구분되어 있는데[261] 내용을 살펴보면 다음과 같다.

〈그림 124〉는 헌종 무신 『진찬의궤』·고종 무진 『진찬의궤』에 수록된 정재도이다.[262] 여령정재이며, 무용수 구성은 협무 6인이다. 제1대 협무 2인은 전대의 보상반(寶相盤) 좌우에서 상대하여 왼손은 등 뒤에 대고 오른손으로 공을 잡아 보상반을 향해 들고, 나머지 협무 4인은 후대의 남쪽에서 2대좌우대형으로 서서 북향 염수한다. 공을 잡은 제1대의 오른손의 한삼은 걷어져 있고, 정재방향은 북향과 상대이며, 정재춤사위는 '염수·우수전평거좌수부배(右手前平擧左手附背)'이다.

〈그림 125〉는 순조 기축 『진찬의궤』에 수록된 정재도이다.[263] 여령정재이며, 무용수 구성은 협무 8인이다. 제1대 좌무(左舞)는 오른손에 공을 잡고 전대에서 보상반을 바라보

260) <寶相舞> 정재도는 純祖 戊子 『進爵儀軌』[무동]39b, 純祖 己丑 『進饌儀軌』[여령]27b, 純祖 己丑 『進饌儀軌』[무동]62b, 憲宗 戊申 『進饌儀軌』[여령]17b, 高宗 戊辰 『進饌儀軌』[여령]16b, 高宗 丁丑 『進饌儀軌』[여령]20b, 高宗 丁亥 『進饌儀軌』[여령]23b, 高宗 壬辰 『進饌儀軌』[무동]24b, 高宗 壬辰 『進饌儀軌』[여령]36b, 高宗 辛丑 『進宴儀軌』[여령]33b, 高宗 壬寅 『進宴儀軌』[11월: 무동]24b, 高宗 壬寅 『進宴儀軌』[4월: 무동]24b, 高宗 壬寅 『進宴儀軌』[4월: 여령]33b, 高宗 壬寅 『進宴儀軌』[11월: 여령]36b에 기록되어 있다.

261) 손선숙, "의궤 정재도의 도상학적 연구(Ⅱ): <보상무>·<수연장>·<장생보연지무>·<향령무>·<헌선도>를 중심으로," 『무용역사기록학』제37호(서울: 무용역사기록학회, 2015), 101~137쪽.

262) <그림 124> 헌종 무신 『진찬의궤』[여령]17b; 고종 무진 『진찬의궤』[여령]16b.

263) <그림 125> 순조 기축 『진찬의궤』[여령]27b.

고[서향] 앉아있고, 제1대 우무(右舞)는 보상반을 향해[동향] 서서 왼손은 등 뒤 허리에 대고 오른손으로 공을 잡고 보상반을 향해 들고 서 있다. 제1대의 좌무와 우무의 춤은 같지만 좌무는 앉고 우무는 선 것에 차이가 있다. 남쪽에 선 후대의 제2대 협무 2인은 두 팔을 옆으로 펴들고 춤을 추고, 나머지 협무 4인[3대·4대]은 북향 염수한다. 공을 한삼 위로 잡았고, 정재방향은 북향과 상대이며 정재춤사위는 '염수·우수전평거좌수부배·궤(跪)·양수평거'이다.

〈그림 124〉 헌종 무신 『진찬의궤』

〈그림 125〉 순조 기축 『진찬의궤』

〈그림 126〉은 고종 정해 『진찬의궤』·고종 정축 『진찬의궤』·고종 임진 『진찬의궤』·고종 신축 『진연의궤』·고종 임인 『진연의궤』[4월·11월]에 수록된 정재도이다.[264] 여령정재이며, 무용수 구성은 봉화 1인·봉필 1인·협무 6인이다. 봉화는 오른손에 꽃을 잡고 동쪽에 서서 서향하고, 봉필은 오른손에 붓을 잡고 서쪽에 서서 동향한다. 제1대 협무 2인이 보상반 좌우에서 상대하고 왼손은 등 뒤 허리에 대고 오른손에 공을 잡고 보상반

264) <그림 126> 고종 정해 『진찬의궤』[여령]23b; 고종 정축 『진찬의궤』[여령]20b; 고종 임진 『진찬의궤』[여령]36b; 고종 신축 『진연의궤』[여령]33b; 고종 임인 『진연의궤』[4월: 여령]33a; 고종 임인 『진연의궤』[11월: 여령]36b.

을 향해 들고, 나머지 협무 4인은 남쪽에서 2대좌우대형으로 서서 북향 염수한다. 공을 잡은 오른손의 한삼은 걷어져 있고, 정재방향은 북향과 상대이며, 정재춤사위는 '염수·우수전평거좌수전하염(右手前平擧左手前下斂)·우수전평거좌수부배'이다.

〈그림 127〉은 고종 임진『진찬의궤』·고종 임인『진연의궤』[4월·11월]에 수록된 정재도이다.[265] 무동정재이며, 무용수 구성은 봉화 1인·봉필 1인·협무 6인이다. 봉화는 오른손에 꽃을 잡고 동쪽에 서서 서향하고, 봉필은 오른손에 붓을 잡고 서쪽에 서서 북향한다. 제1대 좌무는 오른손에 공을 잡고 보상반을 향해 들고 왼손은 옆으로 펴들고, 우무는 오른손에 공을 잡고 보상반을 향해 들고 왼손은 아래로 내려 여민다. 나머지 협무 4인은 남쪽에서 2대좌우대형으로 서서 두 팔을 옆으로 펴 들고 춤을 춘다. 공을 한삼 위로 잡았고, 정재방향은 북향과 상대이며, 정재춤사위는 '우수전평거좌수전하염·우수평거좌수전하염(右手平擧左手前下斂)·우수전평거좌수반하거(右手前平擧左手半下擧)·우수반하거좌수전하염(右手半下擧左手前下斂)·우수반하거좌수평거(右手半下擧左手平擧)·우수평거좌수반하거(右手平擧左手半下擧)'이다.

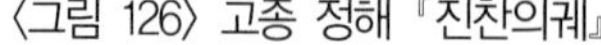
〈그림 126〉 고종 정해『진찬의궤』

〈그림 127〉 고종 임진『진찬의궤』

265) <그림 127> 고종 임진『진찬의궤』[무동]24b; 고종 임인『진연의궤』[4월: 무동]24b; 고종 임인『진연의궤』[11월: 무동]24b.

〈그림 128〉은 순조 무자 『진작의궤』에 수록된 정재도이다.[266] 무동정재이며, 무용수 구성은 협무 6인이다. 제1대 협무 2인은 전대의 보상반 좌우에서 상대하고 공을 오른손에 잡고 보상반을 향해 두 팔을 옆으로 펴 들고 춤추고, 나머지 협무 4인은 남쪽에서 2대좌우대형으로 서서 좌우상대·남북상대·북향하며 두 팔을 옆으로 펴 들고 춤을 춘다. 공을 한삼 위로 잡았고, 정재방향은 동향·서향·남향·북향이며, 정재춤사위는 '우수전반상거좌수반하거(右手前半上擧左手半下擧)·우수반하거좌수평거(右手半下擧左手平擧)·우수반상거좌수평거(右手半上擧左手平擧)·우수반하거좌수반상거(右手半下擧左手半上擧)·우수평거좌수반하거'이다.

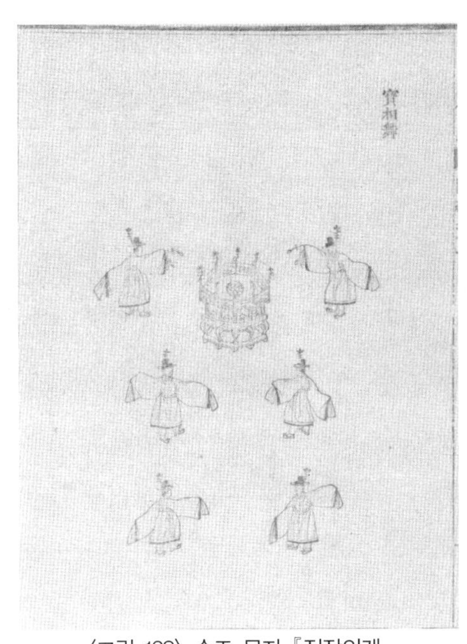

〈그림 128〉 순조 무자 『진작의궤』

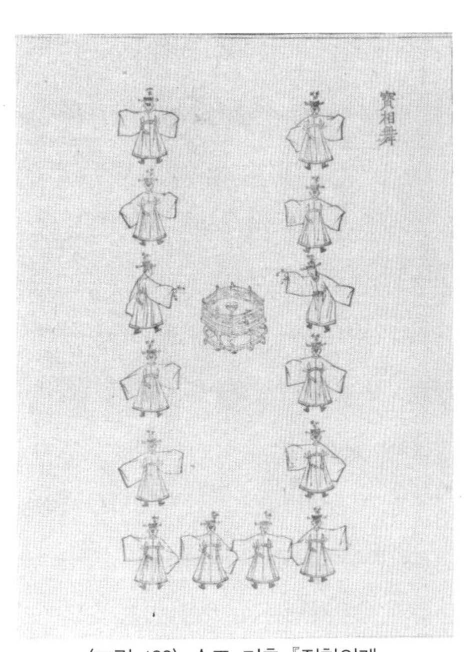

〈그림 129〉 순조 기축 『진찬의궤』

〈그림 129〉는 순조 기축 『진찬의궤』에 수록된 정재도이다.[267] 무동정재이며, 상단과 하단으로 구분하여 2대좌우대형과 일렬대형의 춤을 보여준다. 무용수 구성은 상단은 협무 10인이고, 하단은 협무 4인이다. 여기서 〈그림 129〉의 무용수 구성이 14인으로 보여지지만 이를 10인으로 해석하는 이유는 "무동 10인이 좌대와 우대로 나뉘어, 대를 이루

266) <그림 128> 순조 무자 『진작의궤』[무동]39b.
267) <그림 129> 순조 기축 『진찬의궤』[무동]62b.

어 춤춘다. 전대 2인이 각기 채구를 잡고 춤추면서 몸을 굽혀 항아리에 던지는데, 마치 〈포구락〉의 모습과 같다. 중대와 후대는 전대가 춤추며 물러가기를 기다렸다가 차례차례 나와 춤춘다. 4인은 뒤에 일렬로 서서 북향무를 춘다"는 순조 기축 『진찬의궤』의 악장(樂章) 내용에[268] 의해서이다.

먼저 상단에는 협무 10인이 2대좌우대형에서 춤추는데, 북향하여 두 팔을 옆으로 펴 들고 품을 추고, 보상반을 향해 마주보고 춤을 춘다. 공[채구]은 제3대의 2인이 오른손으로 잡아 보상반을 향해 들고 마주보고 선다. 그 외 제1대·2대·4대·5대는 모두 북향하고 춤추는데, 무용수 모두 한삼을 착용하지 않았다. 정재방향은 북향·동향·서향이고, 정재춤사위는 '우수평거좌수반하거·양수평거·우수반하거좌수평거·우수전반상거좌수반하거·우수전반하거좌수하수(右手前半下擧左手下垂)'이다.

다음으로 하단에는 협무 4인이 일렬대형에서 모두 북향하여 두 팔을 펴 들고 춤추는데, 정재춤사위는 '우수평거좌수반하거·양수평거·우수반하거좌수평거'이다.

이상 14점의 〈보상무〉 정재도를 살폈을 때 드러난 무도내용은 모두 포구희하는 춤을 제시한 것이다. 무용수는 협무 6인·8인·10인과 봉화 1인·봉필 1인·협무 6인 등 4가지로, 왕조 및 연향에 따라 구성에 차이가 있다. 대형은 2대좌우대형·전후대형·일렬대형 3가지를 제시하였는데, 전후대형은 제1대가 전대에서 포구희하고 나머지 후대가 남쪽에서 기다리는 춤을, 2대좌우대형에서는 나머지 협무들이 제자리에서 기다릴 때와 무진하는 춤과 좌우상대하는 춤을, 일렬대형에서는 포구희를 마친 대(隊)가 뒤로 물러나 일렬대형에서 춤추는 것을 제시하고 있다.

무용수별로 여러 내용을 제시하였는데 먼저 제1대는 보상반 좌우에서 궤집구·농구무·포구희하는 춤을 제시하고 있고, 후대의 나머지 대는 포구희를 하기 위해 무진하는 춤, 전대가 포구희 할 때 양손을 여미고 기다리는 춤, 북향·상대·상배하는 춤, 무진·무

268) 『國譯純祖己丑進饌儀軌卷三 · 附編』 150쪽에는 "무18인"으로 해석하고 있다. 그러나 정재 악장과 정재도에 기록된 무용수 인원을 확인하였을 때 "10인"이었다. "人"을 "八"로 잘못 해석한 것으로, 따라서 본문에서 "10인"으로 바로 잡는다. "見原編呈才 ○設寶相盤 盤中置蓮花缸 舞童十人分左右隊隊而舞 前隊二人各執彩毬 舞而俯投缸如抛毬樂形 中隊後隊待前隊舞退 次次進舞 四人在後一行立 北向而舞." 宋芳松외 3인, 『國譯純祖己丑進饌儀軌』, 卷三 · 附編(서울: 민속원, 2007), 150쪽 · 280쪽.

퇴하는 춤, 포구희를 마친 다음 후대로 물러나 일렬대형에서 추는 춤, 무용수 전체가 보상반 좌우에서 북향하는 춤을 제시하고 있다. 특히 보상반 좌우에서 두 팔을 펴들고 춤출 때 오른손이 보상반을 향해 들고 있고, 나머지 대는 보상반 뒤[남]에서 염수와 두 팔을 펴들고 춤을 추거나 북향·상대·상배하며 춤춘다.

보상반 좌우에서 포구희하는 무용수들은 상대하는 것이 공통이지만, 나머지 후대는 염수와 북향춤·무진·무퇴·상대·상배하며 춤추는 내용에 차이가 있다. 봉화와 봉필은 모두 등장하거나 하지 않았고, 봉화는 동쪽, 봉필은 서쪽에 위치한 것이 같다. 꽃과 붓, 그리고 공[채구]을 잡을 때 한삼을 걷어내고 잡거나 한삼 위로 잡는 등 차이가 있고, 한삼을 착용하지 않기도 하였다. 그리고 〈보상무〉 정재도에 공통적으로 나타난 정재춤사위는 '궤(跪)·양수평거·염수·우수반상거좌수평거(右手半上擧左手平擧)·우수반하거좌수반상거(右手半下擧左手半上擧)·우수반하거좌수전하염(右手半下擧左手前下斂)·우수반하거좌수평거(右手半下擧左手平擧)·우수전반상거좌수반하거(右手前半上擧左手半下擧)·우수전반하거좌수하수(右手前半下擧左手下垂)·우수전평거좌수반하거(右手前平擧左手半下擧)·우수전평거좌수부배(右手前平擧左手附背)·우수전평거좌수전하염(右手前平擧左手前下斂)·우수평거좌수반하거(右手平擧左手半下擧)·우수평거좌수전하염(右手平擧左手前下斂)'이다.

2) 〈보상무〉 정재도 분석

〈보상무〉 무보는 『정재무도홀기』에 모두 5편이[269] 전하는데 여령정재와 무동정재로 추었다. 무용수는 봉화 1인·봉필 1인·협무 6인으로 구성되었고, 연향에 따라 내용은 변화되지 않았지만 채구를 잡기 전 어르는 동작이 생략되기도 하고, 무동정재 시에는 창사가 생략되기도[270] 하였다.

내용을 정리하면, 악사가 무구[반통]를 전내에 놓고 나가면 무용수 전체가 앞으로 나아

269) <寶相舞>, 한국학중앙연구원 간행의 『呈才舞圖笏記』에 5편, 국립국악원 간행의 『呈才舞圖笏記』에 1편이 수록되었다. 『呈才舞圖笏記』, 1994년, 131쪽·324쪽·442쪽·510쪽; 『時用舞譜(全)呈才舞圖笏記』, 1989년, 132쪽.

270) <寶相舞>, 『呈才舞圖笏記』, 1994년, 442쪽.

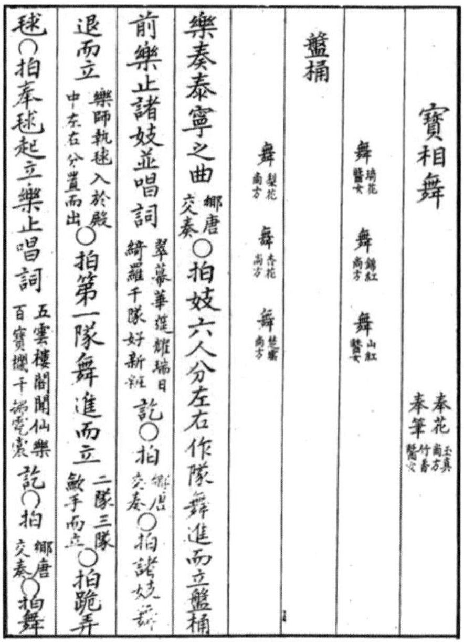

寶相舞

奉花 玉真 尚方
奉筆 竹香 醫女

舞 琦花 醫女　舞 錦紅 尚方　舞 山紅 醫女

舞 梨花 尚方　舞 杏花 尚方　舞 楚[illegible] 尚方

盤桶

樂奏泰寧之曲 鄉唐交奏 ○拍 妓六人分左右作隊舞進而立盤桶

前樂止諸妓並唱詞 翠幕華筵雛瑞日 綺羅千隊好新粧 訖○拍 鄉唐交奏 ○拍 諸妓舞

退而立 樂師執毬入於殿中左右分置而出 ○拍第一隊舞進而立 二隊三隊斂手而立 ○拍跪弄

毬○拍奉毬起立樂止唱詞 五雲樓閣閬仙樂 百寶欄干[illegible] 訖○拍 鄉唐交奏 ○拍舞

〈보상무〉 무보(『정재무도홀기』, 국립국악원 소장)

가 보상반 전에 서서 창사를 부르고 물러난다. 좌우 제1대가 앞으로 나아가 꿇어앉아 채구를 잡고 일어나 창사를 부르고, 마주보고 무진·무퇴하고 왼손을 등 뒤에 얹고 공을 잡은 오른손을 보상반을 향해 어르다가 던져 반통 안으로 들어가면 북쪽을 향해 손을 여미고 구부려 엎드리고 들어가지 않으면 그대로 선다. 공이 들어가면 상으로 꽃을 주고 들어가지 않으면 뺨에 붓을 그어 점을 찍는데, 이와 같은 절차는 마지막 대까지 반복하여 춘다.

『정재무도홀기』의 〈보상무〉는 무용수들이 차례로 보상반 좌우에서 공을 던지며 추는 춤으로, 정재대형은 전후대형·2대좌우대형으로 구성하여 〈그림 130〉처럼 진행한다.

盤桶 右　左 右　左 右　左	盤桶 右　左 右　左 右　左	盤桶　左 右 右　左 右　左

〈그림 130〉『정재무도홀기』의 〈보상무〉 대형 구성

앞서 〈보상무〉 정재도에 공통적으로 나타난 내용은 모두 포구희하는 춤을 제시한 것으로, 정리하면 다음과 같다.

첫째, 무용수는 4가지로 구성되어 왕조 및 연향별로 차이가 있는데, 협무 6인·8인·10인과 봉화 1인·봉필 1인·협무 6인이다.

둘째, 무동정재와 여령정재로 추었다.

셋째, 정재대형 구성은 2대좌우대형·전후대형·일렬대형이다.

넷째, 포구희 춤은 두 팔을 펴들고 보상반을 향해 춤추는 것, 보상반을 향해 꿇어앉아 공을 잡는 것, 왼손은 등 뒤에 얹고 오른손은 보상반을 향해 어르는 것, 등 3가지이다.

다섯째, 무용수별로 내용을 다르게 제시하였는데, 제1대는 포구희하는 춤을, 제2대는 포구희를 하기 위해 무진하는 춤과 전대가 포구희 할 때 양손을 여미고 기다리는 춤을, 그리고 무용수 전체가 보상반 좌우에서 북향무·상대·상배·무진·무퇴하는 춤이다.

여섯째, 정재방향 구성은 북향과 상대로, 무용수 모두 북향과 상대[동서·남북]한다.

일곱 번째, 포구희는 제1대와 제3대가 하는 것을 보여주는데, 공은 모두 오른손에 잡았다.

여덟 번째, 봉화와 봉필의 구성 유무에 차이가 있다.

아홉 번째, 봉화는 동쪽, 봉필은 서쪽에 선 것이 모두 같다.

열 번째, 포구희를 하는 협무를 제외한 나머지 협무들은 후대와 보상반 좌우에 서서 '염수'와 '양수평거'를 춘다.

열한 번째, 한삼의 형태는 공을 잡은 손의 한삼이 걷어져 있는 것[여령], 한삼 위로 공을 잡은 것[무동·여령], 한삼을 끼지 않은 것[무동] 등 3가지이다.

열두 번째, 정재춤사위 구성은 '궤·양수평거·염수·우수반상거좌수평거·우수반하거좌수반상거·우수반하거좌수전하염·우수반하거좌수평거·우수전반상거좌수반하거·우수전반하거좌수하수·우수전평거좌수반하거·우수전평거좌수부배·우수전평거좌수전하염·우수평거좌수반하거·우수평거좌수전하염'이다.

이상의 내용은 아래의 정재홀기 기록에서 확인된다.

…(생략)… ≪용례 1≫ ○박을 치면, 무 6인이 대를 좌우로 나누어 춤을 추며 앞으로 나아가 반통 앞에 서면, 음악이 그치고 창사를 부른다. …(생략)… ≪용례 2≫ ○박을 치면, 제1대가 춤을 추며 앞으로 나아가 선다.【≪용례 3≫ 2대·3대는 손을 여미고 선다】 ≪용례

4≫ ○박을 치면, 꿇어앉아 공을 어른다. ○박을 치면, 공을 잡고 일어선다. 음악이 그치면 창사를 부른다. …(생략)… ≪용례 5≫ ○박을 치면, 춤을 추는데 서로 마주보고 춤을 추며 나아갔다 뒤로 물러난다. ≪용례 6≫ ○박을 치면, 왼손은 등에 대고, 오른손으로 공을 잡고 가운데에서 반(盤)을 어른다. ≪용례 7≫ ○박을 치면, 좌대(左隊)가 먼저 위로 던진다. 만약 들어가면 그 대는 다 같이 구부려 엎드렸다가 일어나 춤을 춘다. 악사(樂師)가 꽃을 받들고 앞으로 나아가 머리에 꽂아주고 나간다. 만약에 가운데로 들어가지 않으면 손을 여미고 선다. 악사가 붓을 받들고 앞으로 나아가 우대(右隊)는 왼쪽 뺨에, 좌대는 오른쪽 뺨에 먹물을 찍고[271] 나간다. ○박을 치면, 제1대가 춤을 추며 뒤로 물러나 선다. ≪용례 8≫ ○박을 치면, 제2대가 위의 의례와 같게 한다. …(생략)… ≪용례 9≫ ○박을 치면, 무 6인이 춤을 추며 앞으로 나아간다. ○박을 치면, 춤을 추며 뒤로 물러나고, 음악이 그친다.

『정재무도홀기』〈보상무〉의 ≪용례 1≫은 무용수 전체가 무진하여 보상반 앞[북]에 서서 창사를 부르는 내용이고, ≪용례 2≫는 제1대가 무진하는 내용이고, ≪용례 3≫은 제1대가 춤을 출 때 나머지 후대가 염수하고 기다리는 내용이고, ≪용례 4≫는 제1대가 꿇어앉아 공을 어르다가 공을 잡고 일어서는 내용이고, ≪용례 5≫는 마주보고 무진·무퇴하는 내용이고, ≪용례 6≫은 공을 던지기 전 보상반을 향해 어르는 내용이고, ≪용례 7≫은 공을 던지는 것과 경기 규칙에 대한 내용이고, ≪용례 8≫은 나머지 대의 춤 진행이 앞의 대와 같다는 것을 설명한 것이고, ≪용례 9≫는 춤을 모두 마친 다음 무용수 전체가 무진·무퇴하는 내용이다.

정재홀기와 〈보상무〉 정재도 내용을 비교하였을 때, 정재도에서 무용수가 북향한 것은 ≪용례 1·2·3·9≫를 제시한 것이고, 상대한 것은 ≪용례 4·5·6·7≫을 제시한 것이다. 〈그림 124~128〉의 제1대와 〈그림 129〉의 제3대가 오른손으로 공을 잡고 보상반 좌우에서 두 팔을 펴들고 보상반을 향해 춤추는 것은 ≪용례 5≫를, 보상반을 향해 꿇어앉아 공을 잡는 것은 ≪용례 4≫를, 왼손은 등에 대고 오른손에 공을 잡고 보상반을 향해 어르는 것은 ≪용례 6·7≫을, 〈그림 124~128〉의 제1대와 〈그림 129〉의 3대를 제외한 나머지 대가 두 팔을 펴 들고 춤을 추는 것은 ≪용례 1·2·9≫를, 나머지 대가 염수한 것은 ≪용례 3≫을 제시한 것이다.

271) 먹점은 좌대와 우대의 얼굴바깥쪽에 긋는다.

3) 〈보상무〉 정재도 해석

10종의 의궤에 14점이 수록된 〈보상무〉 정재도는 무동은 5점·여령은 9점이다. 14점의 정재도를 살폈을 때, 무도내용이 적게는 1점, 많게는 6점이 같은 내용으로 그려졌는데, 〈그림 125·128·129〉는 1점, 〈그림 124〉는 2점, 〈그림 127〉은 3점, 〈그림 126〉은 6점이 같다.

정재도를 통합 비교하였을 때 〈보상무〉는 정재도마다 한 그림 속에 여러 내용을 제시하였는데 〈그림 124〉에는 농구무와 포구희 내용, 전대가 포구희할 때 후대가 기다리는 내용과 춤사위를 제시하였다. 〈그림 125〉에는 농구무와 포구희 내용, 앉아서 공을 잡는 내용, 다음 대가 무진하는 내용, 전대가 포구희할 때 후대가 기다리는 내용, 무용수 전체가 북향하고 무진·무퇴하는 내용과 춤사위를 제시하였다. 〈그림 126〉에는 농구무와 포구희 내용, 전대가 포구희할 때 후대가 기다리는 내용, 봉화와 봉필의 위치와 춤사위를 제시하였다. 〈그림 127〉에는 농구무와 포구희내용, 보상반 좌우에서 무진·무퇴하는 춤, 다음 대가 무진하는 내용, 봉화와 봉필의 위치, 무용수 전체가 북향하고 무진·무퇴하는 춤과 춤사위를 제시하였다. 〈그림 128〉에는 농구무와 포구희내용, 후대의 좌우대가 마주보고 춤추는 내용, 보상반 좌우에서 무진·무퇴하는 춤, 다음 대가 무진하는 내용, 무용수 전체가 북향하여 무진·무퇴하는 춤과 춤사위를 제시하였다. 〈그림 129〉에는 농구무와 포구희 내용, 보상반 좌우에서 무진·무퇴하는 춤, 다음 대가 무진하는 내용, 포구희 한 다음 후대로 물러나 일렬로 서서 춤추는 내용, 무용수 전체가 북향하여 무진·무퇴하는 춤과 춤사위를 제시하였다.

무용수 구성은 왕조 및 연향에 따라 4가지로 구분하여 제시하였는데, 협무 6인·8인·10인과 봉화 1인·봉필 1인·협무 6인으로 차이가 있다. 무도내용은 도입부·종결부·진행부의 춤을 제시한 것으로 전후대형에서의 전대의 포구희춤, 포구희를 마친 다음 일렬대형에서의 춤, 2대좌우대형에서 전대가 포구희할 때 나머지 대가 기다리는 춤과 북향무·상대·상배·무진·무퇴하는 춤을 보여주고 있다. 특히 무용수별로 내용을 다르게 제시하였는데, 제1대는 농구무와 포구희하는 춤, 제2대는 포구희를 하기 위해 무진하는 춤과 전대가 포구희 할 때 양손을 여미고 기다리는 춤, 그리고 무용수 전체가 보상반 좌우에서 북향무·상대·상배·무진·무퇴하는 춤이다. 의궤 정재도에는 이러한 내용들을 무용수 구성과 의상 및 무구의 형태 그리고 한삼의 유무에 차이를 두어 6가지 유형으로 제시하였다.

〈보상무〉 정재도와 정재홀기를 비교하였을 때 정재도에서 제1대의 좌무와 우무가 상대한 것은 보상반 좌우에서의 포구희춤, 보상반을 향해 엎드려 공을 잡는 춤, 농구하는 춤, 보상반을 향해 무진·무퇴하는 춤을 제시한 것이다. 후대의 협무가 2대좌우대형으로 서서 북향한 것은 각 대의 무용수가 차례대로 무진하는 춤, 무용수 전체가 북향하여 무진·무퇴하는 춤, 전대가 포구희 춤을 출 때 나머지 대가 손을 여미고 후대에서 기다리는 춤을 제시한 것으로, 이러한 내용은 모두 『정재무도홀기』에 기록된 내용을 사실적으로 제시한 것이다.

반면 정재홀기에 기록되지 않은 내용을 정재도에 제시하였는데, 매 대가 포구희를 마친 다음 후대로 물러나 일렬대형으로 서서 북향하고 추는 춤이다. 여기서 일렬대형에서의 춤은 정재홀기에는 기록되지 않았지만 순조 기축년 의궤의 악장 기록을 통해 포구희를 마친 다음 후대로 물러나 일렬대형에서 추는 춤이 있었음을[272] 확인하였다.

그리고 2대좌우대형에서 무용수 전체가 무진하여 보상반을 가운데에 두고 좌우에서 북향과 상대하며 추는 춤이다. 〈그림 129〉에서 보여 지듯이 순조 기축년에는 제3대가 포구희하는 것으로 생각할 수 있지만, 이것은 제3대가 포구희 하는 것이 아닌 무용수 전체가 무진하여 보상반 좌우에서 북향과 상대와 같은 다양한 춤이 추어진 것을 제시한 것이다. 여기서 보상반 좌우에서 다양한 춤이 추어졌음을 알 수 있는 것은 〈그림 128〉에서 협무 4인이 상대·상배하는 춤에서도 확인된다. 따라서 정재홀기에는 기록되지 않았지만 포구희를 하기 전 2대좌우대형에서 무용수 전체가 다양한 춤을 추었을 것으로 짐작된다.

또한 봉화·봉필의 유무와 위치인데, 정재홀기에는 봉화와 봉필이 무용수 구성원으로

272) 정재홀기에는 무용수 전체가 포구희를 마친 다음 일렬대형으로 서서 북향무를 춘다는 내용이 기록되지 않았다. 다만 의궤 악장 기록을 통해 일렬대형에서 추어진 춤인 것을 확인하였는데, 연향에 따라 다르게 추었는지 아니면 정재홀기에 이 내용이 생략된 것인지에 대한 연구는 다음 과제로 미루기로 한다.

기록되어 있지만 그 위치는 알 수 없다. 정재도를 통해 봉화는 동쪽, 봉필이 서쪽에 선 것을 알 수 있고, 봉화와 봉필이 꽃과 붓을 한삼을 걷어내고 잡은 것과 한삼 위로 잡은 것, 또한 채구[공]를 한삼을 걷어내고 잡은 것과 한삼 위로 잡는 것, 그리고 한삼을 착용하지 않은 것과 여러 형태의 정재춤사위를 확인하였다.

이상으로, 〈보상무〉 정재도는 왕조 및 연향에 따라 무용수 구성을 4가지로 차이를 두고, 도입부·종결부·진행부의 춤을 제시한 것이다. 전후대형·일렬대형·2대좌우대형에서 추어진 여러 다양한 춤을 제시한 것으로, 정재도에 공통적으로 제시된 내용은 보상반 좌우에서 포구희하는 내용, 전대가 포구희 춤을 출 때 나머지 대가 손을 여미고 후대에서 기다리는 내용, 각대의 무용수가 차례대로 무진하는 내용, 무용수 전체가 북향하여 무진·무퇴하는 춤, 무용수 전체가 보상반 좌우에서 북향무·상대·상배하는 춤, 보상반을 향해 공을 잡는 춤과 공을 어르는 춤[농구무], 보상반을 향해 무진·무퇴하는 춤, 봉화·봉필의 위치, 무구를 잡는 한삼의 형태, 한삼착용의 유무, 포구희 한 다음 후대로 물러나 일렬로 서서 추는 춤과 이러한 춤을 출 때의 춤사위 형태이다.

16. 봉래의鳳來儀

〈봉래의〉 정재도는 고종 신축 『진찬의궤』·고종 신축 『진연의궤』·고종 임인(4월·11월) 『진연의궤』에 수록되었다. 4종의 의궤에 7점이 전하는데,[273] 무동은 3점·여령은 4점이다.

1) 〈봉래의〉 정재도 검토

7점의 〈봉래의〉 정재도를 살폈을 때 무용수는 죽간자 2인·협무 8인으로 구성되었고, 무도내용은 무동과 여령으로 구분하여 2가지 유형으로 제시하였는데[274] 내용을 살펴보

273) <鳳來儀> 정재도는 高宗 辛丑 『進饌儀軌』[여령]27a, 高宗 辛丑 『進宴儀軌』[7월: 무동]27a, 高宗 辛丑 『進宴儀軌』[여령]39a, 高宗 壬寅 『進宴儀軌』(4월: 무동]27a, 高宗 壬寅 『進宴儀軌』[4월: 여령]40a, 高宗 壬寅 『進宴儀軌』[11월: 무동]29a, 高宗 壬寅 『進宴儀軌』[11월: 여령]39a에 수록되었다.

면 다음과 같다.

〈그림 131〉은 고종 신축 『진연의궤』· 고종 임인 『진연의궤』[4월·11월]에 수록된 정재도이다.[275] 무동정재이며, 무용수 구성은 죽간자 2인·협무 8인이다. 죽간자 2인이 북쪽에서 북향하고, 협무 8인이 4대좌우대형에서 북향하고 팔을 펴들고 춤추고, 춤사위는 '양수반하거·양수평거'이다.

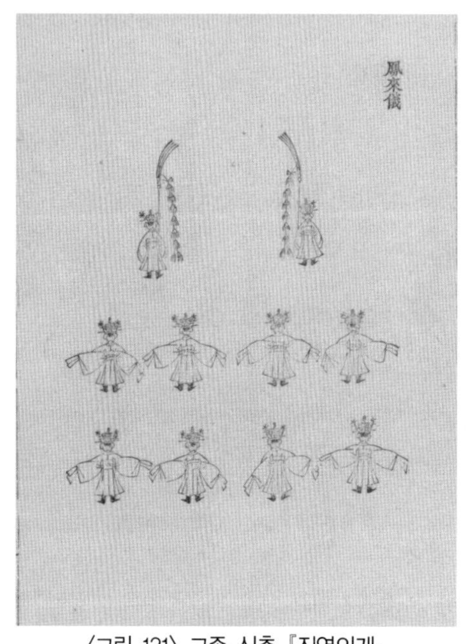

〈그림 131〉 고종 신축 『진연의궤』

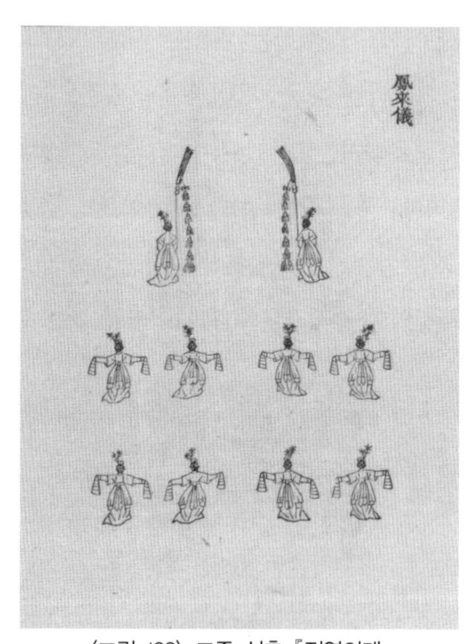

〈그림 132〉 고종 신축 『진연의궤』

〈그림 132〉는 고종 신축 『진찬의궤』· 고종 신축 『진연의궤』· 고종 임인 『진연의궤』[4월·11월]에 수록된 정재도이다.[276] 여령정재이며, 무용수 구성은 죽간자 2인·협무 8인이

274) 손선숙, "조선후기 당악과 향악의 이중적 음악구성 정재연구: <경풍도> · <만수무> · <몽금척> · <봉래의> · <수연장> · <연백복지무> · <연화대무> · <오양선> · <육화대> · <장생보연지무> · <제수창> · <최화무> · <하황은> · <헌천화> · <헌선도>를 중심으로," 『대한무용학회논문집』제74권5호(서울: 대한무용학회, 2016), 75~94쪽.

275) <그림 131> 고종 신축 『진연의궤』[무동]27a; 고종 임인 『진연의궤』(4월: 무동]27a; 고종 임인 『진연의궤』[11월: 무동]29.

276) <그림 132> 고종 신축 『진찬의궤』[여령]27a; 고종 신축 『진연의궤』[여령]39a; 고종 임인 『진연의궤』[11월: 여령]39a; 고종 임인 『진연의궤』[4월: 여령]40a.

다. 죽간자 2인이 북쪽에서 북향하고, 협무 8인이 4대좌우대형에서 북향하고 팔을 펴들고 춤춘다. 4대좌우대형에서 북향하고 춤출 때 무용수 위치별로 팔을 펴 든 위치에 차이가 있는데, 후대에 선 협무는 무용수 중심으로 외수는 '평거'하고 내수는 '반하거'하여 '외수평거내수반하거'로 추었고, 춤사위는 '양수평거·우수평거좌수반하거·우수반하거좌수평거'이다.

이상 7점의 〈봉래의〉 정재도를 살폈을 때 드러난 무도내용은 모두 4대좌우대형에서의 춤을 제시한 것이다. 무용수는 무동과 여령 모두 죽간자 2인과 협무 8인으로 같고, 정재방향은 죽간자와 무용수 모두 북향하였다. 무용수 모두 두 팔을 펴들고 춤추는데, 여령정재의 경우 후대의 협무들이 무용수 중심으로 '외수평거내수반하거'로 추었다. 그리고 〈봉래의〉 정재도에 공통적으로 나타난 정재춤사위는 '양수반하거·양수평거·우수평거좌수반하거·우수반하거좌수평거'이다.

2) 〈봉래의〉 정재도 분석

〈봉래의〉 무보는 『정재무도홀기』에 모두 8편이[277] 전하는데, 여령정재와 무동정재로 추었다. 무용수 구성은 죽간자 2인과 협무 8인으로 같고, 연향에 따라 추어진 내용은 변함없지만 무동정재 시에는 창사가 생략[278]되기도 한다.

내용을 정리하면, 죽간자 2인이 나아가 구호를 부르고 물러난다. 협무 8인이 무진하여 해동장(海東章)·근심장(根深章)·원원장(源遠章)·석주장(昔周章)·금아장(今我章)을 부른다. 이어 죽간자 2인과 협무 8인이 우선회무하며 적인장(狄人章)·야인장(野人章)·천세장(千世章)·자자장(子子章)을 부르고, 오호장(嗚呼章)이 끝나려 할 때 죽간자 2인은 처음 자리로 나아가서고, 협무 8인은 사대(四隊)로 선다. 이어 협무 8인이 다 같이 가곡의 농에 맞추어 해동장

277) <鳳來儀>, 『呈才舞圖笏記』, 1994년, 86쪽·151쪽·184쪽·240쪽·300쪽·375쪽·486쪽; 『時用舞譜(全)呈才舞圖笏記』, 1989년, 98쪽.

278) 『呈才舞圖笏記』, 1994년, 450쪽.

醉豐亭舞作隊圖

舞 舞 舞 舞
舞 舞 舞 舞

樂奏呈祥之曲 與民樂令 ○拍竹竿子二人足蹈而進立樂止口號 念我祖宗

德盛功隆 載篤其慶 誕膺成命 於萬斯年 赫赫昭宣 永言嘆之 惟以遂歌 訖○拍奏五雲開瑞朝 步虛子令

拍妓八人舞進而立樂止唱海東章 海東六龍飛 莫非天所扶 古聖同符 連奏

根深章 根深之木 風亦不抗 有灼其華 有蕡其實 源遠章 源遠之水 旱亦不渴 流斯爲川 于海必達 昔

周章 昔周太王 于豳斯依 于豳斯依 肇造丕基 今我章 今我始祖 慶興是宅 慶興是宅 肇開鴻業 訖○拍奏致

和平之曲 鄉唐交奏 ○拍竹竿子二人先導次舞八人次次相連右旋回舞隨

〈봉래의〉 무보(『정재무도홀기』, 국립국악원 소장)

·근심장·원원장을 부르고, 사방(四方)으로 서서 손을 아래로 드리우고 서로 향하여 춤추고, 자리를 바꾸며 춤추고 서로 마주보고 춤추다가 다시 제자리로 되돌아 다 같이 북쪽을 향하여 춤을 춘다. 이어 주국장(周國章)·적인장·야인장을 부르고, 협무 8인이 각각 좌우로 빙글빙글 돌면서 춤추고, 손을 아래로 드리우고 춤추고, 서로 등을 지고 춤추고, 서로 마주보고 소매를 들어 펄럭이며 춤을 춘다. 이어 상덕장(商德章)·적조장(赤鳥章)·태자장(太子章)·봉천장(奉天章)·일부장(一夫章)·성손장(聖孫章)·천세장을 부르고, 협무 8인이 팔수무를 추고, 둥글게 돌아 처음 제자리로 되돌아 춤추고, 다 같이 안쪽을 향하여 춤추고, 서로 자리를 바꾸어 서로 등을 지고 춤추고, 북쪽을 향하여 춤춘다. 전대는 남쪽을 향하여 다시 제자리로 되돌아가 서로 등을 지고 춤을 추고,[279] 북쪽을 향하여 춤을 추며 무퇴·무진한다. 죽간자 2인이 구호를 부르고[280] 뒤로 물러나면 협무 8인이 무진·무퇴하고 춤을 마친다.

『정재무도홀기』의 〈봉래의〉는 〈그림 133〉처럼 4대좌우대형·2대좌우대형[281]·사방대형·전후대형으로 구성하여 추는데, 4대좌우대형에서는 협무 8인이 무진·무퇴하고 해동장·근심장·원원장·석주장·금아장 창사를 부르고 우선회무한다. 2대좌우대형에서는 해동장·근심장·원원장을 부르고, 사방대형에서는 주국장·적인장·야인장을 부르고 내향(內向)하여 '수수무·환대이무·좌우선전이무·상대 대수이무·번수이무'를 추고, 상덕장·적

279) '還復其隊'는 換隊而舞와 같은 뜻이지만 진행되는 내용은 다르다. '환대'는 자리를 바꾸어 서는 것이지만 '환복'은 전대와 후대가 자리를 바꾼 뒤 자시 제자리로 되돌아가서 서는 뜻으로서, 정재진행상 '還復其隊'로 기록한 것이다. 손선숙, 『궁중정재용어사전』, 2005년, 380쪽·389쪽.

280) 죽간자가 구호를 부르기 위해서는 죽간자가 앞으로 나아간다는 용어가 제시되어야 하는데 생략되었다. 조선후기 <봉래의>는 죽간자가 무용수 전체와 회무를 돈 다음 초열로 선 위치이므로 죽간자의 무진 없이 바로 구호를 부른 것이다.

281) 여기서의 사대(四隊)는 2대좌우대형을 말한다. 그 이유는 음악의 진행에 의해서인데 취풍형(醉豐亨)에 맞춰 창사를 부르는 내용에 의해서이다. 『한국궁중무용사』에는 2대좌우대형이 누락되어 본문에서 바로 잡는다. 손선숙, 『한국궁중무용사』(서울: 보고사, 2017), 201쪽.

조장·태자장·봉천장·일부장·성손상·천세장을 부르고, '이수고저'를 추고 회선한다. 전후대형에서는 전후대가 서로 환대이무·환복기대이무·북향무를 춘다.

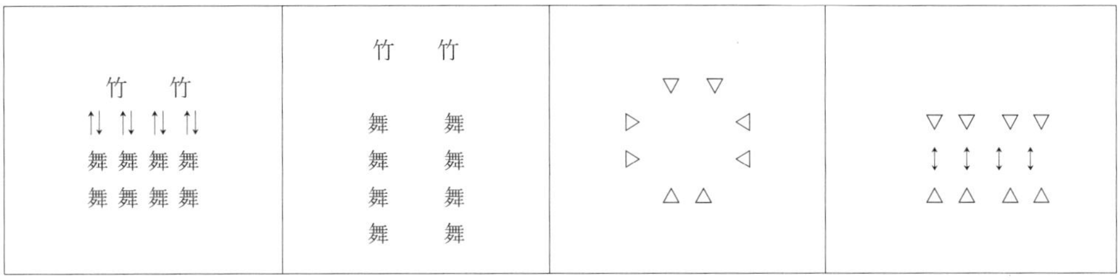

竹 竹 ↑↓ ↑↓ ↑↓ ↑↓ 舞 舞 舞 舞 舞 舞 舞 舞	竹 竹 舞 舞 舞 舞 舞 舞 舞 舞	▽ ▽ ▷ ◁ ▷ ◁ △ △	▽ ▽ ▽ ▽ ↕ ↕ ↕ ↕ △ △ △ △

〈그림 133〉『정재무도홀기』의 〈봉래의〉 대형 구성

앞서 〈봉래의〉 정재도에 공통적으로 나타난 내용을 정리하면 다음과 같다.

첫째, 무용수 구성은 죽간자 2인·협무 8인으로, 무동과 여령 모두 같다.
둘째, 무동정재와 여령정재로 추었다.
셋째, 정재대형 구성은 4대좌우대형이다.
넷째, 정재방향 구성은 북향이다. 죽간자는 북쪽에 서서 북향하고, 협무 8인은 4대좌우대형에서 북향한다.
다섯째, 정재춤사위 구조는 4대좌우대형에서 무용수 중심으로 '외수평거내수반하거'로 춘다.
여섯째, 정재춤사위 구성은 '양수반하거·양수평거·우수평거좌수반하거·우수반하거좌수평거'이다.

이상의 내용은 아래의 정재홀기 기록에서 확인된다.

> …(생략)… ≪용례 1≫ ○박을 치면, 죽간자 2인이 족도하며 앞으로 나아가 선다. 음악이 그치면 구호(口號)를 부른다. …(생략)… ≪용례 2≫ ○박을 치면, 기(妓) 8인이 춤을 추며 앞으로 나아가 선다. 음악이 그치고 해동장을 부른다. …(생략)… ≪용례 3≫ ○박을 치면, 죽간자 2인이 처음 대열을 지어 앞으로 나아가 선다. 기 8인이 사대(四隊)를 만들어 앞

으로 나아가서면, 음악이 그친다. …(생략)… ○박을 치면, 기 8인이 사방(四方)으로 대를 만들어 춤을 춘다. …(생략)… ○박을 치면, 둥글게 돌면서 춤을 춘다. ≪용례 4≫ ○박을 치면, 처음 제자리로 되돌아오며 춤을 춘다. …(생략)… ≪용례 5≫ ○박을 치면, 북쪽을 향하여 춤을 춘다. ○박을 치면, 전대(前隊)는 남쪽을 향하여 춤을 춘다. ○박을 치면, 다시 제자리로 되돌아가 서로 등을 지고 춤을 춘다. ≪용례 6≫ ○박을 치면, 북쪽을 향하여 춤을 추며 뒤로 조금 물러난다. ≪용례 7≫ ○박을 치면, 춤을 추며 앞으로 나아가 선다. 음악이 그치면 죽간자 2인이 구호를 부른다. …(생략)… ≪용례 8≫ 기 8인이 춤을 추며 뒤로 물러난다. 음악이 그친다.

『정재무도홀기』 〈봉래의〉의 ≪용례 1·7≫은 죽간자가 나아가 북향하여 구호를 부르는 내용이고, ≪용례 2≫는 협무 8인이 북향하여 무진하는 내용이고, ≪용례 3≫은 무용수 전체가 회무를 돈 다음 죽간자가 초열로 서는 내용이고, ≪용례 4≫는 협무 8인이 회무를 돌아 초열로 서는 내용이고, ≪용례 5≫는 협무 8인이 북향하여 춤을 추고, ≪용례 6·8≫은 협무 8인이 북향하고 무퇴하는 내용이다.

정재홀기와 〈봉래의〉 정재도 내용을 비교하였을 때 정재도에서 죽간자가 북쪽에서 북향한 것은 도입부와 종결부에서 죽간자가 구호를 부르는 내용의 ≪용례 1·7≫과 죽간자가 우선회무를 돌아 처음의 대열로 서는 내용의 ≪용례 3≫을 제시한 것이다. 4대좌우대형에서 협무 8인이 두 팔을 펴들고 북향하고 춤추는 것은 회무하여 초열로 서는 내용의 ≪용례 4≫, 북향하여 무진·무퇴하는 춤인 ≪용례 2·6·7·8≫, 북향하고 춤추는 내용의 ≪용례 5≫를 제시한 것이다.

3) 〈봉래의〉 정재도 해석

4종의 의궤에 7점이 수록된 〈봉래의〉 정재도는 무동은 3점·여령은 4점이다. 7점의 정재도를 살폈을 때 무도내용이 적게는 3점에서 많게는 4점이 같은 내용으로 그려졌는데 〈그림 131〉은 3점, 〈그림 132〉는 4점이 같다.

정재도를 통합 비교하였을 때 〈봉래의〉 정재도는 무동정재와 여령정재 모두 초열대형

[4대좌우대형]에서의 춤을 제시하였다. 정재도마다 한 그림 속에 여러 내용을 제시하였는데, 〈그림 131·132〉 모두 죽간자 2인이 북쪽에서 북향하고, 협무 8인이 북향하고 춤추는 내용과 춤사위이다. 무용수 구성은 무동과 여령 모두 죽간자 2인·협무 8인으로 같다. 무도내용은 4대좌우대형에서 북향하는 춤을 제시한 것으로, 의궤 정재도에는 이러한 내용들을 무동과 여령으로 구분하여 2가지 유형으로 제시하였다.

〈봉래의〉 정재도와 정재홀기를 비교하였을 때 죽간자가 북쪽에서 북향한 것은 도입부와 종결부에서 죽간자가 구호를 부르는 내용과 우선회무를 돌아 처음 대열로 서는 내용을 제시한 것이다. 그리고 4대좌우대형에서 협무 8인이 두 팔을 펴들고 북향한 것은 회무하여 초열로 서는 춤, 북향하여 무진·무퇴하는 춤, 북향하고 춤추는 내용을 제시한 것으로, 이러한 내용은 모두 『정재무도홀기』에 기록된 내용을 사실적으로 제시한 것이다.

반면 정재홀기에 기록되지 않은 내용을 정재도에 제시하였는데, 협무 8인이 4대좌우대형에서 북향하고 춤출 때 무용수 중심으로 팔을 펴드는 춤사위 구조가 '외수평거내수반하거'인 점이다.

이상으로, 의궤의 〈봉래의〉 정재도는 4대좌우대형에서의 춤을 제시한 것으로, 정재도에 공통적으로 제시된 내용은 도입부와 종결부에서 죽간자가 구호를 부르는 위치와 방향, 협무 8인이 4대좌우대형으로 선 형태와 협무 8인이 북향무·무진·무퇴하는 춤과 춤사위 형태이다.

17. 사선무四仙舞

〈사선무〉 정재도는 순조 기축 『진찬의궤』·고종 임진 『진찬의궤』·고종 신축 『진찬의궤』·고종 신축 『진연의궤』·고종 임인[4월·11월] 『진연의궤』에 수록되어 있다. 6종의 의궤에 10점이 전하는데,[282] 무동은 5점·여령은 5점이다.

282) <四仙舞> 정재도는 純祖 己丑 『進饌儀軌』[무동]62a, 高宗 壬辰 『進饌儀軌』[무동]21b · 高宗 壬辰 『進饌儀軌』[여령]31b, 高宗 辛丑 『進饌儀軌』[여령]23b, 高宗 辛丑 『進宴儀軌』[무동]20b, 高宗 辛丑 『進宴儀軌』[여령]36b, 高宗 壬寅 『進宴儀軌』

1) 〈사선무〉 정재도 검토

10점의 〈사선무〉 정재도를 살폈을 때 무용수는 모두 집연화(執蓮花) 2인·원무(元舞)[283] 4인으로 구성되었다. 무도내용은 3가지 유형으로 구분되어 있는데[284] 내용을 살펴보면 다음과 같다.

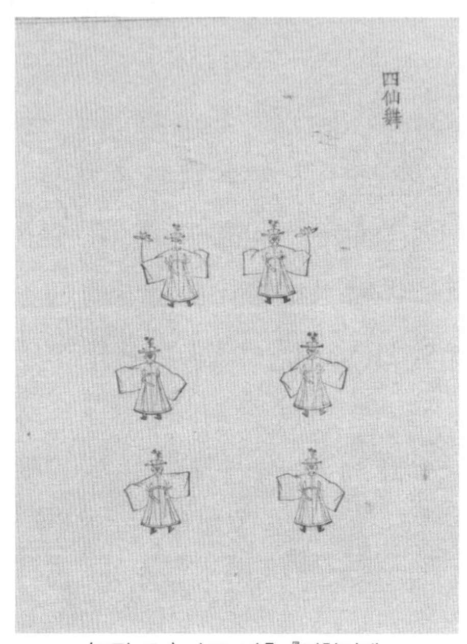

〈그림 134〉 순조 기축 『진찬의궤』

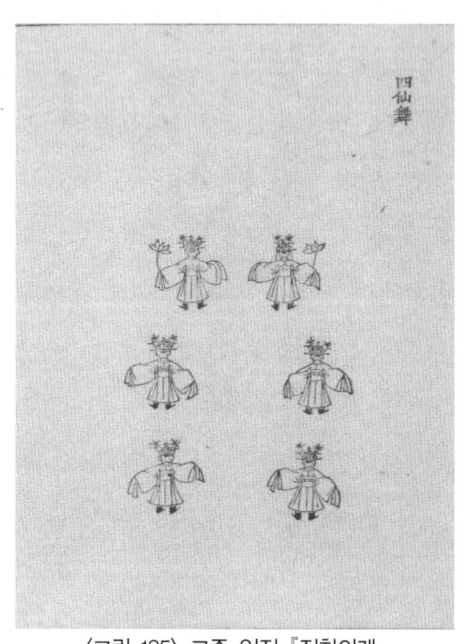

〈그림 135〉 고종 임진 『진찬의궤』

〈그림 134〉는 순조 기축 『진찬의궤』에 수록된 정재도이다.[285] 무동정재이며, 무용수 구성은 집연화 2인·원무 4인이다. 집연화 2인이 전대에서 일렬대형으로 서서 외수로 꽃

[4월: 무동]20b, 高宗 壬寅 『進宴儀軌』[11월: 무동]21b, 高宗 壬寅 『進宴儀軌』[4월: 여령]36b, 高宗 壬寅 『進宴儀軌』[11월: 여령]38b에 수록되어 있다.

283) 궁중정재 무용수은 그 역할마다 정해진 이름이 있다. 죽간자는 죽간자를 든 무용수를, 족자는 족자를 든 무용수를, 의물은 용선(龍扇)·봉선(鳳扇)과 같은 장기를 든 무용수를, 무대가운데에서 서는 무용수는 선모 및 중무로 부르고, 협무로 구성된 정재에서는 그 춤의 중심적인 역할을 하는 무용수를 원무라 부른다. 일반적으로 궁중정재에서는 선모를 제외한 나머지 무용수들을 협무라 부른다. 그러나 <사선무>에는 협무가 아닌 원무로 구성되었다.

284) 손선숙, "협무[무용수] 6인 구성 정재의 정재도 연구: <고구려무>·<망선문>·<박접무>·<사선무>·<연화무>·<영지무>·<첩승무>·<최화무>·<춘광호>·<춘대옥촉>·<향령무>를 중심으로," 『우리 춤과 과학기술』31집(서울: 우리춤연구소, 2015), 37~84쪽.

285) <그림 134> 순조 기축 『진찬의궤』[무동]62a.

을 잡고 북향하고, 원무 4인은 후대에서 2대좌우대형으로 서서 북향하고 두 팔을 옆으로 펴들고 춤춘다. 집연화 2인은 대열중심으로 '외수반하거내수평거'로 추고, 후대의 원무는 대열 중심으로 '외수반하거내수평거'와 '외수평거내수반하거'로 춘다. 한삼을 착용하지 않았고, 춤사위는 '우수반하거좌수평거·양수반하거·우수평거좌수반하거'이다.

〈그림 135〉는 고종 임진 『진찬의궤』·고종 신축 『진연의궤』·고종 임인 『진연의궤』[4월·11월]에 수록된 정재도이다.286) 무동정재이며, 무용수 구성은 집연화 2인·원무 4인이다. 집연화 2인이 전대에서 일렬대형으로 서서 외수로 꽃을 잡고 북향하고, 원무 4인은 후대에서 2대좌우대형으로 서서 북향하고 두 팔을 옆으로 펴들고 춤춘다. 집연화 2인은 대열 중심으로 '외수반하거내수여만'으로 추고, 후대의 원무도 대열 중심으로 '외수반하거내수평거'와 '외수평거내수반하거'로 춘다. 한삼을 착용하였으며, 춤사위는 '우수반하거좌수평거·우수여만좌수반하거(右手如彎左手半下擧)·우수반하거좌수여만(右手半下擧左手如彎)·양수반하거·우수평거좌수반하거'이다.

〈그림 136〉은 고종 신축 『진찬의궤』·고종 임진 『진찬의궤』·고종 신축 『진연의궤』·고종 임인 『진연의궤』[4월·11월]에 수록된 정재도이다.287) 여령정재이며, 무용수 구성은 집연화 2인·원무 4인이다. 집연화 2인이 전대에서 일렬대형으로 서서 외수에 꽃을 잡고 북향하고, 원무 4인은 후대에서 2대좌우대형으로 서서 북향하고 두 팔을 옆으로 펴들고 춤춘다. 집연화 2인은 대열 중심으로 '외수반하거내수평거'로 추고, 후대의 원무는 대열 중심으로 '외수반하거내수평거'와 '외수평거내수반하거'로 춘다. 한삼을 착용하였으며, 춤사위는 '우수반하거좌수평거·우수평거좌수반하거'이다.

〈그림 136〉 고종 신축 『진찬의궤』

286) 〈그림 135〉 고종 임진 『진찬의궤』[무동]21b; 고종 신축 『진연의궤』[무동]20b; 고종 임인 『진연의궤』[4월: 무동]20b; 고종 임인 『진연의궤』[11월: 무동]21b.

287) 〈그림 136〉 고종 신축 『진찬의궤』[여령]23b; 고종 임진 『진찬의궤』[여령]31b; 고종 신축 『진연의궤』[여령]36b; 고종 임인 『진연의궤』[11월: 여령]38b; 고종 임인 『진연의궤』[4월: 여령]36b.

이상 10점의 〈사선무〉 정재도를 살폈을 때 드러난 무도내용은 전후대형·일렬대형·2대좌우대형에서의 춤을 제시한 것이다. 무용수는 무동과 여령 모두 집연화 2인과 원무 4인으로 구성이 같다. 정재대형은 무용수 역할별로 구분하여 다르게 제시하였는데, 전후대형은 집연화가 전대에 서고 원무 4인이 후대에 선 초열대형이고, 일렬대형은 집연화가 나란히 선 대형, 2대좌우대형은 원무 4인이 선 대형이다. 그리고 집연화는 꽃을 대열중심으로 외수로 잡았고, 원무 4인은 모두 북향한다. 춤은 두 팔을 펴들고 대열중심으로 '외수반하거내수평거·외수반하거내수여만·외수평거내수반하거'로 추는데, 〈사선무〉 정재도에 공통적으로 제시된 정재춤사위는 '양수반하거·우수반하거좌수여만(右手半下擧左手如彎)·우수반하거좌수평거·우수여만좌수반하거(右手如彎左手半下擧)·우수평거좌수반하거'이다.

2) 〈사선무〉 정재도 분석

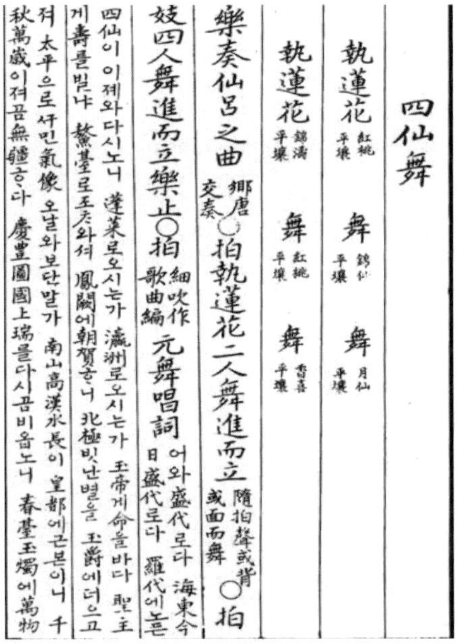
四仙舞
執蓮花 紅桃 平壤 舞 錦仙 平壤 舞 月仙 平壤
執蓮花 錦清 平壤 舞 紅桃 平壤 舞 香喜 平壤
樂奏仙呂之曲 鄕唐交奏 ○拍 執蓮花二人舞進而立 隨拍聲或背或面而舞 ○拍
妓四人舞進而立 樂止 ○拍 細吹作歌曲編 元舞唱詞 어와盛代로다 海東今日盛代로다 羅代에놀던
四仙이 이제와 다시노니 蓬萊로오시는가 瀛洲로오시는가 玉帝게命을바다 聖主
게壽를빌나 鰲臺로도라와셔 鳳闕에朝賀ᄒᆞ니 北極빗난별을 玉爵에더으고
져 太平으로 ᄊᆞ인氣像 오날와 보단말가 南山高漢水長이 皇都에근본이니 千
秋萬歲이져곱無疆ᄒᆞ다 慶豊圖國上瑞를다시곱비옵노니 春臺玉燭에萬物

〈사선무〉 무보(『정재무도홀기』, 국립국악원 소장)

〈사선무〉 무보는 『정재무도홀기』에 모두 6편이[288] 전하는데, 여령정재와 무동정재로 추었다. 무용수 구성은 집연화 2인과 원무 4인으로 같고, 연향에 따라 추어진 내용은 변함없지만 무동정재 시에는 창사가 생략[289]되기도 한다.

내용을 정리하면, 집연화 2인이 무진하여 박 소리에 맞춰 상배·상대한다. 원무 4인이 무진하여 창사를 부르고, 상대·상배한다. 전대와 후대가 상대·상배하고 둥글게 돌아 나란히 서서 춤춘다. 이어 전후대가 서서 좌우로 돌고 염수족도한다. 좌대와 우대가 환대하고 다시 제자리로 돌아와[환복] 서고, 둥글게 돌아 나란히 서서 팔수무를 추고, 처음 자리로 서서 좌우로 한번 떨쳐 뿌리고 한번 돌며 춤

288) <四仙舞>, 『呈才舞圖笏記』, 1994년, 116쪽·215쪽·271쪽·334쪽·450쪽; 『時用舞譜(全)呈才舞圖笏記』, 1989년, 153쪽.
289) 『呈才舞圖笏記』, 1994년, 450쪽.

을 춘다. 소매를 들어 춤을 추고 염수족도하고 무퇴하면, 집연화 2인도 춤을 추며 뒤로 물러나면 춤이 마친다.

『정재무도홀기』의 〈사선무〉는 전후대형·2대좌우대형·일렬대형으로 변화를 주면서 춤을 추는데, 〈그림 137〉처럼 진행한다.

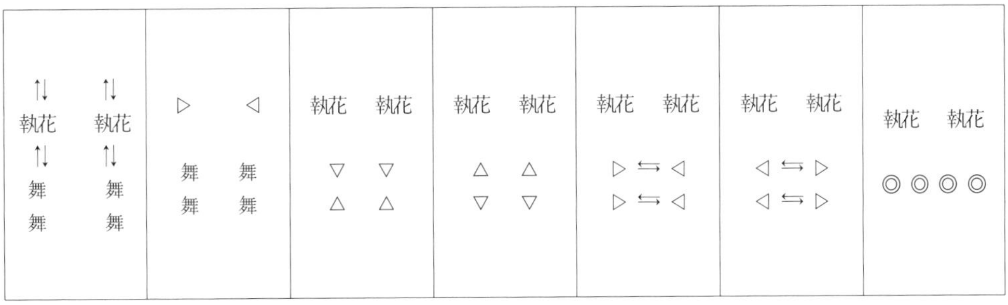

⇅ ⇅ 執花 執花 ⇅ ⇅ 舞 舞 舞 舞	▷ ◁ 舞 舞 舞 舞	執花 執花 ▽ ▽ △ △	執花 執花 △ △ ▽ ▽	執花 執花 ▷ ⇆ ◁ ▷ ⇆ ◁	執花 執花 ◁ ⇆ ▷ ◁ ⇆ ▷	執花 執花 ◎ ◎ ◎ ◎

〈그림 137〉『정재무도홀기』의 〈사선무〉 대형 구성

앞서 〈사선무〉 정재도에 공통적으로 나타난 내용을 정리하면 다음과 같다.

첫째, 무용수 구성은 집연화 2인과 원무 4인으로, 무동과 여령 모두 같다.
둘째, 무동정재와 여령정재로 추었다.
셋째, 정재대형은 무용수 역할별로 전후대형·일렬대형·2대좌우대형으로 구성되었다.
넷째, 무구[꽃]를 외수로 잡았다.
다섯째, 정재방향 구성은 북향으로, 집연화와 원무 4인 모두 북향한다.
여섯째, 정재춤사위 구조는 대열중심으로 '외수반하거내수평거·외수반하거내수여만·외수평거내수반하거'로 진행한다.
일곱 번째, 정재춤사위 구성은 '양수반하거·우수반하거좌수여만·우수반하거좌수평거·우수여만좌수반하거·우수평거좌수반하거'이다.

이상의 내용은 아래의 정재홀기 기록에서 확인된다.

≪용례 1≫ 박을 치면, 연꽃【집연화(執蓮花)】을 든 2인이 무작하여 앞에 나와 선다. 음악이 그친다.【박 소리에 맞추어 혹은 등지고 혹은 얼굴을 대하고 춤춘다】 ≪용례 2≫ ○박을 치면, 무기(舞妓) 4인이 춤추며 나와 선다. 음악이 그친다. ○박을 치면, 세취(細吹)로 가곡편을 연주하고, 원무(元舞)가 창사한다. …(생략)… ○박을 치면, 중강사(中腔詞)를 원무(元舞)가 다 같이 부른다. …(생략)… ○박을 치면, 처음 대열로 돌아가며 춤춘다. ○박을 치면, 좌우로 한 소매를 뿌리고 한 바퀴 돌면서 춤춘다. ○박을 치면, 대수(擡袖)하며 춤춘다. ○박을 치면, 손을 여미고 족도한다. …(생략)… ≪용례 3≫ ○박을 치면, 무작하고 물러난다.【집연화 2인도 물러난다】음악이 그친다.

『정재무도홀기』 〈사선무〉의 ≪용례 1≫은 초열대형에서 집연화가 무진하는 내용이고, ≪용례 2≫는 원무 4인이 무진하는 내용이고, ≪용례 3≫은 춤을 마친 다음 집연화와 원무가 무퇴하는 내용이다.

정재홀기와 〈사선무〉 정재도 내용을 비교하였을 때 정재도에서 집연화와 원무가 북향한 것은 집연화가 북향 무진하는 내용, 원무 4인이 창사를 부르기 위해 무진하는 내용, 모든 춤을 마친 다음 무용수 전체가 무퇴하는 내용으로 ≪용례 1~3≫을 제시한 것이다.

3) 〈사선무〉 정재도 해석

6종의 의궤에 10점이 수록된 〈사선무〉 정재도는 무동은 5점·여령은 5점이다. 10점의 정재도를 살폈을 때 무도내용이 적게는 1점, 많게는 5점이 같은 내용으로 그려졌는데, 〈그림 134〉는 1점, 〈그림 135〉는 4점, 〈그림 136〉은 5점이 같다.

정재도를 통합 비교하였을 때 〈사선무〉는 정재도마다 한 그림 속에 여러 내용을 제시하였는데 〈그림 134~136〉 모두 집연화는 전대에 서고 원무 4인이 후대에 선 전후대형의 형태, 집연화 2인이 선 일렬대형의 형태, 원무 4인의 2대좌우대형의 형태, 무구[연화]를 잡은 손 위치가 외수인 점, 집연화 2인이 대열중심으로 '외수반하거내수여만'으로 춘 점, 원무 4인이 대열중심으로 '외수반하거내수평거'와 '외수평거내수반하거'로 춘 점과 춤사위 형태이다. 〈사선무〉 정재도의 무도내용은 모두 같지만 순조 기축년 진찬 때에 한삼을 착용하지 않은 점이 다르다.

무용수 구성은 무동과 여령 모두 집연화 2인과 원무 4인으로 같다. 무도내용 또한 무용수 역할별로 구분하여 전후대형·일렬대형·2대좌우대형에서의 춤을 제시하였는데, 집연화는 북쪽에, 원무 4인은 남쪽에 서서 북향하는 춤을 보여 준 것이 같다. 의궤 정재도에는 이러한 내용들을 여령과 무동으로 구분하여 한삼의 유무와 의상의 형태에 차이를 두어 3가지 유형으로 제시하였다.

〈사선무〉 정재도와 정재홀기를 비교하였을 때 정재도에서 집연화 4인과 원무 4인이 북향한 것은 집연화가 북향하여 무진하는 내용, 원무 4인이 창사를 부르기 위해 무진하는 내용, 모든 춤을 마친 다음 무용수 전체가 무퇴하는 내용으로, 이러한 내용은 모두 『정재무도홀기』에 기록된 내용을 사실적으로 제시한 것이다.

반면 정재홀기에 기록되지 않은 내용을 정재도에 제시하였는데, 연화를 잡은 손의 위치가 모두 외수인 것과 북향하여 무진·무퇴할 때의 춤사위가 대열중심으로 '외수반하거내수평거·외수반하거내수여만·외수평거내수반하거'로 춘 것과 춤사위 형태이다.

이상으로, 의궤의 〈사선무〉 정재도는 무용수를 집연화 2인과 원무 4인으로 구성하여, 전후대형·일렬대형·2대좌우대형에서의 춤을 제시한 것이다. 정재도에 공통적으로 제시된 내용은 무용수를 집연화와 원무 4인으로 구성하여 전대에 집연화가 서고 원무 4인이 후대에 선 배열위치, 무구[연화]를 잡은 손 위치가 외수인 점, 순조 기축년에는 한삼을 착용하지 않은 내용, 집연화가 북향하여 무진하는 내용, 원무 4인이 창사를 부르기 위해 무진하는 내용, 모든 춤을 마친 다음 무용수 전체가 무퇴하는 내용과 이러한 춤을 출 때 여러 형태로 추어진 춤사위 형태이다.

18. 선유락船遊樂

〈선유락〉 정재도는 정조 을묘 『정리의궤』·순조 기축 『진찬의궤』·헌종 무신 『진찬의궤』·고종 무진 『진찬의궤』·고종 정축 『진찬의궤』·고종 정해 『진찬의궤』·고종 임진 『진찬의궤』·고종 신축 『진찬의궤』·고종 신축 『진연의궤』·고종 임인(4월·11월) 『진연의궤』에 수록되어 있다. 11종의 의궤에 11점이 전하는데,[290] 모두 여령정재이다.

1) 〈선유락〉 정재도 검토

11점의 〈선유락〉 정재도를 살폈을 때 무용수는 집사기(執事妓) 2인, 동기(童妓) 2인, 외무기(外舞妓)[291] 15인·18인·23인·25인·26인·28인·32인·34인·37인, 내무기(內舞妓)[292] 4인·6인·8인으로 구성되어 정재도마다 차이가 있다. 무도내용은 10가지 유형으로 구분되어 있는데[293] 내용을 살펴보면 다음과 같다.

〈그림 138〉은 정조 을묘 『정리의궤』에 수록된 정재도이다.[294] 여령정재이며, 무용수 구성은 외무기 18인·내무기 8인[집줄 4인·협무 4인]·집사기 무동 2인이다. 정조 을묘년에는 동기가 구성되지 않았다. 무도내용으로 볼 때는 집사기가 없는 것으로 보여질 수 있으나 동기 역할을 집사기가 대신하였다. 집사기는 무동 2인으로[295] 구성되어 배 위 돛[帆] 좌우[東南]에 서서[296] 각각 동향·남향하고, 노(櫓)는 남쪽에 선 집사기가 양손으로 잡

290) <船遊樂> 정재도는 正祖 乙卯 『整理儀軌』[여령]14b, 純祖 己丑 『進饌儀軌』[여령]25b, 憲宗 戊申 『進饌儀軌』[여령]19b, 高宗 戊辰 『進饌儀軌』[여령]15a, 高宗 丁丑 『進饌儀軌』[여령]21a, 高宗 丁亥 『進饌儀軌』[여령]24a, 高宗 壬辰 『進饌儀軌』[여령]40b, 高宗 辛丑 『進饌儀軌』[여령]24b, 高宗 辛丑 『進宴儀軌』[여령]37b, 高宗 壬寅 『進宴儀軌』[4월: 여령]37b, 高宗 壬寅 『進宴儀軌』[11월: 여령]40b에 수록되어 있다.

291) 외무기(外舞妓)는 내무기 바깥에 선 무용수를 말한다.

292) 내무기(內舞妓)는 외무기 안에 선 무용수를 말한다.

293) 손선숙, "의궤 정재도의 도상학적 연구(Ⅲ): <관동무>·<광수무>·<무산향>·<무애무>·<선유락>·<연화대무>·<처용무>·<초무>·<춘앵전>·<침향춘>·<학무>·<향발무> 정재도를 중심으로," 『무용역사기록학』 제40호(서울: 무용역사기록학회, 2016), 141~186쪽.

294) <그림 138> 정조 을묘 『정리의궤』[여령]14b.

295) <그림 138>은 여령정재인데 집사기 2인은 무동으로 구성되었다. 머리 장신구에 의해 확인되는데, 다른 무도내용으로 볼 때 집사기 여령이 무동복장을 하면서도 머리에 가채를 두른 것이 확인되는데 <그림 138>의 집사기는 가채를 착용하지 않았다.

았다. 외무기 18인은 내무기 주위에 원으로 서서 내향·외향·우선·좌선하며 춤춘다. 내무기 8인은 배 주위에서 내향·외향·우선·좌선하며 춤추는데 내무기 8인 중 4인이 오른손과 왼손에 줄[執繂]을 잡고 춤을 춘다. 춤사위는 '양수반하거·우수반하거좌수평거·우수반하거좌수반상거(右手半下擧左手半上擧)·양수평거·우수하좌수반하거(右手下左手半下擧)'이다.

〈그림 138〉 정조 을묘 『정리의궤』

〈그림 139〉 순조 기축 『진찬의궤』

〈그림 139〉는 순조 기축 『진찬의궤』에 수록된 정재도이다.[297] 여령정재이며, 무용수 구성은 집사기 2인[여령이 남장을 함]·외무기 26인·내무기 4인[집줄 4인]·동기 2인[여령/소기]이다. 집사기 여령 2인이 무동 무복을 입고 북쪽에 서서 남향하여 배를 바라보고 선다. 동기 2인[집정(執碇)·집범(執帆)]은 돛 좌우[東西]에 남향하고 나란히[일렬] 서는데, 노는 동쪽 위치에 선 동기가 오른손으로 잡았다. 외무기 26인은 내무기 주위에 원으로 서서 내향·우선하며 춤추고, 내무기 4인은 왼손에 줄[執繂]을 잡고 배 주위에서 우선하며 춤을 춘다. 춤사위는 '양수반하거·공읍(拱揖)·염수·우수반하거좌수평거·양수평거·우수평거좌

296) 11점의 <선유락> 정재도 중 유일하게 집사기가 동기 대신 배 안에 서 있다. 정조 을묘 『정리의궤』[여령]14b.
297) <그림 139> 순조 기축 『진찬의궤』[여령]25b.

수반하거 · 우수반상거좌수반하거'이다.

〈그림 140〉은 고종 무진 『진찬의궤』에 수록된 정재도이다.[298] 여령정재이며, 무용수 구성은 집사기 2인[여령이 남장을 함] · 외무기 15인 · 내무기 6인 · 동기 2인이다. 집사기 여령 2인이 무동 무복을 입고 북쪽에 서서 남향하여 배를 바라보고 선다. 동기 2인은 돛 좌우[東西]에 양손을 모으고 나란히[일렬] 앉아 동향 · 서향한다. 외무기 15인은 내무기 주위에 원으로 서서 내향 · 외향 · 좌선하며 춤춘다. 내무기 6인은 배 주위에서 내향 · 외향 · 우선하며 춤추는데 내무기 6인 중 4인이 줄을 양손으로 잡았다. 춤사위는 '양수반하거 · 우수평거좌수반하거 · 우수반하거좌수평거 · 양수평거 · 공읍 · 염수'이다.

〈그림 140〉 고종 무진 『진찬의궤』

〈그림 141〉 헌종 무신 『진찬의궤』

〈그림 141〉은 헌종 무신 『진찬의궤』에 수록된 정재도이다.[299] 여령정재이며, 무용수 구성은 집사기 2인[여령이 남장을 함] · 외무기 23인 · 내무기 6인 · 동기 2인이다. 집사기 여령 2인은 무동 무복을 입고 북쪽에 서서 남향하여 배를 바라보고 선다. 동기 2인은 돛

298) <그림 140> 고종 무진 『진찬의궤』[여령]15a.
299) <그림 141> 헌종 무신 『진찬의궤』[여령]19b.

좌우[東西]에 양손을 모으고 나란히[일렬] 앉아 동향·서향한다. 외무기 23인은 내무기 주위에 원으로 서서 내향·외향·좌선하며 춤춘다. 내무기 6인은 배 주위에서 내향·외향·우선하며 춤추는데 내무기 6인 중 4인이 왼손으로 줄을 잡고 있다. 춤사위는 '양수전반하거(兩手前半下擧)·양수평거·양수반하거·우수평거좌수반하거·우수반하거좌수평거·공읍'이다.

〈그림 142〉는 고종 정축 『진찬의궤』에 수록된 정재도이다.[300] 여령정재이며, 무용수 구성은 집사기 2인[여령이 남장을 함]·외무기 26인·내무기 6인·동기 2인이다. 집사기 여령 2인은 무동 무복을 입고 북쪽에 서서 남향하여 배를 바라보고 선다. 동기 2인은 돛 좌우[東西]에 양손을 모으고 나란히[일렬] 앉아 동향·서향한다. 외무기 26인은 내무기 주위에 원으로 서서 내향·외향·좌선하며 춤춘다. 내무기 6인은 배 주위에서 내향·외향·우선하며 춤추는데 내무기 6인 중 4인이 왼손으로 줄을 잡았다. 춤사위는 '양수전반하거·우수반하거좌수반상거·우수평거좌수반하거·양수평거·양수반하거·우수반하거좌수평거·공읍'이다.

〈그림 143〉은 고종 정해 『진찬의궤』에 수록된 정재도이다.[301] 여령정재이며, 무용수 구성은 집사기 2인[여령이 남장을 함]·외무기 28인·내무기 6인·동기 2인이다. 집사기 여령 2인은 무동 무복을 입고 북쪽에 서서 남향하여 배를 바라보고 선다. 동기 2인은 돛 좌우[東西]에 양손을 모으고 나란히[일렬] 앉아 동향·서향한다. 외무기 28인은 내무기 주위에 원으로 서서 내향·외향·좌선하며 춤춘다. 내무기 6인은 배 주위에서 내향·외향·우선하며 춤추는데 내무기 6인 중 4인이 왼손으로 줄을 잡았다. 춤사위는 '양수전반하거·우수반하거좌수반상거·우수평거좌수반하거·양수평거·양수반하거·우수반하거좌수평거·공읍'이다.

300) <그림 142> 고종 정축 『진찬의궤』[여령]21a.
301) <그림 143> 고종 정해 『진찬의궤』[여령]24a.

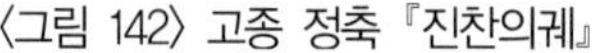
〈그림 142〉 고종 정축 『진찬의궤』

〈그림 143〉 고종 정해 『진찬의궤』

〈그림 144〉는 고종 임진 『진찬의궤』에 수록된 정재도이다.[302] 여령정재이며, 무용수 구성은 집사기 2인[여령이 남장을 함]·외무기 37인·내무기 6인·동기 2인이다. 집사기 여령 2인은 무동 무복을 입고 북쪽에 서서 남향하여 배를 바라보고 선다. 동기 2인은 돛 좌우[東西]에 양손을 모으고 나란히[일렬] 앉아 동향·서향한다. 외무기 37인은 내무기 주위에 원으로 서서 내향·외향·좌선하며 춤춘다. 내무기 6인은 배 주위에서 내향·외향·우선하며 춤추는데 내무기 6인 중 2인은 오른손, 2인은 왼손으로 줄을 잡았다. 춤사위는 '양수전반하거·양수반하거·양수평거·우수반하거좌수평거·우수평거좌수반하거·공읍'이다.

〈그림 145〉는 고종 신축 『진찬의궤』에 수록된 정재도이다.[303] 여령정재이며, 무용수 구성은 집사기 2인[여령이 남장을 함]·외무기 25인·내무기 6인·동기 2인이다. 집사기 여령 2인은 무동 무복을 입고 북쪽에 서서 남향하여 배를 바라보고 선다. 동기 2인은 돛 좌우[東西]에 양손을 모으고 나란히[일렬] 앉아 동향·서향한다. 외무기 25인은 내무기 주위에

302) <그림 144> 고종 임진 『진찬의궤』[여령]40b.
303) <그림 145> 고종 신축 『진찬의궤』[여령]24b.

원으로 서서 내향·외향·좌선하며 춤춘다. 내무기 6인은 배 주위에서 내향·외향·우선하며 춤추는데 내무기 6인 중 2인은 오른손, 2인은 왼손으로 줄을 잡았다. 춤사위는 '양수전반하거·양수반하거·양수평거·우수반하거좌수평거·우수평거좌수반하거·공읍'이다.

〈그림 144〉 고종 임진 『진찬의궤』

〈그림 145〉 고종 신축 『진찬의궤』

〈그림 146〉은 고종 신축 『진연의궤』에 수록된 정재도이다.[304] 여령정재이며, 무용수 구성은 집사기 2인[여령이 남장을 함]·외무기 34인·내무기 6인·동기 2인이다. 집사기 여령 2인은 무동 무복을 입고 북쪽에 서서 남향하여 배를 바라보고 선다. 동기 2인은 돛 좌우[東西]에 양손을 모으고 나란히[일렬] 앉아 동향·서향한다. 외무기 34인은 내무기 주위에 원으로 서서 내향·외향·좌선하며 춤춘다. 내무기 6인은 배 주위에서 내향·외향·우선하며 춤추는데 내무기 6인 중 2인은 오른손, 2인은 왼손으로 줄을 잡았다. 춤사위는 '양수전반하거·양수반하거·양수평거·우수반하거좌수평거·우수평거좌수반하거·공읍'이다.

〈그림 147〉은 고종 임인 『진연의궤』[4월·11월]에 수록된 정재도이다.[305] 여령정재이

304) <그림 146> 고종 신축 『진연의궤』[여령]37b.
305) <그림 147> 고종 임인 『진연의궤』[4월: 여령]37b; 고종 임인 『진연의궤』[11월: 여령]40b.

며, 무용수 구성은 집사기 2인[여령이 남장을 함]·외무기 32인·내무기 6인·동기 2인이다. 집사기 여령 2인은 무동 무복을 입고 북쪽에 서서 남향하여 배를 바라보고 선다. 동기 2인은 돛 좌우[東西]에 양손을 모으고 나란히[일렬] 앉아 동향·서향한다. 외무기 32인은 내무기 주위에 원으로 서서 내향·외향·좌선하며 춤춘다. 내무기 6인은 배 주위에서 내향·외향·우선하며 춤추는데 내무기 6인 중 2인은 오른손, 2인은 왼손으로 줄을 잡고 있다. 춤사위는 '양수전반하거·양수반하거·양수평거·우수반하거좌수평거·우수평거좌수반하거·공읍'이다.

〈그림 146〉 고종 신축 『진연의궤』

〈그림 147〉 고종 임인 『진연의궤』

이상 11점의 〈선유락〉 정재도를 살폈을 때 드러난 무도내용은 배를 이끌며 춤추는 내용을 제시한 것으로, 집사기가 남향하여 호령하는 내용, 집사기가 동기 역할을 한 점, 여령정재인데 집사기 여령이 무동 무복을 착용한 점, 동기 2인이 돛 좌우에 궤와 기립한 내용, 동기가 노를 잡기도 하고 잡지 않은 내용, 내무기는 무용수 구성과 상관없이 4인으로 구성되어 줄을 양손·오른손·왼손에 잡고 배를 끄는 내용, 내무기와 외무기가 외향

·내향·우선·좌선하는 내용이다. 집사기의 유무에 차이가 있고, 집사기가 북쪽에 서서 남쪽을 바라보는 것과 동기의 역할을 대신하는 등 2가지 역할을 한다. 반면 동기는 2인으로 구성되어 배 안에 서기도 하고 앉아 있는 등 자세에 차이가 있다.

무용수는 동기[집사기 무동] 2인·외무기 18인·내무기 8인[집줄 4인·협무 4인], 집사기 2인[여령 남장]·외무기 26인·내무기 4인[집줄 4인]·동기 2인[여령], 집사기 2인[여령 남장]·외무기 15인·내무기 6인·동기 2인, 집사기 2인[여령 남장]·외무기 23인·내무기 6인·동기 2인, 집사기 2인[여령 남장]·외무기 26인·내무기 6인·동기 2인, 집사기 2인[여령 남장]·외무기 28인·내무기 6인·동기 2인, 집사기 2인[여령 남장]·외무기 37인·내무기 6인·동기 2인, 집사기 2인[여령 남장]·외무기 25인·내무기 6인·동기 2인, 집사기 2인[여령 남장]·외무기 34인·내무기 6인·동기 2인, 집사기 2인[여령 남장]·외무기 32인·내무기 6인·동기 2인 등 10가지로, 왕조 및 연향에 따라 구성에 차이가 있다.

〈선유락〉 정재도에 공통적으로 드러난 정재춤사위는 '공읍(拱揖)·양수반하거·양수전반하거(兩手前半下擧)·양수평거·염수·우수반상거좌수반하거·우수반하거좌수반상거(右手半下擧左手半上擧)·우수반하거좌수평거·우수평거좌수반하거·우수하좌수반하거(右手下左手半下擧)'이다.

2) 〈선유락〉 정재도 분석

〈선유락〉 무보는 『정재무도홀기』에 9편이[306] 전하고, 내용은 모두 같다. 무용수는 정수(鉦手)·나수(螺手)·동기[집정·집범]·집사기·내무기·외무기로 구성되었고, 연향에 따라 내무기는 4인·6인·10인, 외무기는 16인·17인·22인·24인·25인·32인·34인으로 차이가 있다.

내용을 정리하면, 악사가 배를 전중에 놓고 나가면, 외무기와 내무기가 배를 중심으로 둥글게 서서 집사기의 호령에 따라 〈어부사(漁父詞)〉를 부르며 배를 좌우로 끌며 돌면서 춤을 춘다.

『정재무도홀기』의 〈선유락〉은 〈그림 148〉처럼 춤추는 내내 원대형을 이루며 배 주위에서 춤을 춘다.

306) 〈船遊樂〉, 『呈才舞圖笏記』, 1994년, 73쪽·138쪽·178쪽·359쪽·393쪽·417쪽·482쪽·525쪽; 『時用舞譜(全)呈才舞圖笏記』, 1989년, 185쪽.

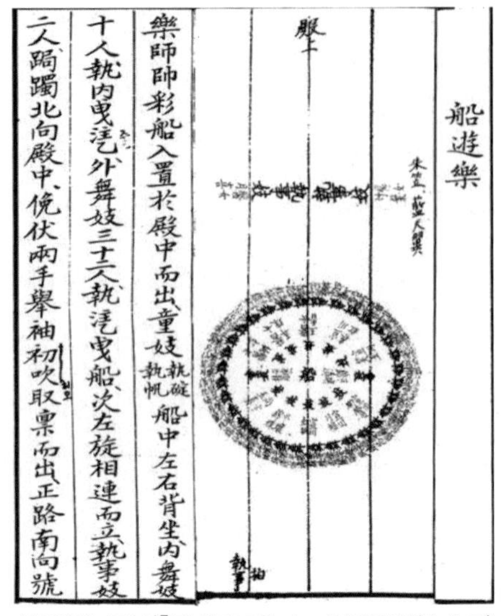

船遊樂

樂師帥彩船入置於殿中而出童妓執碇執帆船中左右背坐內舞妓

十人執內曳纜外舞妓三十六人執纜曳船次左旋相連而立執事妓

二人蹋躅北向殿中俛伏兩手擧袖初吹取稟而出正路南向號

〈선유락〉 무보(『정재무도홀기』, 국립국악원 소장)

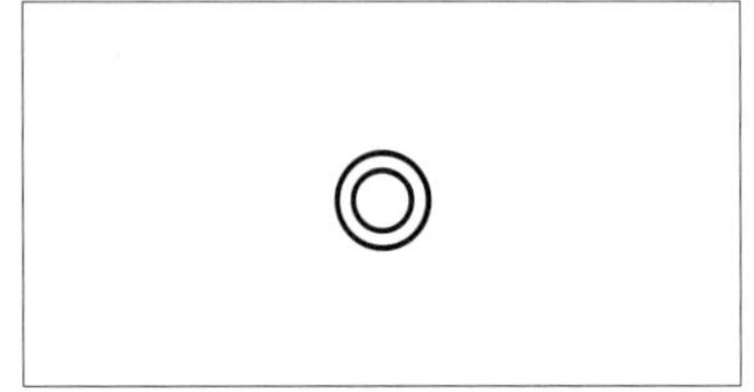

〈그림 148〉 〈선유락〉 대형 구성

앞서 〈선유락〉 정재도에 공통적으로 나타난 내용을 정리하면 다음과 같다.

첫째, 무용수는 10가지로 구성되어 왕조 및 연향별로 차이가 있는데, 외무기는 15인·18인·23인·25인·26인·28인·32인·34인·37인이고, 내무기는 4인·6인·8인이고, 집사기는 2인이고, 동기는 2인이다.

둘째, 모두 여령정재가 추었다.

셋째, 정재대형 구성은 원대형이다.

넷째, 정재방향 구성은 외향·내향·남향이다. 내무기·외무기는 외향·내향하고, 집사기는 북쪽 좌우에서 남향한다.

다섯째, 정재이동 구성은 우선·좌선으로, 내무기·외무기 모두 우선·좌선한다.

여섯째, 동기 2인[집정·집범]은[307] 소기(小妓)로 구성되어 돛 좌우에 서거나 앉아 있다. 동기는 집사기 무동이 동기 역할을 대신하기도 하였다.

일곱 번째, 집사기는 여령이 무동 무복을 착용하였고, 집사기가 등장하지 않기도 하였다.

307) 동기 2인은 닻을 잡은 집정(執碇)과 돛을 잡은 집범(執帆)으로 구성된다. 돛[帆]은 바람을 받아 배를 가게 하기 위해 배 바닥에 세운 기둥에 매어 펴 올리고 내리도록 만든 넓은 천을 말한다. 닻[碇]은 배를 한곳에 떠 있게 하거나 멈추게 하기 위하여 줄에 매어 물 밑바닥으로 가라앉히는 쇠로 만든 갈고리이다.

여덟 번째, 내무기는 무용수 전체가 줄을 잡기도 하고 일부만 잡기도 하였는데, 무용수 구성과 상관없이 줄을 잡은 내무기는 4인이다.

아홉 번째, 내무기는 줄을 정재도마다 오른손·왼손·양손으로 각각 잡았다.

열 번째, 정재춤사위 구성은 '공읍·양수반하거·양수전반하거·양수평거·염수·우수반상거좌수반하거·우수반하거좌수반상거·우수반하거좌수평거·우수평거좌수반하거·우수하좌수반하거'이다.

이상의 내용은 아래의 정재홀기 기록에서 확인된다.

> ○악사가 채선(彩船)을 이끌고 들어가 전중(殿中)에 놓고 나간다. ≪용례 1≫ ○동자(童子) 2인은【집범(執帆)·집정(執碇)】 배 좌우에 서로 등을 지고 앉는다. ≪용례 2≫ ○내무(內舞) 4인은 안에서 줄(䌁)을 잡고, 외무(外舞) 17인은 줄을 잡고 배를 끈다. ≪용례 3≫ ○다음에는 왼쪽으로[左旋] 돌아 서로 연이어 선다. ○집사무동(執事舞童) 2인이 허리를 구부리며 북쪽을 향하여 전 중앙에서 엎드려 두 손으로 소매를 들어 '초취(初吹)하오'하고 아뢰고 나간다. ≪용례 4≫ ○정로(正路) 남쪽을 향하여 '나수(螺手) 초취(初吹)하라'하고 호령(號令)한다.【나각(螺角)을 세 번 분다】 …(생략)… ≪용례 5≫ ○남향하여 순령수(巡令手)를 부른다.【여러 무 들이 응답한다】 ○'행선하라'라고 호령한다.【여러 무 들이 응답한다】 ≪용례 6≫ ○여러 무들이 배를 끌어 둥글게 원을 그리며 춤을 추면서 어부사(漁父詞)를 부른다.

『정재무도홀기』 〈선유락〉의 ≪용례 1≫은 무동 2인이 배 좌우에 등지고 앉은 내용이고, ≪용례 2≫는 내무기와 외무기가 함께 줄을 잡고 배를 끄는 내용이고, ≪용례 3≫은 왼쪽으로 돌아 큰 원으로 서는 내용이고, ≪용례 4·5≫는 집사기가 남쪽을 바라보고 호령하는 내용이고, ≪용례 6≫은 배를 끌며 둥글게 돌며 춤추는 내용이다.

정재홀기와 〈선유락〉 정재도 내용을 비교하였을 때 정재도에서 동자(童子)가 배 좌우에 등지고 앉은 것은 ≪용례 1≫을 제시한 것이고, 집사기가 남쪽을 바라보고 선 것은 ≪용례 4·5≫를 제시한 것이고, 외무기와 내무기가 배 주위에 둥글게 선 것은 ≪용례 2·3≫을 제시한 것이고, 외무기와 내무기가 우선·좌선·외향·내향하며 춤추는 것은 ≪용례 6≫

을 제시한 것이다.

3) 〈선유락〉 정재도 해석

11종의 의궤에 11점이 수록된 〈선유락〉 정재도는 모두 여령정재이다. 11점의 정재도를 살폈을 때, 무도내용이 적게는 1점, 많게는 2점이 같은 내용으로 그려졌는데, 〈그림 138~146〉은 1점, 〈그림 147〉는 2점이 같다.

정재도를 통합 비교하였을 때 〈선유락〉은 정재도마다 한 그림 속에 여러 내용을 제시하였는데, 〈그림 138〉에는 집사기 무동이 북쪽에 서지 않고 동기 역할을 대신하여 배 좌우에 선 내용, 집사기가 배 안에 선 내용, 집사기가 노를 양손으로 잡은 내용, 외무기와 내무기가 원으로 서서 내향·외향·우선·좌선하는 내용, 내무기 8인 중 4인이 오른손과 왼손에 줄[執逵]을 잡고 배를 끌며 춤추는 내용을 제시한 것이다. 〈그림 139〉에는 집사기 여령이 무동 무복을 입고 남향한 내용, 동기가 배 안에 선 내용, 동기가 노를 오른손으로 잡은 내용, 외무기가 원으로 서서 내향·우선하는 내용, 내무기 모두 왼손에 줄[執逵]을 잡고 배 주위에서 우선하는 내용을 제시한 것이다. 〈그림 140〉에는 집사기 여령이 무동 무복을 입고 남향한 내용, 동기가 양손을 여미고[拱揖] 배 안에 앉아 있는 내용, 동기가 노를 잡지 않은 내용, 외무기가 원으로 서서 내향·외향·좌선하는 내용, 내무기가 내향·외향·우선하는 내용, 내무기 6인 중 4인이 양손에 줄[執逵]을 잡고 배를 끌며 춤추는 내용을 제시한 것이다. 〈그림 141~143〉에는 집사기 여령이 무동 무복을 입고 남향한 내용, 동기가 양손을 여미고[拱揖] 배 안에 앉아 있는 내용, 동기가 노를 잡지 않은 내용, 외무기가 원으로 서서 내향·외향·좌선하는 내용, 내무기가 내향·외향·우선하는 내용, 내무기 6인 중 4인이 왼손에 줄[執逵]을 잡고 배를 끌며 춤추는 내용을 제시한 것이다. 〈그림 144~147〉에는 집사기 여령이 무동 무복을 입고 남향한 내용, 동기가 양손을 여미고[拱揖] 배 안에 앉아 있는 내용, 동기가 노를 잡지 않은 내용, 외무기가 원으로 서서 내향·외향·좌선하는 내용, 내무기가 내향·외향·우선하는 내용, 내무기 6인 중 4인이 오른손과 왼손에 줄[執逵]을 잡고 배를 끌며 춤추는 내용을 제시한 것이다.

무용수 구성은 외무기·내무기·집사기·동기이다. 이중 외무기와 내무기는 모두 여령으로, 이들이 참여한 수에만 차이가 있고 역할은 같다. 그러나 집사기와 동기는 2가지로 차이가 있는데, 먼저 남쪽에서 호령하는 집사기의 유무에 차이가 있고, 여령정재임에도 그 역할을 무동이 하기도 하고 여령이 남장을 하기도 하였다. 그리고 동기는 2인으로 구성되었으나 역할을 소기와 집사기 무동이 하여 차이가 있다. 왕조 및 연향에 따라 무용수 구성에 차이를 두어 10가지로 제시하였는데, 집사기와 동기는 2인으로 구성이 같고, 외무기는 15인·18인·23인·25인·26인·28인·32인·34인·37인, 내무기는 4인·6인·8인으로 구성 인원에 차이가 있다. 정재도에 구성된 무용수 구성을 살펴보면, 동기 2인·외무기 18인·내무기 8인, 집사기 2인·동기 2인·외무기 26인·내무기 4인, 집사기 2인·동기 2인·외무기 15인·내무기 6인, 집사기 2인·동기 2인·외무기 23인·내무기 6인, 집사기 2인·동기 2인·외무기 26인·내무기 6인, 집사기 2인·동기 2인·외무기 28인·내무기 6인, 집사기 2인·동기 2인·외무기 37인·내무기 6인, 집사기 2인·동기 2인·외무기 25인·내무기 6인, 집사기 2인·동기 2인·외무기 34인·내무기 6인, 집사기 2인·동기 2인·외무기 32인·내무기 6인이다.

〈선유락〉은 모두 여령이 추었으나 집사기는 여령이 무동 무복을 착용하여 북쪽 좌우에서 남향하고 서는 것이 공통인데, 정조 을묘년에는 집사기가 북쪽 좌우에 서지 않고 배안에 서 있다. 동기는 2인으로 같으나 그 역할을 소기와 집사기 무동이 맡아 차이가 있다. 특히 정조 을묘년에는 집사기가 동기 역할을 대신하였는데, 여령이 아닌 무동이 대신 역할을 맡았다. 배 안 돛 좌우에 위치한 동기는 노를 양손·오른손으로 잡기도 하고 잡지 않기도 하였다. 외무기는 내무기 주위에 둥글게 서서 외향·내향·우선·좌선하며 춤을 추었다. 내무기는 배 주위에 둥글게 서서 외향·내향·우선·좌선하며 춤추었는데, 무용수 구성과 상관없이 줄[執䈀]은 내무기 4인이 잡았다. 줄은 내무기 모두 왼손과 양손으로 잡기도 하고, 오른손과 왼손으로 각각 잡기도 하였다. 따라서 무도내용은 외무기와 내무기가 배 주위에 둥글게 서서 배를 끌며 외향·내향·우선·좌선하는 춤을 제시한 것으로, 의궤 정재도에는 이러한 무도내용을 무용수 구성과 의상 및 무구의 형태에 차이를 두어 10가지 유형으로 제시하였다.

〈선유락〉 정재도와 정재홀기를 비교하였을 때 정재도에서 집사기 무동이 남향한 것은 춤의 진행에 맞춰 집사기가 호령하는 것을 제시한 것이고, 내무기와 외무기가 배를 중심으로 외향·내향·우선·좌선한 것은 배를 좌우로 돌리며 추는 춤을 제시한 것으로, 이러한 내용은 모두 『정재무도홀기』에 기록된 내용을 사실적으로 제시한 것이다. 또한 정재도에는 모두 여령정재가 춘 것을 제시하였으나 『정재무도홀기』 기록을 통해 무동도 〈선유락〉을 춘 것을 알 수 있다.

반면 정재홀기에 기록되지 않은 내용을 정재도에 제시하였는데, 동기 2인이 돛 좌우에 서는 내용, 여령정재임에도 집사기 여령이 무동 무복을 한 것, 무동 집사기가 동기 역할을 대신 한 것, 닻줄은 무용수 구성과는 상관없이 내무기 4인이 잡은 것,[308] 동기가 노를 오른손·왼손·양손으로 잡는 내용, 내무기가 배 줄을 오른손·양손·왼손으로 잡는 내용, 내무기와 외무기가 외향·내향·우선·좌선하는 내용이다.

이상으로 의궤의 〈선유락〉 정재도는 왕조 및 연향에 따라 무용수 구성을 10가지로 차이를 두어 배를 중심으로 둥글게 서서 춤을 추는 내용을 제시한 것이다. 정재도에 공통적으로 제시된 내용은 집사기·동기·내무기·외무기의 위치와 방향, 집사기가 동기 역할을 한 것, 집사기가 무동 무복을 착용한 것, 동기가 돛 좌우에 궤와 기립한 춤, 동기가 노를 오른손·왼손·양손으로 잡는 내용, 닻줄은 내무기 구성과 상관없이 4인이 양손·오른손·왼손으로 잡은 것, 배를 중심으로 내무기와 외무기가 외향·내향·우선·좌선하는 춤과 여러 다양한 춤사위 형태이다.

19. 수연장壽延長

〈수연장〉 정재도는 정조 을묘 『정리의궤』·순조 『진작의궤』[309]·순조 기축 『진찬의궤』·고종 정축 『진찬의궤』·고종 정해 『진찬의궤』·고종 임진 『진찬의궤』·고종 신축 『진찬

308) 정재홀기에는 내무기와 외무기가 모두 줄을 잡았는데, 정재도에는 내무기가 줄을 잡았다.

309) 순조 『진작의궤』에 수록된 정재도에는 <壽延長舞>로 되어있다. 순조 무자 『진작의궤』[여령]14b.

의궤』·고종 신축『진연의궤』·고종 임인(4월·11월)『진연의궤』에 기록되어 있다. 10종의 의궤에 14점이 전하는데,[310] 무동은 5점·여령은 9점이다.

1) 〈수연장〉 정재도 검토

14점의 〈수연장〉 정재도를 살폈을 때 무용수는 죽간자 2인, 협무 4인·8인, 집박악사 2인, 악사 1인, 대기무용수 16인으로 구성되었다. 무도내용은 4가지 유형으로 구분되어 있는데[311] 내용을 살펴보면 다음과 같다.

〈그림 149〉는 정조 을묘『정리의궤』에 수록된 정재도이다.[312] 여령정재이며, 무용수 구성은 죽간자 2인·협무 8인·집박악사 2인·악사 1인·대기무용수 16인이다. 상단과 후단으로 구분하여 4대좌우대형과 사방대형의 춤을 제시하였다.

먼저 상단에는 죽간자 2인이 북쪽에서 마주보고 서고, 협무 8인이 4대좌우대형으로 서서 북향과 상대를 하는데, 상대는 무용수 중심으로 한다. 춤사위는 '우수평거좌수반하거·양수반하거·우수반하거좌수반상거'이다.

다음으로 하단에는 협무 8인이 사방대형으로 서서 북향·상대·내향·좌선(左旋)·우선(右旋)을 하고, 대기무용수 16인은 염수하고 남쪽에 서서 북향한다. 집박악사 2인과 악사 1인이 동쪽에 서서 서향하고 선다. 춤사위는 '우수반하거좌수평거·양수반하거·우수반상거좌수반하거(右手半上擧左手半下擧)[313]'이다.

〈그림 150〉은 순조 기축『진찬의궤』·고종 정축『진찬의궤』·고종 정해『진찬의궤』·

310) <壽延長> 정재도는 正祖 乙卯『整理儀軌』[여령]13a, 純祖 戊子『進爵儀軌』[무동]14b, 純祖 己丑『進饌儀軌』[여령]23a, 高宗 丁丑『進饌儀軌』[여령]19a, 高宗 丁亥『進饌儀軌』[여령]22a, 高宗 壬辰『進饌儀軌』[무동]28b, 高宗 壬辰『進饌儀軌』[여령]30b, 高宗 辛丑『進饌儀軌』[여령]21b, 高宗 辛丑『進宴儀軌』[무동]26b, 高宗 辛丑『進宴儀軌』[여령]29b, 高宗 壬寅『進宴儀軌』[4월: 무동]26b, 高宗 壬寅『進宴儀軌』[11월: 무동]28b, 高宗 壬寅『進宴儀軌』[11월: 여령]34b, 高宗 壬寅『進宴儀軌』[4월: 여령]39b에 기록되어 있다.

311) 손선숙, "의궤 정재도의 도상학적 연구(II): <보상무>·<수연장>·<장생보연지무>·<향령무>·<헌선도>를 중심으로," 『무용역사기록학』제37호(서울: 무용역사기록학회, 2015), 101~137쪽; 손선숙, "조선후기 당악과 향악의 이중적 음악구성 정재연구: <경풍도>·<만수무>·<몽금척>·<봉래의>·<수연장>·<연백복지무>·<연화대무>·<오양선>·<육화대>·<장생보연지무>·<제수창>·<최화무>·<하황은>·<헌천화>·<헌선도>를 중심으로," 『대한무용학회논문집』제74권5호(서울: 대한무용학회, 2016), 75~94쪽.

312) <그림 149> 정조 을묘『정리의궤』[여령]13a.

313) 우수반상거좌수반하거(右手半上擧左手半下擧): 오른팔은 위로 반 올려 들고, 왼팔은 아래로 반[45°] 내려 든 동작.

고종 신축『진찬의궤』·고종 임진『진찬의궤』·고종 신축『진연의궤』·고종 임인『진연의궤』[4월·11월]에 수록된 정재도이다.314) 여령정재이며, 무용수 구성은 죽간자 2인·협무 8인이다. 죽간자는 북쪽에 서서 상대하고, 협무 8인은 4대좌우대형으로 서서 좌대와 우대가 각각 무용수 중심으로 각각 내고(內顧)와 외고(外顧)를 하는데, 전대는 내고하고 후대는 외고한다. 이때 무용수들이 바라보는 방향은 서로 다르지만 전대와 후대가 뻗은 팔 위치는 모두 대열기준으로 안쪽을 향해있다. 춤사위는 '우수전여만좌수반하거(右手前如彎左手半下擧)315)·우수반하거좌수전여만(右手半下擧左手前如彎)316)'이다.

〈그림 149〉 정조 을묘『정리의궤』

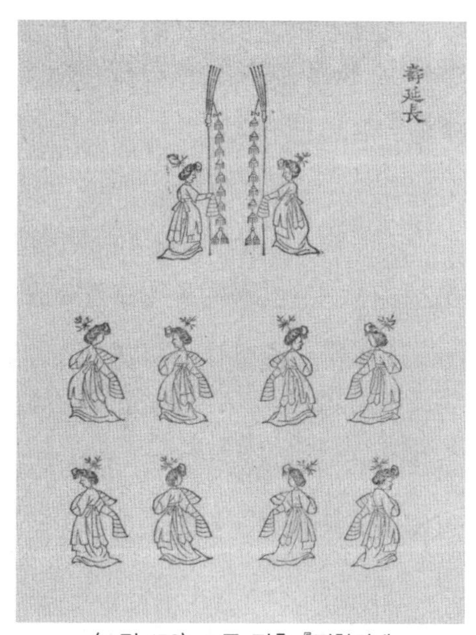

〈그림 150〉 고종 정축『진찬의궤』

〈그림 151〉은 고종 신축『진연의궤』·고종 임진『진찬의궤』·고종 임인『진연의궤』[4월·11월]에 수록된 정재도이다.317) 무동정재이며, 무용수 구성은 죽간자 2인·협무 8인이다.

314) 〈그림 150〉 순조 기축『진찬의궤』[여령]23a; 고종 정축『진찬의궤』[여령]19a; 고종 정해『진찬의궤』[여령]22a; 고종 신축『진찬의궤』[여령]21b; 고종 임진『진찬의궤』[여령]30b; 고종 신축『진연의궤』[여령]29b; 고종 임인『진연의궤』[4월: 여령]39b; 고종 임인『진연의궤』[11월: 여령]34b.

315) 우수전여만좌수반하거(右手前如彎左手半下擧): 오른팔은 가슴 앞에 구부려 들고, 왼팔은 아래로 반[45°] 내려 든 동작.

316) 우수반하거좌수전여만(右手半下擧左手前如彎): 오른팔은 아래로 반[45°] 내려 들고, 왼팔은 가슴 앞에 구부려 든 동작.

317) 〈그림 151〉 고종 신축『진연의궤』[무동]26b; 고종 임진『진찬의궤』[무동]28b; 고종 임인『진연의궤』[4월: 무동]26b;

죽간자는 북쪽에 서서 북향하고, 협무 8인은 4대좌우대형으로 서서 좌대와 우대가 각각 무용수 기준으로 상대하고, 전후대형에서는 전대와 후대가 상대·상배하며 춤춘다. 춤사위는 '양수평거·우수반하거좌수반상거·우수반하거좌수평거·우수평거좌수반하거'이다.

〈그림 152〉는 순조 무자 『진작의궤』에 수록된 정재도이다.[318] 무동정재이며, 무용수 구성은 협무 4인[319]·대기무용수 16인이다. 협무 4인이 사방대형으로 서서 각 방위에 선 무용수를 향해 바라보는데, 북대는 서대를, 서대는 남대를, 남대는 동대를, 동대는 북대를 바라보며 우선(右旋)을[320] 하고, 대기무용수 16인은 염수하고 남쪽에 서서 북향한다. 춤사위는 '우수반하거좌수평거·우수반상거좌수평거·우수반하거좌수반상거'이다.

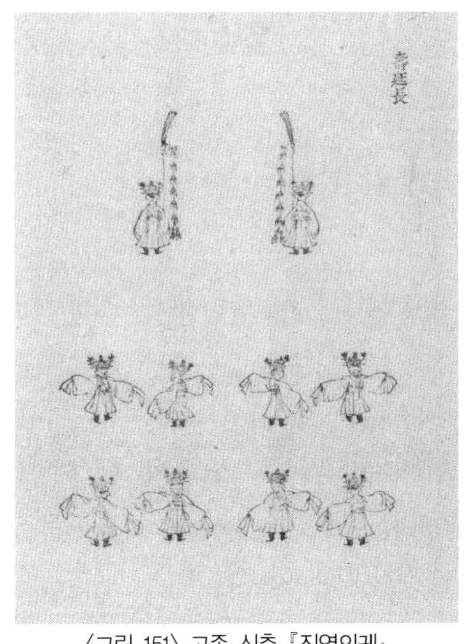

〈그림 151〉 고종 신축 『진연의궤』

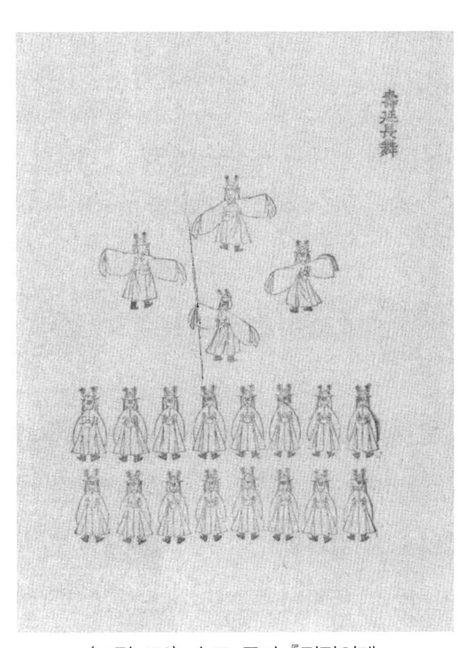

〈그림 152〉 순조 무자 『진작의궤』

고종 임인 『진연의궤』[11월: 무동]28b.

318) <그림 152> 순조 무자 『진작의궤』[무동]14b.

319) 순조 무자년 자경전에서 추어진 <수연장>은 무동 4인이 춤을 추었다. 이의강, 『국역순조무자진작의궤』(서울: 보고사, 2006), 66쪽.

320) 이 내용으로 보면 각 향이 되지만 정재홀기의 <수연장> 내용과 비교하면 '우선환립'하는 내용이다. 구체적인 설명은 정재도 해석에서 다룰 것이다.

이상 14점의 〈수연장〉 정재도를 살폈을 때 드러난 무도내용은 4대좌우대형·전후대형·사방대형에서의 춤을 제시한 것이다. 무용수 구성에 차이를 보이는데 죽간자의 경우 여령정재에는 죽간자 2인이 등장하지만 무동정재에는 죽간자가 등장하지 않기도 한다. 무용수 구성도 여령정재는 협무 8인으로 공통이지만 무동정재는 협무 4인·8인으로 차이를 보인다. 무용수는 죽간자 2인·협무 8인, 죽간자 2인·협무 8인·집박악사 2인·악사 1인·대기무용수 16인, 협무 4인·대기무용수 16인 등 3가지로, 왕조 및 연향에 따라 구성에 차이가 있다.

정재대형 구성에도 차이를 보이는데, 여령정재는 4대좌우대형과 사방대형을, 무동정재는 4대좌우대형·전후대형·사방대형을 제시하였다. 4대좌우대형에서는 여령이 북향·좌우상대·내고(內顧)·외고(外顧)를 하는데 무용수 중심으로 하였다. 그러나 내고와 외고할 때의 춤사위에서 팔 사위는 모두 대열중심으로 안쪽을 향해 들고 있다. 그리고 무동은 좌대와 우대가 무용수 중심으로 각각 상대하였다. 사방대형에서는 무용수 구성에 따라 차이가 있는데, 먼저 여령 8인은 사방대형에서 북향·내향·상대·좌선·우선하며 추었고, 무동 4인은 사방대형에 선 무용수가 각 방위에 선 무용수를 향해 바라보았는데, 북대는 서대, 서대는 남대, 남대는 동대, 동대는 북대의 무용수를 바라보고 있다. 전후대형에서는 무동이 대열중심으로 상대·상배하였다. 죽간자는 무동과 여령 상관없이 모두 북쪽에서 춤추는데, 무동은 북향, 여령은 상대한 것이 공통이다.

그리고 〈수연장〉 정재도에 공통적으로 제시된 정재춤사위는 '양수반하거·양수평거·우수반상거좌수반하거(右手半上擧左手半下擧)·우수반상거좌수평거·우수반하거좌수반상거·우수반하거좌수전여만(右手半下擧左手前如彎)·우수반하거좌수평거·우수전여만좌수반하거(右手前如彎左手半下擧)·우수평거좌수반하거'이다.

2) 〈수연장〉 정재도 분석

〈수연장〉 무보는 『정재무도홀기』에 모두 8편이[321] 전하는데 여령정재와 무동정재로

321) <壽延長>, 『呈才舞圖笏記』, 1994년, 97쪽·203쪽·258쪽·320쪽·405쪽·439쪽·501쪽; 『時用舞譜(全)呈才舞圖笏記』,

추었다. 무용수는 죽간자 2인과 협무 8인으로 구성되었고, 연향에 따라 내용은 변화되지 않았지만 무동정재 시에는 죽간자가 구호를 생략[322]하기도 하였다.

내용을 정리하면, 죽간자 2인이 앞으로 나아가 구호를 부르고 물러나 서로 마주보고 선다. 협무 8인이 앞으로 나아가 미전사(尾前詞)와 미후사(尾後詞)를 부르고 뒤로 물러난다. 협무 8인이 회무[交旋: 삼잡]하여 사방으로 서서 북향무·수수무(垂手舞)[323]·거수(擧袖)[324]·상대무(相對舞)·상배무·북향무·상향무를 추고, 환대[북대남립·동대서립]하며 추다가 회선하여 초열로 서서 이수고저이무(以袖高低而舞) 혹은 팔수무(八手舞)를 추고[325], 이어 전대와 후대가 서로 자리[隊]를 바꾸어 가며 춤을 추다가 북향하여 청춘사(靑春詞)를 부른다. 죽간자 2인이 나아가 구호를 부르고 물러나고, 협무 8인이 무진·무퇴하면 춤이 마친다.

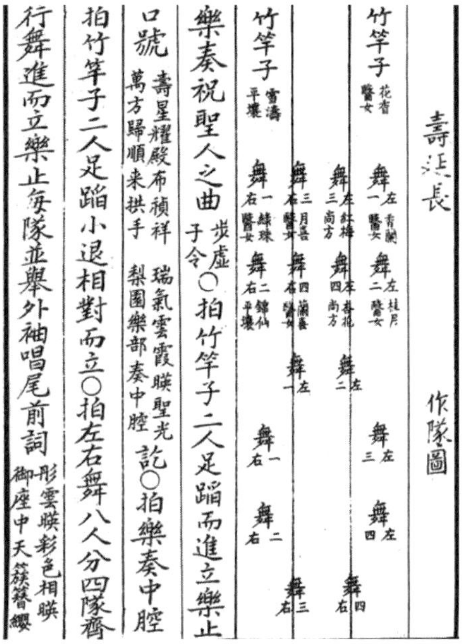
壽延長 作隊圖
竹竿子
竹竿子
樂奏祝聖人之曲 步虛子令○拍竹竿子二人足蹈而進立樂止
口號 壽星耀殿布禎祥 瑞氣雲霞暎聖光 萬方歸順來拱手 梨園樂部奏中腔 訖○拍樂奏中腔
拍竹竿子二人足蹈小退相對而立○拍左右舞八人分四隊齊
行舞進而立樂止每隊並擧外袖唱尾前詞 彤雲暎彩色相暎 御座中天簇簪纓
〈수연장〉 무보(『정재무도홀기』, 국립국악원 소장)

『정재무도홀기』의 〈수연장〉은 정재대형을 4대좌우대형·사방대형·전후대형으로 구성하여 〈그림 153〉처럼 진행하며 춤을 춘다.

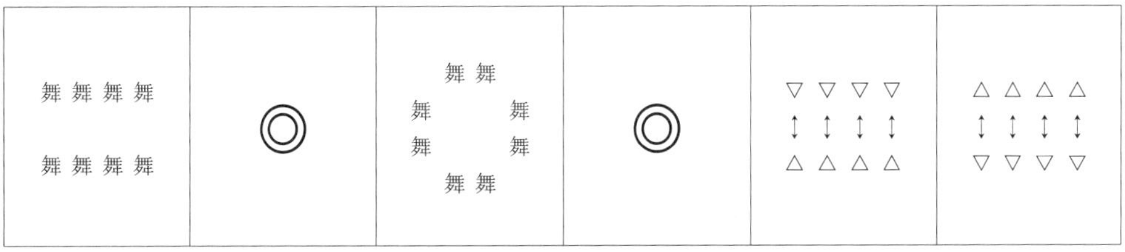
舞 舞 舞 舞
舞 舞 舞 舞
舞 舞
舞 舞
舞 舞
舞 舞
〈그림 153〉『정재무도홀기』의 〈수연장〉 대형 구성

1989년, 127쪽.

322) <壽延長>, 『呈才舞圖笏記』(성남: 한국정신문화연구원, 1994), 439쪽.

323) 수수무(垂手舞): 양손을 무릎위에 모으고 무릎을 굽혔다 폈다하는 동작.

324) 거수(擧袖): 두 팔을 옆으로 펴 든 동작.

325) <수연장>의 춤 진행은 같으나 회무하여 초열에서 춤출 때 여령은 '팔수무'를 추고, 무동은 '이수고저'를 추어 여령과 무동의 춤사위가 구별되어있다.

앞서 〈수연장〉 정재도에 공통적으로 나타난 내용을 정리하면 다음과 같다.

첫째, 무용수는 3가지로 구성되어 왕조 및 연향별로 차이가 있는데, 죽간자 2인·협무 8인, 죽간자 2인·협무 8인·집박악사 2인·악사 1인·대기무용수 16인, 협무 4인·대기무용수 16인이다.

둘째, 무동정재와 여령정재로 추었다.

셋째, 정재대형 구성은 4대좌우대형·전후대형·사방대형이다.

넷째, 정재방향 구성은 북향·남향·동향·서향·내향·상대·상배이다. 죽간자의 방향은 무동은 북향, 여령은 상대로 공통이다. 정재대형에 따라 바라보는 방향이 다른데, 사방대형에서는 무용수들이 북향·남향·동향·서향·내향·상대·상배하고, 전후대형에서는 전대와 후대가 상대·상배한다. 4대좌우대형에서는 여령이 북향·좌우상대·내고·외고를 하는데 내고와 외고는 무용수 중심으로 하고, 반면 무동이 상대할 때는 좌대와 우대가 각각 무용수 중심으로 한다.

다섯째, 정재이동 구성은 좌선·우선인데, 모두 사방대형에서 한다.

여섯째, 정재춤사위 구성은 '양수반하거·양수평거·우수반상거좌수반하거·우수반상거좌수평거·우수반하거좌수반상거·우수반하거좌수전여만·우수반하거좌수평거·우수전여만좌수반하거·우수평거좌수반하거'이다.

이상의 내용은 아래의 정재홀기 기록에서 확인된다.

≪용례 1≫ ○박을 치면, 죽간자(竹竿子) 2인이 족도하며 앞으로 나아가 선다. 음악이 그치고 구호를 부른다. …(생략)… ≪용례 2≫ ○박을 치면, 죽간자 2인이 족도하며 뒤로 물러나 서로 마주보고 선다. ≪용례 3≫ ○박을 치면, 좌우협(左右挾) 8인이 사대(四隊)로 나란히 줄을 지어 춤을 추며 앞으로 나아가 선다. …(생략)… ○박을 치면, 4대가 춤을 추며 뒤로 조금 물러난다. ≪용례 4≫ ○박을 치면, 4대가 다 같이 둥글게 돌면서 춤을 추며 세 바퀴 돈다.【좌4무 서향내회 우4무 동향내회】 ≪용례 5≫ ○박을 치면, 사방(四方)으로 대를 만들어 다 같이 북쪽을 향하여 춤을 춘다. ○박을 치면, 손을 아래로 드리우고 춤을 춘다.

≪용례 6-1≫ ○박을 치면, 소매를 들어, 서로 마주보고 춤을 춘다. ○박을 치면, 서로 등을 지고 춤을 춘다. ≪용례 6-2≫ ○박을 치면, 서로 향하여 춤을 춘다. ≪용례 7-1≫ ○박을 치면, 서로 자리를 바꾸어 춤을 춘다.【북대(北隊)는 남쪽에 서고, 남대(南隊)는 북쪽에 서고, 동대(東隊)는 서쪽에 서고, 서대(西隊)는 동쪽에 선다】 ≪용례 6-3≫ ○박을 치면, 서로 향하여 춤을 춘다. ≪용례 7-2≫ ○박을 치면, 서로 자리를 바꾸어 춤을 춘다. ≪용례 8≫○박을 치면, 4대는 둥글게 돌아 처음의 제자리로 되돌아가는 춤을 춘다. ≪용례 9≫ ○박을 치면, 이수고저이무(以袖高低而舞)를 춘다. ≪용례 10-1≫ ○박을 치면, 전대(前隊)는 남쪽을 향하여 춤을 춘다. ≪용례 11-1≫ ○박을 치면, 자리를 바꾸어 등을 지고 춤을 춘다. ≪용례 12-1≫ ○박을 치면, 북쪽을 향하여 춤을 춘다. ≪용례 10-2≫ ○박을 치면, 전대(前隊)는 남쪽을 향하여 춤을 춘다. ≪용례 11-2≫ ○박을 치면, 자리를 바꾸어 등을 지고 춤을 춘다. ≪용례 12-2≫ ○박을 치면, 북쪽을 향하여 춤을 추며, 뒤로 조금 물러난다. 음악이 그치면 4대의 무(舞) 8인이 매 대가 각각 바깥쪽 손을 들고 청춘사(靑春詞)를 부른다. …(생략)… 끝나고, ○박을 치면, 중강(中腔)을 연주한다. ≪용례 13≫ ○박을 치면, 죽간자 2인이 족도하며 나아가 북쪽을 향하여 선다. 음악이 그치면, 구호를 부른다. …(생략)… 끝나고, ○박을 치면, 앞의 음악을 연주한다. ○박을 치면, 죽간자 2인이 족도하며 뒤로 물러난다. ≪용례 14≫ ○박을 치면, 4대의 무 8인이 춤을 추며 앞으로 나아가 선다. ○박을 치면, 손을 여미고 족도한다. ○박을 치면, 춤을 추며 뒤로 물러나면, 음악이 그친다.

『정재무도홀기』〈수연장〉의 ≪용례 1≫은 죽간자가 나아가 구호 부를 때의 내용이고, ≪용례 2≫는 죽간자가 물러나 서로 마주보는 내용이고, ≪용례 3≫은 4대좌우대형[초열]에서 무용수 전체가 북향하고 무진·무퇴하는 내용이고, ≪용례 4≫는 좌대와 우대가 4대좌우대형에서 서로 마주보고 회무하는 내용이고, ≪용례 5≫는 사방대형에서 북쪽을 향하여 춤을 추는 내용이고, ≪용례 6-1·2·3≫은 사방대형에서 소매를 들어 서로 마주보고 춤추는 내용이고, ≪용례 7-1·2≫는 사방대형에서 서로 자리를 바꾸며[북대남립·동대서립] 추는 내용이고, ≪용례 8≫은 사방대형에서 4대가 둥글게 돌아 처음 자리로 서는 내용이고, ≪용례 9≫는 4대좌우대형에서 북향하고 팔수무[혹은 이수고저326)]를 추는 내용이고, ≪용례 10-1·2≫는 전후대형에서 전대가 남쪽을 바라보고 춤추는 내용이고,

326) 무동정재에서는 '이수고저'를 춘다.

≪용례 11-1·2≫는 전대와 후대가 자리를 바꾸어 등을 지고 추는 내용이고, ≪용례 12-1·2≫는 4대좌우대형에서 북쪽을 향하여 추는 내용이고, ≪용례 13≫은 죽간자가 나아가 구호를 부르고 물러나는 내용이고, ≪용례 14≫는 4대좌우대형에서 무용수 전체가 무진·무퇴하는 내용을 제시한 것이다.

정재홀기와 〈수연장〉 정재도 내용을 비교하였을 때, 정재도에서 죽간자가 북향한 것은 ≪용례 1·13≫을 제시한 것이고, 죽간자가 상대한 것은 ≪용례 2≫를 제시한 것이고, 4대좌우대형에서 무용수가 북향한 것은 ≪용례 3≫·≪용례 8≫·≪용례 11-1·2≫·≪용례 12-1·2≫·≪용례 14≫를 제시한 것이고, 좌대와 우대가 대열 기준으로 팔 사위를 안쪽과 바깥쪽으로 펴 든 것은 ≪용례 9≫를 제시한 것이다. 전후대형에서 전대가 남향한 것은 ≪용례 10-1·2≫·≪용례 11-1·2≫를 제시한 것이다. 사방대형에서 북향한 것은 ≪용례 5≫·≪용례 7-1·2≫를, 우선·좌선한 것은 ≪용례 8≫을, 내향하여 마주보고 춤추는 것은 ≪용례 6-1·2·3≫·≪용례 7-1·2≫를 제시한 것이다.

3) 〈수연장〉 정재도 해석

10종의 의궤에 14점이 수록된 〈수연장〉 정재도는 무동은 5점·여령은 9점이다. 14점의 정재도를 살폈을 때 무도내용이 적게는 1점, 많게는 8점이 같은 내용으로 그려졌는데, 〈그림 149·152〉는 1점, 〈그림 151〉은 4점, 〈그림 150〉은 8점이 같다.

정재도를 통합 비교하였을 때 〈수연장〉은 정재도마다 한 그림 속에 여러 내용을 제시하였다. 내용을 살펴보면, 〈그림 149〉에는 4대좌우대형과 사방대형 2가지로 구분하여 진행부에서의 춤을 제시하였는데, 죽간자 상대, 사방대형에서의 협무의 북향무·상대·회무[우선·좌선]와 춤사위를, 4대좌우대형에서의 협무의 북향무·상대와 춤사위이다. 〈그림 150〉에는 4대좌우대형에서의 춤으로 진행부에서 춤출 때의 죽간자 상대, 전후대의 내고·외고와 춤사위를 제시하였다. 〈그림 151〉에는 4대좌우대형과 전후대형에서의 춤으로, 도입부·종결부의 죽간자 북향, 협무의 북향무·좌우대 상대·전후대 상대·전후대 상배와 춤사위를 제시하였다. 〈그림 152〉에는 사방대형에서의 춤으로 우선환립과 춤사위를 제시하였다.

무용수 구성은 왕조 및 연향에 따라 3가지로 구분하여 제시하였는데, 죽간자 2인·협무 8인·집박악사 2인·악사 1인·대기무용수 16인, 죽간자 2인·협무 8인, 협무 4인·대기무용수 16인으로 차이가 있다. 여기서 대기무용수 16인은 〈수연장〉 무용수 구성과는 직접 관련이 없고, 정조 을묘년과 순조 무자년 당시 여러 정재 종목을 추기위해 남쪽에서 대기하는 무용수들의 수와 위치를 제시한 것이다. 특히 당악정재에는 죽간자가 구성되어야 하는데도 순조 대의 〈수연장〉에는 죽간자 없이 협무로만 구성되었고, 인원 또한 4인으로 구성되어 왕조 및 연향에 따라 무용수 구성에 차이가 있는 것을 알 수 있다. 집박악사 및 악사 또한 정재홀기에는 기록되지 않았지만 연향에 참여하여 〈수연장〉을 추는 무용수들 동쪽에 서서 춤 진행에 도움을 주는 역할을 한 것을 알 수 있다. 무도내용은 도입부·종결부·진행부의 춤인 전후대형·사방대형·4대좌우대형에서의 춤을 제시한 것으로, 의궤 정재도에는 이러한 무도내용을 무동과 여령으로 구분하여 무용수 구성과 의상 및 의물에 차이를 두어 4가지 유형으로 제시하였다.

〈수연장〉 정재도와 정재홀기를 비교하였을 때 정재도에서 죽간자가 북향한 것은 도입부와 종결부의 춤으로, 죽간자가 선구호와 후구호를 부르기 위해 무진한 것과 구호를 부르는 방향을 제시한 것이다. 반면 죽간자가 상대한 것은 진행부의 춤으로, 죽간자가 구호를 부른 다음 마주보고 선 내용을 제시한 것이다. 4대좌우대형에서 북향한 것은 무용수 전체가 북향하여 추는 춤을 제시한 것이고, 내고와 외고는 북향하여 이수고저를 출 때 무용수 중심으로 하는 것을 제시한 것이다. 반면 무용수의 팔사위[춤사위]가 무대가운데로 펴 든 것은 북향하여 춤출 때 대열중심으로 팔을 펴 드는 위치를 제시한 것이다. 전대가 남향하고 후대가 남향한 것은 전후대형에서의 춤을 제시한 것으로, 전대와 후대가 환대(換隊)하여 상배하는 춤을 제시한 것이다. 사방대형에서 북향한 것은 북향무를 제시한 것이고, 협무 8인이 우선·좌선한 것은 좌대와 우대가 서로 마주보고 교선(交旋)하는 회무를 제시한 것이고, 내향한 것은 북대와 남대, 동대와 서대가 서로 환대(換隊) 혹은 환대(還隊)할 때의 춤을 제시한 것으로, 이러한 내용은 모두 『정재무도홀기』에 기록된 내용을 사실적으로 제시한 것이다.

반면 정재홀기에 기록되지 않은 내용을 정재도에 제시하였는데, 먼저 무동 8인이 4대좌우대형에서 좌대와 우대가 각각 무용수 중심으로 상대한 것은 조선전기의 〈수연장〉춤으로 조선후기 『정재무도홀기』에는 기록되지 않은 내용이다. 또한 협무 8인이 사방대형에서 북대 2인이 상대한 것은 무용수들이 차례로 돌아가며 북대에서 북향무·상대·상배하는 춤을 제시한 것인데, 이 내용 또한 조선전기의 〈수연장〉 춤으로 조선후기 『정재무도홀기』에는 기록되지 않은 내용이다. 그리고 무동 4인이 사방대형에서 춘 것은 의궤 악장 기록을 통해 연향에 따라 무용수 구성에 차이가 있었던 것이[327] 확인된다. 무동 4인이 사방대형에서 각 방위를 향해 바라보고 선 것은 우선환립하는, 즉 오른쪽으로 둥글게 도는 내용을 제시한 것으로 북대는 서대, 동대는 북대, 남대는 동대, 서대는 남대로 각각의 자리[隊]로 옮겨가는 것을 말한다.

이상으로, 의궤의 〈수연장〉 정재도는 왕조 및 연향에 따라 무용수 구성을 3가지로 차이를 두어 4대좌우대형·사방대형·전후대형에서의 춤을 제시한 것으로, 무용수 역할 및 정재대형에 따라 다양한 내용으로 진행된 것을 기록하고 있다. 정재도에 공통적으로 제시된 내용은 먼저 도입부와 종결부에서 죽간자가 구호를 부르기 위해 북향하고 무진과 구호를 부르는 내용, 구호를 부른 다음 진행부에서 마주보고 서는 내용이다. 4대좌우대형에서는 무진·무퇴·북향무, 북향하여 춤출 때 팔을 펴 든 위치가 대열중심으로 드는 것과 무용수 중심으로 상대·상배하는 춤을 제시하고 있다. 전후대형에서는 전대와 후대가 환대하는 춤과 전대와 후대가 환대하여 상배하는 춤을 제시하고 있다. 사방대형에서는 무용수 전체의 북향무, 좌대와 우대가 서로 마주보고 교선하는 회무춤, 우선환립춤, 북대 2인의 상대춤, 북대와 남대의 환대춤, 동대와 서대의 환대춤을 제시하고 있다.

20. 아박무牙拍舞

〈아박무〉 정재도는 정조 을묘 『정리의궤』·순조 무자 『진작의궤』·순조 기축 『진찬의

327) 순조 무자년 자경전에서 추어진 <수연장>에서는 무동 4인으로 구성되어 춤을 추었다. 이의강, 『국역순조무자진작의궤』(서울: 보고사, 2006), 66쪽.

궤』· 헌종 무신 『진찬의궤』· 고종 정축 『진찬의궤』· 고종 정해 『진찬의궤』· 고종 임진 『진찬의궤』· 고종 신축 『진찬의궤』· 고종 신축 『진연의궤』· 고종 임인(4월·11월) 『진연의궤』에 수록되어 있다. 11종의 의궤에 15점이 전하는데,[328] 무동은 6점·여령은 9점이다.

1) 〈아박무〉 정재도 검토

15점의 〈아박무〉 정재도를 살폈을 때 무용수는 집박악사 2인, 악사 2인, 대기무용수 4인·18인·20인·27인, 협무 2인·4인으로 구성되었고, 무도내용은 9가지 유형으로 구분되어 있는데[329] 내용을 살펴보면 다음과 같다.

〈그림 154〉는 순조 기축 『진찬의궤』에 수록된 정재도이다.[330] 무동정재이며, 무용수 구성은 협무 2인·대기무용수 20인이다. 무동 2인이 일렬대형으로 서서 북향하고 춤을 추는데, 아박을 아래로 향해 들었고, 대기무용수 20인은 염수하고 남쪽에 서서 북향한다. 아박은 한삼 밖으로 잡았고, 아박을 잡은 손이 좌무는 오른손 우무는 왼손으로, 무용수 모두 외수로 무구를 잡았다. 협무는 아박을 잡은 외수를 옆으로 펴 들고 내수는 입 가까이로 구부려 들어 '외수평거내수여만'으로 추었는데, 춤사위는 '우수평거좌수여만(右手平擧左手如彎)·우수여만좌수평거(右手如彎左手平擧)'이다.

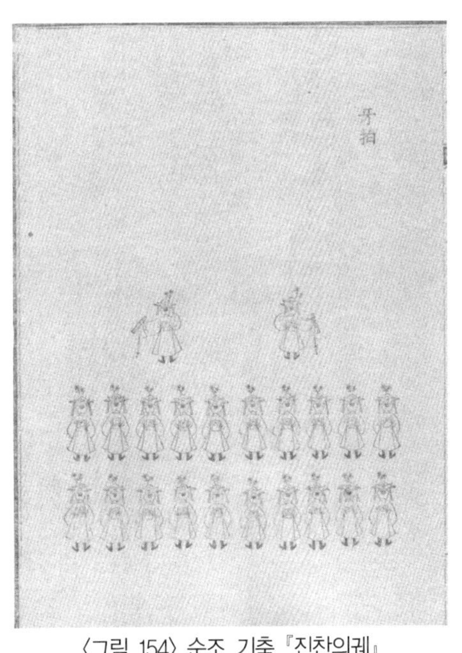

〈그림 154〉 순조 기축 『진찬의궤』

328) <牙拍舞> 정재도는 正祖 乙卯 『整理儀軌』[여령]11a, 純祖 戊子 『進爵儀軌』[무동]13b, 純祖 戊子 『進爵儀軌』[무동]46a, 純祖 己丑 『進饌儀軌』[무동]17b, 純祖 己丑 『進饌儀軌』[여령]22a, 純祖 己丑 『進饌儀軌』[무동]58a, 憲宗 戊申 『進饌儀軌』[여령]22b, 高宗 丁丑 『進饌儀軌』[여령]24a, 高宗 丁亥 『進饌儀軌』[여령]27a, 高宗 壬辰 『進饌儀軌』[무동]23b, 高宗 辛丑 『進饌儀軌』[여령]28b, 高宗 辛丑 『進宴儀軌』[무동]22b, 高宗 壬寅 『進宴儀軌』[4월: 무동]22b, 高宗 壬寅 『進宴儀軌』[4월: 여령]29b, 高宗 壬寅 『進宴儀軌』[11월: 무동]23b에 기록되어 전한다.

329) 손선숙, "의궤 정재도의 도상학적 연구(Ⅰ): <가인전목단> · <몽금척> · <무고> · <아박무> · <포구락>을 중심으로," 『무용역사기록학』36집(서울: 무용역사기록학회, 2015), 183~221쪽.

330) <그림 154> 순조 기축 『진찬의궤』[무동]17b.

〈그림 155〉는 순조 기축 『진찬의궤』에 수록된 정재도이다.[331] 무동정재이며, 무용수 구성은 협무 2인·대기무용수 4인이다. 무동 2인이 일렬대형으로 서서 북향하고 춤을 추는데, 아박을 옆으로 펴 들었고, 대기무용수 4인은 염수하고 남쪽에 서서 북향한다. 아박을 잡은 손이 좌무는 오른손 우무는 왼손으로, 무용수 모두 외수로 무구를 잡았고, 한삼을 끼지 않았기에 아박을 손으로 직접 잡고 춘 것을 알 수 있다. 아박을 잡은 외수는 옆으로 펴 들고 내수는 앞으로 여민 '외수평거내수전하염(外手平擧內手前下斂)'으로 추었는데, 춤사위는 '우수평거좌수전하염·우수전하염좌수평거'이다.

〈그림 156〉은 순조 무자 『진작의궤』에 수록된 정재도이다.[332] 무동정재이며, 무용수 구성은 협무 2인이다. 무동 2인이 일렬대형으로 서서 북향하여 외수로 무구[아박]를 잡고 추는데, 아박을 위로 향해 세워 들고 한삼 위로 아박을 잡았다. 아박을 잡은 외수는 옆으로 펴 들고 내수는 아래로 펴들거나[반하거] 앞으로 여민 '외수평거내수반하거(外手平擧內手半下擧)·외수평거내수전하염'으로 추었는데, 춤사위는 '우수평거좌수전하염·우수반하거좌수평거'이다.

〈그림 155〉 순조 기축 『진찬의궤』

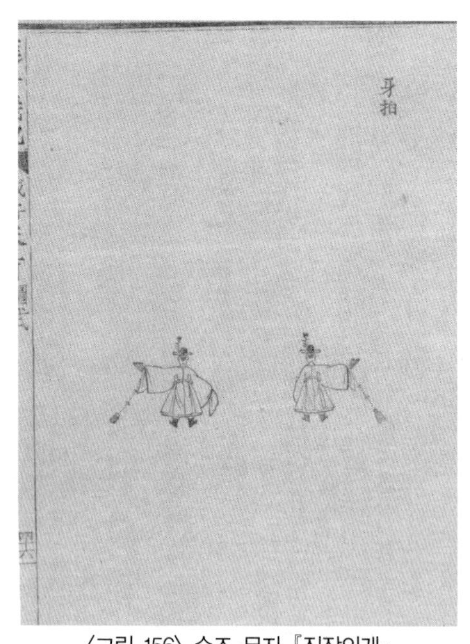

〈그림 156〉 순조 무자 『진작의궤』

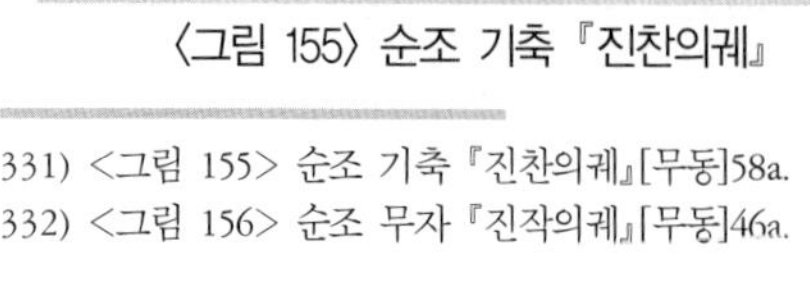

331) <그림 155> 순조 기축 『진찬의궤』[무동]58a.
332) <그림 156> 순조 무자 『진작의궤』[무동]46a.

〈그림 157-1〉은 고종 신축 『진연의궤』· 고종 임진 『진찬의궤』· 고종 임인 『진연의궤』[4월·11월]에,[333] 〈그림 157-2〉는 순조 무자 『진작의궤』에[334] 수록된 정재도이다. 〈그림 157-1〉과 〈그림 157-2〉는 모두 무동정재이다. 무용수 구성은 〈그림 157-1〉은 협무 2인이고, 〈그림 157-2〉는 협무 2인·대기무용수 18인으로, 대기무용수의 유무에 차이가 있을 뿐 무도내용이 모두 같다. 내용을 살펴보면, 무동 2인이 일렬대형에서 북향하여 무구[아박]를 외수로 잡고 추는데, 아박을 위로 향해 세워 들고 있다. 아박을 잡은 외수가 옆으로 펴든 것은 맞지만 아박의 형태로 볼 때 외수를 약간 구부려 든 것으로 보여 지고, 다만 아박을 한삼 밖으로 잡았는지 아니면 손으로 직접 잡았는지 확실하지 않다. 아박을 잡은 외수는 옆으로 펴 들고 내수는 가슴 앞으로 구부려 드는 '외수평거내수전여만(外手平擧內手前如彎)'으로 추었는데, 춤사위는 '우수평거좌수여만·우수여만좌수평거'이다.

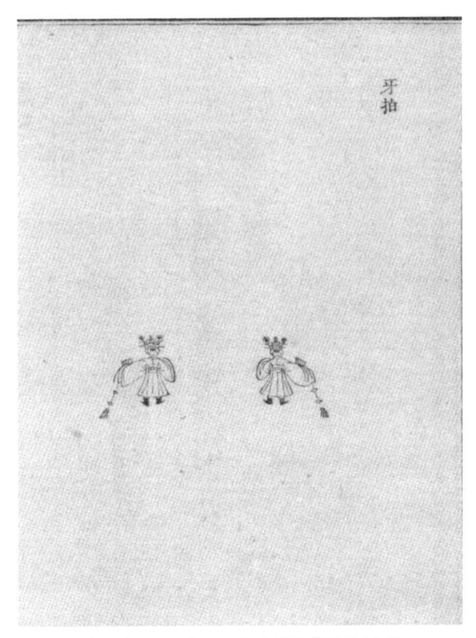

〈그림 157-1〉 고종 임인 『진연의궤』

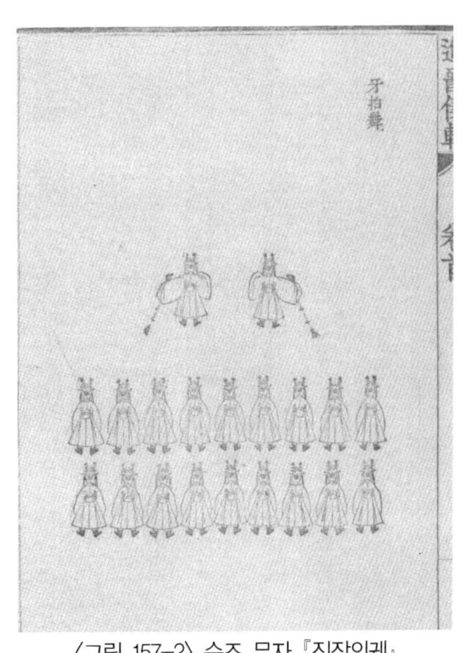

〈그림 157-2〉 순조 무자 『진작의궤』

333) <그림 157-1> 고종 임인 『진연의궤』[11월: 무동]23b; 고종 신축 『진연의궤』[무동]22b; 고종 임진 『진찬의궤』[무동]23b; 고종 임인 『진연의궤』[4월: 무동]22b.
334) <그림 157-2> 순조 무자 『진작의궤』[무동]13b.

〈그림 158〉은 헌종 무신 『진찬의궤』에 수록된 정재도이다.[335] 여령정재이며, 무용수 구성은 협무 2인이다. 여령 2인이 일렬대형에서 아박을 모두 왼손으로 잡고 상대하고 춘다. 아박을 가슴 앞에서 위로 향해 세워 들고, 아박을 잡은 손의 한삼이 걷어져 있어 아박을 손으로 직접 잡고 춘 것을 알 수 있다. 아박을 잡은 왼손은 서로를 향해 들고 있고 오른손은 옆으로 펴들고 추는데, 춤사위는 '우수평거좌수여만'이다.

〈그림 158〉 헌종 무신 『진찬의궤』

〈그림 159〉 순조 기축 『진찬의궤』

〈그림 159〉는 순조 기축 『진찬의궤』에 수록된 정재도이다.[336] 여령정재이며, 무용수 구성은 협무 4인·악사 1인이다. 여령 4인이 2대좌우대형으로 서서 상대하고 춘다. 무구를 오른손과 왼손에 각각 잡았는데 전좌협(前左挾)은 오른손, 전우협(前右挾)은 왼손, 후좌협(後左挾)은 왼손, 후우협(後右挾)은 오른손에 아박을 잡았다.[337] 이들 무용수들이 무구를

335) <그림 158> 헌종 무신 『진찬의궤』[여령]22b.

336) <그림 159> 순조 기축 『진찬의궤』[여령]22a.

337) <그림 159>의 <아박무> 대형은 2대 좌우대형이지만 아박을 잡은 손 위치를 설명하기 위해 좌대와 우대의 무용수 명칭은 <오양선> 기록을 수용하여 사용하였다.

잡은 위치로 볼 때 제1대는 무구를 외수로 잡았고, 제2대는 내수로 잡아 차이가 있다. 악사 1인은 동쪽에 서서 서향하고 '염수'한다. 무용수 모두 아박을 아래로 향해 세워 들었고, 아박을 잡은 손은 무용수별로 오른손과 왼손으로 다르지만 모두 한삼 밖으로 잡았고, 아박을 잡은 손은 가슴 앞으로 구부려 들고[여만] 반대편 손은 나란히 펴 들고 있다.[338] 좌대와 우대가 서로 마주보고 춤출 때 팔을 펴든 방향이 같은데,[339] 제1대의 좌우협무는 남쪽으로, 제2대의 좌우협무는 북쪽으로 각각 향해 들고 있다. 춤사위는 '우수여만좌수반하거·우수반하거좌수여만'이다.

〈그림 160〉은 고종 임인 『진연의궤』[4월]·고종 신축 『진찬의궤』·고종 정해 『진찬의궤』·고종 정축 『진찬의궤』에 수록된 정재도이다.[340] 여령정재이며, 무용수 구성은 협무 4인이다. 여령 4인이 2대좌우대형으로 서서 상대하고 춘다. 무용수 모두 아박을 왼손으로 잡았고, 아박을 위로 향해 세워 잡았다. 아박을 잡은 손의 한삼이 걷어져 있어 아박을 손으로 직접 잡고 춘 것을 알 수 있다. 제1대의 좌우협무는 아박을 잡은 왼손을 뒤로 펴들고 오른손은 서로를 향해 들고 있다. 제2대의 좌우협무는 아박을 잡은 왼손을 서로를 향해 들고 오른손은 뒤로 향해 펴들고 있다. 춤사위는 '양수반하거·우수반하거좌수평거·양수평거'이다.

〈그림 160〉 고종 임인 『진연의궤』

〈그림 161〉은 정조 을묘 『정리의궤』에 수록된 정재도이다.[341] 여령정재이며, 무용수 구성은 협무 4인·집박악사 2인·악사 1인·대기무용수 27인이다. 여령 4인이 일렬대형에서 무용수 중심으로[342] 상대하는데, 아박을 위로 향해

338) 지금의 정재춤사위와 비교하였을 때 '이수고저'와 같다.

339) 무용수들이 펴 든 팔 위치가 서로 같은 것은 조선전기의 <鶴蓮花臺處容舞合設>에서도 나타난다.

340) <그림 160> 고종 임인 『진연의궤』[4월: 여령]29b; 고종 신축 『진찬의궤』[여령]28b; 고종 정해 『진찬의궤』[여령]27a; 고종 정축 『진찬의궤』[여령]24a.

341) <그림 161> 정조 을묘 『정리의궤』[여령]11a.

342) 무용수 기준의 상대는 좌대와 우대의 무용수들끼리 서로 마주보는 것을 말하고, 대열 기준의 상대는 좌대와 우대가 무

세워 잡았다. 무구는 무용수 별로 오른손과 왼손으로 각각 잡았는데, 좌대의 좌무는 오른손, 우무는 왼손에 잡았다. 반면 우대의 좌무는 왼손, 우무는 오른손에 아박을 잡았다. 이들 무용수들이 무구를 잡은 손 위치로 볼 때 좌대와 우대 모두 무용수 중심으로 무구를 잡았는데, 좌대는 외수로 잡았고, 우대는 내수로 잡아 차이가 있다.

그리고 좌대와 우대가 각각 무용수 중심으로 서로 마주보고 춤출 때 팔을 펴든 위치가 서로 같은데, 좌대의 좌우협무는 남쪽으로, 우대의 좌우협무는 북쪽으로 각각 향해 들고 있다. 아박을 잡은 손의 한삼이 걷어져 있어 무용수 모두 아박을 손으로 잡고 춘 것을 알 수 있다. 악사 1인은 동쪽에 서서 손을 여미고 서향하고, 집박악사 2인은 박을 양손에 잡고 동쪽과 서쪽에서 서로 마주보고 서고, 대기무용수 27인은 염수하고 남쪽에 서서 북향한다. 춤사위는 '우수여만좌수반하거·우수반하거좌수여만'이다.

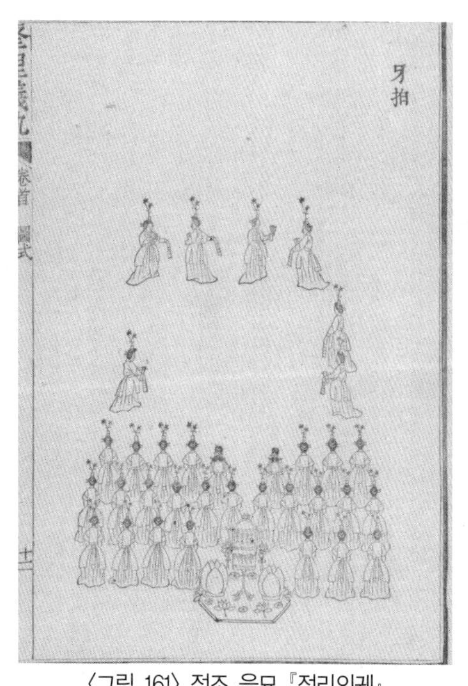

〈그림 161〉 정조 을묘 『정리의궤』

이상 15점의 〈아박무〉 정재도를 살폈을 때 드러난 무도내용은 일렬대형과 2대좌우대형에서 아박을 잡고 춤추는 내용을 제시한 것이다. 무용수 구성과 대형에 차이가 있지만 〈그림 154~157-1·2〉, 〈그림 158·160〉, 〈그림 159·161〉의 무도내용이 비슷하다.

정재도에 제시된 무용수는 협무 2인·대기무용수 20인, 협무 2인·대기무용수 4인, 협무 2인·대기무용수 18인, 협무 2인, 협무 4인, 협무 4인·악사 1인, 협무 4인·집박악사 2인·악사 1인·대기무용수 27인 등 7가지로, 왕조 및 연향에 따라 구성에 차이가 있다. 정재대형 구성에도 차이를 보이는데, 무동정재는 모두 일렬대형을, 여령정재는 일렬대형과 2대좌우대형을 제시하였다. 무동정재가 춘 일렬대형에서의 춤은 무용수 모두 북향하여 외수는 옆으

대가운데를 중심으로 마주보는 것을 말한다. 손선숙, "조선초기 대무·배무 구조고찰," 『무용역사기록학』 34집(서울: 무용역사기록학회, 2014), 117~142쪽.

로 펴들고 내수는 앞으로 여미거나 구부려들고 혹은 아래로 펴들고 추었다. 반면 여령정재가 춘 일렬대형과 2대좌우대형에서의 춤은 모두 마주보고 추는데, 일렬대형에서는 무용수 중심으로 상대하고, 2대좌우대형에서는 대열중심으로 상대하는 등, 상대 기준이 대형에 따라 차이를 보인다.

무구는 위 혹은 아래로 향해 세워 든 것과 옆으로 눕혀들었고, 무구를 잡은 위치는 무용수 구성·정재대형·정재방향·정재춤사위에 따라 차이를 보인다. 먼저 북향하고 출 때는 아박을 모두 외수로 잡고 춘 것이 공통이다. 반면 정재여령 2인이 일렬대형에서 그리고 정재여령 4인이 2대좌우대형에서 두 팔을 펴 들고 상대할 때는 무용수 모두 무구를 왼손으로 잡았다. 반면 정재여령 4인이 일렬대형과 2대좌우대형에서 이수고저하며 상대할 때는 대열별[좌대·우대·제1대·제2대]로 내수와 외수로 잡았다. 한삼을 잡은 모양새의 경우, 여령은 대부분 한삼을 걷어내고 손으로 아박을 잡았다. 반면 무동의 경우는 한삼 착용의 유무에 차이가 있고, 한삼을 착용한 경우에는 한삼을 걷어내고 아박을 손으로 직접 잡기도 하고 한삼 위로 잡기도 하였다.

〈아박무〉 정재도에 공통적으로 제시된 정재춤사위는 '양수반하거·우수반하거좌수여만·우수반하거좌수평거·우수여만좌수반하거·우수여만좌수평거·우수전하염좌수평거·우수평거좌수여만·우수평거좌수전하염이다.

2) 〈아박무〉 정재도 분석

〈아박무〉 무보는 『정재무도홀기』에 모두 6편이[343] 전하는데, 여령정재와 무동정재로 추었다. 무용수는 협무 2인·4인으로 구성되었고, 연향에 따라 창사를 생략[344]하기도 하고, 악사가 무구를 설치하기도 하고 이러한 의례를 생략하고 무용수가 처음부터 무구를 들고 추기도 하여 춤 진행에 차이가 있다.

343) <牙拍舞>, 『呈才舞圖笏記』, 1994년, 130쪽 · 169쪽 · 192쪽 · 248쪽 · 423쪽; 『時用舞譜(全)呈才舞圖笏記』, 1989년, 113쪽.
344) 『呈才舞圖笏記』, 1994년, 423쪽.

牙拍舞

舞 舞

舞 舞

樂奏堯天舜日之曲(井邑慢機)○拍妓四人各持牙拍斂手足蹈而進

立樂止唱詞(百寶香身嫋嫋來 粧盈妙舞芙蓉臺 十二慢腔動動樂 曲終宛轉拍聲催)訖○拍(井邑慢機)○拍隨

拍聲擊牙拍三次○拍相對擊牙拍三次 拍背舞三拍北向一拍一臂

擧一臂低外內擧而一拍一臂擧右臂右脚一拍兩手執拍左脚拍舞

四人舞列○拍斂手足蹈而退樂止

〈아박무〉 무보(『정재무도홀기』, 장서각 소장)

내용을 정리하면, 악사가 무구를 설치하고 나가면 협무 4인이 무진하여 아박을 집어 들고 창사를 부르고 춤을 추는데, 먼저 박(拍) 소리에 따라 북향·상대·상배하며 아박을 세 번 치고, 북향하고 한번 친다. 그리고 한 팔은 들고 한 팔은 내리고 한번 치고, 한 팔은 들고 오른쪽 팔을 오른쪽 다리에서 한번 치고, 양손에 잡고 왼쪽 다리에 치며 춤추고, 열(列)을 지어 춤추다가 춤이 마치고 무퇴하면 음악이 그친다.

『정재무도홀기』의 〈아박무〉는 무구를 잡기 전과 잡은 후의 춤으로 진행되고, 대형은 2대좌우대형을 구성하여 〈그림 162〉처럼 진행하며 춘다.

拍 拍 拍 拍 舞 舞 舞 舞	△ △ △ △	▷ ◁ ▷ ◁	◁ ▷ ◁ ▷

〈그림 162〉『정재무도홀기』의 〈아박무〉 대형 구성

앞서 〈아박무〉 정재도에 공통적으로 나타난 내용을 정리하면 다음과 같다.

첫째, 무용수는 7가지로 구성되어 왕조 및 연향별로 차이가 있는데, 협무 2인·대기무용수 20인, 협무 2인·대기무용수 4인, 협무 2인·대기무용수 18인, 협무 2인, 협무 4인, 협무 4인·악사 1인, 협무 4인·집박악사 2인·악사 1인·대기무용수 27인이다.

둘째, 무동정재와 여령정재로 추었다.

셋째, 정재대형 구성은 일렬대형과 2대좌우대형이다.

넷째, 정재방향 구성은 상대와 북향이며, 상대는 무용수 구성 및 정재대형에 따라 차이를 보이는데 협무 4인 구성의 일렬대형에서는 무용수 중심으로 상대하고, 협무 2인 구성의 일렬대형 및 협무 4인 구성의 2대좌우대형에서는 대열중심으로 상대한다.

다섯째, 북향하고 출 때는 아박을 모두 외수에 잡았고, 상대하고 출 때는 무용수 모두 왼손으로 잡기도 하고, 내수와 외수로 잡기도 하였다.

여섯 째, 한삼을 착용하기도 하고 하지 않기도 하였다.

일곱 번째, 무구는 한삼 위로 혹은 한삼을 걷어내고 손으로 직접 잡았다.

여덟 번째, 상대하고 춤출 때 좌우 팔이 펴든 방향이 서로 같다.

아홉 번째, 정재춤사위 구성은 '양수반하거·우수반하거좌수여만·우수반하거좌수평거·우수여만좌수반하거·우수여만좌수평거·우수전하염좌수평거·우수평거좌수여만·우수평거좌수전하염'이다.

이상의 내용은 아래의 정재홀기 기록에서 확인된다.

…(생략)… 기(妓) 4인이 손을 여미고 나아가 아박(牙拍) 전에 선다. ○다 같이 꿇어 엎드려 아박을 잡고 일어선다. ≪용례 1≫ 음악이 그치면 창사를 부른다. …(생략)… 끝나고, ○박을 치면, 정읍만기(井邑慢機)를 연주한다. ≪용례 2≫ ○박을 치면, 박(拍) 소리에 따라 아박을 세 번 친다. ≪용례 3≫ ○박을 치면, 서로 마주보고 아박을 세 번 친다. ○박을 치면, 등을 지고 박을 세 번 치고, ≪용례 4≫ 북쪽을 향하여 한번 친다. 한 팔은 들고 한 팔은 내리는데 바깥쪽은 내리고 안쪽은 들고 한번 친다. 한팔 들고 오른쪽 팔을 오른쪽 다리에서 한번 친다. 양손으로 아박을 잡고 왼쪽 다리에서 아박을 친다. ≪용례 5≫ ○박을 치면, 무 4인이 열(列)을 지어 춤을 춘다.

『정재무도홀기』 〈아박무〉의 ≪용례 1≫은 아박을 들고 창사를 부르는 내용이고, ≪용례 2·4≫는 북향하여 아박을 치며 춤추는 내용이고, ≪용례 3≫은 마주보고 아박을 치며 춤추는 내용이고, ≪용례 5≫는 줄지어 서서 춤추는 내용이다.

정재홀기와 〈아박무〉 정재도 내용을 비교하였을 때, 정재도에서 무용수들이 북향한 것은 ≪용례 1·2·4≫를 제시한 것이고, 2대좌우대형에서 상대한 것은 ≪용례 3≫을 제시한 것이다.

3) 〈아박무〉 정재도 해석

11종의 의궤에 15점이 수록된 〈아박무〉 정재도는 무동은 6점·여령은 9점이다. 15점의 정재도를 살폈을 때 무도내용이 적게는 1점, 많게는 4점이 같은 내용으로 그려졌는데 〈그림 154·155·156·157-1·158·159·161〉은 1점, 〈그림 160〉은 4점, 〈그림 157-2〉는 4점이 같다.

정재도를 통합 비교하였을 때 〈아박무〉는 정재도마다 한 그림 속에 여러 내용을 제시하였는데 〈그림 154~157-1·2〉는 협무 2인이 일렬대형에서 북향하고 춤추는 내용으로, 북향춤, 대기무용수의 구성과 위치, 무구 형태, 무구를 잡은 모양, 무구를 외수로 잡은 것, 아박을 한삼 위로 잡은 것, 한삼 착용의 유무, 의상 차이, 외수는 옆으로 펴들고 내수는 아래로 내리거나 앞으로 여미고 입 가까이로 들거나 가슴 앞으로 구부려 든 춤사위 형태를 제시하였다. 〈그림 158〉에는 협무 2인이 일렬대형으로 서서 마주보고 춤추는 내용으로, 상대춤, 한삼을 걷어내고 아박을 맨손으로 잡은 것, 무용수 모두 무구를 왼손에 잡고 가슴 앞으로 구부려 들고 오른손은 옆으로 펴든 춤사위 형태를 제시하였다. 〈그림 159〉에는 협무 4인이 2대좌우대형에서 마주보고 춤추는 내용으로, 상대춤, 아박을 한삼 위로 잡은 것, 아박을 잡은 형태, 좌우팔이 펴든 방향이 같은 점, 무구를 잡은 위치가 대열별로 다른 점과 춤사위 형태를 제시하였다. 〈그림 160〉에는 협무 4인이 2대좌우대형에서 마주보고 춤추는 내용으로, 상대춤, 아박을 모두 왼손에 잡은 것, 아박을 잡은 형태, 한삼을 걷어내고 아박을 맨손으로 잡은 것, 두 팔을 옆으로 펴 들고 전대는 오른손, 후대는 왼손을 서로를 향해 드는 춤추는 형태를 제시하였다. 〈그림 161〉에는 협무

4인이 일렬대형에서 마주보고 춤추는 내용으로, 무용수 중심으로 상대하는 것, 한삼을 걷어내고 아박을 맨손으로 잡은 것, 아박을 잡은 형태, 아박을 잡은 위치가 대열별로 다른 것, 집박악사 및 악사의 위치, 좌우팔이 펴든 방향이 같은 점, 아박을 잡은 손은 가슴 앞으로 구부려들고 반대쪽 손은 옆으로 펴는 춤사위 형태를 제시하였다.

무용수 구성은 왕조 및 연향에 따라 7가지로 구분하여 제시하였는데, 협무 2인·대기무용수 20인, 협무 2인·대기무용수 4인, 협무 2인·대기무용수 18인, 협무 2인, 협무 4인, 협무 4인·악사 1인, 협무 4인·집박악사 2인·악사 1인·대기무용수 27인으로 차이가 있다. 여기서 대기무용수 4인·18인·20인·27인은 〈아박무〉 무용수 구성과는 직접 관련이 없고, 정조 을묘년·순조 무자년·순조 기축년 당시 연향 때 추어진 다른 정재 종목에 출연하는 무용수들이 대기하는 위치를 제시한 것이다. 집박악사 및 악사 또한 정재홀기에는 기록되지 않았지만 〈아박무〉를 추는 무용수들 동쪽과 서쪽에 서서 춤 진행에 참여한 것을 알 수 있다. 무용수 인원의 차이에 따라 정재대형의 구성도 달랐는데 협무 2인은 일렬대형, 협무 4인은 일렬대형과 2대좌우대형으로 구성하여 추었다.

무도내용은 모두 아박을 잡은 후의 춤으로, 일렬대형과 2대좌우대형에서의 북향무와 상대춤을 제시하였는데, 북향무와 상대춤 그리고 아박을 잡은 손 위치가 정재대형과 방향 그리고 춤사위에 따라 차이를 보인다. 먼저 협무 2인이 일렬대형에서 북향하고 팔을 펴들고 출 때는 무구를 외수로 잡았다. 반면 협무 2인과 4인이 상대하고 팔을 펴 들고 출 때는 무구를 모두 왼손으로 잡았고, 협무 4인이 상대하고 이수고저하며 출 때는 무구를 외수와 내수로 각각 다르게 잡았다. 상대하는 기준도 협무 2인의 일렬대형과 협무 4인의 2대좌우대형에서는 대열기준으로 하였고, 협무 4인이 일렬대형에서 상대할 때는 무용수 중심으로 하였다. 의궤 정재도에는 이러한 무도내용을 무동과 여령으로 구분하여 무용수 구성과 의상 및 무구[아박] 사용법 그리고 한삼 착용의 유무에 차이를 두어 9가지 유형으로 제시하였다.

〈아박무〉 정재도와 정재홀기를 비교하였을 때 정재도에서 무용수가 아박을 잡고 북향한 것은 무진하여 창사를 부르거나 북향과 상대하며 춤추는 내용으로, 이러한 내용은 모두 『정재무도홀기』에 기록된 내용을 사실적으로 제시한 것이다.

반면 정재홀기에 기록되지 않은 내용을 정재도에 제시하였는데, 무용수 구성과 정재대형의 다양성, 그리고 북향무·상대무 할 때의 구체적인 춤 내용이다. 먼저 무용수 구성에서 협무 2인 구성의 정재무동과 정재여령, 그리고 4인의 정재여령이 춘 것을 제시한 정재도와는 달리 정재홀기에는 협무 4인은 정재여령이, 2인은 정재무동이 추었다. 특히 〈그림 161〉에서 정재여령 4인이 일렬대형에서 무용수 중심으로 마주보고 춤춘 내용으로 볼 때 4인 구성의 〈아박무〉에서는 2대좌우대형 외 다양한 대형을 구성하여 춤이 추어진 것을 알 수 있다. 이것은 무용수 구성에 따라 춤 대형의 다양성을 보여 준 것인데, 정재홀기 〈아박무〉로 볼 때 4인 구성의 경우에는 2대좌우대형에서만 춘 것으로 알고 있지만 〈아박무〉 정재도를 통해 2대좌우대형외 일렬대형도 구성하여 춘 것을 알 수 있다.

그리고 춤사위 진행구조에 있어 정재홀기에는 북향하여 춤출 때 바깥쪽 팔은 내리고 안쪽 팔은 들고 아박을 치는 것으로 기록하였으나, 정재도에는 안쪽 팔은 내리고 바깥쪽 팔을 드는 것으로 제시되어 있어 다양한 구조로 추어졌음을 알 수 있다. 또한 정재홀기에는 아박을 잡는 손을 양손 한 가지로 제시하였는데, 정재도를 통해 춤 진행에 따른 정재대형과 정재방향 그리고 정재춤사위에 따라 아박을 잡는 손 위치가 왼손 그리고 외수와 내수 등으로 다양하였음을 알 수 있다. 아박을 든 형태도 아박을 위 혹은 아래로 향하게 세워 든 것과 옆으로 눕혀들기도 하였다. 그리고 한삼 착용의 유무에 차이가 있는데, 한삼을 착용한 경우에는 한삼을 걷어내고 손으로 직접 아박을 잡기도 하고 혹은 한삼 위로 잡기도 하였다.

이상으로, 의궤의 〈아박무〉 정재도는 왕조 및 연향에 따라 무용수 구성을 7가지로 차이를 두고 2대좌우대형·일렬대형에서의 춤을 제시한 것이다. 정재도 모두 아박을 잡은 후의 춤을 보여준 것으로, 무용수 구성·정재대형·정재방향에 따라 다양한 춤사위를 구성하여 추어진 것을 제시하였다. 정재도에 공통적으로 제시된 내용은 협무 2인이 일렬대형에서 북향하고 출 때 무구를 외수로 잡은 것과 '외수평거내수반하거·외수평거내수여만·외수평거내수전하염'하며 춘 내용, 협무 2인이 상대할 때 무구를 모두 왼손으로 잡은 내용, 협무 4인이 일렬대형에서 무용수 중심으로 상대 한 내용, 협무 4인이 2대좌우대형에서 상대할 때 무구를 각각 외수와 내수로 잡은 내용, 협무 4인이 일렬대형과 2

대좌우대형에서 상대할 때 좌우팔이 펴든 방향이 같은 점, 한삼 착용의 유무, 무구를 잡을 때 한삼을 걷어내고 손으로 직접 잡은 것과 한삼 위로 잡은 형태와 다양한 춤사위 형태이다.

21. 연백복지무演百福之舞

〈연백복지무〉 정재도는 순조 기축 『진찬의궤』·고종 정해 『진찬의궤』·고종 임진 『진찬의궤』·고종 신축 『진연의궤』·고종 임인(4월·11월) 『진연의궤』에 수록되었다. 6종의 의궤에 10점이 전하는데,[345] 무동은 5점·여령은 5점이다.

1) 〈연백복지무〉 정재도 검토

10점의 〈연백복지무〉 정재도를 살폈을 때 무용수는 무동과 여령 모두 죽간자 2인·선모 1인·협무 4인으로 구성되었고, 무도내용은 4가지 유형으로 구분되어 있는데[346] 내용을 살펴보면 다음과 같다.

〈그림 163〉은 순조 기축 『진찬의궤』에 수록된 정재도이다.[347] 무동정재이며, 무용수 구성은 죽간자 2인·선모 1인·협무 4인이다. 죽간자 2인이 북향하고, 협무 4인은 전대에 선모는 후대에 서서[전후대형] 북향하고 두 팔을 옆으로 펴 들고 춤추는데, 한삼을 착용하지 않았다. 춤사위는 '양수반하거·양수평거·우수반하거좌수평거'이다.

345) <演百福之舞>는 純祖 己丑 『進饌儀軌』[무동]57b, 高宗 丁亥 『進饌儀軌』[여령]28b, 高宗 壬辰 『進饌儀軌』[무동]27b, 高宗 壬辰 『進饌儀軌』[여령]33a, 高宗 辛丑 『進宴儀軌』[무동]25b, 高宗 辛丑 『進宴儀軌』[여령]31a, 高宗 壬寅 『進宴儀軌』[4월: 무동]25b, 高宗 壬寅 『進宴儀軌』[4월: 여령]31a, 高宗 壬寅 『進宴儀軌』[11월: 무동]27b, 高宗 壬寅 『進宴儀軌』[11월: 여령]37a에 수록되었다.

346) 손선숙, "조선후기 당악과 향악의 이중적 음악구성 정재연구: <경풍도>·<만수무>·<몽금척>·<봉래의>·<수연장>·<연백복지무>·<연화대무>·<오양선>·<육화대>·<장생보연지무>·<제수창>·<최화무>·<하황은>·<헌천화>·<헌선도>를 중심으로," 『대한무용학회논문집』 제74권5호(서울: 대한무용학회, 2016), 75~94쪽.

347) <그림 163> 순조 기축 『진찬의궤』[무동]57b.

〈그림 164〉는 고종 정해 『진찬의궤』에 수록된 정재도이다.[348] 여령정재이며, 무용수 구성은 죽간자 2인·선모 1인·협무 4인이다. 죽간자 2인이 북향하고, 협무 4인은 전대에 선모는 후대에 서서[전후대형] 북향하고 두 팔을 옆으로 펴 들고 춤춘다. 춤사위는 '우수평거좌수반하거·양수평거·우수반하거좌수평거'이다.

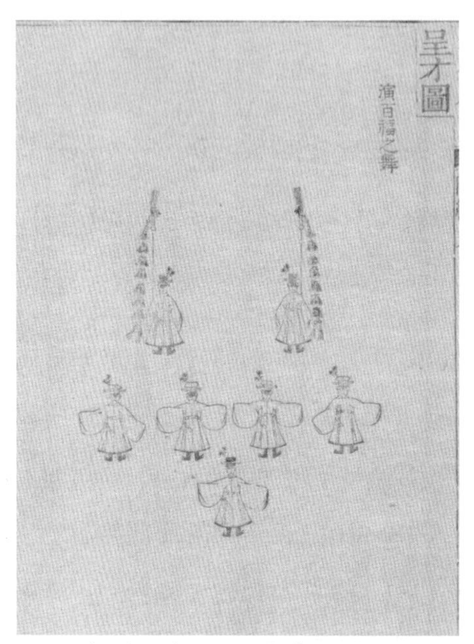

〈그림 163〉 순조 기축 『진찬의궤』

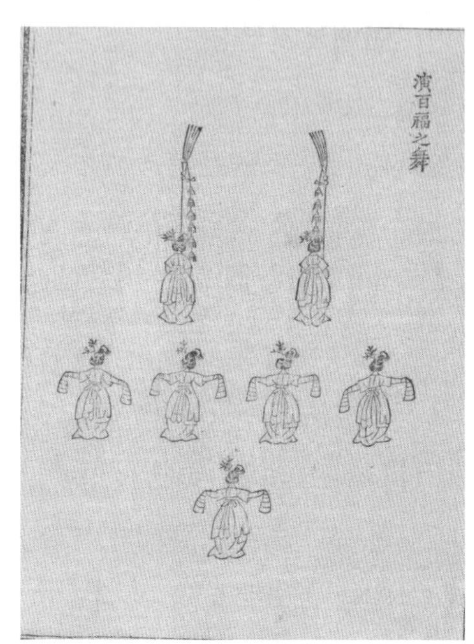

〈그림 164〉 고종 정해 『진찬의궤』

〈그림 165〉는 고종 임진 『진찬의궤』·고종 신축 『진연의궤』·고종 임인 『진연의궤』[4월·11월]에 수록된 정재도이다.[349] 무동정재이며, 무용수 구성은 죽간자 2인·선모 1인·협무 4인이다. 죽간자 2인이 북향하고, 선모와 협무 4인이 일렬대형으로 서서 북향하고 두 팔을 옆으로 펴 들고 춤춘다. 춤사위는 '양수반하거·양수평거'이다.

〈그림 166〉은 고종 신축 『진연의궤』·고종 임진 『진찬의궤』·고종 임인 『진연의궤』[4월·11월]에 수록된 정재도이다.[350] 여령정재이며, 무용수 구성은 죽간자 2인·선모 1인·

348) <그림 164> 고종 정해 『진찬의궤』[여령]28b.

349) <그림 165> 고종 임진 『진찬의궤』[무동]27b; 고종 신축 『진연의궤』[무동]25b; 고종 임인 『진연의궤』[4월: 무동]25b; 고종 임인 『진연의궤』[11월: 무동]27b.

협무 4인이다. 죽간자 2인이 북향하고, 선모와 협무 4인이 일렬대형에서 북향하고 두 팔을 옆으로 펴 들고 춤춘다. 춤사위는 '우수평거좌수반하거·양수평거·우수반하거좌수평거'이다.

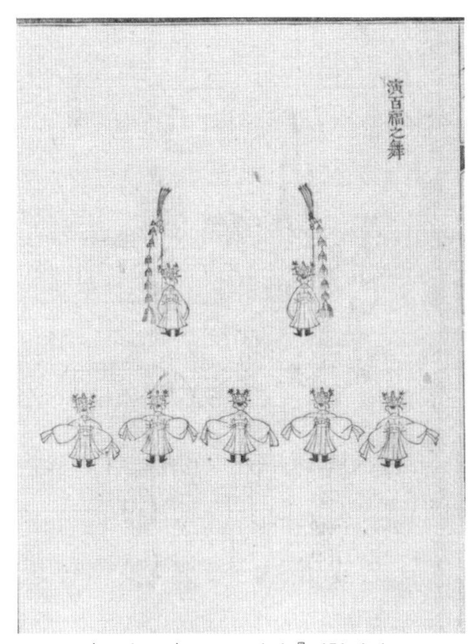

〈그림 165〉 고종 임진 『진찬의궤』

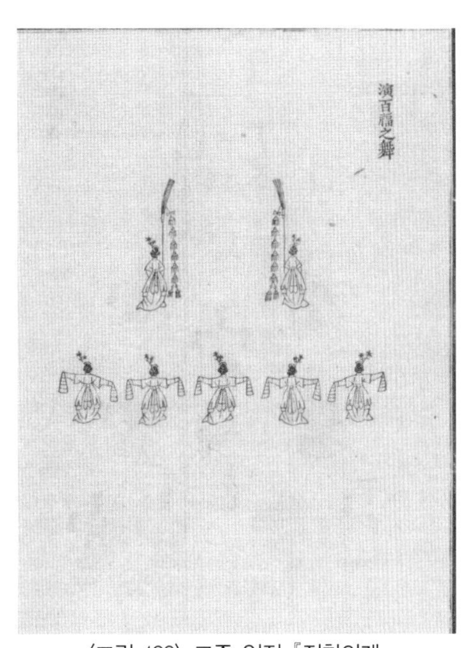

〈그림 166〉 고종 임진 『진찬의궤』

이상 10점의 〈연백복지무〉 정재도를 살폈을 때 드러난 무도내용은 전후대형과 일렬대형에서의 춤을 제시한 것이다. 무용수는 무동과 여령 모두 죽간자 2인·선모 1인·협무 4인으로 구성되었다. 여령과 무동 모두 전후대형과 일렬대형에서의 춤을 제시하였는데, 전후대형에서는 선모가 후대에 서고 협무 4인이 전대에 선 위치가 같고, 일렬대형에서는 무용수 모두 북향한 것이 같다. 죽간자가 무용수들 앞에 선 위치와 북향한 것이 무동과 여령 모두 같고, 정재대형과는 상관없이 선모와 협무 4인이 북향한 것이 모두 같다. 〈연백복지무〉 정재도에 공통적으로 제시된 정재춤사위는 '양수반하거·양수평거·우수반

350) <그림 166> 고종 신축 『진연의궤』[여령]31a; 고종 임인 『진연의궤』[4월: 여령]31a; 고종 임진 『진찬의궤』[여령]33a; 고종 임인 『진연의궤』[11월: 여령]37a.

하거좌수평거·우수평거좌수반하거'이다.

2) 〈연백복지무〉 정재도 분석

演百福之舞

竹竿子 瓊玉醫女　舞　舞

仙母 竹葉醫女

竹竿子 錦香醫女　舞 鳳喜醫女　舞 錦花醫女

樂奏萬億千春之曲 步虛子令○拍竹竿子二人足蹈而進立樂止口號

住在大羅天上 来朝 聖人宮中 演無疆百福之祥 呈太平萬歲之舞 敢冒眉彩 庸陳口號 訖○拍 步虛子令○拍竹竿子二人足蹈而退立○拍仙母與左右挾齊行舞進而立○拍斂手足蹈○拍

仙母足蹈小進而立樂止仙母致語 欽惟我 聖上德化隆盛 福祿無疆 享華封之三祝 蹐天保之九如

〈연백복지무〉 무보(『정재무도홀기』, 국립국악원 소장)

〈연백복지무〉 무보는 『정재무도홀기』에 6편이[351] 전하는데, 여령정재와 무동정재로 추어졌으며, 무용수는 죽간자 2인·선모 1인·협무 4인으로 구성되었다.

내용을 정리하면, 죽간자 2인이 나아가 구호를 부르고 물러나면, 선모와 협무 4인이 나란히 나아가 서고, 선모가 무진하여 치어(致語)를 부르고 물러나 협무와 함께 전단(前段)과 후단(後段)을 부른다. 선모는 가운데 제자리에 서고 협무가 네 귀퉁이[四隅]로 나누어 서서 각각 서로 마주보고 등을 지고 춤을 춘다. 사우대형에서 성수무강사(聖壽無疆詞)를 부르고 다 같이 무진·무퇴하고, 다 같이 소매를 떨쳐 뿌리며 돌아 나란히 줄을 지어 춤을 춘다. 이어 오방(五方)으로 서서[352] 무대가운데 선모가 북협무(北挾舞)·동협무(東挾舞)·남협무(南挾舞)·서협무(西挾舞)와 차례로 소매를 높였다 낮추며 춤을 춘다. 다 같이 좌우로 한 번씩 돌며 춤을 추고 음악이 그치면 다 같이 해동금일사(海東今日詞)를 부른다. 우죽간자(右竹竿子)를 선두로 해서 북협무·선모·좌죽간자(左竹竿子)·동협무·남협무·서협무가 응천장지사(應天長之詞)를 부르며 차례로 나아가 왼쪽으로 둥글게 돌면서 처음 대열[初列]로 되돌아가서 서고, 협무가 파자사(破子詞)를 부르고 무진·무퇴하고 팔수무를 춘다. 사우대형으로 서서 다 같이 한번 떨쳐 뿌리고 돌면서 춤을 춘다. 전대와 후대가 각각 대를 바

351) <演百福之舞>, 『呈才舞圖笏記』, 1994년, 212쪽·267쪽·331쪽·448쪽·498쪽; 『時用舞譜(全)呈才舞圖笏記』, 1989년, 139쪽.

352) 分五方而舞는 사정방(四正方) 위치에 선 대형으로, 사정방은 東·西·南·北 정방위를 말한다. 손선숙, 『궁중정재용어사전』(서울: 민속원, 2005), 254쪽.

꾸어 춤추고, 소매를 펄럭이며 춤을 춘다. 둥글게 돌아 처음 대열로 되돌아가면, 죽간자 2인이 나아가 구호를 부르고 물러나면 춤이 마친다.

『정재무도홀기』의 〈연백복지무〉는 정재대형을 일렬대형·전후대형·사우대형·오방대형으로 구성하여 〈그림 167〉처럼 진행된다. 일렬대형에서는 무용수 전체가 무진·무퇴하고 선모와 협무가 무진하여 각각 혹은 나란히 서서 창사를 부른다. 전후대형에서는 선모가 무진하여 치어를 부른다. 사우대형에서는 선모가 협무 4인과 상대·상배·북향무·무진·무퇴하고, 제자리에서 좌우로 돌며 춤추고, 전대와 후대가 자리를 바꾸어 추기도 한다. 오방대형에서는 선모가 사방의 협무 4인[북·동·남·서]과 차례로 마주보고 팔수무를 춘다.

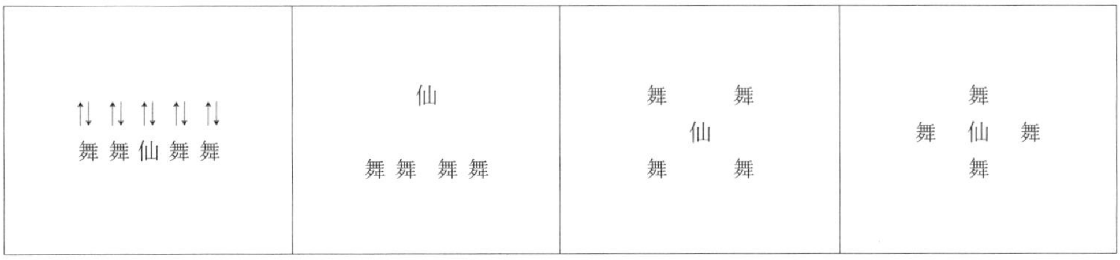

⇅ ⇅ ⇅ ⇅ ⇅ 舞 舞 仙 舞 舞	仙 舞 舞 舞 舞	舞 舞 仙 舞 舞	舞 舞 仙 舞 舞

〈그림 167〉『정재무도홀기』의 〈연백복지무〉 대형 구성

앞서 〈연백복지무〉 정재도에 공통적으로 나타난 내용을 정리하면 다음과 같다.

첫째, 무용수 구성은 죽간자 2인·선모 1인·협무 4인으로, 무동과 여령 모두 같다.
둘째, 무동정재와 여령정재로 추었다.
셋째, 정재대형 구성은 전후대형·일렬대형이다. 전후대형에 선 무용수 위치는 전대에 협무가 서고 후대에 선모가 선다.
넷째, 정재방향 구성은 북향으로, 죽간자·선모·협무 모두 북향한다.
다섯째, 한삼 착용의 유무에 차이가 있다.
여섯째, 춤은 무용수 모두 양팔을 옆으로 펴들고 춤추는데, 정재춤사위 구성은 '양수반하거·양수평거·우수반하거좌수평거·우수평거좌수반하거'이다.

이상의 내용은 아래의 정재홀기 기록에서 확인된다.

> …(생략)… ≪용례 1≫ ○박을 치면, 죽간자(竹竿子) 2인이 족도하며 나아가 선다. 음악이 그치고 구호를 부른다. …(생략)… ○박을 치면, 죽간자 2인이 족도하며 물러나 선다. ≪용례 2≫ ○박을 치면, 선모(仙母)와 좌우협(左右挾)이 나란히 줄을 지어 춤을 추며 나아가 선다. ○박을 치면, 손을 여미고 족도한다. …(생략)… ○박을 치면, 선모는 가운데 제자리에 있고, 협무는 네 귀퉁이[四隅]로 나누어 서서 춤을 춘다. …(생략)… ○박을 치면, 다 같이 춤을 추며 오방(五方)으로 나누어 서서 춤을 춘다. …(생략)… ≪용례 3≫ ○박을 치면, 처음 대열로 되돌아가면서 춤을 춘다. …(생략)… ≪용례 4≫ ○박을 치면, 춤을 추며 나아갔다 물러나며 춤을 춘다. ○박을 치면, 소매를 높였다 낮추며 춤을 춘다. ○박을 치면, 네 귀퉁이로 나누어 서서 춤을 춘다. …(생략)… ○박을 치면, 둥글게 돌면서 춤을 춘다. ≪용례 5≫ ○박을 치면, 처음 대열로 되돌아가면서 춤을 추고, 뒤로 물러난다. ≪용례 6≫ ○박을 치면, 죽간자 2인이 족도하며 나아가 선다. 음악이 그치고 구호를 부른다. …(생략)… ○박을 치면, 죽간자 2인이 족도하며 물러나 선다. …(생략)… ○박을 치면, 선모가 춤을 추며 조금 물러난다. ≪용례 7≫ ○박을 치면, 다 같이 춤을 추며 앞으로 나아가 선다. ○박을 치면, 손을 여미고 족도한다. ≪용례 8≫ ○박을 치면, 춤을 추며 뒤로 물러나면 음악이 그친다.

『정재무도홀기』 〈연백복지무〉의 ≪용례 1·6≫은 죽간자가 나아가 북향하고 구호를 부르는 내용이고, ≪용례 2·7≫은 선모와 협무가 일렬대형으로 서서 무진하는 내용이고, ≪용례 3·5≫는 선모와 협무가 초열[일렬]로 서는 내용이고, ≪용례 4≫는 선모와 협무가 일렬대형에서 무진·무퇴하는 내용이고, ≪용례 8≫은 선모와 협무가 일렬대형에서 무퇴하는 내용을 제시한 것이다.

정재홀기와 〈연백복지무〉 정재도 내용을 비교하였을 때, 정재도에서 죽간자가 북향한 것은 ≪용례 1·6≫을 제시한 것이고, 선모와 협무가 일렬대형에서 북향한 것은 ≪용례 2·3·4·5·7·8≫을 제시한 것이다.

3) 〈연백복지무〉 정재도 해석

6종의 의궤에 10점이 수록된 〈연백복지무〉 정재도는 무동은 5점·여령은 5점이다. 10점의 정재도를 살폈을 때 무도내용이 적게는 1점에서 많게는 4점이 같은데, 〈그림 163·164〉는 1점, 〈그림 165·166〉은 4점이 같다.

정재도를 통합 비교하였을 때 〈연백복지무〉는 정재도마다 한 그림 속에 여러 내용을 제시하였는데, 〈그림 163·164〉에는 죽간자의 위치와 방향, 선모가 후대에 협무가 전대에 선 전후대형에서의 춤과 춤사위를 제시하고 있고, 〈그림 165·166〉에는 죽간자의 위치와 방향, 선모와 협무가 일렬대형에서의 춤과 춤사위를 제시하고 있다.

무용수 구성은 무동과 여령 모두 죽간자 2인·선모 1인·협무 4인으로 같다. 무도내용은 전후대형과 일렬대형에서의 춤을 제시한 것으로, 의궤 정재도에는 이러한 무도내용을 무동과 여령으로 구분하여 의상의 변화와 한삼의 유무에 차이를 두어 4가지 유형으로 제시하였다.

〈연백복지무〉 정재도와 정재홀기를 비교하였을 때 정재도에서 죽간자가 북향한 것은 도입부와 종결부의 춤으로 구호를 부르기 위해 무진한 것과 구호를 부르는 방향을 제시한 것이다. 일렬대형에서 무용수 전체가 북향한 것은 선모와 협무가 초열로 서는 춤·북향무·무진·무퇴하는 춤을 제시한 것으로, 이러한 내용은 모두 『정재무도홀기』에 기록된 내용을 사실적으로 제시한 것이다.

반면 정재홀기에 기록되지 않은 내용을 정재도에 제시하였는데, 선모가 후대에 서고 협무 4인이 전대에 선 전후대형에서의 춤이다.

이상으로, 의궤의 〈연백복지무〉 정재도는 무용수를 죽간자 2인·선모 1인·협무 4인으로 구성하여 일렬대형·전후대형의 춤을 제시한 것이다. 정재도에 공통적으로 제시된 내용은 도입부와 종결부에서 죽간자가 구호를 부르기 위한 무진과 구호를 부르는 위치와 방향, 일렬대형에서 북향무·무진·무퇴하는 춤, 선모와 협무가 초열로 서는 춤, 선모가 후대에 협무가 전대에 선 전후대형에서의 춤과 춤사위 형태이다.

22. 연화대무蓮花臺舞

〈연화대무〉 정재도는 정조 을묘 『정리의궤』·고종 정축 『진찬의궤』·고종 정해 『진찬의궤』·고종 임진 『진찬의궤』·고종 신축 『진찬의궤』·고종 신축 『진연의궤』·고종 임인(4월·11월) 『진연의궤』에 수록되어 있다. 8종의 의궤에 8점이 전하는데,[353] 모두 여령정재이다.

1) 〈연화대무〉 정재도 검토

〈그림 168〉 정조 을묘 『정리의궤』

8점의 〈연화대무〉 정재도를 살폈을 때, 무용수는 죽간자 2인·동기 2인·협무 2인·대기무용수 26인·집박악사 1인으로 구성되었고, 무도내용은 3가지 유형으로 구분되어 있는데[354] 내용을 살펴보면 다음과 같다.

〈그림 168〉은 정조 을묘 『정리의궤』에 수록된 정재도이다.[355] 여령정재이며, 무용수 구성은 집박악사 1인·죽간자 2인·동기 2인·협무 2인·대기무용수 26인이다. 죽간자 2인은 북쪽에 서서 상대하고, 동기와 협무는 두 팔을 옆으로 펴 들고 좌우상대하며 춤춘다. 집박악사는 동쪽에 서서 서향하고, 대기무용수 26인은 염수하고 남쪽에 서서 북향한다. 죽간자와 동기는 한삼을 끼지 않았고, 춤사위는 ‘우

353) <蓮花臺舞> 정재도는 正祖 乙卯 『整理儀軌』[여령]12b, 高宗 丁丑 『進饌儀軌』[여령]25a, 高宗 丁亥 『進饌儀軌』[여령]28a, 高宗 壬辰 『進饌儀軌』[여령]42b, 高宗 辛丑 『進饌儀軌』[여령]26b, 高宗 辛丑 『進宴儀軌』[여령]38b, 高宗 壬寅 『進宴儀軌』[4월: 여령]38b, 高宗 壬寅 『進宴儀軌』[11월: 여령]42b에 수록되어 있다. 정재도 설명에서는 순조 기축년에 기록된 <연화무>는 포함시키지 않았고, 대신 <연화무>에서 밝혔다. 純祖 己丑 『進饌儀軌』[여령]24b.

354) 손선숙, “의궤 정재도의 도상학적 연구(Ⅲ): <관동무>·<광수무>·<무산향>·<무애무>·<선유락>·<연화대무>·<처용무>·<초무>·<춘앵전>·<침향춘>·<학무>·<향발무> 정재도를 중심으로,” 『무용역사기록학』제40호(서울: 무용역사기록학회, 2016), 141~186쪽; “조선후기 당악과 향악의 이중적 음악구성 정재연구: <경풍도>·<만수무>·<몽금척>·<봉래의>·<수연장>·<연백복지무>·<연화대무>·<오양선>·<육화대>·<장생보연지무>·<제수창>·<최화무>·<하황은>·<헌천화>·<헌선도>를 중심으로,” 『대한무용학회논문집』제74권5호(서울: 대한무용학회, 2016), 75~94쪽.

355) <그림 168> 정조 을묘 『정리의궤』[여령]12b.

수평거좌수반하거 · 양수반하거'이다.

〈그림 169〉는 고종 정축 『진찬의궤』 · 고종 정해 『진찬의궤』에 수록된 정재도이다.[356] 여령정재이며, 무용수 구성은 죽간자 2인 · 동기 2인 · 협무 2인이다. 죽간자 2인은 북쪽에 서서 상대하고, 동기와 협무는 두 팔을 옆으로 펴 들고 좌우상대하며 춤춘다. 춤사위는 '양수반하거 · 우수반하거좌수평거 · 우수평거좌수반하거'이다.

〈그림 169〉 고종 정축 『진찬의궤』

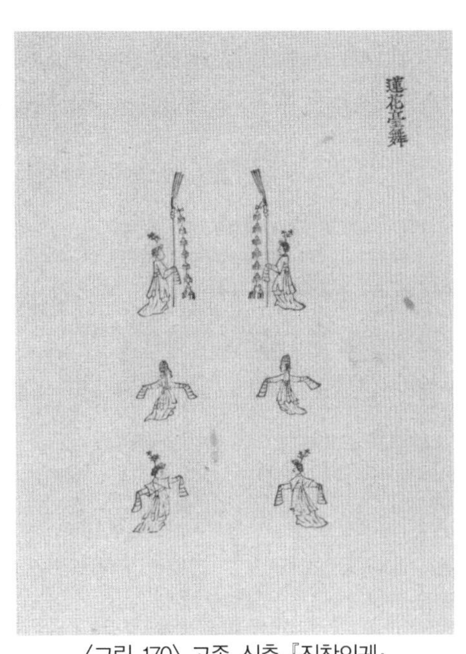

〈그림 170〉 고종 신축 『진찬의궤』

〈그림 170〉은 고종 신축 『진찬의궤』 · 고종 신축 『진연의궤』 · 고종 임진 『진찬의궤』 · 고종 임인 『진연의궤』[4월 · 11월]에 수록된 정재도이다.[357] 여령정재이며, 무용수 구성은 죽간자 2인 · 동기 2인 · 협무 2인이다. 죽간자 2인은 북쪽에 서서 상대하고, 동기와 협무는 두 팔을 옆으로 펴 들고 좌우상대하며 춤춘다. 춤사위는 '양수평거 · 양수반하거 · 우수평거좌수반하거'이다.

356) 〈그림 169〉 고종 정축 『진찬의궤』[여령]25a; 고종 정해 『진찬의궤』[여령]28a.

357) 〈그림 170〉 고종 신축 『진찬의궤』[여령]26b; 고종 신축 『진연의궤』[여령]38b; 고종 임인 『진연의궤』[4월: 여령]38b; 고종 임진 『진찬의궤』[여령]42b; 고종 임인 『진연의궤』[11월: 여령]42b.

이상 8점의 〈연화대무〉 정재도를 살폈을 때 드러난 무도내용은 죽간자의 상대, 2대좌우대형에서 동기와 협무가 각각 좌우상대하는 춤을 제시한 것이다. 무용수는 집박악사 1인·죽간자 2인·동기 2인·협무 2인·대기무용수 26인과 죽간자 2인·동기 2인·협무 2인 등 2가지로, 왕조 및 연향별로 구성에 차이가 있다. 정재도 모두 죽간자가 상대하고 동기와 협무가 좌우상대하며 춤추는 것은 같다. 다만 왕조 및 연향에 따라 한삼 착용의 유무와 무구[연화관·죽간자 술띠] 및 의상의 형태에 차이가 있는데, 정조 을묘년에는 죽간자와 동기가 한삼을 착용하지 않았다. 그리고 〈연화대무〉 정재도에 공통적으로 제시된 정재춤사위는 '양수반하거·양수평거·우수반하거좌수평거·우수평거좌수반하거'이다.

2) 〈연화대무〉 정재도 분석

蓮花臺舞

蓮花冠 竹竿子 春心平壤 舞 紅桃平壤 舞 竹葉醫女

蓮花冠 竹竿子 眞珍平壤 舞 錦濤平壤 舞 香蘭醫女

前隊 中隊 後隊

樂奏樂昇平之曲 步虛子令 樂師奉蓮花冠入置於殿中左右而出○拍竹竿子二人足蹈而進分立於蓮花冠之南樂止口號 綺席光華卜晝開 千般樂事一時來 蓮房化出英英態 妙舞妍歌不世才 訖○拍奏前樂○拍竹竿子二人足蹈而退立○拍兩童女與左右挾舞進蓮花冠之南樂止 左右挾手而立 斂 兩童女並舉外袖唱微臣詞 住在蓬萊 下生蓮藻 有感君王之德化來

〈연화대무〉 무보(『정재무도홀기』, 국립국악원 소장)

〈연화대무〉 무보는 『정재무도홀기』에 모두 6편이[358] 전하는데, 여령정재와 무동정재로 추어졌다. 무용수 구성은 죽간자 2인·동기 2인·협무 2인으로 같고, 연향에 따라 추어진 내용은 변함없지만 무동정재 시에는 죽간자의 구호가 생략되기도[359] 하였다.

내용을 정리하면, 악사가 연화관(蓮花冠)을 전중 좌우에 놓고 나가면 죽간자가 무진하여 구호를 부르고 물러난다. 동기 2인과 협무 2인이 무진하고 동기가 창사[微臣詞]를 부르고, 동기 2인과 협무 2인은 무퇴·무진하며 춤춘다. 협무 2인은 제자리에 서서 북향무를 추고, 동기 2인이 연화관을 집어 들고 일어서 서로의 머리에 얹어 주면 악사가 좌동녀·우동녀 순으로 끈을 메어준다. 동기 2인과 협무 2

358) <蓮花臺舞>, 『呈才舞圖笏記』, 1994년, 71쪽·136쪽·363쪽·480쪽·516쪽; 『時用舞譜(全)呈才舞圖笏記』, 1989년, 167쪽.
359) <蓮花臺舞>, 『呈才舞圖笏記』, 1994년, 480쪽.

인이 무퇴하여 상대[엽무(葉舞)]·상배·도약무를 추고 물러나면, 죽간자 2인이 무진하여 구호를 부르고 물러나면 춤이 마친다.

『정재무도홀기』의 〈연화대무〉는 전후대형과 2대좌우대형으로 변화를 주며 춤을 추는데, 〈그림 171〉처럼 진행된다.

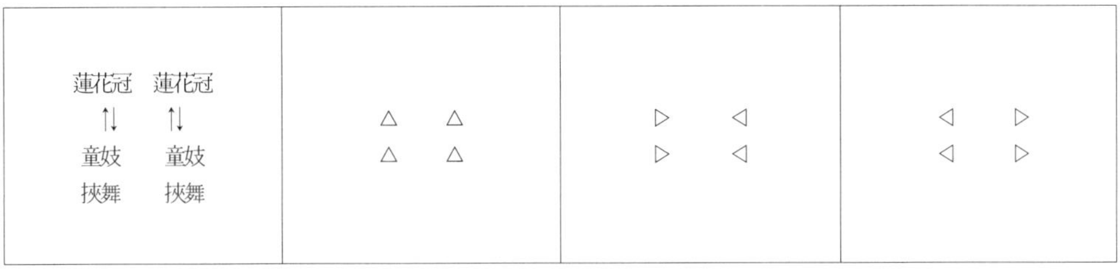

蓮花冠 蓮花冠 ↑↓ ↑↓ 童妓 童妓 挾舞 挾舞	△ △ △ △	▷ ◁ ▷ ◁	◁ ▷ ◁ ▷

〈그림 171〉『정재무도홀기』의 〈연화대무〉 대형 구성

앞서 〈연화대무〉 정재도에 공통적으로 나타난 내용을 정리하면 다음과 같다.

첫째, 무용수는 2가지로 구성되어 왕조 및 연향에 따라 차이가 있는데, 죽간자 2인·동기 2인·협무 2인·집박악사 1인·대기무용수 26인과 죽간자 2인·동기 2인·협무 2인이다.

둘째, 모두 여령정재이다.

셋째, 정재대형 구성은 2대좌우대형이다.

넷째, 정재방향 구성은 상대이다. 죽간자가 북쪽에서 상대하고, 좌우대가 서로 마주본다.

다섯째, 동기가 연화관을 쓰고 있다.

여섯째, 한삼 착용의 유무에 차이가 있다.

일곱 번째, 정재춤사위 구성은 '양수반하거·양수평거·우수반하거좌수평거·우수평거좌수반하거'이다.

이상의 내용은 아래의 정재홀기 기록에서 확인된다.

…(생략)… ≪용례 1≫ ○박을 치면, 죽간자 2인이 족도하며 뒤로 물러나 선다. …(생략)… ○박을 치면, 【좌우협은 제자리에 서서 북쪽을 향하여 춤을 춘다】 두 동자는 무릎을 꿇어앉아 연화관을 들고 일어선다. 서로 마주보고 머리에 얹어주고, 모두 두 손으로 관(冠)의 끈을 끼워준다. 악사가 좌동자(左童子) 앞으로 가서 끈을 매어주고, 다음은 우동자(右童子) 앞으로 가서 또한 이와 같이 한다. ○박을 치면, 두 동자와 좌우협은 춤을 추는데, 뒤로 조금 물러나 북쪽을 향하여 춤을 춘다. ≪용례 2≫ ○박을 치면, 각각 서로 마주보고 춤을 추고【엽무(葉舞)】 혹은 등을 지고 혹은 마주보며 도약하면서 춤을 춘다. ○박을 치면, 무퇴한다. …(생략)…

『정재무도홀기』 〈연화대무〉의 ≪용례 1≫은 도입부의 내용으로 죽간자가 구호를 부른 후 뒤로 물러나 서는 내용이고, ≪용례 2≫는 동기와 협무가 서로 마주보고 춤을 추는 내용이다.

정재홀기와 〈연화대무〉 정재도 내용을 비교하였을 때, 정재도에서 동기와 협무가 상대한 것은 ≪용례 2≫를 제시한 것이다.

3) 〈연화대무〉 정재도 해석

8종의 의궤에 8점이 수록된 〈연화대무〉 정재도는 모두 여령정재이다. 8점의 정재도를 살폈을 때 무도내용이 적게는 1점, 많게는 5점이 같은 내용으로 그려졌는데, 〈그림 168〉은 1점, 〈그림 169〉는 2점, 〈그림 170〉은 5점이 같다.

정재도를 통합 비교하였을 때 〈연화대무〉는 정재도마다 한 그림 속에 여러 내용을 제시하였는데 〈그림 168〉에는 죽간자의 상대, 2대좌우대형에서 동기와 좌우협무의 좌우상대춤, 집박악사의 위치, 죽간자 및 동기의 한삼 미착용, 대기무용수의 위치와 춤사위를, 〈그림 169·170〉에는 죽간자의 상대, 2대좌우대형에서 동기와 좌우협무가 좌우상대하는 춤360)과 춤사위를 제시하고 있다.

무용수 구성은 왕조 및 연향에 따라 2가지로 구분하여 제시하였는데, 죽간자 2인·동기

360) 좌우상대춤: 좌대(左隊)와 우대(右隊), 즉 동쪽의 좌대와 서쪽의 우대가 서로 마주보고 춤춘다는 내용이다.

2인·협무 2인·집박악사 1인·대기무용수 26인과 죽간자 2인·동기 2인·협무 2인으로 차이가 있다. 여기서 대기무용수 26인은 〈연화대무〉 무용수 구성과는 직접 관련이 없고, 정조 을묘년 당시 여러 정재 종목을 추기위해 남쪽에서 대기하는 무용수들의 위치를 제시한 것이다. 집박악사 또한 정재홀기에는 기록되지 않았지만 연향에 참여하여 〈연화대무〉를 추는 무용수들 동쪽에 서서 춤 진행에 도움을 주는 역할을 한 것을 알 수 있다.

무도내용은 진행부의 춤인 2대좌우대형에서의 춤을 제시한 것으로, 의궤 정재도에는 무용수 구성과 의상 및 의물의 형태 그리고 한삼의 유무에 차이를 두어 3가지 유형으로 구분하여 제시하였다. 그러나 의궤 정재도에 기록된 제목으로 볼 때는 〈연화대무〉가 8종의 의궤에 8점이 수록된 것이 맞지만, 순조 기축 『진찬의궤』에 기록된 〈그림 173〉의 〈연화무〉를 정재 악장과 반차도(班次圖) 내용과 비교하였을 때 정재명을 〈연화무〉로 잘못 기록한 것이었다. 따라서 〈연화대무〉 정재도의 수록 종수는 9종의 의궤에 9점이 수록된 것으로[361] 수정되어야 한다.

〈연화대무〉 정재도와 정재홀기를 비교하였을 때 정재도에서 동기와 협무가 마주본 것은 동기가 연화관을 쓴 다음 상대·혹배·혹면하며 춤추는 내용을 제시한 것으로, 이러한 내용은 『정재무도홀기』에 기록된 내용을 사실적으로 제시한 것이다.

반면 정재홀기에 기록되지 않은 내용을 정재도에 제시하였는데, 죽간자가 상대한 것은 도입부에서 죽간자가 선구호를 부른 뒤 물러나 동기와 협무가 춤출 때 마주보고 서는 진행부의 내용으로, 죽간자가 구호를 부른 뒤 물러나 서는 위치가 북쪽의 좌우인 것을 제시한 것이다. 이것은 정재의 기본 법례에 의해 공통적으로 진행되는 규칙이 적용된 것이다. 죽간자가 등장하는 모든 정재의 진행이 모두 같은데, 이 내용은 『정재무도홀기』의 〈장생보연지무〉와 〈제수창〉에서도 확인된다. 따라서 『정재무도홀기』의 〈연화대무〉에는 죽간자의 무퇴만 기록되었지만 그 무퇴에는 물러난 다음 마주본다는 내용도 포함된 것이다. 그리고 〈연화대무〉를 출 때 다음 정재를 추기위해 대기하는 무용수들이 배열한 위치와 집박악사가 동쪽에 선 내용이다. 한편 정재도에는 모두 여령정재가 춘 것을

361) <연화대무>의 수록 종수는 <표 3>에 바로 잡았다.

제시하였으나 『정재무도홀기』 기록을 통해 무동도 〈연화대무〉를 춘 것을 알 수 있다.

이상으로, 의궤의 〈연화대무〉 정재도는 9종의 의궤에 9점이 수록된 것으로, 모두 여령정재이며 무용수 구성을 왕조별로 2가지로 차이를 두어 진행부에서의 죽간자 상대, 동기와 협무가 2대좌우대형에서 좌우상대하는 춤, 대기무용수의 배열 위치, 집박악사의 위치, 한삼 착용의 유무 등과 춤사위 형태를 제시하고 있다.

23. 연화무蓮花舞

〈연화무〉 정재도는 순조 무자 『진작의궤』·순조 기축 『진찬의궤』에 기록되었다. 2종의 의궤에 2점이 전하는데,[362] 무동은 1점·여령은 1점이다.

1) 〈연화무〉 정재도 검토

2점의 〈연화무〉 정재도를 살폈을 때 무용수 구성이 협무 6인과 죽간자 2인·동기 2인·협무 2인으로 차이가 있고, 무도내용도 2가지유형으로 구분되어 있는데[363] 내용을 살펴보면 다음과 같다.

〈그림 172〉는 순조 무자 『진작의궤』에 수록된 정재도이다.[364] 무동정재이며, 무용수 구성은 협무 6인이다. 협무 6인이 오른손과 왼손에 각각 꽃을 잡고 좌우전후(左右前後)로 나누어 서서[365] 북향하고 춤을 춘다. 춤사위는 '우수반하거좌수평거·우수거휘좌수반하거(右手擧揮左手半下擧)·우수평거좌수반하거·양수평거·우수반상거좌수반하거'이다.

362) <蓮花舞> 정재도는 純祖 己丑 『進饌儀軌』[여령]24b, 純祖 戊子 『進爵儀軌』[무동]42a에 수록되어있다.

363) 손선숙, "협무[무용수] 6인 구성 정재의 정재도 연구: <고구려무>·<망선문>·<박접무>·<사선무>·<연화무>·<영지무>·<첩승무>·<최화무>·<춘광호>·<춘대옥촉>·<향령무>를 중심으로," 『우리 춤과 과학기술』31집(서울: 우리춤연구소, 2015), 37~84쪽.

364) <그림 172> 순조 무자 『진작의궤』[무동]42a.

365) "○연화병(蓮花瓶) 6개를 설치하여 앞에 앉힌다. 무동 6인이 각각 병의 꽃 한 가지를 취하여 좌우전후로 나누어 북향하여 춤춘다." 이의강, 『국역순조무자진작의궤』, 2006년, 298쪽.

〈그림 173〉은 순조 기축 『진찬의궤』에 수록된 정재도이다.366) 여령정재이며, 무용수 구성은 죽간자 2인·동기 2인·협무 2인이다. 죽간자는 북쪽에서 상대하고, 동기와 협무가 2대좌우대형으로 서서 두 팔을 옆으로 펴 들고 서로 마주보고 춤을 춘다. 춤사위는 '우수평거좌수반하거·우수반하거좌수평거·양수반하거'이다.

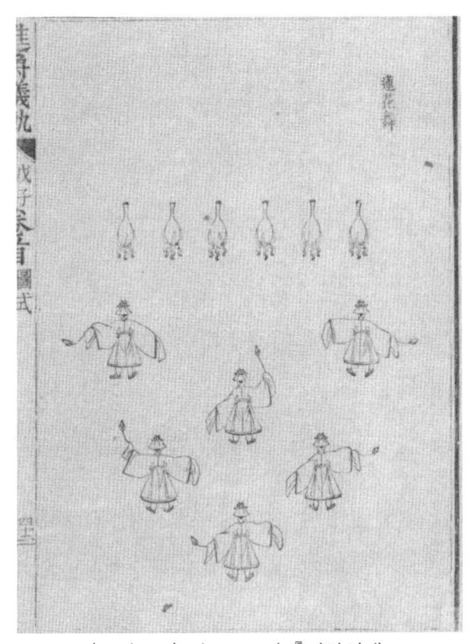

〈그림 172〉 순조 무자 『진작의궤』

〈그림 173〉 순조 기축 『진찬의궤』

이상 2점의 〈연화무〉 정재도를 살폈을 때 드러난 무도내용은 2대좌우대형·전후좌우복합대형에서의 춤을 제시한 것이다. 무용수 구성은 2가지로, 여령정재는 죽간자 2인·동기 2인·협무 2인이고, 무동정재는 협무 6인으로 연향별로 차이가 있다. 무구 사용의 유무에 차이가 있는데, 협무로 구성된 〈연화무〉는 꽃을 들고 추고, 죽간자·동기·협무로 구성된 〈연화무〉는 무구를 사용하지 않았다. 〈연화무〉 정재도에 공통적으로 제시된 정재춤사위는 '양수반하거·양수평거·우수거휘좌수반하거(右手擧揮左手半下擧)·우수반상거좌수반하거·우수반하거좌수평거·우수평거좌수반하거'이다.

366) <그림 173> 순조 기축 『진찬의궤』[여령]24b.

2) 〈연화무〉 정재도 분석

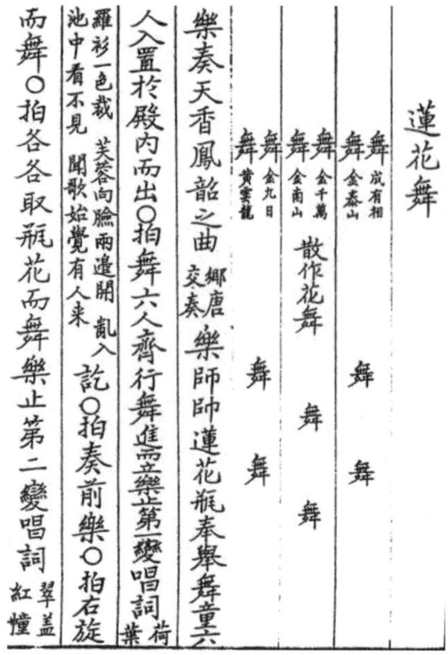

蓮花舞

舞 成有相 / 舞 金泰山 / 舞 金千萬 / 舞 金南山 / 舞 金九日 / 舞 黃雲龍

散作花舞

樂奏天香鳳韶之曲 鄉唐交奏 樂師帥蓮花瓶奉擧舞童六人入置於殿內而出○拍舞六人齊行舞進而立樂止第一變唱詞 荷葉羅衫一色裁 芙蓉向臉兩邊開 亂入池中看不見 聞歌始覺有人來 訖○拍奏前樂○拍右旋而舞○拍各各取瓶花而舞樂止第二變唱詞 翠蓋紅幢

〈연화무〉 무보(『정재무도홀기』, 장서각 소장)

〈연화무〉 무보는 『정재무도홀기』에 모두 2편이[367] 전하며, 무동정재로 추어졌다. 무용수 구성은 협무 6인으로 같으며, 연향에 따라 추어진 내용은 변함없지만 무동정재 시에는 창사가 생략되기도[368] 하였다.

내용을 정리하면, 악사가 연화병(蓮花瓶)을 전내에 놓고 나가면, 협무 6인이 나란히 서서 무진하여 제일변창사(第一變唱詞)를 부른다. 오른쪽으로 둥글게 돌아 춤을 추고 화병에서 꽃을 집어 들고 춤을 추고 제이변창사(第二變唱詞)를 부르고 산작화무(散作花而舞)를 춘다. 상대·환전불수하며 추다가 나란히 앞으로 나아가 음악이 그치면 제삼변창사(第三變唱詞)를 부르고 물러난다.

『정재무도홀기』의 〈연화무〉는 〈그림 174〉처럼 일렬대형과 산작화무대형(散作花舞隊形)으로 변화를 주면서 춤을 추는데, 일렬대형에서는 무진·무퇴하며 꽃을 잡기 전과 잡은 후의 춤을 추고, 산작화무대형에서는 상대·환전·불수무를 춘다.

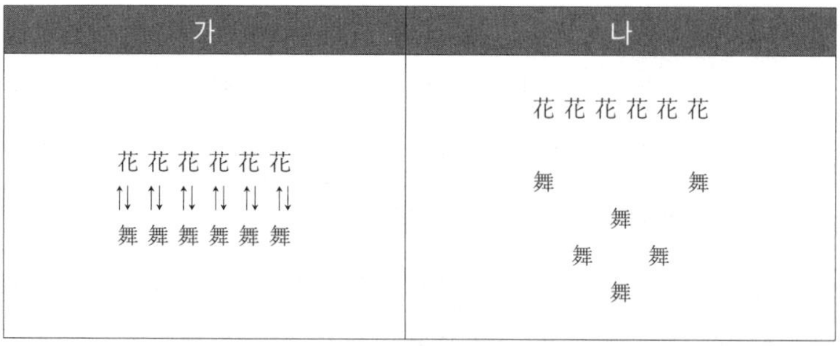

가	나
花 花 花 花 花 花 ⇅ ⇅ ⇅ ⇅ ⇅ ⇅ 舞 舞 舞 舞 舞 舞	花 花 花 花 花 花 舞 舞 舞 舞 舞 舞

〈그림 174〉 『정재무도홀기』의 〈연화무〉 대형 구성

367) <蓮花舞>, 『呈才舞圖笏記』, 1994년, 46쪽 · 466쪽.
368) 『呈才舞圖笏記』, 1994년, 466쪽.

앞서 〈연화무〉 정재도에 공통적으로 나타난 내용을 정리하면 다음과 같다.

첫째, 무용수 구성이 여령정재는 죽간자 2인·동기 2인·협무 2인이고, 무동정재는 협무 6인으로 차이가 있다.

둘째, 무동정재와 여령정재로 추었다.

셋째, 정재대형 구성은 2대좌우대형과 전후좌우복합대형이다. 무용수 구성별로 차이가 있는데, 죽간자·동기·협무로 구성된 〈연화무〉는 2대좌우대형이고, 협무 구성의 〈연화무〉는 전후좌우복합대형이다.

넷째, 정재방향 구성은 북향과 상대이다. 협무 구성의 〈연화무〉는 모두 북향하고, 죽간자·동기·협무로 구성된 〈연화무〉는 무용수 모두 상대한다.

다섯째, 무구 사용의 유무에 차이가 있다. 무용수 구성의 차이로 인하여 협무로 구성된 〈연화무〉는 무구[꽃]를 들고 추고, 죽간자·동기·협무로 구성된 〈연화무〉는 무구를 사용하지 않았다.

여섯째, 꽃을 잡은 위치가 오른손·왼손으로 차이가 있는데, 무용수별로 각각 외수(外手)로 잡았다.

일곱 번째, 정재춤사위 구성은 '양수반하거·양수평거·우수거휘좌수반하거·우수반상거좌수반하거·우수반하거좌수평거·우수평거좌수반하거'이다.

이상의 내용은 아래의 정재홀기 기록에서 확인된다.

> …(생략)… ○박을 치면, 무동 6인이 나란히 줄지어 춤추며 나아가 선다. ○박을 치면, 오른쪽으로 돌면서 춤춘다. ○박을 치면, 각각 병에 꽂혀 있는 꽃을 취하여 춤춘다. ≪용례 1≫ ○박을 치면, 산작화무(散作花舞)를 춘다. ○박을 치면, 서로 마주하여 춤춘다. ≪용례 2≫ ○박을 치면, 즐겁게 소매를 뿌리고 돌면서 춤춘다. ○박을 치면, 나란히 줄지어 춤추며 앞으로 나아간다. ○박을 치면, 손을 여미고 족도한다. ○박을 치면, 춤추며 물러나면, 음악이 그친다.

『정재무도홀기』〈연화무〉의 ≪용례 1≫은 산작화무대형(散作花舞隊形)을[369] 만드는 내용이고, ≪용례 2≫는 꽃을 잡고 산작화무대형에서 북향하여 팔을 휘두르며 춤추는 내용이다.

정재홀기와 〈연화무〉 정재도 내용을 비교하였을 때, 정재도에서 협무 6인이 전후좌우 복합대형에서 꽃을 잡고 춤추는 내용은 산작화무대형에서 춤추는 내용으로 ≪용례 2≫를 제시한 것이다. 반면 죽간자·동기·협무로 구성된 〈연화무〉는 정재홀기에 기록되지 않았다.

3) 〈연화무〉 정재도 해석

2종의 의궤에 2점이 수록된 〈연화무〉 정재도는 무동은 1점·여령은 1점이다. 2점의 정재도를 살폈을 때 무도내용이 2가지로 제시되었다.

정재도를 통합 비교하였을 때 〈연화무〉는 정재도마다 한 그림 속에 여러 내용을 제시하였는데, 〈그림 172〉에는 화병[무구]이 놓여 진 위치와 산작화무대형의 형태 그리고 무구[꽃]를 잡은 손의 위치와 춤사위를 제시하였고, 〈그림 173〉에는 죽간자의 위치와 방향 그리고 동기와 협무의 상대춤과 춤사위를 제시하고 있다.

무용수 구성은 연향에 따라 2가지로 구분하여 전혀 다른 춤으로 진행된 것을 제시하였는데, 무용수는 협무 6인과 죽간자·동기·협무로 구성에 차이가 있다. 무도내용은 무용수 구성을 협무 6인과 죽간자·동기·협무로 차이를 두어 꽃을 들고 추는 춤과 연화관을 머리에 쓰고 추는 춤을 제시한 것으로, 의궤 정재도에는 이러한 내용을 무동과 여령으로 구분하여 무용수 구성과 의상 및 무구에 차이를 두어 2가지 유형으로 제시하였다.

〈연화무〉 정재도와 정재홀기를 비교하였을 때 정재도에 화병 6개가 북쪽에 놓여 져 있는 것은 무구의 위치를, 그 뒤 남쪽에 협무 6인이 꽃을 잡고 북향하는 춤은 산작화무대형의 형태와 무구를 잡은 손 위치를 제시한 것으로, 이러한 내용은 『정재무도홀기』에

369) <연화무>의 의궤 악장 기록에서 전후좌우로 배열하는 내용을 『정재무도홀기』에서 산작화무 대형인 것을 확인하였다. 산작화무는 <연화무>와 <장생보연지무>에 나오는 용어로, 대형을 의미한다. 두 정재에서 나타난 산작화무 대형의 형태는 무용수의 구성 차이로 인하여 서로 다르다. 이것은 산작화무가 정해진 형태의 대형이 아니라 '꽃잎이 펼쳐진 모양으로 서는 것'을 의미하므로 비유적인 용어에 해당된다. 손선숙, 『궁중정재용어사전』(서울: 민속원, 2005), 191~196쪽.

기록된 내용을 사실적으로 제시한 것이다.

반면 정재홀기에 기록되지 않은 내용을 정재도에 제시하였는데, 산작화무대형에서 꽃을 잡은 손의 위치가 무용수별로 오른손과 왼손으로 다른 것과 꽃을 휘두르며 추는 춤사위이다. 협무 3인이 각각 오른손과 왼손으로 잡았는데, 이로 볼 때 좌무와 우무로 구분하여 각각 외수로 잡은 것을 알 수 있다.

그리고 죽간자·동기·협무로 구성된 〈연화무〉 내용은 정재홀기에 확인되지 않았다. 즉 죽간자·동기·협무로 구성된 〈그림 173〉의 〈연화무〉는 정재홀기에 기록되지 않은 내용으로 무용수 구성과 무구의 형태로 볼 때 〈연화대무〉의 내용과 같고, 무도내용이 〈그림 169〉와 같다. 또한 정재 악장 기록을[370] 통해서도 〈연화무〉가 〈연화대무〉에서 파생되어 새로 재구성된 춤으로 이해되고, 연향의 목적에 따라 〈연화무〉의 무용수 구성을 죽간자·동기·협무로 다르게 하여 춘 것으로 볼 수 있다.

그러나 순조 기축『진찬의궤』에 제시된 〈연화무〉 정재도를 반차도(班次圖)와 악장 기록을 비교하였을 때 〈연화무〉로 잘못 제시된 것이었다. 따라서 순조 기축『진찬의궤』에 제시된 죽간자·동기·협무의 〈연화무〉 정재도는 〈연화대〉이며, 정재도 제목을 〈연화무〉로 잘못 표기한 것이다. 결국 의궤 정재도에 기록된 제목으로 볼 때는 〈연화무〉가 2종의 의궤에 2점이 수록되어 왕조 및 연향에 따라 무용수의 구성에 차이를 두어 변화 있게 춘 것으로 볼 수 있지만, 순조 기축『진찬의궤』의 〈연화무〉 정재 악장과 반차도(班次圖) 내용과 비교하였을 때 〈연화대무〉임을 확인하였으므로 〈연화무〉 정재도의 수록 종수는 1종의 의궤에 1점이[371] 수록된 것으로 수정되어야 한다.

이상으로, 의궤의 〈연화무〉 정재도는 1종의 의궤에 1점이 수록된 것으로 무동정재가 추었다. 협무 6인의 산작화무 춤을 제시한 것으로, 산작화무의 형태, 무구인 연화병이 놓여 진 위치, 협무 6인이 산작화무대형에서 북향하여 꽃을 휘두르며 추는 춤, 꽃을 잡은 손 위치가 외수인 점과 춤사위를 제시한 것이다.

370) 宋芳松·金鐘洙,『國譯純祖己丑進饌儀軌』卷首·卷一(서울: 민속원, 2007), 298쪽.
371) <연화무>의 수록 종수는 <표 3>에 바로 잡았다.

24. 영지무影池舞

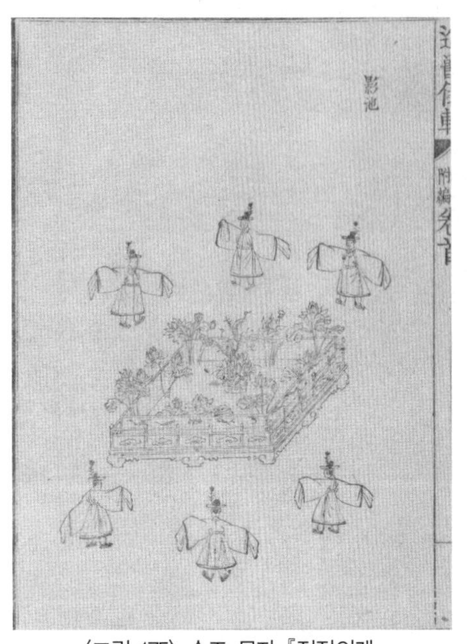

〈그림 175〉 순조 무자 『진작의궤』

〈영지무〉 정재도는 순조 무자 『진작의궤』에 기록되어 있다. 1종의 의궤에 1점이 전하는데,[372] 무동정재로 추어졌다.

1) 〈영지무〉 정재도 검토

1점의 〈영지무〉 정재도를 살폈을 때[373] 무용수는 협무 6인으로 구성되었다. 〈그림 175〉는 순조 무자 『진작의궤』에 수록된 정재도이다.[374] 무동정재로, 협무 6인이 춤을 추는데, 무대가운데 영지(影池)를 중심으로 전대와 후대에 서서[375] 서로 마주보고 춤춘다. 전대 3인은 남향하고 후대 3인은 북향하여 두 팔을 옆으로 펴들거나 혹은 팔을 위·아래로 펴 들고 추는데, 정재춤사위는 '우수반상거좌수반하거·우수상거좌수반하거(右手上擧左手半下擧)·양수평거·우수반하거좌수평거·우수반하거좌수반상거'이다.

2) 〈영지무〉 정재도 분석

〈영지무〉 무보는 『정재무도홀기』에 1편이[376] 전하는데, 무동정재로 추어졌으며 무용수 구성은 협무 6인이다.

372) <影池舞> 정재도는 純祖 戊子 『進爵儀軌』[무동]40b에 수록되어 있다.

373) 손선숙, "협무[무용수] 6인 구성 정재의 정재도 연구: <고구려무>·<망선문>·<박접무>·<사선무>·<연화무>·<영지무>·<첩승무>·<최화무>·<춘광호>·<춘대옥촉>·<향령무>를 중심으로," 『우리 춤과 과학기술』31집(서울: 우리춤연구소, 2015), 37~84쪽.

374) <그림 175> 순조 무자 『진작의궤』[무동]40b.

375) "○영지를 설치하는데, 모양은 네모난 연못 같다. 무동 3인이 영지의 앞[前]에 있고, 3인은 영지의 뒤[後]에 있어서 함께 상대하며 춤춘다." 이의강, 『국역순조무자진작의궤』, 2006년, 295~296쪽.

376) <影池舞>, 『呈才舞圖笏記』, 1994년, 453쪽.

내용을 정리하면, 악사가 영지를 전내에 놓고 나가면, 협무 6인이 나란히 줄을 지어 무진하고, 이어 이대(二隊)로 나누어 영지를 중심으로 좌우로 둥글게 돌아 동서로 나누어 서서 북향하고, 무진·무퇴와 상대·상배하고, 영지를 향해 수수무·좌우일전·환롱·이수고저이무를 추고, 이어 남과 북으로 대를 나누어 서서 영지를 향해 마주보고 춤추고, 좌우로 둥글게 돌아 처음 대열로 되돌아와 물러나면, 음악이 그친다.

『정재무도홀기』의 〈영지무〉는 일렬대형·2대좌우대형·전후대형으로 변화를 주면서 춤을 추는데, 〈그림 176〉처럼 진행한다.

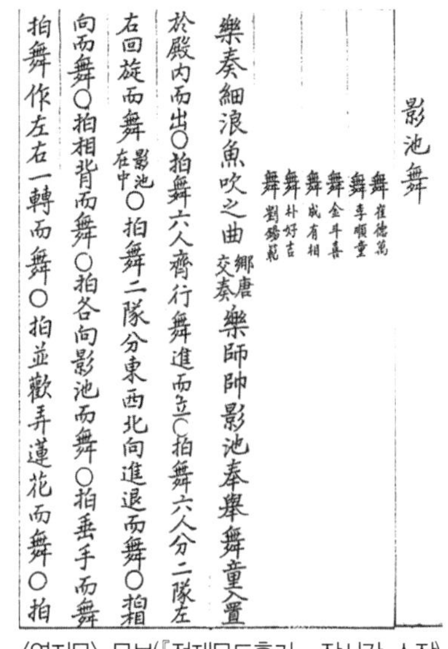
影池舞
舞 崔德萬
舞 李順童
舞 金斗喜
舞 成有相
舞 朴好吉
舞 劉錫範
樂奏細浪魚吹之曲 鄕唐交奏 樂師帥影池奉擧舞童入置
於殿內而出○拍舞六人齊行舞進而立○拍舞六人分二隊左
右回旋而舞 影池在中○拍舞二隊分東西北向進退而舞○拍
向而舞○拍相背而舞○拍各向影池而舞○拍垂手而舞
拍舞作左右一轉而舞○拍並歡弄蓮花而舞○拍

〈영지무〉 무보(『정재무도홀기』, 장서각 소장)

影池 ↑↓ ↑↓ ↑↓ ↑↓ ↑↓ ↑↓ 舞 舞 舞 舞 舞 舞	舞　　　舞 舞 影池 舞 舞　　　舞	舞 舞 舞 影池 舞 舞 舞

〈그림 176〉 『정재무도홀기』의 〈영지무〉 대형 구성

앞서 〈영지무〉 정재도에 공통적으로 나타난 내용을 정리하면 다음과 같다.

첫째, 무용수 구성은 협무 6인이다.

둘째, 무동정재이다.

셋째, 정재대형 구성은 전후대형이다.

넷째, 정재방향 구성은 내향으로, 협무 6인이 영지를 향해 마주보고 춘다.

다섯째, 춤은 두 팔을 옆으로 펴들기고 하고, 한 팔씩 위·아래로 들고 추는데, 정재춤사위 구성은 '양수평거·우수반상거좌수반하거·우수반하거좌수반상거·우수반하거좌수평거·우수상거좌수반하거'이다.

이상의 내용은 아래의 정재홀기 기록에서 확인된다.

○음악은 세랑어취지곡(細浪魚吹之曲)【향당교주】을 연주한다. 악사가 영지를 받든 무동을 거느리고 들어와 전 내에 놓고 나간다. ○박을 치면, 무동 6인이 일렬로 춤추며 나아가 선다. ○박을 치면, 무동 6인이 2대로 나뉘어 좌우로 돌며 춤춘다.【영지를 가운데 두고】○박을 치면, 동서 2대로 나뉘어 북향하고, 나아갔다 물러났다 하며 춤춘다. ○박을 치면, 서로 바라보고 춤춘다. ○박을 치면, 서로 등지고 춤춘다. …(생략)… ≪용례 1≫ ○박을 치면, 무동 2대가 남북으로 나뉘어 영지를 향하여 춤춘다. ○박을 치면, 좌우로 회선하며 춤춘다. ○박을 치면, 처음 배열로 돌아오며 춤춘다. ○박을 치면, 손을 모으고 족도한다. ○박을 치면, 무동들이 물러나면 음악이 그친다.

『정재무도홀기』〈영지무〉의 ≪용례 1≫은 무대가운데 영지를 중심으로 전후대형으로 서서 마주보고 춤추는 내용이다. 정재홀기와 〈영지무〉 정재도 내용을 비교하였을 때, 정재도에서 협무 6인이 전후대형에서 상대한 것은 ≪용례 1≫을 제시한 것이다.

3) 〈영지무〉 정재도 해석

1종의 의궤에 1점이 수록된 〈영지무〉 정재도는 무동정재로 추어졌다. 정재도를 살폈을 때 무용수는 협무 6인으로 구성되었고, 영지를 중심으로 전대에 3인, 후대에 3인이 서서 상대하고 춤추는 내용을 보여주고 있다.

〈영지무〉 정재도와 정재홀기를 비교하였을 때 영지를 중심으로 전후대형으로 서서 상대하는 춤은『정재무도홀기』에 기록된 내용을 사실적으로 제시한 것이다.

반면 정재도를 통해 홀기에 기록되지 않은 내용을 제시하였는데, 전대와 후대로 배열된 무용수들의 위치가 일렬이 아닌 것과 상대할 때 한 팔은 옆으로 펴 들고 한 팔은 아래로 내려 든 춤사위이다.

이상으로, 의궤의 〈영지무〉 정재도는 협무 6인이 영지를 중심으로 한 전후대형에서 상대하는 춤을 제시한 것으로, 전후배열의 위치와 춤사위를 제시하고 있다.

25. 오양선五羊仙

〈오양선〉 정재도는 순조 기축 『진찬의궤』·고종 정해 『진찬의궤』·고종 임진 『진찬의궤』에 수록되어있다. 3종의 의궤에 3점이 전하는데,[377] 모두 여령정재이다.

1) 〈오양선〉 정재도 검토

3점의 〈오양선〉 정재도를 살폈을 때 무용수는 죽간자 2인·선모 1인·협무 4인으로 구성되었고, 무도내용은 3가지 유형으로 구분되어 있는데[378] 내용을 살펴보면 다음과 같다.

〈그림 177〉은[379] 순조 기축 『진찬의궤』에, 〈그림 178〉은[380] 고종 임진 『진찬의궤』에, 〈그림 179〉는[381] 고종 정해 『진찬의궤』에 수록된 정재도이다. 〈그림 177〉·〈그림 178〉·〈그림 179〉 모두 여령정재이며, 무용수 구성 또한 죽간자 2인·선모 1인·협무 4인으로 모두 같다. 무도내용도 죽간자가 북쪽에서 상대한 것이 같고, 사우대형에서 무대가운데 선모가 팔을 펴 들고 전좌협(前左挾: 동북향)을 향해 춤추고, 사우에 선 협무가 내향하며 춤추는 것이 같다. 그리고 2대좌우대형에서 좌대와 우대가 서로 마주보고 팔을 펴 들고 춤추는 것 또한 같다. 다만 춤사위에 차이가 있는데, 〈그림 177〉은 '우수반하거좌수평거·양수반하거·우수

〈그림 177〉 순조 기축 『진찬의궤』

377) <五羊仙> 정재도는 純祖 己丑 『進饌儀軌』[여령]26a, 高宗 丁亥 『進饌儀軌』[여령]29b, 高宗 壬辰 『進饌儀軌』[여령]34b에 수록되었다.
378) 손선숙, "조선후기 당악과 향악의 이중적 음악구성 정재연구: <경풍도>·<만수무>·<몽금척>·<봉래의>·<수연장>·<연백복지무>·<연화대무>·<오양선>·<육화대>·<장생보연지무>·<제수창>·<최화무>·<하황은>·<헌천화>·<헌선도>를 중심으로," 『대한무용학회논문집』 제74권5호(서울: 대한무용학회, 2016), 75~94쪽.
379) <그림 177> 순조 기축 『진찬의궤』[여령]26a.
380) <그림 178> 고종 임진 『진찬의궤』[여령]34b.
381) <그림 179> 고종 정해 『진찬의궤』[여령]29b.

반하거좌수반상거·우수평거좌수반하거'이고, 〈그림 178〉은 '우수반하거좌수평거·우수평거좌수반하거'이고, 〈그림 179〉는 '양수반하거·우수반하거좌수반상거·우수평거좌수반하거'이다.

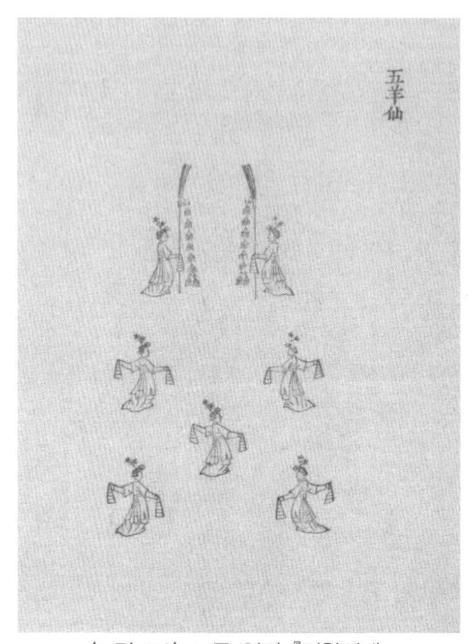

〈그림 178〉 고종 임진 『진찬의궤』

〈그림 179〉 고종 정해 『진찬의궤』

이상 3점의 〈오양선〉 정재도에 공통적으로 드러난 무도내용은 사우대형과 2대좌우대형에서의 춤을 제시한 것이다. 무용수는 무동과 여령 모두 죽간자 2인·선모 1인·협무 4인으로 구성이 같다. 무도내용은 죽간자의 상대춤과 사우대형에서 무대가운데 선모가 전좌협과 상대하는 춤, 그리고 사우에 선 협무가 내향하는 춤을 보여주고 있고, 2대좌우대형에서는 좌대와 우대의 협무가 상대하는 춤을 보여준다. 그리고 〈오양선〉 정재도에 공통적으로 제시된 정재춤사위는 '양수반하거·우수반하거좌수반상거·우수반하거좌수평거·우수평거좌수반하거'이다.

2) 〈오양선〉 정재도 분석

〈오양선〉 무보는 『정재무도홀기』에 3편이[382] 전하는데, 여령정재와 무동정재로 추었고, 무용수 구성은 죽간자 2인·선모 1인·협무 4인으로 같다.

내용을 정리하면, 죽간자 2인이 무진하여 구호를 부르고 물러나면, 선모와 협무 4인이 무진하고, 이어 선모가 무진하여 치어를 부르고 물러나면, 선모와 협무가 창사를 부른다. 선모는 그대로 서고, 협무 4인이 사방(四方)으로 서서 선모를 향하여 춤추고 각각 돌면서 춤추고, 등을 지고 춤추고 소매를 들어 떨쳐 뿌리며 춤춘다. 이어 선모를 중심으로 협무가 둥글게 돌아 다 같이 가지런히 서서 뒤로 물러난다. 좌우 제1인과 제2인이 각각 무진하여 상대하며 춤추고 물러나면, 선모가 대를 벗어나고 협무 4인은 서로 마주보고 춤을 춘다. 다 같이 가지런히 서서 춤을 추며 앞으로 나아가 선모는 오른손을 협무는 외수를 들고 창사를 부른다. 죽간자 2인이 무진하여 구호를 부르고 물러나면 모든 춤이 마친다.

五羊仙

竹竿子　舞　舞

仙母

竹竿子　舞　舞

樂奏淸平樂之曲 步虛子令 ○拍竹竿子二人足蹈而進立樂止口號

雲生華嶽 日轉鼇山 悅逢羊駕之眞仙 並結鸞驂之上侶 雅奏值於儀鳳 華姿妙於翩鴻 冀借優容 許以入隊 訖○拍 步虛子令

拍竹竿子二人足蹈而退立○拍仙母與左右挾齊行舞進

而立○拍斂手足蹈○拍仙母小進而立樂止仙母致語 式歌且舞

〈오양선〉 무보(『정재무도홀기』, 국립국악원 소장)

『정재무도홀기』의 〈오양선〉은 일렬대형·사방대형·전후대형으로 구성하여 〈그림 180〉처럼 진행한다.

382) <五羊仙>, 『呈才舞圖笏記』, 1994년, 49쪽·469쪽, 『時用舞譜(全)呈才舞圖笏記』, 1989년, 146쪽.

일렬대형	사방대형	전후대형		
⇅ ⇅ ⇅ ⇅ ⇅ 舞 舞 仙 舞 舞	舞 舞 仙 舞 舞	舞 舞 ⇅ ⇅ 舞 仙 舞	舞 舞 ⇅ ⇅ 舞 仙 舞	仙 ⇅ ▷ ◁ ▷ ◁

〈그림 180〉『정재무도홀기』의 〈오양선〉 대형 구성

앞서 〈오양선〉 정재도에 공통적으로 나타난 내용을 정리하면 다음과 같다.

첫째, 무용수 구성은 죽간자 2인·선모 1인·협무 4인으로, 무동과 여령 모두 같다.
둘째, 모두 여령정재이다.
셋째, 정재대형 구성은 사우대형·2대좌우대형이다.
넷째, 정재방향 구성은 상대·내향·동북향이다. 죽간자는 상대하고, 사우대형에서 무대가운데 선모가 팔을 펴 들고 동북향[전좌협]을 향해 춤추고, 사우에 선 협무가 내향하며 춤춘다. 2대좌우대형에서는 좌대와 우대가 서로 마주보고 춤춘다.
다섯째, 정재춤사위 구성은 '양수반하거·우수반하거좌수반상거·우수반하거좌수평거·우수평거좌수반하거'이다.

이상의 내용은 아래의 정재홀기 기록에서 확인된다.

> …(생략)… ○박을 치면, 죽간자 2인이 족도하며 앞으로 나아가 선다. 음악이 그치면 구호를 부른다. …(생략)… ≪용례 1≫ ○박을 치면, 죽간자 2인이 족도하며 뒤로 물러나 선다. …(생략)… ≪용례 2-1≫ ○박을 치면, 선모는 가운데 그대로 서고, 협무는 사방(四方)으로 나누어 서서 선모를 향하여 춤을 춘다. ≪용례 2-2≫ ○박을 치면, 선모와 협무 4인은 각각 서로 마주보고 춤을 춘다. ≪용례 2-3≫ ○박을 치면, 선모와 협무 4인이 각각 좌우로 돌면서 춤을 춘다. ≪용례 2-4≫ ○박을 치면, 음악의 절차에 따라, 한번 떨쳐 뿌리고 한번 돌면서 춤을 춘다. ○박을 치면, 손을 여미고 춤을 춘다. ○박을 치면, 춤을 추

며 서로 등을 지고 춤을 춘다. ≪용례 2-5≫ ◯박을 치면, 소매를 들어 춤을 춘다. ≪용례 2-6≫ ◯박을 치면, 선모와 협무 4인은 각각 소매를 날리며 서로 마주보고 춤을 춘다. …(생략)… ◯박을 치면, 다시 제자리로 되돌아오며 춤을 춘다. …(생략)… ≪용례 3≫ ◯박을 치면, 선모는 대를 벗어나고, 협무 4인은 서로 마주보고 춤을 춘다. ◯박을 치면, 다 같이 가지런히 서서 춤을 추며 앞으로 나아가 선다.

『정재무도홀기』 〈오양선〉의 ≪용례 1≫은 죽간자가 구호를 부른 뒤 물러나는 내용이고, ≪용례 2-1~6≫은 사방대형에 선 협무 4인이 무대가운데 선모를 향해 돌아서는 춤과 선모와 협무 4인이 각각 상대무·좌우선전·대수무·일불일전이무·번수·상배무를 추는 내용이고, ≪용례 3≫은 일렬대형에서 선모는 대를 벗어나고 좌우협무가 상대하는 내용을 제시한 것이다.

정재홀기와 〈오양선〉 정재도 내용을 비교하였을 때 정재도에는 사우대형으로, 정재홀기에는 사방대형으로 제시되어 정재대형 구성에 차이가 있다.

3) 〈오양선〉 정재도 해석

3종의 의궤에 3점이 수록된 〈오양선〉 정재도는 모두 여령정재이다. 3점의 정재도를 통합 비교하였을 때 〈오양선〉은 정재도마다 한 그림 속에 여러 내용을 제시하였는데, 〈그림 177~179〉 모두 죽간자가 마주보고 서는 위치와 방향, 사우대형에서 무대가운데에 선 선모가 전좌협과 마주보고 추는 춤, 좌대와 우대가 서로 마주보고 추는 춤과 춤사위를 제시하였다. 무용수 구성 또한 무동과 여령 모두 죽간자 2인·선모 1인·협무 4인으로 같고, 의궤 정재도에는 이러한 내용들을 의상 및 의물[죽간자]의 형태에 차이를 두어 3가지 유형으로 제시하였다.

〈오양선〉 정재도와 정재홀기를 비교하였을 때 정재홀기에 기록되지 않은 내용을 정재도에서 확인하였다. 먼저 정재도에는 죽간자가 북쪽에서 상대하였는데 『정재무도홀기』 〈오양선〉에는 물러나 마주본다는 기록이 없다. 죽간자가 상대한 것은 죽간자가 선구호를 부른 다음 무용수들이 진행부의 춤을 출 때 바라보는 방향을 제시한 것으로, 이 내용은 『정재무도홀기』 〈장생보연지무〉와 〈제수창〉에서 확인된다. 『정재무도홀기』에는 정재내용과 함께 구체적이고 세부적인 진행 내용을 함께 제시하였는데 정재 50여종에 분산하여 기록하였다. 죽간자가 선구호를 부른 다음 물러나 마주보는 내용은 궁중정재의 기본 법례에 의해 공통적으로 진행되는 규칙이 적용된 것으로, 죽간자가 등장하는 정재의 진행은 모두 같다. 따라서 〈오양선〉 정재도에서 죽간자가 상대한 것은 진행부의 내용을 제시한 것으로, 『정재무도홀기』에 죽간자의 무퇴로만 기록되었어도 그 무퇴에는 물러난 다음 마주본다는 내용이 포함된 것이다. 또한 정재도에는 모두 여령정재가 춘 것을 제시하였으나 『정재무도홀기』 기록을 통해 무동도 〈오양선〉을 춘 것을 알 수 있다.

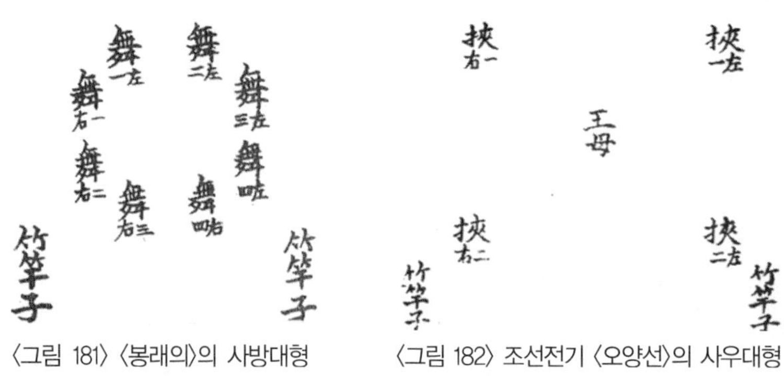

〈그림 181〉 〈봉래의〉의 사방대형 〈그림 182〉 조선전기 〈오양선〉의 사우대형

다음으로 정재홀기에는 사방대형으로 기록하였으나 정재도를 확인하였을 때 사우대형이었다. 궁중정재에서 사방대형은 동·서·남·북 사정방 위치에 서는 것으로, 사방대형의 형태는 〈그림 181〉처럼 〈봉래의〉 외 〈수연장〉에서 확인된다. 또한 정재도에 제시된 사우대형은 〈그림 182〉처럼 조선전기 〈오양선〉에서 확인된다. 〈오양선〉은 왕조별로 대형 구성에 변화를 보이는데, 조선전기에는 사우대형으로 조선후기에는 사방대형으로 변화되었다. 그런데 조선후기 〈오양선〉 정재도에 제시된 대형은 모두 사우대형이다. 정재홀기에는 사방으로 기록되었지만 정재도에는 사우대형으로 제시되어 정재도와 정재홀기의 기록에 차이가 있다. 따라서 정재도에 제시된 사우대형에서 선모와 협무 4인의 선모향이무·각각상대무·좌우선전·대수무·일불일전이무·번수·상배무, 그리고 2대좌우대형에서 협무 4인이 상대하는 춤과 춤사위 형태는 정재홀기에 기록되지 않은 내용이다.

이상으로, 의궤의 〈오양선〉 정재도는 무용수를 죽간자 2인·선모 1인·협무 4인으로 구성하여, 사우대형과 2대좌우대형에서의 춤을 제시한 것이다. 정재도에 공통적으로 제시된 내용은 죽간자가 구호를 부른 뒤 물러난 위치와 방향, 사우대형에서 선모와 협무 4인이 각각 선모향이무·각각상대무·좌우선전·대수무·일불일전이무·번수·상배하는 춤과 2대좌우대형에서 협무 4인이 상대하는 춤과 춤사위 형태이다.

26. 육화대六花隊

〈육화대〉 정재도는 고종 신축 『진찬의궤』·고종 신축 『진연의궤』·고종 임인(4월·11월) 『진연의궤』에 수록되었다. 4종의 의궤에 7점이 전하는데,[383] 무동은 3점·여령은 4점이다.

1) 〈육화대〉 정재도 검토

7점의 〈육화대〉 정재도를 살폈을 때 무용수는 모두 죽간자 2인·선모 1인·협무 6인으로 구성되었고, 무도내용은 무동과 여령으로 구분하여 2가지 유형으로 제시하였는데[384] 내용을 살펴보면 다음과 같다.

〈그림 183〉은 고종 신축 『진연의궤』·고종 임인 『진연의궤』[4월·11월]에 수록된 정재도이다.[385] 무동정재이며, 무용수 구성은 죽간자 2인·선모 1인·협무 6인이다. 죽간자 2인이 북쪽에서 북향하고, 선모는 무대가운데에 서고 협무 6인은 2대좌우대형으로 서서 북향하여 팔을 옆으로 펴들고 춤춘다. 선모는 꽃을 잡지 않았고, 협무 6인은 모두 오른

383) <六花隊> 정재도는 高宗 辛丑 『進饌儀軌』[여령]27b, 高宗 辛丑 『進宴儀軌』[무동]27b, 高宗 辛丑 『進宴儀軌』[여령]39b, 高宗 壬寅 『進宴儀軌』[4월: 무동]27b, 高宗 壬寅 『進宴儀軌』[4월: 여령]40b, 高宗 壬寅 『進宴儀軌』[11월: 여령]39b, 高宗 壬寅 『進宴儀軌』[11월: 무동]29b에 수록되었다.

384) 손선숙, “조선후기 당악과 향악의 이중적 음악구성 정재연구: <경풍도>·<만수무>·<몽금척>·<봉래의>·<수연장>·<연백복지무>·<연화대무>·<오양선>·<육화대>·<장생보연지무>·<제수창>·<최화무>·<하황은>·<헌천화>·<헌선도>를 중심으로,” 『대한무용학회논문집』제74권5호(서울: 대한무용학회, 2016), 75~94쪽.

385) <그림 183> 고종 신축 『진연의궤』[무동]27b; 고종 임인 『진연의궤』[4월: 무동]27b; 고종 임인 『진연의궤』[11월: 무동]29b.

손에 꽃을 잡고 춤추는데, 춤사위는 '양수반하거·양수평거'이다.

〈그림 184〉는 고종 신축 『진찬의궤』·고종 신축 『진연의궤』·고종 임인 『진연의궤』[4월·11월]에 수록된 정재도이다.[386] 여령정재이며, 무용수 구성은 죽간자 2인·선모 1인·협무 6인이다. 죽간자 2인이 북쪽에서 북향하고, 선모는 무대가운데에 서고 협무 6인은 2대좌우대형으로 서서 북향하여 팔을 옆으로 펴들고 춤춘다. 선모는 꽃을 잡지 않았고, 협무 6인은 모두 오른손에 꽃을 잡고 춤추는데, 춤사위는 '우수평거좌수반하거·우수반하거좌수평거·양수반하거·양수평거'이다.

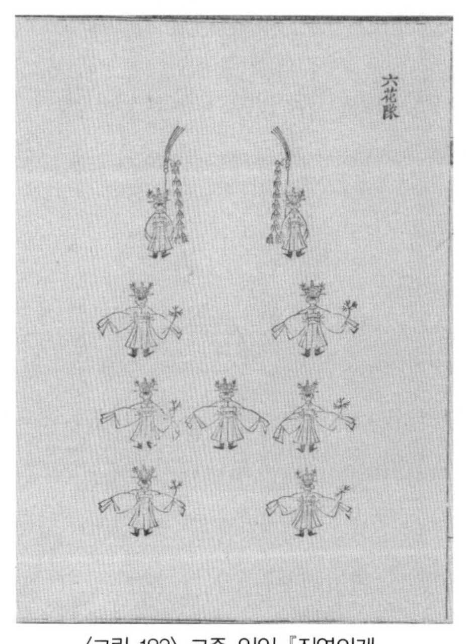

〈그림 183〉 고종 임인 『진연의궤』

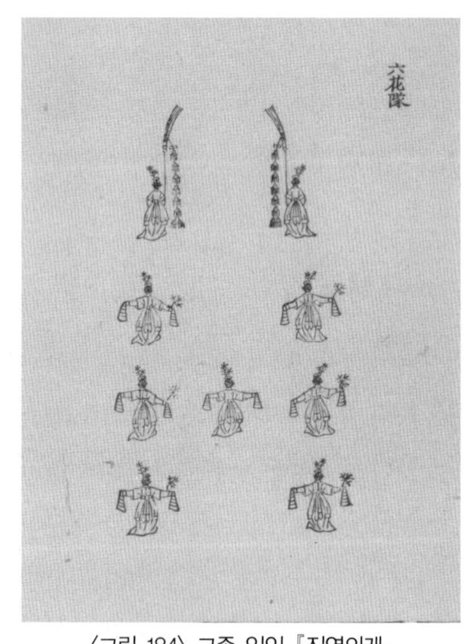

〈그림 184〉 고종 임인 『진연의궤』

이상 7점의 〈육화대〉 정재도를 살폈을 때 드러난 무도내용은 2대좌우대형에서의 춤을 제시한 것이다. 무용수는 무동과 여령 모두 죽간자 2인·선모 1인·협무 6인으로 구성되었다. 무도내용은 죽간자는 북쪽에 서서 북향하고, 선모는 무대가운데에서 춤추고, 협무 6인은 2대좌우대형에서 좌대와 우대 모두가 오른손에 꽃을 잡고 팔을 옆으로 펴

386) <그림 184> 고종 신축 『진찬의궤』[여령]27b; 고종 신축 『진연의궤』[여령]39b; 고종 임인 『진연의궤』[11월: 여령]39b; 고종 임인 『진연의궤』[4월: 여령]40b.

들고 춤춘다. 그리고 〈육화대〉 정재도에 공통적으로 제시된 정재춤사위는 ‘양수반하거·양수평거·우수반하거좌수평거·우수평거좌수반하거’이다.

2) 〈육화대〉 정재도 분석

〈육화대〉 무보는 『정재무도홀기』에 7편이[387] 전하는데, 여령정재와 무동정재로 추었다. 무용수 구성은 죽간자 2인·중심무[선모] 1인·협무 6인으로 같고, 내용 또한 모두 같다.

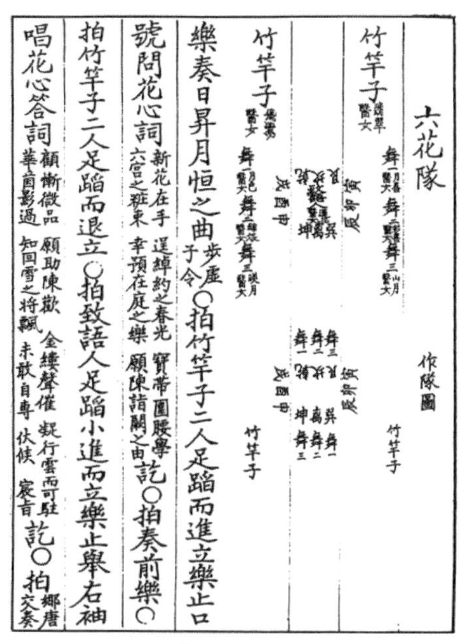

六花隊

作隊圖

樂奏日昇月恒之曲 步虛子令○拍竹竿子二人足蹈而進立樂止口

號問花心詞 新花在手 逞綽約之春光 寶帶圍腰 學六宮之粧束 幸預在庭之樂 願陳詰闕之由 訖○拍奏前樂○

拍竹竿子二人足蹈而退立○拍致語人足蹈小進而立樂止擧右袖

唱花心答詞 顧慚微品 願助陳歡 金縷聲催 擬行雲而可駐 華筵影過 知回雪之將飄 未敢自專 伏候 裁旨 訖○拍 鄉唐交奏

〈육화대〉 무보(『정재무도홀기』, 장서각 소장)

내용을 정리하면, 죽간자가 무진하여 문화심사(問花心詞) 구호를 부르고 물러난다. 중심무가 무진하여 오른 소매를 들고 화심답사(花心答詞)를 부르고, 손을 여미고 엎드렸다가 일어나 뒤로 물러난다. 동쪽과 서쪽의 협무가 차례로 무진하여 일념시(一念詩)·이념시(二念詩)·삼념시(三念詩)를 부르고 물러난다. 이어 화대(花隊: 협무) 6인이 둥글게 돌며 춤추고, 이어 3대를 만들어 좌우로 나누어 선다. 무용수들이 차례로 무진하여 일렬대형으로 서면서 일념가(一念歌)·이념가(二念歌)·삼념가(三念歌)를 부르고, 회무하여 좌무는 건감간(乾坎艮)에 서고, 우무는 손리곤(巽离坤)에 선다.[388] 북쪽을 향해 나란히 줄을 지어 춤을 추고, 감(坎)과 리(离)의 무용수가 서로 향하여 춤을 추고, 서로 자리를 바꾼다. 감(坎)괘의 무용수를 중심으로 간과 건이 상대·상배하며 춘다. 전대와 후대가 마주보고 춤추고, 자리를 바꾸어 춤추고, 감과 리가 자리를 바꾸어 서고, 화대 6인이 왼쪽으로 둥글게 돌아 처음 자리로 선다. 죽간자가 무진하여 구호를 부르고 무용수 전체가 물러나면 춤이 마친다.

387) <六花隊>, 『呈才舞圖笏記』, 1994년, 61쪽·100쪽·163쪽·229쪽·285쪽·351쪽; 『時用舞譜(全)呈才舞圖笏記』, 1989년, 194쪽.

388) ‘乾坎艮’과 ‘巽离坤’은 괘 자리를 말한다. <육화대>에서 ‘乾坎艮’은 전대, ‘巽离坤’은 후대에 선 위치이다.

『정재무도홀기』의 〈육화대〉는 2대좌우대형·일렬대형·전후대형으로 구성하여 〈그림 185〉처럼 진행하는데, 2대좌우대형에서는 무용수 전체가 무진·무퇴하고, 일렬대형에서는 좌우협무가 무진·무퇴하고, 전후대형에서는 중심무 혹은 매 대가 차례로 나아가 창사를 부르고 제자리로 돌아와 서는 춤을 추고, 전대와 후대가 서로 자리를 바꾸며 춤추고, 감과 리가 자리를 바꾸며 춤추고, 전대의 감(坎)을 중심으로 간(艮)과 건(乾)괘의 무용수가 상대·상배를 춘다.

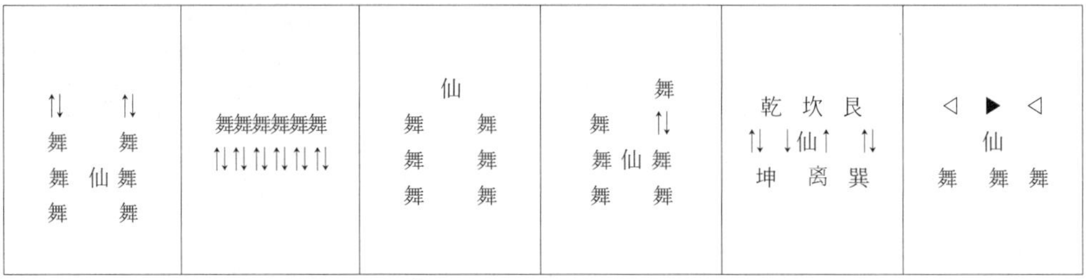

↑↓ ↑↓ 舞 舞 舞 仙 舞 舞 舞	舞舞舞舞舞舞 ↑↓↑↓↑↓↑↓↑↓↑↓	仙 舞 舞 舞 舞 舞 舞	舞 舞 ↑↓ 舞 仙 舞 舞 舞	乾 坎 艮 ↑↓ ↓仙↑ ↑↓ 坤 离 巽	◁ ▶ ◁ 仙 舞 舞 舞

〈그림 185〉『정재무도홀기』의 〈육화대〉 대형 구성

앞서 〈육화대〉 정재도에 공통적으로 나타난 내용을 정리하면 다음과 같다.

첫째, 무용수 구성은 죽간자 2인·선모 1인·협무 6인으로, 무동과 여령 모두 같다.
둘째, 무동정재와 여령정재로 추었다.
셋째, 정재대형 구성은 2대좌우대형이다.
넷째, 정재방향 구성은 북향이다. 죽간자는 북쪽에서 북향하고, 2대좌우대형에서 선모는 무대가운데에서 협무 6인과 함께 북향한다.
다섯째, 선모는 꽃을 잡지 않았고, 협무 6인은 모두 오른손에 잡았다.
여섯째, 정재춤사위 구성은 두 팔을 옆으로 펴들거나 혹은 한 팔은 아래로 한 팔은 위로 들고 추는데, '양수반하거·양수평거·우수반하거좌수평거·우수평거좌수반하거'이다.

이상의 내용은 아래의 정재홀기 기록에서 확인된다.

…(생략)… ≪용례 1≫ ○박을 치면, 죽간자2인이 족도하며 앞으로 나아가 선다. 음악이 그치면 문화심사(問花心詞) 구호를 부른다. …(생략)… ○박을 치면, 동쪽의 옥색을 입은 제1인이 꽃을 받들고 족도하며 앞으로 나아가 선다. 음악이 그치고 일념시(一念詩)를 부른다. …(생략)… ≪용례 2≫ ○박을 치면, 족도하며 뒤로 물러난다. ○박을 치면, 서쪽의 초록옷을 입은 제1인이 꽃을 받들고 족도하며 앞으로 나아가 선다. 음악이 그치고, 일념시(一念詩)를 부른다. …(생략)… ≪용례 3≫ ○박을 치면, 화대 6인이 좌우로 둥글게 돌면서 춤을 춘다【좌무는 서쪽으로 돌고, 우무는 동쪽으로 돈다】 ○박을 치면, 3대를 만들어 좌우로 나누어 선다. ○박을 치면, 동쪽의 옥색을 입은 제1인이 춤을 추며 앞으로 나아가 선다【무 5인은 손을 여미고 선다】 음악이 그친다. ○박을 치면, 세취(細吹)로 가곡(歌曲) 농(弄)을 연주한다. 일념가(一念歌)를 부른다. …(생략)… ○박을 치면, 춤을 추는데, 뒤로 조금 물러나 동쪽 가까이에 선다. …(생략)… ○박을 치면, 화대 6인이 왼쪽으로 둥글게 돌면서 춤을 춘다. ≪용례 4≫ ○박을 치면, 맨 처음 자리로 되돌아오며 춤을 춘다. ≪용례 5≫ ○박을 치면, 죽간자 2인은 족도하며 앞으로 나아가 선다. 음악이 그치고 구호를 부른다. …(생략)… ○박을 치면, 죽간자 2인이 족도하며 뒤로 물러난다. ≪용례 6≫ ○박을 치면, 선모와 화대 6인이 춤을 추며 앞으로 나아가 선다. ○박을 치면, 손을 여미고 족도한다. ≪용례 7≫ ○박을 치면, 춤을 추며 뒤로 물러난다. 음악이 그친다.

『정재무도홀기』 〈육화대〉의 ≪용례 1·5≫는 죽간자가 나아가 북향하고 구호를 부르는 내용이고, ≪용례 2≫는 좌우협무가 각각 앞으로 나아가 창사를 부르고 다시 제자리로 돌아와 서는 내용이고,[389] ≪용례 3≫은 회무하여 삼대[2대좌우대형]로[390] 서는 내용이고, ≪용례 4≫는 회무하여 초열로 서는 내용이고, ≪용례 6·7≫은 선모와 화대 6인이[391] 북향하여 무진·무퇴하는 내용이다.

정재홀기와 〈육화대〉 정재도 내용을 비교하였을 때 정재도에서 죽간자가 북향한 것은 도입부와 종결부에서 죽간자가 구호를 부르는 내용으로 ≪용례 1·5≫를 제시한 것이고,

389) 무용수들이 다시 제자리로 돌아와 서면 결국 2대좌우대형이 된다.

390) <육화대>의 "三隊左右分立"은 2대좌우대형을 말한다. '삼대'는 <하왕은>에서도 사용되는데, 여기서의 '삼대'는 <육화대>의 '삼대'와는 대형의 형태가 다르다.

391) 『정재무도홀기』에는 <육화대>의 무용수를 지칭하는 용어를 무용수들이 입은 의상 색깔로 사용하기도 하고, 무용수 모두가 꽃을 들고 춘다고 해서 '화대(花隊)'라고도 부른다. 궁중정재에서는 군무로 추는 무용수를 협무라고 부르는데 이것은 일반적인 용어이고, 이것을 발레용어와 비교하면 꼬드발레(corps de ballet)에 해당된다. '화대'는 '꽃을 잡은 무리' 즉 무용수를 말한다. 결국 협무와 화대는 같은 무용수를 말하는 것으로, 화대는 춤 진행에 있어 꽃을 잡고 추는 것임을 강조하여 사용한 용어이다.

2대좌우대형에서 북향한 것은 좌우협무가 각각 앞으로 나아가 창사를 부르고 다시 제자리로 돌아와 서는 2대좌우대형의 형태와 회무하여 서는 초열의 형태, 그리고 선모와 화대 6인이 북향하고 무진·무퇴하는 내용으로 ≪용례 2·3·4·5·6·7≫을 제시한 것이다.

3) 〈육화대〉 정재도 해석

4종의 의궤에 7점이 수록된 〈육화대〉 정재도는 무동은 3점·여령은 4점이다. 7점의 정재도를 살폈을 때 무도내용이 적게는 3점, 많게는 4점이 같은 내용으로 그려졌는데, 〈그림 183〉은 3점, 〈그림 184〉는 4점이 같다.

정재도를 통합 비교하였을 때 〈육화대〉는 정재도마다 한 그림 속에 여러 내용을 제시하였는데 〈그림 183·184〉에는 죽간자의 북향, 2대좌우대형의 형태와 무용수들의 배열위치, 무용수 전체의 북향무, 화대 6인이 꽃을 오른손에 잡은 것, 선모는 꽃을 잡지 않은 것과 춤사위 형태이다.

무용수 구성은 무동과 여령 모두 죽간자 2인·선모 1인·협무 6인으로 같다. 무도내용 또한 죽간자의 북향과 2대좌우대형에서의 춤을 제시한 것으로, 의궤 정재도에는 이러한 내용들을 무동과 여령으로 구분하여 정재도별로 2가지 유형으로 제시하였다.

〈육화대〉 정재도와 정재홀기를 비교하였을 때 도입부·종결부에 죽간자가 나아가 구호를 부르는 위치와 방향, 2대좌우대형의 형태, 회무하여 서는 초열대형의 형태, 선모와 화대 6인이 무진·무퇴하는 내용은 『정재무도홀기』에 기록된 내용을 사실적으로 제시한 것이다.

반면 정재홀기에 기록되지 않은 내용을 정재도에 제시하였는데, 선모가 꽃을 잡지 않은 것과 협무 6인이 꽃을 오른손에 잡은 것, 2대좌우대형에서 추는 춤사위 형태이다.

이상으로, 의궤의 〈육화대〉 정재도에는 무용수를 죽간자 2인·선모 1인·협무 6인으로 구성하여 죽간자가 도입부와 종결부에서 북쪽의 좌우에 서서 북향하여 구호를 부르는 내용, 2대좌우대형의 형태, 무용수 전체가 무진·무퇴하는 춤, 선모는 꽃을 잡지 않고 협무 6인이 모두 오른손에 꽃을 잡은 것과 춤사위 등 다양한 내용을 제시하고 있다.

27. 장생보연지무長生寶宴之舞

〈장생보연지무〉 정재도는 순조 기축 『진찬의궤』 · 헌종 무신 『진찬의궤』 · 고종 임진 『진찬의궤』 · 고종 정축 『진찬의궤』 · 고종 정해 『진찬의궤』 · 고종 신축 『진찬의궤』 · 고종 신축 『진연의궤』 · 고종 임인(4월 · 11월) 『진연의궤』에 수록되어 있다. 9종의 의궤에 14점이[392] 전하는데, 무동은 5점 · 여령은 9점이다.

1) 〈장생보연지무〉 정재도 검토

14점의 〈장생보연지무〉 정재도를 살폈을 때 무용수는 모두 죽간자 2인 · 선모 1인 · 협무 4인으로 구성되었다. 무도내용은 4가지 유형으로 구분되어 있는데[393] 내용을 살펴보면 다음과 같다.

〈그림 186〉은 헌종 무신 『진찬의궤』 · 고종 정축 『진찬의궤』 · 고종 정해 『진찬의궤』에 수록된 정재도이다.[394] 여령정재이며, 무용수 구성은 죽간자 2인 · 선모 1인 · 협무 4인이다. 죽간자 2인이 북쪽에서 상대하고, 여령 5인이 오방대형에서 춤을 추는데 무대가운데 선모는 북향하고, 북대(北隊)와 남대(南隊)는 상배(相背)하고,[395] 동대(東隊)와 서대(西隊)는 상대한다. 공통적으로 보여준 무용수들의 방향은 북향 · 내향 · 외향이며, 춤사위는 '양수평거 · 우수평거좌수반하거 · 우수반상거좌수반하거 · 우수반하거좌수평거'이다.

392) <長生寶宴之舞> 정재도는 純祖 己丑 『進饌儀軌』[여령]20b, 純祖 己丑 『進饌儀軌』[무동]60a, 憲宗 戊申 『進饌儀軌』[여령]16a, 高宗 丁丑 『進饌儀軌』[여령]17b, 高宗 丁亥 『進饌儀軌』[여령]20b, 高宗 壬辰 『進饌儀軌』[무동]28a, 高宗 壬辰 『進饌儀軌』[여령]35b, 高宗 辛丑 『進饌儀軌』[여령]22b, 高宗 辛丑 『進宴儀軌』[무동]26a, 高宗 辛丑 『進宴儀軌』[여령]32b, 高宗 壬寅 『進宴儀軌』[4월: 무동]26a, 高宗 壬寅 『進宴儀軌』[4월: 여령]32b, 高宗 壬寅 『進宴儀軌』[11월: 무동]28a, 高宗 壬寅 『進宴儀軌』[11월: 여령]35b에 기록되어 있다.

393) 손선숙, "의궤 정재도의 도상학적 연구(Ⅱ): <보상무> · <수연장> · <장생보연지무> · <향령무> · <헌선도>를 중심으로," 『무용역사기록학』제37호(서울: 무용역사기록학회, 2015), 101~137쪽; "조선후기 당악과 향악의 이중적 음악구성 정재연구: <경풍도> · <만수무> · <몽금척> · <봉래의> · <수연장> · <연백복지무> · <연화대무> · <오양선> · <육화대> · <장생보연지무> · <제수창> · <최화무> · <하황은> · <헌천화> · <헌선도>를 중심으로," 『대한무용학회논문집』제74권5호(서울: 대한무용학회, 2016), 75~94쪽.

394) <그림 186> 헌종 무신 『진찬의궤』[여령]16a; 고종 정축 『진찬의궤』[여령]17b; 고종 정해 『진찬의궤』[여령]20b.

395) 상배(相背): 서로 등을 지고 서는 것.

〈그림 187〉은 순조 기축 『진찬의궤』· 고종 신축 『진찬의궤』· 고종 임진 『진찬의궤』· 고종 신축 『진연의궤』· 고종 임인 『진연의궤』[4월·11월]에 수록된 정재도이다.[396] 여령정재이며, 무용수 구성은 죽간자 2인·선모 1인·협무 4인이다. 죽간자 2인이 북쪽에서 상대하고, 여령 5인이 오방대형에서 춤을 추는데 무대가운데 선모는 북향하고, 동대·서대·남대·북대의 여령은 모두 외향한다. 공통적으로 보여준 무용수들의 방향은 북향·외향이며, 춤사위는 '양수평거·우수평거좌수반하거·양수반하거·우수반하거좌수평거'이다.

〈그림 186〉 헌종 무신 『진찬의궤』

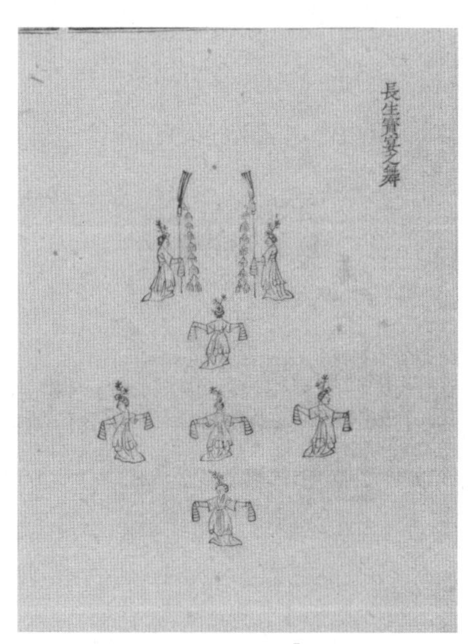

〈그림 187〉 순조 기축 『진찬의궤』

〈그림 188-1〉은 고종 임진 『진찬의궤』· 고종 신축 『진찬의궤』· 고종 임인 『진연의궤』[4월·11월]에,[397] 〈그림 188-2〉는 순조 기축 『진찬의궤』에[398] 수록된 정재도이다. 〈그림 188-1〉과 〈그림 188-2〉는 무동정재이며, 무용수 구성은 죽간자 2인·선모 1인·협

396) <그림 187> 순조 기축 『진찬의궤』[여령]20b; 고종 신축 『진찬의궤』[여령]22b; 고종 임진 『진찬의궤』[여령]35b; 고종 신축 『진연의궤』[여령]32b; 고종 임인 『진연의궤』[4월: 여령]26a; 고종임인 『진연의궤』[11월: 여령]35b.

397) <그림 188-1> 고종 임진 『진찬의궤』[무동]28a; 고종 신축 『진찬의궤』[무동]26a; 고종 임인 『진연의궤』[4월: 무동]26a; 고종 임인 『진연의궤』[11월: 무동]28a.

398) <그림 188-2> 순조 기축 『진찬의궤』[무동]60a.

무 4인으로 모두 같다. 다만 한삼의 유무에 차이가 있을 뿐 무도 내용은 같은데, 죽간자 2인이 북쪽에서 북향하고, 무동 5인이 사우대형에서 춤을 추는데, 무대가운데 선모는 북향하고, 전대와 후대가 상대를 한다. 공통적으로 보여준 무용수들의 방향은 북향·남향이며, 춤사위는 '우수평거좌수반하거·우수반하거좌수평거·양수반하거'이다.

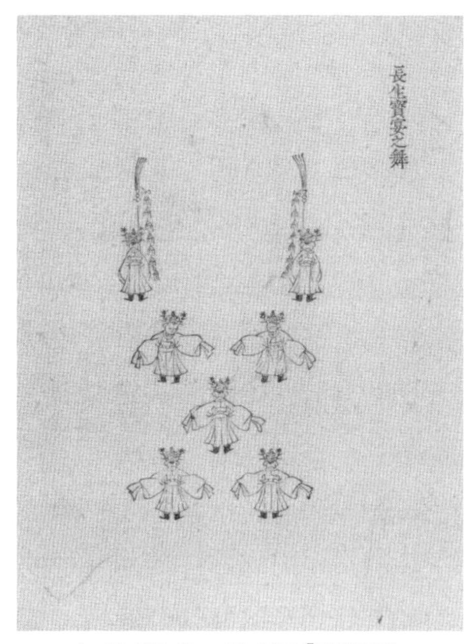

〈그림 188-1〉 고종 임진 『진찬의궤』

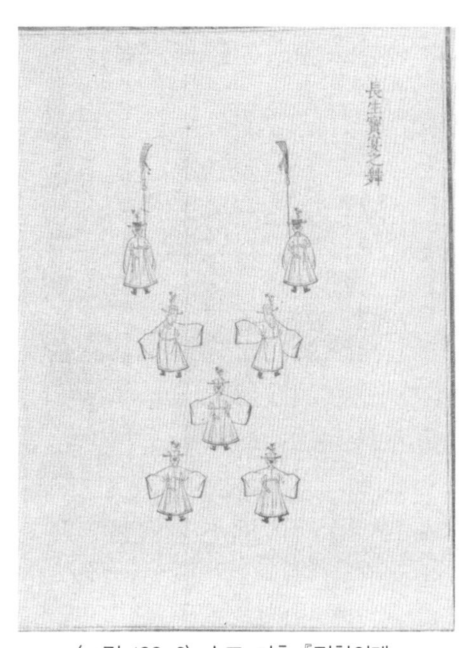

〈그림 188-2〉 순조 기축 『진찬의궤』

이상 14점의 〈장생보연지무〉 정재도를 살폈을 때 드러난 무도내용은 오방대형과 사우대형에서의 춤을 제시한 것으로, 무동은 사우대형, 여령은 오방대형에서 추는 것을 제시하였다. 여령과 무동은 대형과 바라보는 방향에 차이가 있는데, 무동은 사우대형에서 전대와 후대가 상대한 것이 모두 같고, 여령은 오방대형에서 상대와 상배로 춘 것이 차이가 있다. 정재도마다 같은 그림이 반복되어 있고, 무도내용이 무동과 여령으로 구분되어 제시되었지만 무용수는 무동과 여령 모두 죽간자 2인·선모 1인·협무 4인으로 구성이 같다. 정재방향은 정재대형별로 차이가 있는데, 오방대형에서는 협무 모두가 무대가운데를 중심으로 내향[상대]과 외향[상배]을 하였고, 전후대형에서는 상대하였다. 반면 선모는 정재대형 상관없이 북향한 것이 모두 같다. 죽간자는 북쪽에 서서 상대와 북향을 하는데 여령은 상대, 무동은 북향을 하였다. 그리고 〈장생보연지무〉 정재도에 공통적으로 제시된 정재춤사위는 '양수반하거·양수평거·우수반상거좌수반하거·우수반하거좌수평거·우수평거좌수반하거'이다.

2) 〈장생보연지무〉 정재도 분석

長生寶宴之舞
竹竿子 瓊玉 醫女 舞 月嬌 醫女 舞 研玉 醫女
僊 紅梅 尙方
竹竿子 錦香 醫女 舞 眞香 醫女 舞 綠珠 醫女
樂奏八千春秋之曲 步虛子令 ○拍竹竿子二人足蹈而進立樂止口號
麗日舒長 開盛宴於寶殿 祥雲蔥蘢 張匀樂於彤庭 敢冒宸顔 謹陳口號 訖○拍 鄕唐交奏 ○拍竹竿子二人足蹈
小退相對而立○拍仙母與左右挾四人舞進○拍仙母足蹈小進而立樂
止致語 欽惟我 聖上德 克享天心 景籙無疆 昇平之樂 視華之宴 以長生不老之壽 歌之而頌也 訖○拍 鄕唐交奏○拍

〈장생보연지무〉 무보
(『정재무도홀기』, 국립국악원 소장)

〈장생보연지무〉 무보는 『정재무도홀기』에 9편이[399] 전하는데 여령정재와 무동정재로 추었고, 무용수 구성은 죽간자 2인·선모 1인·협무 4인으로 같다. 춤 내용은 변함없으나 연향에 따라 무동정재 시에는 죽간자의 창사가 생략되기도[400] 한다.

내용을 정리하면, 죽간자가 무진하여 구호를 부르고 물러나 마주보고 선다. 선모와 좌우협무가 무진하고, 이어 선모가 무진하여 치어를 부르고 물러난다. 선모와 좌우협무가 창사 전단(前段)과 후단(後段)을 부른다. 선모와 좌우협무 4인이 북향하고, 이어 일변상대무(一變相對舞)·이변수수무(二變垂手舞)·삼변상배무(三變相背舞)·사변산작화무(四變散作花舞)·오변수수무(五變垂手舞)·육변오방무(六變五方舞)·칠변염수무(七變斂手舞)·팔변사선무(八變四仙舞)·구변염수무(九變斂手舞)를 추고 둥글게 돌아 초열로 서면 죽간자가 무진하여 구호를 부르고 물러나면 춤이 마친다.

---

399) <長生寶宴之舞>, 『呈才舞圖笏記』, 1994년, 40쪽·107쪽·170쪽·217쪽·273쪽·336쪽·457쪽·491쪽; 『時用舞譜(全)呈才舞圖笏記』, 1989년, 155쪽. <장생보연지무>에서는 도입부 부분에 죽간자가 이동하는 내용을 3가지로 기록하였는데, '退立'으로 한 것은 1994년, 107쪽·170쪽·217쪽·336쪽·491쪽이고, '相向而立'으로 한 것은 457쪽이다. '相對而立'으로 한 것은 1989년, 155쪽이다.

400) 도입부에 죽간자가 구호를 부르지 않은 경우는 무퇴없이 바로 마주보고 선다. <長生寶宴之舞>, 『呈才舞圖笏記』, 1994년, 457쪽.

『정재무도홀기』의 〈장생보연지무〉는 제1변에서 9변까지 춤을 변화시키며 추는 춤으로, 정재대형을 일렬대형·전후대형·사우대형·오방대형·산작화무대형으로 구성하여 〈그림 189〉처럼 진행한다.

일렬대형	전후대형			사우대형	오방대형	산작화무대형
舞 舞 舞 舞 舞	舞 舞 舞 舞 舞	舞 舞 舞 舞 舞	舞 舞 舞 舞 舞	舞 舞 舞 舞 舞	舞 舞 舞 舞 舞	仙 舞 舞 舞 舞

〈그림 189〉『정재무도홀기』의 〈장생보연지무〉 대형 구성

앞서 〈장생보연지무〉 정재도에 공통적으로 나타난 내용을 정리하면 다음과 같다.

첫째, 무용수 구성은 죽간자 2인·선모 1인·협무 4인으로, 무동과 여령 모두 같다.
둘째, 무동정재와 여령정재로 추었다.
셋째, 정재대형 구성은 오방대형과 사우대형이다.
넷째, 정재방향 구성은 북향·외향·내향·상대·상배이다. 죽간자는 북향과 상대이고, 선모와 좌우협무는 북향·외향·내향·상대·상배이다.
다섯째, 춤은 두 팔을 옆으로 펴 들고 추는 춤을 제시한 것으로, 정재춤사위 구성은 '양수반하거·양수평거·우수반상거좌수반하거·우수반하거좌수평거·우수평거좌수반하거'이다.

이상의 내용은 아래의 정재홀기 기록에서 확인된다.

≪용례 1≫ ○박을 치면, 죽간자 2인이 앞으로 나아가 선다. 음악이 그치면, 구호를 부른다. …(생략)… ≪용례 2≫ ○박을 치면, 죽간자 2인이 물러나 마주본다. …(생략)… ≪용례 3≫ ○육변오방무(六變五方舞) ○박을 치면, 선모와 좌우협은 오방무(五方舞)【상배(相背)】

를 춘다. 왼쪽을 돌아보며【左顧】 오른팔은 들고 왼팔은 활처럼 구부린다. 오른쪽을 돌아보며【右顧】 왼팔은 들고 오른팔은 활처럼 구부린다. …(생략)… ≪용례 4≫ ○팔변사선무(八變四仙舞) ○박을 치면, 좌우협은 사선무(四仙舞)를 춘다. 사선무를 추다가 둥글게 돌아 ≪용례 5≫ 구변(九變)을 시작할 적에 협무 전일쌍은 대를 조금 벌리고 후일쌍은 가운데로 족도하면서 앞으로 나아간다. 전일쌍과 후일쌍이 서로 자리를 바꾸어가며 손을 여미고 춤을 춘다【斂手舞】. ○구변염수무(九變斂手舞) ○박을 치면, 좌우협은 족도하며 돌아서 선다. ○박을 치면, 둥글게 돌아【回旋】 손을 모은다. ≪용례 6≫ ○박을 치면, 죽간자 2인은 족도하며 앞으로 조금 나아가 북쪽을 향해 선다. ○박을 치면, 선모와 좌우협은 족도하며 앞으로 조금 나아가 가지런히 서서 무진하였다가 무퇴한다. 음악이 그치면, ≪용례 7≫ ○죽간자 2인이 구호를 부른다. …(생략)… 끝나고, ○박을 치면, 앞의 음악을 연주한다.【후단(後段)】 ○박을 치면, 죽간자 2인이 족도하면서 뒤로 물러나 선다.

『정재무도홀기』〈장생보연지무〉의 ≪용례 1≫은 죽간자가 무진하여 구호를 부르는 내용이고, ≪용례 2≫는 구호를 부른 다음 물러나 마주보는 내용이고, ≪용례 3≫은 오방대형에서 상배하는 내용이고, ≪용례 4≫는 사우대형에서 사선무(四仙舞)를[401] 추는 내용이고, ≪용례 5≫는 전대와 후대가 서로 자리를 바꾸어가며 춤추는 내용이고, ≪용례 6≫은 죽간자가 무진하는 내용이고, ≪용례 7≫은 죽간자가 구호를 부르는 내용이다.

정재홀기와 〈장생보연지무〉 정재도 내용을 비교하였을 때 정재도에서 죽간자가 북향한 것은 도입부와 종결부에서 죽간자가 무진하여 구호를 부르는 내용으로 ≪용례 1·6·7≫을 제시한 것이고, 죽간자가 상대한 것은 죽간자가 구호를 부른 뒤 물러나 마주보는 내용으로 ≪용례 2≫를 제시한 것이고, 오방대형에서 상배한 것은 ≪용례 3≫을 제시한 것이고, 사우대형에서 전대와 후대가 마주본 것은 ≪용례 4·5≫를 제시한 것이다.

3) 〈장생보연지무〉 정재도 해석

9종의 의궤에 14점이 수록된 〈장생보연지무〉 정재도는 무동은 5점·여령은 9점이다.

401) 여기서 말하는 '사선무(四仙舞)'는 정재명이 아닌 정재 춤사위를 말하며, <사선무>라는 정재춤이 별도로 전한다. 현행에서는 '사선무'를 두 팔을 펴 들고 어깨춤 추는 동작으로 추고 있다.

14점의 정재도를 살폈을 때 여령과 무동으로 무도내용이 구분되었고, 무도내용이 적게는 1점, 많게는 6점이 같은 내용으로 그려졌는데, 〈그림 188-2〉는 1점, 〈그림 186〉은 3점, 〈그림 188-1〉은 4점, 〈그림 187〉은 6점이 같다.

정재도를 통합 비교하였을 때 〈장생보연지무〉는 정재도마다 한 그림 속에 여러 내용을 제시하였는데, 〈그림 186〉에는 진행부에서의 죽간자 상대·오방 북향무·오방 상대·오방 상배와 춤사위를, 〈그림 187〉에는 진행부에서의 죽간자 상대·오방 북향무·오방 상배와 춤사위를 제시하였다. 〈그림 188-1·2〉에는 한삼착용의 유무에 차이가 있을 뿐 무도내용은 도입부·종결부에서의 죽간자 북향, 사우대형에서의 북향, 전후대 상대와 춤사위 형태를 제시하였다.

무용수 구성은 무동과 여령 모두 죽간자 2인·선모 1인·협무 4인으로 같다. 무도내용은 오방대형과 사우대형의 춤을 제시한 것으로, 의궤 정재도에는 이러한 내용들을 의상 및 의물[죽간자]의 형태 그리고 한삼 착용의 유무에 차이를 두어 무동과 여령으로 구분하여 4가지 유형으로 제시하였다.

〈장생보연지무〉 정재도와 정재홀기를 비교하였을 때 도입부·종결부에서 죽간자가 구호를 부르는 방향이 북향인 것과 진행부에서 무용수들이 춤출 때 죽간자의 방향이 상대인 것, 사우대형에서 전대와 후대가 마주보고 춤추는 내용, 오방대형에서 상배한 내용은 모두 『정재무도홀기』에 기록된 내용을 사실적으로 제시한 것이다.

반면 정재홀기에 기록되지 않은 내용을 정재도에 제시하였는데, 오방대형에서 상대하는 춤이다. 정재홀기에는 "육변오방무(六變五方舞)"에 상배하는 내용만 기록되었는데, 정재도를 통해 오방대형에서 상대와 상배를 춘 것을 알 수 있다.

이상으로, 의궤의 〈장생보연지무〉 정재도에는 무용수를 죽간자 2인·선모 1인·협무 4인으로 구성하여 오방대형·사우대형의 춤을 제시한 것이다. 정재도에 공통적으로 제시된 내용은 도입부와 종결부의 죽간자 북향, 진행부에서의 죽간자 상대, 오방대형에서의 상대와 상배, 한삼착용의 유무, 사우대형에서 전대와 후대의 사선무[북향무]와 환대하기 위해 상대하는 춤과 춤사위 형태이다.

28. 제수창帝壽昌

〈제수창〉 정재도는 순조 기축 『진찬의궤』·고종 임진 『진찬의궤』·고종 신축 『진연의궤』·고종 임인(4월·11월) 『진연의궤』에 수록되었다. 5종의 의궤에 9점이 전하는데,[402] 무동은 5점·여령은 4점이다.

1) 〈제수창〉 정재도 내용검토

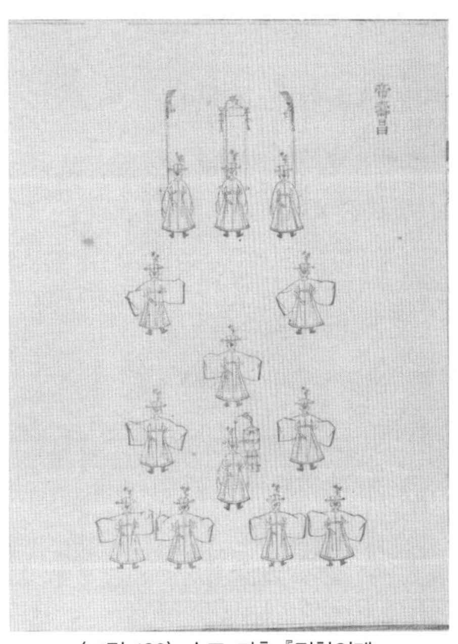

〈그림 190〉 순조 기축 『진찬의궤』

9점의 〈제수창〉 정재도를 살폈을 때 무용수는 족자 1인·죽간자 2인·선모 1인·협무 4인·황개 1인·후대 4인으로 구성되었고, 무도내용은 3가지 유형으로 구분되어 있는데[403] 내용을 살펴보면 다음과 같다.

〈그림 190〉은 순조 기축 『진찬의궤』에,[404] 〈그림 191〉은 고종 신축 『진연의궤』·고종 임인 『진연의궤』[4월·11월]·고종 임진 『진찬의궤』에,[405] 〈그림 192〉는 고종 신축 『진연의궤』·고종 임진 『진찬의궤』·고종 임인 『진연의궤』[4월·11월]에[406] 수록된 정재도이다. 〈그림 190〉·〈그림 191〉은 무동정재이고, 〈그림 192〉는 여령정재이다. 정재도 모두 무용수 구성이 족자 1인·죽간자 2인·선모 1인·협무 4

402) <帝壽昌> 정재도는 純祖 己丑 『進饌儀軌』[무동]60b, 高宗 壬辰 『進饌儀軌』[무동]22b, 高宗 壬辰 『進饌儀軌』[여령]33b, 高宗 辛丑 『進宴儀軌』[무동]21b, 高宗 辛丑 『進宴儀軌』[여령]31b, 高宗 壬寅 『進宴儀軌』[4월: 무동]21b, 高宗 壬寅 『進宴儀軌』[4월: 여령]31b, 高宗 壬寅 『進宴儀軌』[11월: 무동]22b, 高宗 壬寅 『進宴儀軌』[11월: 여령] 37b에 기록되어 있다.

403) 손선숙, "조선후기 당악과 향악의 이중적 음악구성 정재연구: <경풍도>·<만수무>·<몽금척>·<봉래의>·<수연장>·<연백복지무>·<연화대무>·<오양선>·<육화대>·<장생보연지무>·<제수창>·<최화무>·<하황은>·<헌천화>·<헌선도>를 중심으로," 『대한무용학회논문집』 제74권5호(서울: 대한무용학회, 2016), 75~94쪽.

404) <그림 190> 순조 기축 『진찬의궤』[무동]60b.

405) <그림 191> 고종 신축 『진연의궤』[무동]21b; 고종 임인 『진연의궤』[4월: 무동]21b; 고종 임진 『진찬의궤』[무동]22b; 고종 임인 『진연의궤』[11월: 무동]22b.

406) <그림 192> 고종 신축 『진연의궤』[여령]31b; 고종 임인 『진연의궤』[4월: 여령]31b; 고종 임진 『진찬의궤』[여령]33b; 고종 임인 『진연의궤』[11월: 여령] 37b.

인·황개 1인·후대 4인으로 같다. 먼저 죽간자와 족자는 북쪽에 나란히 서서 북향하고, 선모와 협무 4인은 전대에서 2대좌우대형으로 서고, 황개와 후대 4인은 후대에서 전후대형으로 서서 무용수 모두 북향하고 팔을 펴들고 춤추는 내용이 같다. 다만 한삼의 유무와 춤사위에 차이가 있는데, 먼저 〈그림 190〉에는 한삼을 착용하지 않았고, 〈그림 191·192〉에는 한삼을 착용하였다. 그리고 〈그림 190〉의 무동 춤사위는 '우수평거좌수반하거·우수반하거좌수평거·양수평거'이고, 〈그림 191〉의 무동 춤사위는 '우수평거좌수반하거·양수반하거·우수반하거좌수평거'이고, 〈그림 192〉의 여령 춤사위는 '우수반하거좌수반상거·우수반상거좌수반하거·양수평거'이다.

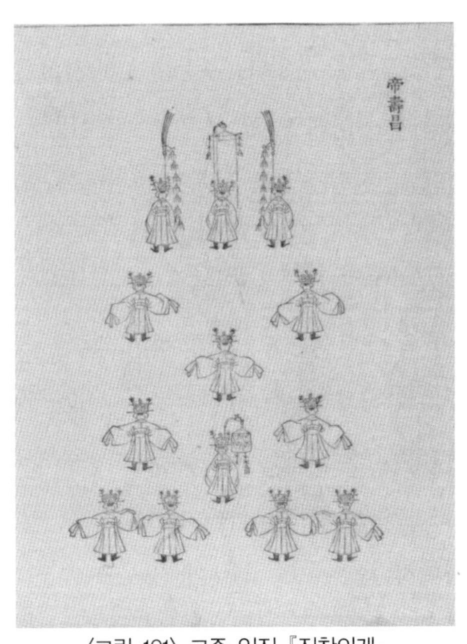

〈그림 191〉 고종 임진 『진찬의궤』

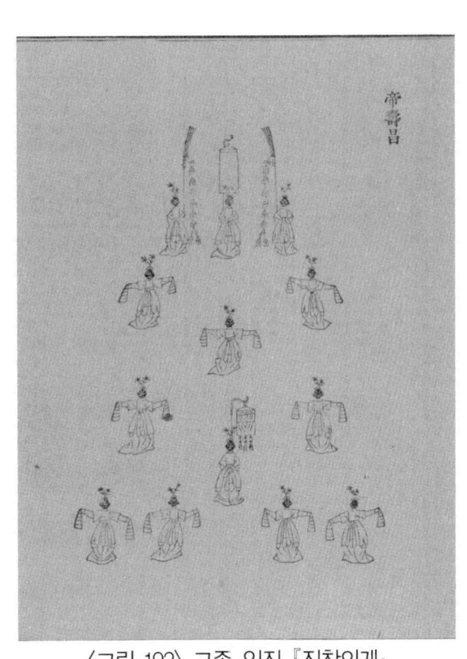

〈그림 192〉 고종 임진 『진찬의궤』

이상 9점의 〈제수창〉 정재도를 살폈을 때 드러난 무도내용은 전후좌우복합대형에서의 춤을 보여 준 것이다. 무용수는 무동과 여령 모두 족자 1인·죽간자 2인·황개 1인·선모 1인·협무 4인·후대 4인으로 구성이 같다. 무용수들이 선 위치 또한 같은데, 먼저 죽간자는 무동과 여령 모두 북쪽에서 북향한 것이 같고, 선모와 협무 4인이 전대에서 2대좌우대형으로 서고, 황개와 후대 4인이 후대에서 전후대형을 구성하여 무용수 모두 북향하고 팔을 펴들고 춤추는 것 또한 같다. 일반적으로 궁중정재에서 황개(黃蓋)는 남쪽에 배열하여 춤이 진행하는 내내 제자리에 서 있는데 〈제수창〉에서는 무용수로 직접 참여하여 대형을 구성하며 춤을 춘다.[407] 그리고 〈제수창〉 정재도에 공통적으로 드러난 정재춤사위는 '양수반하거·양수평거·우수반상거좌수반하거·우수반하거좌수반상거·우수반하거좌수평거·우수평거좌수반하거'이다.

2) 〈제수창〉 정재도 분석

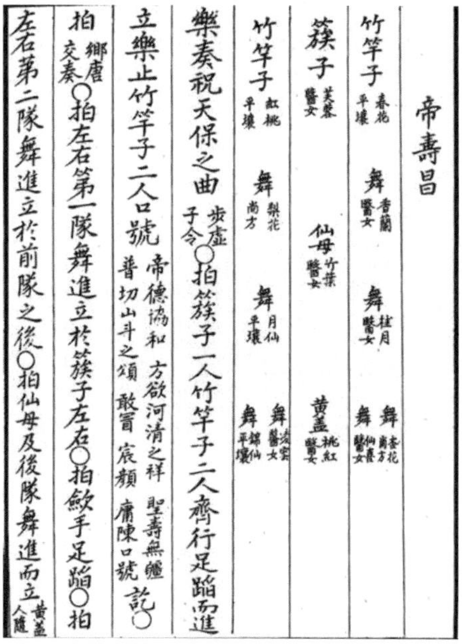
帝壽昌
竹竿子 春花 平壤　舞 香蘭 醫女　舞 桂月 醫女　舞 杏花 尙方　舞 仙喜 醫女
簇子 芙蓉 醫女　仙母 竹葉 醫女　黃蓋 桃紅 醫女
竹竿子 紅桃 平壤　舞 梨花 尙方　舞 月仙 平壤　舞 凌雲 醫女　舞 錦仙 平壤
樂奏祝天保之曲 步虛子令○拍簇子一人竹竿子二人齊行足蹈而進
立樂止竹竿子二人口號 帝德諧和 方欲河淸之祥 聖壽無疆 普切山斗之頌 敢冒宸顔 庸陳口號 訖○
拍 鄕唐交奏○拍左右第一隊舞進立於簇子左右○拍斂手足蹈○拍
左右第二隊舞進立於前隊之後○拍仙母及後隊舞進而立 黃蓋人隨

〈제수창〉 무보(『정재무도홀기』, 국립국악원 소장)

〈제수창〉 무보는 『정재무도홀기』에 5편이[408] 전하는데, 여령정재와 무동정재로 추었다. 무용수는 족자 1인·죽간자 2인·황개 1인·선모 1인·협무 4인·후대 4인으로 구성되었고, 연향에 따라 무동정재 시에는 죽간자가 구호를 생략하였다.[409]

내용을 정리하면, 족자 1인과 죽간자 2인이 무진하여 구호를 부르고 물러나 마주 보고 선다. 좌우 제1대와 제2대가 춤을 추며 나아가 족자 좌우에 배열하고, 선모와 후대가 춤을 추며 나아가 선다. 선모가 치어를 부르고 협무와 각각 상대·상배하며 춤추고, 전대가 창사를 부른다. 이어 후대와 협무가 각각 그 대(隊)를 바꾸어 서서 선모와 후대가 상대·상배하며 춤추고, 다 같이 창사를 부른다. 협무와 후대가 동쪽과 서쪽으로 나누어 서서 선모가 협무와 후대와 각각 마주보고 춤을 춘다. 선모는 제자리에서 춤추고 협무와 후대가 둥글게 원을 그리며 춤을 추다가 처음

407) 의물이 선모 및 협무와 함께 회무를 돌거나 대형을 구성하여 춤에 직접 참여하는 정재는 <몽금척>과 <망선문>이 있다.
408) <帝壽昌>, 『呈才舞圖笏記』, 1994년, 200쪽 · 256쪽 · 317쪽 · 437쪽; 『時用舞譜(全)呈才舞圖笏記』, 1989년, 124쪽.
409) 『呈才舞圖笏記』, 1994년, 437쪽.

대열로 되돌아가면 음악이 그친다. 죽간자 2인이 구호를 부르고 족자 1인과 죽간자 2인 그리고 황개 1인이 족도하며 물러나면 춤이 마친다.

『정재무도홀기』의 〈제수창〉은 〈그림 193〉처럼 전후좌우복합대형·2대좌우대형으로 구성하여 춤춘다. 전후좌우복합대형은 〈그림 193-가〉처럼 전대의 2대좌우대형, 후대가 일렬대형으로 선 대형으로, 이 대형에서는 무용수 전체가 무진·무퇴하고, 전대의 춤과 후대의 춤이 각각 추어지고, 다시 서로 자리를 바꾸어 춤을 춘다. 그리고 〈그림 193-나〉처럼 전대의 2대좌우대형, 후대가 전후대형으로 선 대형으로, 이 대형에서는 선모와 후대가 무진하여 선모가 치어를 부른다.[410] 2대좌우대형에서는 〈그림 193-다〉처럼 선모를 중심으로 전대의 협무 4인과 후대의 협무 4인이 각각 좌대와 우대로 나누어 서서 선모와 상대·상배하며 춤춘다.

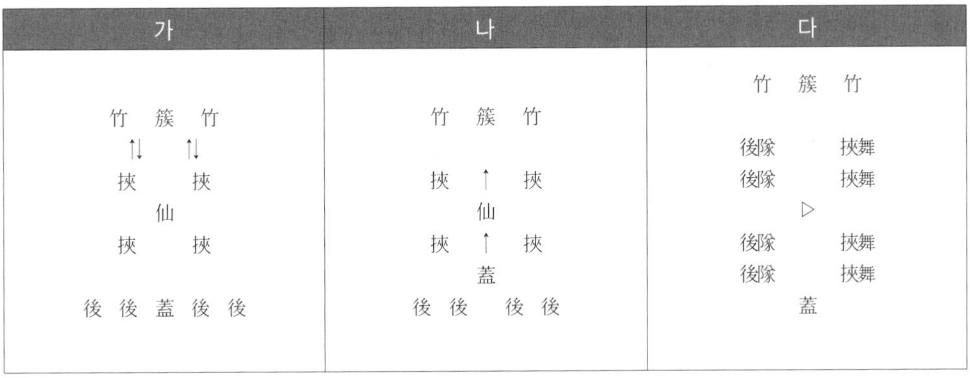

<table>
<tr><th>가</th><th>나</th><th>다</th></tr>
<tr>
<td>竹　簇　竹
⇅　　⇅
挾　　挾
仙
挾　　挾

後 後 蓋 後 後</td>
<td>竹　簇　竹

挾　↑　挾
仙
挾　↑　挾
蓋
後 後　後 後</td>
<td>竹　簇　竹

後隊　　挾舞
後隊　　挾舞
▷
後隊　　挾舞
後隊　　挾舞
蓋</td>
</tr>
</table>

〈그림 193〉『정재무도홀기』의 〈제수창〉 대형 구성

앞서 〈제수창〉 정재도에 공통적으로 나타난 내용을 정리하면 다음과 같다.

첫째, 무용수 구성은 족자 1인·죽간자 2인·황개 1인·선모 1인·협무 4인·후대 4인으로, 무동과 여령 모두 같다.

410) 조선후기 <제수창>의 대형구성에서 전후좌우복합대형은 2가지로 구성되는데, 『한국궁중무용사』에는 <그림 193-나>가 누락되어 본문에서 바로잡는다. 손선숙, 『한국궁중무용사』(서울: 한국궁중무용사, 2017), 245쪽.

둘째, 무동정재와 여령정재로 추었다.

셋째, 정재대형 구성은 전후좌우복합대형411)이다. 무용수 역할별로 대형이 구분되어 있는데, 선모와 협무 4인은 전대에서 2대좌우대형으로 서서 팔을 펴들고 춤춘다. 황개와 후대 4인은 후대에서 전후대형으로 서서 팔을 펴들고 춤춘다.

넷째, 정재방향 구성은 북향이다.

다섯째, 한삼의 유무에 차이가 있다.

여섯째, 정재춤사위 구성은 '양수반하거·양수평거·우수반상거좌수반하거·우수반하거좌수반상거·우수반하거좌수평거·우수평거좌수반하거'이다.

이상의 내용은 아래의 정재홀기 기록에서 확인된다.

> …(생략)… ≪용례 1≫ ○박을 치면, 족자 1인과 죽간자 2인이 나란히 줄을 지어 족도하며 나아가 선다. 음악이 그치고 구호를 부른다. …(생략)… ○박을 치면, 죽간자 2인이 서로 향하여 선다. ○박을 치면, 좌우 제1대가 춤을 추며 나아가 족자 좌우에 선다. …(생략)… ≪용례 2≫ ○선모 및 후대가 춤추며 나아가 선다【황개인이 선모의 뒤를 따른다】음악이 그치고 치어를 부른다. …(생략)… ≪용례 3≫ ○박을 치면, 처음 대열로 되돌아가며 춤을 춘다. ≪용례 4≫ 음악이 그치고 죽간자 2인이 구호를 부른다. …(생략)… ○박을 치면, 족자 1인과 죽간자 2인 그리고 황개 1인이 족도하며 물러나 선다. ≪용례 5≫ ○박을 치면, 선모와 협무 그리고 후대가 춤을 추며 나아간다. ○박을 치면, 손을 여미고 족도한다. ≪용례 6≫ ○박을 치면, 춤을 추며 물러나면 음악이 그친다.

『정재무도홀기』〈제수창〉의 ≪용례 1≫은 족자와 죽간자가 나란히 서서 나아가 북향하고 구호를 부르는 내용이고, ≪용례 2≫는 선모와 후대가 무진하여 선모가 치어를 부르는 내용이고, ≪용례 3≫은 협무와 후대가 회무하여 초열로 서는 내용이고, ≪용례 4≫는 족자와 죽간자가 나란히 서서 북향하고 구호를 부르는 내용이고, ≪용례 5·6≫은 선

411) 선모와 협무 4인은 전대에서 2대좌우대형으로 서고, 황개와 후대 4인은 후대에서 전후대형으로 배열하였다. 일반적으로 정재대형은 무용수 역할별로 전대와 후대로 서는 전후대형으로 진행하는데, 초열의 경우 전대에 2대좌우대형, 후대에 전후대형이 복합적으로 구성된 대형은 <제수창>이 유일하다.

모·협무·후대가 춤을 추며 무진·무퇴하는 내용을 제시한 것이다.

정재홀기와 〈제수창〉 정재도 내용을 비교하였을 때, 정재도에서 족자와 죽간자가 북향한 것은 ≪용례 1·4≫를 제시한 것이고, 황개가 선모 뒤에 선 것은 ≪용례 2≫를 제시한 것이고, 선모·협무·후대가 북향한 것은 ≪용례 3·5·6≫을 제시한 것이다.

3) 〈제수창〉 정재도 해석

5종의 의궤에 9점이 수록된 〈제수창〉 정재도는 무동은 5점·여령은 4점이다. 9점의 정재도를 살폈을 때 무도내용이 적게는 1점에서 많게는 4점이 같은 내용으로 그려졌는데, 〈그림 190〉은 1점, 〈그림 191·192〉는 4점이 같다.

정재도를 통합 비교하였을 때 〈제수창〉은 정재도마다 한 그림 속에 여러 내용을 제시하였는데, 〈그림 190·191·192〉 모두 전후좌우복합대형의 형태, 죽간자와 족자가 북쪽에서 북향한 것, 무용수 전체의 북향무와 춤사위 형태이다.

무용수 구성은 무동과 여령 모두 족자 1인·죽간자 2인·선모 1인·협무 4인·황개 1인·후대 4인으로 같다. 무도내용은 도입부·종결부·진행부의 춤인 전후좌우복합대형에서의 춤을 제시한 것으로, 의궤 정재도에는 이러한 내용들을 무동과 여령으로 구분하여 의상과 의물의 형태 및 한삼의 유무에 차이를 두어 3가지 유형으로 제시하였다.

〈제수창〉 정재도와 정재홀기를 비교하였을 때 정재도에서 족자와 죽간자가 북향한 것은 도입부·종결부에서 죽간자가 구호를 부르는 위치와 방향을 제시한 것이고, 전후좌우복합대형에서 무용수 전체가 팔을 펴 들고 춤춘 것은 선모·협무·후대가 무진·무퇴하는 춤과 선모와 후대가 무진 할 때 황개가 선모 뒤에 선 것 그리고 선모가 치어를 부르는 내용으로, 이러한 내용은 모두 『정재무도홀기』에 기록된 내용을 사실적으로 제시한 것이다.

반면 정재홀기에 기록되지 않은 내용을 정재도에 제시하였는데, 전후좌우복합대형에서 춤출 때의 춤사위 형태이다.

이상으로, 의궤의 〈제수창〉 정재도는 무용수를 족자 1인·죽간자 2인·황개 1인·선모

1인·협무 4인·후대 4인으로 구성하여 도입부·진행부·종결부의 춤을 제시한 것이다. 정재도에 공통적으로 제시된 내용은 도입부와 종결부에서 죽간자가 구호를 부르기 위해 무진하는 춤, 죽간자가 북향하여 구호를 부르는 위치와 방향, 전후좌우복합대형에서 선모와 후대가 무진하여 선모가 치어를 부르는 내용, 전후좌우복합대형에서 선모·협무·후대가 무진·무퇴하는 내용과 춤사위 형태이다.

29. 처용무處容舞

〈처용무〉 정재도는 정조 을묘『정리의궤』·순조 무자『진작의궤』·순조 기축『진찬의궤』·헌종 무신『진찬의궤』에 수록되어 있다. 4종의 의궤에 4점이 전하는데,[412] 무동은 1점·여령은 3점이다.

1) 〈처용무〉 정재도 검토

4점의 〈처용무〉 정재도를 살폈을 때 무용수는 처용 5인, 협무 4인·6인, 대기무용수 12인, 집박악사 1인, 악사 2인으로 구성되었다. 무도내용은 4가지 유형으로 구분되어 있는데[413] 내용을 살펴보면 다음과 같다.

〈그림 194〉는 정조 을묘『정리의궤』에 수록된 정재도이다.[414] 여령정재이며, 무용수 구성은 처용 5인·협무 6인·대기무용수 12인·집박악사 1인·악사 2인이다. 상단과 하단으로 구분하여 오방대형과 원대형의 춤을 제시하였다.

---

412) <處容舞> 정재도는 正祖 乙卯『整理儀軌』[여령]13b, 純祖 戊子『進爵儀軌』[무동]17a, 純祖 己丑『進饌儀軌』[여령]28b, 憲宗 戊申『進饌儀軌』[여령]21a에 수록되어 있다.

413) 손선숙, “의궤 정재도의 도상학적 연구(Ⅲ): <관동무>·<광수무>·<무산향>·<무애무>·<선유락>·<연화대무>·<처용무>·<초무>·<춘앵전>·<침향춘>·<학무>·<향발무> 정재도를 중심으로,”『무용역사기록학』제40호(서울: 무용역사기록학회, 2016), 141~186쪽.

414) <그림 194> 정조 을묘『정리의궤』[여령]13b.

먼저 상단의 무용수 구성은 처용 5인·악사 2인[415]이다. 상단에는 처용 5인이 오방대형에서 춤추는데, 황 처용은 남향, 흑 처용은 동향, 청 처용은 남향, 홍 처용은 서향, 백 처용은 남향하며 춤추고, 악사 2인은 동쪽에서 서향한다. 오방처용이 바라보는 방향으로 미루어볼 때 상단의 춤은 오방대형에서 내향이무·우선회무·좌선회무하며 추는 것을 알 수 있다. 정재도에 공통적으로 드러난 방향은 내향·남향·동향·서향이고, 춤사위는 '양수반하거·양수절견(兩手折肩)·양수절액(兩手折腋)·우수반상거좌수전반하거(右手半上擧左手前半下擧)·우수상거좌수평거(右手上擧左手平擧)'이다.

〈그림 194〉 정조 을묘 『정리의궤』

다음으로 하단의 무용수 구성은 처용 5인·협무 6인[416]·대기무용수 12인·집박악사 1인이다. 하단에는 무용수 전체가 원으로 서서[417] 춤을 추는데, 흑·황·홍·백 처용은 내향하고, 청 처용은 동향하며[418] 춤추고, 협무 6인은 처용 5인과 집박악사 사이에 서서 내향·외향과 우선·좌선하며 춤춘다. 대기무용수 12인은 염수하고 남쪽에 서서 북향한다. 정재도에 공통적으로 드러난 방향은 내향·외향·남향·동향·서향이고, 춤사위는 '양수전반하거(兩手前半下擧)·양수절견·양수집박(兩手執拍)·우수반상거좌수반하거·우수반하거좌수반상거·우수반하거좌수상거·우수상거좌수반하거·우수전반하거좌수좌절견(右手前半下擧左手左折肩)·우수전하염좌수평거(右手前下斂手左手平擧)·우수평거좌수반하거·우수하부배좌수전반하거(右手下附背左手前半下擧)'이다.

---

415) 정조 을묘 『정리의궤』 <처용무> 정재도에서 동쪽에 선 악사 2인은 <처용무>를 출 때 참여한 수이지만 내용 설명에서는 상단에 선 것으로 보고 서술하였다.

416) <그림 194>에서 협무의 구성을 4인으로 볼지 6인으로 볼지는 <처용무>의 정재도 해석에서 다루기로 하겠다.

417) 대부분 집박악사는 박을 들고 무대의 좌우에 서는 것이 일반적인 내용인데, 정조 을묘 『정리의궤』를 통해 집박악사도 협무들과 함께 대형을 이루며 춤추는 것을 알 수 있다. 여기서의 원대형은 <처용무>의 등장과 퇴장을 회무로 하는 것을 제시한 것으로, 이 내용은 『악학궤범』의 기록을 통해 확인된다.

418) <그림 194> 하단의 무용수 명칭은 북쪽에 선 흑 처용을 중심으로 서쪽 방향으로 돌아가며 '흑-황-청-홍-백 처용'으로 정하였다. 그 이유는 하단의 무도를 좌선회무하는 내용으로 보고, 무용수의 이동 순서를 '북-중앙-동-남-서' 순으로 돈 것을 적용하였다. 손선숙, "『악학궤범』을 토대로 한 처용무의 재창작," 『한국무용사학』 제10호(서울: 한국무용사학회, 2009), 7~42쪽.

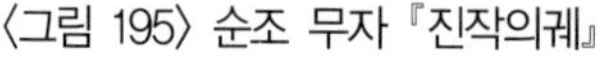
〈그림 195〉 순조 무자 『진작의궤』

〈그림 196〉 순조 기축 『진찬의궤』

〈그림 195〉는 순조 무자 『진작의궤』에 수록된 정재도이다.[419] 무동정재이며, 무용수 구성은 처용 5인·협무 4인이다. 오방대형과 원대형에서의 춤을 보여주는데, 오방대형에서는 황 처용이 사방 위치의 처용 4인과 상대와 좌선하며 춤추고, 원대형에서는 오방위치의 처용 5인과 사우 위치의 협무 4인이 내향과 좌선하며 춤춘다. 공통적으로 드러난 방향은 내향·남향·동향·서향이고, 춤사위는 '양수전반하거·우수반상거좌수반하거·우수반하거좌수반상거·우수반하거좌수평거·우수상거좌수평거·우수전반하거좌수좌절견·우수하부배좌수전반하거'이다.

〈그림 196〉은 순조 기축 『진찬의궤』에 수록된 정재도이다.[420] 여령정재이며, 무용수 구성은 처용 5인·협무 4인이다. 오방대형과 원대형에서의 춤을 보여주는데, 오방대형에서는 황 처용이 사방 위치의 처용 4인과 상대와 좌선하며 춤추고, 원대형에서는 오방 위치의 처용 5인과 사우 위치의 협무 4인이 내향과 좌선·우선하며 춤춘다. 공통적으로 드러난

419) <그림 195> 순조 무자 『진작의궤』[무동]17a.
420) <그림 196> 순조 기축 『진찬의궤』[여령]28b.

방향은 내향·북향·동향·남향·서향이고, 춤사위는 '양수반하거·양수전반하거·양수평거·우수반상거좌수전반하거·우수반하거좌수반상거·우수상거좌수평거·우수전반하거좌수좌절견·우수평거좌수반상거·우수하부배좌수전반하거'이다.

〈그림 197〉 헌종 무신 『진찬의궤』

〈그림 197〉은 헌종 무신 『진찬의궤』에 수록된 정재도이다.421) 여령정재이며, 무용수 구성은 처용 5인이다. 처용 5인이 오방대형에서 상대무를 추는데, 청·홍·흑·백 처용은 무대가운데 황 처용을 바라보고 황 용은 남 처용과 상대한다. 공통적으로 드러난 방향은 남향과 내향이고, 한삼의 형태로 볼 때 한삼을 어깨에 걸치거나 안으로 구부려 들고 있다. 춤사위는 '양수평여만·우수반상거좌수좌절견(右手半上擧左手左折肩)·우수우절견좌수반상거(右手右折肩左手半上擧)·우수전여만[흉]좌수평여만(右手前如彎[胸]左手平如彎)·우수전여만좌수평여만(右手前如彎左手平如彎)'이다.

이상 4점의 〈처용무〉 정재도를 살폈을 때 드러난 무도내용은 오방대형에서의 오방처용의 상대춤과 좌선회무춤, 원대형에서의 내향·외향·우선·좌선하는 춤을 보여 준 것이다. 무용수는 처용 5인, 처용 5인·협무 4인, 처용 5인·협무 6인·대기무용수 12인·집박악사 1인·악사 2인 등 3가지로, 왕조 및 연향에 따라 구성에 차이가 있다. 그리고 〈처용무〉 정재도에 공통적으로 드러난 정재춤사위는 '양수반하거·양수전반하거(兩手前半下擧)·양수절견(兩手折肩)·양수절액(兩手折腋)·양수집박(兩手執拍)·양수평거·양수평여만·우수반상거좌수반하거·우수반상거좌수전반하거(右手半上擧左手前半下擧)·우수반상거좌수좌절견·우수반하거좌수반상거·우수반하거좌수상거·우수상거좌수반하거·우수상거좌수평거(右手上擧左手平擧)·우수우절견좌수반상거·우수전반하거좌수좌절견(右手前半下擧左手左折肩)·우수전여만[흉]좌수평여만·우수전여만좌수평여만·우수전하염좌수평거(右手前下斂手左手平擧)·우수평거좌수반상거·우수평거좌수반하거·우수하부배좌수전반하거(右手下附背左手前半下擧)'이다.

421) <그림 197> 헌종 무신 『진찬의궤』[여령]21a.

2) 〈처용무〉 정재도 분석

處容呈才 儀時用 (五者各隨其方色不同)
樂作執拍樂師導五方處容以入回旋 旋左三匝
以次如排圖立樂止樂奏靈山擊拍五者皆俯
腰而並擧兩袖下置膝上青紅者回顧相面黃者
回顧而東黑白回顧相面訖還坮向擊拍並擧兩
袖而落 무릅집피舞隨手而皆擧足 凡舞畢还坮向擊拍擧兩袖以落 擊拍青紅者回顧
相背黃者回顧而西黑白者回顧相背訖擊拍如
上儀舞訖 相面二度 相背二度 擊拍青紅黑白並舞手而內挾

〈처용무〉 무보(『정재무도홀기』, 국립국악원 소장)

〈처용무〉 무보는 『정재무도홀기』에 1편이[422] 전하고, 무용수는 악사·황 처용·청 처용·홍 처용·백 처용·흑 처용·기녀[歌者]로 구성되었다.

내용을 정리하면, 악사가 오방처용을 인도하여 들어가 세 바퀴 돈[왼쪽] 다음 처음 대형으로 배열한다. 처용 5인이 일렬대형으로 서서 황 처용을 중심으로 청·홍과 백·흑이 상대·상배하며 춤을[무릎디피무] 춘다. 황 처용은 우협·좌협하고, 청·홍·흑·백 처용은 모두 내협·외협하며 손춤을[홍정도돔무] 춘다. 다 같이 북향 무진하고[발바딧무], 황 처용을 중심으로 청·홍·흑·백 처용이 동향·서향하며 왼손·오른손을 차례로 들며 춤을[인무] 춘다. 오방대형으로 대를 짓고[오방작대무], 무대가운데 황 처용을 중심으로 청·홍·흑·백 처용이 상대·상배하며 춤춘다. 이어 황 처용이 북·동·남·서의 처용과 차례로 대무한다. 흑 처용이 선두로 나아가며 회무[왼쪽]를 세 바퀴 돌아 제자리[오방]에 서서 북쪽을 향하여 춤춘다. 5자 처용이 일렬로 서서 황과 청·홍·흑·백 처용이 차례로 무진·무퇴하며 춤추고 나란히 서서 변무하다가 환무(懽舞)하며 처음 대열로 선다. 무용수 전체가 본사찬·관음찬에 맞춰 노래 부르며 회무하여 퇴장하면[423] 춤이 마친다.

『정재무도홀기』의 〈처용무〉는 〈그림 198〉처럼 일렬대형·전후대형·오방대형으로 구성하여 춤춘다. 일렬대형에서는 무용수 전체가 무진·무퇴하거나 4자 처용이 황 처용을 중심으로 혹은 좌대와 우대가 무용수를 중심으로 상대·상배하며 춤춘다. 오방대형에서는 무대가운데 황 처용을 중심으로 처용 4자가 상대·상배를 하고 주선이무를 춘다. 전

422) <處容舞>, 『時用舞譜(全)呈才舞圖笏記』, 1989년, 181쪽.

423) <처용무>의 무용수 구성은 5인이다. 기녀가 등장하지만 이들은 등장과 퇴장할 때 선창과 화창을 하는 歌者로, 처용 5인과 함께 춤을 추지는 않지만 등장과 퇴장을 할 때 처용 5인과 함께 원으로 돌기도 한다.

후대형에서는 처용 5인이 무용수별로 각각 무진·무퇴하며 춤춘다. 등장과 퇴장은 무용수 전체가 회무로 한다.

가			나	다
⇅ ⇅ ⇅ ⇅ ⇅ 白 黑 黃 紅 靑	▷ ◁ ▶ ▷ ◁ ------------ ◁ ▷ ◀ ◁ ▷	◁ ◁ ▶ ◁ ◁ ------------ ▷ ▷ ◀ ▷ ▷	黑 白 黃 靑 紅	黃 ⇅ ⇅ ⇅ ⇅ 白 黑 紅 靑

〈그림 198〉『정재무도홀기』의 〈처용무〉 대형 구성

앞서 〈처용무〉 정재도에 공통적으로 나타난 내용을 정리하면 다음과 같다.

첫째, 무용수는 3가지로 구성되어 왕조 및 연향별로 차이가 있는데, 처용 5인, 처용 5인·협무 4인, 처용 5인·협무 6인·대기무용수 12인·집박악사 1인·악사 2인이다.

둘째, 무동정재와 여령정재로 추었다.

셋째, 정재대형 구성은 오방대형과 원대형이다.

넷째, 정재방향 구성은 내향·외향·상대이다. 오방대형에서는 오방처용이 상대무를 추는데, 황 처용이 남쪽의 홍 처용과 상대한다. 원대형에서는 처용 5인과 협무[여령·무동]가 내향·외향하며 춘다.

다섯째, 정재이동 구성은 우선·좌선이다. 원대형에서는 처용 5인과 협무[여령·무동]가 우선·좌선하며 춘다.

여섯째, 정재춤사위 구성은 '양수반하거·양수전반하거·양수절견·양수절액·양수집박·양수평거·양수평여만·우수반상거좌수반하거·우수반상거좌수전반하거·우수반상거좌수좌절견·우수반하거좌수반상거·우수반하거좌수상거·우수상거좌수반하거·우수상거좌수평거·우수우절견좌수반상거·우수전반하거좌수좌절견·우수전여만[흉]좌수평여만·우수전여만좌수평여만·우수전하염좌수평거·우수평거좌수반상거·우수평거좌수반하거·우수하부배좌수전반하거'이다.

이상의 내용은 아래의 정재홀기 기록에서 확인된다.

> 음악이 연주되면, ≪용례 1≫ 악사가 오방처용을 인도하여 들어가 빙빙 돌아【좌선】 세 바퀴 돈 다음 처음 대열로 서면 음악이 그친다. 영산회상을 연주하고, …(생략)… 박을 치면, 홍은 춤추며 물러나 남쪽에 서고 흑은 춤추며 나아가 북쪽에 서고 청·황·백은 춤추며 그 자리에 선다. ≪용례 2≫ ○박을 치면, 황은 북쪽을 향하여 춤춘다. 청·홍·흑·백은 중앙을 향하여 마주보며 춤추고, 박을 치면 청·홍·흑·백은 중앙을 등지고 각각 그 방향을 향하여 춤춘다. ≪용례 3≫ ○박을 치면, 황은 북쪽을 향하여 춤춘다.【오른손을 먼저 들되 좌우수 모두 두 번씩이다. 다른 방향을 향하는 것도 이와 같다.【수양수오방무】 사방이 같음】 흑은 중앙을 향하여 마주보고 춤을 춘다.【왼손을 먼저 들되 좌우수 모두 두 번씩이다. 네 번째 손에서 채편을 치면 청은 춤 동작하고 북편을 치면 흑이 손을 떨어뜨린다. 다른 방위도 이와 같다】 삼방에 선 사람이 악절에 따라 소매를 들었다가 떨어뜨린다. 황이 동쪽을 향하여 춤추면 청은 중앙을 향하여 대무하고, 황이 남쪽을 향하여 춤추면 홍은 중앙을 향하여 마주보고 추고, 황이 서쪽을 향하여 춤추면 백은 중앙을 향하여 춤춘다. ≪용례 4≫ ○박을 치면, 황은 그 방위에서 나가지 않고 빙빙 돌며 춤춘다.【좌선】청·홍·흑·백도 모두 그 방위에서 나가지 않고 중앙을 향하여 춤춘다. ○ 또 그 방위에서 나가지 않고 빙빙 돌며 춤춘다.【우선】 ≪용례 5≫ 끝나고 회무하여【왼쪽으로 돈다. 흑이 먼저 나간다】세 번 돌아 각각 다시 제자리에 서서 북쪽을 향하여 춤춘다. …(생략)… ≪용례 6≫ ○박을 치면, 음악이 연주되고【두 기녀가 도창하면 여러 기녀가 함께 따라 부른다】 앞에서와 같이 빙빙 돌다가【본사찬, 관음찬에 이르면 위와 같이 도창하고 화답한다】 차례로 나가면 음악이 그치고, 마친다.

『정재무도홀기』〈처용무〉의 ≪용례 1·6≫은 무용수 전체가 등장과 퇴장을 할 때 회무하는 내용이고, ≪용례 2·3·4≫는 오방대형에서의 춤으로 ≪용례 2≫는 황 처용과 청·홍·흑·백 처용이 동시에 상대·상배하며 춤추는 내용이고, ≪용례 3≫은 황 처용이 청·홍·흑·백 처용과 각각 차례로 상대하는 내용이고, ≪용례 4≫는 황 처용은 제자리에서 좌우[좌선·우선]로 빙빙 돌고, 청·홍·흑·백 처용이 다 같이 황 처용을 향해 상대하며 춤추는 내용이다. ≪용례 5≫는 처용 5인이 좌선회무하는 내용이다.

정재홀기와 〈처용무〉 정재도 내용을 비교하였을 때, 정재도에서 황 처용이 오방대형에서 남향한 것은 ≪용례 3≫을, 청·홍·흑·백 처용이 내향한 것은 ≪용례 2·4≫를, 청

·홍·흑·백 처용이 좌선한 것은 ≪용례 5≫를, 처용 5인·협무 6인·집박악사 1인이 원대형에서 춤추는 것은 ≪용례 1·6≫을 제시한 것이다.

3) 〈처용무〉 정재도 해석

4종의 의궤에 4점이 수록된 〈처용무〉 정재도는 무동은 1점·여령은 3점이다. 4점의 정재도를 살폈을 때 무도내용은 〈그림 194~197〉 모두 1점이 수록되었다.

정재도를 통합 비교하였을 때 〈처용무〉는 정재도마다 한 그림 속에 여러 내용을 제시하였는데, 〈그림 194〉는 오방대형에서 처용 5인의 상대춤과 원대형에서 내향·외향·우선·좌선하는 춤과 춤사위를 제시하였다. 〈그림 195〉는 오방대형에서 처용 5인의 상대춤과 좌선하는 춤, 그리고 원대형에서 오방 위치의 처용 5인과 사우 위치의 협무 4인이 내향과 좌선하는 춤과 춤사위를 제시하였다. 〈그림 196〉은 오방대형에서 처용 5인의 상대춤과 좌선하는 춤, 그리고 원대형에서 처용 5인과 사우 위치의 협무 4인이 내향과 좌선·우선하는 춤과 춤사위를 제시하였다. 〈그림 197〉은 처용 5인이 오방대형에서 상대하는 춤과 춤사위를 제시하였다.

무용수 구성은 왕조 및 연향에 따라 3가지로 제시하였는데, 처용 5인, 처용 5인·협무 4인, 처용 5인·협무 6인·대기무용수 12인·집박악사 1인·악사 2인으로 차이가 있다. 그러나 〈그림 194〉의 경우 하단의 무용수 구성에서 처용 5인·대기무용수 12인·집박악사 1인을 제외한 나머지를 협무 6인으로 보아야 할지 아니면 협무 4인과 악사 2인으로 보아야 할지 명확하지 않다. 〈그림 195·196〉의 경우와 비교해보면 협무 구성은 4인이다. 또한 궁중정재의 협무 구성도 늘 짝수이다. 이를 기준으로 살펴보면 하단은 협무 4인과 악사 2인으로 구성된 것을 알 수 있다. 따라서 하단의 회무는 무용수 전체가 등장과 퇴장할 때의 내용을 제시한 것으로, 이때에는 〈그림 199〉처럼 〈처용무〉를 추는 처용 5인을 비롯

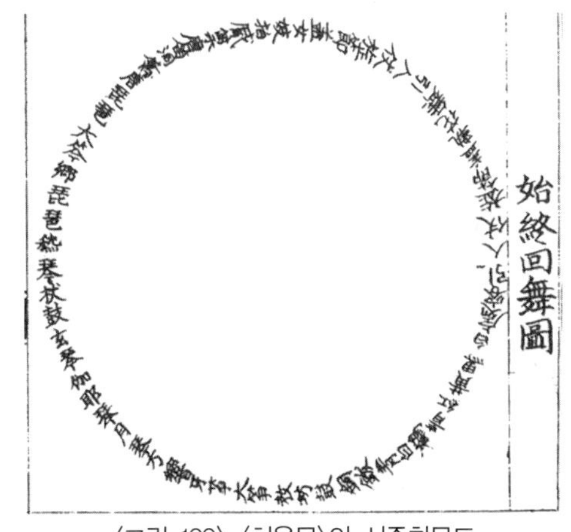

〈그림 199〉 〈처용무〉의 시종회무도

한 의물·연주자·기녀 등도 함께 원으로 돈다. 따라서 하단의 무용수 구성은 처용 5인·협무 4인·집박악사 1인·악사 2인으로 구성된 것이다.

그리고 대기무용수 12인은 〈처용무〉 무용수 구성과는 직접 관련이 없고, 정조 을묘년 당시에 여러 정재 종목을 추기위해 남쪽에서 대기하는 무용수들의 위치를 제시한 것이다. 집박악사 및 악사 또한 정재홀기에는 기록되지 않았지만 연향에 참여하여 〈처용무〉를 추는 무용수들 동쪽에서 서향하여 춤 진행에 도움을 주거나 무용수들과 함께 회무를 도는 등 다양한 역할을 한 것을 알 수 있다.

무도내용은 오방대형과 원대형의 춤을 제시한 것으로, 의궤 정재도에는 이러한 내용들을 무용수 구성과 의상에 차이를 두어 무동과 여령으로 구분하여 4가지 유형으로 제시하였다.

〈처용무〉 정재도와 정재홀기를 비교하였을 때 오방대형의 형태와 상대춤, 원대형에서 좌선하는 춤, 등장과 퇴장할 때 무용수 전체가 도는 춤은,424) 『정재무도홀기』에 기록된 내용을 사실적으로 제시한 것이다.

반면 정재홀기에 기록되지 않은 내용을 정재도에 제시하였는데, 왕조 및 연향별로 무용수 구성에 차이가 있는 것, 처용 5인과 협무가 함께 오방대형에서 추는 것, 회무 방향이 우선인 점이다. 정재홀기 〈처용무〉에는 무용수 전체가 도는 회무의 방향을 좌선으로만 기록하였는데 정재도를 통해 좌선 외에 우선(右旋)도 한 것을 알 수 있다.

이상으로, 의궤의 〈처용무〉 정재도는 왕조 및 연향에 따라 무용수 구성을 3가지로 차이를 두어 오방대형과 원대형에서의 춤을 제시한 것이다. 정재도에 공통적으로 제시된 내용은 오방대형에서 황 처용이 오방 위치의 청·홍·흑·백 처용과 상대하는 춤, 원대형에서 내향·외향·우선·좌선하는 춤, 집박악사와 악사의 배열 위치와 방향, 협무가 오방대형에서 청·홍·황·흑·백 처용과 함께 추는 춤, 회무할 때 무용수 전체가 도는 것과 춤사위 형태이다.

424) 정재홀기의 <처용무>의 무용수는 5인이다. 기녀가 등장하지만 등장과 퇴장할 때 선창과 화창을 하는 가자로 처용 5인과 함께 춤을 추지는 않는다. 그러나 정재도를 통해 등장과 퇴장할 때 출연한 무용수 전체가 함께 돈 것을 알 수 있다.

30. 첨수무尖袖舞

〈첨수무〉 정재도는 정조 을묘 『정리의궤』·순조 무자 『진작의궤』·순조 기축 『진찬의궤』·고종 정해 『진찬의궤』·고종 신축 『진찬의궤』에 기록되어 있다. 5종의 의궤에 6점이 전하는데,[425] 무동은 2점·여령은 4점이다.

1) 〈첨수무〉 정재도 검토

6점의 〈첨수무〉 정재도를 살폈을 때 무용수는 협무 2인·4인, 동기(童妓) 2인, 집박악사 1인, 악사 2인, 대기무용수 17인·18인·20인으로 구성되었고, 무도내용은 6가지 유형으로 구분되어 있는데[426] 내용을 살펴보면 다음과 같다.

〈그림 200〉 순조 기축 『진찬의궤』

〈그림 200〉은 순조 기축 『진찬의궤』에 수록된 정재도이다.[427] 여령정재이며, 무용수 구성은 협무 4인이다. 여령 4인이 2대좌우대형과 전후대형으로 서서 양손에 첨수(尖袖)를 잡고[428] 두 팔을 옆으로 펴들고 춤춘다. 동서와 남북이 상대하며 추는데, 전우협의 몸은 남향이나 시선은 서쪽을 바라본다. 춤사위는 '양수평거·양수반하거·우수평거좌수전반하거(右手平擧左手前半下擧)'이다.

〈그림 201〉은 고종 신축 『진찬의궤』에 수록된 정재도이다.[429] 여령정재이며, 무용수 구성은 협무 4인이다. 여령 4인이 2대좌우대형과 전후

425) <尖袖舞> 정재도는 正祖 乙卯 『整理儀軌』[여령]14a, 純祖 戊子 『進爵儀軌』[무동]15a, 純祖 己丑 『進饌儀軌』[무동]19b, 純祖 己丑 『進饌儀軌』[여령]26b, 高宗 丁亥 『進饌儀軌』[여령]30b, 高宗 辛丑 『進饌儀軌』[여령]19b에 기록되어 있다.

426) 손선숙, "검기무·공막무·첨수무 정재도 연구," 『우리 춤과 과학기술』34집(서울: 우리춤연구소, 2016), 41~66쪽.

427) <그림 200> 순조 기축 『진찬의궤』[여령]26b.

428) 순조 기축 『進饌儀軌』의 악기도(樂器圖)를 살폈을 때, 삼각형으로 된 '첨수'라는 무구가 제시된 것을 확인하였다. 高宗 辛丑 『進饌儀軌』, 卷一.樂章16b; 宋芳松·金鍾洙, 『國譯純祖己丑進饌儀軌』卷首·卷一(서울: 민속원, 2007), 399쪽; 인남순, 『국역고종정해진찬의궤』(서울: 보고사, 2008), 798쪽.

대형으로 서서 두 팔을 옆으로 펴들고 춤춘다. 양손에 첨수를 잡고 동서와 남북이 상대하며 추는데, 전우협의 몸은 남향이나 시선은 서쪽을 바라본다. 춤사위는 '양수반하거·우수후반하거좌수전반하거(右手後半下擧左手前半下擧)·우수전반하거좌수후반하거(右手前半下擧左手後半下擧)'이다.

〈그림 202〉는 고종 정해『진찬의궤』에 수록된 정재도이다.[430] 여령정재이며, 무용수 구성은 협무 4인이다. 여령 4인이 2대좌우대형과 전후대형으로 서서 두 팔을 옆으로 펴들고 춤춘다. 양손에 첨수를 잡고 동서와 남북이 상대하며 추는데, 전우협의 몸과 바라보는 시선이 모두 남향이다. 춤사위는 '우수전평거좌수반하거·우수반하거좌수전평거(右手半下擧左手前平擧)·양수평거·우수전평거좌수후반하거(右手前平擧左手後半下擧)'이다.

〈그림 201〉 고종 신축『진찬의궤』

〈그림 202〉 고종 정해『진찬의궤』

〈그림 203〉은 정조 을묘『정리의궤』에 수록된 정재도이다.[431] 여령정재이며, 무용수

429) <그림 201> 고종 신축『진찬의궤』[여령]19b.
430) <그림 202> 고종 정해『진찬의궤』[여령]30b.
431) <그림 203> 정조 을묘『정리의궤』[여령]14a.

구성은 협무 2인·동기 2인·대기무용수 17인·집박악사 1인·악사 2인이다. 정조 을묘 『정리의궤』에 기록된 〈첨수무〉에는 〈연화대〉 동기도 함께 춤을 추는데, 전대에는 〈첨수무〉를 추는 여령 2인이 서고, 후대에는 〈연화대〉를 추는 동기 2인이 선다. 〈그림 203〉의 후대 2인을 〈연화대〉 동기로 보는 이유는 〈그림 204〉에서 확인되듯이 대기무용수 중 머리에 관을 쓰지 않은 동기 2인이 보이고, 그 뒤에 지당판(池塘板)이 배치되어 있다. 그리고 〈그림 203〉의 동기 2인과 〈그림 204〉의 대기무용수에 위치한 동기 2인의 머리모양을 비교하면 동일 무용수인 것을 알 수 있다.

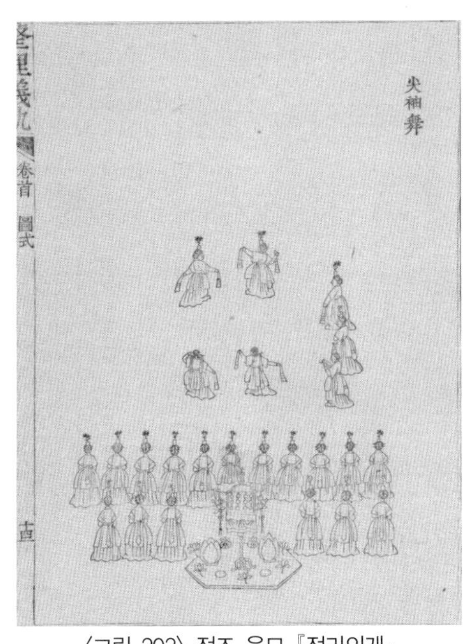

〈그림 203〉 정조 을묘 『정리의궤』

〈그림 204〉 정조 을묘 『정리의궤』 〈무고〉

먼저 〈그림 203〉의 전대에는 여령 2인이 일렬대형으로 서서 좌무는 북향하고 우무는 동향하며 춤춘다. 두 무용수의 손 형태가 서로 다른데, 좌무는 오른손만 뾰쪽하고 왼손은 한삼이 아래로 늘어뜨려진 형태이고, 반면 우무는 양손의 한삼이 아래로 늘어뜨려진 형태이다. 좌무와 우무 모두 무구[첨수]를 사용하지 않았고, 집박악사 1인과 악사 2인은 동쪽에 서서 서향하고, 대기무용수 17인은 염수하고 남쪽에 서서 북향한다. 춤사위는 '양수반하거·우수반하절거[우수첨수]좌수반상거(右手半下折擧[右手尖袖]左手半上擧)'이다. 다음으로 후대에는 〈연화대〉를 추는 동기 2인이 일렬대형으로 서서 북향하며 춘다. 춤사위는 '우수반하거좌수반상거·우수반하거좌수여만'이다.

〈그림 205〉는 순조 기축 『진찬의궤』에 수록된 정재도이다.[432] 무동정재이며, 무용수 구성은 협무 2인·대기무용수 20인이다. 무동 2인이 양손에 첨수를 잡고 일렬대형으로 서서 두 팔을 옆으로 펴들고 북향하며 춤추고, 대기무용수 20인은 염수하고 남쪽에 서서 북향한다. 춤사위는 '양수평거'이다.

〈그림 206〉은 순조 무자 『진작의궤』에 수록된 정재도이다.[433] 무동정재이며, 무용수 구성은 협무 2인·대기무용수 18인이다. 무동 2인이 일렬대형에서 서로 마주보고 앉아 농검·집검과 잡은 후의 춤을 추는데, 좌무는 왼손에 검을 잡았고 오른손은 농검하고, 우무는 양수집검하고 춘다. 대기무용수 18인은 염수하고 남쪽에 서서 북향하고, 춤사위는 '우수반상거좌수평거'이다.

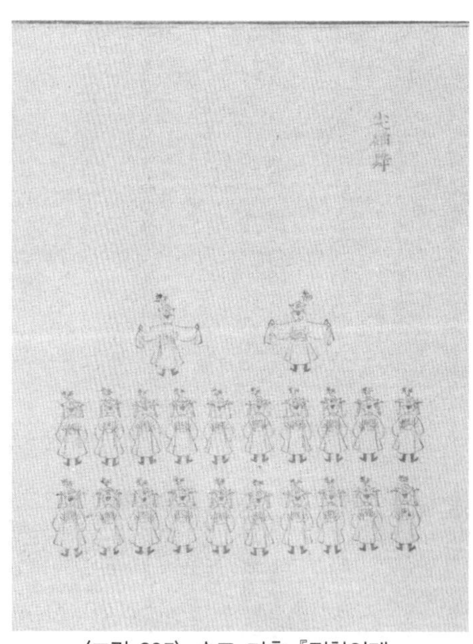

〈그림 205〉 순조 기축 『진찬의궤』

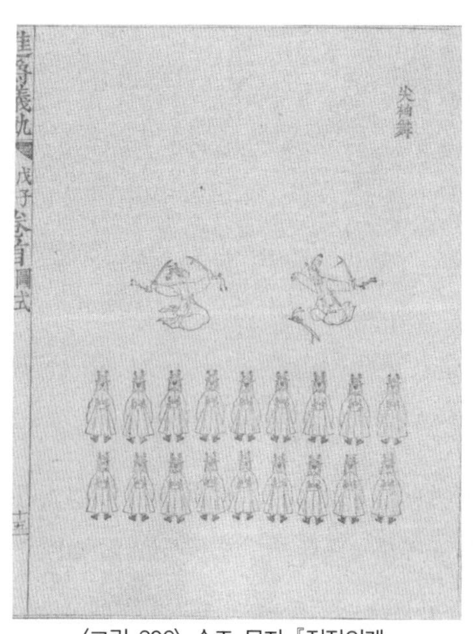

〈그림 206〉 순조 무자 『진작의궤』

432) <그림 205> 순조 기축 『진찬의궤』[무동]19b.
433) <그림 206> 순조 무자 『진작의궤』[무동]15.

이상 6점의 〈첨수무〉 정재도를 살폈을 때 정재도마다 '첨수'와 '검'이라는 무구를 들고 추기도 하고, 무구를 사용하지 않고 추기도 하여 차이가 있다. 그리고 〈그림 200·201·202·205〉의 무구가 '첨수'인지를 확인하기 위하여 의궤의 악기도(樂器圖)와 비교하였을 때 〈그림 207〉처럼 삼각뿔 모양의 '첨수'라는 무구가 순조 기축(1829) 『진작의궤』·고종 정해(1887) 『진찬의궤』·고종 신축(1901) 『진찬의궤』에 기록된 것을 확인하였고, 이를 통해 이시기에는 '첨수'라는 무구를 들고 춘 것을 알 수 있다. 그러나 그 외 정조 을묘 『정리의궤』·순조 무자 『진작의궤』에는 '첨수' 무구가 제시되지 않았다. 특히 정조 을묘 『정리의궤』에는 좌무의 오른손은 소매를 말아 잡고 왼손은 소매를 늘어뜨리고 추고, 우무 또한 양손을 늘어뜨리고 추고 있다. 이러한 정황으로 비추어 볼 때 〈첨수무〉는 한삼을 번뜩이며 추다가 '첨수'라는 무구를 들고 추는 것, 혹은 '첨수'라는 무구를 들고 다양한 춤사위를 구성하여 춘 것으로 생각할 수도 있다. 그래서 악장 기록을 살폈을 때, 정조 을묘 『정리의궤』에는 "춤추는 사람은 손에 잡은 것 없이 그 손을 번뜩이며 박자에 맞춰 춤을 춘다"라고[434] 기록되어 있고, 순조 무자 『진작의궤』에는 위의 내용과 함께 "두 무동이 피변(皮弁)을 쓰고, 첨수의(尖袖衣)를 입고 각각 두 자루의 검을 들고 서로 마주보고 춤춘다"라고[435] 기록되어 있어 정조 을묘년과 순조 무자년에는 '첨수'라는 무구를 사용하지 않고 춘 것을 알 수 있다.

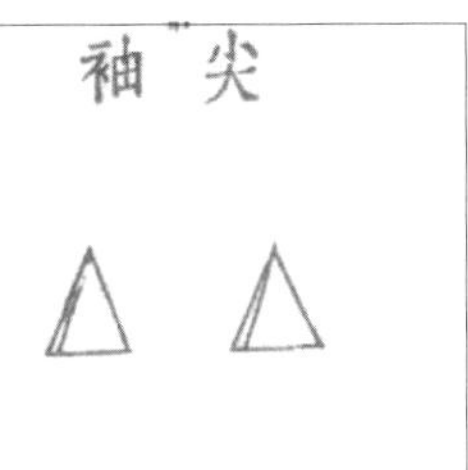

〈그림 207〉
고종 정해 『진찬의궤』

따라서 〈첨수무〉는 왕조 및 연향별로 무구 사용에 차이가 있는데, 정조 을묘년에는 소매를 말아 잡는 춤, 순조 무자년에는 '검'을 잡고 추는 춤, 순조 기축년·고종 정해년·고종 신축년에는 〈그림 207〉의 '첨수'라는 무구를 들고 추었다. 결국 〈첨수무〉는 동일 정재에서 삼각뿔 형태의 '첨수'라는 무구를 들고 추는 춤, 소매를 말아 잡고 추는 춤, '검'을 잡고 추는 춤 등 3가지 유형으로 춘 것을 알 수 있다.

이상으로 〈첨수무〉 정재도에 드러난 무도내용은 일렬대형·2대좌우대형·전후대형에서의 춤으로, 일렬대형의 북향춤과 상대춤, 2대좌우대형과 전후대형에서의 상대춤을 제

434) 正祖 乙卯 『整理儀軌』, 卷一. 樂章61b.
435) 이의강, 『국역순조무자진작의궤』(서울: 보고사, 2006), 68쪽.

시한 것이다. 무용수는 협무 4인, 협무 2인·동기 2인[연화대]·대기무용수 17인·집박악사1인·악사2인, 협무 2인·대기무용수 20인, 협무 2인·대기무용수 18인 등 4가지로, 왕조 및 연향에 따라 구성에 차이가 있다. 여기서 '검'을 잡지 않고 추는 〈첨수무〉의 무용수 구성은 협무 2인과 4인으로 구성되었고, '검'을 잡고 추는 무용수는 협무 2인으로 구성되었다. 〈첨수무〉는 협무 2인 구성일 때는 일렬대형에서, 4인 구성일 때는 2대좌우대형과 전후대형을 구성하여 춤을 추었다.

정재대형은 같으나 무용수가 바라보는 방향과 춤사위 형태에 차이가 있는데, 〈그림 202〉와 〈그림 200·201〉의 전우협 무용수의 몸 방향이 남향인 것은 같으나 바라보는 시선이 〈그림 200·201〉은 서향, 〈그림 202〉는 남향으로 차이가 있다. 따라서 〈첨수무〉 정재도에는 무구 용도의 차이에 따라 서로 다른 춤을 춘 것을 보여준 것으로, '검'을 무구로 사용한 〈첨수무〉는 마주보고 앉아 농검·집검과 잡은 후의 춤을 추고, '첨수' 무구를 사용한 〈첨수무〉는 양손에 '첨수'를 잡고 좌우상대·전후상대·북향하는 춤을 추고, 소매를 말아 잡고 춘 〈첨수무〉는 좌우 손을 달리하여 한 손은 한삼을 늘어뜨리고 추는 것과 다른 한손은 소매를 말아 잡고 북향과 상대하며 추는 것을 보여주고 있다.

그리고 〈첨수무〉 정재도에 공통적으로 드러난 정재춤사위는 '양수반하거·양수평거·우수반상거좌수평거·우수반하거좌수반상거·우수반하거좌수여만·우수반하거좌수전평거·우수반하절거[우수첨수]좌수반상거·우수전반하거좌수후반하거·우수전평거좌수반하거·우수전평거좌수후반하거·우수평거좌수전반하거·우수후반하거좌수전반하거'이다.

2) 〈첨수무〉 정재도 분석

〈첨수무〉 무보는 『정재무도홀기』에 모두 4편이[436] 전하고, 여령정재와 무동정재로 추었다. 무용수는 협무 2인·4인으로 구성하여 연향별로 추어진 내용에 차이가 있는데, 소매를 뾰쪽하게 말아 잡고 추기도 하고, 무구[검]를 잡고 추었다. 이상의 내용을 살펴보면 다음과 같다.

436) <尖袖舞>, 『呈才舞圖笏記』, 1994년, 67쪽·133쪽, 476쪽; 『時用舞譜(全)呈才舞圖笏記』, 1989년, 118쪽.

가) 〈첨수무-가〉

검을 잡고 추는 〈첨수무-가〉[437] 내용을 정리하면, 무동 2인이 서로 마주하여 무진·무퇴하고, 혹배·혹면하고 이어 회선(回旋)하며 춤춘다. 이어 악사가 검을 가지고 들어와 전중 가운데에 놓고 나가면, 무동 2인이 마주보고 앉아 검을 어르고, 검을 잡아 휘두르며 춤추다 일어서서 연귀소(燕歸巢)·연풍대(筵風擡)를 하면 춤이 마친다.

『정재무도홀기』〈첨수무-가〉의 춤 진행구조는 5가지로 구분되어 있는데, 협무 2인이 상대·상배하는 춤, 무구[검] 배열, 무구[검]를 잡기 전의 춤, 검을 잡는 춤, 검을 잡은 후의 춤이다. 따라서 〈첨수무-가〉는 2인 구성의 춤으로, 춤추는 내내 〈그림 208〉처럼 일렬대형을 유지하며 춤을 춘다.

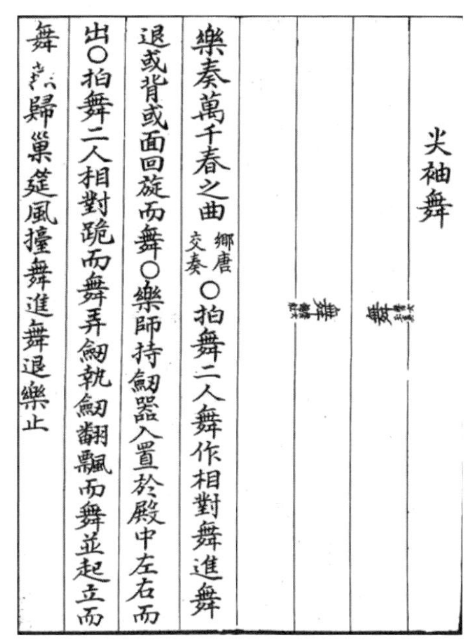
尖袖舞

舞

舞

樂奏萬千春之曲 鄕唐交奏 ○拍舞二人舞作相對舞進舞
退或背或面回旋而舞○樂師持劒器入置於殿中左右而
出○拍舞二人相對跪而舞弄劒執劒翻飄而舞並起立而
舞 歸巢筵風擡舞進舞退樂止

〈첨수무-가〉 무보
(『정재무도홀기』, 국립국악원 소장)

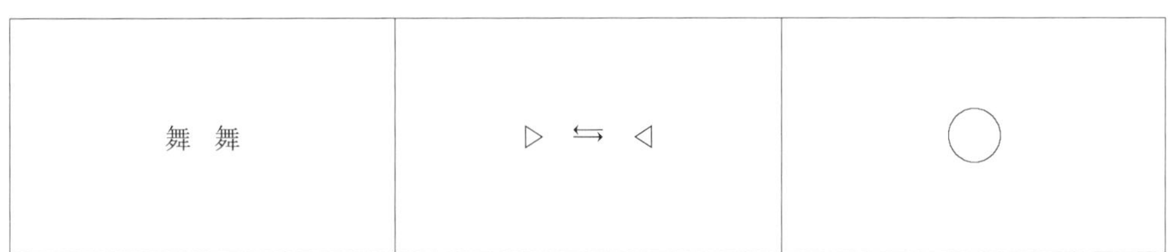

〈그림 208〉『정재무도홀기』의 〈첨수무-가〉 대형 구성

나) 〈첨수무-나〉

소매를 뾰쪽하게 말아 잡고 추는 〈첨수무-나〉[438]의 내용을 정리하면, 협무 4인이 2대좌우대형으로 서서 무진하여 마주보고 춤을[엽무(葉舞)] 추고, 혹배·혹면하며 춤춘다. 손을 빠르게 뒤집으며 무진·무퇴하고 이어 선전하고, 서로 자리를 바꾸어 배무한다. 남과 북이 대무하고, 다시 자리를 바꾸어 배무한다. 동과 서가 대무하고 자리를 바꾸어 배

437) <尖袖舞>, 『呈才舞圖笏記』, 1994년, 67쪽·476쪽, 『時用舞譜(全)呈才舞圖笏記』, 1989년, 118쪽.
438) <尖袖舞>, 『呈才舞圖笏記』, 1994년, 133쪽.

무한다. 다시 남과 북이 대무하고, 다시 자리를 바꾸어 배무하며 춤춘다. 다시 동과 서가 서로 대무하고 이어 좌우선전하고 둥글게 돌아 무진·무퇴하면 춤이 마친다.

〈첨수무-나〉는 〈그림 209〉처럼 2대좌우대형과 전후대형으로 구성하여 춘다. 2대좌우대형에서는 상대·상배와 무진·무퇴 그리고 환대와 선전을 추고, 전후대형에서는 남대와 북대가 서로 환대하여 상배하며 춤을 춘다.

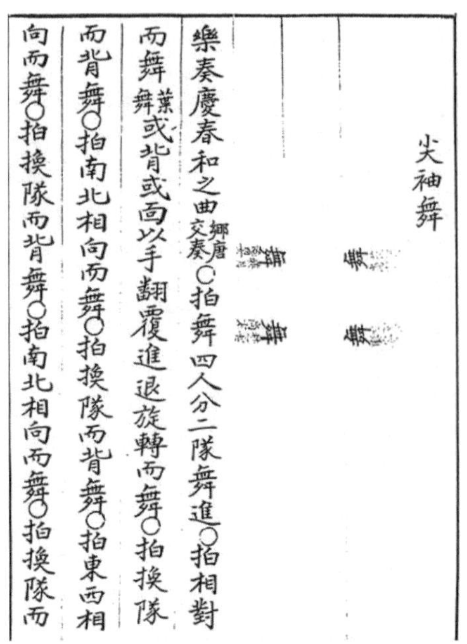

尖袖舞

樂奏慶春和之曲(鄕唐交奏)○拍舞四人分二隊舞進○拍相對而舞(葉舞)或背或面以手翻覆進退旋轉而舞○拍換隊而背舞○拍南北相向而舞○拍換隊而背舞○拍東西相向而舞○拍換隊而背舞○拍南北相向而舞○拍換隊而

〈첨수무-나〉 무보(『정재무도홀기』, 장서각 소장)

2대좌우대형			전후대형
⇅ ⇅ 舞 舞 舞 舞	▷ ⇆ ◁ ▷ ⇆ ◁	◎ ◎ ◎ ◎	▽ ▽ ⇅ ⇅ △ △

〈그림 209〉 『정재무도홀기』의 〈첨수무-나〉 대형 구성

이상으로, 『정재무도홀기』의 〈첨수무-가·나〉에 공통적으로 드러난 내용을 정리하면, 〈첨수무〉는 연향에 따라 무구인 검을 잡기도 하고 소매를 말아 잡고 추는 등 2가지 내용으로 추었다. 무용수는 협무 2인과 4인으로 구성되는데, 2인으로 구성된 〈첨수무〉는 무구인 '검'을 잡고 추었고, 4인으로 구성된 〈첨수무〉는 소매를 말아 잡고 추었다. 정재대형은 무용수 구성에 따라 차이가 있는데, 협무 2인은 일렬대형, 협무 4인은 2대좌우대형과 전후대형으로 구성된다. 무구를 사용하는 〈첨수무〉에서는 악사가 춤 중반부에 검을 설치하였는데, 일반적으로 무구를 춤의 도입부에 설치하는 진행과는 대별된다.

앞서 〈첨수무〉 정재도에 공통적으로 나타난 내용을 정리하면 다음과 같다.

첫째, 무용수는 4가지로 구성되어 왕조 및 연향별로 차이가 있는데, 협무 4인, 협무 2인·동기 2인[연화대]·대기무용수 17인·집박악사 1인·악사 2인, 협무 2인·대기무용수 20인, 협무 2인·대기무용수 18인이다.

둘째, 무동정재와 여령정재로 추었다.

셋째, 정재대형 구성은 일렬대형·2대좌우대형·전후대형이다.

넷째, 정재방향 구성은 북향과 상대이다.

다섯째, 왕조 및 연향에 따라 춤 내용을 다르게 구성하여 추었는데, '소매를 뾰족하게 말아 잡는 춤'과 '검'과 '첨수'라는 무구를 들고 추었다.

여섯째, 무구의 유무 혹은 무구의 용도에 따라 춤 내용에 차이를 보이는데, 검을 무구로 사용한 〈첨수무〉는 마주보고 앉아 농검·집검과 잡은 후의 춤을 춘다. 첨수무구를 사용한 〈첨수무〉는 양손에 첨수를 잡고 좌우상대·전후상대·북향하는 춤을 춘다. 소매를 말아 잡고 춘 〈첨수무〉는 좌우 손을 달리하여 소매를 말아 잡고 북향과 상대하는 춤을 춘다.

일곱 번째, 무구의 용도에 따라 머리에 쓰는 소도구에 차이가 있는데, 소매를 말아 잡고 추거나 첨수[무구]를 사용한 〈첨수무〉는 머리에 전립을 쓰지 않았고, 검을 무구로 사용한 경우에는 머리에 전립을 착용하였다.

여덟 번째, 검의 길이가 긴 것과 짧은 것으로 차이가 있다.

아홉 번째, 정재춤사위 구성은 '양수반하거·양수평거·우수반상거좌수평거·우수반하거좌수반상거·우수반하거좌수여만·우수반하거좌수전평거·우수반하절거[우수첨수]좌수반상거·우수전반하거좌수후반하거·우수전평거좌수반하거·우수전평거좌수후반하거·우수평거좌수전반하거·우수후반하거좌수전반하거'이다.

이상의 내용은 아래의 정재홀기 기록에서 확인할 수 있는데, 먼저 검을 잡고 추는 여령정재 〈첨수무-가〉 내용은 다음과 같다.

〈첨수무-가〉[439] 음악이 만천춘지곡(萬千春之曲)【향당교주(鄕唐交奏)】을 연주한다. ○박을 치면, 무(舞) 2인이 춤을 추는데, 서로 마주보고 앞으로 나아갔다 뒤로 물러나며 춤을 춘다. 잠깐 등을 지고 잠깐 마주본다. 둥글게 돌며 춤을 춘다. 악사(樂師)가 칼(劍器)을 전중(殿中) 좌우(左右)에 놓고 나간다.[440] 무 2인이 서로 마주보고 꿇어앉아 춤을 춘다. ≪용례 1≫ 검을 어르고, ≪용례 2≫ 검을 잡고 회오리바람이 불듯이 검을 휘돌리며 춤을 춘다. 다 같이 일어나며 춤을 춘다. 제비가 제 집으로 돌아가듯이[441] 대자리가 바람에 날리듯이 춤을 춘다.[442] 춤을 추며 앞으로 나아갔다가 뒤로 물러나며 춤을 춘다. 음악이 그친다.

『정재무도홀기』 〈첨수무-가〉의 ≪용례 1≫은 무용수가 마주보고 꿇어앉아 검을 잡기 전 어르는 춤이고, ≪용례 2≫는 검을 잡고 휘두르며 추는 춤이다.

정재홀기의 〈첨수무-가〉와 정재도 내용을 비교하였을 때, 정재도에서 무용수가 마주보고 앉아 한손에만 검을 잡은 것은 검을 잡기 위해 검을 어르는 ≪용례 1≫을 제시한 것이고, 양손에 검을 잡은 것은 검을 잡은 후 검을 휘두르며 추는 ≪용례 2≫를 제시한 것이다.

다음으로 소매를 말아 잡고 추는 〈첨수무-나〉는 아래의 정재홀기 기록에서 확인된다.

〈첨수무-나〉 음악이 경춘화지곡(慶春和之曲)〈향당교주〉을 연주한다. ≪용례 3≫ ○박을 치면, 무(舞) 4인이 2대로 나누어 춤을 추며 앞으로 나아간다. ≪용례 4≫ ○박을 치면, 서로 마주보고 춤을 춘다[엽무(葉舞)]. 잠깐 등을 지고 잠깐 마주본다. ≪용례 5≫ 손을 빠르게 날려 뒤집으며, 춤을 추며 앞으로 나아갔다 뒤로 물러나며 춤을 춘다. 빙글빙글 돌면서 춤을 춘다. ○박을 치면, 대를 바꾸며 등을 지고 춤을 춘다. ≪용례 6≫ ○박을 치면, 남과

439) <첨수무-가>는 악사가 춤 중간에 검을 설치하는 것과 춤 내용이 <공막무>와 같다.

440) 궁중정재에서는 춤을 추기 전에 무구[검]를 배열하는 것이 일반적인 진행인데, <첨수무-나>에는 춤의 중반부에 무구를 설치하여 기존의 정재 진행과는 차이가 있다.

441) 燕歸巢는 춤을 다 춘 뒤 맨 처음자리로 돌아가는 뜻으로, 還復初列而舞와 같다. 손선숙, 『궁중정재용어사전』(서울: 민속원, 2005), 240쪽 · 393쪽.

442) 연귀소 · 연풍대는 회무 또는 회선이무와 내용이 같다. 손선숙, 『궁중정재용어사전』(서울: 민속원, 2005), 240쪽 · 243쪽.

북이 서로 향하여 춤을 춘다. ◯박을 치면, 대를 바꾸며 등을 지고 춤을 춘다. ≪용례 7≫ ◯박을 치면, 동과 서가 서로 향하여 춤을 춘다. ◯박을 치면, 대를 바꾸며 등을 지고 춤을 춘다. ≪용례 8≫ ◯박을 치면, 남과 북이 서로 향하여 춤을 춘다. ◯박을 치면, 대를 바꾸며 등을 지고 춤을 춘다. ≪용례 9≫ ◯박을 치면, 동과 서가 서로 향하여 춤을 춘다. ◯박을 치면, 좌우로 한 번씩 돌며 춤을 춘다. ◯박을 치면, 둥글게 돌며 춤을 춘다. ≪용례 10≫ ◯박을 치면, 춤을 추며 앞으로 나아간다. ◯박을 치면, 춤을 추며 뒤로 물러난다. 음악이 그친다.

『정재무도홀기』 〈첨수무-나〉의 ≪용례 3≫은 2대좌우대형에서 북향하여 무진하는 춤이고, ≪용례 4≫는 2대좌우대형에서 상대·상배하는 내용이고, ≪용례 5≫는 손을 뒤집으며 북향하여 무진·무퇴·선전하는 춤이고, ≪용례 6≫은 전후대형에서 상대·환대·배무하는 춤이고, ≪용례 7≫은 2대좌우대형에서 상대·환대·배무하는 춤이고, ≪용례 8≫은 전후대형에서 상대·환대·배무하는 춤이고, ≪용례 9≫는 2대좌우대형에서 상대하고 좌우선전하는 춤이고, ≪용례 10≫은 2대좌우대형에서 동서가 북향하여 무진하는 춤이다.

정재홀기의 〈첨수무-나〉와 정재도 내용을 비교하였을 때, 정재도에서 협무 4인이[443] 2대좌우대형에서 좌대와 우대가 마주 본 것은 상대·상배·환대하는 내용의 ≪용례 4·7·9≫를 제시한 것이고, 전우협이 남향한 것은 전후대형에서 상대·환대·배무하는 춤인 ≪용례 6·8≫을 제시한 것이다.

3) 〈첨수무〉 정재도 해석

5종의 의궤에 6점이 수록된 〈첨수무〉정재도는 무동은 2점·여령은 4점이다. 6점의 정재도를 살폈을 때 무도내용이 각 1점씩 그려졌다.

정재도를 통합 비교하였을 때 〈첨수무〉는 정재도마다 한 그림 속에 여러 내용을 제시하였는데, 〈그림 200·201·202〉는 협무 4인이 첨수라는 무구를 들고 추는 춤으로, 좌우대와 전후대의 상대·상배·환대춤을 제시한 것이다. 〈그림 203〉은 소매를 말아 잡고

443) 정재홀기에 협무 4인이 춘 것으로 되어 있어 정재도에도 협무 4인으로 구성된 <첨수무>를 비교하였고, 협무 2인은 제외시켰다.

추는 춤을, 〈그림 205〉는 협무 2인이 첨수를 들고 추는 북향춤을, 〈그림 206〉은 검을[444] 들고 농검·집검과 잡은 후의 춤을 제시하고 있다.

무용수 구성은 왕조 및 연향에 따라 4가지로 구분하여 제시하였는데, 협무 4인, 협무 2인·동기 2인[연화대]·대기무용수 17인·집박악사 1인·악사 2인, 협무 2인·대기무용수 20인, 협무 2인·대기무용수 18인으로 차이가 있다. 여기서 대기무용수 17인·18인·20인은 〈첨수무〉 무용수 구성과는 직접 관련이 없고, 정조 을묘년 ·순조 무자년·순조 기축년 당시에 여러 정재 종목을 추기위해 남쪽에서 대기하는 무용수들의 위치를 제시한 것이다. 집박악사와 악사 또한 정재홀기에는 기록되지 않았지만 연향에 참여하여 〈첨수무〉를 추는 무용수들 동쪽과 서쪽에 서서 춤 진행에 도움을 주는 등 다양한 역할을 한 것을 알 수 있다.

무도내용은 '검'·'첨수'·'소매를 말아 잡고 추는 춤'을 제시한 것으로, 의궤 정재도에는 무용수 구성과 의상 및 무구의 형태에 차이를 두어 무동과 여령으로 구분하여 6가지 유형으로 제시하였다.

〈첨수무〉 정재도와 정재홀기를 비교하였을 때 정재도에서 검을 사용한 〈첨수무〉는 농검·집검과 잡은 후의 춤을 제시한 것이다. 그리고 소매를 말아 잡고 추는 〈첨수무〉는 북향하여 무진·무퇴하는 춤과 좌우상대하는 춤으로, 이러한 내용은 모두 『정재무도홀기』에 기록된 내용을 사실적으로 제시한 것이다.

반면 정재홀기에 기록되지 않은 내용을 정재도에 제시하였는데, 여령 2인이 북향하여 출 때 〈연화대〉의 동기 2인이 후대에서 춤추는 내용,[445] 무용수 모두 양손에 뾰족한 무구[첨수]를 들고 추는 내용,[446] 그 외 대기무용수가 남쪽에 배열한 것과 악사와 집박악사

444) 검을 사용한 <첨수무>는 춤 내용이 <검기무>와 <공막무>와 같으나 무구를 설치하는 진행에 차이가 있다. <검기무>는 무구를 춤을 추기 전 도입부에 무구를 설치하는데 반해 <공막무>에서는 춤을 추는 중간 부분인 진행부에 악사가 검을 설치하여 차이가 있다.

445) 정조 을묘 『정리의궤』의 <첨수무>에는 동기 2인이 후대에서 춤을 추고 있는데, 의상 복식으로 보아 머리에 연화관을 쓰기 위해 머리 장식이 없는 것과 정조 을묘 『정리의궤』의 출연 종목과 대기무용수의 구성을 비교하였을 때, <첨수무> 후대에 선 무용수가 <연화대>를 춘 동기 2인 인 것을 알 수 있다. 일반적으로 정재도에는 해당 종목의 정재를 추는 무용수만을 기록하는데, 정조 을묘 『정리의궤』에 수록된 <첨수무> 경우, <첨수무>를 추는 무용수와 함께 <연화대>의 동기 2인이 대열을 이루며 춘 것은 의궤 정재도상 처음 있는 기록으로, 향후 연구를 통해 밝히고자 한다.

446) 궁중정재를 출 때 무구를 사용하는 정재에서는 춤의 시작 전에 무구를 설치하는 내용이 기록되는데, 정재홀기에 기록된 <첨수무>에는 첨수라는 무구를 설치하는 내용이 기록되지 않았다. <尖袖舞>, 『呈才舞圖笏記』, 1994년, 133쪽.

가 좌우에 서 있는 내용, 그리고 소매를 말아 잡고 추는 춤에서는 좌우 손을 달리하여 한 손은 한삼을 늘어뜨리고 추는 것과 다른 한손은 소매를 말아 잡고 추는 춤사위 형태이다.

이상으로, 의궤의 〈첨수무〉 정재도는 무용수 구성을 왕조 및 연향에 따라 4가지로 차이를 두어, '첨수'라는 무구를 들고 추는 춤, 소매를 말아 잡고 추는 춤, '검'을 잡고 추는 춤 등 3가지를 제시하였다. '검'을 무구로 사용한 〈첨수무〉는 마주보고 앉아 농검·집검과 잡은 후의 춤을 제시하였고, '첨수' 무구를 사용한 〈첨수무〉는 양손에 '첨수'를 잡고 좌우상대·전후상대·북향하는 춤을 제시하였고, 소매를 말아 잡고 춘 〈첨수무〉는 좌우 손을 달리하여 소매를 말아 잡고 북향과 상대하는 춤을 제시하였다. 따라서 〈첨수무〉는 왕조 및 연향에 따라 춤의 제목을 같은 명칭으로 사용하면서 내용은 '첨수'라는 무구를 들고 추는 춤, 소매를 말아 잡고 추는 춤, '검'을 잡고 추는 춤 등 3가지 유형으로 추어진 것을 알 수 있다.

31. 첩승무疊勝舞

〈첩승무〉 정재도는 순조 무자 『진작의궤』·고종 임진 『진찬의궤』·고종 신축 『진연의궤』·고종 임인(4월·11월) 『진연의궤』에 수록되어 있다. 5종의 의궤에 5점이 전하는데,[447] 무동은 3점·여령은 2점이다.

1) 〈첩승무〉 정재도 검토

5점의 〈첩승무〉 정재도를 비교하였을 때 무용수는 협무 6인으로 구성이 같고, 무도내용은 3가지 유형으로 구분되어 있는데[448] 내용을 살펴보면 다음과 같다.

447) <疊勝舞> 정재도는 高宗 辛丑 『進宴儀軌』[여령]28b, 高宗 壬辰 『進饌儀軌』[여령]37b, 純祖 戊子 『進爵儀軌』[무동]43b, 高宗 壬寅 『進宴儀軌』[4월: 무동]28a, 高宗 壬寅 『進宴儀軌』[11월: 무동]30a에 수록되어 있다.

448) 손선숙, "협무[무용수] 6인 구성 정재의 정재도 연구: <고구려무>·<망선문>·<박접무>·<사선무>·<연화무>·<영지무>·<첩승무>·<최화무>·<춘광호>·<춘대옥촉>·<향령무>를 중심으로," 『우리 춤과 과학기술』31집(서울: 우리춤연구소, 2015), 37~84쪽.

〈그림 210〉은 순조 무자 『진작의궤』에,[449] 〈그림 211〉 은 고종 임인 『진연의궤』[4월·11월]에[450] 수록된 정재도이다. 〈그림 210·211〉은 모두 무동정재이며, 무용수 구성은 협무 6인이다. 무도내용이 같은데, 전대에 1인, 중대(中隊)에 4인, 후대에 1인이 각각 선 전후좌우복합대형에서[451] 두 팔을 옆으로 펴 들고 춤춘다. 모두 상대·상배하며 추는데 전대 1인과 후대 1인이 상배하고, 중대의 좌대와 우대 4인은 무용수 중심으로 각각 상대[우대]·상배[좌대]한다. 무동 의상에 차이가 있지만 무용수가 바라보는 방향이 남향·북향·동향·서향으로 모두 같고, 춤사위 또한 '우수평거좌수반하거·우수반하거좌수평거·우수반상거좌수반하거'로 같다.

〈그림 210〉 순조 무자 『진작의궤』

〈그림 211〉 고종 임인 『진연의궤』

〈그림 212〉는 고종 신축 『진연의궤』[여령]28b; 고종 임진 『진찬의궤』에 수록된 정재

449) <그림 210> 순조 무자 『진작의궤』[무동]43b

450) <그림 211> 고종 임인 『진연의궤』[4월: 무동]28a; 고종 임인 『진연의궤』[11월: 무동]30a.

451) "○무동 1인은 앞에 자리하고, 1인은 뒤에, 2인은 좌측에, 2인은 우측에 자리하여, 서로 변화하면서 춤춘다." 이의강, 『국역순조무자진작의궤』(서울: 보고사, 2006), 301쪽.

도이다.[452] 여령정재이며, 무용수 구성은 협무 6인이다. 여령 6인이 춤을 추는데, 전대에 1인, 중대에 4인, 후대에 1인이 각각 선 전후좌우복합대형에서 두 팔을 옆으로 펴 들고 춤춘다.[453] 전대 1인과 후대 1인이 상배하고, 중대의 좌대와 우대 4인은 무용수 중심으로 각각 상대[우대]·상배[좌대]한다. 무도내용은 무동의 춤인 〈그림 210·211〉과 같지만 춤사위 형태는 다르다. 정재춤사위는 '우수반상거좌수반하거·우수반하거좌수반하거·우수반하거좌수평거·우수상거좌수반하거·우수평거좌수반하거'이다.

〈그림 212〉 고종 임진 『진찬의궤』

이상 5점의 〈첩승무〉 정재도를 살폈을 때 드러난 무도내용은 무동과 여령 모두 전후좌우복합대형에서 북향무·상대·상배하는 춤을 제시한 것이다. 무용수들이 바라보는 방향으로 볼 때 전대와 후대는 대열기준으로 상배하고, 중대의 좌우협무는 각각 무용수 중심으로 상대·상배한다. 무용수 구성 또한 무동과 여령 모두 협무 6인으로 같다. 그리고 〈춘광호〉 정재도에 공통적으로 제시된 정재춤사위는 '우수반상거좌수반하거·우수반하거좌수반하거·우수반하거좌수평거·우수상거좌수반하거·우수평거좌수반하거이'다.

2) 〈첩승무〉 정재도 분석

〈첩승무〉 무보는 『정재무도홀기』에 모두 4편이[454] 전하는데, 여령정재와 무동정재로 추었다. 무용수 구성은 협무 6인으로 모두 같고, 추어진 내용은 변함없지만 연향에 따라 무동정재 시에는 창사를 생략하였다.[455]

452) <그림 212> 고종 신축 『진연의궤』[여령]28b; 고종 임진 『진찬의궤』[여령]37b.

453) "○여기 1인은 앞에 자리하고 1인은 뒤에, 2인은 좌측에 2인은 우측에 자리하여 서로 바꿔 가며 춤춘다." 한국예술학과 음악사료강독회 역주, 『高宗辛丑進宴儀軌』 卷一(서울: 한국예술종합학교 전통예술원, 2001), 181쪽.

454) <疊勝舞>, 『呈才舞圖笏記』, 1994년, 41쪽·343쪽·463쪽; 『時用舞譜(全)呈才舞圖笏記』, 1989년, 162쪽.

455) 『呈才舞圖笏記』, 1994년, 463쪽. 무동정재에서는 창사를 부르지 않고 춤만 춘 기록이 전한다.

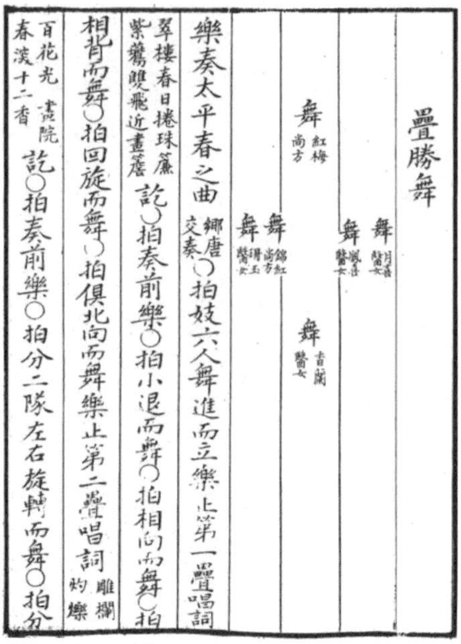

疊勝舞

舞 舞 舞 舞 舞 舞

樂奏太平春之曲(鄕唐交奏)○拍妓六人舞進而立樂止第一疊唱詞

翠樓春日捲珠簾 紫鸞雙飛近畫簷 訖○拍奏前樂○拍小退而舞○拍相向而舞○拍

相背而舞○拍回旋而舞○拍俱北向而舞樂止第二疊唱詞 雕欄灼爍

百花光 畫院春濃十二香 訖○拍奏前樂○拍分二隊左右旋轉而舞○拍分

〈첩승무〉 무보(『정재무도홀기』, 국립국악원 소장)

내용을 정리하면, 협무 6인이 무진하여 제일첩창사(第一疊唱詞)를 부른다. 상대·상배하고 둥글게 돌아 북향하여 제이첩창사(第二疊唱詞)를 부른다. 두 대(隊)로 나누어 좌우로 돌면서 춤을 추고, 대를 나누어 서서 등을 지고 춤을 추고 북향하여 제삼첩창사(第三疊唱詞)를 부른다. 동쪽과 서쪽으로 나누어 상대·상배하고 대를 바꾸어 제자리로 돌아가 북향하여 제사첩창사(第四疊唱詞)를 부른다. 소매를 번뜩이며 추고 나란히 서서 무진·무퇴하고 소매를 높였다 낮추며 춤을 추고 제오첩창사(第五疊唱詞)를 부른다. 좌우 제1인이 무진하여 제육첩창사(第六疊唱詞)를 부른다. 좌우 제2인이 무진하여 제칠첩창사(第七疊唱詞)를 부른다. 좌우 제3인이 무진하여 제팔첩창사(第八疊唱詞)를 부른다. 북쪽을 향해 손을 여미고 춤을 춘다. 둥글게 돌아 북쪽을 향해 제구첩창사(第九疊唱詞)를 부른다. 나란히 서서 무진·무퇴하고 처음 대열로 돌아가 앞으로 무진하여 제십첩창사(第十疊唱詞)를 부른다.

『정재무도홀기』의 〈첩승무〉는 〈그림 213〉처럼 전후좌우복합대형·전후대형·일렬대형·2대좌우대형으로 변화를 주면서 춤을 추는데, 전후좌우복합대형에서는 북향무·무진·무퇴와 상대·상배를 추고, 전후대형에서는 상배와 북향하며 춤추고, 2대좌우대형에서는 상대·상배와 환대이무를 추고, 일렬대형에서는 무진·무퇴와 좌우 제1대·2대·3대가 차례로 무진하며 춤춘다.

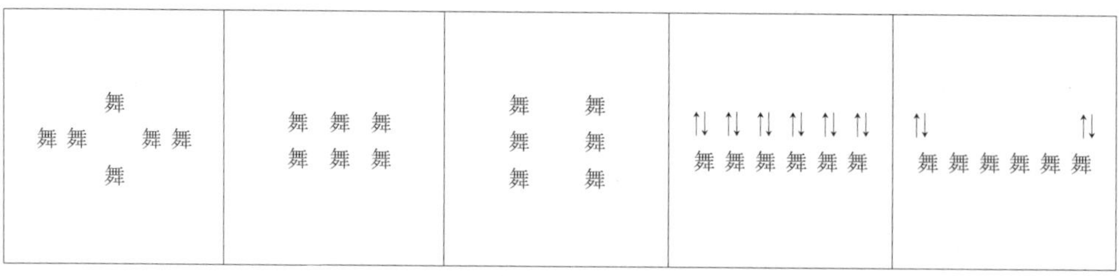

舞 舞 舞　　舞 舞 舞	舞 舞 舞 舞 舞 舞	舞　　舞 舞　　舞 舞　　舞	↑↓ ↑↓ ↑↓ ↑↓ ↑↓ ↑↓ 舞 舞 舞 舞 舞 舞	↑↓　　　　↑↓ 舞 舞 舞 舞 舞 舞

〈그림 213〉『정재무도홀기』의 〈첩승무〉 대형 구성

앞서 〈첩승무〉 정재도에 공통적으로 나타난 내용을 정리하면 다음과 같다.

첫째, 무용수 구성은 협무 6인으로, 무동과 여령 모두 같다.

둘째, 무동정재와 여령정재로 추었다.

셋째, 정재대형 구성은 전후좌우복합대형이다.

넷째, 정재방향 구성은 북향무·상대·상배이다. 상대·상배를 하는 기준이 다른데, 먼저 전대·후대는 대열중심으로 상배하고, 좌대와 우대는 각각 무용수 중심으로 좌대는 상배, 우대는 상대한다.

다섯째, 정재춤사위 구성은 '우수반상거좌수반하거·우수반하거좌수반하거·우수반하거좌수평거·우수상거좌수반하거·우수평거좌수반하거'이다.

이상의 내용은 아래의 정재홀기 기록에서 확인된다.

≪용례 1≫ ○박을 치면, 무기(舞妓) 6인이 춤을 추며 나아가서고, 음악이 그치면 제1첩을 창사를 부른다. …(생략)… ○박을 치면, 앞의 음악을 연주한다. ≪용례 2≫ ○박을 치면, 조금 뒤로 물러나며 춤춘다. ≪용례 3≫ ○박을 치면, 서로 향하여 춤춘다. ≪용례 4≫ ○박을 치면, 서로 등지고 춤춘다. ○박을 치면, 회선하며 춤춘다. ≪용례 5≫ ○박을 치면, 모두 북향하여 춤추고, 음악이 그치면 제2첩 창사를 부른다. …(생략)… ○박을 치면, 다시 처음 대열로 돌아가며 춤춘다. ≪용례 6≫ ○박을 치면, 춤추며 앞으로 나아가서고, 음악이 그치면 제10첩 창사를 부른다. …(생략)… ○박을 치면, 향당교주를 연주한다. ≪용례 7≫ ○박을 치면, 춤추며 물러난다. 음악이 그친다.

『정재무도홀기』〈첩승무〉의 ≪용례 1≫은 전후좌우복합대형에서 무진하는 내용이고, ≪용례 2≫는 무퇴하는 내용이고, ≪용례 3≫은 상향하는 내용이고, ≪용례 4≫는 상배하는 내용이고, ≪용례 5≫는 북향하여 춤추는 내용이고, ≪용례 6≫은 무진하는 내용이고, ≪용례 7≫은 무용수 전체가 무퇴하는 내용이다.

정재홀기와 〈첩승무〉 정재도 내용을 비교하였을 때 정재도에서 전대와 중대의 좌무 1

인이 북향한 것은 전후좌우복합대형에서 북향무·무진·무퇴한 내용으로 ≪용례 1·2·5·6·7≫을 제시한 것이고, 상향·상배한 것은 전후좌우복합대형에서 춤추는 ≪용례 3·4≫를 제시한 것이다.

3) 〈첩승무〉 정재도 해석

5종의 의궤에 5점이 수록된 〈첩승무〉 정재도는 무동은 3점·여령은 2점이다. 5점의 정재도를 살폈을 때 무도내용이 적게는 1점, 많게는 2점이 같은 내용으로 그려졌는데, 〈그림 210〉은 1점, 〈그림 211·212〉는 2점이다. 무도내용이 무동과 여령으로 구분되었지만 무동의 경우는 의상에 차이가 있을 뿐 내용이 같고, 여령 또한 무도내용이 무동과 같다.

정재도를 통합 비교하였을 때 〈첩승무〉는 정재도마다 한 그림 속에 여러 내용을 제시하였는데, 〈그림 210·211·212〉 모두 전후좌우복합대형의 형태와 이 대형에서의 북향무와 무진·무퇴 그리고 전대와 후대는 상배하고, 중대의 좌대는 상배, 우대는 상대하며 추는 춤을 무동과 여령을 통해 공통적으로 보여주고 있다.

무용수 구성은 무동과 여령 모두 협무 6인으로 같다. 무도내용은 전후좌우복합대형에서 북향무·무진·무퇴·상대·상배하는 춤을 제시한 것으로, 의궤 정재도에는 이러한 내용들을 무동과 여령으로 구분하여 3가지 유형으로 제시하였다.

〈첩승무〉 정재도와 정재홀기를 비교하였을 때 정재도에는 전후좌우복합대형의 배열위치와 형태 그리고 북향무·무진·무퇴·상대·상배하는 춤을 제시한 것으로, 이러한 내용은 모두 『정재무도홀기』에 기록된 내용을 사실적으로 제시한 것이다.

반면 정재홀기에 기록되지 않은 내용을 정재도에 제시하였는데, 전후좌우복합대형에서의 상대·상배를 대열 및 무용수 중심으로 하는 것과 상배할 때 한 팔은 옆으로 펴 들고 한 팔은 아래로 내려 든 춤사위 형태이다.

이상으로, 〈첩승무〉 정재도는 무용수를 협무 6인으로 구성하여 전후좌우복합대형에서 북향무와 무진·무퇴, 대열 및 무용수 중심으로 상대·상배하는 춤과 춤사위 형태를 제시한 것이다.

32. 초무初舞

〈초무〉 정재도는 순조 무자 『진작의궤』·순조 기축 『진찬의궤』·고종 임진 『진찬의궤』·고종 신축 『진연의궤』·고종 임인(4월·11월) 『진연의궤』에 수록되어 있다. 6종의 의궤에 6점이 전하는데,[456] 모두 무동정재이다.

1) 〈초무〉 정재도 검토

6점의 〈초무〉 정재도를 살폈을 때 무용수는 협무 2인, 대기무용수 18인·20인으로 구성되었다. 무도내용은 3가지 유형으로 구분되어 있는데[457] 내용을 살펴보면 다음과 같다.

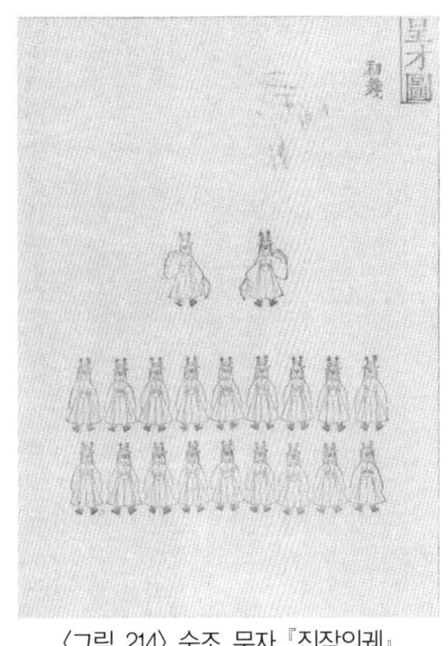

〈그림 214〉 순조 무자 『진작의궤』

〈그림 214〉는 순조 무자 『진작의궤』에 수록된 정재도이다.[458] 무동정재이며, 무용수 구성은 협무 2인·대기무용수 18인이다. 무동 2인이 일렬대형으로 서서 북향하여 외수는 구부려 들고[如彎] 내수는 아래로 떨어뜨리고 춤춘다. 대기무용수 18인은 염수하고 남쪽에 서서 북향하고, 춤사위는 '우수하좌수전여만(右手下左手前如彎)·우수전여만좌수하(右手前如彎左手下)'이다.

〈그림 215〉는 순조 기축 『진찬의궤』에 수록된 정재도이다.[459] 무동정재이며, 무용수 구성은 협무 2인·대기 무용수 20인이다. 무동 2인이 일렬대형으로 서서 북향하여 외수는 아래로 떨어뜨리고 내수는 구부려 들고[如彎] 춤춘다. 대기무용수 20인은 염수하고 남쪽에 서서 북향하고, 춤사위는 '우수하좌수전여만·우수

456) <初舞> 정재도는 純祖 戊子 『進爵儀軌』[무동]13a, 純祖 己丑 『進饌儀軌』[무동]17a, 高宗 壬辰 『進饌儀軌』[무동]20b, 高宗 辛丑 『進宴儀軌』[무동]19b, 高宗 壬寅 『進宴儀軌』[4월: 무동]17b, 高宗 壬寅 『進宴儀軌』[11월: 무동]20b에 수록되어 있다.

457) 손선숙, "의궤 정재도의 도상학적 연구(Ⅲ): <관동무>·<광수무>·<무산향>·<무애무>·<선유락>·<연화대무>·<처용무>·<초무>·<춘앵전>·<침향춘>·<학무>·<향발무> 정재도를 중심으로," 『무용역사기록학』제40호(서울: 무용역사기록학회, 2016), 141~186쪽.

458) <그림 214> 순조 무자 『진작의궤』[무동]13a.

459) <그림 215> 순조 기축 『진찬의궤』[무동]17a.

전여만좌수하'이다.

〈그림 216〉은 고종 신축 『진연의궤』·고종 임진 『진찬의궤』·고종 임인 『진연의궤』[4월·11월]에 수록된 정재도이다.460) 무동정재이며, 무용수 구성은 협무 2인이다. 무동 2인이 일렬대형으로 서서 북향하여 외수는 구부려 들고[如彎] 내수는 아래로 떨어뜨리고 춤추는데, 춤사위는 '우수하좌수전여만·우수전여만좌수하'이다.

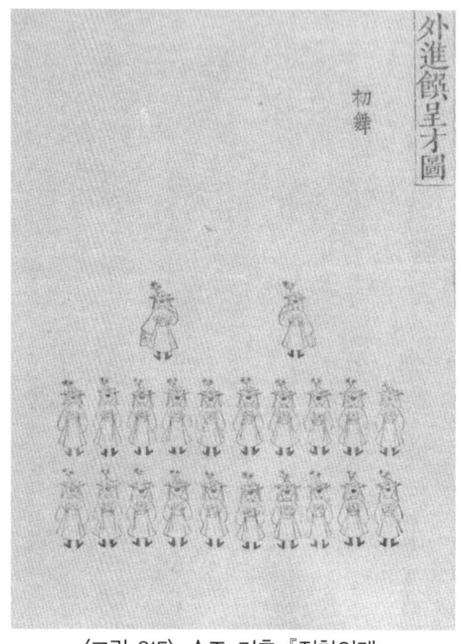

〈그림 215〉 순조 기축 『진찬의궤』

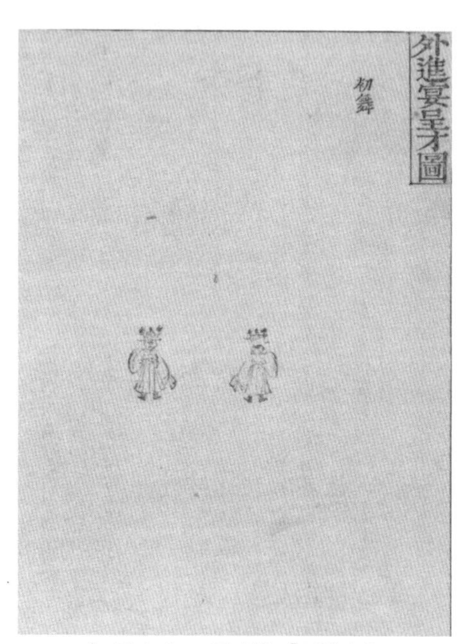

〈그림 216〉 고종 신축 『진연의궤』

이상 6점의 〈초무〉 정재도를 살폈을 때 드러난 무도내용은 일렬대형에서의 춤을 제시한 것이다. 모두 무동정재로 추었고 무용수는 협무 2인, 협무 2인·대기무용수 18인, 협무 2인·대기무용수 20인 등 3가지로, 왕조 및 연향에 따라 구성에 차이가 있다. 정재도 모두 일렬대형에서의 춤을 제시하였는데, 일렬대형에서 북향하여 '외수하내수여만(外袖下內袖如彎)·외수여만내수하(外袖如彎內袖下)'하며 추었다. 〈초무〉 정재도에 공통적으로 제시된 정재춤사위는 '우수전여만좌수하·우수하좌수전여만'이다.

460) <그림 216> 고종 임인 『진연의궤』[4월: 무동]17b; 고종 신축 『진연의궤』[무동]19b; 고종 임진 『진찬의궤』[무동]20b; 고종 임인 『진연의궤』[11월: 무동]20b.

2) 〈초무〉 정재도 분석

〈초무〉 무보는 『정재무도홀기』에 4편이[461] 전하고, 모두 무동정재로 추었으며, 무용수 구성은 협무 2인으로 모두 같다.

내용을 정리하면, 협무 2인이 나란히 서서 북소리에 맞춰 족도하면서 오른손과 왼손을 번갈아가며 각각 위 아래로 떨어뜨리며 춤을 춘다. 『정재무도홀기』의 〈초무〉는 춤추는 내내 〈그림 217〉처럼 일렬대형을 유지하며 춘다.

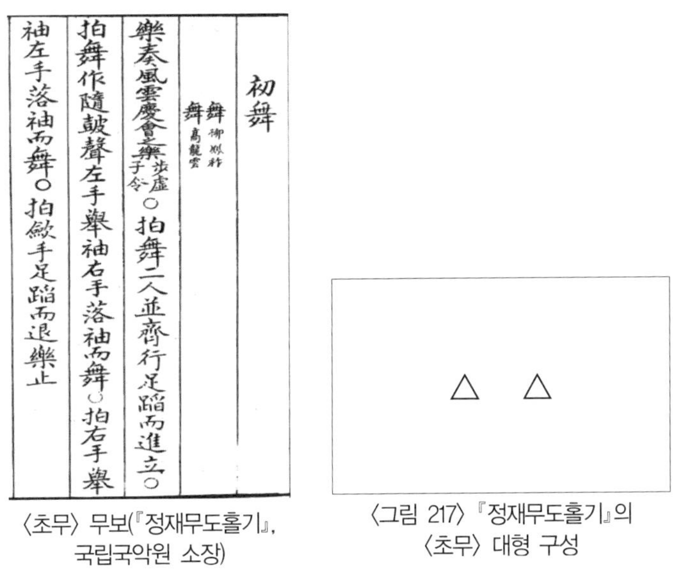
初舞

舞 舞

樂奏風雲慶會之樂(步虛子令)○拍舞二人並齊行足蹈而進立○

拍舞作隨鼓聲左手擧袖右手落袖而舞○拍右手擧

袖左手落袖而舞○拍斂手足蹈而退樂止

〈초무〉 무보(『정재무도홀기』, 국립국악원 소장)

〈그림 217〉 『정재무도홀기』의 〈초무〉 대형 구성

앞서 〈초무〉 정재도에 공통적으로 나타난 내용을 정리하면 다음과 같다.

첫째, 무용수는 3가지로 구성되어 왕조 및 연향별로 차이가 있는데, 협무 2인, 협무 2인·대기무용수 18인, 협무 2인·대기무용수 20인이다.

둘째, 모두 무동정재이다.

셋째, 정재대형 구성은 일렬대형이다.

넷째, 정재방향 구성은 북향이다.

461) <初舞>, 『呈才舞圖笏記』, 1994년, 183쪽 · 239쪽 · 421쪽; 『時用舞譜(全)呈才舞圖笏記』, 1989년, 143쪽.

다섯째, 춤은 무대가운데를 중심으로 '외수하내수여만·외수여만내수하'하며 춤추는데, 정재춤사위 구성은 '우수전여만좌수하·우수하좌수전여만'이다.

이상의 내용은 아래의 정재홀기 기록에서 확인된다.

> …(생략)… ○박을 치면, 무(舞) 2인이 다 같이 나란히 줄을 지어 족도(足蹈)하며 나아가 선다. ≪용례 1≫ ○박을 치면, 춤을 추며 북소리에 맞춰 왼손은 들고 오른손은 아래로 떨어뜨리며 춤을 춘다. ≪용례 2≫ ○박을 치면, 오른손은 들고 왼손은 아래로 떨어뜨리며 춤을 춘다. ○박을 치면, 손을 여미고 족도하면서 물러나면 음악이 그친다.

『정재무도홀기』〈초무〉의 ≪용례 1·2≫는 일렬대형에서 협무 2인이 북향하고 한 팔은 올리고 한 팔은 아래로 내리며 추는 내용이다. 정재홀기와 〈초무〉 정재도 내용을 비교하였을 때, 정재도에서 협무 2인이 일렬대형에서 북향하고 '외수하내수여만·외수여만내수하'하며 춘 것은 ≪용례 1·2≫를 제시한 것이다.

3) 〈초무〉 정재도 해석

6종의 의궤에 6점이 수록된 〈초무〉 정재도는 모두 무동정재로 추었다. 6점의 정재도를 살폈을 때, 무도내용이 적게는 1점, 많게는 4점이 같은 내용으로 그려졌는데, 〈그림 214·215〉는 1점, 〈그림 216〉은 4점이 같다.

정재도를 통합 비교하였을 때 〈초무〉는 정재도마다 한 그림 속에 여러 내용을 제시하였는데, 〈그림 214·215〉에는 일렬대형에서 북향하고 '외수여만내수하'·'외수하내수여만'하는 춤을, 〈그림 216〉에는 일렬대형에서 북향하고 '외수여만내수하'하는 춤을 제시하고 있다.

무용수 구성은 왕조 및 연향에 따라 3가지로 구분하여 제시하였는데, 협무 2인, 협무 2인·대기무용수 18, 협무 2인·대기 무용수 20인으로 차이가 있다. 여기서 대기무용수 18인·20인은 〈초무〉 무용수 구성과는 직접 관련이 없고, 순조 무자년·고종 임진년·고종 신축년·고종 임인년 당시에 여러 정재 종목을 추기위해 남쪽에서 대기하는 무용수들의 위치를 제시한 것이다.

무도내용은 일렬대형에서 '외수하내수여만'과 '외수여만내수하'하며 북향하는 춤을 제시한 것으로, 의궤 정재도에는 이러한 내용들을 무용수 구성에 차이를 두어 3가지 유형으로 제시하였다.

〈초무〉 정재도와 정재홀기를 비교하였을 때 정재도에서 협무 2인이 북향한 것은 일렬대형에서 한 팔은 구부려 들고 한 팔은 아래로 내리고 춤추는 내용을 제시한 것으로, 이러한 내용은 『정재무도홀기』에 기록된 내용을 사실적으로 제시한 것이다.

반면 정재홀기에 기록되지 않은 내용을 정재도에 제시하였는데, 좌우에 선 무용수가 무대 가운데를 중심으로 '외수하내수여만·외수여만내수하'하며 손을 펴 드는 위치가 다른 점이다.

이상으로, 의궤의 〈초무〉 정재도는 일렬대형에서 북향하는 춤을 제시한 것으로, 무대 가운데를 중심으로 '외수하내수여만·외수여만내수하'하며 춤추는 좌우협무의 손 위치가 대열 중심으로 펴 드는 내용과 춤사위를 제시한 것이다.

33. 최화무催花舞

〈최화무〉 정재도는 순조 무자 『진작의궤』·순조 기축 『진찬의궤』·고종 임진 『진찬의궤』·고종 신축 『진찬의궤』에 기록되어 있다. 4종의 의궤에 4점이 전하는데,[462] 무동은 2점·여령은 2점이다.

1) 〈최화무〉 정재도 검토

4점의 〈최화무〉 정재도를 살폈을 때 무용수는 협무 6인과 죽간자 2인·선모 1인·협무 4인으로 구성에 차이가 있고, 무도내용은 3가지 유형으로 구분되어 있는데[463] 내용을

462) <催花舞> 정재도는 純祖 戊子 『進爵儀軌』[무동]44a, 純祖 己丑 『進饌儀軌』[무동]59a, 高宗 壬辰 『進饌儀軌』[여령]37a, 高宗 辛丑 『進饌儀軌』[여령]29a에 수록되었다. 이 중 협무 6인 구성의 <최화무> 정재도는 純祖 戊子 『進爵儀軌』[무동]44a에 수록되어 있다.

463) 손선숙, "협무[무용수] 6인 구성 정재의 정재도 연구: <고구려무>·<망선문>·<박접무>·<사선무>·<연화무>·<영지무>·<첩승무>·<최화무>·<춘광호>·<춘대옥촉>·<향령무>를 중심으로," 『우리 춤과 과학기술』31집(서울: 우리춤연구소, 2015), 37~84쪽; "조선후기 당악과 향악의 이중적 음악구성 정재연구: <경풍도>·<만수무>·<몽

살펴보면 다음과 같다.

〈그림 218〉은 순조 기축 『진찬의궤』에,464) 〈그림 219〉는 고종 임진 『진찬의궤』·고종 신축 『진찬의궤』에465) 수록된 정재도이다. 〈그림 218〉은 무동정재이고 〈그림 219〉는 여령정재이다. 무용수 구성은 죽간자 2인·선모 1인·협무 4인으로 모두 같다. 정재도 모두 죽간자 2인은 북쪽에서 북향하고, 선모 1인이 전대에서 두 팔을 옆으로 펴들고 북향하며 춤추고, 협무 4인이 후대에서 염수하고 춤추는 내용이 같다. 무동정재는 한삼을 착용하지 않았고, 여령정재는 한삼을 착용하였다. 무동과 여령의 춤사위에 차이가 있는데, 〈그림 218〉의 무동은 '양수반하거·염수'이고, 〈그림 219〉의 여령은 '양수평거·염수'이다.

〈그림 218〉 순조 기축 『진찬의궤』

〈그림 219〉 고종 임진 『진찬의궤』

〈그림 220〉은 순조 무자 『진작의궤』에 수록된 정재도이다.466) 무동정재이며, 무용수

금척>·<봉래의>·<수연장>·<연백복지무>·<연화대무>·<오양선>·<육화대>·<장생보연지무>·<제수창>·<최화무>·<하황은>·<헌천화>·<헌선도>를 중심으로," 『대한무용학회논문집』제74권5호(서울: 대한무용학회, 2016), 75~94쪽.

464) <그림 218> 순조 기축 『진찬의궤』[무동]59a.

465) <그림 219> 고종 임진 『진찬의궤』[여령]37a; 고종 신축 『진찬의궤』[여령]29a.

구성은 협무 6인이다. 협무 6인이 일렬대형으로 나란히 서서 모두 북향하며 춤을 춘다. 대열중심으로 한 팔은 옆으로 펴들고 한 팔은 아래로 내리고 추는데 '외수평거내수전하염'으로 추었다. 춤사위는 '우수평거좌수전하염(右手平擧左手前下斂)·우수전하염좌수평거(右手前下斂左手平擧)'이다.

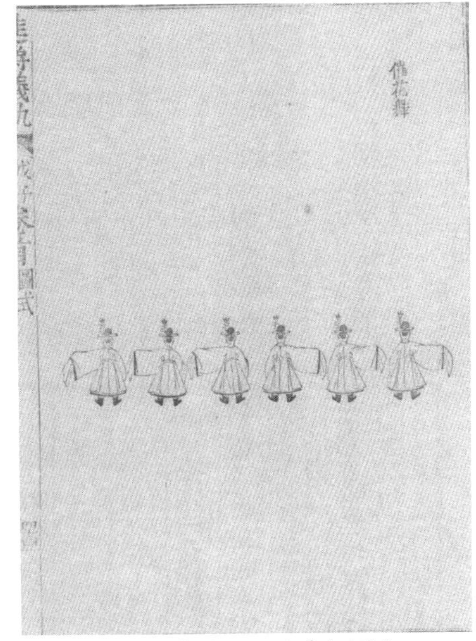

〈그림 220〉 순조 무자 『진작의궤』

이상 4점의 〈최화무〉 정재도를 살폈을 때 드러난 무도내용은 동일 정재에서 무용수 구성을 서로 다르게 하여 춘 것을 제시하고 있다. 무용수는 왕조 및 연향별로 2가지로 구성되어 차이가 있는데, 일반적인 다른 정재처럼 무용수 인원의 증감과는 달리 역할별 구성에 차이를 두었다. 무용수는 협무 6인과 죽간자 2인·선모 1인·협무 4인으로, 동일 정재에서 무용수의 역할을 서로 다르게 구성하여 서로 다른 내용으로 춘 정재는 〈최화무〉가 유일하다.

먼저 죽간자 2인·선모 1인·협무 4인으로 구성된 〈최화무〉는 고종 신축 『진찬의궤』·고종 임진 『진찬의궤』·순조 기축 『진찬의궤』에 수록되어 있다. 전후대형에서의 춤을 제시한 것으로, 죽간자가 북향하고, 선모는 전대에서 두 팔을 옆으로 펴들고 춤추고, 협무 4인은 후대에서 염수하고 춤추는 내용이 무동정재와 여령정재 모두 같다. 다만 무동정재에서는 한삼을 착용하지 않은 점과 춤사위 형태가 여령정재와는 다르다.

다음으로 협무 6인 구성의 〈최화무〉는 순조 무자 『진작의궤』에 수록되어 있다. 일렬대형에서의 춤을 제시한 것으로, 일렬대형에서 좌대와 우대 3인이 무대가운데를 중심으로 내수는 아래로 내려 여미고 외수는 옆으로 펴들고 춤춘다.

결과적으로 〈최화무〉는 무용수 구성을 다르게 하여 내용이 전혀 다른 춤을 춘 것을 보여준 것이고, 〈최화무〉 정재도에 공통적으로 제시된 정재춤사위는 '양수반하거·양수평거·염수·우수전하염좌수평거(右手前下斂左手平擧)·우수평거좌수전하염(右手平擧左手前下斂)'이다.

466) <그림 220> 순조 무자 『진작의궤』[무동]44a.

2) 〈최화무〉 정재도 분석

〈최화무〉 무보는 『정재무도홀기』에 4편이[467] 전하고, 여령정재와 무동정재로 추었다. 무용수는 죽간자 2인·선모 1인·협무 4인과 협무 6인으로 구성되어, 연향별로 추어진 춤 내용과 정재대형의 구성이 다르다. 그리고 협무 6인으로 추어진 〈최화무〉에서는 창사를 생략하기도[468] 하였고, 죽간자 2인·선모 1인·협무 4인으로 구성된 여령정재에서도 협무의 창사가 생략되기도[469] 하였다. 이상의 내용을 살펴보면 다음과 같다.

가) 죽간자·중무·협무 구성의 〈최화무-가〉

催花舞

竹竿子 紅桃 平壤　竹竿子 錦淸 平壤

中舞 香蘭 醫女

舞 眞香 醫女　舞 [illegible] 醫女　舞 瑤玉 醫女　舞 桃花 醫女

樂奏淸平樂之曲 步虛子令 ○拍 竹竿子二人足蹈而進立樂止口號 宮鶯嬌隊 弄上都之春 羯鼓新腔 催宸苑之花 敢進香階 幸預呈才 訖○拍 鄕唐交奏○拍 中舞與左右挾舞進立樂止中舞致語 竹枝調美 弄玉簫而轉聲 桃葉情多 疊花拍而催腔 且奏梨園之雅樂 宜遊瓊林之曲宴 來歌來舞 以娛君王 訖○拍 鄕唐交奏○拍 中舞舞作小退○拍 左右挾舞

〈최화무-가〉 무보(『정재무도홀기』, 국립국악원 소장)

죽간자 2인·중무 1인·협무 4인으로 구성된 〈최화무〉는 조선후기 『정재무도홀기』에 3편이[470] 전하고, 여령정재와 무동정재로 추었다. 이상의 내용을 살펴보면 다음과 같다.

〈최화무-가〉 내용을 정리하면,[471] 죽간자 2인이 무진하여 구호를 부르고 물러나면, 중무와 협무가 무진하고, 중무가 치어를 부르고 물러난다. 협무가 무진하여 중무 뒤에 서서 창사를 부른다. 중무는 앞으로 조금 나아가고, 협무는 뒤로 조금 물러나며 춤을 춘다. 중무와 협무는 상대하여 무진·무퇴하며 춤추고, 중무는 가운데 제자리에 서고, 협무는 사우대형으로 서서 중무와 협무가 상대·상배하며 춤춘다. 협무는 북향하고 무진하여 창사를 부르고, 중무와 협무는 소

467) <催花舞>, 『呈才舞圖笏記』, 1994년, 57쪽·125쪽·455쪽; 『時用舞譜(全)呈才舞圖笏記』, 1989년, 174쪽.

468) 『呈才舞圖笏記』, 1994년, 455쪽.

469) 『時用舞譜(全)呈才舞圖笏記』, 1989년, 174쪽.

470) <催花舞>, 『呈才舞圖笏記』, 1994년, 57쪽·125쪽; 『時用舞譜(全)呈才舞圖笏記』, 1989년, 174쪽.

471) 고종 계사년 『정재무도홀기』에 수록된 <최화무>에는 협무 4인이 무진하여 중무 뒤에 서서 창사 부르는 내용, 중무가 나아가고 협무가 물러나는 내용, 중무와 협무가 상대하여 무진·무퇴하는 내용이 생략되었다. 『時用舞譜(全)呈才舞圖笏記』, 1989년, 174쪽.

매를 떨어뜨리고 빙글빙글 돌며 가지런히 서서 춤을 춘다. 오방대형으로 서서 북향하여 춤추고, 협무는 창사를 부르고 다 같이 무퇴·무진하며 춤추고, 다 같이 소매를 떨쳐 뿌리며 둥글게 돌아 가지런히 서서 춤을 춘다. 다 같이 손춤을 추면서 무진·무퇴하며 춤추고, 협무는 창사를 부른다. 다 같이 손춤을 추면서 뒤로 조금 물러나고, 중무는 대를 벗어나 중무와 협무가 서로 마주보고 춤을 춘다. 다 같이 한번 떨쳐 뿌리고 한번 돌면서 가지런히 서서 춤추고, 좌우로 크게 한번 돌면서 춤추고, 다 같이 손춤을 추면서 무진·무퇴하며 춤추고, 중무는 대를 벗어나 오른쪽으로 돌고 협무는 차례대로 오른쪽으로 둥글게 돌며 즐겁게 춤을 춘다. 다 같이 북향하여 춤추다가 맨 처음 대형으로 되돌아가 무퇴·무진한다. 죽간자 2인이 구호를 부르고 물러나면 중무가 무진하여 치어를 부르고 물러나면 다 같이 무진·무퇴하고 물러난다.

『정재무도홀기』 〈최화무-가〉의 춤 대형은 전후대형·일렬대형·사우대형·오방대형으로 구성하여 〈그림 221〉처럼 진행한다. 전후대형에서는 전대의 선모와 후대의 협무 4인이 상대와 무진·무퇴하고, 일렬대형에서는 무용수 전체가 무진·무퇴하고, 사우대형에서는 선모와 협무 4인이 각각 상대·상배하고, 협무 4인이 무진하여 창사를 부르고, 오방대형에서는 북향무·소진·소퇴이무를 춘다.

가	나	다	라
中舞 舞 舞 舞 舞	舞 舞 中 舞 舞	舞　　舞 中舞 舞　　舞	舞 舞　中　舞 舞

〈그림 221〉 죽간자·중무·협무 구성의 〈최화무〉 대형 구성

나) 협무 6인 구성의 〈최화무-나〉

협무 6인 구성의 〈최화무〉 무보는 『정재무도홀기』에 1편이[472] 전하고, 무동정재로 추어졌는데 연향에 따라 창사를 생략하기도 하였다.

472) <催花舞>, 『呈才舞圖笏記』, 1994년, 455쪽.

催花舞

舞 朴鳳男

舞 金黃龍

舞 崔德萬

舞 金允成

舞 韓奇福

舞 金億萬

樂奏艷陽春之曲 鄉唐交奏 ○拍舞六人並齊行舞進而立○拍

小退而舞○拍左右第一人小進而舞○拍斂手足蹈○拍左

右第二人舞進一隊之前○拍斂手足蹈○拍左右第三人

舞進二隊之前○拍斂手足蹈○拍並舞作相對而舞○

拍相背而舞○拍北向而舞○拍左隊左旋右隊右旋而舞○拍齊行進

退而舞○拍以袖高低而舞○拍舞六人分二隊南北相向而舞○拍相背而

〈최화무-나〉 무보(『정재무도홀기』, 장서각 소장)

〈최화무-나〉 내용을 정리하면, 협무 6인이 나란히 서서 무진·무퇴하며 춤추고, 좌우 제1인부터 차례로 무진하여 2대좌우대형으로 서서 다 같이 상대·상배하며 춤추고 북향한다. 좌우대가 각각 외선(外旋)하여 가지런히 서서 무진·무퇴하며 춤을 춘다. 손을 높였다 낮추며 춤추고, 전후대로 서서 남과 북이 상대·상배하며 춤추고 북향한다. 이어 전대와 후대가 서로 자리를 바꾸어 춤추고, 다시 제자리로 돌아와 북향하여 추다가 처음 대형으로 돌아가 무진·무퇴하면 춤이 마친다.

〈최화무-나〉의 춤 대형은 일렬대형·2대좌우대형·전후대형으로 구성하여 〈그림 222〉처럼 진행한다. 일렬대형에서는 좌우협무 6인이 무진·무퇴·이수고저이무를 추고, 좌우 제1대·제2대·제3대가 차례로 무진하여 2대좌우대형으로 선다. 2대좌우대형에서는 상대·상배·북향무를 추고, 좌대는 좌선 우대는 우선하여 일렬로 서서 무진·무퇴하며 춘다. 전후대형에서는 상대·상배·북향무·환대이무를 춘다.

가	나	다
⇅ ⇅ ⇅ ⇅ ⇅ ⇅ 舞 舞 舞 舞 舞 舞	⌒ ⌒ 舞 舞 舞 舞 舞 舞	舞 舞 舞 舞 舞 舞

〈그림 222〉 협무 6인 구성의 〈최화무〉 대형 구성

앞서 〈최화무〉 정재도에 공통적으로 나타난 내용을 정리하면 다음과 같다.

첫째, 무용수는 2가지로 구성되어 왕조 및 연향별로 차이가 있는데, 죽간자 2인·중무

1인·협무 4인과 협무 6인이다.

둘째, 무동정재와 여령정재로 추었다.

셋째, 정재대형 구성은 전후대형과 일렬대형이다. 무용수 구성에 따라 차이가 있는데, 죽간자 2인·중무 1인·협무 4인 구성에서는 전후대형, 협무 6인 구성에서는 일렬대형이다.

넷째, 정재방향 구성은 북향이다. 무용수 구성과 정재대형에 차이가 있지만 무용수 모두 북향한 것이 같다.

다섯째, 죽간자·중무·협무 구성의 무동정재에서는 한삼을 착용하지 않았고, 여령정재에서는 한삼을 착용하였다.

여섯째, 정재춤사위 구성은 '양수반하거·양수평거·염수·우수전하염좌수평거·우수평거좌수전하염'이다.

이상의 내용은 아래의 정재홀기 기록에서 확인할 수 있는데, 먼저 죽간자 2인·중무 1인·협무 4인으로 구성된 〈최화무-가〉 내용은 아래의 기록에서 확인된다.

> …(생략)… ≪용례 1≫ ○박을 치면, 죽간자 2인이 족도하며 앞으로 나아가 선다. 음악이 그치면 구호를 부른다.473) …(생략)… ≪용례 2≫ ○박을 치면, 선모와 좌우협은 춤을 추며 앞으로 나아가 선다. 음악이 그치면 선모는 치어를 부른다. …(생략)… ≪용례 3≫ ○박을 치면, 좌우협이 춤을 추는데, 앞으로 조금 나아가 선다.【선모 뒤에 선다】 음악이 그치면, 협무는 창사를 부른다. …(생략)… ≪용례 4≫ ○박을 치면, 선모는 앞으로 조금 나아가고, 협무는 뒤로 조금 물러나며 춤을 춘다. …(생략)… ○박을 치면, 선모는 가운데 제자리에 그대로 서고, 협무는 사우대형으로 나누어 서며 춤을 춘다. …(생략)… ○박을 치면, 오방대형으로 서서 춤을 춘다. ≪용례 5≫ ○박을 치면, 선모는 대를 벗어나며 춤을 춘다. ○박을 치면, 선모와 협무는 서로 마주보고 춤을 춘다. …(생략)… ≪용례 6≫ ○박을 치면, 맨 처음 대형으로 되돌아가며 춤을 춘다. ≪용례 7≫ ○박을 치면, 뒤로 조금 물러나며 춤을 춘다. ≪용례 8≫ ○박을 치면, 다 같이 춤을 추며 앞으로 나아가 선다. 음악이 그치고 ≪용례 9≫ 죽

473) 도입부에서 죽간자가 선구호를 부른 다음 무퇴를 하지 않았다. 『呈才舞圖笏記』, 1994년, 57쪽, 125쪽; 1980년, 174쪽.

간자 2인은 구호를 부른다. …(생략)… ≪용례 10≫ ○박을 치면, 선모는 족도하며 앞으로 조금 나아가 선다. 음악이 그치고 선모는 치어를 부른다. …(생략)… ≪용례 11≫ ○박을 치면, 선모는 족도하며 뒤로 조금 물러나며 춤을 춘다. ≪용례 12≫ ○박을 치면, 다 같이 춤을 추는데, 앞으로 조금 나아가며 춤을 춘다. ≪용례 13≫ ○박을 치면, 손을 여미고 족도하며 춤을 춘다. ≪용례 14≫ ○박을 치면, 춤을 추며 뒤로 물러난다. 음악이 그친다.

『정재무도홀기』 〈최화무-가〉의 ≪용례 1·9≫는 죽간자가 나아가 북향하고 구호를 부르는 내용, ≪용례 2·8·12≫는 선모와 협무 4인이 초열대형[전후대형]에서 무진하는 내용, ≪용례 3≫은 협무 4인이 무진하여 선모 뒤에 서는 내용, ≪용례 4≫는 선모는 무진하고 협무 4인이 무퇴하는 내용, ≪용례 5≫는 선모는 전대에 협무는 후대에 서는 내용, ≪용례 6≫은 선모와 협무 4인이 초열대형으로 서는 내용, ≪용례 7·14≫는 선모와 협무 4인이 초열대형에서 무퇴하는 내용, ≪용례 10≫은 선모가 무진하여 치어를 부르는 내용, ≪용례 11≫은 선모가 치어를 부르고 무퇴하는 내용, ≪용례 13≫은 선모와 협무 4인이 나아가 염수족도하는 내용을 제시한 것이다.

정재홀기의 〈최화무-가〉와 정재도 내용을 비교하였을 때, 정재도에서 죽간자가 북향한 것은 도입부와 종결부의 내용으로 죽간자가 구호를 부르는 위치와 방향을 보여준 것으로 ≪용례 1·9≫를, 선모가 전대에 서고 협무 4인이 후대에 선 것은 전후대형에서의 춤으로, 선모와 협무 4인이 초열대형[전후대형]에서 무진하는 내용, 협무 4인이 무진하여 선모 뒤에 서는 내용, 선모는 무진하고 협무 4인이 무퇴하는 내용, 선모는 전대에 협무는 후대에 서는 내용, 선모와 협무 4인이 초열대형으로 서는 내용, 선모와 협무 4인이 초열대형에서 무퇴하는 내용, 선모가 무진하여 치어를 부르는 내용, 선모가 치어를 부르고 무퇴하는 내용, 선모와 협무 4인이 나아가 염수족도하는 내용으로 ≪용례 2~8·10~14≫를 제시한 것이다.

다음으로 협무 6인 구성의 〈최화무-나〉는 아래의 정재홀기 기록에서 확인된다.

≪용례 15≫ ○박을 치면, 무동 6인이 모두 나란히 서서 춤추며 나와 선다. ≪용례 16≫

○박을 치면, 조금 물러나며 춤춘다. …(생략)… ○박을 치면, 좌우의 제1인이 조금 나아가며 춤춘다. ○박을 치면, 손을 여미고 족도한다. …(생략)… ○박을 치면, 좌대는 왼쪽을 돌고, 우대는 오른쪽으로 돌며 춤춘다. ≪용례 17≫ ○박을 치면, 나란히 서서 나아갔다 물러났다 하며 춤춘다. ○박을 치면, 이수고저(以袖高低)하며 춤춘다. …(생략)… ○박을 치면, 처음의 대열로 돌아가며 춤춘다. ≪용례 18≫ ○박을 치면, 춤추며 나아가 선다. ○박을 치면, 손을 여미고 족도한다. ≪용례 19≫ ○박을 치면, 춤추며 물러나고 음악이 그친다.

『정재무도홀기』〈최화무-나〉의 ≪용례 15≫는 일렬대형에서 북향하여 무진하는 내용이고, ≪용례 16≫은 북향하여 무퇴하는 내용이고, ≪용례 17≫은 일렬대형에서 무진·무퇴하며 춤추는 내용이고, ≪용례 18≫은 일렬대형에서 북향하여 무진하는 내용이고, ≪용례 19≫는 일렬대형에서 북향하여 무퇴하는 내용이다.

정재홀기의 〈최화무-나〉와 정재도 내용을 비교하였을 때, 정재도에서 협무 6인이 일렬대형에서 북향한 것은 일렬대형에서 북향하고 무진·무퇴하며 춤추는 내용으로 ≪용례 15~19≫를 제시한 것이다.

3) 〈최화무〉 정재도 해석

4종의 의궤에 4점이 수록된 〈최화무〉 정재도는 무동은 2점·여령은 2점이다. 4점의 정재도를 살폈을 때 무도내용이 적게는 1점에서 많게는 2점이 같은데, 〈그림 218·220〉은 1점, 〈그림 219〉는 2점이 같은 내용으로 그려졌다.

정재도를 통합 비교하였을 때 〈최화무〉는 정재도마다 한 그림 속에 여러 내용을 제시하였는데, 〈그림 218·220〉에는 죽간자의 위치와 방향[북향], 전대에 선모가 서고 후대에 협무가 선 전후대형의 형태, 전후대형에서 선모와 협무 4인의 북향무와 춤사위를 제시하였다. 〈그림 219〉에는 일렬대형의 형태와 무용수들의 배열 위치, 협무 6인의 북향무·무진·무퇴, 대열중심으로 외수를 펴 든 위치와 춤사위를 제시하였다.

무용수 구성은 왕조 및 연향에 따라 2가지로 구분하여 제시하였는데, 고종 신축년·고종 임진년·순조 기축년에는 죽간자 2인·선모 1인·협무 4인으로 구성되었고, 순조 무자년에는 협무 6인으로 구성되어 차이가 있다.

무도내용은 무용수 구성에 차이를 두어 서로 다르게 제시하였는데, 죽간자·선모·협무로 구성된 〈최화무〉는 전후대형에서의 춤을, 협무로 구성된 〈최화무〉는 일렬대형에서의 춤을 제시한 것으로, 의궤 정재도에는 이러한 내용들을 무동과 여령으로 구분하여 무용수 구성과 의상 및 한삼 착용의 유무에 차이를 두어 3가지 유형으로 제시하였다.

〈최화무〉 정재도와 정재홀기를 비교하였을 때 무용수 구성별로 차이를 두어 제시하였는데, 먼저 죽간자 2인·선모 1인·협무 4인 구성의 〈최화무〉는 전후대형에서의 춤으로 도입부와 종결부에서 죽간자가 구호를 부르는 위치와 방향, 선모는 전대에 협무는 후대에 선 전후대형에서 무진·무퇴하는 춤을 제시한 것이다. 협무 6인 구성의 〈최화무〉는 일렬대형에서 무용수 전체가 북향하여 춤추는 내용을 제시한 것으로, 이러한 내용은 모두 『정재무도홀기』에 기록된 내용을 사실적으로 제시한 것이다.

반면 정재홀기에 기록되지 않은 내용을 정재도에 제시하였는데, 전후대형에서 추는 춤사위 형태와 일렬대형에서 좌무와 우무가 북향하여 춤출 때 펴 든 팔의 위치가 대열중심으로 각각 외수를 든 것과 춤사위 형태이다.

이상으로, 의궤의 〈최화무〉 정재도는 동일 정재에서 무용수 역할에 차이를 두어 왕조 및 연향에 따라 당악정재와 향악정재 2가지 무용구조로 추어진 것을 제시하였다.[474] 〈최화무〉는 순조 대에 창제되었는데, 순조 무자 년에는 협무 6인으로 구성된 향악정재로, 순조 기축년·고종 신축년·고종 임진년에는 죽간자 2인·선모 1인·협무 4인으로 구성된 당악정재로 추었다. 이렇게 보는 이유로는 무용수 구성에 따라 음악 구성에도 뚜렷한 구별이 나타나는데, 협무 6인이 춘 〈최화무〉는 향악곡으로, 죽간자 2인·선모 1인·협무 4인이 춘 〈최화무〉는 당악곡과 향악곡 2가지 음악으로 구성되었다.[475] 따라서 〈최화무〉 정재도는 죽간자 2인·선모 1인·협무 4인 구성의 당악정재와 협무 6인 구성의 향악정재의 춤을 제시한 것으로, 당악정재는 죽간자가 구호를 부르는 위치와 방향, 선모

474) 손선숙, 『한국궁중무용사』(서울: 보고사, 2017), 162쪽.

475) 손선숙, "조선후기 당악과 향악의 이중적 음악구성 정재연구: <경풍도>·<만수무>·<몽금척>·<봉래의>·<수연장>·<연백복지무>·<연화대무>·<오양선>·<육화대>·<장생보연지무>·<제수창>·<최화무>·<하황은>·<헌천화>·<헌선도>를 중심으로," 『대한무용학회논문집』 제74권5호(서울: 대한무용학회, 2016), 75~94쪽.

는 전대에 협무는 후대에 선 초열의 형태, 전후대형에서 북향무·무진·무퇴하는 춤과 춤사위를 제시하였고, 향악정재는 협무 6인이 일렬대형에서 북향하고 춤출 때 펴 드는 팔의 위치가 대열[좌대와 우대] 기준으로 외수를 드는 것과 춤사위 형태 등 이러한 내용들을 정재도별로 나누어 소개하였다.

34. 춘광호春光好

〈춘광호〉 정재도는 순조 무자 『진작의궤』·고종 임인(4월·11월) 『진연의궤』에 수록되어 있다. 3종의 의궤에 3점이 전하는데,[476] 모두 무동정재이다.

1) 〈춘광호〉 정재도 검토

3점의 〈춘광호〉 정재도를 비교하였을 때 무용수는 협무 6인으로 구성되었고, 무도내용은 2가지 유형으로 구분되어 있는데[477] 내용을 살펴보면 다음과 같다.

〈그림 223〉은 순조 무자 『진작의궤』에,[478] 〈그림 224〉는 고종 임인 『진연의궤』[4월·11월]에[479] 수록된 정재도이다. 〈그림 223·224〉는 무동정재이며, 정재도 모두 협무 6인으로 구성하여 춤을 추는데 의상에 차이가 있을 뿐 무도내용은 같다. 무도내용은 전후좌우복합대형에서의 춤을 제시한 것으로, 북쪽과 남쪽에 각각 2인이 서고 동쪽과 서쪽에 각각 1인이 서서[480] 상대·상배하며 추는데, 제1대[前隊]의 좌우협무는 남향하고, 제2

476) <春光好> 정재도는 純祖 戊子 『進爵儀軌』[무동]43a, 高宗 壬寅 『進宴儀軌』[4월: 무동]19a, 高宗 壬寅 『進宴儀軌』[11월: 무동]32a에 수록되어 있다.

477) 손선숙, "협무[무용수] 6인 구성 정재의 정재도 연구: <고구려무>·<망선문>·<박접무>·<사선무>·<연화무>·<영지무>·<첩승무>·<최화무>·<춘광호>·<춘대옥촉>·<향령무>를 중심으로," 『우리 춤과 과학기술』31집(서울: 우리춤연구소, 2015), 37~84쪽.

478) <그림 223> 순조 무자 『진작의궤』[무동]43a.

479) <그림 224> 고종 임인 『진연의궤』[4월: 무동]19a; 고종 임인 『진연의궤』[11월: 무동]32a.

480) "○무동 2인이 북쪽에, 2인은 남쪽에, 1인은 동쪽에, 1인은 서쪽에서 다 함께 상대하여 춤춘다." 이의강, 『국역순조무자진작의궤』(서울: 보고사, 2006), 301쪽.

대[中隊]의 좌우협무는 상대하고, 제3대[後隊]의 좌우협무는 상배481)한다. 춤사위 또한 같은데, 〈그림 223·224〉 모두 '우수반상거좌수반하거·우수하좌수평거(右手下左手平擧)·우수반하거좌수평거·우수반하거좌수반상거(右手半下擧左手半上擧)·우수평거좌수하(右手平擧左手下)'이다.

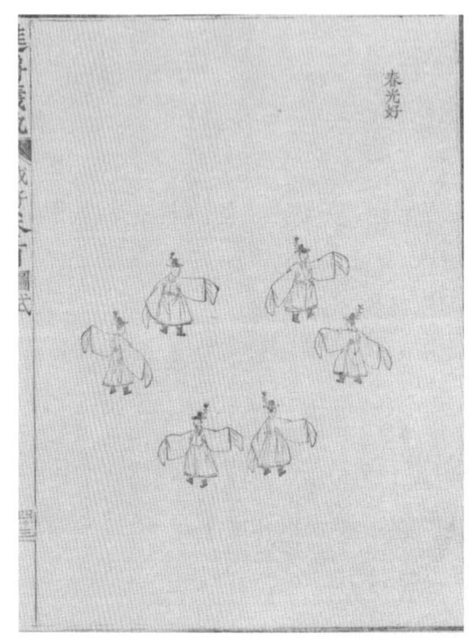

〈그림 223〉 순조 무자 『진작의궤』

〈그림 224〉 고종 임인 『진연의궤』

이상 3점의 〈춘광호〉 정재도를 살폈을 때 드러난 무도내용은 전후좌우복합대형에서 북향무·상대·상배하는 춤을 제시한 것으로, 무용수는 협무 6인으로 구성되었다. 〈춘광호〉 정재도에 공통적으로 제시된 정재춤사위는 우수반상거좌수반하거·우수하좌수평거(右手下左手平擧)·우수반하거좌수평거·우수반하거좌수반상거(右手半下擧左手半上擧)·우수평거좌수하(右手平擧左手下)이다.

481) 그림에 보이는 대로 설명하면 1대[전대]와 2대[중대]는 상대하고, 3대[후대]는 상배한다.

2) 〈춘광호〉 정재도 분석

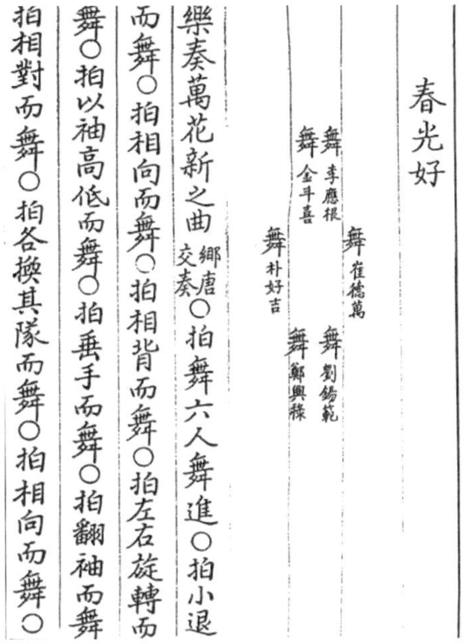

〈춘광호〉 무보는 『정재무도홀기』에 모두 2편이[482] 전하는데 무동정재로 추었다. 무용수 구성은 협무 6인으로, 추어진 내용은 변함없지만 연향에 따라 무동정재 시에는 창사를 생략하였다.[483]

내용을 정리하면, 협무 6인이 무진하여 창사를 부르고 무퇴하여 상대·상배하고, 좌우로 빙글빙글 돌면서 춤을 춘다. 소매를 높였다 낮추며[以袖高低] 추고, 손을 드리우고[垂手而舞] 추고, 소매를 빠르게 번뜩이며[翻袖而舞] 춘다. 서로 마주보고 대를 바꾸며 추고, 서로 향하여 추고, 한번 떨치고 한번 돌면서 추고, 몸의 움직임에 따라 허리를 절주에 맞추어 추고, 다시 제자리로 되돌아 북쪽을 향하여 무퇴·무진하고 이어 춤을 추며 뒤로 물러난다.

春光好

舞 李應根 舞 崔德萬
舞 金斗喜 舞 朴好吉
舞 劉錫範 舞 鄭興祿

樂奏萬花新之曲 鄕唐交奏 ○拍舞六人舞進○拍小退而舞○拍相向而舞○拍相背而舞○拍左右旋轉而舞○拍以袖高低而舞○拍垂手而舞○拍翻袖而舞○拍相對而舞○拍各換其隊而舞○拍相向而舞○

〈춘광호〉 무보(『정재무도홀기』, 장서각 소장)

『정재무도홀기』의 〈춘광호〉는 〈그림 225〉처럼 춤추는 내내 전후좌우복합대형을 유지하며, 무진·무퇴·상향·상대·상배·좌우선전·이수고저·수수무를 추고 환대와 환복기대를 춘다.

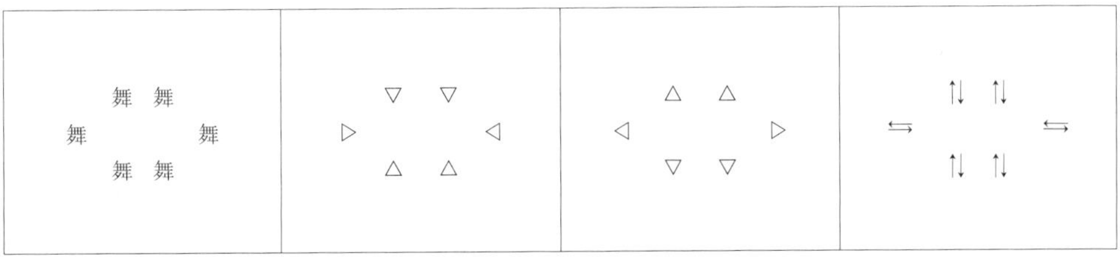

舞 舞 舞 舞 舞 舞	▽ ▽ ▷ ◁ △ △	△ △ ◁ ▷ ▽ ▽	⇅ ⇅ ⇆ ⇆ ⇅ ⇅

〈그림 225〉 『정재무도홀기』의 〈춘광호〉 대형 구성

482) <春光好>, 『呈才舞圖笏記』, 1994년, 56쪽 · 475쪽.
483) <春光好>, 『呈才舞圖笏記』, 1994년, 475쪽.

앞서 〈춘광호〉 정재도에 공통적으로 나타난 내용을 정리하면 다음과 같다.

첫째, 무용수 구성은 협무 6인이다.

둘째, 모두 무동정재이다.

셋째, 정재대형 구성은 전후좌우복합대형이다.

넷째, 정재방향 구성은 남향·상대·상배이다. 무용수 위치별로 차이가 있는데, 제1대[前隊]의 좌우협무 2인은 남향하고, 제2대[中隊]의 좌우협무 2인은 상대하고, 제3대[後隊]의 좌우협무 2인은 상배한다.

다섯째, 정재춤사위 구성은 '우수반상거좌수반하거·우수하좌수평거·우수반하거좌수평거·우수반하거좌수반상거·우수평거좌수하'이다.

이상의 내용은 아래의 정재홀기 기록에서 확인된다.

> ≪용례 1≫ ○박을 치면, 무동 6인이 춤추며 나아가 선다. 음악이 그치면 창사한다. …(생략)… ○박을 치면, 향당교주를 연주한다. ≪용례 2≫ ○박을 치면, 조금 물러나며 춤춘다. ≪용례 3≫ ○박을 치면, 서로 향하여 춤춘다. ≪용례 4≫ ○박을 치면, 서로 등지고 춤춘다. ○박을 치면, 좌우로 돌며 춤춘다. ○박을 치면, 이수고저(以袖高低)하며 춤춘다. ○박을 치면, 손을 드리우고 춤춘다. ○박을 치면, 소매를 뿌리고 춤춘다. ≪용례 5≫ ○박을 치면, 서로 마주하고 춤춘다. ○박을 치면, 각각 자기 대열을 바꾸면서 춤춘다. ≪용례 6≫ ○박을 치면, 서로 향하여 춤춘다. ○박을 치면, 한번 소매를 뿌리고 한번 돌면서 춤춘다. ○박을 치면, 수신요합절(隨身要合節)하며 춤춘다. ○박을 치면, 처음 대열로 되돌아오며 춤춘다. ≪용례 7≫ ○박을 치면, 북향하여 조금 뒤로 물러난다. ≪용례 8≫ ○박을 치면, 춤추며 앞으로 나아가 선다. ○박을 치면, 손을 여미고 족도한다. ≪용례 9≫ ○박을 치면, 춤추며 물러나고 음악이 그친다.

『정재무도홀기』 〈춘광호〉의 ≪용례 1·8≫은 협무 6인이 전후좌우복합대형으로 서서 북향 무진하는 내용이고, ≪용례 2·7·9≫는 북향 무퇴하는 내용이고, ≪용례 3·6≫은 상대하는 내용이고, ≪용례 4≫는 상배하는 내용이고, ≪용례 5≫는 환대하기 위해 상대하는 내용이다.

정재홀기와 〈춘광호〉 정재도 내용을 비교하였을 때 정재도에서 협무 6인이 전후좌우복합대형에서 제3대의 좌무가 북향한 것은 무진·무퇴하는 춤으로 ≪용례 1·2·7·8·9≫를 제시한 것이고, 제1대의 좌우협무와 제3대의 우무가 남향한 것은 상대·상배와 환대·환복기대하는 춤으로 ≪용례 3~6≫을 제시한 것이다.

3) 〈춘광호〉 정재도 해석

3종의 의궤에 3점이 수록된 〈춘광호〉 정재도는 모두 무동정재로 추어졌다. 3점의 정재도를 살폈을 때, 무도내용이 적게는 1점, 많게는 2점이 같은 내용으로 그려졌는데, 〈그림 223〉은 1점, 〈그림 224〉는 2점이 같다.

정재도를 통합 비교하였을 때 〈춘광호〉는 정재도마다 한 그림 속에 여러 내용을 제시하였는데, 〈그림 223·224〉 모두 전후좌우복합대형에서 북향무·무진·무퇴·상대·상배·환대·환복기대하는 춤을 보여주고 있다.

무용수 구성은 무동정재 모두 협무 6인으로 같다. 무도내용은 전후좌우복합대형에서의 춤을 제시한 것으로, 의궤 정재도에는 이러한 내용들을 의상에 차이를 두어 2가지 유형으로 제시하였다.

〈춘광호〉 정재도와 정재홀기를 비교하였을 때 정재도에서 전대[제1대]의 좌우협무 2인이 남향하고 제3대의 좌우협무가 남향·북향한 것은 전대[1대]와 후대[3대]가 상대·상배하고 환대·환복기대하기 위한 방향을 제시한 것이고, 중대[제2대]의 좌우협무 2인이 상대한 것은 환대하는 것을 제시한 것이고, 제3대[후대]의 좌무가 북향한 것은 전후좌우복합대형에서 북향하여 무진·무퇴하는 내용을 보여준 것으로, 이러한 내용은 『정재무도홀기』에 기록된 내용을 사실적으로 제시한 것이다.

반면 정재홀기에 기록되지 않은 내용을 정재도에 제시하였는데, 제2대[中隊]의 좌우협무가 제1대의 좌우협무를 각각 바라보는 내용이다. 무용수들이 바라보는 방향으로 볼 때 북동쪽과 동쪽의 협무와 그리고 북서쪽과 서쪽의 협무는 각각 상대하고, 남쪽의 협무는 상배하는 것을 알 수 있다.

이상으로, 의궤의 〈춘광호〉 정재도에는 무용수를 협무 6인으로 구성하여 전후좌우복합대형에서 북향무·무진·무퇴·상대·상배·환대·환복기대하는 춤과 상대·상배를 무용수 중심으로 한 것과 대열 중심으로 내향·외향한 것, 그리고 춤사위 형태를 제시한 것이다.

35. 춘대옥촉春臺玉燭

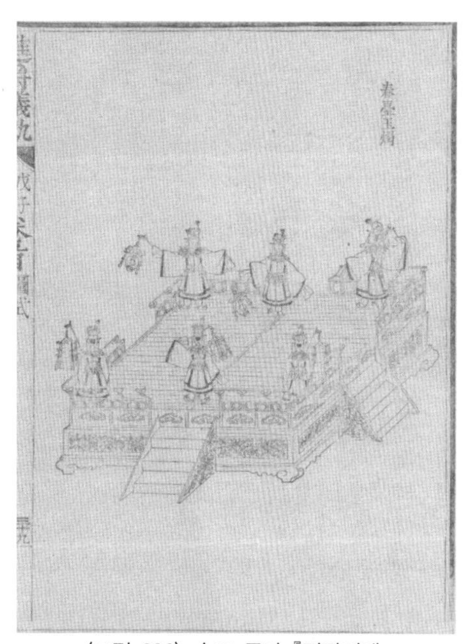

〈그림 226〉 순조 무자 『진작의궤』

〈춘대옥촉〉 정재도는 순조 무자 『진작의궤』에 수록되었다. 1종의 의궤에 1점이 전하고,[484] 무동정재로 추어졌다.

1) 〈춘대옥촉〉 정재도 검토

1점의 〈춘대옥촉〉 정재도를 살폈을 때,[485] 무용수 구성은 집당 2인과 보등 4인이며, 내용을 살펴보면 다음과 같다.

〈그림 226〉은 순조 무자 『진작의궤』에 수록된 정재도이다.[486] 무동정재이며, 무용수 구성은 집당 2인과 보등 4인이다. 집당 2인은 남쪽의 좌우에 서서 북향하고, 보등 1인은 후대에서 북향하고, 보등 3인은 전대에서 남향과 서향하며[487] 춤을 춘다. 전대에 선 무동 3인은 보등을 모두 오른손에 잡았고, 후대의 무

484) <春臺玉燭> 정재도는 純祖 戊子 『進爵儀軌』[무동]39a에 수록되어 있다.

485) 손선숙, "협무[무용수] 6인 구성 정재의 정재도 연구: <고구려무>·<망선문>·<박접무>·<사선무>·<연화무>·<영지무>·<첩승무>·<최화무>·<춘광호>·<춘대옥촉>·<향령무>," 『우리 춤과 과학기술』31집(서울: 우리춤연구소, 2015), 37~84쪽.

486) <그림 226> 순조 무자 『진작의궤』[무동]39a.

487) "○윤대(輪臺)를 설치하고 윤대 위에 무동 4인이 보등(寶燈)을 잡고 있는데, 3인은 앞에 1인은 뒤에 있어 서로 돌면서[旋轉] 춤춘다. 2인은 당(幢)을 잡고 그 뒤에 있는데, 좌우로 나뉘어 북향하여 선다." 이의강, 『국역순조무자진작의궤』(서울:

동 1인은 보등을 왼손에 잡았다. 협무 6인 모두 두 팔을 옆으로 펴 들거나 혹은 한 팔은 펴 들고 한 팔은 아래로 내리고 춤을 추는데, 춤사위는 '우수평거좌수반하거 · 양수반하거 · 양수평거 · 우수하좌수반상거(右手下左手半上擧)'이다.

2) 〈춘대옥촉〉 정재도 분석

〈춘대옥촉〉 무보는 『정재무도홀기』에 1편이[488] 전하고, 무동정재로 추어졌으며, 무용수는 집당 2인과 협무 4인으로 구성되었다.

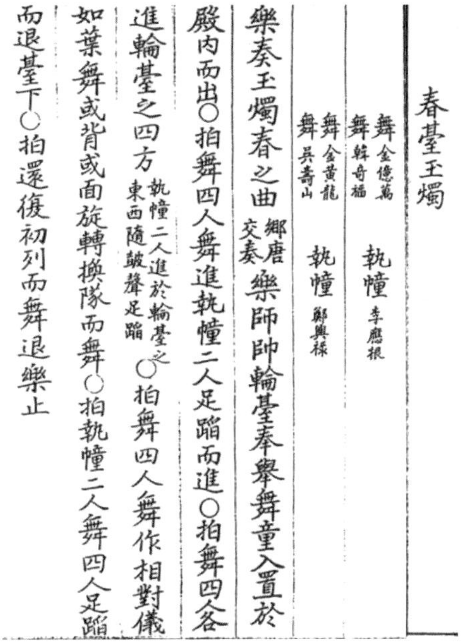

春臺玉燭
舞 金德萬 舞 韓奇福 執幢 李應根
舞 金黃龍 舞 吳壽山 執幢 鄭興祿
樂奏玉燭春之曲 鄉唐交奏 樂師帥輪臺奉擧舞童入置於
殿內而出○拍舞四人舞進執幢二人足蹈而進○拍舞四各
進輪臺之四方 執幢二人進於輪臺之東西隨鼓聲足蹈 ○拍舞四人舞作相對儀
如葉舞或背或面旋轉換隊而舞○拍執幢二人舞四人足蹈
而退臺下○拍還復初列而舞退樂止

〈춘대옥촉〉 무보(『정재무도홀기』, 장서각 소장)

내용을 정리하면, 악사가 윤대를 받든 무동을 거느리고 들어가 전내에 놓고 나간다. 협무 4인과 집당 2인이 무진하고, 협무 4인이 각각 나아가 윤대의 사방으로 올라간다. 집당 2인은 윤대의 동서로 나아가 북소리에 족도한다. 협무 4인이 마주보고 나뭇잎이 흔들리듯 춤추고, 혹은 등을 지고, 혹은 마주보고, 빙글빙글 돌면서 대를 바꾸며 춤을 춘다. 집당 2인과 협무 4인이 윤대를 내려와 처음 대열로 되돌아 와 서면 춤이 마친다.

舞 舞 舞 舞

執幢 執幢

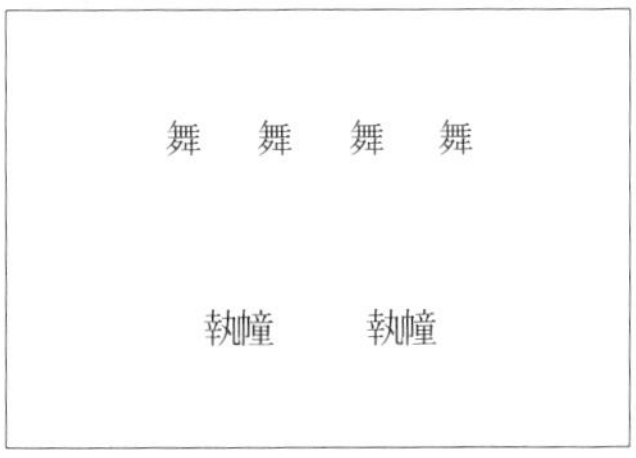

〈그림 227〉 『정재무도홀기』의 〈춘대옥촉〉 대형 구성

『정재무도홀기』의 〈춘대옥촉〉은 〈그림 227〉처럼 전후대형으로 구성하여 춤을 춘다. 전후대형은 집당 2인과 협무 4인이 춤을 추기 전 처음과 춤을 마친 다음의 대열로, 전대에는 협무 4인이 서고 후대에는 집당 2인이 선다.

보고사, 2006), 291~300쪽.
488) <春臺玉燭>, 『呈才舞圖笏記』, 1994년, 452쪽.

앞서 〈춘대옥촉〉 정재도에 공통적으로 나타난 내용을 정리하면 다음과 같다.

첫째, 무용수는 집당 2인과 보등 4인으로 구성되었다.

둘째, 무동정재이다.

셋째, 정재대형 구성은 전후대형이다. 무용수 역할별로 배열 위치에 차이가 있는데, 집당 2인은 남쪽의 좌우에 서고, 보등 1인은 남쪽, 보등 3인은 북쪽에 선다.

넷째, 정재방향 구성은 북향·서향·남향이다. 무용수 역할별로 차이가 있는데, 집당 2인과 보등 1인은 북향하고, 보등 3인은 남향과 서향하며 춤춘다.

다섯째, 전대에 선 무동 3인은 보등을 모두 오른손에 잡았고, 후대의 무동 1인은 왼손에 잡았다.

여섯째, 정재춤사위 구성은 '우수평거좌수반하거·양수반하거·양수평거·우수하좌수반상거'이다.

이상의 내용은 아래의 정재홀기 기록에서 확인된다.

> ○박을 치면, 협무 4인이 춤추며 나아가고 집당 2인이 족도하며 나아간다. ○박을 치면, 무 4인이 각기 윤대의 사방으로 나아간다.【≪용례 1≫ 집당 2인이 나아가 윤대의 동서에서 북소리를 따라 족도한다】 ≪용례 2≫ ○박을 치면, 협무 4인이 무작하고 상대하는데 그 모습이 마치 엽무(葉舞)와 같다. 혹배혹면하고 선전하며 자리를 바꾸며 춤춘다. ○박을 치면, 집당 2인과 협무 4인이 족도하며 윤대 아래로 물러난다. ○박을 치면, 처음의 배열로 돌아갔다가 춤추며 물러나면, 음악이 그친다.

『정재무도홀기』 〈춘대옥촉〉의 ≪용례 1≫은 집당 2인이 좌우[동서]로 나누어 서는 내용이고, ≪용례 2≫는 협무 4인이 윤대 위에서 상대·상배·선전·환대이무를 하는 내용이다. 정재홀기와 〈춘대옥촉〉 정재도 내용을 비교하였을 때 정재도에서 집당 2인이 남쪽의 좌우로 선 것은 ≪용례 1≫을 제시한 것이다.

3) 〈춘대옥촉〉 정재도 해석

〈춘대옥촉〉 정재도는 1종의 의궤에 1점이 수록되었고, 무동정재로 추었다. 정재도를 살폈을 때 무용수는 집당 2인과 보등 4인으로 구성되었고, 무도내용은 윤대 위에서 전후대형에서의 춤을 보여주고 있다.

〈춘대옥촉〉은 한 그림 속에 여러 내용을 제시하였는데 〈그림 226〉에는 협무 4인이 보등을 잡은 것과 보등이 선 위치, 집당 2인이 남쪽의 좌우에 선 위치, 보등 1인은 남쪽, 보등 3인은 북쪽에 선 전후대형의 위치, 무구[보등·집당]를 잡은 손 위치와 춤사위이다.

〈춘대옥촉〉 정재도와 정재홀기를 비교하였을 때 정재도에서 집당 2인이 남쪽의 좌우에 선 것은 집당 2인이 나아가 윤대의 동서에서 북소리를 따라 족도하는 춤으로, 이러한 내용은 『정재무도홀기』에 기록된 내용을 사실적으로 제시한 것이다.

반면 정재홀기에 기록되지 않은 내용을 정재도에 제시하였는데, 집당 2인이 윤대의 좌우에 선 것은 정재홀기에서 확인하였으나 그 위치가 윤대의 남쪽인 것은 정재도를 통해서 알 수 있었다. 그리고 『정재무도홀기』에는 협무 4인이 무구를 잡는 내용이 기록되지 않았지만 정재도를 통해 협무 4인이 보등을 잡고 추는 것을 알 수 있다. 또한 보등 4인이 전대에 3인, 후대에 1인이 선 전후대형의 형태와 전후대형에서 상대·상배·선전·환대이무를 하는 춤, 보등을 잡은 손의 위치가 전대와 후대에 따라 오른손과 왼손으로 다른 점과 춤사위 형태이다.

이상으로, 의궤의 〈춘대옥촉〉 정재도에는 무용수를 집당 2인과 보등 4인으로 구성하여, 집당 2인이 윤대 위 남쪽의 좌우에 선 위치, 보등 4인이 윤대 위에서 전대에 3인이 후대에 1인이 선 전후대형의 형태, 협무 4인이 보등을 잡은 것과 이들이 선 위치에 따라 보등을 잡은 손위치가 다른 것과 상대·상배·선전·환대이무하며 추는 춤사위를 제시한 것이다.

36. 춘앵전春鶯囀

〈춘앵전〉 정재도는 순조 무자 『진작의궤』· 순조 기축 『진찬의궤』· 헌종 무신 『진찬의궤』· 고종 정축 『진찬의궤』· 고종 정해 『진찬의궤』· 고종 임진 『진찬의궤』· 고종 신축 『진찬의궤』· 고종 신축 『진연의궤』· 고종 임인(4월 · 11월) 『진연의궤』에 수록되어 있다. 10종의 의궤에 11점이[489] 수록되었고, 무동은 2점 · 여령은 9점이다.

1) 〈춘앵전〉 정재도 검토

〈춘앵전〉 정재도를 살폈을 때 무용수는 협무 1인이고, 무도내용은 무동과 여령으로 구분하여 5가지 유형으로 제시하였는데[490] 내용을 살펴보면 다음과 같다.

〈그림 228〉은 헌종 무신 『진찬의궤』· 고종 정축 『진찬의궤』· 고종 정해 『진찬의궤』에 수록된 정재도이다.[491] 여령정재이며, 무용수 구성은 협무 1인이다. 여령 1인이 화문석(花紋席) 중앙에서 두 팔을 옆으로 펴들고 서북향하고 춤추는데, 춤사위는 '우수반상거좌수반하거'이다.

〈그림 229〉는 순조 기축 『진찬의궤』에 수록된 정재도이다.[492] 여령정재이며, 무용수 구성은 협무 1인이다. 여령 1인이 화문석 남쪽 위치에서 한 팔은 구부려들고 다른 한 팔은 옆으로 펴들고 북향하고 춤추는데, 춤사위는 '우수평거좌수전여만(右手平擧左手前如彎)'이다.

---

489) <春鶯囀> 정재도는 純祖 戊子 『進爵儀軌』[무동]42b, 純祖 己丑 『進饌儀軌』[여령]27a, 憲宗 戊申 『進饌儀軌』[여령]23a, 高宗 丁丑 『進饌儀軌』[여령]23b, 高宗 丁亥 『進饌儀軌』[여령]26b, 高宗 壬辰 『進饌儀軌』[여령]39a, 高宗 辛丑 『進饌儀軌』[여령]25a, 高宗 辛丑 『進宴儀軌』[여령]35a, 高宗 壬寅 『進宴儀軌』[4월: 여령]35a, 高宗 壬寅 『進宴儀軌』[11월: 무동]30b, 高宗 壬寅 『進宴儀軌』[11월: 여령]43a에 수록되어 있다.

490) 손선숙, "의궤 정재도의 도상학적 연구(Ⅲ): <관동무> · <광수무> · <무산향> · <무애무> · <선유락> · <연화대무> · <처용무> · <초무> · <춘앵전> · <침향춘> · <학무> · <향발무> 정재도를 중심으로," 『무용역사기록학』제40호(서울: 무용역사기록학회, 2016), 141~186쪽.

491) <그림 228> 헌종 무신 『진찬의궤』[여령]23a; 고종 정축 『진찬의궤』[여령]23b; 고종 정해 『진찬의궤』[여령]26b.

492) <그림 229> 순조 기축 『진찬의궤』[여령]27a.

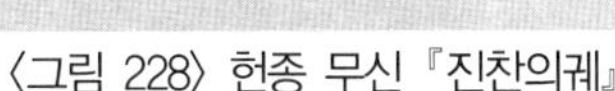

〈그림 228〉 헌종 무신 『진찬의궤』

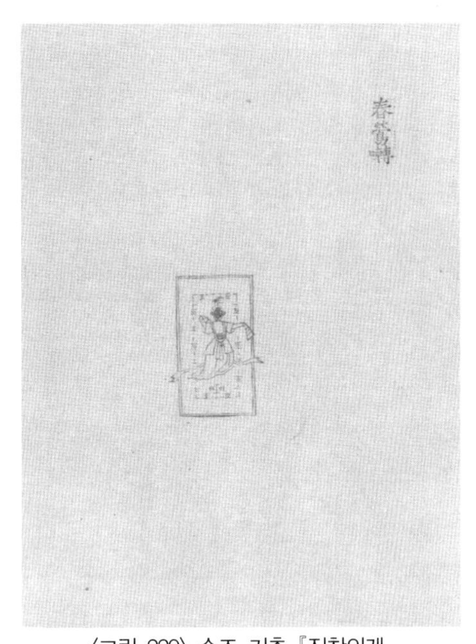

〈그림 229〉 순조 기축 『진찬의궤』

〈그림 230-1〉은 순조 무자 『진작의궤』에,[493] 〈그림 203-2〉는 고종 임인 『진연의궤』[11월]에[494] 수록된 정재도이다. 〈그림 230-1〉과 〈그림 230-2〉는 무동정재이며, 무용수 구성은 협무 1인으로 같고, 의상에 차이가 있을 뿐 무도내용은 같다. 무동 1인이 화문석 북쪽 위치에서 두 팔을 옆으로 펴들고 북향하고 춤추는데, 춤사위는 '우수평거좌수반하거'이다.

493) <그림 230-1> 순조 무자 『진작의궤』[무동]42.
494) <그림 203-2> 고종 임인 『진연의궤』[11월: 무동]30b.

〈그림 230-1〉 순조 무자 『진작의궤』

〈그림 230-2〉 고종 임인 『진연의궤』

〈그림 231〉은 고종 임진 『진찬의궤』·고종 신축 『진찬의궤』·고종 신축 『진연의궤』· 고종 임인 『진연의궤』[4월·11월]에 수록된 정재도이다.495) 여령정재이며, 무용수 구성은 협무 1인이다. 여령 1인이 북쪽 위치에서 두 팔을 옆으로 펴들고 서북향하고 춤추는데, 춤사위는 '우수평거좌수반하거'이다.

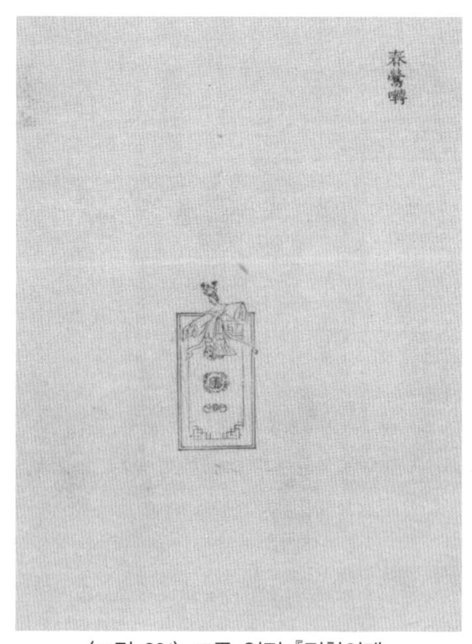

〈그림 231〉 고종 임진 『진찬의궤』

이상 11점의 〈춘앵전〉 정재도를 살폈을 때 드러난 무도내용은 협무 1인이 화문석의

495) 〈그림 231〉 고종 임진 『진찬의궤』[여령]39a; 고종 신축 『진찬의궤』[여령]25a; 고종 신축 『진연의궤』[여령]35a; 고종 임인 『진연의궤』[4월: 여령]35a; 고종 임인 『진연의궤』[11월: 여령]43a.

북쪽·중앙·남쪽에 서서 북향과 서북향하는 춤이다. 무동과 여령의 춤사위 형태에 차이가 있는데, 〈춘앵전〉 정재도에 공통적으로 제시된 정재춤사위는 '우수반상거좌수반하거·우수평거좌수반하거·우수평거좌수전여만'이다.

2) 〈춘앵전〉 정재도 분석

〈춘앵전〉 무보는 『정재무도홀기』에 모두 9편이[496] 전하고 무동정재와 여령정재로 추었다. 무용수 구성은 1인으로 모두 같고, 연향에 따라 창사와 음악의 반주곡에 차이가 있다.[497]

春鶯囀

舞

樂奏柳初新之曲 鄕唐交奏 ○拍妓一人斂手響屧足蹈完步而進
立樂止唱詞 娉婷月下步 最愛花前態 羅袖舞風輕 青春自任情 訖○拍 鄕唐交奏 ○拍舞作垂
手雙拂○拍左右小轉 左右各一轉 ○拍小垂手 半垂手拂 ○拍掉袖兒 先右次左
拍斜曳裾 側身左右步 先左次右 ○拍廻鸞 左右一大轉 ○拍低昂袖 以袖高低 ○拍折
腰理腰○拍飛履 先擧右趾 次擧左趾 ○拍擡袖 擧足時隨足擡袖 ○拍回頭 隨擡袖款頭側目
拍○提 擧袖 ○拍塔塔高 舞進三步 ○拍打鴦鴦場 落袖 ○拍搖袖 擧袖揮之

〈춘앵전〉 무보(『정재무도홀기』, 장서각 소장)

내용을 정리하면, 무 1인이 손을 여미고 무진하여[響屧足蹈] 창사를 부르고, 마치면 손을 드리웠다가 떨쳐 뿌리며 춤추고[垂手雙拂], 좌우로 조금 돌며 춤추고[左右小轉], 손을 조금 드리워 춤추고[小垂手], 소매를 흔들며 춤추고[掉袖兒], 옷자락이 끌리 듯 비껴 걸으며 춤추고[斜曳裾], 방울소리가 울려 퍼지듯이 빙빙 돌며 춤추고[廻鸞], 소매를 높였다 낮추며 춤추고[低昂袖], 허리를 굽혔다 폈다 하며 춤추고[折腰理腰], 날아가듯이 발을 가볍게 딛으며 춤추고[飛履], 소매를 들어 춤추고[擡袖], 고개를 돌리며 춤추고[回頭], 팔을 들어 높은 곳으로 올라가듯이 춤추고[擧袖/塔塔高], 원앙이 마당에서 노는 것처럼 춤추고[打鴛鴦場], 소매를 흔들며 춤추고[搖袖], 꽃 앞에 섰을 때의 모습처럼 춤추고[花前態], 꽃잎이 돌듯이 빙글빙글 돌며 춤추고[轉花持], 뒤로 물러나[當退立] 번쩍이듯 소매를 작게 휘두르며 춤추고[小閃袖], 꽃이 떨어져 물위로 흘러내려가듯 좌우로 한번 떨쳐 뿌리며 돌면서 춤추고[落花流水], 번쩍이듯 소매를 크게 휘두르며 춤추고[大閃袖], 바람에 흔들리듯 걸으며 춤추고[傞傞步如意風],

496) <春鶯囀>, 『呈才舞圖笏記』, 1994년, 47쪽·128쪽·225쪽·281쪽·347쪽·387쪽·411쪽·467쪽; 『時用舞譜(全)呈才舞圖笏記』, 1989년, 165쪽.

497) <춘앵전> 음악명은 유초신지곡(柳初新之曲)과 경지가회지곡(慶氐嘉會之曲)으로 차이가 있고, 창사 또한 청춘자임정(青春自任情)과 군왕임다정(君王任多情)으로 기록되어 연향에 따라 반주곡명과 창사 가사에 차이가 있다. 또한 춤 내용은 같은데 용어를 '舞作垂手雙拂'과 '舞作左右垂手雙拂'로 기록에 차이가 있다. 손선숙, 『궁중정재용어연구』(서울: 민속원, 2008), 148쪽.

소매를 뒤로 던지듯 춤추고[後拋袖], 나뭇가지가 바람에 흔들리듯 춤추고[風流枝], 금빛모래가 바람에 날리듯 춤추고[飛金沙], 꽃잎의 발이 흔들리듯이 춤추고[拂花簾], 물결이 일듯이 몸을 돌리며 춤추고[回波身], 신선이 다리를 넘어가듯 좌우로 크게 한 번씩 돌며 춤추고[過橋仙], 소매를 뾰쪽하게 여미며 춤추고[尖袖], 제비가 제 집으로 돌아가듯이 춤추며[燕歸巢] 물러나면 춤이 마친다.

『정재무도홀기』의 〈춘앵전〉은 〈그림 232〉처럼 북쪽 혹은 좌우로 무진·무퇴하는 춤과 좌우로 돌면서 추는 춤을 반복하여 추지만 춤사위는 내용에 따라 변화를 준다.

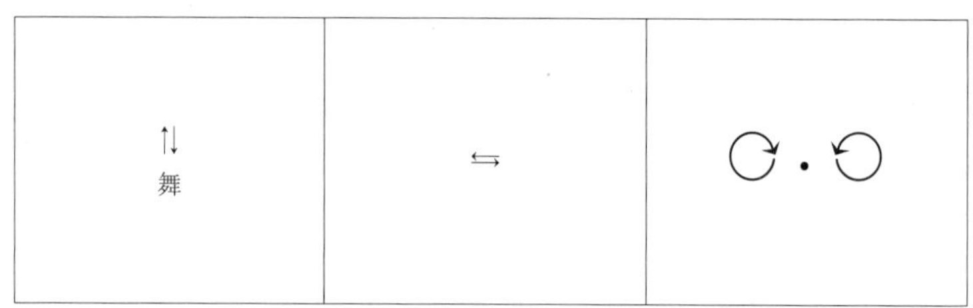

〈그림 232〉『정재무도홀기』의 〈춘앵전〉 이동구조

앞서 〈춘앵전〉 정재도에 공통적으로 나타난 내용을 정리하면 다음과 같다.

첫째, 무용수 구성은 1인이다.
둘째, 무동정재와 여령정재로 추었다.
셋째, 무용수가 선 위치는 화문석(花紋席) 북쪽·중앙·남쪽이다.
넷째, 정재방향 구성은 북향과 서북향이다.
다섯째, 정재춤사위 구성은 '우수반상거좌수반하거·우수평거좌수전여만·우수평거좌수반하거'이다.

이상의 내용은 아래의 정재홀기 기록에서 확인된다.

…(생략)… ≪용례 1≫ ○박을 치면, 좌우(左右)로 조금 돈다.【좌우로 각 한 번씩 돈다】 …

(생략)… ≪용례 2≫ ○박을 치면, 어린아이가 소매를 흔들 듯이 한다.【오른쪽을 먼저하고 다음에 왼쪽을 한다】 …(생략)… ≪용례 3≫ ○박을 치면, 방울소리가 울려 퍼지듯이 빙빙 돌듯이 한다.【좌우로 크게 한번 돈다】 ≪용례 4≫ ○박을 치면, 소매를 높였다 낮추었다 한다.【소매를 위로 높였다 아래로 낮춘다】 …(생략)… ≪용례 5≫ ○박을 치면, 소매를 흔든다.【소매를 들어 휘두른다】 …(생략)… ≪용례 6≫ ○박을 치면, 꽃잎이 돌듯이 빙글빙글 돈다.【몸을 세 번 돈다】 …(생략)… ≪용례 7≫ ○박을 치면, 번쩍이듯 소매를 작게 휘두른다.【잠깐 번뜩인다】 ≪용례 8≫ ○박을 치면, 좌우로 한번 떨쳐 뿌리고 한번 돈다. ≪용례 9≫ ○박을 치면, 번쩍이듯 소매를 크게 휘두른다.【소매를 번뜩인다】 ≪용례 10≫ ○박을 치면, 바람에 흔들리듯 걸음을 걷는다.【음악의 절차에 따라 춤을 춘다】 …(생략)… ≪용례 11≫ ○박을 치면, 금빛모래가 바람에 날리듯 가볍게 한다.【앞으로 나아갔다 뒤로 물러난다】 ≪용례 12≫ ○박을 치면, 꽃잎의 발이 흔들리듯이 한다.【좌우 손을 들어 떨쳐 뿌린다】 ≪용례 13≫ ○박을 치면, 물결이 일듯이 몸을 돌린다.【좌우로 한번 돈다】 ≪용례 14≫ ○박을 치면, 신선이 다리를 건너가듯이 춘다.【좌우로 크게 한 번씩 돈다】○박을 치면, 소매를 뾰쪽하게 여미며 춤춘다.【첨수】 ○박을 치면, 제비가 제 집으로 돌아가듯이 춤춘다.【무퇴】 음악이 그친다.

『정재무도홀기』 〈춘앵전〉의 ≪용례 1·3·6·8·13·14≫는 좌우로 돌며 추는 내용이고, ≪용례 2·4·5·7·9·12≫는 좌우소매를 크게 혹은 작게 흔들며 추는 내용이고, ≪용례 10·11≫은 무진·무퇴하며 추는 내용이다.

정재홀기와 〈춘앵전〉 정재도 내용을 비교하였을 때 정재도에서 두 팔을 옆으로 펴 들고 서북향한 것은 좌우로 돌며 추는 ≪용례 1·3·6·8·13·14≫를 제시한 것이고, 북향하고 한 팔은 여미고 한 팔은 옆으로 펴 들고 추는 춤은 ≪용례 2·4·5·7·9·12≫를 제시한 것이고, 북향하고 두 팔을 옆으로 펴 들고 추는 춤은 무진·무퇴하며 추는 춤으로 ≪용례 10·11≫을 제시한 것이다.

3) 〈춘앵전〉 정재도 해석

10종의 의궤에 11점이 수록된 〈춘앵전〉 정재도는 무동은 2점·여령은 9점이다. 11점의 정재도를 살폈을 때 무도내용이 적게는 1점, 많게는 5점이 같은 내용으로 그려졌는데, 〈그림 229〉·〈그림 230-1·2〉는 1점, 〈그림 228〉은 3점, 〈그림 231〉은 5점이 같다.

정재도를 통합 비교하였을 때 무용수 구성은 1인으로 같고, 무도내용은 화문석의 북쪽·중앙·남쪽에 서서 북향과 서북향하며 추는 춤과 도는 춤을 제시하였는데, 의궤에는 이러한 내용을 무동과 여령으로 구분하여 정재도별로 5가지 유형으로 제시하였다.

〈춘앵전〉 정재도와 정재홀기를 비교하였을 때 정재도에서 무용수가 북향과 서북향한 것은 북향하고 무진·무퇴하는 춤, 좌우선전하는 춤, 좌우 팔을 흔들며 추는 춤으로, 이러한 내용은 모두 『정재무도홀기』에 기록된 내용을 사실적으로 제시한 것이다.

반면 정재홀기에 기록되지 않은 내용을 정재도에 제시하였는데, 〈춘앵전〉에 화문석이라는 무구를 사용한 것과 화문석에 무용수들이 서는 위치를 북쪽·중앙·남쪽으로 제시한 것과 이를 옮겨가면서 추는 춤과 춤사위 형태이다.

이상으로, 의궤의 〈춘앵전〉 정재도에는 무용수 1인이 화문석의 북쪽·중앙·남쪽에 서서 북향과 서북향하며 좌우 팔을 흔들며 추는 춤을 제시한 것이다.

37. 침향춘沈香春

〈침향춘〉 정재도는 순조 무자 『진작의궤』·고종 임진 『진찬의궤』에 수록되어 있다. 2종의 의궤에 3점이 전하는데,498) 무동은 2점·여령은 1점이다.

1) 〈침향춘〉 정재도 검토

3점의 〈침향춘〉 정재도를 살폈을 때, 무용수는 협무 2인으로 구성되었고, 무도내용은 무동과 여령으로 구분하여 3가지 유형으로 제시하였는데499) 내용을 살펴보면 다음과 같다.

498) <沈香春> 정재도는 純祖 戊子 『進爵儀軌』[무동]41b, 高宗 壬辰 『進饌儀軌』[무동]29a, 高宗 壬辰 『進饌儀軌』[여령]41b에 수록되어 있다.

499) 손선숙, "의궤 정재도의 도상학적 연구(Ⅲ): <관동무>·<광수무>·<무산향>·<무애무>·<선유락>·<연화대무>·<처용무>·<초무>·<춘앵전>·<침향춘>·<학무>·<향발무> 정재도를 중심으로," 『무용역사기록학』 제40호(서울: 무용역사기록학회, 2016), 141~186쪽.

〈그림 233〉은 순조 무자『진작의궤』에 수록된 정재도이다.[500] 무동정재이며, 무용수 구성은 협무 2인이다. 무동 2인이 일렬대형으로 서서 북향하고 춤추는데, 대열중심으로 외수는 옆으로 펴들고 내수는 아래로 내려 든 '외수반상거내수반하거'를 춘다. 무구[꽃]를 모두 외수로 잡았는데[외수집화], 좌무는 오른손, 우무는 왼손에 잡았고, 꽃은 모두 한삼 밖으로 잡았다. 춤사위는 '우수반상거좌수반하거·우수반하거좌수반상거'이다.

〈그림 234〉는 고종 임진『진찬의궤』에 수록된 정재도이다.[501] 무동정재이며, 무용수 구성은 협무 2인이다. 무동 2인이 일렬대형으로 서서 북향하고 춤추는데, 대열중심으로 외수는 옆으로 펴들고 내수는 아래로 내려 든 '외수평거내수반하거'를 춘다. 무구[꽃]를 모두 외수로 잡았는데[외수집화], 좌무는 오른손, 우무는 왼손에 잡았고, 꽃은 모두 한삼 밖으로 잡았다. 춤사위는 '우수평거좌수반하거·우수반하거좌수평거'이다.

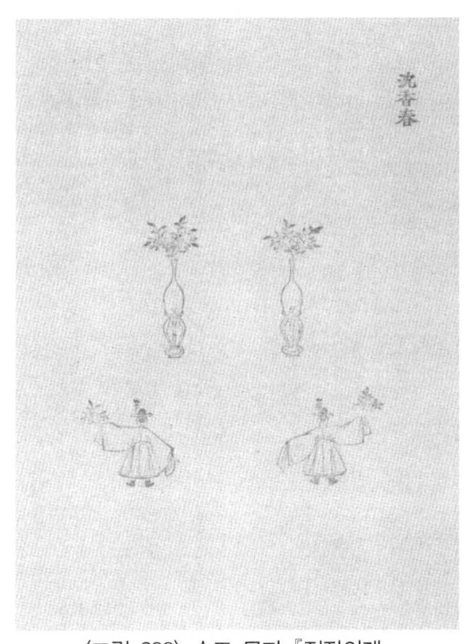

〈그림 233〉 순조 무자『진작의궤』

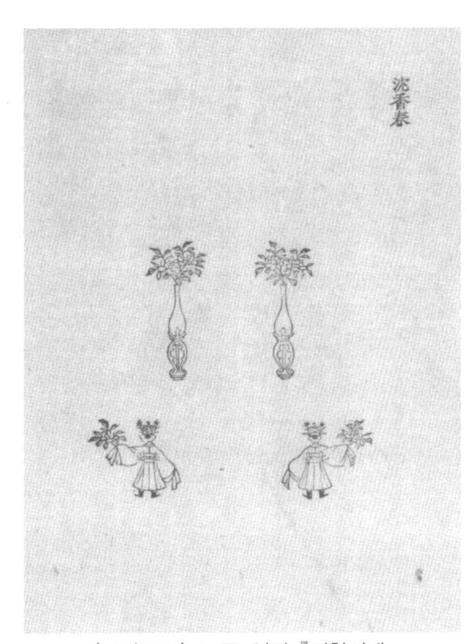

〈그림 234〉 고종 임진『진찬의궤』

〈그림 235〉는 고종 임진『진찬의궤』에 수록된 정재도이다.[502] 여령정재이며, 무용수

500) <그림 233> 순조 무자『진작의궤』[무동]41b.
501) <그림 234> 고종 임진『진찬의궤』[무동]29a.

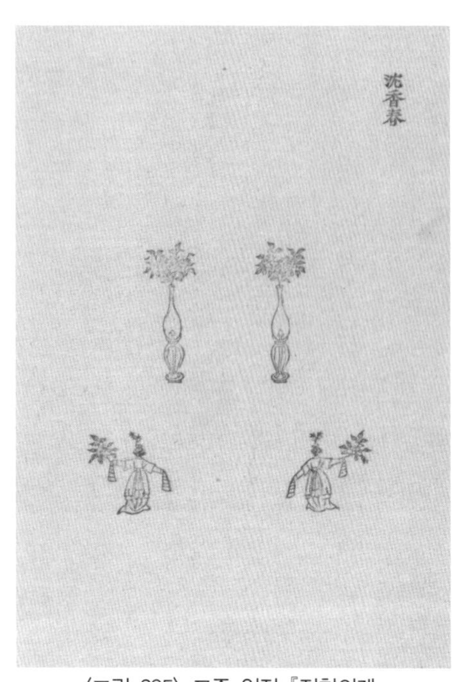

〈그림 235〉 고종 임진 『진찬의궤』

沉香春

舞 金德萬
舞 韓奇福

樂奏喜新春之曲 鄉唐交奏 樂師帥花瓶奉擧舞童二人置於殿內而出○拍舞二人齊行舞進而立○拍各各回旋而舞○拍相向而舞○拍相背而舞○拍換隊而舞○拍還復其隊而舞拍左右旋轉而舞○拍弄花而舞○拍取花而舞○拍或背或面歡轉而舞○拍斂手足蹈○拍舞退樂止

〈침향춘〉 무보(『정재무도홀기』, 장서각 소장)

구성은 협무 2인이다. 여령 2인이 일렬대형으로 서서 북향하여 춤추는데, 대열중심으로 외수는 옆으로 펴들고 내수는 아래로 내려 든 '외수평거내수반하거'를 춘다. 무구[꽃]를 모두 외수로 잡았는데[외수집화], 좌무는 오른손, 우무는 왼손에 잡았고, 꽃은 모두 한삼 밖으로 잡았다. 춤사위는 '우수평거좌수반하거 · 우수반하거좌수평거'이다.

이상 3점의 〈침향춘〉에 공통적으로 드러난 무도내용은 무동과 여령 모두 협무 2인이 일렬대형에서 북향하고 추는 춤이다. 무구[꽃]는 모두 외수에 잡았는데, 한삼 밖으로 잡았다. 춤은 대열중심으로 외수는 옆으로 펴들고 내수는 아래로 내려든 춤으로, 정재도에 공통적으로 제시된 정재춤사위는 '우수반상거좌수반하거 · 우수반하거좌수반상거 · 우수반하거좌수평거 · 우수평거좌수반하거'이다.

2) 〈침향춘〉 정재도 분석

〈침향춘〉 무보는 『정재무도홀기』에 모두 2편이[503] 전하는데, 무동정재와 여령정재로 추었다. 무용수 구성은 협무 2인으로 같고, 내용은 변함없지만 연향에 따라 무동정재 시에는 창사를 생략하기도[504] 하였다.

내용을 정리하면, 악사가 화병을 전내에 놓고 나가면,

502) <그림 235> 고종 임진 『진찬의궤』[여령]41b.
503) <沈香春>, 『呈才舞圖笏記』, 1994년, 435쪽; 『時用舞譜(全)呈才舞圖笏記』, 1989년, 120쪽.
504) 『呈才舞圖笏記』, 1994년, 435쪽.

협무 2인이 나란히 무진하고, 각각 둥글게 돌면서 춤추고, 상대·상배하며 춤추고, 대(隊)를 바꾸어 춤추고, 다시 제자리로 돌아와 춤추고, 좌우로 돌면서 춤추고, 꽃을 어르고 집어 들고 춤추고, 상대·상배·환전하며 춤추고, 손을 여미고 족도하며 물러나면 춤이 마친다.

『정재무도홀기』의 〈침향춘〉은 화병에 꽂힌 꽃을 잡기 전과 잡은 후의 춤으로 구분되는데, 춤추는 내내 일렬대형을 유지하며 〈그림 236〉과 같이 진행한다.

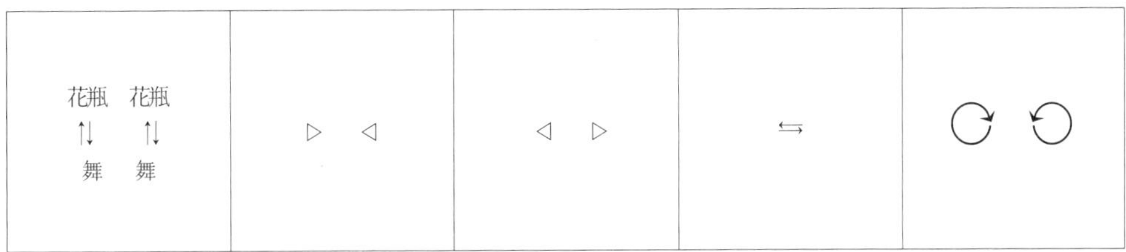

〈그림 236〉『정재무도홀기』의 〈침향춘〉 대형 구성

앞서 〈침향춘〉 정재도에 공통적으로 나타난 내용을 정리하면 다음과 같다.

첫째, 무용수 구성은 협무 2인이다.
둘째, 무동정재와 여령정재로 추었다.
셋째, 정재대형 구성은 일렬대형이다.
넷째, 정재방향 구성은 북향이다.
다섯째, 무구[꽃]를 외수에 잡았다.
여섯째, 꽃을 한삼 밖으로 잡았다.
일곱 번째, 춤은 대열 기준으로 외수는 옆으로 펴들고 내수는 아래로 내려드는데, 정재춤사위 구성은 '우수반상거좌수반하거·우수반하거좌수반상거·우수반하거좌수평거·우수평거좌수반하거'이다.

이상의 내용은 아래의 정재홀기 기록에서 확인된다.

> …(생략)… ○박을 치면, 무(舞) 2인이 나란히 줄을 지어 춤을 추며 나아가 선다. …(생략)… ○박을 치면, 꽃을 어르며 춤을 춘다. ≪용례 1≫ ○박을 치면, 꽃을 집어 들고 춤을 춘다. ≪용례 2≫ ○박을 치면, 혹은 등을 지고, 혹은 마주보고 즐겁게 돌면서 춤을 춘다. ○박을 치면, 손을 여미고 족도(足蹈)한다. ≪용례 3≫ ○박을 치면, 춤을 추며 물러나면, 음악이 그친다.

『정재무도홀기』 〈침향춘〉의 ≪용례 1≫은 화병의 꽃을 집어 들고 춤추는 내용이고, ≪용례 2≫는 꽃을 들고 상대·상배·환전하며 춤추는 내용이고, ≪용례 3≫은 춤을 마친 뒤 북향하고 무퇴하는 내용이다.

정재홀기와 〈침향춘〉 정재도 내용을 비교하였을 때 정재도에서 협무 2인이 북향한 것은 꽃을 집어 들고 무퇴하는 춤인 ≪용례 3≫을 제시한 것이다.

3) 〈침향춘〉 정재도 해석

2종의 의궤에 3점이 수록된 〈침향춘〉 정재도는 무동은 2점·여령은 1점이다. 3점의 정재도를 살폈을 때 무도내용이 각각 1점씩 수록되었다.

정재도를 통합 비교하였을 때 〈침향춘〉은 정재도마다 한 그림 속에 여러 내용을 제시하였는데, 〈그림 233~235〉 모두 꽃을 잡은 손 위치가 외수인 점, 집화하고 북향하는 춤, 꽃을 한삼 밖으로 잡은 것, 대열중심으로 외수는 옆으로 펴들고 내수는 아래로 내려 든 춤사위를 제시하고 있다.

무용수 구성은 협무 2인으로 모두 같고, 무도내용은 일렬대형에서의 춤을 제시한 것으로, 의궤 정재도에는 이러한 내용을 무동과 여령으로 구분하여 3가지 유형으로 제시하였다.

〈침향춘〉 정재도와 정재홀기를 비교하였을 때 정재도에서 무용수가 북향한 것은 일렬대형에서 꽃을 잡고 북향하고 무퇴하는 춤을 제시한 것으로, 이러한 내용은 모두 『정재무도홀기』에 기록된 내용을 사실적으로 제시한 것이다.

반면 정재홀기에 기록되지 않은 내용을 정재도에 제시하였는데, 꽃을 잡은 손의 위치가 외수인 점, 꽃을 한삼 밖으로 잡은 것, 대열중심으로 외수는 옆으로 펴들고 내수는 아래로 내려 든 것과 춤사위 형태이다.

이상으로, 의궤의 〈침향춘〉 정재도에는 무용수를 협무 2인으로 구성하여 일렬대형에서 북향하는 춤, 무퇴하는 춤, 외수집화, 꽃을 한삼 밖으로 잡은 것, 대열중심으로 외수는 옆으로 펴들고 내수는 아래로 내려 든 춤사위 형태를 제시한 것이다.

38. 포구락拋毬樂

〈포구락〉 정재도는 정조 을묘 『정리의궤』· 순조 무자 『진작의궤』· 순조 기축 『진찬의궤』· 헌종 무신 『진찬의궤』· 고종 무진 『진찬의궤』· 고종 정축 『진찬의궤』· 고종 정해 『진찬의궤』· 고종 임진 『진찬의궤』· 고종 신축 『진찬의궤』· 고종 신축 『진연의궤』· 고종 임인(4월·11월) 『진연의궤』에 기록되어 있다. 〈쌍포구락〉으로도 추어졌는데, 이런 경우에는 포구문(拋毬門)을 2개 설치하고 무용수의 수도 2배로 늘렸으나 죽간자는 2인으로 구성하였다. 12종의 의궤에 17점이[505] 전하는데, 무동은 6점·여령은 11점이다.

1) 〈포구락〉 정재도 검토

17점의 〈포구락〉 정재도를 살폈을 때, 무용수는 죽간자 2인, 봉화 1인·2인, 봉필 1인·2인, 집박악사 1인, 악사 1인, 협무 6인·8인·10인·12인·24인, 대기무용수 9인·23인으로 구성되었다. 무도내용은 무동과 여령으로 구분하여 9가지 유형으로 제시하였는데[506] 내용을 살펴보면 다음과 같다.

505) <拋毬樂> 정재도는 正祖 乙卯 『整理儀軌』[여령]10a, 純祖 戊子 『進爵儀軌』[무동]16b · [무동]46b, 純祖 己丑 『진찬의궤』[여령]22b, 憲宗 戊申 『進饌儀軌』[여령]18b, 高宗 戊辰 『進饌儀軌』[여령]14a, 高宗 丁丑 『進饌儀軌』[여령]20a, 高宗 丁亥 『進饌儀軌』[여령]23a, 高宗 壬辰 『進饌儀軌』[무동]27a · [여령]31a, 高宗 辛丑 『進宴儀軌』[무동]25a · [여령]36a, 高宗 辛丑 『進饌儀軌』[여령]23a, 高宗 壬寅 『進宴儀軌』[11월: 무동]27a · [11월: 여령]38a, 高宗 壬寅 『進宴儀軌』[4월: 여령]36a · [4월: 무동]25a에 기록되어 있다.

506) 손선숙, "의궤 정재도의 도상학적 연구(Ⅰ): <가인전목단> · <몽금척> · <무고> · <아박무> · <포구락>을 중심으로," 『무용역사기록학』36집(서울: 무용역사기록학회, 2015), 183~221쪽.

〈그림 237〉은 순조 무자 『진작의궤』에 수록된 정재도이다.[507] 무동정재이며, 무용수 구성은 협무 6인이다. 전후대형과 2대좌우대형에서의 춤을 제시한 것으로, 제1대 협무 2인이 전대의 구문 좌우에서 상대하고 두 팔을 펴 들고 춤추는데, 모두 오른손으로 공[채구]을 잡았고 공은 한삼 위로 잡았다. 나머지 협무 4인은 후대의 남쪽에 2대좌우대형으로 서서 염수하고 북향한다. 춤사위는 '우수반하거좌수반상거·우수반하거좌수반상거·염수'이다.

〈그림 237〉 순조 무자 『진작의궤』

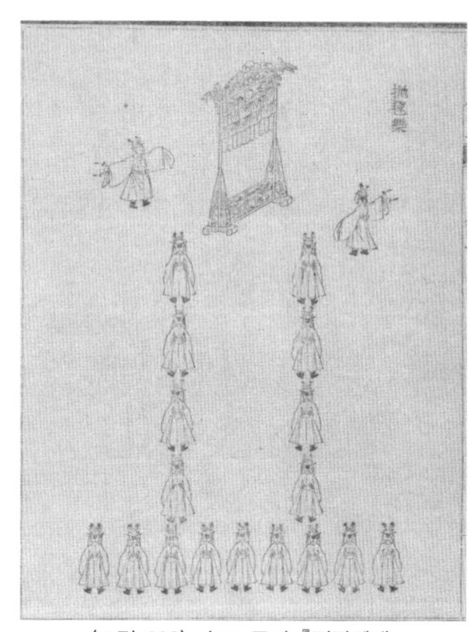

〈그림 238〉 순조 무자 『진작의궤』

〈그림 238〉은 순조 무자 『진작의궤』에 수록된 정재도이다.[508] 무동정재이며, 무용수 구성은 협무 10인·대기무용수 9인이다. 전후대형과 2대좌우대형에서의 춤을 제시한 것으로, 제1대 협무 2인이 전대의 구문 좌우에서 상대하고 두 팔을 펴들고 춤추는데, 모두 오른손으로 공[채구]을 잡았고 공은 한삼 위로 잡았다. 나머지 협무 8인은 후대의 남쪽에

507) <그림 237> 순조 무자 『진작의궤』[무동]46b.
508) <그림 238> 순조 무자 『진작의궤』[무동]16b.

2대좌우대형으로 서서 염수하고 북향한다. 대기무용수 9인은 남쪽에 일렬로 서서 염수하고 북향한다. 춤사위는 '우수반상거좌수반하거·우수반하거좌수반상거·염수'이다.

〈그림 239〉는 고종 임인『진연의궤』[4월·11월]·고종 신축『진연의궤』·고종 임진『진찬의궤』에 수록된 정재도이다.509) 무동정재이며, 무용수 구성은 죽간자 2인·봉화 1인·봉필 1인·협무 10인이다. 전후대형과 2대좌우대형에서의 춤을 제시한 것으로, 죽간자는 북쪽에서 북향하고, 봉화는 오른손에 꽃을 잡고 동쪽에 서서 남향하고, 봉필은 오른손에 붓을 잡고 서쪽에 서서 북향하는데, 모두 한삼 위로 잡았다. 제1대 협무 2인이 전대의 구문 좌우에서 상대하고 두 팔을 옆으로 펴 들고 춤추는데, 좌무는 북향하고 우무는 남향하고 두 팔을 펴 들고 춤을 춘다. 제1대 좌우협무 모두 오른손으로 공[채구]을 잡았고, 공은 한삼 위로 잡았다. 나머지 협무 8인은 후대의 남쪽에 2대좌우대형으로 서서 춤추는데, 제2대의 좌우협무는 팔을 펴 들고 북향하고 춤추고, 나머지 협무 6인은 염수하고 북향한다. 춤사위는 '우수반하거좌수반상거·우수평거좌수반하거·양수평거·염수'이다.

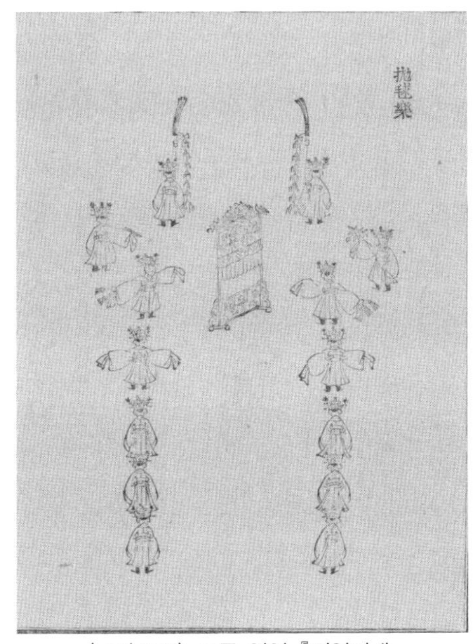

〈그림 239〉 고종 임인『진연의궤』

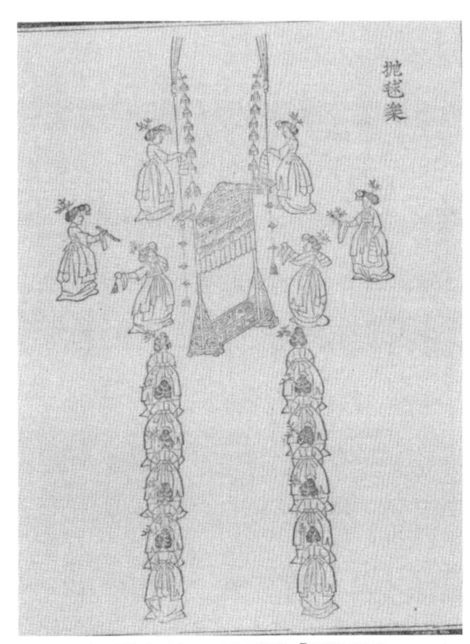

〈그림 240〉 고종 정해『진찬의궤』

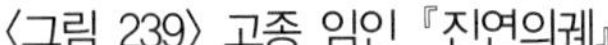

509) 〈그림 239〉 고종 임인『진연의궤』[11월: 무동]27a; 고종 임인『진연의궤』[4월: 무동]25a; 고종 신축『진연의궤』[무동]25a; 고종 임진『진찬의궤』[무동]27a.

〈그림 240〉은 고종 정해 『진찬의궤』· 고종 정축 『진찬의궤』에 수록된 정재도이다.[510] 여령정재이며, 무용수 구성은 죽간자 2인·봉화 1인·봉필 1인·협무 12인이다. 전후대형과 2대좌우대형에서의 춤을 제시한 것으로, 죽간자는 북쪽에서 상대하고, 봉화는 오른손에 꽃을 잡고 동쪽에 서서 서향하고, 봉필은 오른손에 붓을 잡고 서쪽에 서서 동향하는데, 모두 한삼을 걷어내고 손으로 직접 잡았다. 제1대 협무 2인은 전대의 구문 좌우에서 상대하고 포구희를 하는데, 좌무는 왼손을 머리에 대고 오른손은 포구문을 향해 들었고, 우무는 왼손을 머리에 대고 오른손은 옆으로 펴 들었다. 제1대 좌우협무 모두 오른손으로 공[채구]을 잡았는데, 모두 한삼을 걷어내고 손으로 직접 잡았다. 나머지 협무 10인은 후대의 남쪽에 2대좌우대형으로 서서 모두 염수하고 북향한다. 춤사위는 '우수전상거좌수절견·우수반하거좌수절견·염수'이다.[511]

〈그림 241〉은 고종 무진 『진찬의궤』· 헌종 무신 『진찬의궤』에 수록된 정재도이다.[512] 여령정재이며, 무용수 구성은 죽간자 2인·봉화 1인·봉필 1인·협무 6인이다. 전후대형과 2대좌우대형에서의 춤을 제시한 것으로, 죽간자는 북쪽에서 상대하고, 봉필은 오른손에 붓을 잡고 동쪽에 서서 서향하고, 봉화는 왼손에 꽃을 잡고 서쪽에 서서 동향하는데, 모두 한삼을 걷어내고 손으로 직접 잡았다. 제1대 협무 2인은 전대의 구문 좌우에서 상대하고 포구희를 하는데, 좌무는 왼손을 머리에 대고 오른손은 포구문을 향해 들었고, 우무는 왼손을 머리에 대고 오른손은 옆으로 펴 들었다. 제1대 좌우협무 모두 오른손으로 공[채구]을 잡았는데, 한삼을 걷어내고 손으로 직접 잡았다. 나머지 협무 4인은 후대의 남쪽에 2대좌우대형으로 서서 모두 염수하고 북향한다. 춤사위는 '우수전상거좌수절견·우수반하거좌수절견·염수'이다.

〈그림 242〉는 순조 기축 『진찬의궤』에 수록된 정재도이다.[513] 여령정재이며, 무용수 구성은 죽간자 2인·봉필 1인·협무 8인이다. 전후대형과 2대좌우대형에서의 춤을 제시한

510) <그림 240> 고종 정해 『진찬의궤』[여령]23a; 고종 정축 『진찬의궤』[여령]20a.

511) <그림 240>과 <그림 241>은 죽간자의 춤과 제1대의 좌무와 우무춤 그리고 후대의 협무가 염수하고 북향한 춤 내용이 같다. 다만 봉화와 봉필의 위치가 동쪽과 서쪽으로 다르고, 협무의 구성이 6인과 12인으로 다른 점이 차이가 있다.

512) <그림 241> 고종 무진 『진찬의궤』[여령]14a; 헌종 무신 『진찬의궤』[여령]18b.

513) <그림 242> 순조 기축 『진찬의궤』[여령]22b.

것으로, 죽간자는 북쪽에서 상대하고, 봉필은 오른손에 붓을 잡고 동쪽에 서서 서향하는데, 한삼 위로 잡았다. 제1대 좌우협무는 전대의 구문 좌우에서 상대하고 포구희를 하는데, 좌무는 왼손을 머리에 대고 오른손은 포구문을 향해 들었고, 우무는 오른손을 포구문을 향해 들고 왼팔은 뒤로 펴 들었다. 제1대 좌우협무 모두 오른손으로 공[채구]을 잡았고 공은 한삼 위로 잡았다. 나머지 협무 6인은 후대의 남쪽에 2대좌우대형으로 서서 춤추는데, 제2대의 좌우협무는 북향하고 팔을 옆으로 펴들고 춤추고, 나머지 협무 4인은 염수하고 북향한다. 춤사위는 '양수평거·우수전상거좌수절견·우수전상거좌수후반하거·염수'이다.

〈그림 241〉 고종 무진 『진찬의궤』

〈그림 242〉 순조 기축 『진찬의궤』

〈그림 243〉은 고종 임진 『진찬의궤』·고종 신축 『진찬의궤』·고종 신축 『진연의궤』에 수록된 정재도이다.514) 여령정재이며, 무용수 구성은 죽간자 2인·봉화 1인·봉필 1인·협무 12인이다. 전후대형과 2대좌우대형에서의 춤을 제시한 것으로, 죽간자는 북쪽에서 상대하고, 봉화는 오른손에 꽃을 잡고 동쪽에 서서 서향하고, 봉필은 오른손에 붓을 잡

514) <그림 243> 고종 임진 『진찬의궤』[여령]31a; 고종 신축 『진찬의궤』[여령]23a; 고종 신축 『진연의궤』[여령]36a.

고 서쪽에 서서 동향하는데, 모두 한삼 위로 잡았다. 제1대 협무 2인은 전대의 구문 좌우에서 상대하고 포구희를 하는데, 좌무는 왼손을 머리에 대고 오른손은 포구문을 향해 들었고, 우무는 오른손을 포구문을 향해 들고 왼팔은 뒤로 펴 들었다. 제1대 좌우협무 모두 오른손으로 공[채구]을 잡았고, 공은 한삼 위로 잡았다. 나머지 협무 10인은 후대의 남쪽에 2대좌우대형으로 서서 춤추는데, 제2대의 협무 2인이 북향하고 두 팔을 옆으로 펴들고 춤추고, 나머지 협무 8인은 염수하고 북향한다. 춤사위는 '양수평거·우수전상거좌수절견·우수전상거좌수후반하거·염수'이다.[515]

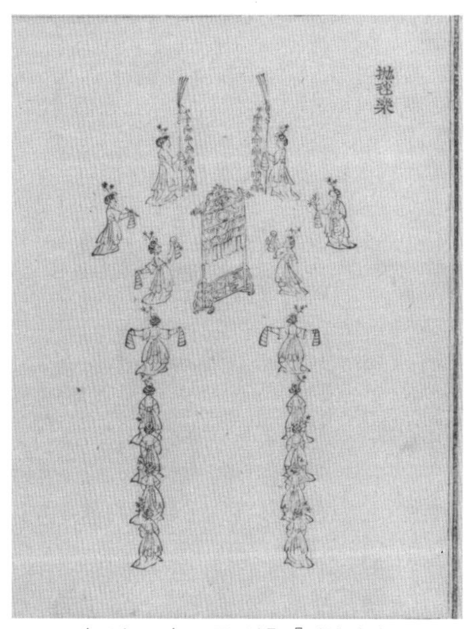

〈그림 243〉 고종 신축 『진연의궤』

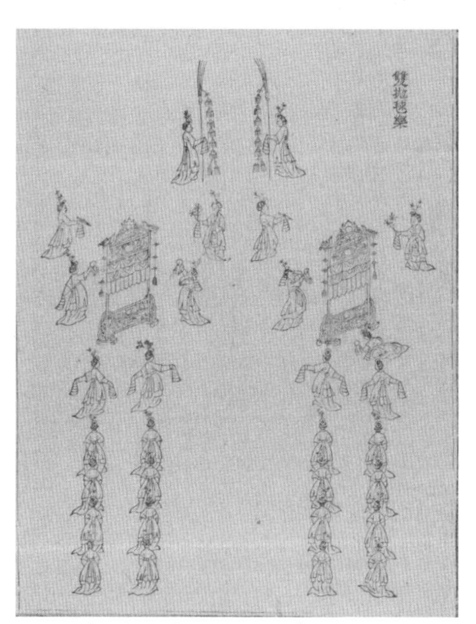

〈그림 244〉 고종 임인 『진연의궤』

〈그림 244〉는 고종 임인 『진연의궤』[4월·11월]에 수록된 정재도이다.[516] 〈쌍포구락〉으로 추었고, 여령정재이며, 무용수 구성은 죽간자 2인·봉화 2인·봉필 2인·협무 24인이다. 전후대형과 2대좌우대형에서의 춤을 제시한 것으로, 좌대와 우대로 구분하여 각각 춤을 춘다. 죽간자는 북쪽에서 상대하고, 좌대와 우대의 봉화가 오른손에 꽃을 잡고

515) <그림 243>은 무용수 구성에 차이가 있지만, 협무들의 춤이 <그림 239>와 <그림 244>의 우대와 같다.
516) <그림 244> 고종 임인『진연의궤』[11월: 여령]38a; 고종 임인『진연의궤』[4월: 여령]36a.

동쪽에 서서 서향하고, 봉필이 오른손에 붓을 잡고 서쪽에 서서 동향한 것이 같고, 모두 한삼 위로 잡았다. 좌대와 우대 모두 제1대 협무 2인이 전대의 구문 좌우에서 상대하여 포구희를 하는데, 좌대의 좌무는 구문을 향해 엎드려 공 잡는 춤을 추고, 우무는 오른손을 구문을 향해 들고 왼손은 머리에 댄다. 우대의 좌무는 오른손을 구문을 향해 들고 왼손은 머리에 대고, 우무는 오른손을 구문은 향해 들고 왼팔은 뒤로 펴 들었다. 제1대 좌우협무 모두 오른손으로 공을 잡았고, 한삼을 걷어내고 손으로 직접 잡았다. 후대에 선 협무 20인은 남쪽에서 각각 2대좌우대형으로 서서 춤추는데, 좌대와 우대의 제2대 협무 4인이 북향하고 팔을 펴 들고 춤추는 것과 나머지 협무 8인이 남쪽에서 염수하고 북향한 것이 모두 같다. 춤사위는 '궤집구·양수반하거·우수전상거좌수절견·우수전상거좌수후반하거·우수반하거좌수평거·염수'이다.

〈그림 245〉는 정조 을묘『정리의궤』에 수록된 정재도이다.[517] 〈쌍포구락〉으로 추었고, 여령정재이며, 무용수 구성은 죽간자 2인·집박악사 1인·악사 1인·협무 8인·대기무용수 23인이다. 전후대형과 2대좌우대형에서의 춤을 제시한 것으로, 좌대와 우대로 구분하여 각각 춤을 춘다. 죽간자는 한삼을 끼지 않고 북쪽에서 상대하고, 집박악사는 동쪽에 서서 서향하고, 악사는 서쪽에 서서 동향한다. 좌대와 우대 모두 제1대 협무 2인이 구문 좌우에서 상대하고 포구희를 하는데, 좌대의 좌무는 구문을 향해 엎드려 공 잡는 춤을 추고, 우무는 오른손을 구문을 향해 들고 왼손은 머리에 댄다. 우대의 좌무는 오른손을 구문을 향해 들고 왼손은 머리에 대고, 우무는 오른손을 구문은 향해 들고 왼팔은 뒤로 펴 들었다. 제1대 좌우협무 모두 오른손으로 공을 잡았는데, 왼손에 한삼을 낀 것으로 보아 공을 잡은 오른 손은 한삼을 걷어내고[518] 손으로 직접 잡은 것으로 보여진다. 협무 4인은 후대

〈그림 245〉 정조 을묘『정리의궤』

517) <그림 245> 정조 을묘『정리의궤』[여령]10a.

518) 정조 을묘『정리의궤』에 수록된 <포구락>에서 죽간자와 제1대 좌우협무의 오른손에 한삼을 착용하지 않았는데, 제1대

의 남쪽에 각각 2대좌우대형으로[519] 서서 춤추는데, 좌대와 우대 모두 협무 4인이 북향하고 팔을 펴 들고 춤을 춘다. 대기무용수 23인은 남쪽에 서서 손을 모으고 북향하고, 춤사위는 '궤집구·양수반하거·우수전상거좌수절견·우수전상거좌수후반하거·우수반하거좌수평거·우수평거좌수반하거·염수'이다.

이상 17점의 〈포구락〉 정재도를 살폈을 때 모두 포구희하는 내용을 제시한 것이다. 무용수는 협무 6인, 협무 10인·대기무용수 9인, 죽간자 2인·봉필 1인·협무 8인, 죽간자 2인·봉화 1인·봉필 1인·협무 6인, 죽간자 2인·봉화 1인·봉필 1인·협무 12인, 죽간자 2인·봉화 1인·봉필 1인·협무 10인, 죽간자 2인·봉화 2인·봉필 2인·협무 24인, 죽간자 2인·집사악사 1인·악사 1인·협무 8인·대기무용수 23인 등 8가지로, 왕조 및 연향에 따라 구성에 차이가 있다.

정재도마다 죽간자·봉화·봉필 모두가 구성되지 않기도 하고, 이 중 일부 무용수만 구성되기도 한다. 특히 〈쌍포구락〉에서는 무구와 무용수 구성을 2배로 늘렸지만 죽간자가 2인으로 구성된 것은 정재도 공통이다. 이처럼 정재도마다 무용수 구성 인원에 차이가 있지만 〈포구락〉 정재도 모두 포구희하는 내용을 제시한 것은 같다. 정재방향은 죽간자와 무용수는 북향과 상대 2가지이고, 위치는 제1대는 전대의 구문 좌우이고, 나머지 대는 후대의 남쪽에 선 것이 같다. 무구인 채구는 무용수 모두 오른손에 잡았는데, 한삼위로 잡기도 하고 한삼을 걷어내고 손으로 직접 잡는 등 차이가 있다. 봉화는 오른손과 왼손으로 잡았고, 봉필은 모두 오른손으로 잡은 것이 같다. 봉화와 봉필의 유무와 이들이 선 위치가 동쪽과 서쪽으로 차이가 있는데, 먼저 봉화·봉필이 구성되지 않은 의궤는 정조 을묘 『정리의궤』와 순조 무자 『진작의궤』이고,[520] 봉필만 구성된 의궤는 순조 기축 『진찬의궤』이다.[521] 그리고 봉화가 서쪽에 서고 봉필이 동쪽에 선 의궤는 헌종 무신

좌우협무의 왼손에 한삼이 보이는 것으로 보아 제1대 좌우협무의 오른손도 한삼을 착용한 것으로 이해된다. 죽간자의 경우도 정재도 전체에 기록된 죽간자 모두가 한삼을 착용한 것으로 미루어볼 때 정조 을묘 『정리의궤』에 수록된 <포구락>에서 죽간자와 제1대 좌우협무의 오른손에 한삼을 그려 넣지 않은 것으로 짐작된다.

519) <그림 245>에서 후대의 협무 4인이 일렬대형에서 추는 것으로 보여 지지만 <쌍포구락>의 경우는 좌대와 우대가 각각의 춤을 추는 것이다. 즉 포구문을 중심으로 좌대와 우대가 각각 협무 4인으로 구성되었고, 처음 선 배열인 2대좌우대형에서 제1대가 무진하여 구문좌우에서 포구희 하는 춤을 추는 내용이다.

520) 정조 을묘 『정리의궤』[여령]10a, 순조 무자 『진작의궤』[무동]16b · [무동]46b.

『진찬의궤』와 고종 무진 『진찬의궤』이고,[522] 봉화가 동쪽에 봉필이 서쪽에 선 의궤는 고종 정축 『진찬의궤』·고종 정해 『진찬의궤』·고종 임진 『진찬의궤』·고종 신축 『진연의궤』·고종 신축 『진찬의궤』·고종 임인 『진연의궤』[4월·11월]이다.[523]

무도내용에서 춤사위가 같은 것이 발견되는데, 먼저 〈그림 245〉의 제1대 좌대와 우대의 춤은 〈그림 244〉의 제1대 좌대와 우대와 같고, 〈그림 244·245〉의 우대의 협무 2인의 춤은 〈그림 239·243〉의 제1대 좌우협무 춤과 같고, 〈그림 240〉과 〈그림 241〉의 제1대 좌우협무와 춤이 같다. 다음으로 후대에 선 나머지 협무의 춤은 3가지로 구성되었는데, 하나는 제2대의 좌우협무가 두 팔을 옆으로 펴들고 나머지 후대의 협무가 염수한 것과 후대의 모든 협무가 두 팔을 옆으로 펴 든 것과 후대의 모든 협무가 염수하고 북향한 것이다. 여기서 제2대의 좌우협무가 두 팔을 옆으로 펴들고 나머지 후대의 협무가 염수한 것은 〈그림 239·242·243·244〉이고, 모든 협무가 염수하고 북향한 것은 〈그림 237·238·240·241〉이고, 모든 협무가 두 팔을 옆으로 펴든 것은 〈그림 245〉이다.

춤사위는 무용수 위치별로 차이가 있는데, 제1대 좌우협무의 춤사위 구성은 '우수전상거좌수절견·우수전상거좌수후반하거·궤집구·우수반하거좌수반상거·우수평거좌수반하거·우수반하거좌수절견'으로 정재도마다 차이가 있지만, 후대의 제2대부터는 '염수'와 '양수평거'로 춤사위 구성이 같다. 〈포구락〉 정재도에 공통적으로 드러난 정재춤사위는 '궤집구·양수반하거·양수평거·염수·우수반상거좌수반하거·우수반하거좌수반상거·우수반하거좌수절견·우수반하거좌수평거·우수전상거좌수절견·우수전상거좌수후반하거·우수평거좌수반하거'이다.

521) 순조 기축 『진찬의궤』[여령]22b.

522) 헌종 무신 『진찬의궤』[여령]18b, 고종 무진 『진찬의궤』[여령]14a.

523) 고종 정축 『진찬의궤』[여령]20a, 고종 정해 『진찬의궤』[여령]23a, 고종 임진 『진찬의궤』[무동]27a·[여령]31a, 고종 신축 『진연의궤』[무동]25a·[여령]36a, 고종 신축 『진찬의궤』[여령]23a, 고종 임인 『진연의궤』[11월: 무동]27a·[11월: 여령]38a, 고종 임인 『진연의궤』[4월: 여령]36a·[4월: 무동]25a.

2) 〈포구락〉 정재도 분석

拋毬樂 奉花 奉筆 奉毬門

竹竿子 舞 舞 舞 舞 舞 舞

毬門

竹竿子 舞 舞 舞 舞 舞 舞

樂奏八千春秋之曲 鄉唐交奏 樂師帥拋毬門 前柱左右彩毬掛 入置於殿內

而出○拍竹竿子二人足蹈而進分立於拋毬門左右樂止

口號 雅樂鏗鏘於麗景 妓童部列於香階 爭呈綽約之姿 共獻蹁躚之舞 冀容入隊 以樂以娛 訖○拍 鄉唐交奏 ○拍竹

竿子二人足蹈而退立○拍全隊十二人進毬門左右○拍

前隊二人足蹈而跪 二隊三隊四隊五隊六隊舞退斂手分立 俛伏兩手將執彩毬

〈포구락〉 무보(『정재무도홀기』, 장서각 소장)

〈포구락〉 무보는 『정재무도홀기』에 모두 9편이[524] 전하는데, 여령정재와 무동정재로 추어졌다. 무용수 구성은 죽간자 2인·봉화 1인·봉필 1인·협무 10인·12인이며,[525] 추어진 내용은 변함없지만 연향에 따라 무동정재 시에는 죽간자가 등장하지 않기도 하고, 창사가 생략되기도 한다.[526]

내용을 정리하면, 악사가 포구문을 전내에 놓고 나가면, 죽간자가 무진하여 구문(毬門) 좌우에 서서 구호를 부르고 물러난다. 협무 12인이 무진하여 구문 좌우에 섰다가, 좌우 제1대 2인만 족도하고 꿇어앉아 엎드려 양손으로 채구를 잡고 일어나 창사를 부른다. 이때 나머지 대는 뒤로 물러나 염수한다. 좌우 제1대가 오른손에 채구를 잡고 무퇴·무진하고, 공을 어르다가 왼손을 머리 위로 들고 풍류안(風流眼)으로 공을 던져 들어가면 북쪽을 향해 손을 여미고 구부려 엎드리고 들어가지 않으면 그대로 선다. 공이 들어가면 서방색(書房色)이 상을 주고, 들어가지 않으면 벌로 오른쪽 뺨에 붓으로 점을 찍는다. 이와 같은 절차를 매 대가 반복하여 추고, 마지막 대의 춤이 마치면 죽간자가 무진하여 구호를 부르고 물러나면 춤이 마친다.

『정재무도홀기』의 〈포구락〉은 무용수들이 차례로 구문 좌우에서 공을 던지며 춤을 추는 춤으로, 전후대형과 2대좌우대형으로 구성하여 〈그림 246〉처럼 진행한다.

---

524) 『呈才舞圖笏記』, 1994년, 120쪽, 208쪽, 264쪽, 327쪽, 389쪽, 413쪽, 445쪽, 504쪽; 『時用舞譜(全)呈才舞圖笏記』, 1989년, 135쪽.

525) <포구락>을 춘 정재무동은 협무 10인, 정재여령은 12인으로 구성되어 본문에서 바로 잡는다. 손선숙, 『한국궁중무용사』 (서울: 보고사, 2017), 274쪽.

526) 무동정재 시에는 죽간자가 등장하지 않았고 구호도 부르지 않았다. 『呈才舞圖笏記』, 1994년, 445쪽.

毬門		毬門 左
右 左	右 左	右
右 左	右 左	右 左
右 左	右 毬門 左	右 左
右 左	右 左	右 左
右 左	右 左	右 左
右 左	右 左	右 左

〈그림 246〉『정재무도홀기』의 〈포구락〉 대형 구성

앞서 〈포구락〉 정재도에 공통적으로 나타난 내용을 정리하면 다음과 같다.

첫째, 무용수는 8가지로 구성되어 왕조 및 연향별로 차이가 있는데, 협무 6인, 협무 10인·대기무용수 9인, 죽간자 2인·봉필 1인·협무 8인, 죽간자 2인·봉화 1인·봉필 1인·협무 6인, 죽간자 2인·봉화 1인·봉필 1인·협무 12인, 죽간자 2인·봉화 1인·봉필 1인·협무 10인, 죽간자 2인·봉화 2인·봉필 2인·협무 24인, 죽간자 2인·집사악사 1인·악사 1인·협무 8인·대기무용수 23인이다.

둘째, 무동정재와 여령정재로 추었다.

셋째, 정재대형 구성은 전후대형과 2대좌우대형이다.

넷째, 정재방향 구성은 북향·남향·상대[동향·서향]이다. 죽간자가 바라보는 방향은 북향과 상대 2가지이고, 협무는 북향·남향·좌우상대[동향·서향]이다.

다섯째, 봉화와 봉필의 위치가 동쪽과 서쪽으로 차이가 있고, 제1대의 협무는 모두 전대의 구문 좌우에 서고, 나머지 대는 후대에 선 것이 공통이다.

여섯째, 채구[공]와 붓은 모두 오른손에 잡았고, 꽃은 오른손과 왼손으로 잡았다.

일곱 번째, 공[무구]은 한삼 위로 잡기도 하고, 한삼을 걷어내고 손으로 직접 잡기도 하였다.

여덟 번째, 무용수별로 추는 춤사위가 공통적으로 정해져 있는데, 제1대는 구문 좌우에서 포구희 춤을 추고, 제2대는 '양수평거'와 '염수'이고, 제3대 이후는 모두 '염수'이다.

아홉 번째, 정재춤사위 구성은 '궤집구·양수반하거·양수평거·염수·우수반상거좌수반하거·우수반하거좌수반상거·우수반하거좌수절견·우수반하거좌수평거·우수전상거좌수절견·우수전상거좌수후반하거·우수평거좌수반하거'이다.

이상의 내용은 아래의 정재홀기 기록에서 확인된다.

≪용례 1≫ ○박을 치면, 죽간자 2인이 족도하며 앞으로 나아가 포구문 좌우에 나누어 선다. 음악이 그치면 구호를 부른다. …(생략)… ≪용례 2≫ 죽간자 2인이 족도하며 물러나 선다. ≪용례 3≫ 전대 12인이 무진하여 구문 좌우에 선다. ≪용례 4≫ ○박을 치면, 전대(前隊) 2인이 족도하며 꿇어앉아【≪용례 5≫ 이대·삼대·사대·오대·육대는 춤을 추며 뒤로 물러나 ≪용례 6≫ 손을 여미고 나누어 선다】구부려 엎드려 양손으로 채구를 잡고 일어나 창사를 부른다. …(생략)… ≪용례 7≫ ○박을 치면, 각각 오른손으로 채구(彩毬)를 잡고 춤을 추며 뒤로 물러났다 앞으로 나아가고, 춤을 추며 뒤로 물러났다 앞으로 나아가 선다. ≪용례 8≫ 왼손은 머리에 대고 공을 어른다. ≪용례 9≫ ○박을 치면, 공을 풍류안으로 던져 가운데로 들어가면 북향하고 손을 모으고 엎드렸다가【그대는 다 같이 엎드린다】일어선다.【≪용례 10≫ 서방색이 포상으로 주는 베를 받들어 포구문에 놓고 나가고, 악사가 들어와 채구를 다시 좌우에 걸어놓고 나간다】 춤을 추며 뒤로 물러나 선다.【육대 뒤에 선다】 만약 공이 들어가지 않고 땅에 떨어지면 즉시 염수하고 북향하고 선다【≪용례 11≫ 악사가 붓을 가지고 나아가 오른쪽 뺨에 점을 찍고 물러난다】 …(생략)… ≪용례 12≫ ○박을 치면, 제2대가 위와 같은 의례로 하고, 음악이 그치면 창사를 부른다. …(생략)… ○박을 치면, 춤추는 절차를 제1대와 같게 한다. …(생략)… ≪용례 13≫ ○박을 치면, 죽간자 2인이 족도하며 앞으로 나아가 선다. 음악이 그치고 구호를 부른다. …(생략)… ≪용례 14≫ ○박을 치면, 죽간자 2인이 무퇴한다. ≪용례 15≫ ○박을 치면, 무 12인이 무진하고 ≪용례 16≫ ○박을 치면, 춤을 추며 뒤로 물러난다. …(생략)…

『정재무도홀기』〈포구락〉의 ≪용례 1·2·13·14≫는 도입부와 종결부에 죽간자가 북향하고 구호를 부르는 내용이고, ≪용례 2≫는 죽간자가 구호를 부른 뒤 물러나는 내용이고, ≪용례 3≫은 무용수 전체[협무 12인]가 무진하여 구문좌우에 서는 내용이고, ≪용례 4≫는 제1대가 꿇어앉아 엎드려 공을 잡는 내용이고, ≪용례 5≫는 나머지 대가 뒤로 무퇴하는 내용이고, ≪용례 6≫은 제1대가 춤을 출 때 나머지 후대가 염수하고 기다리는 내용이고, ≪용례 7≫은 오른손에 공을 잡고 구문좌우에서 구문을 향해 무진·무퇴하는 내용이고, ≪용례 8≫은 공을 던지기 전 구문을 향해 어르는 내용이고, ≪용례 9≫는 공을 풍류안으로 던지는 내용과 경기 규칙에 대한 내용이고, ≪용례 10≫은 공이 들어가면 악사가 상으로 베[布]를 주는 내용이고, ≪용례 11≫은 공이 들어가지 않으면 악사가 벌로 오른쪽 뺨에 먹물을 찍는 내용이고, ≪용례 12≫는 제2대가 제1대처럼 무진하여 제1대의 춤을 반복하여 춘다는 내용으로 나머지 대의 춤 진행을 설명한 것이다. ≪용례 14≫는 죽간자가 구호를 부른 뒤 무퇴하는 내용이고, ≪용례 15≫는 무용수 전체가 무진하는 내용이고, ≪용례 16≫은 무용수 전체가 무퇴하는 내용이다.

정재홀기와 〈포구락〉 정재도 내용을 비교하였을 때, 정재도에서 죽간자가 북향한 것은 죽간자가 구호를 부르기 위해 무진하는 것과 구호를 부른 뒤 무퇴하는 것, 그리고 구호를 부르는 방향을 제시한 ≪용례 1·2·13·14≫를 제시한 것이고, 무용수 전체가 구문좌우에 선 것은 ≪용례 3≫을 제시한 것이고, 봉화와 봉필이 동서에 위치한 것은 ≪용례 10·11≫을 제시한 것이고, 제1대의 좌무가 엎드린 내용은 ≪용례 4≫를 제시한 것이고, 제1대가 구문좌우에서 서로 마주보고 두 팔을 펴 들고 선 것은 ≪용례 7≫을 제시한 것이고, 후대의 협무 전체가 염수한 것은 ≪용례 6≫을 제시한 것이고, 제1대의 좌우협무가 왼손은 머리에 대고 오른손을 위 혹은 옆으로 펴 든 것은 ≪용례 8·9≫를 제시한 것이고, 좌대의 제1대와 제2대가 북향하고 두 팔을 옆으로 펴들고 춤추는 것은 ≪용례 3·5·12·15·16≫을 제시한 것이다.

3) 〈포구락〉 정재도 해석

12종의 의궤에 17점이 수록된 〈포구락〉 정재도는 무동은 6점·여령은 11점이다. 17점의 정재도를 살폈을 때 무도내용이 적게는 1점, 많게는 4점이 같은 내용으로 그려졌는데 〈그림 237·238·242·245〉는 1점, 〈그림 240·241·244〉는 2점, 〈그림 243〉은 3점, 〈그림 239〉는 4점이 같다.

정재도를 통합 비교하였을 때 〈포구락〉은 정재도마다 한 그림 속에 여러 내용을 제시하였는데 〈그림 237〉은 제1대가 구문좌우에서 상대하고 무진·무퇴하는 춤, 나머지 대의 염수, 공을 한삼 위로 잡은 것을 제시한 것이다. 〈그림 238〉은 제1대가 구문좌우에서 상대하고 무진·무퇴하는 춤, 나머지 대의 염수, 공을 한삼 위로 잡은 것, 대기무용수의 위치를 제시한 것이다. 〈그림 239〉는 죽간자의 북향, 봉화는 동쪽 봉필의 위치가 서쪽인 점, 제1대가 구문좌우에서 상대하고 무진·무퇴하는 춤·제2대의 무진춤, 공을 한삼 위로 잡은 것, 나머지 대의 염수를 제시한 것이다. 〈그림 240〉은 죽간자의 상대, 봉화는 동쪽 봉필의 위치가 서쪽인 점, 제1대가 구문좌우에서 농구무·포구희하는 춤, 한삼을 걷어내고 공을 손으로 직접 잡은 것, 나머지 대의 염수를 제시한 것이다. 〈241〉은 죽간자의 상대, 봉화는 서쪽 봉필의 위치가 동쪽인 점, 제1대가 구문좌우에서 농구무·포구희하는 춤, 한삼을 걷어내고 공을 손으로 직접 잡은 것, 나머지 대의 염수를 제시한 것이다. 〈그림 242〉는 죽간자의 상대, 봉화는 없고 봉필의 위치가 동쪽인 점, 제1대가 구문좌우에서 농구무·포구희하는 춤, 제2대의 무진춤, 공을 한삼 위로 잡은 것, 나머지 대의 염수를 제시한 것이다. 〈그림 243〉은 죽간자의 상대, 봉화는 동쪽 봉필의 위치가 서쪽인 점, 제1대가 구문좌우에서 농구무·포구희하는 춤, 제2대의 무진춤, 공을 한삼 위로 잡은 것, 나머지 대의 염수를 제시한 것이다. 〈그림 244〉는 〈쌍포구락〉 정재로 죽간자가 2인으로 구성된 것, 구문은 2개 구성된 것, 봉화와 봉필은 모두 4인으로 구성된 것, 죽간자의 상대, 봉화는 동쪽 봉필의 위치가 서쪽인 점, 제1대가 구문좌우에서의 농구무·포구희춤·궤집구하는 춤, 제2대의 무진춤, 공을 한삼 위로 잡은 것, 나머지 대의 염수를 제시한 것이다. 〈그림 245〉는 〈쌍포구락〉 정재로 죽간자가 2인으로 구성된 것, 구문은 2개 구성된 것, 죽간자의 상대, 집박악사가 동쪽, 악사가 서쪽에 선 점, 제1대가 구문좌우에서의 농구무·포구희춤·궤집구하는 춤, 한삼을 걷어내고 공을 손으로 직접 잡은 것, 제2대의 무진춤을 제시한 것이다.

무용수 구성은 왕조 및 연향에 따라 8가지로 구분하여 제시하였는데, 무용수는 협무 6인, 협무 10인·대기무용수 9인, 죽간자 2인·봉필 1인·협무 8인, 죽간자 2인·봉화 1인·봉필 1인·협무 6인, 죽간자 2인·봉화 1인·봉필 1인·협무 12인, 죽간자 2인·봉화 1

인·봉필 1인·협무 10인, 죽간자 2인·봉화 2인·봉필 2인·협무 24인, 죽간자 2인·집사악사 1인·악사 1인·협무 8인·대기무용수 23인으로 구성되어 차이가 있다.

여기서 대기무용수 9인·23인은 〈포구락〉 무용수 구성과는 직접 관련이 없고, 정조 을묘년과 순조 무자년 당시에 여러 정재 종목을 추기위해 남쪽에서 대기하는 무용수들의 위치를 제시한 것이다. 집박악사와 악사 또한 정재홀기에는 기록되지 않았지만 연향에 참여하여 〈포구락〉를 추는 무용수들 동쪽과 서쪽에 서서 춤 진행에 도움을 주는 역할을 하는 무용수임을 알 수 있다.

무도내용은 전후대형과 2대좌우대형의 춤을 제시한 것으로, 의궤 정재도에는 이러한 무도내용을 무용수 구성과 의상 및 무구의 형태에 차이를 두어 무동과 여령으로 구분하여 9가지 유형으로 제시하였다.

〈포구락〉 정재도와 정재홀기를 비교하였을 때 정재도에서 죽간자가 북향한 것은 도입부와 종결부에서 죽간자가 구호를 부르기 위해 무진·무퇴하는 것과 구호 부르는 내용을 제시한 것이고, 제1대가 구문 좌우에서 두 팔을 옆으로 펴 든 것은 구문을 향해 무진·무퇴하는 춤을 제시한 것이고, 제1대가 구문 좌우에서 왼손은 머리에 대고 오른손을 옆으로 옆으로 혹은 위로 펴 든 것은 농구무와 포구희하는 춤을 제시한 것이고, 제2대가 북향하고 두 팔을 옆으로 펴든 것은 포구희를 하기 위해 무진하는 것과 협무 전체가 춤의 시작과 마친 다음 북향하고 무진·무퇴하는 춤을 제시한 것이고, 나머지 후대가 염수한 것은 전대[제1대]가 포구희를 할 때 뒤에서 기다릴 때의 동작을 제시한 것으로, 이러한 내용은 모두 『정재무도홀기』에 기록된 내용을 사실적으로 제시한 것이다.

반면 정재홀기에 기록되지 않은 내용을 정재도에 제시하였는데, 죽간자가 상대한 것은 죽간자가 구호를 부른 뒤 무용수들이 포구희하는 진행부의 춤을 출 때 물러나 마주보는 내용을 제시한 것이다. 『정재무도홀기』 〈포구락〉에는 죽간자가 구호를 부른 뒤 물러나 마주본다는 기록이 없다. 죽간자가 선구호를 부른 다음 물러나 마주보는 내용은 조선후기 궁중정재의 기본 법례에 의해 공통적으로 진행되는 규칙이 적용된 것으로, 이 내용은 『정재무도홀기』 〈장생보연지무〉에서 확인된다. 따라서 〈포구락〉 정재도에서 죽간자가 상대한 것은 진행부의 내용을 제시한 것으로, 『정재무도홀기』의 〈포구락〉에는 죽간자의 무퇴만 기록되었지만 그 무퇴에는 물러난 다음 마주본다는 내용도 포함된 것을 알 수 있다.

그리고 좌대의 제1대 좌무가 구문 동쪽에서 구문을 향해 엎드린 것은 공을 잡기위해 구문을 향해 엎드린 동작과 방향을 제시한 것으로, 『정재무도홀기』의 〈포구락〉에는 공을 잡는다는 기록은 있지만 공을 잡는 방향은 제시되지 않았는데, 정재도에서 이러한 내용을 대신 제시하고 있다. 그 외 후대가 북향 무진할 때의 춤사위가 두 팔을 옆으로 펴든 것, 제1대가 구문좌우에서 무진·무퇴하는 춤사위가 두 팔을 옆으로 펴 든 것 등 포구희 하기 전에 여러 가지 다양한 춤들이 추어졌음을 알 수 있다.

또한 공이 들어가고 들어가지 않음에 따라 상과 벌을 주는 봉화와 봉필이 서는 위치가 동쪽과 서쪽인 것을[527] 제시하고 있다. 『정재무도홀기』의 〈포구락〉에는 봉화와 봉필이 등장하는 것은 기록되었지만 이들이 서는 위치는 제시되지 않았는데, 정재도에서 이러한 내용을 확인할 수 있다. 또한 공을 양손으로 잡는 양태가 한삼 위로 잡는 것과 한삼을 걷어내고 손으로 직접 잡은 것 2가지로 제시하였는데, 『정재무도홀기』의 〈포구락〉에는 공을 잡는다는 내용만 기록되었지 어떤 양태로 잡는 지에 대한 구체적인 내용은 제시되지 않았는데, 정재도에서 이러한 내용을 확인할 수 있다.

이상으로, 의궤의 〈포구락〉 정재도는 무용수 구성을 왕조 및 연향에 따라 8가지로 차이를 두어 전후대형과 2대좌우대형에서의 춤을 제시한 것이다. 정재도에 공통적으로 제시된 내용은 죽간자가 도입부와 종결부에 구호를 부르는 위치와 방향, 진행부에서 죽간자가 상대하는 춤, 봉화와 봉필이 서는 위치와 방향, 공을 잡는 양태가 한삼 위로 잡는 것과 한삼을 걷어내고 손으로 직접 잡은 것, 전대의 구문좌우에서 제1대가 팔을 펴들고 무진·무퇴·농구무·포구희춤·공을 잡을 때 구문을 향해 엎드리는 방향, 전대가 포구희할 때 후대가 2대좌우대형에서 염수하고 기다리는 내용, 다음 대가 포구희를 하기 위해 두 팔을 펴들고 무진하는 내용과 춤사위 형태이다.

527) 일부 정재도에는 봉화가 서쪽, 봉필이 동쪽에 서 있는데 이것은 의궤 악장 기록을 통해 잘못 그려진 것을 알 수 있다. 한국예술학과 음악사료강독회, 『국역헌종무신진찬의궤』卷首·卷一(서울: 한국예술종합학교, 2004), 132쪽; 손선숙, "보상무 정재도 연구: 『進爵儀軌』·『進宴儀軌』·『進饌儀軌』를 중심으로," 『무용예술학연구』제14집(서울: 한국무용예술학회, 2004), 143~166쪽; "포구락 정재도 연구: 『進爵儀軌』·『進宴儀軌』·『進饌儀軌』를 중심으로," 『한국무용사학』제3집(서울: 韓國舞踊史學會, 2004), 7~34쪽.

39. 하황은荷皇恩

〈하황은〉 정재도는 정조 을묘 『정리의궤』· 순조 기축 『진찬의궤』· 헌종 무신 『진찬의궤』· 고종 무진 『진찬의궤』· 고종 정축 『진찬의궤』· 고종 정해 『진찬의궤』· 고종 임진 『진찬의궤』에 수록되었다. 7종의 의궤에 7점이 전하는데,[528] 모두 여령정재이다.

1) 〈하황은〉 정재도 검토

7점의 〈하황은〉 정재도를 살폈을 때, 무용수는 죽간자 2인· 족자 1인· 선모 1인· 협무 6인· 악사 1인· 집박악사 3인· 대기무용수 16인으로 구성되었고, 무도내용은 4가지 유형으로 제시하였는데[529] 내용을 살펴보면 다음과 같다.

〈그림 247〉 정조 을묘 『정리의궤』

〈그림 247〉은 정조 을묘 『정리의궤』에 수록된 정재도이다.[530] 여령정재이며, 무용수 구성은 죽간자 2인· 족자 1인· 선모 1인· 협무 6인· 악사 2인· 집박악사 3인· 대기무용수 16인이다. 상단과 하단으로 구분하여 2대좌우대형과 삼대대형(三隊隊形)의 춤을 제시하였다.

먼저 상단의 무용수 구성은 죽간자 2인· 족자 1인· 선모 1인· 협무 6인· 악사 1인· 집박악사 1인이다. 족자 1인은 북향하고, 죽간자 2인은 나란히 서서 좌우상대한다. 2대좌우대형에서는 선모는 무대가운데에서 북향 염수하고, 협무 6인은 마주보고 염수한다.

528) <荷皇恩> 정재도는 正祖 乙卯 『整理儀軌』[여령]9b, 純祖 己丑 『進饌儀軌』[여령]23b, 憲宗 戊申 『進饌儀軌』[여령]21b, 高宗 戊辰 『進饌儀軌』[여령]13b, 高宗 丁丑 『進饌儀軌』[여령]22a, 高宗 丁亥 『進饌儀軌』[여령]25a, 高宗 壬辰 『進饌儀軌』[여령]34a에 기록되어 있다.

529) 손선숙, "조선후기 당악과 향악의 이중적 음악구성 정재연구: <경풍도> · <만수무> · <몽금척> · <봉래의> · <수연장> · <연백복지무> · <연화대무> · <오양선> · <육화대> · <장생보연지무> · <제수창> · <최화무> · <하황은> · <헌천화> · <헌선도>를 중심으로", 『대한무용학회논문집』제74권5호(서울: 대한무용학회, 2016), 75~94쪽.

530) <그림 247> 정조 을묘 『정리의궤』[여령]9b.

집박악사는 죽간자 뒤 동쪽에서 서향하고, 악사는 서쪽에 서서 동향하는데, 춤사위는 '염수'이다.

하단의 무용수 구성은 선모 1인·협무 6인·악사 1인·집박악사 2인·대기무용수 16인이다. 삼대(三隊)로 서서 선모는 무대가운데에서 북향 염수하고, 협무 6인은 제1대 좌무가 서향, 제1대 우무는 남향, 제2대 좌우협무는 상대, 제3대 좌우협무는 북향하며 팔을 펴 들고 춤춘다. 대기무용수 16인은 염수하고 남쪽에 서서 북향하고, 악사 1인·집박악사 2인은 동쪽에서 서향하고 선다. 춤사위는 '우수평거좌수반하거·양수반하거·염수·우수반하거좌수평거(右手半下擧左手平擧)·양수평거'이다.

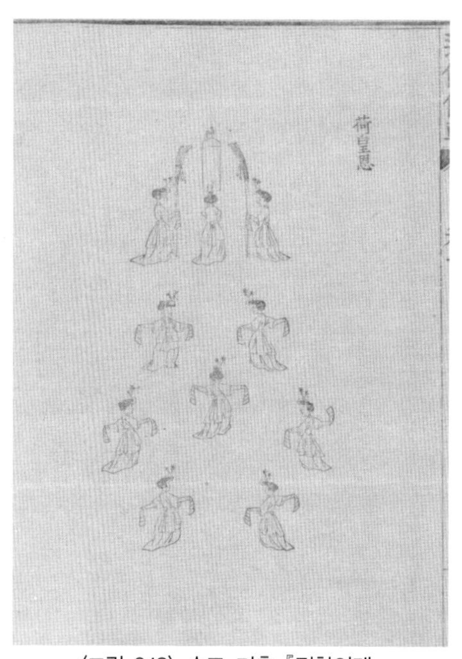

〈그림 248〉 순조 기축 『진찬의궤』

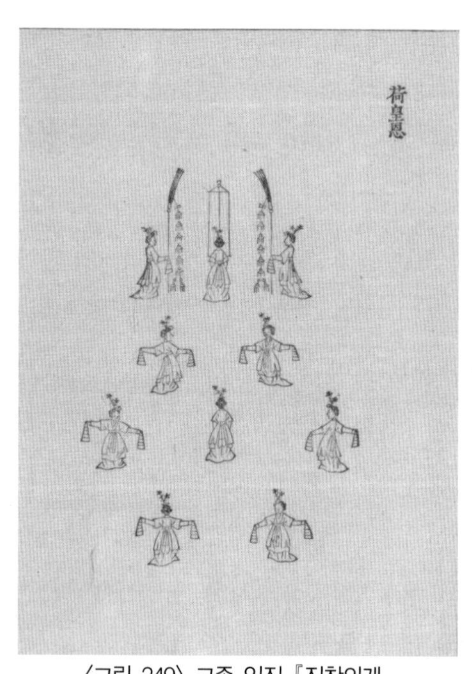

〈그림 249〉 고종 임진 『진찬의궤』

〈그림 248〉은 순조 기축 『진찬의궤』에 수록된 정재도이다.[531] 여령정재이며, 무용수 구성은 죽간자 2인·족자 1인·선모 1인·협무 6인이다. 족자 1인은 북향하고, 죽간자 2

531) 〈그림 248〉 순조 기축 『진찬의궤』[여령]23b.

인은 나란히 서서 좌우상대한다. 삼대대형에서 선모는 무대가운데에서 북향하고 양수평거로 추고, 협무 6인의 경우 제1대의 좌무는 서향, 우무는 남향하고, 제2대·제3대의 좌우협무는 상대하고 팔을 펴 들고 춤춘다. 춤사위는 '양수반하거·우수평거[불수]좌수반하거(右手平擧[拂手]左手半下擧)·양수평거·우수평거좌수반하거'이다.

〈그림 249〉는 고종 임진 『진찬의궤』에 수록된 정재도이다.532) 여령정재이며, 무용수 구성은 죽간자 2인·족자 1인·선모 1인·협무 6인이다. 족자 1인은 북향하고, 죽간자 2인은 나란히 서서 좌우상대한다. 삼대대형에서 선모는 북향 염수하고, 협무 6인은 제1대의 좌무가 남향, 우무는 동향하고, 제2대의 좌무가 서향, 우무는 남향하고, 제3대의 좌무가 남향, 우무는 북향하고 팔을 펴 들고 춤춘다. 춤사위는 '양수반하거·우수평거좌수반하거·양수평거·염수'이다.

〈그림 250〉은 고종 무진 『진찬의궤』·헌종 무신 『진찬의궤』·고종 정축 『진찬의궤』·고종 정해 『진찬의궤』에 수록된 정재도이다.533) 여령정재이며, 무용수 구성은 죽간자 2인·족자 1인·선모 1인·협무 6인이다. 족자 1인은 북향하고, 죽간자 2인은 나란히 서서 좌우상대한다. 삼대대형에서 선모는 북향하고 양수평거로 추고, 협무 6인은 제1대의 좌무가 남향, 우무는 동향하고, 제2대의 좌무가 서향, 우무는 남향하고, 제3대의 좌무가 남향, 우무는 북향하고 팔을 펴 들고 춤춘다. 춤사위는 '양수반하거·양수평거·우수반하거좌수평거·우수평거좌수반하거'이다.

〈그림 250〉 고종 정축 『진찬의궤』

이상 7점의 〈하황은〉 정재도를 살폈을 때 드러난 무도내용은 2대좌우대형과 삼대대형에서의 춤을 제시한 것이다.

532) <그림 249> 고종 임진 『진찬의궤』[여령]34a.

533) <그림 250> 고종 무진 『진찬의궤』[여령]13b; 헌종 무신 『진찬의궤』[여령]21b; 고종 정축 『진찬의궤』[여령]22a; 고종 정해 『진찬의궤』[여령]25a.

2대좌우대형에서는 선모가 북향 염수하고 협무 6인은 상대하는 춤을 제시하였고, 삼대대형의 춤에서는 선모가 가운데에서 북향하고 추는 것은 같지만, 춤사위가 '양수평거'와 '염수'로 차이가 있고, 협무 6인의 춤과 방향 그리고 춤사위도 차이가 있다. 죽간자는 2대좌우대형과 삼대대형 모두 북쪽에 서서 상대하는 것이 같다. 무용수는 죽간자 2인·족자 1인·선모 1인·협무 6인·악사 2인·집박악사 3인·대기무용수 16인, 죽간자 2인·족자 1인·선모 1인·협무 6인, 등 2가지로 왕조 및 연향에 따라 구성에 차이가 있다. 그리고 〈하황은〉 정재도에 공통적으로 제시된 정재춤사위는 '양수반하거·양수평거·염수·우수반하거좌수평거·우수평거좌수반하거·우수평거[불수]좌수반하거'이다.

2) 〈하황은〉 정재도 분석

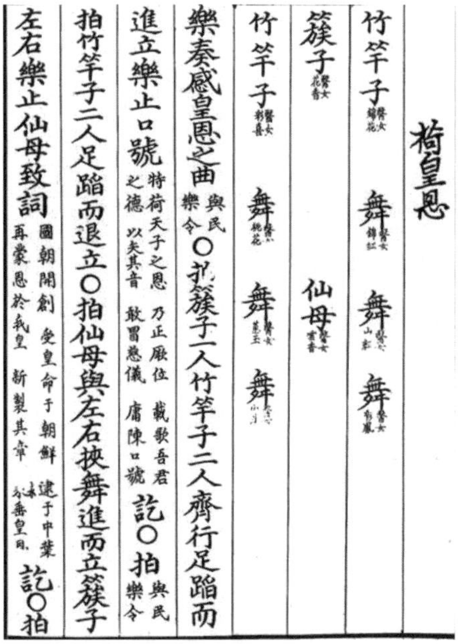

〈하황은〉 무보(『정재무도홀기』. 국립국악원 소장)

〈하황은〉 무보는 『정재무도홀기』에 2편이[534] 전하는데, 여령정재와 무동정재로 추었다. 무용수 구성은 족자 1인·죽간자 1인·선모 1인·협무 6인으로 같다. 무동정재와 여령정재에 따라 회무할 때 무용수들이 이동하는 과정에 차이가 있고,[535] 무동정재 시에는 죽간자가 구호를 부르지 않았고 혹은 무퇴도 하지 않았다.[536]

여령정재로 추어진 〈하황은〉 내용을 정리하면,[537] 족자 1인과 죽간자 2인이 나란히 서서 나아가 구호를 부르고, 물러나 선다. 선모와 협무가 나아가 족자 좌우에 서서 선모가 치어를 부르고, 이어 선모와 협무가 염수족도하며 수

534) <荷皇恩>, 『呈才舞圖笏記』, 1994년, 430쪽; 『時用舞譜(全)呈才舞圖笏記』, 1989년, 150쪽.

535) 무동정재 시에는 '좌죽간자–족자–우죽간자–우대 3인–좌대 3인' 순으로, 여령정재 시에는 '족자–좌대 3인–우대 3인' 순으로 회무를 돌았다. 무동정재 시에는 죽간자가 회무를 돌았고, 여령정재 시에는 죽간자가 회무를 돌지 않아 차이가 있다.

536) <荷皇恩>, 『呈才舞圖笏記』, 1994년, 430쪽.

537) <荷皇恩>, 『時用舞譜(全)呈才舞圖笏記』, 1989년, 150쪽.

악절 창사를 부른다. 선모와 협무가 북향하여 춤추고, 선모는 가운데 서고 좌우 제2대가 밖으로 나아가 삼대로 선다. 선모는 북쪽·동남쪽·서남쪽에 선 두 협무와 차례로 마주보고 춤을 춘다. 선모는 가운데에서 춤을 추고, 족자·좌대 3인·우대 3인이 차례로 우선회무하며 춤추고, 다 같이 처음 대열로 서서 북향하고 선다. 족자와 죽간자 그리고 선모와 좌우협이 다 같이 물러나면 춤이 마친다.

『정재무도홀기』의 〈하황은〉은 〈그림 251〉처럼 2대좌우대형·삼대대형으로 구성하여 춤추는데, 2대좌우대형에서는 무용수 전체가 무진·무퇴와 북향무를 추고, 삼대대형에서는 선모가 북대 2인·동남 2인·서남 2인과 차례로 마주보고 춤춘다.

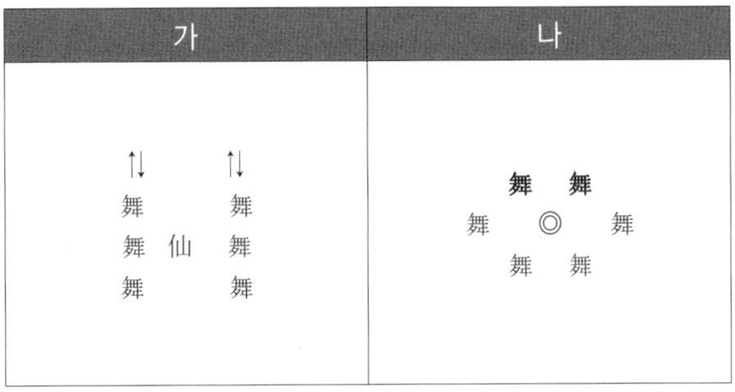

가	나
↑↓ ↑↓ 舞 舞 舞 仙 舞 舞 舞	舞 舞 舞 ◎ 舞 舞 舞

〈그림 251〉『정재무도홀기』의 〈하황은〉 대형 구성

앞서 〈하황은〉 정재도에 공통적으로 나타난 내용을 정리하면 다음과 같다.

첫째, 무용수는 2가지로 구성되어 왕조 및 연향별로 차이가 있는데, 무용수 구성은 죽간자 2인·족자 1인·선모 1인·협무 6인·악사 1인·집박악사 3인·대기무용수 16인, 죽간자 2인·족자 1인·선모 1인·협무 6인이다.

둘째, 모두 여령정재이다.

셋째, 정재대형 구성은 2대좌우대형과 삼대대형이다.

넷째, 족자와 죽간자는 나란히 배열한다.

다섯째, 정재방향 구성은 북향·남향·동향·서향·상대이다. 무용수 역할별로 차이가 있는데, 족자 1인은 북향, 죽간자 2인은 좌우상대, 선모는 북향, 협무는 좌우상대와 북향·남향·동향·서향한다. 그리고 정재대형별로도 차이가 있는데, 2대좌우대형에서는 선모가 무대가운데에서 북향 염수하고, 협무 6인은 염수하고 좌우상대한다. 삼대대형에서는 선모가 북향하여 염수와 양수평거하고, 협무 6인은 팔을 펴들고 마주보고 춤춘다.

여섯째, 정재춤사위 구성은 '양수반하거·양수평거·염수·우수반하거좌수평거·우수평거좌수반하거·우수평거[불수]좌수반하거'이다.

이상의 내용은 아래의 정재홀기 기록에서 확인된다.

> …(생략)… ≪용례 1≫ ○박을 치면, 족자 1인과 죽간자 2인이 나란히 줄을 지어 족도하며 나아간다. 음악이 그치면 구호를 부른다. …(생략)… ≪용례 2≫ 마치면 물러나 선다. ○박을 치면, 선모와 좌우협이 춤을 추며 나아가 족자좌우에 선다. 음악이 그치면 ≪용례 3≫ 선모가 치어를 부른다. …(생략)… ≪용례 4≫ ○박을 치면, 선모와 좌우협이 손을 여미고 족도하며 음악의 절차에 따라 창사를 부른다. …(생략)… ≪용례 5≫ ○박을 치면, 제2대가 좌우 밖으로 대를 벗어나며 춤을 춘다. ≪용례 6≫ ○박을 치면, 선모는 북쪽에 있는 두 협무와 서로 마주보고 춤을 춘다. 동남·서남의 4협은 손을 여미고 족도한다. …(생략)… ≪용례 7≫ ○박을 치면, 족자는 가운데로 나아가고 좌우협은 초열로 선다. ≪용례 8≫ ○박을 치면, 선모와 좌우협은 북향하고 염수한다. ○박을 치면, 죽간자 2인이 무진하여 서고, 음악이 그치면 구호를 부른다.

『정재무도홀기』〈하황은〉의 ≪용례 1≫은 족자와 죽간자가 북향하고 나아가 구호를 부르는 내용이고, ≪용례 2≫는 구호를 부른 뒤 물러나는 내용이고, ≪용례 3≫은 선모가 치어를 부르는 내용이고, ≪용례 4≫는 2대좌우대형에서 선모와 협무 6인이 염수하고 창사를 부르는 내용이고, ≪용례 5≫는 선모와 협무 6인이 삼대를 만드는 내용이고, ≪용례 6≫은 삼대에서 무대가운데 선모가 북쪽에 있는 두 협무와 마주보고 춤추는 내용이고, ≪용례 7≫은 회무한 후 초열로 서는 내용이고, ≪용례 8≫은 춤을 마친 뒤 물러나는 내용이다.

정재홀기와 〈하황은〉 정재도 내용을 비교하였을 때 정재도에서 족자가 죽간자와 나란히 서서 북향한 것은 구호를 부르기 위해 무진하는 것과 회무하여 초열로 설 때의 내용으로 ≪용례 1·7≫을 제시한 것이고, 2대좌우대형에서 선모가 북향한 것은 선모가 치어를 부르는 것과 초열로 설 때의 내용으로 ≪용례 3·7≫을 제시한 것이고, 삼대대형에서 선모가 무대가운데에서 북향 염수와 양수평거 한 것은 선모가 북쪽·동남쪽·서남쪽에 선 두 협무와 차례로 마주보고 춤을 추는 ≪용례 6≫을 제시한 것이다.

3) 〈하황은〉 정재도 해석

7종의 의궤에 7점이 수록된 〈하황은〉 정재도는 모두 여령정재이다. 7점의 정재도를 살폈을 때 무도내용이 적게는 1점에서 많게는 4점이 같은 내용으로 그려졌는데, 〈그림 247~249〉는 1점, 〈그림 250〉은 4점이 같다.

정재도를 통합 비교하였을 때 〈하황은〉은 정재도마다 한 그림 속에 여러 내용을 제시하였는데 〈그림 247〉에는 2대좌우대형에서 죽간자가 구호를 부른 다음 마주보는 내용, 선모는 북향하고 치어를 부르는 내용, 선모와 협무가 함께 창사를 부르는 내용, 집박악사는 동쪽에, 악사는 서쪽에 선 위치와 방향, 삼대대형에서는 선모가 북쪽·동남쪽·서남쪽에 선 두 협무와 차례로 마주보고 춤추는 내용, 집박악사와 악사가 동쪽에 선 위치와 방향을 제시한 것이다. 〈그림 248·249·250〉에는 삼대대형에서 죽간자가 구호를 부른 다음 마주보고 서는 내용과 선모가 북쪽·동남쪽·서남쪽에 선 두 협무와 차례로 마주보고 춤추는 내용을[538] 제시한 것이다.

무용수 구성은 왕조 및 연향에 따라 2가지로 구분하여 제시하였는데, 죽간자 2인·족자 1인·선모 1인·협무 6인·악사 1인·집박악사 3인·대기무용수 16인, 죽간자 2인·족

538) <그림 248>·<그림 249>·<그림 250>의 내용은 족자 1인이 북향하고 죽간자 2인은 나란히 서서 상대하고 삼대대형에서 선모가 북대의 협무와 마주보고 춤추는 내용이 같으나 선모의 춤사위가 '염수'와 '양수평거'로 차이가 있고, 협무 6인의 춤사위도 차이가 있다.

자 1인·선모 1인·협무 6인으로 차이가 있다. 여기서 대기무용수 16인은 〈하황은〉 무용수 구성과는 직접 관련이 없고, 정조 을묘년 당시에 여러 정재 종목을 추기위해 남쪽에서 대기하는 무용수들의 위치를 제시한 것이다. 집박악사와 악사 또한 정재홀기에는 기록되지 않았지만 연향에 참여하여 〈하황은〉을 추는 무용수들 동쪽과 서쪽에 서서 춤 진행에 도움을 주는 역할을 한 것을 알 수 있다.

무도내용은 2대좌우대형과 삼대대형에서의 춤을 제시한 것으로, 의궤 정재도에는 이러한 내용을 무용수 구성에 차이를 두어 4가지 유형으로 제시하였다.

〈하황은〉 정재도와 정재홀기를 비교하였을 때 정재도에서 족자가 북향한 것은 죽간자와 나란히 무진하는 것과 회무한 다음 초열로 설 때의 위치와 방향을 제시한 것이고, 삼대대형에서 무대가운데 선모가 북향한 것은 선모가 북쪽·동남쪽·서남쪽에 선 두 협무와 차례로 마주보고 춤추는 내용을 제시한 것으로, 이러한 내용은 모두 『정재무도홀기』에 기록된 내용을 사실적으로 제시한 것이다.

반면 정재홀기에 기록되지 않은 내용을 정재도에 제시하였는데, 죽간자가 구호를 부른 뒤 물러나 죽간자가 상대할 때 족자는 제자리에 그대로 서서 북향하는 것, 죽간자가 상대한 것, 2대좌우대형에서 좌우협무가 마주보고 춤추는 것과 춤사위 형태이다. 정재도에서 죽간자가 상대한 것은 죽간자가 구호를 부른 뒤 물러나 마주보는 내용을 제시한 것으로, 『정재무도홀기』 〈하황은〉에는 죽간자가 구호를 부른 뒤 물러나 마주본다는 기록이 없다. 이것은 조선후기 궁중정재의 기본법례에 의해 일률적으로 진행되는 무용구조가 적용된 것인데, 이 내용은 『정재무도홀기』 〈장생보연지무〉와 〈제수창〉에서 확인된다. 따라서 〈하황은〉 정재도에서 죽간자가 상대한 것은 무용수들이 진행부의 춤을 출 때 바라보는 방향을 제시한 것으로, 『정재무도홀기』 〈하황은〉에는 죽간자의 무퇴만 기록되었지만 그 무퇴에는 물러난 다음 마주본다는 내용도 포함된 것이다.

이상으로, 의궤의 〈하황은〉 정재도는 무용수 구성을 왕조 및 연향에 따라 2가지로 차이를 두어 2대좌우대형과 삼대대형에서의 춤을 제시한 것이다. 정재도에 공통적으로 제시된 내용은 족자와 죽간자가 북향 무진하는 내용, 족자의 위치와 방향, 죽간자가 구호를 부르고 물러난 위치와 방향이 상대인 것, 2대좌우대형과 삼대대형의 좌우에 악사와 집박악사가 선 위치, 2대좌우대형에서 협무 6인이 마주보고 추는 춤, 삼대대형에서 무대가운데 선모가 북쪽·동남쪽·서남쪽에 선 두 협무와 차례로 마주보고 춤추는 내용과 춤사위 형태이다.

40. 학무鶴舞

〈학무〉 정재도는 정조 을묘 『정리의궤』·고종 정축 『진찬의궤』·고종 정해 『진찬의궤』·고종 임진 『진찬의궤』·고종 신축 『진찬의궤』·고종 신축 『진연의궤』·고종 임인(4월·11월) 『진연의궤』에 수록되어 있다. 8종의 의궤에 8점이 전하는데,[539] 모두 여령 정재이다.

1) 〈학무〉 정재도 검토

8점의 〈학무〉 정재도를 살폈을 때, 무용수는 동기 2인·학 2마리·대기무용수 21인·악사 1인·집박악사 2인으로 구성되었고, 무도내용은 2가지 유형으로 구분되어 있는데[540] 내용을 살펴보면 다음과 같다.

---

539) <鶴舞> 정재도는 正祖 乙卯 『整理儀軌』[여령]12a, 高宗 丁丑 『進饌儀軌』[여령]24b, 高宗 丁亥 『進饌儀軌』[여령]27b, 高宗 壬辰 『進饌儀軌』[여령]42a, 高宗 辛丑 『進饌儀軌』[여령]26a, 高宗 辛丑 『進宴儀軌』[7월: 여령]38a, 高宗 壬寅 『進宴儀軌』[4월: 여령]38a, 高宗 壬寅 『進宴儀軌』[11월: 여령]42a에 수록되어 있다.

540) 손선숙, "의궤 정재도의 도상학적 연구(Ⅲ): <관동무>·<광수무>·<무산향>·<무애무>·<선유락>·<연화대무>·<처용무>·<초무>·<춘앵전>·<침향춘>·<학무>·<향발무> 정재도를 중심으로," 『무용역사기록학』 제40호(서울: 무용역사기록학회, 2016), 141~186쪽.

〈그림 252〉 정조 을묘 『정리의궤』

〈그림 253〉 고종 정축 『진찬의궤』

〈그림 252〉는 정조 을묘 『정리의궤』에 수록된 정재도이다.541) 여령정재이며, 무용수 구성은 동기 2인·학 2마리·악사 1인·집박악사 2인·대기무용수 21인이다. 북쪽에 동기 2인이 연통 안에 북향하여 서고, 그 뒤에 학 2마리가 나란히 서서[일렬대형] 마주보고 춤추고, 악사 1인과 집박악사 2인이 동쪽에서 서향하고, 대기무용수 21인은 염수하고 남쪽에 서서 북향한다. 춤사위는 '염수·양수평거[학]'이다.

〈그림 253〉은 고종 정축 『진찬의궤』·고종 신축 『진찬의궤』·고종 정해 『진찬의궤』·고종 신축 『진연의궤』·고종 임진 『진찬의궤』·고종 임인 『진연의궤』[4월·11월]에 수록된 정재도이다.542) 여령정재이며, 무용수 구성은 동기 2인·학 2마리이다. 북쪽에 지당판이 놓여 져 있고, 그 위 연통 안에 동기 2인이 북향하여 서고, 그 뒤에 학 2마리가 나란히 서서[일렬대형] 마주보고 춤춘다. 춤사위는 '염수·양수평거[학]'이다.

541) <그림 252> 정조 을묘 『정리의궤』[여령]12a.

542) <그림 253> 고종 정축 『진찬의궤』[여령]24b; 고종 신축 『진찬의궤』[여령]26a; 고종 정해 『진찬의궤』[여령]27b; 고종 신축 『진연의궤』[여령]38a; 고종 임인 『진연의궤』[4월: 여령]38a; 고종 임진 『진찬의궤』[여령]42a; 고종 임인 『진연의궤』[11월: 여령]42a.

이상 8점의 〈학무〉 정재도를 살폈을 때 드러난 무도내용은 일렬대형에서 상대하는 춤을 제시한 것이다. 무용수는 동기 2인·학 2마리와 동기 2인·학 2마리·대기무용수 21인·악사 1인·집박악사 2인 등 2가지로 왕조 및 연향에 따라 구성에 차이가 있다. 그리고 〈학무〉 정재도에 공통적으로 드러난 정재춤사위는 '염수·양수평거'이다. 의궤에는 이러한 내용을 2가지 유형으로 구분하여 제시하였지만 집박악사·악사·대기무용수의 유무와 무구[지당판]의 유무와 형태에 차이에 있을 뿐 무도내용은 같다.

2) 〈학무〉 정재도 분석

〈학무〉 무보는 『정재무도홀기』에 6편이[543] 전하는데, 무동정재와 여령정재로 추어졌으며, 무용수 구성은 협무 2인으로 모두 같다.

내용을 정리하면, 청학과 황학이 지당(池塘)[544] 앞[前]에 동과 서로 나누어 서서 북쪽을 향하여 몸을 흔들며 부리를 땅에 부비고 머리를 들어 부리를 부딪치며 춤추고, 북쪽과 지당을 향해 앞으로 두 걸음 나아가 안쪽과 바깥쪽을 돌아보며 추고, 연통 좌우를 바라보며 춤을 추는데, 이러한 춤을 반복하여 춘다. 춤의 방향은 북쪽과 지당판이고 내선(內旋)을 2차례 하여 북쪽을 향해 앞에서와 같은 춤을 추고, 내선을 3차례 하여 지당판을 향해 앞에서와 같은 춤을 춘다. 마지막 3번째 회선은 연통을 부리로 쪼기 위한 것으로, 지당판 남쪽에 서서 안쪽과 바깥쪽의 발을 들었다 놓으며 연통의 남쪽과 바깥쪽으로 바라보고, 연통의 남쪽을 바라보고 부리로 연통을 쪼으면 두 동자(童子)가 일어선

鶴舞

蓮筒 青鶴

池塘板

蓮筒 黃鶴

樂奏彩雲仙鶴之曲 鄕唐交奏 ○拍青鶴黃鶴翺翔蹈進池塘前

分東西北向而立○拍振身鼓觜○拍足蹈進二步 進步時內足先進皆足蹈

內顧○拍進二步外顧○拍進二步內顧○拍進二步外顧○拍內旋向

池塘進二步內顧○拍進二步外顧○拍進一步俛而啄擧首皷觜

〈학무〉 무보(『정재무도홀기』, 국립국악원 소장)

543) <鶴舞>, 『呈才舞圖笏記』, 1994년, 69쪽·134쪽·361쪽·478쪽·514쪽; 『時用舞譜(全)呈才舞圖笏記』, 1989년, 179쪽.
544) 영지(池塘)는 연못을 말하며, <학무>에서는 지당판(池塘板)이라 불리 우는 연못을 연상한 무대장치이다.

다. 학이 놀라 뛰어서 물러나면 춤이 마친다.

『정재무도홀기』의 〈학무〉는 춤추는 내내 일렬대형을 유지하며 내선하여 지당과 북쪽을 바라보며 춤추는데, 무진·무퇴와 상대·상배하며 춤추고 날개를 떨치고 모이를 쪼고 부리를 땅에 부비는 동작을 묘사하며 〈그림 254〉처럼 진행한다.

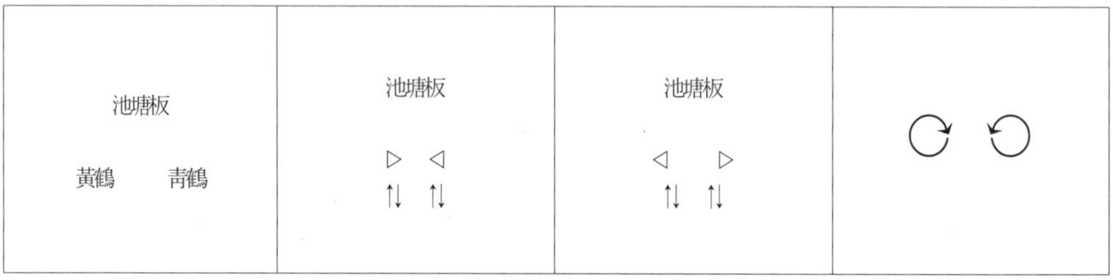

池塘板 黃鶴 青鶴	池塘板 ▷ ◁ ⇅ ⇅	池塘板 ◁ ▷ ⇅ ⇅	↻ ↺

〈그림 254〉『정재무도홀기』의 〈학무〉 대형 구성

앞서 〈학무〉 정재도에 공통적으로 나타난 내용을 정리하면 다음과 같다.

첫째, 무용수는 2가지로 구성되어 왕조 및 연향별로 차이가 있는데, 동기 2인·학 2마리와 동기 2인·학 2마리·대기무용수 21인·악사 1인·집박악사 2인이다.
둘째, 모두 여령정재이다.
셋째, 정재대형 구성은 일렬대형이다.
넷째, 정재방향 구성은 상대·북향·서향이다. 무용수 역할별로 차이가 있는데, 학은 상대하고, 동기는 북향하고, 악사 1인·집박악사 2인은 동쪽에서 서향한다.
다섯째, 지당판은 북쪽, 학은 남쪽에 위치한다.
여섯째, 동기는 연통 속에 서 있다.
일곱 번째, 정재춤사위 구성은 '염수·양수평거'이다.

이상의 내용은 아래의 정재홀기 기록에서 확인된다.

…(생략)… ○박을 치면, 청학(靑鶴)과 황학(黃鶴)이 날아 앞으로 나아가 지당(池塘) 앞에서 동과 서로 나누어 북쪽을 향하여 선다. …(생략)… ≪용례 1≫ ○박을 치면, 족도하며 앞으로 두 걸음 나아가 안쪽을 돌아본다.【앞으로 나아갈 때 안쪽 발을 먼저 내딛으며 족도한다】 ○박을 치면, 두 걸음 나아가 바깥쪽을 돌아본다. ≪용례 2≫ ○박을 치면, 두 걸음 나아가 안쪽을 돌아본다. ○박을 치면, 두 걸음 나아가 바깥쪽을 돌아본다. ≪용례 3≫ ○박을 치면, 안쪽으로 돌아【內旋】 지당을 향해 두 걸음 나아가 안쪽을 돌아본다. …(생략)… ≪용례 4≫ ○박을 치면, 두 걸음 나아가 안쪽을 돌아본다. …(생략)… ≪용례 5≫ ○박을 치면, 안쪽으로 돌아[內旋] 북쪽을 향해 두 걸음 나아가 안쪽을 돌아본다. …(생략)… ≪용례 6≫ ○박을 치면, 두 걸음 나아가 안쪽을 돌아본다. ≪용례 7≫ ○박을 치면, 안쪽으로 돌아 지당을 향해 두 걸음 나아가 안쪽을 돌아본다. …(생략)… ≪용례 8≫ ○박을 치면, 안쪽으로 돌아 북쪽을 향해 두 걸음 나아가 안쪽을 돌아본다. …(생략)… ≪용례 9≫ ○박을 치면, 안쪽으로 돌아 지당을 향해 두 걸음 나아가 안쪽을 돌아본다. ○박을 치면, 두 걸음 나아가 바깥쪽을 돌아본다. ○박을 치면, 안쪽 발을 들었다 놓으며 연통 안쪽을 보고, 바깥쪽 발을 들었다 놓으며 연통 바깥쪽을 보고, 안쪽 발을 들었다 놓으며 구부려 연통 남쪽을 본다. ≪용례 10≫ ○박을 치면, 부리로 연통을 쪼아 열리면 두 동자(童子)가 나온다. 두 학은 깜짝 놀라 뛰면서 물러난다. 음악이 그친다.

『정재무도홀기』 학무의 ≪용례 1·2·5·6·8≫은 학 2마리가 북쪽을 향하여 서로 고개를 돌려 마주보는 내용이고, ≪용례 3·4·7·9≫는 지당을 향하여 서로 고개를 돌려 마주보는 내용이고, ≪용례 10≫은 학이 부리로 연통을 쪼면 그 속에서 동기가 일어서는 내용이다.

정재홀기와 〈학무〉 정재도 내용을 비교하였을 때, 정재도에서 학이 상대한 것은 북쪽과 지당을 향해 나아가며 서로 마주보는 내용으로 ≪용례 1~9≫를 제시한 것이고, 동기가 연통 속에 선 것은 ≪용례 10≫을 제시한 것이다.

3) 〈학무〉 정재도 해석

8종의 의궤에 8점이 수록된 〈학무〉 정재도는 모두 여령정재이다. 8점의 정재도를 통합 비교하였을 때 무도내용이 적게는 1점, 많게는 7점이 같은 내용으로 그려졌는데, 〈그림 252〉는 1점, 〈그림 253〉은 7점이 같다.

〈학무〉는 정재도마다 한 그림 속에 여러 내용을 제시하였는데, 〈그림 252〉에는 연통의 위치가 북쪽, 학 2마리의 위치가 남쪽, 학이 일렬대형으로 서서 마주보는 춤과 연통 속에 동기가 일어선 내용, 악사와 집박악사가 동쪽에서 서향한 내용을 제시한 것이다. 〈그림 253〉에는 연통의 위치가 북쪽, 동기가 지당판 위의 연통에 위치한 것, 학 2마리의 위치가 남쪽, 학이 일렬대형으로 서서 마주보는 춤과 연통 속에 동기가 일어선 내용을 제시한 것이다.

무용수 구성은 왕조 및 연향에 따라 2가지로 구분하여 제시하였는데, 동기 2인·학 2마리와 동기 2인·학 2마리·대기무용수 21인·악사 1인·집박악사 2인으로 차이가 있다. 여기서 대기무용수 21인은 〈학무〉 무용수 구성과는 직접 관련이 없고, 정조 을묘년 당시에 여러 정재 종목을 추기위해 남쪽에서 대기하는 무용수들의 위치를 제시한 것이다. 집박악사 및 악사 또한 정재홀기에는 기록되지 않았지만 연향에 참여하여 〈학무〉를 추는 무용수들 동쪽에 서서 춤 진행에 도움을 주는 역할을 한 것을 알 수 있다.

무도내용은 일렬대형에서의 춤을 제시한 것으로, 의궤 정재도에는 이러한 무도내용을 무용수 구성과 무구[지당판]의 유무와 형태에 차이를 두어 2가지 유형으로 제시하였다.

〈학무〉 정재도와 정재홀기를 비교하였을 때 정재도에서 동기가 연통 속에 서 있는 것은 학이 부리로 연통을 쪼은 후 동기가 일어선 내용을 제시한 것이고, 학이 상대한 것은 지당판 뒤[南]에서 마주보거나 고개를 들어 부리를 부딪치며 추는 춤을 제시한 것이다. 또한 정재도에는 모두 여령정재가 춘 것을 제시하였으나 『정재무도홀기』 기록을 통해 무동도 〈학무〉를 춘 것을 알 수 있다.

반면 정재홀기에 기록되지 않은 내용을 정재도에 제시하였는데, 학 2마리가 지당판 뒤[南]에서 추는 위치, 대기무용수의 위치, 집박악사와 악사의 위치가 동쪽인 점이다.

이상으로, 의궤의 〈학무〉 정재도는 무용수 구성을 왕조 및 연향에 따라 2가지로 차이를 두어 학 2마리가 지당판 뒤[南]에서 일렬대형으로 서서 마주보는 춤과 고개를 들어 부리를 부딪치는 춤, 그리고 학이 부리로 연통을 쪼아 연통 속의 동기가 일어서는 내용, 집박악사와 악사의 위치를 제시한 것이다.

41. 향령무響鈴舞

〈향령무〉 정재도는 순조 무자 『진작의궤』· 헌종 무신 『진찬의궤』· 고종 정축 『진찬의궤』· 고종 임진 『진찬의궤』· 고종 무진 『진찬의궤』· 고종 정해 『진찬의궤』· 고종 신축 『진찬의궤』· 고종 신축 『진연의궤』· 고종 임인(4월·11월) 『진연의궤』에 수록되어 있다. 10종의 의궤에 14점이[545] 전하는데, 무동은 5점·여령은 9점이다.

1) 〈향령무〉 정재도 검토

14점의 〈향령무〉 정재도를 살폈을 때 무용수는 협무 4인·6인으로 구성되었고, 무도 내용은 4가지 유형으로 구분되어 있는데[546] 내용을 살펴보면 다음과 같다.

〈그림 255〉는 헌종 무신 『진찬의궤』· 고종 무진 『진찬의궤』에 수록된 정재도이다.[547] 여령정재이며, 무용수 구성은 협무 4인이다. 여령 4인이 2대좌우대형과 전후대형으로 서서 좌대와 우대가 서로 마주보고, 전대와 후대가 등을 지고 춤을 춘다.[548] 춤사위는 두 팔을 옆으로 펴들고 추는 춤으로, '양수반하거·우수반하거좌수평거·양수평거'이다.

545) <響鈴舞> 정재도는 純祖 戊子 『進爵儀軌』[무동]40a, 憲宗 戊申 『進饌儀軌』[여령]17a, 高宗 丁丑 『進饌儀軌』[여령]23a, 高宗 壬辰 『進饌儀軌』[무동]23a, 高宗 壬辰 『進饌儀軌』[여령]39b, 高宗 戊辰 『進饌儀軌』[여령]17a, 高宗 丁亥 『進饌儀軌』[여령]26a, 高宗 辛丑 『進饌儀軌』[여령]25b, 高宗 辛丑 『進宴儀軌』[무동]22a, 高宗 辛丑 『進宴儀軌』[여령]35b, 高宗 壬寅 『進宴儀軌』[4월: 무동]22a, 高宗 壬寅 『進宴儀軌』[4월: 여령]35b, 高宗 壬寅 『進宴儀軌』[11월: 무동]23a, 高宗 壬寅 『進宴儀軌』[11월: 여령]41b에 수록되어 있다. 이 중 高宗 戊辰 『進饌儀軌』에 수록된 정재도에는 정재명이 지워져있어 이 내용을 의궤 악장과 비교하였을 때 <향령무>임을 확인하였다. 高宗 戊辰 『進饌儀軌』卷1.8b참조.

546) 손선숙, "의궤 정재도의 도상학적 연구(II): <보상무> · <수연장> · <장생보연지무> · <향령무> · <헌선도>를 중심으로," 『무용역사기록학』제37호(서울: 무용역사기록학회, 2015), 101~137쪽; "협무[무용수] 6인 구성 정재의 정재도 연구: <고구려무> · <망선문> · <박접무> · <사선무> · <연화무> · <영지무> · <첩승무> · <최화무> · <춘광호> · <춘대옥촉> · <향령무>를 중심으로," 『우리 춤과 과학기술』31집(서울: 우리춤연구소, 2015), 37~84쪽.

547) <그림 255> 헌종 무신 『진찬의궤』[여령]17a; 고종 무진 『진찬의궤』[여령]17a.

548) 헌종 무신년 통명전에서 추어진 <향령무>는 여령 4인이 2대좌우대형으로 서서 추었다. 한국예술학과 음악사료강독회, 『국역헌종무신진찬의궤』卷首 · 卷一(서울: 한국예술종합학교 전통예술원, 2004), 138쪽.

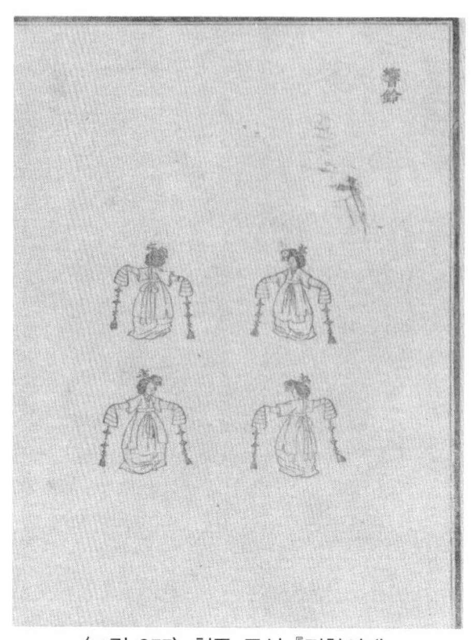

〈그림 255〉 헌종 무신 『진찬의궤』

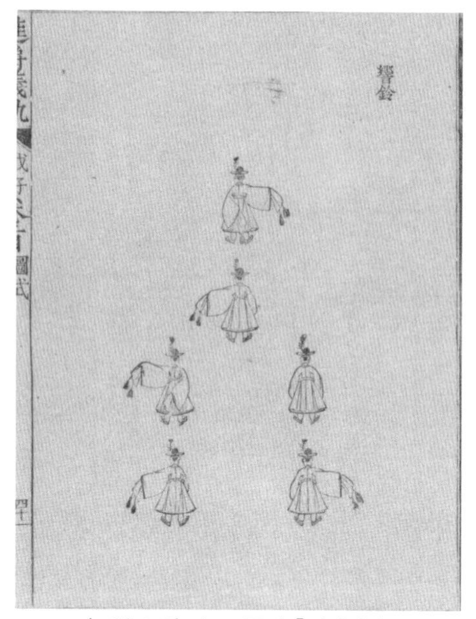

〈그림 256〉 순조 무자 『진작의궤』

〈그림 256〉은 순조 무자 『진작의궤』· 고종 임진 『진찬의궤』· 고종 신축 『진연의궤』· 고종 임인 『진연의궤』[4월 · 11월]에 수록된 정재도이다.[549] 무동정재이며, 무용수 구성은 협무 6인이다. 무동 6인이 품자대형(品字隊形)으로[550] 서서 북향하고 춤추는데, 양손을 앞으로 여미거나 한 팔을 옆으로 펴들고 또 다른 한 팔은 아래로 내려 앞과 뒤로 여민다. 춤사위는 '우수평거좌수후하염(右手平擧左手後下斂) · 우수전하염좌수평거 · 염수 · 우수후하염좌수반상거(右手後下斂左手半上擧) · 우수평거좌수전하염 · 우수전하염좌수반하거(右手前下斂左手半下擧)'이다.

〈그림 257〉은 고종 정축 『진찬의궤』· 고종 정해 『진찬의궤』에 수록된 정재도이다.[551] 여령정재이며, 무용수 구성은 협무 6인이다. 여령 6인이 품자대형으로 서서 북향하고 춤추는데, 양손을 앞으로 여미거나 한 팔을 옆으로 펴들고 또 다른 한 팔은 아래로 내려 앞과 뒤로 여민다. 여령의 춤사위는 '염수 · 우수반하거좌수전하염 · 우수전하염좌수반하거 · 우수전하염좌수평거 · 우수평거좌수후하염 · 우수후하염좌수평거(右手後下斂左手平擧)'이다.

549) <그림 256> 순조 무자 『진작의궤』[무동]40a; 고종 임진 『진찬의궤』[무동]23a; 고종 신축 『진연의궤』[무동]22a; 고종 임인 『진연의궤』[4월: 무동]22a; 고종 임인 『진연의궤』[11월: 무동]23a.

550) <향령무> 품자대형의 설명은 전대 · 중대(中隊) · 후대로 구분하여 설명하도록 하겠다.

551) <그림 257> 고종 정축 『진찬의궤』[여령]23a; 고종 정해 『진찬의궤』[여령]26a.

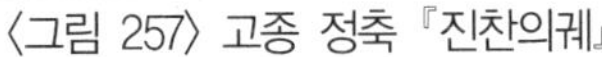

〈그림 257〉 고종 정축 『진찬의궤』

〈그림 258〉 고종 신축 『진찬의궤』

〈그림 258〉은 고종 신축 『진찬의궤』·고종 임진 『진찬의궤』·고종 신축 『진연의궤』·고종 임인 『진연의궤』[4월·11월]에 수록된 정재도이다.[552] 여령정재이며, 무용수 구성은 협무 6인이다. 여령 6인이 품자대형으로 서서 북향하고 춤추는데, 양손을 앞으로 여미거나 한 팔은 옆으로 펴들고 또 다른 한 팔은 아래로 내려 앞과 뒤로 여민다. 여령의 춤사위는 '염수·우수반하거좌수전하염·우수전하염좌수반하거·우수평거좌수전하염·우수후하염좌수반하거'이다.

이상 14점의 〈향령무〉 정재도를 살폈을 때 무동과 여령의 무도내용이 구분되어 제시되었다. 무용수는 협무 4인·6인 등 2가지로, 연향에 따라 구성에 차이가 있다. 정재대형은 2대좌우대형과·전후대형·품자대형을 제시하였는데, 무동은 품자대형으로, 여령은 품자대형·2대좌우대형·전후대형 등 3가지를 제시하였다.

정재대형마다 춤 구성에 차이가 있는데, 2대좌우대형에서는 좌대와 우대가 상대하고,

552) <그림 258> 고종 신축 『진찬의궤』[여령]25b; 고종 임진 『진찬의궤』[여령]39b; 고종 신축 『진연의궤』[여령]35b; 고종 임인 『진연의궤』[4월: 여령]35b; 고종 임인 『진연의궤』[11월: 여령]41b.

전후대형에서는 전대와 후대가 상배하고, 품자대형에서는 무용수 모두 북향하고 추었다. 춤사위 또한 2대좌우대형에서는 무용수 모두 두 팔을 옆으로 펴들었고, 품자대형에서는 한 팔은 옆으로 펴들고 한 팔은 아래로 내려 여민 동작을 하였는데 여민 손의 위치가 앞과 뒤로 차이가 있다. 내용을 살펴보면, 〈그림 256·257·258〉은 모두 품자대형에서 북향하며 춤춘 것은 같지만 춤사위는 차이가 있다. 먼저 〈그림 256〉과 〈그림 257〉의 전대 무용수는 왼손을 아래로 내려 뒤로 여몄고, 〈그림 258〉의 전대 무용수는 앞으로 여몄다.[553] 그리고 〈그림 256·257〉의 춤사위는 같으나 중대에 선 우무의 왼팔 위치가 무동은 '반상거'이고, 여령은 '평거'로 차이가 있다. 또한 무구의 형태를 〈그림 255〉와 〈그림 256·257·258〉 2가지로 구성하여 차이가 있다.

響鈴舞

舞 月喜 醫女 舞 明珮 醫女

舞 紅梅 尙方 舞 蘭喜 醫女

舞 香蘭 醫女 舞 錦花 醫女

樂奏天保九如之曲 樂界○拍妓六人斂手足蹈而進○拍尺腰四次樂止

拍 界樂 並左右垂手雙拂隨樂節響鈴唱務頭詞 玉殿瑤宮奏管絃 列仙 鳳彩麟帶拖香烟

舞翩翩 惟願從今 君王壽 永壽 天 春風澹蕩百花前 萬年年 訖○拍左小轉右小轉合蟬隨樂節響

鈴唱中拍詞 花媆瑤池斂繡屛 飛瓊試舞新翻曲 逈聞鸞吹下青宾 連理雙環百子鈴 訖○拍左打場右打場

〈향령무〉 무보(『정재무도홀기』, 국립국악원 소장)

그리고 〈향령무〉 정재도에 공통적으로 제시된 정재춤사위는 '양수반하거·양수평거·염수·우수반하거좌수전하염·우수반하거좌수평거·우수전하염좌수반하거·우수전하염좌수평거·우수평거좌수전하염·우수평거좌수후하염·우수후하염좌수반상거·우수후하염좌수반하거·우수후하염좌수평거'이다.

2) 〈향령무〉 정재도 분석

〈향령무〉 무보는 『정재무도홀기』에 모두 8편이[554] 전하는데, 여령정재와 무동정재로 추었다. 무용수는 모두 협무 6인으로 구성되었고, 정재홀기에 기록된 내용은 모두 같다.

내용을 정리하면, 협무 6인이 품자대형으로 서서 손을 여미고 족도하며 앞으로 나아

553) 전대 무용수의 왼손 위치가 앞인 정재도는 고종 신축 『진찬의궤』25b · 고종 신축 『진연의궤』35b · 고종 임인 『진연의궤』[4월]35b · 고종 임진 『진찬의궤』39b · 고종 임인 『진연의궤』[11월]41b이고, 전대 무용수의 왼손 위치가 뒤인 정재도는 고종 신축 『진연의궤』22a · 고종 임인 『진연의궤』[4월]22a · 고종 정축 『진찬의궤』23a · 고종 임인 『진연의궤』[11월]23a · 고종 정해 『진찬의궤』26a · 순조 무자 『진작의궤』40a · 고종 임진 『진찬의궤』23a이다.

554) <響鈴舞>, 『呈才舞圖笏記』, 1994년, 43쪽 · 115쪽 · 224쪽 · 280쪽 · 345쪽 · 464쪽 · 512쪽; 『時用舞譜(全)呈才舞圖笏記』, 1989년, 169쪽.

가 향령(響鈴)을 흔들며 창사를 부른다. 다 같이 좌우 손을 떨쳐 뿌려 아래로 드리워 향령을 치며 향령창(響鈴唱) 무두사(務頭詞)를 부르고, 좌우로 조금 돌고[左小轉·右小轉], 합선(合蟬)하여 향령창(響鈴唱) 중박사(中拍詞)를 부른다. 좌우 손으로 치고[左打場·右打場], 좌우 손을 모아들고[左呈手·右呈手] 향령창(響鈴唱) 미후사(尾後詞)를 부르며 손을 여미고 족도하며 뒤로 물러나면 춤이 마친다.

『정재무도홀기』의 〈향령무〉는 몸을 북향 혹은 좌와 우로 돌리며 오른손·왼손 혹은 양손의 향령을 흔들며 창사를 부르면서 춤추는데, 춤추는 내내 〈그림 259〉처럼 품자대형에서 춘다.

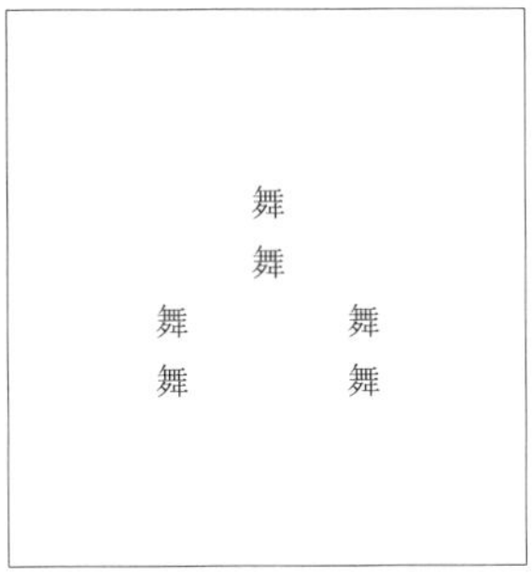

舞
舞
舞 舞
舞 舞

〈그림 259〉『정재무도홀기』의 〈향령무〉 대형 구성

앞서 〈향령무〉 정재도에 공통적으로 나타난 내용을 정리하면 다음과 같다.

첫째, 무용수는 2가지로 구성되어 연향별로 차이가 있는데, 협무 4인·6인이다.
둘째, 무동정재와 여령정재로 추었다.
셋째, 정재대형 구성은 품자대형·2대좌우대형·전후대형 등 3가지이다.
넷째, 정재방향 구성은 북향·상대·상배이다. 정재대형별로 차이가 있는데, 2대좌우대형에서는 상대, 전후대형에서는 상배, 품자대형에서는 모두 북향한다.
다섯째, 무구의 형태는 2가지로 차이가 있다.
여섯째, 정재춤사위는 무용수 위치별로 차이가 있는데, 2대좌우대형과 전후대형에서는 '양수평거'로 추고, 품자대형에서는 한 팔은 옆으로 펴들고 한 팔은 아래로 내려 여민 동작으로 추는데, 전대의 좌무가 아래로 내려 여민 왼손 위치가 앞과 뒤로 차이가 있고, 중대의 우무가 펴든 왼팔 위치가 '반상거'와 '평거'로 차이가 있다.
일곱 번째, 정재춤사위 구성은 '양수반하거·양수평거·염수·우수반하거좌수전하염·우수반하거좌수평거·우수전하염좌수반하거·우수전하염좌수평거·우수평거좌수전하염·우수평거좌수후하염·우수후하염좌수반상거·우수후하염좌수반하거·우수후하염좌수평거'이다.

이상의 내용은 아래의 정재홀기 기록에서 확인된다.

> …(생략)… ≪용례 1≫ ○박을 치면, 무 6인이 손을 여미고 족도 하며 앞으로 나아간다. ○박을 치면, 척요(尺腰)를 네 차례 하면 음악이 그친다. ≪용례 2≫ 박을 치면, 계락(界樂)을 연주하고, 다 같이 좌우 손을 떨쳐 뿌려 아래로 드리운다. 음악의 절차에 따라 향령창(響鈴唱) 무두사(務頭詞)를 부른다. …(생략)… 끝나고, ○박을 치면, 왼쪽으로 조금 돌고[左小轉], 오른쪽으로 조금 돌고[右小轉], 합선(合蟬)한다. 음악의 절차에 따라 향령창 (響鈴唱) 중박사(中拍詞)를 부른다. …(생략)… 끝나고, ≪용례 3≫ ○박을 치면, 왼손을 흔들고[左打場], 오른손을 흔들고[右打場], 왼손을 들고[左呈手], 오른손[右呈手]을 들고, 모아서 들며[合呈手], 음악의 절차에 따라 향령창(響鈴唱) 미후사(尾後詞)를 부른다. …(생략)… 끝나고, ≪용례 4≫ ○박을 치면, 손을 여미고 족도하며 뒤로 물러난다. 음악이 그친다.

『정재무도홀기』 〈향령무〉의 ≪용례 1·4≫는 무용수 전체가 손을 여미고 품자대형에서 무진·무퇴하는 내용이고, ≪용례 2≫는 좌우 손을 아래로 내리고 무두사를 부르며 향령을 치면서 춤추는 내용이고, ≪용례 3≫은 좌우 손으로 향령을 치고 좌우 손을 각각 들고 무두사를 부르며 향령을 치면서 춤추는 내용이다.

정재홀기와 〈향령무〉 정재도 내용을 비교하였을 때, 품자대형에서 무용수 전체가 북향하고 염수한 것은 무진·무퇴와 계락에 좌우 손을 떨쳐 뿌리며 향령창 무두사를 부르는 ≪용례 1·2·4≫를 제시한 것이고, 한 팔은 아래로 내려 여미고 한 팔은 옆으로 펴 들고 춤추는 것은 ≪용례 3≫을 제시한 것이다.

3) 〈향령무〉 정재도 해석

10종의 의궤에 14점이 수록된 〈향령무〉 정재도는 무동은 5점·여령은 9점이다. 14점의 정재도를 살폈을 때 무도내용이 적게는 2점, 많게는 5점이 같은 내용으로 그려졌는데, 〈그림 255·257〉은 2점, 〈그림 256·258〉은 5점이 같다.

정재도를 통합 비교하였을 때 〈향령무〉는 정재도마다 한 그림 속에 여러 내용을 제시하였는데, 〈그림 255〉에는 북향무·좌우대 상대·전후대 상배와 춤사위를, 〈그림 256·257·258〉에는 품자대형에서의 북향무와 춤사위를 기록하고 있다.

무용수 구성은 연향에 따라 2가지로 구분하여 제시하였는데, 협무 4인·6인으로 차이가 있다. 무도내용은 2대좌우대형·전후대형·품자대형에서의 춤을 제시한 것으로, 의궤 정재도에는 이러한 내용들을 무동과 여령으로 구분하여 무용수 및 무구의 형태에 차이를 두어 4가지 유형으로 제시하였다.

〈향령무〉 정재도와 정재홀기를 비교하였을 때 협무 6인이 품자대형에서 춤춘 것은 정재홀기에서 확인되나 협무 4인 구성의 〈향령무〉 내용은 확인되지 않았다. 그러나 고종 무진 『진찬의궤』의 악장 기록을 통해 여령 4인이 2대좌우대형에서 〈향령무〉를 추었던 것을 확인하였고,[555] 또한 헌종 무신년에서도[556] 여령 4인이 2대좌우대형에서 춤을 춘 것으로 미루어 볼 때 〈향령무〉는 연향에 따라 무용수 구성에 차이를 두어 정재대형에 변화를 주어 추어진 것을 알 수 있다. 그리고 정재도에서 협무 6인이 품자대형에서 염수하고 북향한 것은 북향하여 무진·무퇴하는 춤을, 북향하고 좌우 손을 옆으로 펴들거나 혹은 아래로 내려 여민 것은 계락에 맞춰 좌우 손을 흔들며 무두사를 부르는 내용, 좌우 손을 차례로 들고 향령을 흔들며 미후사를 부르는 내용으로, 이러한 내용은 모두 『정재무도홀기』에 기록된 내용을 사실적으로 제시한 것이다.

반면 정재홀기에 기록되지 않은 내용을 정재도에 제시하였는데, 품자대형에서 아래로 내린 팔 위치가 앞과 뒤로 여민 것과 2대좌우대형에서 '양수평거'하며 상대하는 것과 전후대형에서 상배하는 춤과 춤사위이다.

이상으로, 의궤의 〈향령무〉 정재도는 왕조 및 연향별로 무용수 구성을 협무 4인과 6인으로 차이를 두어 2대좌우대형·전후대형·품자대형에서의 춤을 제시한 것으로, 2대좌우대형에서는 좌우대의 상대, 전후대형에서는 전후대의 상배, 품자대형에서는 북향하고 무진·무퇴하는 춤과 춤사위를 제시하였다.

555) 高宗 戊辰 『進饌儀軌』, 卷1.8b.
556) 한국예술학과 음악사료강독회, 『국역헌종무신진찬의궤 卷首·卷一』(서울: 한국예술종합학교 전통예술원, 2004), 138쪽.

42. 향발무響鈸舞

〈향발무〉 정재도는 정조 을묘 『정리의궤』·순조 무자 『진작의궤』·순조 기축 『진찬의궤』·헌종 무신 『진찬의궤』·고종 정해 『진찬의궤』·고종 임인(11월) 『진연의궤』에 수록되어 있다. 6종의 의궤에 9점이 전하는데,[557] 무동은 5점·여령은 4점이다.

1) 〈향발무〉 정재도 검토

9점의 〈향발무〉 정재도를 살폈을 때 무용수는 협무 2인·4인·8인, 대기무용수는 18인·20인, 악사 1인, 집박악사 2인으로 구성되었고, 무도내용은 9가지 유형으로 구분되어 있는데[558] 내용을 살펴보면 다음과 같다.

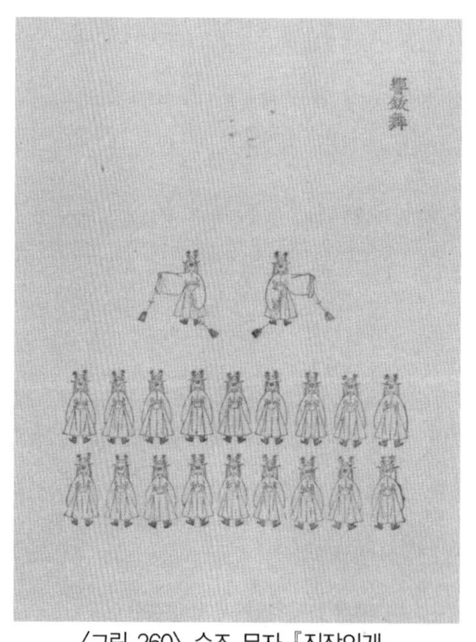

〈그림 260〉 순조 무자 『진작의궤』

〈그림 261〉 순조 기축 『진찬의궤』

557) <響鈸舞> 정재도는 正祖 乙卯 『整理儀軌』[여령]11b, 純祖 戊子 『進爵儀軌』[무동]14a · [무동]47a, 純祖 己丑 『進饌儀軌』[무동]18a · [여령]21b · [무동]61b, 憲宗 戊申 『進饌儀軌』[여령]22a, 高宗 丁亥 『進饌儀軌』[여령]30a, 高宗 壬寅 『進宴儀軌』[11월: 무동]31a에 수록되어 있다.

558) 손선숙, "의궤 정재도의 도상학적 연구(Ⅲ): <관동무> · <광수무> · <무산향> · <무애무> · <선유락> · <연화대무> · <처용무> · <초무> · <춘앵전> · <침향춘> · <학무> · <향발무> 정재도를 중심으로," 『무용역사기록학』 제40호(서울: 무용역사기록학회, 2016), 141~186쪽.

〈그림 260〉은 순조 무자 『진작의궤』에 수록된 정재도이다.[559] 무동정재이며, 무용수 구성은 협무 2인·대기무용수 18인이다. 무동 2인이 일렬대형으로 서서 북향하여 외수는 옆으로 펴 들고 내수는 아래로 내려 뒤로 여미고 춤을 추고, 대기무용수 18인은 염수하고 남쪽에 서서 북향한다. 한삼을 착용하였으나 무구[향발]는 한삼 밖으로 잡았으며, 춤사위는 '우수평거좌수후하염[배](右手平擧左手後下斂[背])·우수후하염[배]좌수평거(右手後下斂[背]左手平擧)'이다.

〈그림 261〉은 순조 기축 『진찬의궤』에 수록된 정재도이다.[560] 무동정재이며, 무용수 구성은 협무 2인·대기무용수 20인이다. 무동 2인이 일렬대형으로 서서 서로 마주보고 두 팔을 옆으로 펴들고 춤추는데, 좌무는 왼손 우무는 오른손을 서로 앞으로 내밀고 춘다. 대기무용수 20인은 염수하고 남쪽에 서서 북향하고, 한삼을 착용하였고 무구[향발]를 한삼 밖으로 잡았으며, 춤사위는 '우수평거좌수전반하거·우수전반하거좌수평거(右手前半下擧左手平擧)'이다.

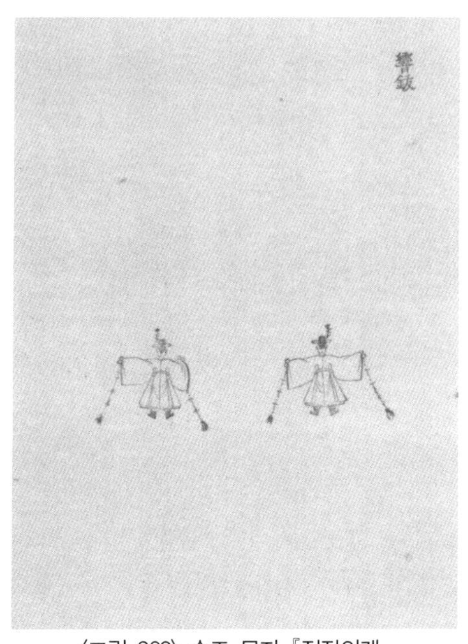

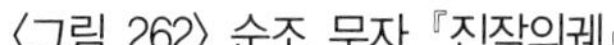
〈그림 262〉 순조 무자 『진작의궤』

〈그림 263〉 순조 기축 『진찬의궤』

559) <그림 260> 순조 무자 『진작의궤』[무동]14a.
560) <그림 261> 순조 기축 『진찬의궤』[무동]18a.

〈그림 262〉는 순조 무자 『진작의궤』에 수록된 정재도이다.561) 무동정재이며, 무용수 구성은 협무 2인이다. 무동 2인이 일렬대형으로 서서 북향하고 두 팔을 옆으로 펴 들고 춤추는데, 우무는 내수를 구부려 들고 있다. 한삼을 끼지 않았으며 춤사위는 '양수평거·우수전여만좌수평거(右手前如彎左手平擧)'이다.

〈그림 263〉은 순조 기축 『진찬의궤』에 수록된 정재도이다.562) 무동정재이며, 무용수 구성은 협무 2인이다. 무동 2인이 일렬대형으로 서서 북향하고 두 팔을 옆으로 펴들고 춤추는데, 한삼을 끼지 않았고 춤사위는 '양수반하거'이다.

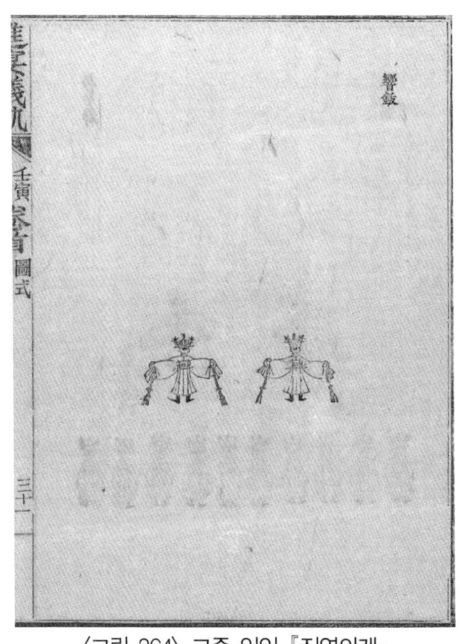

〈그림 264〉 고종 임인 『진연의궤』

〈그림 265〉 정조 을묘 『정리의궤』

〈그림 264〉는 고종 임인 『진연의궤』[11월]에 수록된 정재도이다.563) 무동정재이며, 무용수 구성은 협무 2인이다. 무동 2인이 일렬대형으로 서서 북향하고 두 팔을 옆으로 펴 들고 춤추는데, 한삼을 착용하였고 무구[향발]를 한삼 밖으로 잡았으며 춤사위는 '양수평

561) <그림 262> 순조 무자 『진작의궤』[무동]47a.
562) <그림 263> 순조 기축 『진찬의궤』[무동]61b.
563) <그림 264> 고종 임인 『진연의궤』[11월: 부동]31a.

거'이다.

〈그림 265〉는 정조 을묘 『정리의궤』에 수록된 정재도이다.564) 여령정재이며, 상단과 하단으로 구분되어 제시되었다. 먼저 상단의 무용수 구성은 협무 8인이다. 상단에는 여령 8인이 일렬대형으로 서서 북향하고 두 팔을 옆으로 펴들고 춤추고, 대열중심으로 상대와 무용수 중심으로 상배하며 춤추는데, 여령 8인은 한삼을 끼지 않았으며, 춤사위는 '우수반상거좌수반하거·양수반하거·우수평거좌수반하거'이다. 다음으로 하단의 무용수 구성은 협무 8인·대기무용수 17인·악사 1인·집박악사 2인이다. 하단에는 여령 8인이 4대좌우대형으로 서서 두 팔을 옆으로 펴들고 춤추는데, 무용수 중심으로 상대하며 춤춘다. 악사 1인은 동쪽에서 서향하고, 집박악사 1인은 양손에 박을 잡고 동쪽에서 서향하고, 다른 1인은 서쪽에서 동향하여 마주보고 선다. 대기무용수 17인은 남쪽에 서서 염수하고 북향하고, 여령 8인은 한삼을 끼지 않았으며, 춤사위는 '우수평거좌수반하거·우수전평거좌수반상거(右手前平擧左手半上擧)·우수반상거좌수반하거'이다.

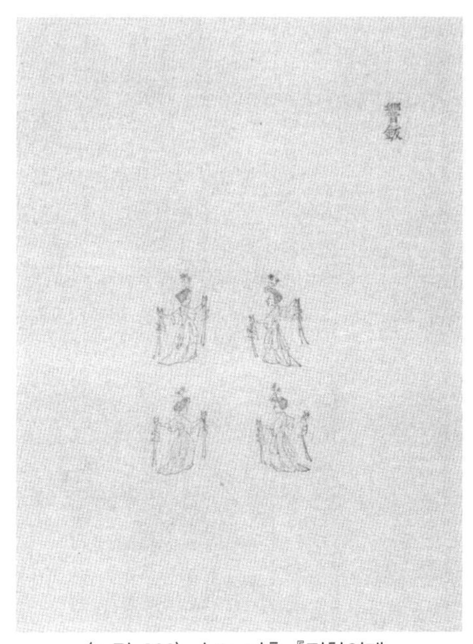

〈그림 266〉 순조 기축 『진찬의궤』

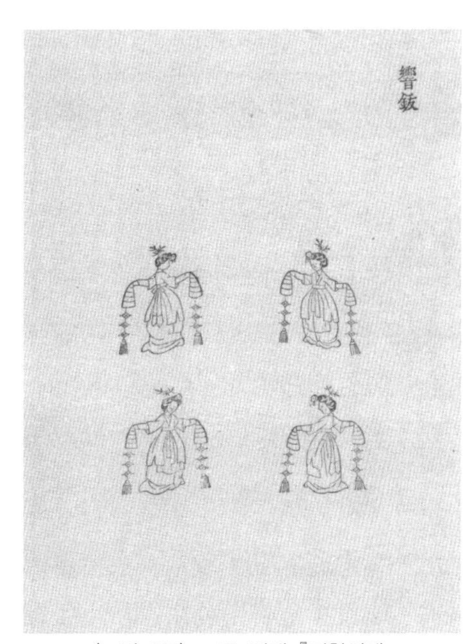

〈그림 267〉 고종 정해 『진찬의궤』

564) 〈그림 265〉 정조 을묘 『정리의궤』[여령]11b.

〈그림 266〉은 순조 기축 『진찬의궤』에 수록된 정재도이다.565) 여령정재이며, 무용수 구성은 협무 4인이다. 여령 4인이 2대좌우대형으로 서서 두 팔을 옆으로 펴들고 상대하며 춤춘다. 한삼을 착용하였고 무구[향발]를 한삼 밖으로 잡았으며, 춤사위는 '우수반상거좌수전반하거·우수전평거좌수평거(右手前平擧左手平擧)·우수평거좌수전반하거'이다.

〈그림 268〉 헌종 무신 『진찬의궤』

〈그림 267〉은 고종 정해 『진찬의궤』에 수록된 정재도이다.566) 여령정재이며, 무용수 구성은 협무 4인이다. 여령 4인이 2대좌우대형과 전후대형으로 서서 두 팔을 옆으로 펴들고 상대·상배하며 춤춘다. 방향은 동향·서향·남향하고, 한삼을 착용하였고 무구[향발]를 한삼 안으로 잡았다. 춤사위는 '우수평거좌수반하거·양수반하거'이다.

〈그림 268〉은 헌종 무신 『진찬의궤』에 수록된 정재도이다.567) 여령정재이며, 무용수 구성은 협무 2인이다. 여령 2인이 일렬대형으로 서서 두 팔을 옆으로 펴들고 서로 마주보고 춤춘다. 한삼을 착용하였고, 무구[향발]는 한삼 안으로 잡았다. 춤사위는 '양수반하거'이다.

이상 9점의 〈향발무〉 정재도를 살폈을 때 드러난 무도내용은 일렬대형·2대좌우대형·전후대형·4대좌우대형에서의 춤을 제시한 것이다. 일렬대형에서는 북향·상대[대열중심]·상배[무용수중심]하는 춤을, 2대좌우대형에서는 상대춤을, 전후대형에서는 상배춤을, 4대좌우대형에서는 상대하는 춤을 제시하였다.

무용수는 협무 2인, 협무 4인, 협무 2인·대기무용수 18인, 협무 2인·대기무용수 20인, 협무 8인·대기무용수 17인·악사 1인·집박악사 2인 등 5가지로, 왕조 및 연향에 따라 구성에 차이가 있다.

왕조 및 연향에 따라 한삼 착용의 유무에 차이가 있는데, 먼저 한삼을 착용한 것은 순

565) <그림 266> 순조 기축 『진찬의궤』[여령]21b.
566) <그림 267> 고종 정해 『진찬의궤』[여령]30a.
567) <그림 268> 헌종 무신 『진찬의궤』[여령]22a.

조 무자년[무동], 순조 기축년[무동·여령], 헌종 무신년[여령], 고종 정해년[여령], 고종 임인년[무동]에서[568] 확인되고, 반면 한삼을 착용하지 않은 것은 순조 무자년[무동], 순조 기축[무동], 정조 을묘년[여령]에서[569] 확인된다. 그리고 한삼을 착용한 경우 무구인 향발을 한삼 안으로 잡기도 하고 밖으로 잡는 등 차이가 있는데, 무구를 한삼 안으로 잡은 것은 헌종 무신년[여령], 고종 정해년[여령]에서[570] 확인되고, 반면 무구를 한삼 밖으로 잡은 것은 순조 무자년[무동], 순조 기축년 [무동], 순조 기축년[여령], 고종 임인년[무동]에서[571] 확인된다. 무구의 형태 또한 〈260·262·263·264·267·268〉과 〈261·265·266〉 2가지로 차이가 있다.

그리고 〈향발무〉 정재도에 공통적으로 제시된 정재춤사위는 '양수반하거·양수평거·우수반상거좌수반하거·우수반상거좌수전반하거·우수전반하거좌수평거·우수전여만좌수평거·우수전평거좌수반상거·우수전평거좌수평거·우수평거좌수반하거·우수평거좌수전반하거·우수평거좌수후하염[배]·우수후하염[배]좌수평거'이다.

響鈸舞

舞 舞

樂奏日昇月恒之曲 鄕唐交奏 ○拍舞二人預繫響鈸於左右手 母指長指 ○拍舞二人眉間拱揖足蹈而進立樂止唱詞 縹緲三山島 十萬歲方分昏曉 春風開遍碧桃花 爲東君一笑 祥飈暫引香塵到 祝堯齡後天難老 瑞烟散碧雲歸 弄晴一聲長嘯 訖○拍 鄕唐交奏 ○拍舞二人足蹈而伸臂擊鈸三次○拍相對擊鈸三次隨鼓聲左右橫臂揮手隨鼓聲三次 或背或面每趂一腔擊鈸○樂師因節次遲速擊拍拱手足蹈

〈향발무〉 무보(『정재무도홀기』, 국립국악원 소장)

2) 〈향발무〉 정재도 분석

〈향발무〉 무보는 『정재무도홀기』에 모두 2편이[572] 전하고 무동정재와 여령정재로 추어졌으며, 무용수 구성은 협무 2인으로 같다. 내용은 변함없이 추어졌지만 연향에 따라 무동정재 시에는 창사를 생략하였다.[573]

568) 순조 무자 『진작의궤』[무동]14a; 순조 기축 『진찬의궤』[무동]18a; 순조 기축 『진찬의궤』[여령]21b; 헌종 무신 『진찬의궤』[여령]22a; 고종 정해 『진찬의궤』[여령]30a; 고종 임인 『진연의궤』[11월: 무동]31a.

569) 정조 을묘 『정리의궤』[여령]11b; 순조 무자 『진작의궤』[무동]47a; 순조 기축 『진찬의궤』[무동]61b.

570) 헌종 무신 『진찬의궤』[여령]22a; 고종 정해 『진찬의궤』[여령]30a.

571) 순조 무자 『진작의궤』[무동]14a; 순조 기축 『진찬의궤』[무동]18a; 순조 기축 『진찬의궤』[여령]21b; 고종 임인 『진연의궤』[11월: 무동]31a.

572) <響鈸舞>, 『呈才舞圖笏記』, 1994년, 426쪽; 『時用舞譜(全)呈才舞圖笏記』, 1989년, 112쪽.

573) <響鈸舞>, 『呈才舞圖笏記』, 1994년, 426쪽.

내용을 정리하면, 협무 2인이 향발을 좌우 손에 미리 끼고 양손을 미간(眉間)에서 마주 잡고 나아가 팔을 펼치고 향발을 세 번 치고, 서로 마주보고 향발을 세 번 치고, 북소리에 따라 좌우로 팔을 펼치고 손을 휘두르며 북소리에 따라 세 번 치고, 혹은 등을 지고 혹은 마주보고 매 장단이 지날 때마다 향발을 치며 춤을 춘다. 음악의 속도에 따라 치는 박 소리에 맞춰 춤추다가 손을 모으고 족도하며 물러나면 음악이 그친다.

『정재무도홀기』의 〈향발무〉는 〈그림 269〉처럼 춤추는 내내 일렬대형으로 서서 북향무·상대·상배하며 향발을 치며 춤을 춘다.

〈그림 269〉『정재무도홀기』의 〈향발무〉 대형 구성

앞서 〈향발무〉 정재도에 공통적으로 나타난 내용을 정리하면 다음과 같다.

첫째, 무용수는 5가지로 구성되어 왕조 및 연향별로 차이가 있는데, 협무 2인, 협무 4인, 협무 2인·대기무용수 18인, 협무 2인·대기무용수 20인, 협무 8인·대기무용수 17인·악사 1인·집박악사 2인이다.

둘째, 무동정재와 여령정재로 추었다.

셋째, 정재대형 구성은 일렬대형·2대좌우대형·전후대형·4대좌우대형이다. 무용수 구성에 따라 대형 구성에 차이를 보이는데, 협무 2인·8인은 일렬대형, 협무 4인은 2대좌우대형과 전후대형, 협무 8인은 일렬대형과 4대좌우대형으로 구성되었다.

넷째, 정재방향 구성은 북향·상대·상배이다. 무용수 구성 및 대형에 따라 상대·상배하는 기준에 차이를 보이는데, 협무 2인과 4인 구성에서의 상대와 상배는 대열중심으로 한다. 협무 8인 구성에서는 대형에 따라 다른데, 일렬대형에서의 상대는 대열중심으로 하고, 상배는 무용수 중심으로 하고, 4대좌우대형에서는 무용수 중심으로 상대한다.

다섯째, 한삼 착용의 유무에 차이가 있다.

여섯째, 무구[향발]를 잡은 형태가 한삼 밖 혹은 안으로 차이가 있다.

일곱 번째, 정재춤사위 구성은 '양수반하거·양수평거·우수반상거좌수반하거·우수반상거좌수전반하거·우수전반하거좌수평거·우수전여만좌수평거·우수전평거좌수반상거·우수전평거좌수평거·우수평거좌수반하거·우수평거좌수전반하거·우수평거좌수후하염[배]·우수후하염[배]좌수평거'이다.

이상의 내용은 아래의 정재홀기 기록에서 확인된다.

> …(생략)… ○박을 치면, 무 2인이 향발(響鈸)을 좌우 손에 미리 낀다.【모지(母指)와 장지(長指)에 맨다】 ○박을 치면, 무 2인이 손을 마주잡고 미간(眉間)에서 읍(揖)하고 족도하며 나아간다. ≪용례 1≫ ○박을 치면, 무 2인이 족도하며 팔을 펼치고 향발을 세 번 친다. ≪용례 2≫ ○박을 치면, 서로 마주보고 향발을 세 번 치고, ≪용례 3≫ ○북소리에 따라 좌우로 팔을 펼치고, 손을 휘두르며 북소리에 따라 세 번 치고, ≪용례 4≫ 혹은 등을 지고 ≪용례 5≫ ○혹은 마주보고 매 장단이 지날 때마다 향발을 친다. 악사가 느리고 빠름에 따라 박을 치고, 손을 모아 족도하며 물러나면 음악이 그친다.

『정재무도홀기』〈향발무〉의 ≪용례 1≫은 북향하고 팔을 펼치고[伸臂] 향발을 치며 춤추는 내용이고, ≪용례 2≫는 마주보고, ≪용례 3≫은 북향하여 좌우 손을 펼치거나 휘두르며 박(拍) 소리에 따라 향발을 치며 춤추는 내용이고, ≪용례 4≫는 상배하고, ≪용례 5≫는 상대하고 향발을 치며 춤추는 내용이다.

정재홀기와 〈향발무〉 정재도 내용을 비교하였을 때 정재도에서 무용수들이 팔을 펴들고 북향한 것은 ≪용례 1·3≫을, 상대한 것은 ≪용례 2·5≫를, 상배한 것은 ≪용례 4≫를 제시한 것이다.

3) 〈향발무〉 정재도 해석

6종의 의궤에 9점이 수록된 〈향발무〉 정재도는 무동은 5점·여령은 4점이며, 9점의 정재도를 살폈을 때 〈그림 260~268〉 모두 1점이 수록되었다.

정재도를 통합 비교하였을 때 〈향발무〉는 정재도마다 한 그림 속에 여러 내용을 제시하였는데, 〈그림 260〉에는 협무 2인이 북향하고 외수는 옆으로 펴 들고 내수는 뒤로 여미고 추는 춤 그리고 무구[향발]를 한삼 밖으로 잡은 형태와 대기무용수의 배열위치와 춤사위를 제시하였다. 〈그림 261〉에는 협무 2인이 일렬대형에서 상대하는 춤과 대기무용수의 배열위치 그리고 무구[향발]를 한삼 밖으로 잡은 형태와 춤사위를 제시하였다. 〈그림 262·263〉에는 협무 2인이 일렬대형에서 북향하는 춤과 한삼을 착용하지 않은 것과 춤사위를 제시하였다. 〈그림 264〉에는 협무 2인이 일렬대형에서 북향하는 춤과 무구[향발]를 한삼 밖으로 잡은 형태와 춤사위를 제시하였다. 〈그림 265〉에는 협무 8인이 일렬대형에서 북향과 대열중심의 상대와 무용수 중심으로 상배하는 춤을 제시하였고, 반면 4대좌우대형에서는 무용수 중심으로 상대하는 춤 그리고 대기무용수의 배열위치와 한삼을 착용하지 않은 것과 춤사위를 제시하였다. 〈그림 266〉에는 협무 4인이 2대좌우대형에서 상대하는 춤과 무구[향발]를 한삼 밖으로 잡은 형태와 춤사위를 제시하였다. 〈그림 267〉에는 협무 4인이 2대좌우대형과 전후대형에서 상대·상배하는 춤과 무구[향발]를 한삼 안으로 잡은 형태와 춤사위를 제시하였다. 〈그림 268〉에는 협무 2인이 일렬대형에서 상대하는 춤과 무구[향발]를 한삼 안으로 잡은 형태와 춤사위를 제시하였다.

무용수 구성은 왕조 및 연향에 따라 5가지로 구분하여 제시하였는데, 협무 2인, 협무 4인, 협무 2인·대기무용수 18인, 협무 2인·대기무용수 20인, 협무 8인·대기무용수 17인·악사 1인·집박악사 2인으로 차이가 있다. 여기서 대기무용수 17인·18인·20인은 〈향발무〉 무용수 구성과는 직접 관련이 없고, 정조 을묘년·순조 무자년·순조 기축년 당시에 여러 정재 종목을 추기위해 남쪽에서 대기하는 무용수들의 위치를 제시한 것이다. 집박악사 및 악사 또한 정재홀기에는 기록되지 않았지만 연향에 참여하여 〈향발무〉를 추는 무용수들 동쪽과 서쪽에 서서 춤 진행에 도움을 주는 역할을 하는 것을 알 수 있다.

〈향발무〉 대형은 무용수 구성에 따라 차이를 보이는데, 협무 2인·8인은 일렬대형, 협무 4인은 2대좌우대형과 전후대형, 협무 8인은 일렬대형과 4대좌우대형이다. 상대와 상배 또한 무용수 구성과 대형에 따라 그 진행에 차이를 보이는데, 협무 2인과 4인 구성에서의 상대와 상배는 대열중심으로 하고, 협무 8인 구성의 일렬대형에서의 상대는 대열중심, 상배는 무용수 중심으로 하고, 4대좌우대형에서는 무용수 중심으로 상대한다.

무도내용은 일렬대형·2대좌우대형·전후대형·4대좌우대형에서의 춤을 제시한 것으로, 의궤 정재도에는 무용수의 구성과 한삼 착용의 유무 그리고 의상 및 무구[향발·술띠]의 형태와 무구를 잡은 위치[한삼 밖과 안]에 차이를 두어, 이러한 내용을 9가지 유형으로 제시하였다.

〈향발무〉 정재도와 정재홀기를 비교하였을 때 협무 2인이 일렬대형에서 북향·무진·상대하는 춤은 『정재무도홀기』에 기록된 내용을 사실적으로 제시한 것이다.

반면 정재홀기에 기록되지 않은 내용을 정재도에 제시하였는데, 협무 2인이 북향하고 팔을 펴 들고 추는 춤의 좌우팔의 위치가 내수는 아래로 내려 뒤로 여미고 외수는 옆으로 펴든 것과 내수를 구부려 든 것, 협무 4인이 2대좌우대형에서 좌우상대하는 것과 전후상대하는 것, 협무 8인이 일렬대형에서의 북향춤과 대열중심의 상대와 무용수 중심으로 상배하는 춤, 그리고 4대좌우대형에서 무용수 중심으로 상대하는 춤과 춤사위이다.

이상으로, 의궤의 〈향발무〉 정재도는 무용수 구성을 왕조 및 연향에 따라 5가지로 차이를 두어, 일렬대형·2대좌우대형·4대좌우대형·전후대형에서의 춤을 제시한 것으로, 일렬대형에서 북향·상대·상배하는 춤, 2대좌우대형에서의 상대춤, 전후대형에서의 상배춤, 4대좌우대형에서의 상대춤을 제시하였다.

43. 헌선도獻仙桃

〈헌선도〉 정재도는 정조 을묘 『정리의궤』·순조 기축 『진찬의궤』·헌종 무신 『진찬의궤』· 고종 무진 『진찬의궤』· 고종 정축 『진찬의궤』· 고종 정해 『진찬의궤』· 고종 임진 『진찬의궤』· 고종 신축 『진찬의궤』· 고종 신축 『진연의궤』· 고종 임인(4월·11월) 『진연의궤』에 수록되어 있다. 11종의 의궤에 15점이 전하는데,574) 무동은 4점·여령은 11점이다.

1) 〈헌선도〉 정재도 검토

15점의 〈헌선도〉 정재도를 살폈을 때 무용수는 죽간자 2인·선모 1인·협무 2인·악사 3인·대기무용수 27인으로 구성되었고, 무도내용은 4가지 유형으로 구분되어 있는데575) 내용을 살펴보면 다음과 같다.

〈그림 270〉 정조 을묘 『정리의궤』

〈그림 270〉은 정조 을묘 『정리의궤』에 수록된 정재도이다.576) 여령정재이며, 무용수 구성은 죽간자 2인·선모 1인·협무 2인·대기무용수 27인이다. 탁자가 북쪽에 놓여 있고, 그 뒤에 선모가 선도반(仙桃盤)을 들고 서 있고, 그 뒤에 죽간자 2인이 마주보고 서고, 그 뒤에 협무 2인이 염수하고 상대한다. 대기무용수 27인은 염수하고 남쪽에 서서 북향하고, 춤사위는 '염수'이다.

574) <獻仙桃> 정재도는 正祖 乙卯 『整理儀軌』[여령]8b, 純祖 己丑 『進饌儀軌』[여령]21a, 憲宗 戊申 『進饌儀軌』[여령]16b, 高宗 戊辰 『進饌儀軌』[여령]13a, 高宗 丁丑 『進饌儀軌』[여령]18b, 高宗 丁亥 『進饌儀軌』[여령]21b, 高宗 壬辰 『進饌儀軌』[무동]22a, 高宗 壬辰 『進饌儀軌』[여령]30a, 高宗 辛丑 『進饌儀軌』[여령]21a, 高宗 辛丑 『進宴儀軌』[무동]21a, 高宗 辛丑 『進宴儀軌』[여령]29a, 高宗 壬寅 『進宴儀軌』[4월: 무동]21a, 高宗 壬寅 『進宴儀軌』[11월: 무동]22a, 高宗 壬寅 『進宴儀軌』[11월: 여령]33b, 高宗 壬寅 『進宴儀軌』[4월: 여령]39a에 기록되어 있다.

575) 손선숙, "의궤 정재도의 도상학적 연구(Ⅱ): <보상무>·<수연장>·<장생보연지무>·<향령무>·<헌선도>를 중심으로," 『무용역사기록학』 제37호(서울: 무용역사기록학회, 2015), 101~137쪽; "조선후기 당악과 향악의 이중적 음악구성 정재연구: <경풍도>·<만수무>·<몽금척>·<봉래의>·<수연장>·<연백복지무>·<연화대무>·<오양선>·<육화대>·<장생보연지무>·<제수창>·<최화무>·<하황은>·<헌천화>·<헌선도>를 중심으로," 『대한무용학회논문집』 제74권5호(서울: 대한무용학회, 2016), 75~94쪽.

576) <그림 270> 정조 을묘 『정리의궤』[여령]8b.

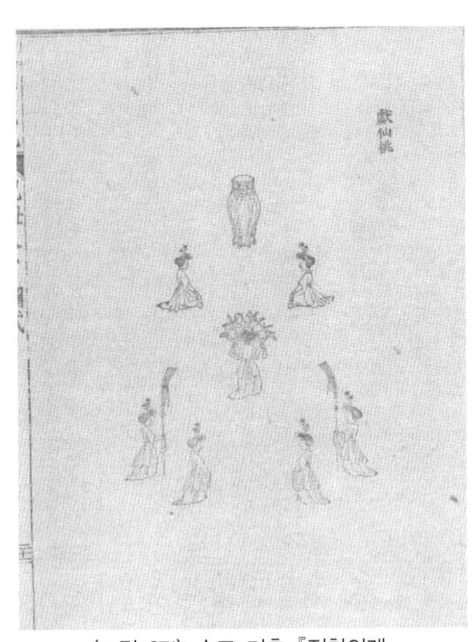

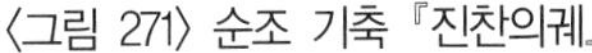
〈그림 271〉 순조 기축『진찬의궤』

〈그림 272〉 헌종 무신『진찬의궤』

〈그림 271〉은 순조 기축『진찬의궤』에 수록된 정재도이다.[577] 여령정재이며, 무용수 구성은 죽간자 2인·선모 1인·협무 2인·악사 2인이다. 탁자가 북쪽에 놓여 있고, 그 뒤에 악사 2인이 마주보고 앉아[跪] 있고, 그 뒤에 선모가 선도반을 들고 북향하고, 그 뒤에 죽간자 2인이 마주보고 서고, 그 뒤에 협무 2인이 염수하고 상대한다. 춤사위는 '염수'이다.

〈그림 272〉는 헌종 무신『진찬의궤』·고종 무진『진찬의궤』·고종 정축『진찬의궤』·고종 정해『진찬의궤』·고종 신축『진찬의궤』·고종 임진『진찬의궤』·고종 신축『진연의궤』·고종 임인『진연의궤』[4월·11월]에 수록된 정재도이다.[578] 여령정재이며, 무용수 구성은 죽간자 2인·선모 1인·협무 2인·악사 3인이다. 탁자가 북쪽에 놓여 있고, 그 뒤에 악사 2인이 마주보고 서 있고, 그 뒤에 선모가 선도반을 들고 북향하여 서고, 그 뒤

577) <그림 271> 순조 기축『진찬의궤』[여령]21a.

578) <그림 272> 헌종 무신『진찬의궤』[여령]16b; 고종 무진『진찬의궤』[여령13a; 고종 정축『진찬의궤』[여령]18b; 고종 정해『진찬의궤』[여령]21b; 고종 신축『진찬의궤』[여령]21a; 고종 임진『진찬의궤』[여령]30a; 고종 신축『진연의궤』[여령]29a; 고종 임인『진연의궤』[4월: 여령]39a; 고종 임인『진연의궤』[11월: 여령]33b.

에 협무 2인이 염수하고 북향하여 서고, 그 뒤에 죽간자 2인과 악사 1인이 나란히 서서 북향하는데, 죽간자는 남쪽의 좌우에 서고 악사 1인이 죽간자 사이에 선다. 춤사위는 '염수'이다.

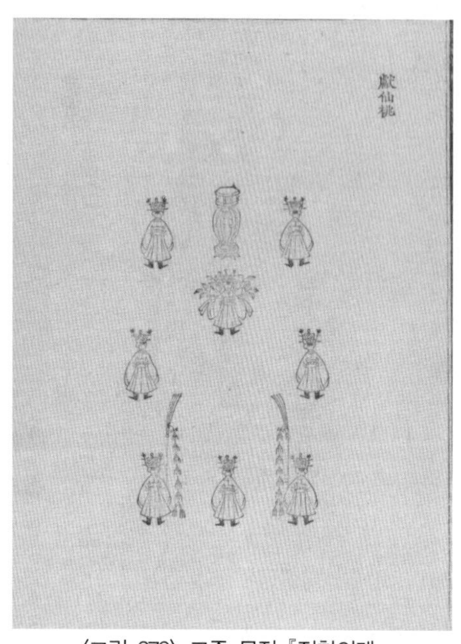

〈그림 273〉 고종 무진 『진찬의궤』

〈그림 273〉은 고종 무진 『진찬의궤』·고종 신축 『진연의궤』·고종 임인 『진연의궤』[4월·11월]에 수록된 정재도이다.[579] 무동정재이며, 무용수 구성은 죽간자 2인·선모 1인·협무 2인·악사 3인이다. 탁자가 북쪽에 놓여 있고, 악사 2인이 나란히 북향하여 서고, 그 뒤에 선모가 선도반을 들고 북향하여 서고, 그 뒤에 협무 2인이 북향하여 서고, 그 뒤에 죽간자 2인과 악사 1인이 나란히 서서 북향하는데, 죽간자는 남쪽의 좌우에 서고 악사 1인이 죽간자 사이에 선다. 춤사위는 '염수'이다.

이상 15점의 〈헌선도〉 정재도를 살폈을 때 선모가 선도반을 올리기 전의 춤을 제시한 것이다. 무용수는 죽간자 2인·선모 1인·협무 2인·대기무용수 27인, 죽간자 2인·선모 1인·협무 2인·악사 2인, 죽간자 2인·선모 1인·협무 2인·악사 3인 등 3가지로, 왕조 및 연향에 따라 차이가 있다. 〈헌선도〉 정재도는 악사의 유무와 방향 그리고 무구와 의상의 형태에 차이가 있지만 〈그림 270〉과 〈그림 271〉, 〈그림 272〉와 〈그림 273〉의 무도내용은 같다.

정재대형은 정재도 모두 선모가 앞[前], 협무가 뒤[後]에 선 전후대형인데, 무용수들의 배열위치에 차이가 있다. 〈그림 270·271〉은 협무 2인이 죽간자 뒤[남쪽]에 서고, 〈그림 272·273〉은 협무 2인이 죽간자 앞[북쪽]에 선다. 정재도 모두 선모가 선도반을 받들고 북향한 것이 같고, 협무는 죽간자 앞에서 북향한 것과 죽간자 뒤에서 마주보고 선 것, 2가지로 제시되었다. 악사는 정재도마다 구성되기도 하고 혹은 구성되지 않기도 하였다.

579) <그림 273> 고종 무진 『진찬의궤』[무동]22a; 고종 신축 『진연의궤』[무동]21a; 고종 임인 『진연의궤』[4월: 무동]21a; 고종 임인 『진연의궤』[11월: 무동]22a.

그리고 악사는 2인 혹은 3인으로 구성되어 탁자 뒤의 좌우에 서거나 앉아 있고, 아예 남쪽에 죽간자 사이에 서는 것으로 차이가 있고, 바라보는 방향 또한 북향과 상대로 차이가 있다. 죽간자 위치 또한 협무 앞[북쪽]의 좌우에 선 것과 협무 뒤[남쪽]의 좌우에 선 것, 2가지로 제시하였다. 죽간자·협무·악사의 방향에 차이가 있는데, 여령정재에서는 죽간자·협무·악사의 방향이 북향과 상대 2가지로 제시하였고, 무동정재에서는 죽간자·협무·악사의 방향이 북향 1가지로 제시하였다. 〈헌선도〉 정재도에 공통적으로 제시된 춤사위는 '염수'이다.

2) 〈헌선도〉 정재도 분석

〈헌선도〉 무보는 『정재무도홀기』에 모두 9편이 전하는데[580] 여령정재와 무동정재로 추었고, 무용수 구성은 죽간자 2인·선모 1인·협무 2인으로 같다. 내용은 연향에 따라 3가지로 추었는데[581] 무동정재와 여령정재에 따라 내용을 다르게 구성하여 추었고, 무동정재에서는 죽간자의 구호와 선모 및 협무가 부르는 창사를 생략하기도 하였다.

獻仙桃
竹竿子 玉眞 尙方 舞 花香 醫女
仙母 山紅 醫女
竹竿子 寶貝 醫女 舞 蟾香 尙方 奉卓 竹香 醫女 蘭玉 宣川
樂奏樂萬春之曲 步虛子令 樂師帥卓子奉擧妓二人入置於殿
內而出○拍竹竿子二人足蹈而進立樂止口號 邈在蓬壺 來朝鳳闕 奉千年之美寶 呈萬祿
之休祥 敢冒宸顔 謹進口號 訖○拍 令與民樂○拍竹竿子二人足蹈而退立○拍仙母與左右
挾舞進而立○拍斂手足蹈○拍仙母足蹈小進而立妓奉仙桃盤進仙

〈헌선도〉 무보(『정재무도홀기』, 국립국악원 소장)

내용을 정리하면, 악사가 탁자를 설치하고 물러나면 죽간자가 나아가 구호를 부르고 물러난다. 선모와 좌우협이 무진하고, 이어 선모가 무진하여 선도반(仙桃盤)을 받들고 치어를 부르고 탁자 위에 올려놓고 엎드렸다가 일어나 물러난다. 선모와 좌우협이 미전사(尾前詞)를 부르고, 서로 마주보고 등을 지고 춤을 추고, 최자사(嗺子詞)를 부른다. 선모와 좌우협이 둥글게 돌아 초열로 서서 좌우로 각각 한 번씩 돌고, 선모는 뒤로 조금

580) <獻仙桃>, 『呈才舞圖笏記』, 1994년, 95쪽·158쪽·195쪽·250쪽·309쪽·385쪽·409쪽·427쪽; 『時用舞譜(全)呈才舞圖笏記』, 1989년, 109쪽.

581) <헌선도>는 95쪽·250쪽·427쪽의 내용이 다르다. 동일 정재인데도 95쪽과 250쪽의 내용에 차이가 있고, 427쪽은 죽간자와 무용수들이 구호 및 창사를 부르지 않았고 내용이 <헌천화>와 같다. 『呈才舞圖笏記』, 1994년, 95쪽·250쪽·427쪽.

물러난다. 좌우협이 무진하고 좌우로 각각 한 번씩 돌며 춤추고 물러나 손을 여미고 족도한다. 선모가 무진하여 서자고사(瑞鷓鴣詞)를 부르고 물러난다. 죽간자가 무진하여 구호를 부르고 물러나면 이어 선모와 좌우협이 무진·무퇴하면 춤이 마친다.

『정재무도홀기』의 〈헌선도〉는 〈그림 274〉처럼 진행하는데, 일렬대형과 전후대형을 구성하며 춤을 춘다. 일렬대형에서는 상대·상배와 창사를 부르고 무진·무퇴한다. 선모가 전대에 협무가 후대에 선 전후대형에서는 선모가 치어를 부르고, 선모가 후대에 협무가 전대에 선 전후대형에서는 좌우일전(左右一轉)을 춘다.

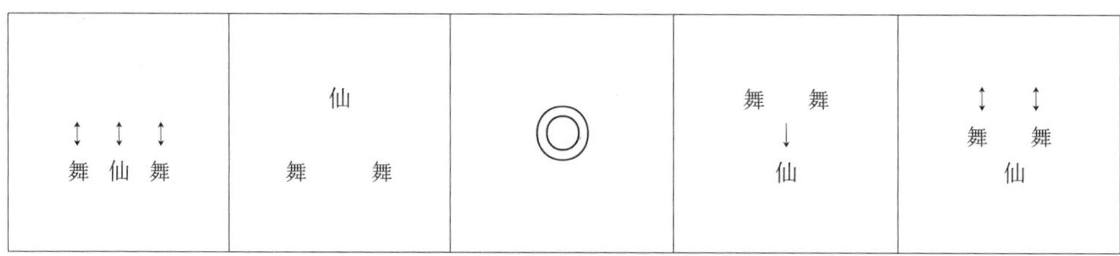

〈그림 274〉『정재무도홀기』의 〈헌선도〉 대형 구성

앞서 〈헌선도〉 정재도에 공통적으로 나타난 내용을 정리하면 다음과 같다.

첫째, 무용수는 3가지로 구성되어 왕조 및 연향별로 차이가 있는데, 죽간자 2인·선모 1인·협무 2인·대기무용수 27인, 죽간자 2인·선모 1인·협무 2인·악사 2인, 죽간자 2인·선모 1인·협무 2인·악사 3인이다.

둘째, 무동정재와 여령정재로 추었다.

셋째, 정재대형 구성은 전후대형이다.

넷째, 정재방향 구성은 북향과 상대이다. 무용수 역할별로 차이가 있는데, 죽간자와 협무는 북향과 상대, 선모는 북향이다.

다섯째, 선모가 선도반을 든 것은 공통이다.

여섯째, 무용수들이 선 위치에 차이가 있는데, 죽간자가 선 위치는 남쪽과 북쪽 2가지로, 좌우협무의 앞과 뒤이다. 좌우협무의 위치는 죽간자의 앞과 뒤이다. 악사의 위치는 선모 앞과 뒤로, 선모 앞에 서거나 궤하고, 선모 뒤에서 죽간자와 나란히 선다.

일곱 번째, 악사의 유무에 차이가 있다.

여덟 번째, 정재춤사위 구성은 '염수'이다.

이상의 내용은 아래의 정재홀기 기록에서 확인된다.

> …(생략)… ≪용례 1≫ 악사가 탁자를 받든 기 2인을 거느리고 들어가 전내에 놓고 나간다. ≪용례 2≫ ○박을 치면, 죽간자 2인이 나아가 구호를 부르고 뒤로 물러나 선다. ≪용례 3≫ ○박을 치면, 선모와 좌우협이 춤을 추며 앞으로 나아가 손을 여미고 족도하고, ≪용례 4≫ 선모는 앞으로 조금 나아가 선도반을 받들고 치어를 부르고 탁자 위에 올려놓고 엎드렸다가 일어나, 춤을 추며 뒤로 조금 물러나면 음악이 그친다. …(생략)… ≪용례 5≫ ○박을 치면, 선모와 좌우협은 각각 서로 마주보고, 각각 서로 등을 지고, 좌우협은 다 같이 바깥쪽 손을 들고 최자사(嗺子詞)를 부른다. …(생략)… ≪용례 6≫ ○박을 치면, 좌우협은 앞으로 조금 나아가 춤을 추고, 좌우로 각각 한 번씩 돌며 춤추고, ≪용례 7≫ 처음의 자리로 되돌아 손을 여미고 족도한다. …(생략)… ≪용례 8≫ ○박을 치면, 죽간자 2인이 나아가 구호를 부르고 뒤로 조금 물러나서면, ≪용례 9≫ 선모와 좌우협이 무진·무퇴하고 춤이 마친다.

『정재무도홀기』 〈헌선도〉의 ≪용례 1≫은 악사가 탁자를 설치하고 물러나는 내용이고, ≪용례 2·8≫은 죽간자가 무진하여 구호를 부르고 물러나는 내용이고, ≪용례 3≫은 선모와 좌우협무가 무진하는 내용이고, ≪용례 4≫는 선모가 무진하여 치어를 부르는 내용이고, ≪용례 5≫는 선모와 좌우협무가 상대·상배하며 춤추고 창사[최자사]를 부르는 내용이고, ≪용례 6≫은 좌우협무가 춤추며 나아가 좌우로 돌며 춤추는 내용이고, ≪용례 7≫은 초열로 서서 북향하고 염수하는 내용이고, ≪용례 9≫는 선모와 좌우협무가 무진·무퇴하는 내용이다.

정재홀기와 〈헌선도〉 정재도 내용을 비교하였을 때, 정재도에서 악사가 탁자 좌우에서 북향하고 마주보고 혹은 마주보고 꿇어앉은 것은 ≪용례 1≫을, 죽간자가 북향한 것은 ≪용례 2·8≫을, 선모가 선도반을 들고 북향한 것은 ≪용례 4≫를, 좌우협무가 마주 보고 선 것은 ≪용례 5≫를, 좌우협무가 북향하고 선 것은 ≪용례 3·6·9≫를, 좌우협무가 염수한 것은 ≪용례 2·4·7·8≫을 제시한 것이다.

3) 〈헌선도〉 정재도 해석

11종의 의궤에 15점이 수록된 〈헌선도〉 정재도는 무동은 4점·여령은 11점이다. 15점의 정재도를 살폈을 때 무도내용이 적게는 1점, 많게는 9점이 같은 내용으로 그려졌는데 〈그림 270·271〉은 1점, 〈그림 272〉는 9점, 〈그림 273〉은 4점이 같다.

정재도를 통합 비교하였을 때 〈헌선도〉는 정재도마다 한 그림 속에 여러 내용을 제시하였는데 〈그림 270〉에는 진행부에서 춤출 때 죽간자가 선 위치와 상대, 선모 북향, 선모 봉반, 좌우협 상대와 춤사위를 제시하였다. 〈그림 271〉에는 악사의 상대궤, 진행부에서 춤출 때 죽간자가 선 위치와 상대, 선모 북향, 선모 봉반, 좌우협 상대와 춤사위 제시하였다. 〈그림 272〉에는 악사의 상대와 북향, 도입부·종결부에 죽간자가 선 위치와 북향, 선모 북향, 선모 봉반, 좌우협 북향과 춤사위를 제시하였다. 〈그림 273〉에는 악사의 북향, 도입부·종결부에 죽간자가 선 위치와 북향, 선모 북향, 선모 봉반, 좌우협 북향과 춤사위를 제시하였다.

무용수 구성은 왕조 및 연향에 따라 3가지로 구분하여 제시하였는데, 죽간자 2인·선모 1인·협무 2인·대기무용수 27인, 죽간자 2인·선모 1인·협무 2인·악사 2인, 죽간자 2인·선모 1인·협무 2인·악사 3인으로 차이가 있다. 여기서 대기무용수 27인은 〈헌선도〉 무용수 구성과는 직접 관련이 없고, 정조 을묘년 당시에 여러 정재 종목을 추기위해 남쪽에서 대기하는 무용수들의 위치를 제시한 것이다.

무도내용은 전후대형에서의 춤을 제시한 것으로, 의궤 정재도에는 이러한 내용들을 무용수 구성과 의상 및 무구[탁자·선도반]의 형태에 차이를 두어 무동과 여령으로 구분하여 4가지 유형으로 제시하였다.

〈헌선도〉 정재도와 정재홀기를 비교하였을 때 정재도에서 악사가 탁자 뒤와 옆에서 상대 궤·상대·북향한 것은 악사가 무구를 설치하는 내용을 제시한 것이다. 선모가 선도반을 들고 북향하고 선 것은 선모가 치어(致語)를 부르는 내용을 제시한 것이고, 선모가 선도반을 들고 북향하고 궤한 것은 창사를 부른 다음 탁자 위에 올리는 내용을 제시한 것이다. 협무 2인이 북향하고 염수한 것은 죽간자가 무진하여 구호를 부를 때, 선모가 무진하여 치어를 부를 때, 초열로 서서 염수할 때의 내용을 제시한 것이다. 협무 2인이 마주보고 선 것은 상대하는 춤을 제시한 것이고, 선모와 좌우협이 북향한 것은 함께 무진하여 창사를 부르고 춤추는 내용을 제시한 것으로, 이러한 내용은 모두 『정재무도홀기』에 기록된 내용을 사실적으로 제시한 것이다.

반면 정재홀기에 기록되지 않은 내용을 정재도에 제시하였는데, 죽간자가 협무 앞[북쪽]에서 상대한 것과 죽간자가 악사와 함께 협무 뒤[남쪽]에 나란히 서서 북향한[582] 것이다. 〈헌선도〉 정재도에 나타난 무용수의 배열 위치는 〈그림 275〉처럼 3가지로 제시되어있다. 다른 정재와는 다르게 〈헌선도〉 정재도에는 죽간자의 위치를 2가지로 제시하였는데, 〈그림 275-가·나〉처럼 죽간자가 협무의 앞[북쪽] 좌우에서 선 것과 〈그림 275-다〉처럼 협무의 뒤[남쪽] 좌우에 선 것이다. 여기서 중요한 것은 죽간자가 선 위치인데, 죽간자가 협무의 앞[북쪽]에 배열된 것과 협무의 뒤[남쪽]에 배열된 것이다.

가	나	다
탁자 선모 죽간자 죽간자 협무 협무	탁자 악사 악사 선모 죽간자 죽간자 협무 협무	악사 탁자 악사 선모 협무 협무 죽간자 악사 죽간자

〈그림 275〉 〈헌선도〉 정재도에 나타난 죽간자 위치

582) 조선 초기의 <헌선도>를 살폈을 때에는 죽간자의 위치가 남쪽인 것을 『악학궤범』을 통해 확인하였고, 조선 후기에는 북쪽의 좌우인 것을 『정재무도홀기』를 통해 확인하였다. 그러나 조선후기 <헌선도> 정재도에서 죽간자 위치가 다른 정재와는 달리 남쪽인 것과 좌우협무 앞, 즉 중대에 선 것은 확인하지 못하였다. 이에 대한 연구는 44종의 정재도 연구가 완료된 다음으로 미루기로 한다.

먼저 정재도에 죽간자가 협무의 앞[북쪽]에서 상대한 내용에 대해서인데, 『정재무도홀기』의 〈헌선도〉에는 죽간자가 물러나 마주본다는 기록이 없다. 죽간자가 상대한 것은 죽간자가 선구호를 부른 다음 무용수들이 진행부의 춤을 출 때 바라보는 방향을 제시한 것으로, 이 내용은 『정재무도홀기』의 〈장생보연지무〉와 〈제수창〉에서도 확인된다. 『정재무도홀기』에는 정재내용과 함께 구체적이고 세부적인 진행 내용을 함께 제시하였는데 정재 50여종에 분산하여 기록하였다. 죽간자가 선구호를 부른 다음 물러나 마주보는 내용은 궁중정재의 기본 법례에 의해 공통적으로 진행되는 규칙이 적용된 것이다. 따라서 〈헌선도〉 정재도에서 죽간자가 상대한 것은 진행부의 내용을 제시한 것으로, 『정재무도홀기』에는 죽간자의 무퇴만 기록되었지만 그 무퇴에는 물러난 다음 마주본다는 내용도 포함된 것이다.

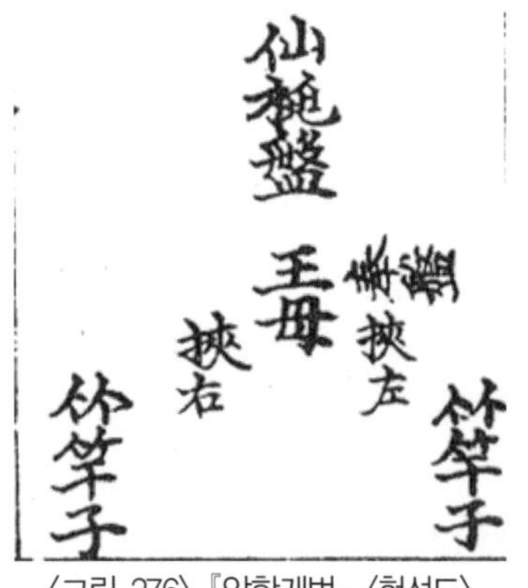

〈그림 276〉『악학궤범』〈헌선도〉

다음으로 죽간자가 협무의 뒤[남쪽]에 배열된 것은 조선후기 〈헌선도〉 정재도에서 처음 발견된다. 이것은 의궤 정재도에 기록된 44종의 정재 중에서 〈헌선도〉 정재도에서 유일하게 나타난 위치로, 다른 정재와는 대별된다. 죽간자가 북쪽의 좌우에서 북향과 상대한 것은 조선후기 정재의 무용구조에 해당되지만 〈Ⅰ〉 정재도처럼 죽간자가 남쪽에 위치한 것은 조선후기의 기본적인 법례에 벗어난 것이다. 죽간자가 남쪽에 선 것은 조선전기의 법례에 해당되는데, 〈그림 276〉처럼 『악학궤범』에 기록된 〈헌선도〉에서 확인되듯이 죽간자가 남쪽에 배열되었다. 조선전기 당악정재가 기록된 『악학궤범』에 제시된 죽간자 위치는 북쪽과 남쪽 2가지인데, 북쪽에 선 것은 도입부와 종결부에서의 죽간자 위치이고, 남쪽에 선 것은 진행부에서의 죽간자 위치로 모두 공통적이다. 그리고 악사 1인이 죽간자와 나란히 남쪽에 선 것 또한 조선후기에 처음 나타난 위치이다.

이상으로 의궤의 〈헌선도〉 정재도는 무용수 구성을 왕조 및 연향에 따라 3가지로 차이를 두어 전후대형에서의 춤을 제시한 것이다. 정재도에 공통적으로 제시된 내용은 악사가 탁자를 설치하는 내용, 선모가 선도반을 들고 창사를 부르는 내용, 선모가 궤하고 선도반을 탁자 위에 올리는 내용, 죽간자가 선 위치가 협무의 북쪽과 남쪽인 점, 죽간자의 방향이 상대와 북향인 점, 선모와 좌우협무가 창사를 부르며 춤추는 내용, 선모가 무진할 때 좌우협무가 후대에서 염수하고 기다리는 내용, 좌우협무가 상대하는 내용과 춤사위 형태이다.

44. 헌천화獻天花

〈헌천화〉 정재도는 순조 무자 『진작의궤』·고종 임진 『진찬의궤』·고종 신축 『진찬의궤』·고종 신축 『진연의궤』·고종 임인(4월·11월) 『진연의궤』에 수록되었다. 6종의 의궤에 8점이 전하고,[583] 무동은 4점·여령은 4점이다. 그러나 고종 신축 『진찬의궤』에 여령정재로 제시된 무도내용은 무동정재로 제시되어 있어 의궤 기록과 정재도 내용에 차이가 있다. 이로 볼 때 〈헌천화〉 정재도는 무동은 5점·여령은 3점이다.[584]

1) 〈헌천화〉 정재도 검토

8점의 〈헌천화〉 정재도를 살폈을 때, 무용수는 집당 2인·선모 1인·협무 2인으로 구성되었고, 무도내용은 무동과 여령으로 구분하여 2가지 유형으로 제시하였는데[585] 내용을 살펴보면 다음과 같다.

583) <獻天花> 정재도는 純祖 戊子 『進爵儀軌』[무동]38b, 高宗 壬辰 『進饌儀軌』[무동]24a, 高宗 壬辰 『進饌儀軌』[여령]38a, 高宗 辛丑 『進饌儀軌』[여령[男]28a, 高宗 辛丑 『進宴儀軌』[여령]34a, 高宗 壬寅 『進宴儀軌』[4월: 무동]24a, 高宗 壬寅 『進宴儀軌』[4월: 여령]34a, 高宗 壬寅 『진연의궤』[11월: 무동]24a에 수록되었다.

584) <헌천화>의 여령정재는 고종 임진 『진찬의궤』[여령]38a · 고종 신축 『진연의궤』[7월: 여령]34a · 고종 임인 『진연의궤』[4월: 여령]34a이고, 무동정재는 순조 무자 『진작의궤』[무동]38b · 고종 임진 『진찬의궤』[무동]24a · 고종 신축 『진찬의궤』[5월: 여령[男]28a · 고종 임인 『진연의궤』[4월: 무동]24a · 고종 임인 『진연의궤』[11월: 무동]24a이다. 하여 본문에서는 <헌천화>정재도를 무동은 5점 · 여령은 3점으로 구분하여 살필 것이다.

585) 손선숙, “조선후기 당악과 향악의 이중적 음악구성 정재연구: <경풍도> · <만수무> · <몽금척> · <봉래의> · <수연장> · <연백복지무> · <연화대무> · <오양선> · <육화대> · <장생보연지무> · <제수창> · <최화무> · <하황은> · <헌천화> · <헌선도>를 중심으로,” 『대한무용학회논문집』 제74권5호(서울: 대한무용학회, 2016), 75~94쪽.

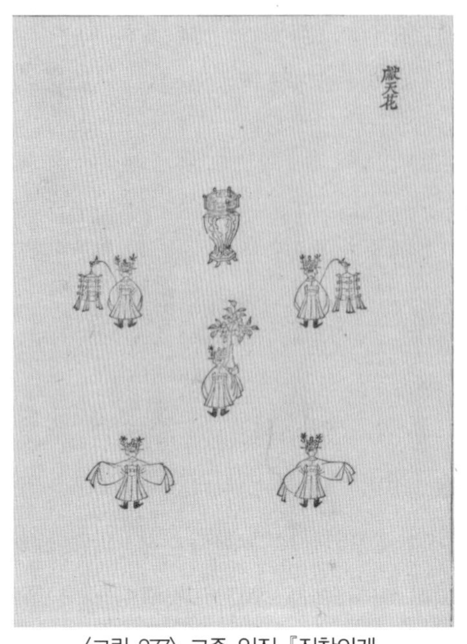

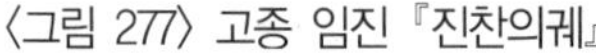
〈그림 277〉 고종 임진 『진찬의궤』

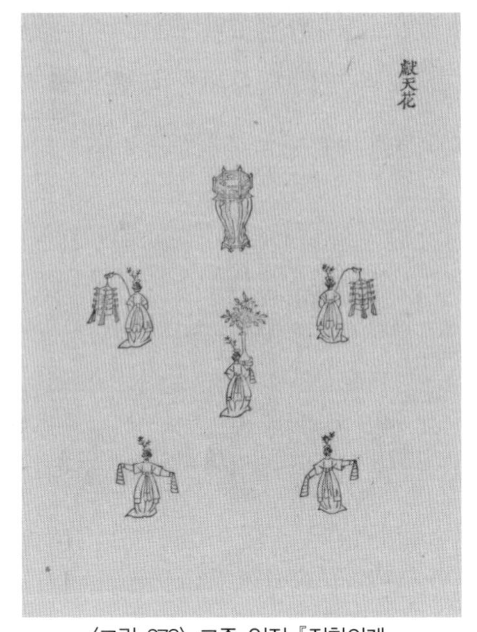

〈그림 278〉 고종 임진 『진찬의궤』

〈그림 277〉은 순조 무자 『진작의궤』·고종 임진 『진찬의궤』·고종 임인 『진연의궤』[4월·11월]·고종 신축 『진찬의궤』에,[586] 〈그림 278〉은 고종 임진 『진찬의궤』·고종 신축 『진연의궤』·고종 임인 『진연의궤』[4월]에[587] 수록된 정재도이다. 〈그림 277〉은 무동정재이고 〈그림 278〉은 여령정재이며, 무용수 구성은 집당 2인·선모 1인·협무 2인으로 같다. 집당 2인은 북쪽에서 당(幢)을 외수로 잡아 북향하고, 선모 1인은 화병을 들고 전대에 서고, 협무 2인은 후대에 일렬대형으로 서서 팔을 펴 들고 북향하고 춤추는 내용이 같다. 춤사위에 차이가 있는데, 〈그림 277〉의 무동은 '우수평거좌수반하거·양수평거'이고, 〈그림 278〉의 여령은 '우수평거좌수반하거·우수반하거좌수평거'이다.

이상 8점의 〈헌천화〉 정재도를 살폈을 때 드러난 무도내용은 전후대형에서의 춤을 제시한 것이다. 무용수는 무동과 여령 모두 집당 2인·선모 1인·협무 2인으로 구성이 같

586) <그림 277> 순조 무자 『진작의궤』[무동]38b; 고종 임진 『진찬의궤』[무동]24a; 고종 임인 『진연의궤』[4월: 무동]24a; 고종 임인 『진연의궤』[11월: 무동]24a; 고종 신축 『진찬의궤』[여령[男]28a.

587) <그림 278> 고종 임진 『진찬의궤』[여령]38a; 고종 신축 『진연의궤』[여령]34a; 고종 임인 『진연의궤』[4월: 여령]34a.

다. 무도내용 또한 집당이 북쪽의 좌우에 서고 선모가 화병을 들고 선 것, 협무 2인이 일렬대형으로 서서 북향하고 춤추는 것이 같다. 〈헌천화〉 정재도에 공통적으로 드러난 정재춤사위는 '양수평거·우수반하거좌수평거·우수평거좌수반하거'이다.

2) 〈헌천화〉 정재도 분석

〈헌천화〉 무보는 『정재무도홀기』에 4편이[588] 전하는데, 여령정재와 무동정재로 추었다. 무용수 구성은 집당 2인·선모 1인·협무 2인으로 같다. 춤 내용은 같으나 연향에 따라 선모가 창사를 부르기도 하고 선모와 협무가 함께 창사를 부르는 등 창사 진행에 차이를 보이는데, 무동정재 시에는 선모가 창사를 부르고,[589] 여령정재 시에는 선모와 협무가 함께 창사를 불러 진행에 차이가 있다.

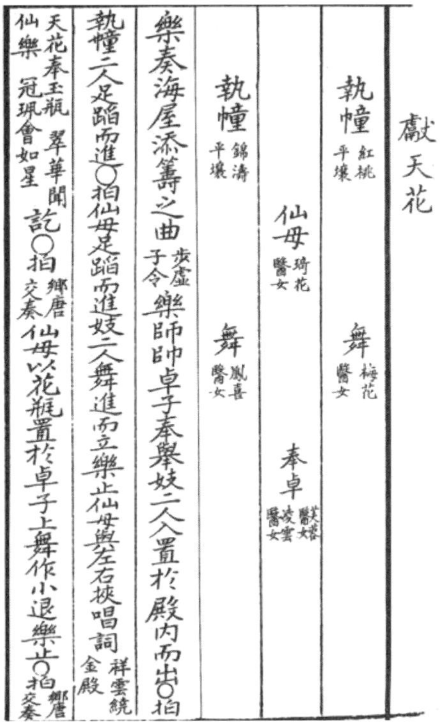
獻天花
執幢 紅桃 平壤 舞 梅花 醫女
仙母 琦花 醫女 奉卓 芙蓉 醫女 凌雲 醫女
執幢 錦濤 平壤 舞 鳳喜 醫女
樂奏海屋添籌之曲 步虛子令 樂師帥卓子奉擧妓二人入置於殿內而出○拍
執幢二人足蹈而進○拍仙母足蹈而進妓二人舞進而立樂止仙母與左右挾唱詞 祥雲繞金殿
天花奉玉瓶 翠華聞仙樂 冠珮會如星 訖○拍 鄕唐交奏 仙母以花瓶置於卓子上舞作小退樂止○拍 鄕唐交奏

〈헌천화〉 무보(『정재무도홀기』, 국립국악원 소장)

내용을 정리하면, 악사가 탁자를 전내에 놓고 나가면, 선모가 나아가 창사를 부르고, 화병(花甁)을 탁자 위에 올려놓고, 선모와 협무는 서로 마주보고 등을 지고 춤을 춘다. 둥글게 돌아 나란히 줄을 지어 음악의 절차에 따라 앞으로 나아갔다 뒤로 물러나고, 다시 둥글게 돌아 다 같이 북쪽을 향하여 춤을 춘다.

『정재무도홀기』의 〈헌천화〉 춤 대형은 〈그림 279〉처럼 전후대형과 일렬대형으로 구성된다. 전후대형에서는 선모와 좌우협무가 무진하여 창사를 부르고, 각각 상대·상배를 춘다. 일렬대형에서는 무용수 전체가 무진·무퇴를 춘다.

588) <獻天花>, 『呈才舞圖笏記』, 1994년, 113쪽 · 312쪽 · 429쪽, 『時用舞譜(全)呈才舞圖笏記』, 1989년, 119쪽.
589) <獻天花>, 『呈才舞圖笏記』, 1994년, 429쪽.

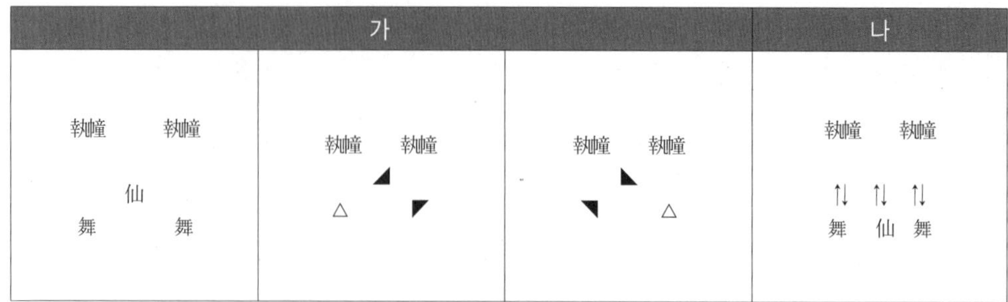

〈그림 279〉『정재무도홀기』의 〈헌천화〉 대형 구성

앞서 〈헌천화〉 정재도에 공통적으로 나타난 내용을 정리하면 다음과 같다.

첫째, 무용수 구성은 집당 2인·선모 1인·협무 2인으로, 무동과 여령 모두 같다.
둘째, 무동정재와 여령정재로 추었다.
셋째, 정재대형 구성은 전후대형이다.
넷째, 정재방향 구성은 북향이다.
다섯째, 집당은 북쪽 좌우에 서서 무구[당]를 외수로 잡았다.
여섯째, 선모는 전대에서 화병을 들고 서고, 협무 2인은 후대에서 두 팔을 펴 들기도 하고 한쪽 팔을 아래로 내려들며 춤을 춘다.
일곱 번째, 정재춤사위 구성은 '양수평거·우수반하거좌수평거·우수평거좌수반하거'이다.

이상의 내용은 아래의 정재홀기 기록에서 확인된다.

> …(생략)… ≪용례 1≫ ○박을 치면, 집당(執幢) 2인이 족도하며 앞으로 나아간다. ≪용례 2≫ ○박을 치면, 선모는 족도하며 앞으로 나아가고, 무 2인은 춤을 추며 앞으로 나아가 선다. 음악이 그치면, ≪용례 3≫ 선모와 좌우협은 창사를 부른다. …(생략)… ○박을 치면, 선모가 화병(花瓶)을 탁자(卓子)위에 올려놓고, 춤을 추며 뒤로 조금 물러나면, 음악이 그친다. ○박을 치면, 둥글게 돌아 나란히 줄을 지어, 음악의 절차에 따라 앞으로 나아

갔다 뒤로 물러나고, 둥글게 돌며 춤을 춘다. ≪용례 4≫ ○박을 치면, 다 같이 북쪽을 향하여 춤을 춘다. …(생략)… ≪용례 5≫ ○박을 치면, 춤을 추며 뒤로 물러나면【집당 2인이 족도하며 뒤로 물러난다】음악이 그친다.

『정재무도홀기』〈헌천화〉의 ≪용례 1≫은 집당 2인이 무진하는 내용, ≪용례 2≫는 선모와 협무 2인이 무진하는 내용, ≪용례 3≫은 선모와 협무가 창사를 부르는 내용, ≪용례 4≫는 무용수 전체가 북향하고 춤추는 내용, ≪용례 5≫는 춤을 마친 뒤 선모 1인·협무 2인·집당 2인이 무퇴하는 내용이다.

정재홀기와 〈헌천화〉 정재도 내용을 비교하였을 때, 정재도에서 집당 2인이 북향하고 선 것은 ≪용례 1·5≫를, 선모가 화병을 들고 북향한 것은 ≪용례 3≫을, 선모와 협무가 북향한 것은 ≪용례 2·4≫를 제시한 것이다.

3) 〈헌천화〉 정재도 해석

6종의 의궤에 8점이 수록된 〈헌천화〉 정재도는 무동은 5점·여령은 3점이다. 8점의 정재도를 살폈을 때 무도내용이 적게는 3점, 많게는 5점이 같은 내용으로 그려졌는데 〈그림 277〉은 5점, 〈그림 278〉은 3점이 같다.

정재도를 통합 비교하였을 때 〈헌천화〉는 정재도마다 한 그림 속에 여러 내용을 제시하였는데 〈그림 277·278〉 모두 집당 2인의 무진·무퇴, 당을 외수로 잡은 것, 선모의 창사, 선모 1인·협무 2인의 북향무, 집당 2인·선모 1인·협무 2인의 무진·무퇴 춤을 제시하고 있다.

무용수 구성은 무동과 여령 모두 집당 2인·선모 1인·협무 2인으로 같다. 무도내용은 전후대형의 춤을 제시한 것으로, 의궤 정재도에는 이러한 내용들을 무동과 여령으로 구분하여 2가지 유형으로 제시하였다.

〈헌천화〉 정재도와 정재홀기를 비교하였을 때 정재도에서 선모가 화병을 들고 북향한 것은 선모가 화병을 들고 무진하는 것과 창사를 부를 때 화병을 들고 하는 것을 제시한 것이고, 선모와 협무 2인이 북향한 것은 무진·무퇴하는 춤을 제시한 것이고, 집당 2인이 북향한 것은 집당이 당을 잡고 선 위치가 북쪽의 좌우인 것으로, 이러한 내용은 모두 『정재무도홀기』에 기록된 내용을 사실적으로 제시한 것이다.

반면 정재홀기에 기록되지 않은 내용을 정재도에 제시하였는데, 집당을 잡은 손 위치가 외수인 것과 협무 2인이 무진·무퇴할 때의 춤사위 형태이다.

이상으로 의궤의 〈헌천화〉 정재도는 무용수를 집당 2인·선모 1인·협무 2인으로 구성하여 선모가 화병을 탁자 위에 올려놓기 전의 춤을 제시한 것으로, 선모와 협무 2인이 전후대형으로 선 배열 위치, 집당 2인의 위치, 선모가 창사를 부를 때 화병을 들고 하는 것, 집당을 외수로 잡은 것, 선모와 협무 2인이 무진·무퇴하는 춤과 춤사위 등의 다양한 내용을 제시하고 있다.

제5장

총결

정재도는 정조 대(1795)에서부터 고종 대(1902)까지 무려 107년의 세월동안 궁중연향에서 추어진 무용을 의궤에 기록으로 남겼다. 12종의 의궤에 전하는 정재도는 모두 342점이고, 이들 정재도에 기록된 정재 수는 무려 44종목이다.

본 연구는 107년간의 기록을 담은 의궤 정재도 342점 전체를 대상으로 정재도 내용을 정확하게 해석하는 것에 두었다. 이를 위해 정재도의 기록양상과 기록구조를 살피고, 다음으로는 정재 종목별로 정재도의 사실적 표현 요소를 검토하고 정재도 내용을 정재 홀기와 비교하여 사실적 근거를 확인하고, 정재도 내용을 종합적으로 해석하였을 때 다음과 같은 결론을 얻었다.

정재도가 수록된 12종의 의궤는 정조 을묘년 『정리의궤』· 순조 무자년 『진작의궤』· 순조 기축년 『진찬의궤』· 헌종 무신년 『진찬의궤』· 고종 무진년 『진찬의궤』· 고종 정축년 『진찬의궤』· 고종 정해년 『진찬의궤』· 고종 임진년 『진찬의궤』· 고종 신축년 『진찬의궤』· 고종 신축년 『진연의궤』· 고종 임인년(4월·11월) 『진연의궤』이다. 그리고 12종의 의궤에 기록된 44종의 정재도 종목은 〈가인전목단〉·〈검기무〉·〈경풍도〉·〈고구려무〉·〈공막무〉·〈관동무〉·〈광수무〉·〈만수무〉·〈망선문〉·〈몽금척〉·〈무고〉·〈무산향〉·〈무애무〉·〈박접무〉·〈보상무〉·〈봉래의〉·〈사선무〉·〈선유락〉·〈수연장〉·〈아박무〉·〈연백복지무〉·〈연화대무〉·〈연화무〉·〈영지무〉·〈오양선〉·〈육화대〉·〈장생보연지무〉·〈제수창〉·〈처용무〉·〈첨수무〉·〈첩승무〉·〈초무〉·〈최화무〉·〈춘광호〉·〈춘대옥촉〉·〈춘앵전〉·〈침향춘〉·〈포구락〉·〈하황은〉·〈학무〉·〈향령무〉·〈향발무〉·〈헌선도〉·〈헌천화〉이다.

정재도 수록현황을 의궤별로 살펴보면, 정조 을묘 『정리의궤』에는 14점, 순조 무자 『진작의궤』에는 32점, 순조 기축 『진찬의궤』에는 36점, 헌종 무신 『진찬의궤』에는 16점, 고종 무진 『진찬의궤』에는 10점, 고종 정축 『진찬의궤』에는 16점, 고종 정해 『진찬의궤』에는 21점, 고종 임진 『진찬의궤』에는 45점, 고종 신축 『진찬의궤』에는 20점, 고종 신축 『진연의궤』에는 42점, 고종 임인(4월) 『진연의궤』에는 48점, 고종 임인(11월) 『진연의궤』에는 47점이 수록되었다.

의궤에는 무동과 여령 2가지를 모두 수록하기도 하고, 무동과 여령을 각각 수록하기도 하였다. 무동만 수록된 의궤는 순조 무자 『진작의궤』이고, 여령만 수록된 의궤는 정조 을묘 『정리의궤』·헌종 무신 『진찬의궤』·고종 무진 『진찬의궤』·고종 정축 『진찬의궤』·고종 정해 『진찬의궤』·고종 신축 『진찬의궤』이고, 여령과 무동을 함께 수록한 의궤는 순조 기축 『진찬의궤』·고종 임진 『진찬의궤』·고종 신축 『진연의궤』·고종 임인(4월·11월) 『진연의궤』이다.

무동과 여령의 수록 양상을 정재 종목별로 살펴보면, 무동과 여령 2가지를 제시한 정재도는 〈가인전목단〉·〈경풍도〉·〈만수무〉·〈몽금척〉·〈무고〉·〈무산향〉·〈무애무〉·〈보상무〉·〈봉래의〉·〈사선무〉·〈수연장〉·〈아박무〉·〈연백복지무〉·〈육화대〉·〈장생보연지무〉·〈제수창〉·〈처용무〉·〈첨수무〉·〈첩승무〉·〈춘앵전〉·〈최화무〉·〈침향춘〉·〈포구락〉·〈향령무〉·〈향발무〉·〈헌선도〉·〈헌천화〉이다. 무동정재로 제시한 정재도는 〈고구려무〉·〈공막무〉·〈관동무〉·〈광수무〉·〈망선문〉·〈박접무〉·〈연화무〉·〈영지무〉·〈초무〉·〈춘광호〉·〈춘대옥촉〉이고, 여령정재로 제시한 정재도는 〈검기무〉·〈선유락〉·〈연화대무〉·〈오양선〉·〈하황은〉·〈학무〉이다.

342점의 정재도를 살폈을 때 12종의 의궤에는 일정한 형식의 틀을 갖추어 기록하고 있다. 무용수들의 역할에 따라 서는 위치가 정해져 있고 기록구조 또한 같다. 정재도는 모두 6가지 유형으로 구분하여 기록하였는데 기본적으로 각 정재에서 주체적인 춤을 추는 주역무용수[선모·협무·죽간자·족자·황개]만 제시한 것, 주역무용수와 대기무용수를 함께 제시한 것, 주역무용수와 악사를 제시한 것, 주역무용수와 집박악사를 제시한 것, 주역무용수와 대기무용수 그리고 춤의 진행을 돕는 악사와 집박악사를 모두 포함시켜 제시한 것, 가자(歌者)를 제시한 것 등으로 되어있다.

그리고 정재도에 공통적으로 나타난 기록구조를 무용수 중심으로 살펴보았을 때 5가지 유형으로 기록되어 있는데, 첫째는 죽간자와 족자가 북쪽에 서고 무대가운데에 주역무용수가 서고 그 좌우에 악사가 서고, 후대에 대기무용수가 선다. 둘째는 족자가 북쪽에 서고 무구[보상반·탁자·화병]가 그 남쪽에 설치되고, 죽간자는 남쪽에 서고, 주역무용수는 무대가운데에 선다. 셋째는 무구가 북쪽에 설치되고 그 뒤 남쪽에 선모 그리고 족자와 협무가 선다. 넷째는 악사와 집박악사가 북쪽 좌우에 서고 주역무용수가 그 뒤에 선다. 다섯째는 주역무용수로만 구성되어 무대가운데에 선다. 여섯째, 가자는 앞[北]에 서고 악대[연주자]가 뒤[南]에 배열한다.

12종의 의궤에 기록된 44종의 정재도를 통합 비교하였을 때, 44종의 정재도는 의궤마다 적게는 1점에서 많게는 19점이 수록되어 있고, 정재 춤의 가장 특징적인 요소[주제]를 전달하고 있다. 정재도를 여러 점으로 구분하여 다양한 내용을 알리고자 하였고, 의궤별로 같은 내용을 반복하여 제시하기도 하였다. 무동과 여령의 무도내용이 같기도 하고, 동일 무용수의 그림을 다른 정재도에 중복하여 그리기도 하였다. 대부분 무도내용이 같은 것을 제시하였고, 한 면에 여러 내용을 제시하였다. 이것은 한 그림 속에 여러 내용을 그려 놓음으로써 정재내용을 다양한 관점으로 제시하고자 하였고, 정재홀기에 문자로 기록된 정재내용의 실제와 혹은 기록되지 않은 내용까지 제시하고 있다.

12종의 의궤에 수록된 44종목의 정재도 내용을 정재별로 정리하면 다음과 같다.

〈가인전목단〉 정재도는 11종의 의궤에 16점이 전하고, 무동은 6점, 여령은 10점이다.

무용수는 왕조 및 연향에 따라 6가지로 구성되었고, 무도내용은 화준 중심의 춤을 보여준 것으로, 의궤에는 무용수 구성과 의상 및 무구의 형태와 한삼 착용의 유무에 차이를 두어 8가지 유형으로 제시하였다. 정재도를 통해 확인된 정재홀기 내용은 무용수가 화준을 중심으로 둥글게 선 대형에서 내향·외향·상대·우선·좌선하는 춤으로, 꽃을 잡기 전과 잡은 후의 춤이다. 반면 집박악사가 북쪽의 좌우에 선 위치, 꽃을 잡는 모양새, 한삼을 걷고 꽃을 잡은 것, 한삼 위로 꽃을 잡은 것, 한삼을 끼지 않은 것, 왼손으로 꽃을 잡은 내용은 정재홀기에 기록되지 않은 내용이다. 따라서 〈가인전목단〉 정재도에 공통적으로 제시된 내용은 정재대형을 사우와 원대형으로 구성하여 화준을 중심으로 내향·외향·상대·상배·우선·좌선하는 춤을 보여준 것으로, 꽃을 잡은 위치와 한삼의 모양새 그리고 무용수들이 차례로 꽃을 잡는 과정과 화준 중심으로 진행된 여러 형태의 춤사위이다.

〈검기무〉 정재도는 11종의 의궤에 11점이 전하고, 모두 여령정재이며, 〈쌍검기무〉로도 추었다. 무용수는 왕조 및 연향에 따라 3가지로 구성하였고, 무도내용은 일렬대형·2대좌우대형·4대좌우대형에서의 춤으로, 의궤에는 무용수 구성과 의상 및 무구의 형태에 차이를 두어 4가지 유형으로 제시하였다. 정재도를 통해 확인된 정재홀기 내용은 검을 잡기 전의 춤, 검을 잡는 춤, 검을 잡은 후의 춤이고, 반면 상대를 2대좌우대형에서는 대열중심으로 하고 4대좌우대형에서는 무용수 중심으로 한 것, 검을 오른손으로 먼저 잡는 것, 농검·집검과 잡은 후의 춤사위 형태는 정재홀기에 기록되지 않은 내용이다. 따라서 〈검기무〉 정재도에 공통적으로 제시된 내용은 농검·집검과 잡은 후의 춤, 기립하여 마주보고 검을 휘두르며 추는 춤, 상대 기준이 정재대형에 따라 대열과 무용수 중심으로 된 것과 춤사위 형태이다.

〈경풍도〉 정재도는 5종의 의궤에 9점이 전하고, 무동은 5점·여령은 4점이다. 무용수는 무동과 여령 모두 선모 1인과 협무 5인으로 구성되었고, 무도내용은 전후대형에서의 춤으로, 의궤에는 무동과 여령으로 구분하여 2가지 유형으로 제시하였다. 정재도를 통해 확인된 정재홀기 내용은 선모가 전대에 협무가 후대에 선 전후대형의 형태, 선모가 경풍도를 받들고 무진하는 춤, 선모가 경풍도를 들고 창사부르는 춤, 선모가 궤하고 경풍도를 탁자 위에 올리는 춤, 후대 5인이 팔을 펴들고 추는 춤이고, 반면 후대 5인이 팔을 펴든 춤사위 형태는 정재홀기에 기록되지 않은 내용이다. 따라서 〈경풍도〉 정재도에 공통적으로 제시된 내용은 전후대형으로 선 선모와 협무의 위치, 선모가 경풍도를 받들고 무진·창사·궤(跪)하여 탁자 위에 올려놓는 춤, 협무 5인의 춤, 춤사위 형태이다.

〈고구려무〉 정재도는 1종의 의궤에 1점이 전하고, 무동정재로 추었다. 무용수는 협무 6인으로 구성되었고, 무도내용은 2대좌우대형에서 북향·남향·상대하는 춤을 보여주고 있다. 정재도를 통해 확인된 정재홀기 내용은 2대좌우대형으로 선 협무 6인이 상대와 북향하는 춤이고, 반면 제1대의 우무, 제2대의 좌우협무, 제3대의 좌무가 남향하는 춤, 그리고 춤사위 형태는 정재홀기에 기록되지 않은 내용이다. 따라서 〈고구려무〉 정재도에 제시된 내용은 협무 6인이 2대좌우대형으로 선 형태, 창사를 부르기 전 무진하는 춤, 춤을 마친 다음 무퇴하는 춤, 2대좌우대형에서 상대·북향하는 춤, 북쪽을 기준으로 혹배·혹면하는 것과 춤사위 형태이다.

〈공막무〉 정재도는 1종의 의궤에 1점이 전하고, 무동정재로 추었다. 무용수는 협무 2인으로 구성되었고, 무도내용은 일렬대형에서의 춤을 보여주고 있다. 정재도를 통해 확인된 정재홀기 내용은 검을 잡기 전의 춤과 잡은 후의 춤이고, 반면 검을 오른손으로 먼저 잡는 것과 농검·집검과 잡은 후의 춤사위 형태는 정재홀기에 기록되지 않은 내용이다. 따라서 〈공막무〉 정재도에 제시된 내용은 협무 2인이 일렬대형에서 농검·집검과 검을 잡은 후의 춤, 그리고 검을 잡을 때 오른손으로 먼저 잡는 것과 춤사위 형태이다.

〈관동무〉 정재도는 1종의 의궤에 1점이 전하고, 여령정재로 추었다. 무용수는 협무 8인으로 구성되었고, 무도내용은 2대좌우대형에서 상대·남향하는 춤을 보여주고 있다. 〈관동무〉 무보는 『정재무도홀기』에 전하지 않고, 의궤 악장에 전한다. 협무 8인이 2대좌우대형에서 남향하는 춤은 〈관동무〉 정재도에 처음 나타난 춤[방향]인데, 정재도를 통해 확인된 의궤 악장의 내용은 2대좌우대형에서 도는 춤이고, 반면 여령 8인이 상대·남향하는 춤은 의궤 악장에 기록되지 않은 내용이다. 따라서 〈관동무〉 정재도에 제시된 내용은 협무 8인이 2대좌우대형으로 선 형태와 상대하는 춤, 그리고 시 구절에 맞추어 각 방향으로 몸을 돌리면서 춤추는 것과 춤사위 형태이다.

〈광수무〉 정재도는 4종의 의궤에 4점이 전하고, 모두 무동정재이다. 무용수는 왕조 및 연향에 따라 3가지로 구성되었고, 무도내용은 일렬대형에서 상대·북향하는 춤으로, 의궤에는 무용수 구성과 의상에 차이를 두어 3가지 유형으로 제시하였다. 정재도를 통해 확인된 정재홀기 내용은 일렬대형에서 무진·무퇴하는 도입부·종결부의 춤과 진행부에서 상대하는 춤이고, 반면 춤사위 형태는 정재홀기에 기록되지 않은 내용이다. 따라서 〈광수무〉 정재도에 공통적으로 제시된 내용은 협무 2인이 일렬대형에서 북향무·무진·무퇴·상대하는 춤과 춤사위 형태이다.

〈만수무〉 정재도는 5종의 의궤에 9점이 전하고, 무동은 5점·여령은 4점이다. 무용수는 무동과 여령 모두 족자 1인·선모 1인·협무 4인으로 구성되었고, 무도내용은 2대좌우대형과 전후대형에서 북향하는 춤으로, 의궤에는 무동과 여령으로 구분하여 2가지 유형으로 제시하였다. 정재도를 통해 확인된 정재홀기 내용은 선모가 선도반을 들고 창사를 부르는 것과 북향하여 무진·무퇴하는 내용이고, 반면 족자의 위치가 좌우 제1대 사이인 것과 선모와 족자의 위치가 바뀐 점, 그리고 협무 4인의 춤사위 형태는 정재홀기에 기록되지 않은 내용이다. 따라서 〈만수무〉 정재도에 공통적으로 제시된 내용은 2대좌우대형과 전후대형에서 선모가 선도반을 들고 창사부르는 내용, 북향무·무진·무퇴하는 춤과 춤사위 형태이다.

〈망선문〉 정재도는 1종의 의궤에 1점이 전하고, 무동정재로 추었다. 무용수는 작선 4인과 집당 2인으로 구성되었고, 무도내용은 작선이 전대[북]에 집당은 후대[남]에 선 전후대형에서 북향하는 춤을 보여주고 있다. 정재도를 통해 확인된 정재홀기 내용은 초입배열 위치와 작선 4인과 집당 2인이 무진·무퇴하는 춤, 집당 2인이 문[작선] 사이로 들어오기 전의 위치이다. 따라서 〈망선문〉 정재도에 제시된 내용은 전후대형에서 작선 4인이 북향하여 무진·무퇴하는 춤과 집당 2인이 각각 외선(外旋)하여 문으로 들어가기 전 남쪽에 선 위치 그리고 춤사위 형태이다.

〈몽금척〉 정재도는 11종의 의궤에 15점이 전하고, 무동은 4점·여령은 11점이다. 무용수는 왕조 및 연향에 따라 2가지로 구성되었고, 무도내용은 2대좌우대형과 6대좌우대형에서의 죽간자 춤과 협무 12인이 북향·상대·상배하는 춤으로, 의궤에는 무용수 구성과 의상에 차이를 두어 5가지 유형으로 제시하였다. 정재도를 통해 확인된 정재홀기 내용은 2대좌우대형과 6대좌우대형에서의 죽간자 북향과 협무 6인이 무진·무퇴하는 춤이고, 반면 2대좌우대형과 6대좌우대형에서 죽간자가 상대한 것, 집박악사와 악사가 동쪽에서 서향한 것, 2대좌우대형에서 협무 12인이 상대하는 춤, 6대좌우대형의 위치와 형태 그리고 협무 12인이 상대·상배하는 춤과 춤사위 형태는 정재홀기에 기록되지 않은 내용이다. 따라서 〈몽금척〉 정재도에 공통적으로 드러난 내용은 집박악사·악사·대기무용수의 배열 위치와 방향, 2대좌우대형과 6대좌우대형에서 죽간자의 북향과 상대춤, 협무 6인이 무진·무퇴하는 춤과 상대·상배하는 춤 그리고 춤사위 형태이다.

〈무고〉 정재도는 12종의 의궤에 19점이 전하고, 무동은 7점·여령은 12점이며 〈쌍무고〉로도 추었다. 무용수는 왕조 및 연향에 따라 7가지로 구성하였고, 무도내용은 사우대형·사방대형·원대형·일렬대형·전후대형에서의 춤으로, 의궤에는 무용수 구성과 의상 및 무구에 차이를 두어 11가지 유형으로 제시하였다. 정재도를 통해 확인된 정재홀기 내용은 원무와 협무가 사우대형·사방대형·원대형에서 북을 중심으로 내향·외향하며 격고하는 춤, 좌선·우선하며 북치는 춤이다. 반면 〈쌍무고〉에서 원무 8인이 북채를 잡기 전 일렬대형과 전후대형에서 상대하는 춤과 악사들이 선 위치, 한삼 착용의 유무 그리고 북채를 잡은 모양새와 춤사위 형태는 정재홀기에 기록되지 않은 내용이다. 따라서 〈무고〉 정재도에 공통적으로 드러난 내용은 대기무용수의 위치, 악사의 위치와 방향, 원무가 북채를 잡고 북의 사우에서 격고하는 춤, 협무가 원무를 중심으로 사우·사방에서 추는 춤, 원무와 협무가 함께 원대형에서 내향·외향·좌선·우선하는 춤, 북채를 잡기 전 일렬대형에서 무용수 중심으로 한 좌우상대춤, 전후대형에서 전후대가 상대하는 춤과 다양한 춤사위 형태이다.

〈무산향〉 정재도는 3종의 의궤에 3점이 전하고, 무동은 1점·여령은 2점이다. 무용수는 모두 1인으로 구성되었고, 무도내용은 대모반 북쪽 가장자리에서 북향한 춤으로, 의궤에는 무동과 여령으로 구분하여 2가지 유형으로 제시하였다. 정재도를 통해 확인된 정재홀기 내용은 대모반 위에서 좌우로 각 일전(一轉)하며 나아가는 춤, 대모반 가장자리를 둥글게 돌며 좌우 손을 떨쳐 뿌리며 도는 춤이다. 따라서 〈무산향〉 정재도에 드러난 내용은 좌우 손을 떨쳐 뿌리며 도는 춤과 대모반 가장자리를 둥글게 도는 춤과 춤사위 형태이다.

〈무애무〉 정재도는 4종의 의궤에 5점이 전하고, 무동은 3점·여령은 2점이다. 무용수는 무동과 여령 모두 원무 2인·협무 10인으로 구성되었다. 무도내용은 전후대형에서 '외수반하거내수여만'하는 춤을 보여준 것으로, 의궤에는 한삼의 유무와 의상의 형태에 차이를 두어 무동과 여령으로 구분하여 3가지 유형으로 제시하였다. 정재도를 통해 확인된 정재홀기 내용은 원무 2인이 전대에 협무 10인이 후대에 선 전후대형의 형태, 원무의 무진과 북향무, 원무와 협무가 북향 무진·무퇴하는 춤이다. 반면 원무 2인이 호로를 대열중심으로 내수로 잡은 것과 춤사위 형태는 정재홀기에 기록되지 않은 내용이다. 따라서 〈무애무〉 정재도에 공통적으로 드러난 내용은 전후대형에서 원무의 무진과 북향무, 원무와 협무가 북향 무진·무퇴하는 춤, 원무 2인이 춤출 때 후대가 염수한 것, 춤사위 진행구조가 '외수반하거내수여만'인 것, 원무가 호로를 내수로 들고 추는 춤과 춤사위 형태이다.

〈박접무〉 정재도는 1종의 의궤에 1점이 전하고, 무동정재로 추었다. 무용수는 협무 6인으로 구성되었고, 무도내용은 전후좌우복합대형에서의 춤을 보여주고 있다. 정재도를 통해 확인된 정재홀기 내용은 전후좌우복합대형에서 북향무·무진·무퇴·상배하는 춤이고, 반면 전후좌우복합대형에서 상배하는 기준이 전대·중대·후대 모두 무용수 중심으로 하는 것과 춤사위 형태는 정재홀기에 기록되지 않은 내용이다. 따라서 〈박접무〉 정재도에 제시된 내용은 협무 6인이 선 전후좌우복합대형의 형태, 북향무·무진·무퇴, 무용수 중심으로 상배하는 춤과 춤사위 형태이다.

〈보상무〉 정재도는 10종의 의궤에 14점이 전하고, 무동은 5점·여령은 9점이다. 무용수는 왕조 및 연향에 따라 4가지로 구성하였고, 무도내용은 2대좌우대형·전후대형·일렬대형에서의 춤으로, 의궤에는 무용수 구성과 의상 및 무구의 형태 그리고 한삼 착용의 유무에 차이를 두어 6가지 유형으로 제시하였다. 정재도를 통해 확인된 정재홀기 내용은 제1대 좌우협무가 보상반 좌우에서 포구희하는 춤, 공을 잡는 춤, 농구하는 춤, 보상반을 향해 무진·무퇴하는 춤과 2대좌우대형으로 선 후대의 협무가 차례대로 무진하는 춤, 무용수 전체가 북향하여 무진·무퇴하는 춤, 전대가 포구희 춤을 출 때 나머지 대가 손을 여미고 후대에서 기다리는 내용이다. 반면 공을 잡는 방향이 보상반을 향해서 하는 것, 매 대가 포구희를 마친 다음 후대로 물러나 일렬대형으로 서서 북향하고 추는 춤, 2대좌우대형에서 무용수 전체가 무진하여 보상반 좌우에서 북향과 상대하며 추는 춤, 봉화·봉필의 유무와 위치, 무구[공·꽃·붓]를 잡는 다양한 형태, 한삼착용의 유무와 춤사위 형태는 정재홀기에 기록되지 않은 내용이다. 따라서 〈보상무〉 정재도에 공통적으로 드러난 내용은 보상반 좌우에서 포구희하는 내용, 전대가 포구희 춤을 출 때 나머지 대가 손을 여미고 기다리는 내용, 각대의 무용수가 차례대로 무진하는 내용, 무용수 전체가 북향하여 무진·무퇴하는 춤, 무용수 전체가 보상반 좌우에서 북향무·상대·상배하는 춤, 보상반을 향해 공을 잡는 춤과 농구하는 춤, 보상반을 향해 무진·무퇴하는 춤, 봉화·봉필의 위치, 무구를 잡은 한삼의 형태, 한삼 착용의 유무, 포구희 한 다음 후대로 물러나 일렬로 서서 추는 춤과 이러한 춤을 출 때의 춤사위 형태이다.

〈봉래의〉 정재도는 4종의 의궤에 7점이 전하고, 무동은 3점·여령은 4점이다. 무용수는 무동과 여령 모두 죽간자 2인·협무 8인으로 구성되었고, 무도내용은 4대좌우대형에서 북향하는 춤으로, 의궤에는 무동과 여령으로 구분하여 2가지 유형으로 제시하였다. 정재도를 통해 확인된 정재홀기 내용은 도입부와 종결부에서 죽간자가 구호를 부르는 위치와 방향, 협무 8인이 4대좌우대형에서 북향무·무진·무퇴하는 춤이다. 반면 협무 8인이 4대좌우대형에서 북향하고 춤출 때 무용수 중심으로 팔을 펴드는 춤사위 구조가 '외수평거내수반하거'인 것과 춤사위 형태는 정재홀기에 기록되지 않은 내용이다. 따라서 〈봉래의〉 정재도에 공통적으로 드러난 내용은 도입부와 종결부에서 죽간자가 구호를 부르는 위치와 방향, 협무 8인이 4대좌우대형으로 선 형태와 협무 8인이 북향무·무진·무퇴하는 춤과 춤사위 형태이다.

〈사선무〉 정재도는 6종의 의궤에 10점이 전하고, 무동은 5점·여령은 5점이다. 무용수는 무동과 여령 모두 집연화 2인과 원무 4인으로 구성되었고, 무도내용은 전후대형·일렬대형·2대좌우대형에서의 춤으로, 의궤에는 여령과 무동으로 구분하여 의상에 차이를 두어 3가지 유형으로 제시하였다. 정재도를 통해 확인된 정재홀기 내용은 집연화가 북향하여 무진하는 내용, 원무 4인이 창사를 부르기 위해 무진하는 내용, 모든 춤을 마친 다음 무용수 전체가 무퇴하는 내용이다. 반면 연화를 잡은 손의 위치가 모두 외수인 것과 북향하여 무진·무퇴할 때의 춤사위 구조가 '외수반하거내수평거'·'외수평거내수반하거'로 춘 것과 춤사위 형태는 정재홀기에 기록되지 않은 내용이다. 따라서 〈사선무〉 정재도에 공통적으로 드러난 내용은 전대에 집연화가 서고 원무 4인이 후대에 선 전후대형의 위치, 무구[연화]를 잡은 손 위치가 외수인 점, 순조 기축년에는 한삼을 착용하지 않은 내용, 집연화가 북향하여 무진하는 내용, 원무 4인이 창사를 부르기 위해 무진하는 내용, 모든 춤을 마친 다음 무용수 전체가 무퇴하는 내용과 춤사위 형태이다.

〈선유락〉 정재도는 11종의 의궤에 11점이 전하고, 모두 여령정재이다. 무용수는 왕조 및 연향에 따라 10가지로 구성하였고, 무도내용은 외무기·내무기가 배 주위에 둥글게 서서 배를 끌며 외향·내향·우선·좌선하는 춤으로, 의궤에는 무용수 구성과 의상 및 무구의 형태에 차이를 두어 10가지 유형으로 제시하였다. 정재도를 통해 확인된 정재홀기 내용은 집사기가 선 위치, 내무기·외무기가 배를 중심으로 외향·내향하고 배를 좌우로 돌리며 추는 춤과 무동도 〈선유락〉을 춘 내용이다. 반면 동기 2인이 돛 좌우에 서는 내용, 여령정재임에도 집사기 여령이 무동 무복을 한 것, 무동 집사기가 동기 역할을 대신한 것, 무용수 구성과는 상관없이 내무기 4인이 닻줄을 잡은 것, 동기가 노를 오른손·왼손·양손으로 잡는 내용, 내무기가 배 줄을 오른손·양손·왼손으로 잡는 내용, 내무기와 외무기가 외향·내향·우선·좌선하는 내용과 춤사위 형태는 정재홀기에 기록되지 않은 내용이다. 따라서 〈선유락〉 정재도에 공통적으로 드러난 내용은 집사기·동기·내무기·외무기의 위치와 방향, 집사기가 동기 역할을 한 것, 집사기가 무동 무복을 착용한 것, 동기가 돛 좌우에 궤와 기립한 춤, 동기가 노를 오른손·왼손·양손으로 잡는 내용, 내무기 4인이 양손·오른손·왼손에 닻줄을 잡은 것, 배를 중심으로 내무기·외무기가 외향·내향·우선·좌선하는 춤과 춤사위 형태이다.

〈수연장〉 정재도는 10종의 의궤에 14점이 전하고, 무동은 5점·여령은 9점이다. 무용수는 왕조 및 연향에 따라 3가지로 구성하였고, 무도내용은 전후대형·사방대형·4대좌우대형에서의 춤으로, 의궤에는 무동과 여령으로 구분하여 무용수 구성과 의상 및 의물에 차이를 두어 4가지 유형으로 제시하였다. 정재도를 통해 확인된 정재홀기 내용은 도입부와 종결부에서의 죽간자 무진·무퇴춤·선구호·후구호 부르는 내용과 진행부에서 죽간자가 상대하는 내용, 4대좌우대형에서의 무용수 전체의 북향무, 무용수 중심의 내고와 외고, 북향하고 팔을 펴들 때의 춤사위가 대열중심으로 드는 것, 전후대형에서 환대하여 상배하는 춤, 사방대형에서의 북향무, 교선무(交旋舞), 전후대와 좌우대가 각각 환대·환복기대하는 춤이다. 반면 4대좌우대형에서 좌대와 우대가 각각 무용수 중심으로 상대한 것, 사방대형에서 북대 2인이 상대한 것, 무동 4인이 사방대형에서 춘 춤과 춤사위 형태는 정재홀기에 기록되지 않은 내용이다. 따라서 〈수연장〉 정재도에 공통적으로 드러난 내용은 도입부와 종결부에서 죽간자가 구호를 부르기 위한 북향 무진과 구호를 부르는 방향, 구호를 부른 다음 진행부에서 마주보고 서는 내용, 4대좌우대형에서의 무진·무퇴·북향무와 북향하여 춤출 때 팔을 펴 든 위치가 대열중심으로 드는 것과 무용수 중심으로 상대·상배하는 춤, 전후대형에서 전대와 후대가 환대하는 춤과 전대와 후대가 환대하여 상배하는 춤, 사방대형에서 무용수 전체의 북향무와 우선환립춤, 그리고 좌대와 우대가 서로 마주보고 교선하는 회무춤, 북대 2인의 상대춤, 북대와 남대의 환대춤, 동대와 서대의 환대춤과 춤사위 형태이다.

〈아박무〉 정재도는 11종의 의궤에 15점이 전하고, 무동은 6점·여령은 9점이다. 무용수는 왕조 및 연향에 따라 7가지로 구성하였고, 무도내용은 일렬대형과 2대좌우대형에서 아박을 잡고 북향무와 상대하는 춤으로, 의궤에는 무동과 여령으로 구분하여 무용수 구성과 의상 및 무구[아박] 사용에 차이를 두어 9가지 유형으로 제시하였다. 정재도를 통해 확인된 정재홀기 내용은 아박을 잡은 후 추는 북향무와 상대무이다. 반면 무용수 구성과 정재대형의 다양성, 무구 및 한삼의 다양한 사용법, 그리고 북향무와 상대무 할 때의 구체적인 춤 내용과 춤사위 형태는 정재홀기에 기록되지 않은 내용이다. 따라서 〈아박무〉 정재도에 공통적으로 드러난 내용은 협무 2인이 일렬대형에서 북향하고 출 때 무구를 외수로 잡은 것과 '외수평거내수반하거·외수평거내수여만·외수평거내수전하염'하며 춘 내용, 협무 2인이 일렬대형과 협무 4인이 2대좌우대형에서 상대할 때 무구를 왼손으로 잡은 내용, 협무 4인이 일렬대형에서 무용수 중심으로 상대한 내용, 협무 4인이

2대좌우대형에서 상대할 때 무구를 각각 외수와 내수로 잡은 내용, 한삼 착용의 유무, 무구를 잡을 때 한삼을 걷어내고 손으로 직접 잡은 것과 한삼 위로 잡은 것과 다양한 춤사위이다.

〈연백복지무〉 정재도는 6종의 의궤에 10점이 전하고, 무동은 5점·여령은 5점이다. 무용수는 무동과 여령 모두 죽간자 2인·선모 1인·협무 4인으로 구성되었고, 무도내용은 전후대형과 일렬대형에서의 춤으로, 의궤에는 무동과 여령으로 구분하여 의상 및 한삼의 유무에 차이를 두어 4가지 유형으로 제시하였다. 정재도를 통해 확인된 정재홀기 내용은 죽간자의 무진과 구호를 부르는 위치와 방향, 일렬대형에서의 북향무·무진·무퇴와 선모와 협무가 초열로 서는 춤이다. 반면 선모가 후대에 서고 협무 4인이 전대에 선 전후대형에서의 춤과 춤사위 형태는 정재홀기에 기록되지 않은 내용이다. 따라서 〈연백복지무〉 정재도에 공통적으로 드러난 내용은 도입부와 종결부에서 죽간자가 구호를 부르는 위치와 방향, 일렬대형에서 북향무·무진·무퇴하는 춤, 선모와 협무가 초열로 서는 춤, 선모가 후대에 협무가 전대에 선 전후대형에서의 춤과 춤사위 형태이다.

〈연화대무〉 정재도는 9종의 의궤에 9점이 전하고, 모두 여령정재이다. 의궤 정재도에 기록된 제목으로 볼 때는 〈연화대무〉가 8종의 의궤에 8점이 수록된 것이지만, 순조 기축 『진찬의궤』에 제시된 〈연화무〉를 정재 악장과 반차도와 비교하였을 때 〈연화대무〉임을 확인하였다. 무용수는 왕조 및 연향에 따라 2가지로 구성하였고, 무도내용은 2대좌우대형에서의 춤으로, 의궤에는 무용수 구성과 의상 및 의물의 형태 그리고 한삼의 유무에 차이를 두어 3가지 유형으로 제시하였다. 정재도를 통해 확인된 정재홀기 내용은 2대좌우대형에서 동기와 협무가 각각 좌우상대하는 춤과 무동도 〈연화대무〉를 춘 점이다. 반면 죽간자의 위치와 방향이 상대인 것과 춤사위 형태는 정재홀기에 기록되지 않은 내용이다. 따라서 〈연화대무〉 정재도에 공통적으로 드러난 내용은 진행부에서의 죽간자 상대, 동기와 협무가 2대좌우대형에서 좌우상대하는 춤, 대기무용수의 배열 위치, 집박악사의 위치, 한삼 착용의 유무와 춤사위 형태이다.

〈연화무〉 정재도는 1종의 의궤에 1점이 전하고, 무동정재이다. 의궤 정재도에 기록된 제목으로 볼 때는 〈연화무〉가 2종의 의궤에 2점이 수록된 것이지만, 순조 기축 『진찬의궤』의 〈연화무〉 정재 악장과 반차도와 비교하였을 때 〈연화대무〉임을 확인하였다. 무용수는 협무 6인으로 구성되었고, 무도내용은 꽃을 오른손과 왼손으로 잡고 전후좌우복합대형에서 추는 춤을 제시한 것이다. 정재도를 통해 확인된 정재홀기 내용은 무구[화병] 위치, 꽃을 잡고 북향하는 춤, 산작화무대형의 형태이다. 반면 산작화무대형에서 꽃을 잡은 손의 위치가 무용수별로 오른손과 왼손으로 다른 것과 꽃을 휘두르며 추는 춤과 춤사위 형태는 정재홀기에 기록되지 않은 내용이다. 따라서 〈연화무〉 정재도에 제시된 내용은 산작화무대형의 형태, 무구인 연화병이 놓여 진 위치, 북향하여 꽃을 휘두르며 추는 춤, 꽃을 잡은 위치가 외수인 점, 춤사위 형태이다.

〈영지무〉 정재도는 1종의 의궤에 1점이 전하고, 무동정재이다. 무용수는 협무 6인으로 구성되었고, 무도내용은 영지를 중심으로 전대에 3인, 후대에 3인이 서서 상대하는 춤을 보여주고 있다. 정재도를 통해 확인된 정재홀기 내용은 영지를 중심으로 전후대형으로 서서 상대하는 춤이다. 반면 전대와 후대로 배열된 무용수들의 위치가 일렬이 아닌 것과 상대할 때의 춤사위 형태는 정재홀기에 기록되지 않은 내용이다. 따라서 〈영지무〉 정재도에 제시된 내용은 협무 6인이 영지를 중심으로 한 전후대형에서 상대하는 춤을 제시한 것으로, 전후배열의 위치와 춤사위 형태이다.

〈오양선〉 정재도는 3종의 의궤에 3점이 전하고, 모두 여령정재이다. 무용수는 무동과 여령 모두 죽간자 2인·선모 1인·협무 4인으로 구성되었고, 무도내용은 사우대형과 2대좌우대형에서의 춤으로, 의궤에는 무동과 여령으로 구분하여 3가지 유형으로 제시하였다. 〈오양선〉 정재도에는 정재홀기에 기록되지 않은 내용을 제시하였는데, 무동이 〈오양선〉을 춘 점, 죽간자의 상대, 사우대형에서 선모와 협무 4인의 선모향이무·각각상대무·좌우선전·대수무·일불일전이무·번수·상배무, 그리고 2대좌우대형에서 협무 4인의 상대춤과 춤사위 형태이다. 따라서 〈오양선〉 정재도에 공통적으로 드러난 내용은 정재홀기에는 기록되지 않은 사우대형과 2대좌우대형에서의 춤을 제시한 것으로, 죽간자가 구호를 부른 뒤 물러난 위치와 방향, 사우대형에서 선모와 협무 4인이 각각 선모향이무·각각상대무·좌우선전·대수무·일불일전이무·번수·상배하는 춤과 2대좌우대형에서 협무 4인이 상대하는 춤과 춤사위 형태이다.

〈육화대〉 정재도는 4종의 의궤에 7점이 전하고, 무동은 3점·여령은 4점이다. 무용수는 무동과 여령 모두 죽간자 2인·선모 1인·협무 6인으로 구성되었고, 무도내용은 죽간자의 북향과 2대좌우대형에서의 춤으로, 의궤에는 무동과 여령으로 구분하여 2가지 유형으로 제시하였다. 정재도를 통해 확인된 정재홀기 내용은 도입부·종결부에 죽간자가 나아가 구호를 부르는 위치와 방향, 2대좌우대형의 형태, 회무하여 서는 초열대형의 형태, 선모와 화대 6인이 무진·무퇴하는 내용이다. 반면 선모가 꽃을 잡지 않은 것과 협무 6인이 꽃을 오른손에 잡은 것, 2대좌우대형에서의 춤과 춤사위 형태는 정재홀기에 기록되지 않은 내용이다. 따라서 〈육화대〉 정재도에 공통적으로 드러난 내용은 죽간자가 도입부와 종결부에서 북쪽의 좌우에 서서 북향하여 구호를 부르는 내용, 2대좌우대형의 형태, 무용수 전체가 무진·무퇴하는 춤, 선모는 꽃을 잡지 않고 협무 6인이 오른손으로 꽃을 잡은 것과 춤사위 형태이다.

〈장생보연지무〉 정재도는 9종의 의궤에 14점이 전하고, 무동은 5점·여령은 9점이다. 무용수는 무동과 여령 모두 죽간자 2인·선모 1인·협무 4인으로 구성되었고, 무도내용은 오방대형과 사우대형에서의 춤으로, 의궤에는 무동과 여령으로 구분하여 4가지 유형으로 제시하였다. 정재도를 통해 확인된 정재홀기 내용은 도입부·종결부에서 죽간자가 북향하여 구호를 부르는 것과 진행부에서 상대한 것, 사우대형에서 전대와 후대가 마주보고 춤추는 내용, 오방대형에서 상배한 내용이고, 반면 오방대형에서 상대하는 춤과 춤사위 형태는 정재홀기에 기록되지 않은 내용이다. 따라서 〈장생보연지무〉 정재도에 공통적으로 드러난 내용은 도입부와 종결부의 죽간자 북향, 진행부에서의 죽간자 상대, 오방대형에서의 상대와 상배, 사우대형에서 전대와 후대가 추는 사선무와 환대하기 위해 상대하는 춤과 춤사위 형태이다.

〈제수창〉 정재도는 5종의 의궤에 9점이 전하고, 무동은 5점·여령은 4점이다. 무용수는 무동과 여령 모두 족자 1인·죽간자 2인·선모 1인·협무 4인·황개 1인·후대 4인으로 구성되었다. 무도내용은 전후좌우복합대형에서의 춤으로, 의궤에는 무동과 여령으로 구분하여 의상의 형태 및 한삼의 유무에 차이를 두어 3가지 유형으로 제시하였다. 정재도를 통해 확인된 정재홀기 내용은 도입부·종결부에서 죽간자가 구호를 부르는 위치와 방향, 전후좌우복합대형에서 선모·협무·후대가 무진·무퇴하는 춤과 선모와 후대가 무진할 때 황개가 선모 뒤에 서고 선모가 치어를 부르는 내용이다. 반면 전후좌우복합대형에서 춤출 때의 춤사위 형태는 정재홀기에 기록되지 않은 내용이다. 따라서 〈제수창〉 정재도에 공통적으로 드러난 내용은 전후좌우복합대형에서의 춤, 도입부와 종결부에서 죽간자가 구호를 부르기 위해 무진하는 춤과 북향하여 구호를 부르는 위치와 방향, 선모와 후대가 무진하여 선모가 치어를 부르는 내용, 전후좌우복합대형에서 선모·협무·후대가 무진·무퇴하는 내용과 춤사위 형태이다.

〈처용무〉 정재도는 4종의 의궤에 4점이 전하고, 무동은 1점·여령은 3점이다. 무용수는 왕조 및 연향에 따라 3가지로 구성하였고, 무도내용은 오방대형과 원대형에서의 춤으로, 의궤에는 무용수 구성과 의상에 차이를 두어 4가지 유형으로 제시하였다. 정재도를 통해 확인된 정재홀기 내용은 오방대형의 형태와 상대춤, 원대형에서 좌선하는 춤, 등장과 퇴장할 때 무용수 전체가 도는 춤이다. 반면 왕조 및 연향별로 무용수 구성에 차이가 있는 것, 처용 5인과 협무가 함께 오방대형에서 추는 것, 회무 방향이 우선인 것과 춤사위 형태는 정재홀기에 기록되지 않은 내용이다. 따라서 〈처용무〉 정재도에 공통적으로 드러난 내용은 오방대형에서 황 처용이 사방 위치의 처용과 상대하는 춤, 원대형에서 내향·외향·우선·좌선하는 춤, 집박악사 및 악사의 배열 위치와 방향, 협무가 오방대형에서 오방처용과 함께 추는 춤, 회무할 때 무용수 전체가 도는 것과 춤사위 형태이다.

〈첨수무〉 정재도는 5종의 의궤에 6점이 전하고, 무동은 2점·여령은 4점이다. 무용수는 왕조 및 연향에 따라 4가지로 구성하였고, 무도내용은 '검'·'첨수'·'소매를 말아 잡고 추는 춤'을 제시한 것으로, 의궤에는 무용수 구성과 의상 및 무구의 형태에 차이를 두어 6가지 유형으로 제시하였다. 정재도를 통해 확인된 정재홀기 내용은 검을 사용한 〈첨수무〉는 농검·집검과 잡은 후의 춤을, 소매를 말아 잡고 추는 〈첨수무〉는 북향하여 무진·무퇴하는 춤과 좌우상대하는 춤이다. 반면 여령 2인이 북향하여 출 때 〈연화대〉의 동기 2인이 후대에서 춤추는 내용, 무용수 모두 양손에 뾰족한 무구[첨수]를 들고 추는 내용, 대기무용수가 남쪽에 배열한 것과 악사와 집박악사가 좌우에 선 내용, 그리고 소매를 말아 잡고 추는 춤에서는 좌우 손을 달리하여 한 손은 한삼을 늘어뜨리고 추는 것과 다른 한손은 소매를 말아 잡고 추는 춤사위 형태는 정재홀기에 기록되지 않은 내용이다. 따라서 〈첨수무〉 정재도에 공통적으로 드러난 내용은 '검'을 무구로 사용한 〈첨수무〉는 마주보고 앉아 농검·집검과 잡은 후의 춤, '첨수' 무구를 사용한 〈첨수무〉는 양손에 '첨수'를 잡고 좌우상대·전후상대·북향하는 춤, 소매를 말아 잡고 춘 〈첨수무〉는 좌우 손을 달리하여 소매를 말아 잡고 북향과 상대하는 춤과 춤사위 형태이다.

〈첩승무〉 정재도는 5종의 의궤에 5점이 전하고, 무동은 3점·여령은 2점이다. 무용수는 무동과 여령 모두 협무 6인으로 구성되었고, 무도내용은 전후좌우복합대형에서의 춤으로, 의궤에는 무동과 여령으로 구분하여 3가지 유형으로 제시하였다. 정재도를 통해 확인된 정재홀기 내용은 전후좌우복합대형의 배열 위치와 형태 그리고 북향무·무진·무퇴·상대·상배하는 춤이다. 반면 전후좌우복합대형에서의 상대·상배를 대열 및 무용수 중심으로 하는 것과 상배할 때 한 팔은 옆으로 펴 들고 한 팔은 아래로 내려 든 춤사위 형태는 정재홀기에 기록되지 않은 내용이다. 따라서 〈첩승무〉 정재도에 공통적으로 드러난 내용은 전후좌우복합대형에서의 북향무와 무진·무퇴, 대열 및 무용수 중심으로 상대·상배하는 춤과 춤사위 형태이다.

〈초무〉 정재도는 6종의 의궤에 6점이 전하고, 모두 무동정재이다. 무용수는 왕조 및 연향에 따라 3가지로 구성하였다. 무도내용은 일렬대형에서 '외수하내수여만'과 '외수여만내수하'하며 북향하는 춤으로, 의궤에는 무용수 구성에 차이를 두어 3가지 유형으로 제시하였다. 정재도를 통해 확인된 정재홀기 내용은 일렬대형에서 한 팔은 구부려 들고 한 팔은 아래로 내리고 춤추는 내용이다. 반면 무용수가 대열 중심으로 '외수하내수여만·외수여만내수하'하며 춘 것과 춤사위 형태는 정재홀기에 기록되지 않은 내용이다. 따라서 〈초무〉 정재도에 공통적으로 드러난 내용은 일렬대형에서 무대가운데를 중심으로 '외수하내수여만·외수여만내수하'하는 춤과 춤사위 형태이다.

〈최화무〉 정재도는 4종의 의궤에 4점이 전하고, 무동은 2점·여령은 2점이다. 무용수는 왕조 및 연향에 따라 2가지로 구성하였는데, 고종 신축년 ·고종 임진년·순조 기축년에는 죽간자 2인·선모 1인·협무 4인으로 구성하였고, 순조 무자년에는 협무 6인으로 구성하였다. 무도내용은 무용수 구성에 따라 다르게 제시하였는데, 죽간자·선모·협무로 구성된 〈최화무〉는 전후대형에서의 춤을, 협무로 구성된 〈최화무〉는 일렬대형에서의 춤을 제시한 것으로, 의궤에는 무동과 여령으로 구분하여 무용수 구성과 의상에 차이를 두어 3가지 유형으로 제시하였다. 정재도를 통해 확인된 정재홀기 내용은 먼저 죽간자·선모·협무로 구성된 〈최화무〉는 전후대형에서의 춤으로 도입부와 종결부에서 죽간자가 구호를 부르는 위치와 방향, 선모는 전대에 협무는 후대에 선 전후대형에서 무진·무퇴하는 춤을 제시한 것이고, 협무로 구성된 〈최화무〉는 일렬대형에서 무용수 전체가 북향하여 춤추는 내용이다. 반면 전후대형에서 추는 춤사위 형태와 일렬대형에서 좌무와 우무가 북향하여 춤출 때 펴 든 팔의 위치가 대열중심으로 각각 외수를 든 것과 춤사위 형태는 정재홀기에 기록되지 않은 내용이다. 따라서 〈최화무〉 정재도에 공통적으로 드러난 내용은 동일 정재에서 무용수 및 음악적 구성에 차이를 두어 왕조 및 연향에 따라 당악정재와 향악정재 2가지 무용구조로 구분하여 진행한 것을 제시하였다. 먼저 죽간자·선모·협무 구성의 당악정재는 죽간자가 구호를 부르는 위치와 방향, 선모는 전대에 협무는 후대에 선 초열의 형태, 전후대형에서 북향무·무진·무퇴하는 춤과 춤사위를 제시하였다. 다음으로 협무 구성의 향악정재는 일렬대형에서 북향하고 춤출 때 펴 드는 팔의 위치가 대열[좌대·우대] 기준으로 외수를 드는 것과 춤사위 형태이다.

〈춘광호〉 정재도는 3종의 의궤에 3점이 전하고, 모두 무동정재이다. 무용수는 협무 6인으로 구성되었고, 무도내용은 전후좌우복합대형에서 상대·상배·남향·북향하는 춤으로, 의궤에는 의상에 차이를 두어 2가지 유형으로 제시하였다. 정재도를 통해 확인된 정재홀기 내용은 전대[1대]와 후대[3대]가 상대·상배하고 환대·환복기대하는 춤, 중대[제2대]의 좌우협무 2인이 환대하는 춤, 무용수 전체가 전후좌우복합대형에서 북향하여 무진·무퇴하는 내용이다. 반면 중대[2대]의 좌우협무가 제1대의 좌우협무를 각각 바라보는 춤과 춤사위 형태는 정재홀기에 기록되지 않은 내용이다. 따라서 〈춘광호〉 정재도에 공통적으로 드러난 내용은 협무 6인이 전후좌우복합대형에서 북향무·무진·무퇴·상대·상배·환대·환복기대하는 춤과 상대·상배를 무용수 중심으로 한 것과 대열 중심으로 내향·외향한 것, 그리고 춤사위 형태이다.

〈춘대옥촉〉 정재도는 1종의 의궤에 1점이 전하고, 무동정재로 추었다. 무용수는 집당

2인과 보등 4인으로 구성되었고, 무도내용은 전후대형에서의 춤을 보여주고 있다. 정재도를 통해 확인된 정재홀기 내용은 집당 2인이 나아가 윤대의 좌우에서 북소리를 따라 족도하는 춤이다. 반면 집당 2인이 선 위치가 윤대의 남쪽[좌우]인 것, 협무 4인이 보등을 잡고 추는 것, 보등 4인이 전대에 3인, 후대에 1인이 선 전후대형의 형태와 전후대형에서 상대·상배·선전·환대이무하는 춤, 보등을 잡은 손의 위치가 전대와 후대에 따라 오른손과 왼손으로 다른 점과 춤사위 형태는 정재홀기에 기록되지 않은 내용이다. 따라서 〈춘대옥촉〉 정재도에 제시된 내용은 집당 2인이 윤대 위 남쪽의 좌우에 선 위치, 보등 4인이 윤대 위에서 전대에 3인이 후대에 1인이 선 전후대형의 형태, 협무 4인이 보등을 잡은 것과 협무가 선 위치에 따라 보등을 잡은 손위치가 다른 것과 상대·상배·선전·환대이무하며 추는 춤사위 형태이다.

〈춘앵전〉 정재도는 10종의 의궤에 11점이 전하고, 무동은 2점·여령은 9점이다. 무용수는 1인으로 구성되었고, 무도내용은 화문석 위에서 북향과 서북향하는 춤으로, 의궤에는 무동과 여령으로 구분하여 5가지 유형으로 제시하였다. 정재도를 통해 확인된 정재홀기 내용은 북향하고 무진·무퇴하는 춤, 좌우선전하는 춤, 좌우 팔을 흔들며 추는 춤이다. 반면 〈춘앵전〉에 화문석이라는 무구를 사용한 것과 화문석에 무용수들이 서는 위치를 북쪽·중앙·남쪽으로 제시한 것과 이를 옮겨가면서 추는 춤과 춤사위 형태는 정재홀기에 기록되지 않은 내용이다. 따라서 〈춘앵전〉 정재도에 공통적으로 드러난 내용은 화문석의 북쪽·중앙·남쪽에 서서 북향과 서북향하며 환전하는 춤과 춤사위 형태이다.

〈침향춘〉 정재도는 2종의 의궤에 3점이 전하고, 무동은 2점·여령은 1점이다. 무용수는 여령과 무동 모두 협무 2인으로 구성되었고, 무도내용은 일렬대형에서의 춤으로, 의궤에는 의상에 차이를 두어 무동과 여령으로 구분하여 3가지 유형으로 제시하였다. 정재도를 통해 확인된 정재홀기 내용은 일렬대형에서 꽃을 잡고 북향하고 무퇴하는 춤이다. 반면 꽃을 잡은 손 위치가 외수인 점, 꽃을 한삼 밖으로 잡은 것, 대열중심으로 외수는 펴들고 내수는 아래로 내려 든 것과 춤사위 형태는 정재홀기에 기록되지 않은 내용이다. 따라서 〈침향춘〉 정재도에 공통적으로 드러난 내용은 일렬대형에서 북향하는 춤, 무퇴하는 춤, 외수집화, 꽃을 한삼 밖으로 잡은 것, 대열중심으로 외수는 펴들고 내수는 아래로 내려 든 춤사위 형태이다.

〈포구락〉 정재도는 12종의 의궤에 17점이 전하고, 무동은 6점·여령은 11점이며, 〈쌍포구락〉으로도 추었다. 무용수는 왕조 및 연향에 따라 8가지로 구성하였고, 무도내용은 전후대형과 2대좌우대형에서의 춤으로, 의궤에는 무용수 구성과 의상 및 무구의 형태에 차이를 두어 9가지 유형으로 제시하였다. 정재도를 통해 확인된 정재홀기 내용은 도입부와 종결부에서 죽간자가 구호를 부르기 위해 무진·무퇴하는 것과 구호 부르는 내용, 제1대가 구문을 향해 무진·무퇴하는 춤, 제1대가 구문 좌우에서 농구무와 포구희하는 춤, 제2대가 포구희 하기 위해 북향 무진하는 것과 협무 전체가 북향하고 무진·무퇴하는 춤, 전대[제1대]가 포구희 할 때 나머지 후대가 염수하고 뒤에서 기다리는 내용이다. 반면 죽간자가 구호를 부른 뒤 물러나 마주보는 내용, 제1대의 좌무[좌대]가 공을 잡기위해 구문을 향해 엎드린 동작과 방향, 제1대가 구문좌우에서 무진·무퇴하는 춤사위, 후대가 북향 무진할 때의 춤사위가 두 팔을 옆으로 펴든 것, 봉화와 봉필이 서는 위치가 동쪽과 서쪽인 것, 공을 양손으로 잡는 것, 공을 한삼 위로 잡는 것, 한삼을 걷어내고 손으로 직접 잡은 것과 춤사위 형태는 정재홀기에 기록되지 않은 내용이다. 따라서 〈포구락〉 정재도에 공통적으로 드러난 내용은 죽간자가 도입부와 종결부에서 구호를 부르는 위치와 방향, 진행부에서 죽간자가 상대하는 춤, 봉화와 봉필이 서는 위치와 방향, 공을 잡는 양태가 한삼 위로 잡는 것과 한삼을 걷어내고 손으로 직접 잡은 것, 구문좌우에서 제1대가 팔을 펴들고 무진·무퇴·농구무·포구희춤·공을 잡을 때 구문을 향해 엎드리는 방향, 전대가 포구희할 때 후대가 2대좌우대형에서 염수하고 기다리는 내용, 다음대가 포구희를 하기 위해 두 팔을 펴들고 무진하는 내용과 춤사위 형태이다.

〈하황은〉 정재도는 7종의 의궤에 7점이 전하고, 모두 여령정재이다. 무용수는 왕조 및 연향에 따라 2가지로 구성하였고, 무도내용은 2대좌우대형과 삼대대형에서의 춤으로, 의궤에는 무용수 구성에 차이를 두어 4가지 유형으로 제시하였다. 정재도를 통해 확인된 정재홀기 내용은 족자가 죽간자와 나란히 북향 무진하는 것과 회무한 다음 초열로 설 때의 위치와 방향, 삼대대형에서 무대가운데 선모가 북쪽·동남쪽·서남쪽의 협무와 차례로 상대하는 춤이다. 반면 죽간자가 구호를 부른 뒤 물러나 상대할 때 족자는 제자리에 머무르는 것, 진행부에서 죽간자가 상대하는 춤, 2대좌우대형에서 좌우협무가 마주보고 춤추는 것과 춤사위 형태는 정재홀기에 기록되지 않은 내용이다. 따라서 〈하황은〉 정재도에 공통적으로 드러난 내용은 족자와 죽간자가 북향 무진하는 내용, 족자의 위치와 방향, 죽간자가 구호를 부르고 물러난 위치와 방향, 2대좌우대형과 삼대대형의 좌우에 악사와 집박악사가 선 위치, 2대좌우대형에서 협무 6인이 마주보고 추는 춤, 삼대대형에서 무대가운데 선모가 북쪽·동남쪽·서남쪽에 선 협무와 차례로 마주보고 춤추는 내용과 춤사위 형태이다.

〈학무〉 정재도는 8종의 의궤에 8점이 전하고, 모두 여령정재이다. 무용수는 왕조 및 연향에 따라 2가지로 구성하였고, 무도내용은 일렬대형에서의 춤으로, 의궤에는 무용수 구성과 무구[지당판]의 유무와 형태에 차이를 두어 2가지 유형으로 제시하였다. 정재도를 통해 확인된 정재홀기 내용은 동기가 연통에서 기립하는 춤, 학이 지당판 뒤[南]에서 마주보거나 고개를 들어 부리를 부딪치며 추는 춤, 정재무동이 〈학무〉를 춘 내용이다. 반면 학이 춤추는 공간이 지당판 뒤[南]인 점, 대기무용수의 위치, 집박악사와 악사의 위치가 동쪽인 것과 춤사위 형태는 정재홀기에 기록되지 않은 내용이다. 따라서 〈학무〉 정재도에 공통적으로 드러난 내용은 학 2마리가 지당판 뒤[南]에서 일렬대형으로 서서 마주보는 춤, 고개를 들어 부리를 부딪치는 춤, 학이 부리로 연통을 쪼으면 그 속에서 동기가 일어서는 내용, 집박악사와 악사의 위치와 춤사위 형태이다.

〈향령무〉 정재도는 10종의 의궤에 14점이 전하고, 무동은 5점·여령은 9점이다. 무용수는 연향에 따라 2가지로 구성하였고, 무도내용은 2대좌우대형·전후대형·품자대형에서의 춤으로, 의궤에는 무동과 여령으로 구분하여 무용수 및 무구의 형태에 차이를 두어 4가지 유형으로 제시하였다. 정재도를 통해 확인된 정재홀기 내용은 품자대형의 형태, 협무 6인이 품자대형에서 북향하여 무진·무퇴하는 춤, 북향하고 무두사·미후사를 부르며 좌우 손을 옆 혹은 아래로 내려 여미며 추는 춤이다. 반면 품자대형에서 아래로 내린 팔 위치가 앞과 뒤로 여민 것과 협무 4인이 2대좌우대형에서 '양수평거'하며 상대하는 춤, 그리고 전후대형에서 상배하는 춤과 춤사위 형태는 정재홀기에 기록되지 않은 내용이다. 따라서 〈향령무〉 정재도에 공통적으로 드러난 내용은 무용수 구성을 협무 4인과

6인으로 차이를 두어 왕조 및 연향별로 추어지는 다양한 춤을 제시한 것으로, 2대좌우대형에서는 좌우대의 상대, 전후대형에서는 전후대의 상배, 품자대형에서는 북향하고 무진·무퇴하는 춤과 춤사위 형태이다.

〈향발무〉 정재도는 6종의 의궤에 9점이 전하고, 무동은 5점·여령은 4점이다. 무용수는 왕조 및 연향에 따라 5가지로 구성하였고, 무도내용은 일렬대형·2대좌우대형·전후대형·4대좌우대형에서의 춤으로, 의궤에는 무용수의 구성과 한삼 착용의 유무 그리고 의상 및 무구[향발·술띠]의 형태와 무구를 잡은 위치[한삼 밖과 안]에 차이를 두어 9가지 유형으로 제시하였다. 정재도를 통해 확인된 정재홀기 내용은 협무 2인이 일렬대형에서 북향·무진·상대하는 춤이다. 반면 협무 2인이 북향하고 팔을 펴 들고 추는 춤의 좌우팔의 위치가 내수는 아래로 내리고 외수는 옆으로 펴든 것, 협무 4인이 2대좌우대형에서 좌우상대와 전후상대하는 춤, 협무 8인이 일렬대형에서의 북향춤과 대열중심의 상대와 무용수 중심으로 상배하는 춤, 그리고 4대좌우대형에서 무용수 중심으로 상대하는 춤과 춤사위 형태는 정재홀기에 기록되지 않은 내용이다. 따라서 〈향발무〉 정재도에 공통적으로 드러난 내용은 무용수 구성을 협무 2인·4인·8인으로 차이를 두어 왕조 및 연향별로 추어지는 다양한 춤을 제시한 것으로, 일렬대형에서 북향·상대·상배하는 춤, 2대·4대좌우대형에서의 상대춤, 전후대형에서의 상배춤과 춤사위 형태이다.

〈헌선도〉 정재도는 11종의 의궤에 15점이 전하고, 무동은 4점·여령은 11점이다. 무용수는 왕조 및 연향에 따라 3가지로 구성하였고, 무도내용은 전후대형에서의 춤으로, 의궤에는 무용수 구성과 의상 및 무구[탁자·선도반]의 형태에 차이를 두어 4가지 유형으로 제시하였다. 정재도를 통해 확인된 정재홀기 내용은 악사가 탁자 뒤에서 상대 궤·상대·북향하며 무구를 설치하는 내용, 선모가 선도반을 들고 창사를 부르는 내용, 선모가 창사를 부른 다음 궤하여 탁자 위에 선도반을 올리는 내용, 선모가 무진할 때 협무가 염수하고 기다리는 내용, 협무 2인의 상대 춤, 선모와 좌우협무가 북향하여 창사를 부르고 춤추는 내용이다. 반면 죽간자가 협무 앞[북쪽]에서 상대한 것과 죽간자가 악사와 함께 협무 뒤[남쪽]에 나란히 서서 북향한 것은 정재홀기에 기록되지 않은 내용이다. 따라서 〈헌선도〉 정재도에 공통적으로 드러난 내용은 악사가 탁자를 설치하는 내용, 선모가 선도반을 들고 창사를 부르는 내용, 선모가 궤하고 선도반을 탁자 위에 올리는 내용, 죽간자가 선 위치가 협무의 북쪽과 남쪽인 점, 죽간자의 방향이 상대와 북향인 점, 선모와 좌우협무가 창사를 부르며 춤추는 내용, 선모가 무진할 때 좌우협무가 후대에서 염수하고 기다리는 내용, 좌우협무가 상대하는 내용과 춤사위 형태이다.

〈헌천화〉 정재도는 6종의 의궤에 8점이 전하고, 무동은 5점·여령은 3점이다. 의궤 정재도에 수록된 〈헌천화〉를 보면 무동은 4점·여령은 4점이지만, 고종 신축 『진찬의궤』에 여령정재로 제시된 무도내용은 무동정재로 제시되어 있어 〈헌천화〉 정재도는 무동은 5점·여령은 3점으로 수정되어야 한다. 무용수 구성은 무동과 여령 모두 집당 2인·선모 1인·협무 2인으로 같다. 무도내용은 전후대형에서의 춤으로, 의궤에는 무동과 여령으로 구분하여 2가지 유형으로 제시하였다. 정재도를 통해 확인된 정재홀기 내용은 선모가 화병을 들고 북향 무진하는 것, 창사를 부를 때 화병을 들고 하는 것, 선모와 협무 2인이 북향 무진·무퇴하는 춤, 집당이 당을 잡고 북쪽의 좌우에 선 위치이다. 반면 집당을 잡은 손 위치가 외수인 것과 협무 2인이 무진·무퇴할 때의 춤사위 형태는 정재홀기에 기록되지 않은 내용이다. 따라서 〈헌천화〉 정재도에 공통적으로 드러난 내용은 선모가 화병을 탁자 위에 올려놓기 전의 춤을 제시한 것으로, 선모와 협무 2인이 전후대형으로 선 배열 위치, 집당 2인의 위치, 선모가 창사를 부를 때 화병을 들고 하는 것, 집당을 잡은 손 위치, 선모와 협무 2인이 무진·무퇴하는 춤과 춤사위 형태이다.

이상과 같이 12종의 의궤에 수록된 342점의 정재도를 살펴보았을 때 정재홀기에 기록된 무용수 구성·정재대형·정재이동·정재방향·정재위치 등의 내용과 정재홀기에 기록되지 않은 악사와 집박악사의 위치 그리고 의상 및 무구의 형태 등 다양한 내용들을 확인하였다. 왕조 및 연향에 따라 무용수 구성에 차이가 있는 것과 이에 따라 다양한 대형을 사용한 것, 그리고 정재대형의 종류에 따라 상대하는 기준이 대열과 무용수 중심 2가지로 춘 것을 확인하였다. 정재도에는 왕조 및 연향별로 변화된 정재 연향의 춤 구조를 제시하였고, 정재도마다 무용수들의 배열 위치와 바라보는 방향, 무용수별로 진행된 여러 가지의 춤을 제시하였는데, 그림 속에 여러 내용을 그려 다면적이고 복합적인 구조로 기록하였다.

정재도의 기록 형식은 모두 같고, 무용수 역할별로 이들이 배열된 위치가 정해져 있었다. 그리고 정재별로 같은 내용을 반복하여 그리기도 하고 한 그림 속에 여러 내용을 그려 놓았는데 이것은 정재홀기에 기록된 정재내용을 다양한 관점으로 제시한 것이다. 특히 정재도는 정재대형을 중심으로 진행되는 정재의 특성을 잘 반영하였는데, 정재홀기 내용의 실제와 정재홀기에 기록되지 않은 내용을 그림으로 제시하여 문자로 기록되어 정재내용의 실제를 정확하게 알지 못하는 『정재무도홀기』의 단점을 잘 보완해 주고 있다.

이상으로 12종의 의궤에 기록된 342점의 정재도를 통해 정재홀기와는 다른 맥락에서 정재내용을 찾을 수 있다는 것과 향후 조선조 궁중연향의 일 모습을 복원하고자 할 때 기존의 정재 연구와는 차원이 다른 또 다른 새로운 연구 방향을 제시할 수 있을 것이라 기대한다.

제6장

텍스트: 의궤 정재도

1. 정조 을묘 『원행을묘정리의궤』 소재 정재도
2. 순조 무자 『진작의궤』 소재 정재도
3. 순조 기축 『진찬의궤』 소재 정재도
4. 헌종 무신 『진찬의궤』 소재 정재도
5. 고종 무진 『진찬의궤』 소재 정재도
6. 고종 정축 『진찬의궤』 소재 정재도
7. 고종 정해 『진찬의궤』 소재 정재도
8. 고종 임진 『진찬의궤』 소재 정재도
9. 고종 신축 『진찬의궤』 소재 정재도
10. 고종 신축 『진연의궤』 소재 정재도
11. 고종 임인(4月) 『진연의궤』 소재 정재도
12. 고종 임인(11月) 『진연의궤』 소재 정재도

1. 정조 을묘 『원행을묘정리의궤』 正祖 乙卯 『園行乙卯整理儀軌』

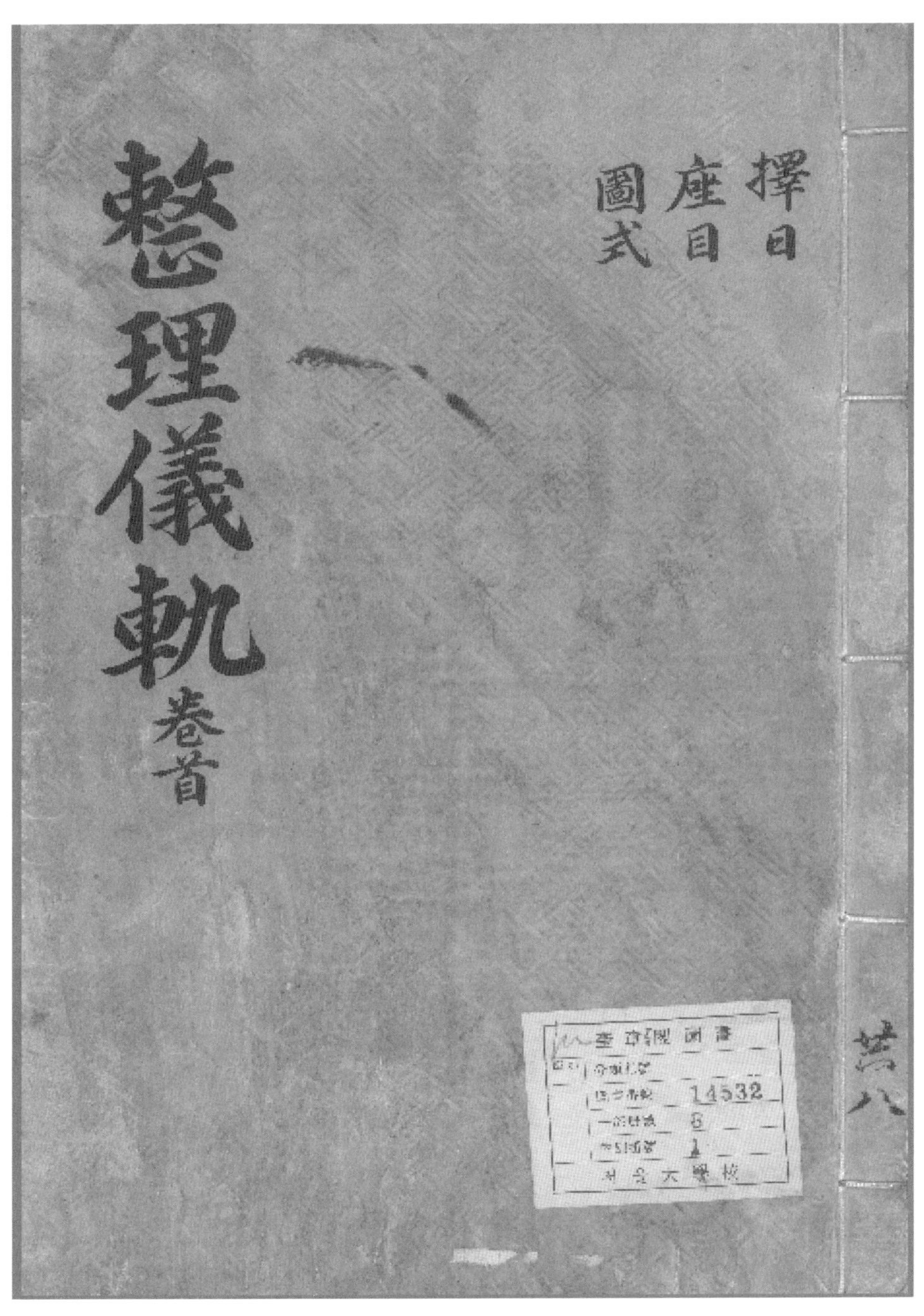

여령정재

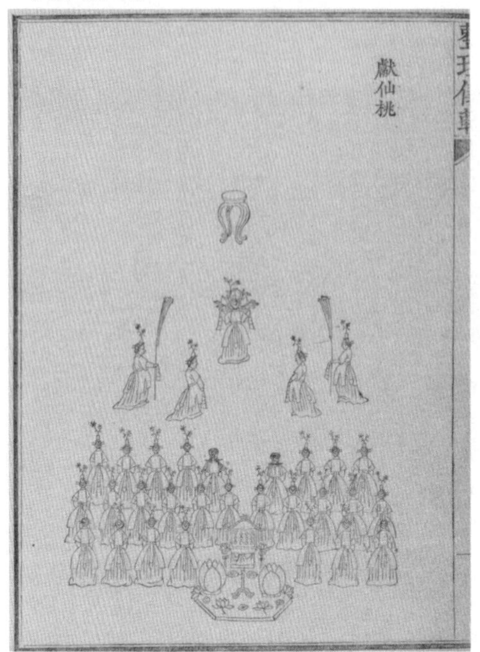

1. 헌선도 8b

3. 하황은 9b

2. 몽금척 9a

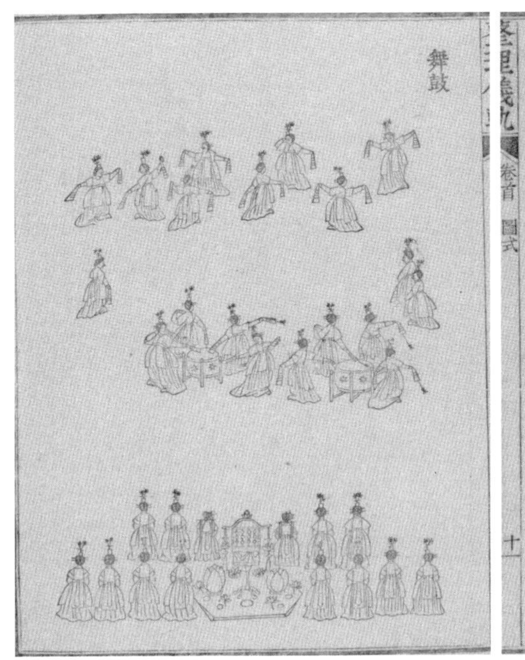

5. 무고 10b

4. 포구락 10a

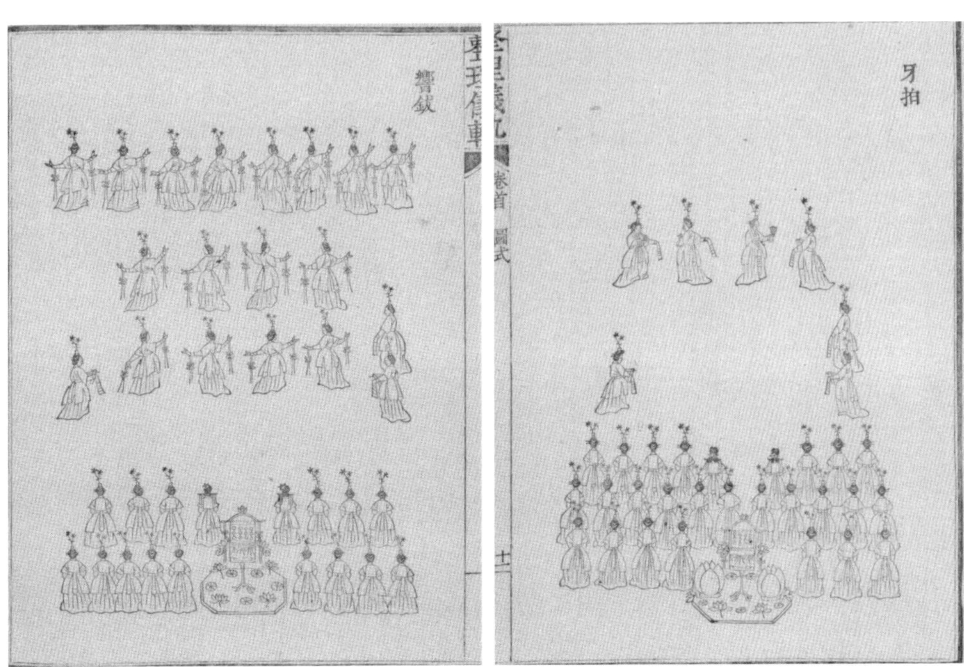

7. 향발 11b

6. 아박 11a

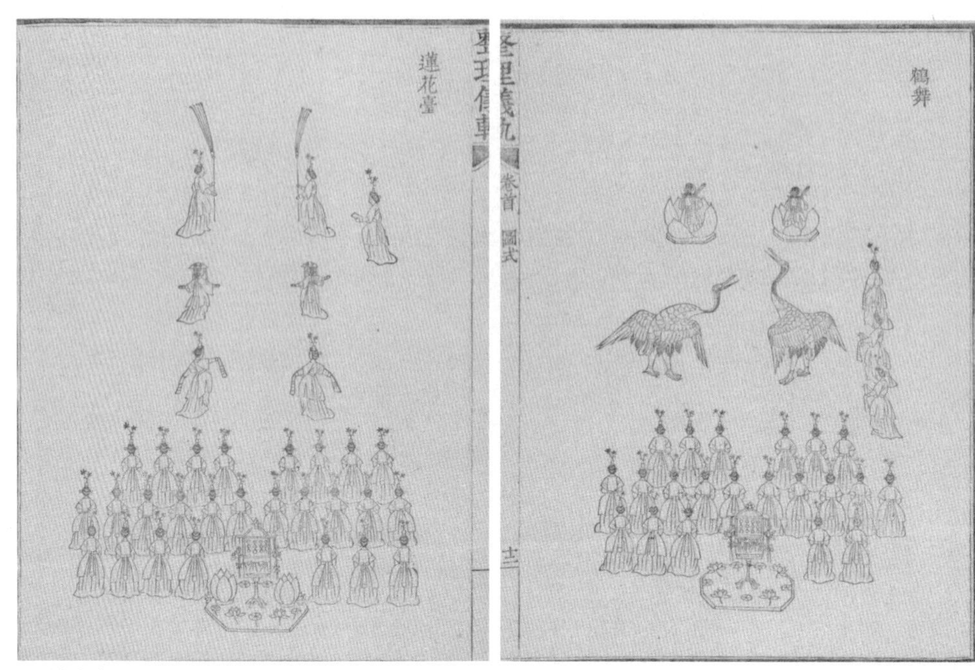

9. 연화대 12b

8. 학무 12a

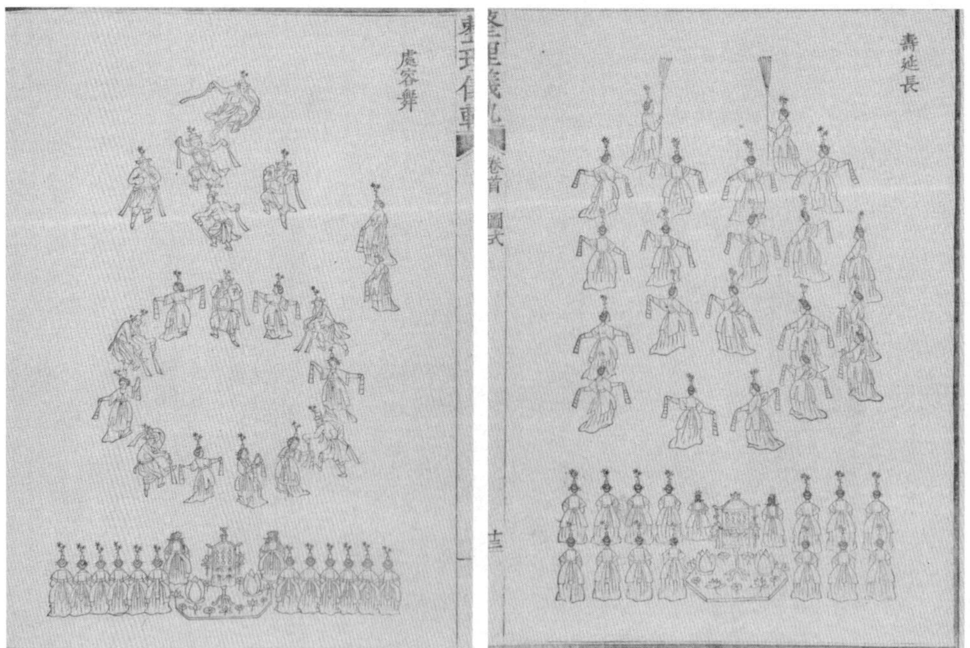

11. 처용무 13b

10. 수연상 13a

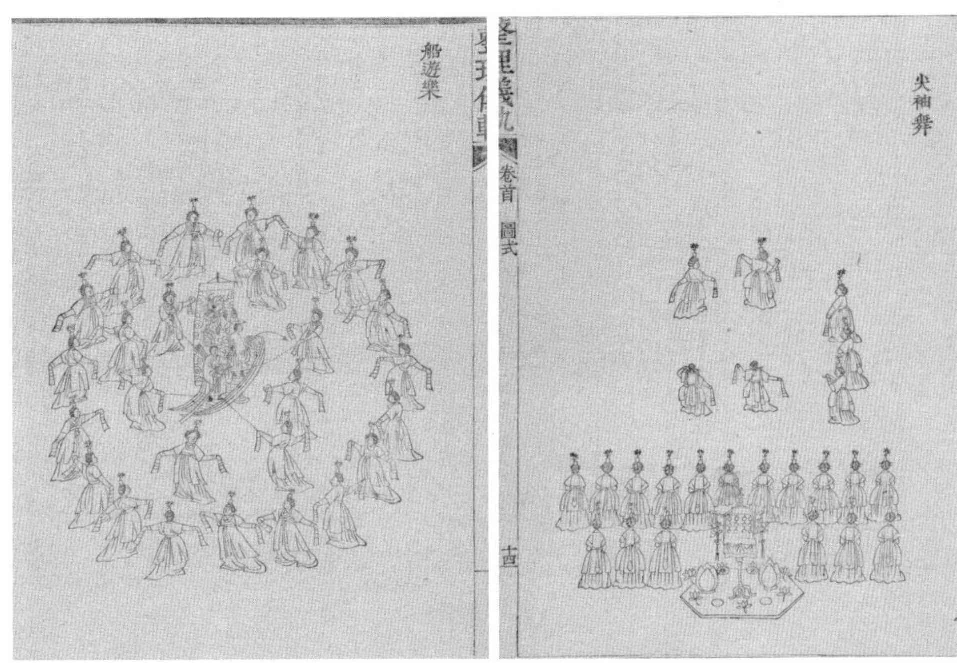

13. 선유락 14b

12. 첨수무 14a

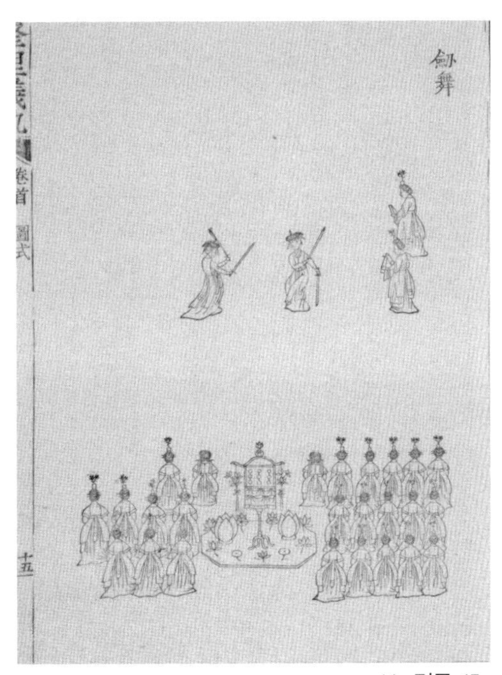

14. 검무 15a

2. 순조 무자 『진작의궤』純祖 戊子 『進爵儀軌』

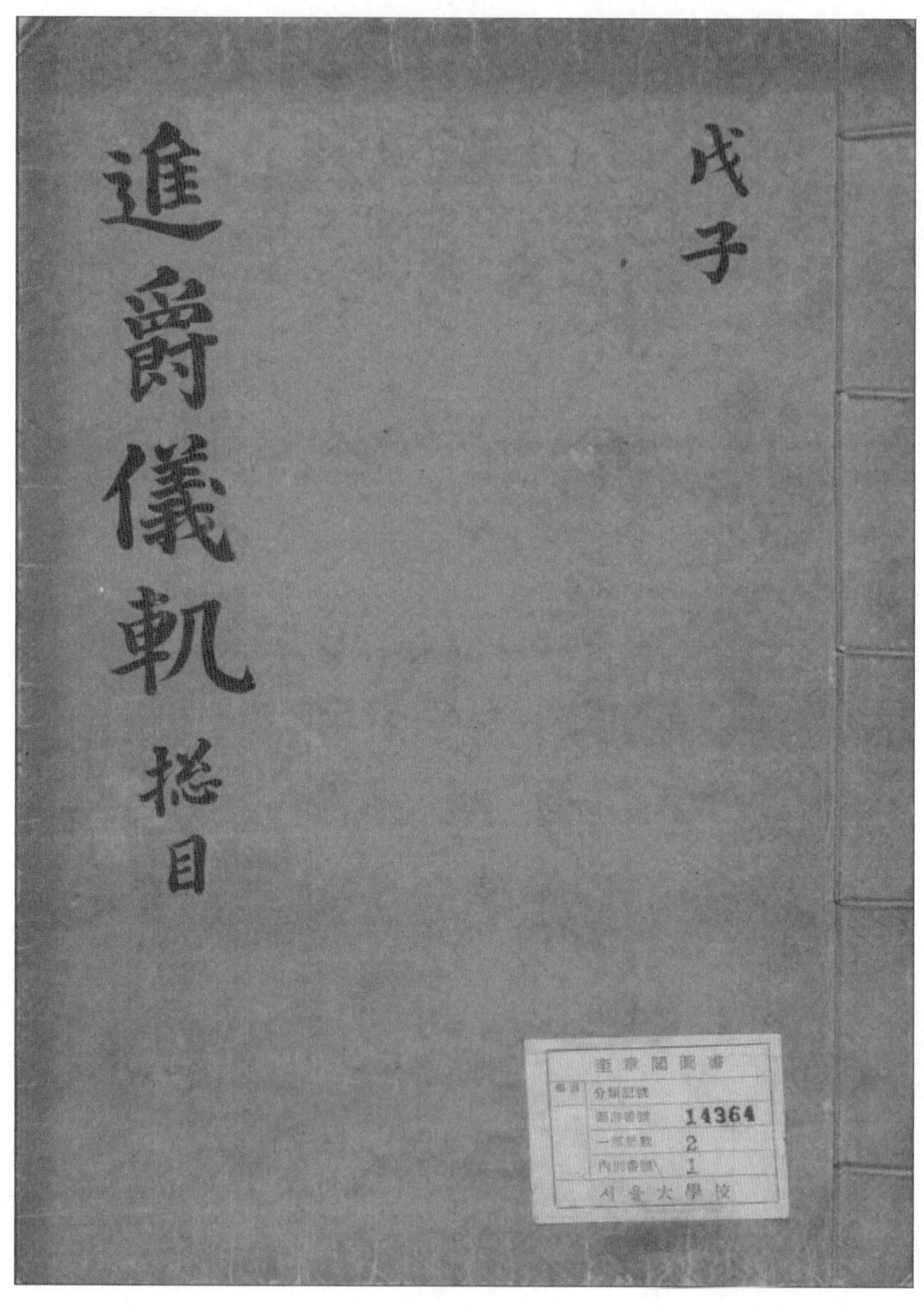

무동정재

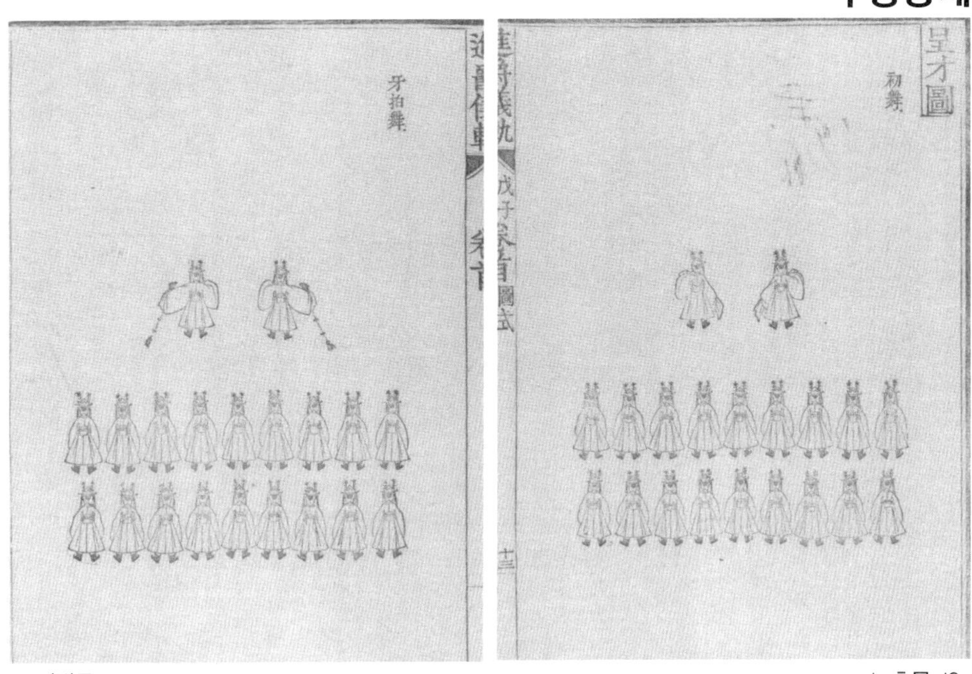

1. 초무 13a

2. 아박무 13b

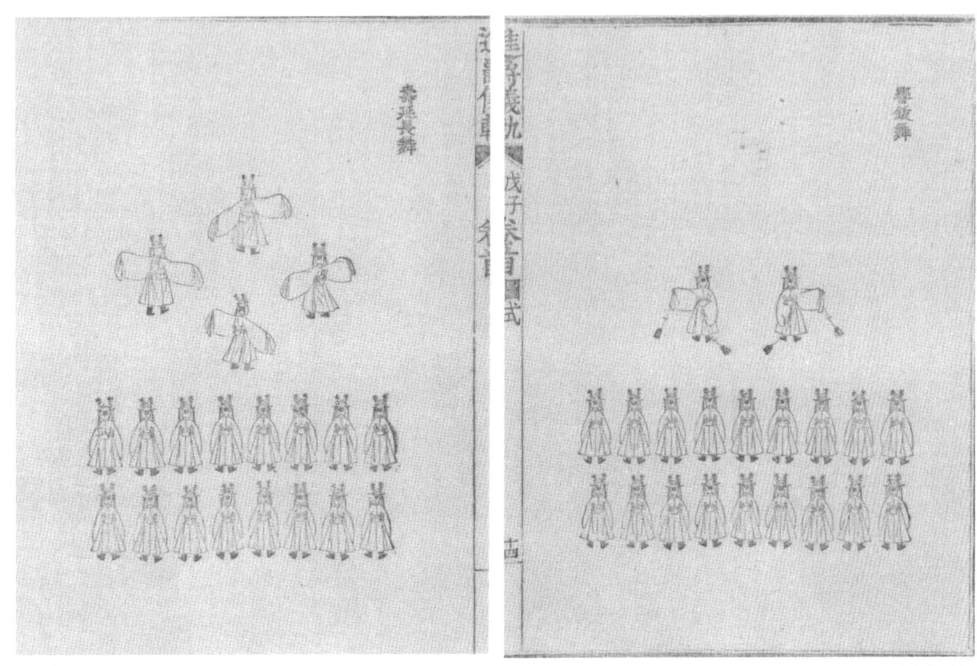

3. 향발무 14a

4. 수연장무 14b

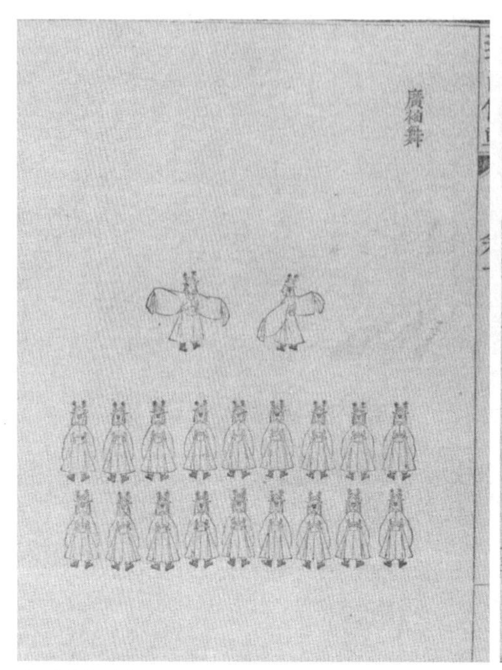

6. 광수무 15b

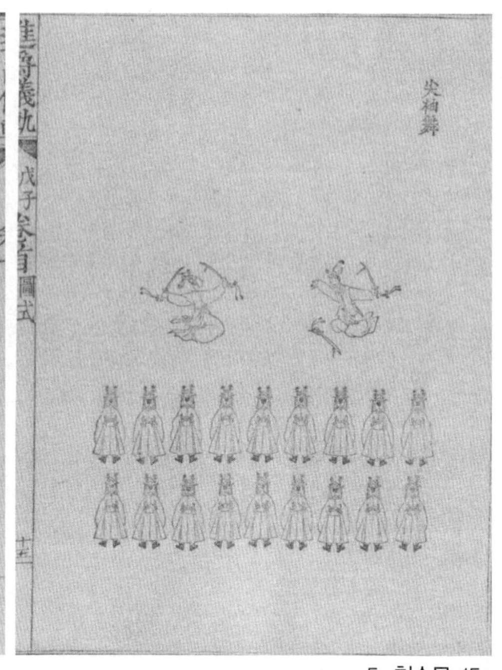

5. 첨수무 15a

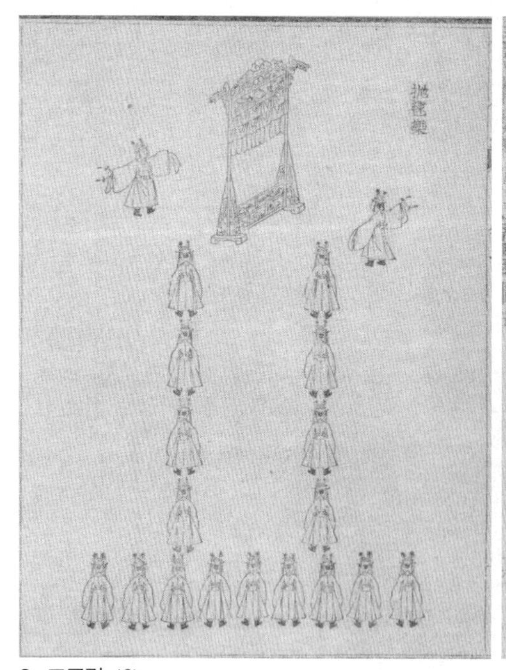

8. 포구락 16b

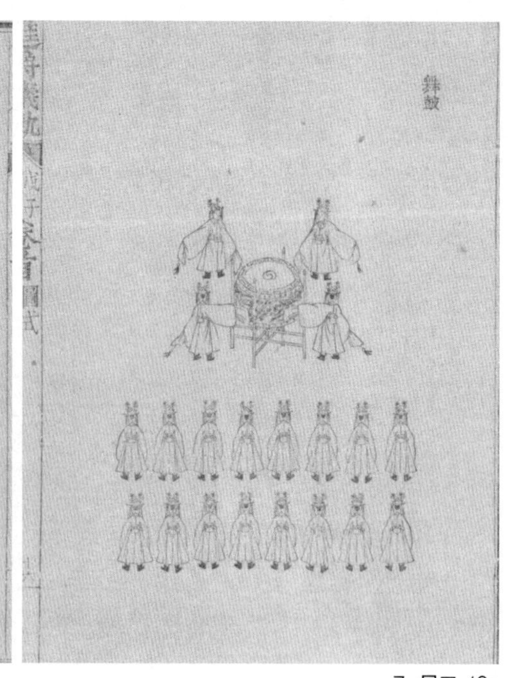

7. 무고 16a

9. 처용무 17a

무동정재

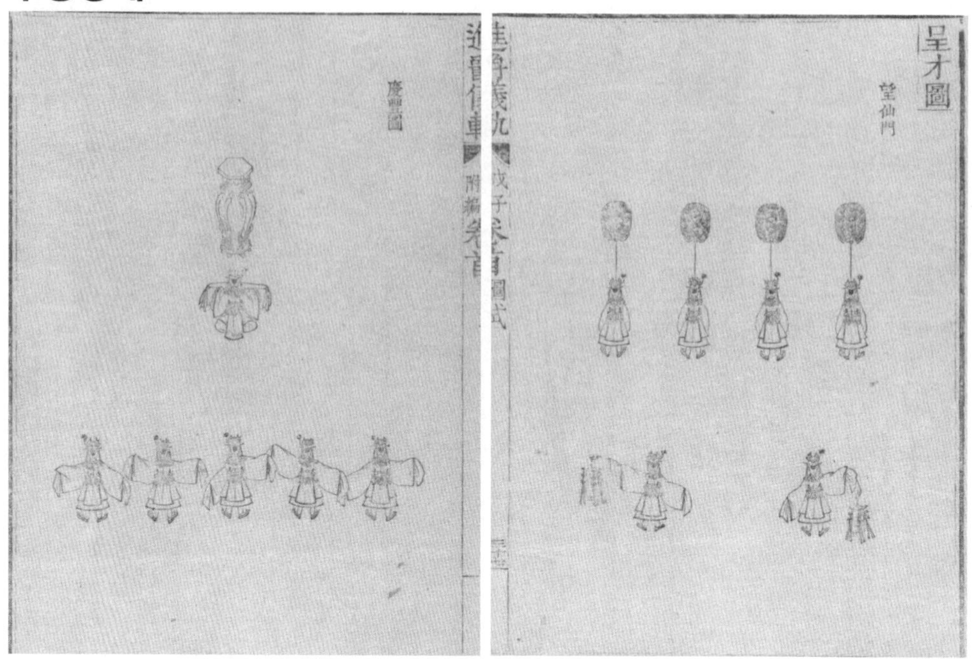

2. 경풍도 37b

1. 망선문 37a

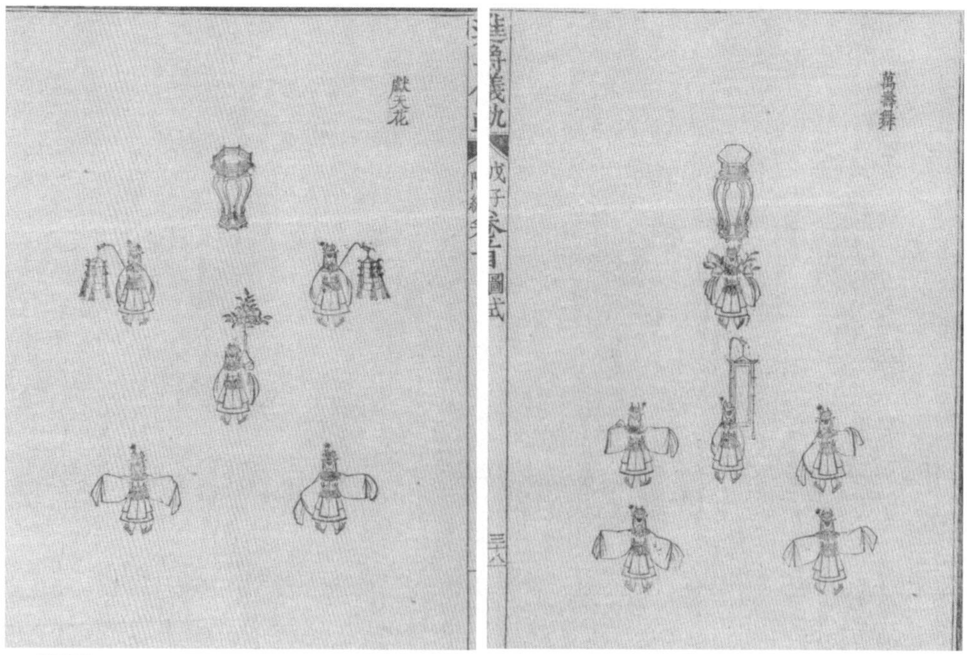

4. 헌천화 38b

3. 만수무 38a

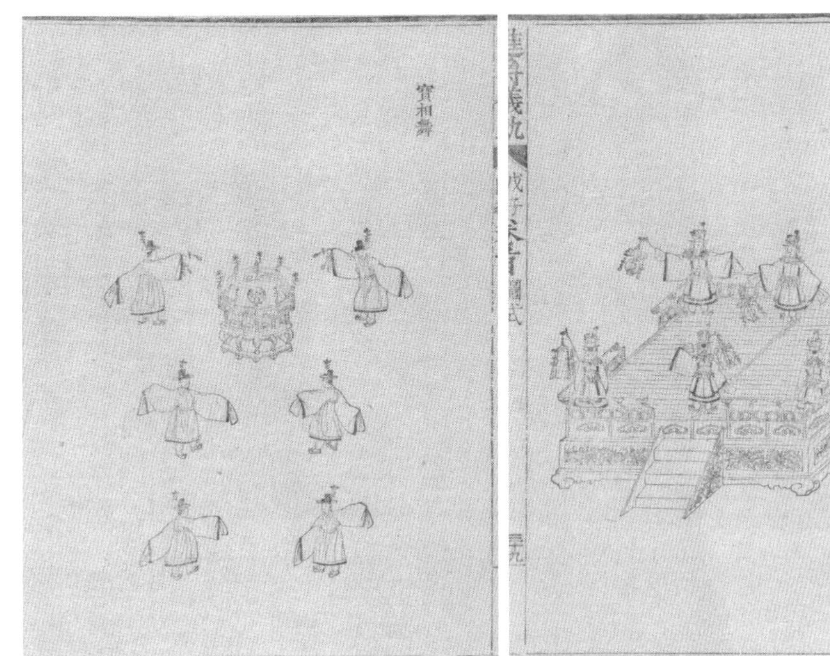

6. 보상무 39b

5. 춘대옥촉 39a

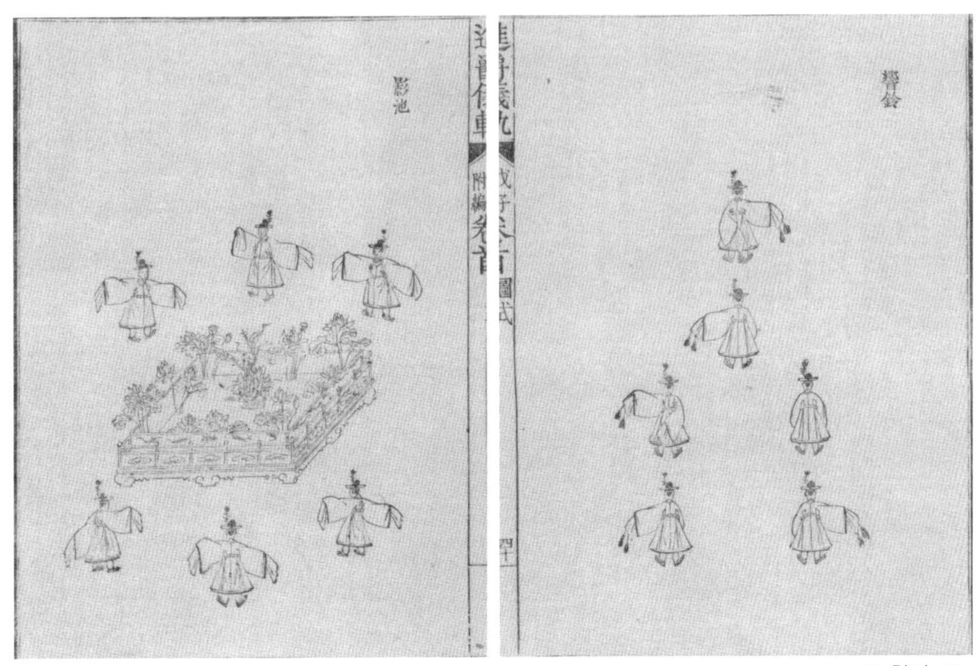

8. 영지 40b

7. 향령 40a

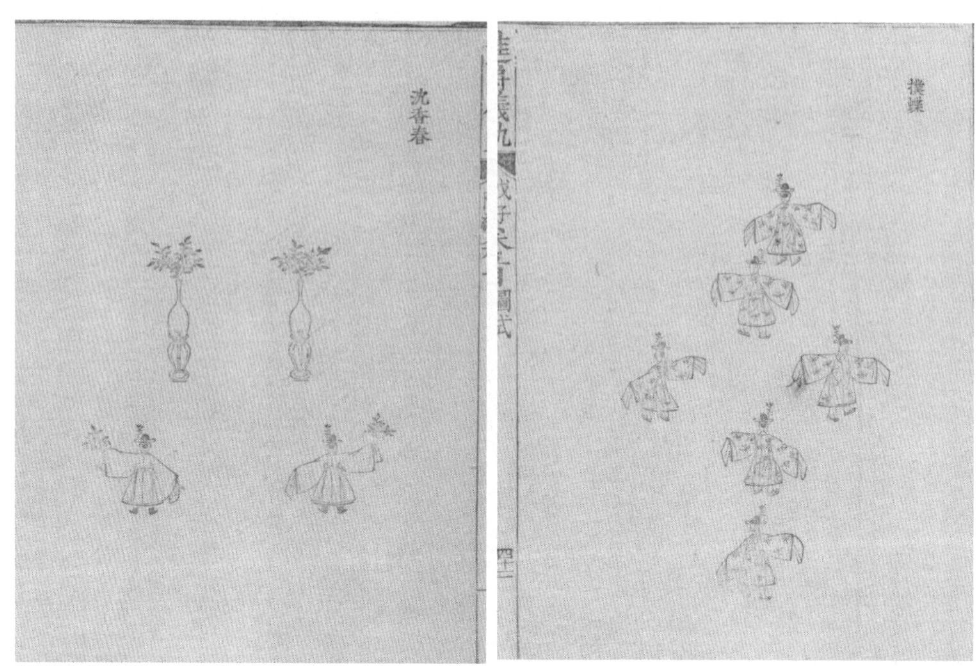

10. 침향춘 41b

9. 박접 41a

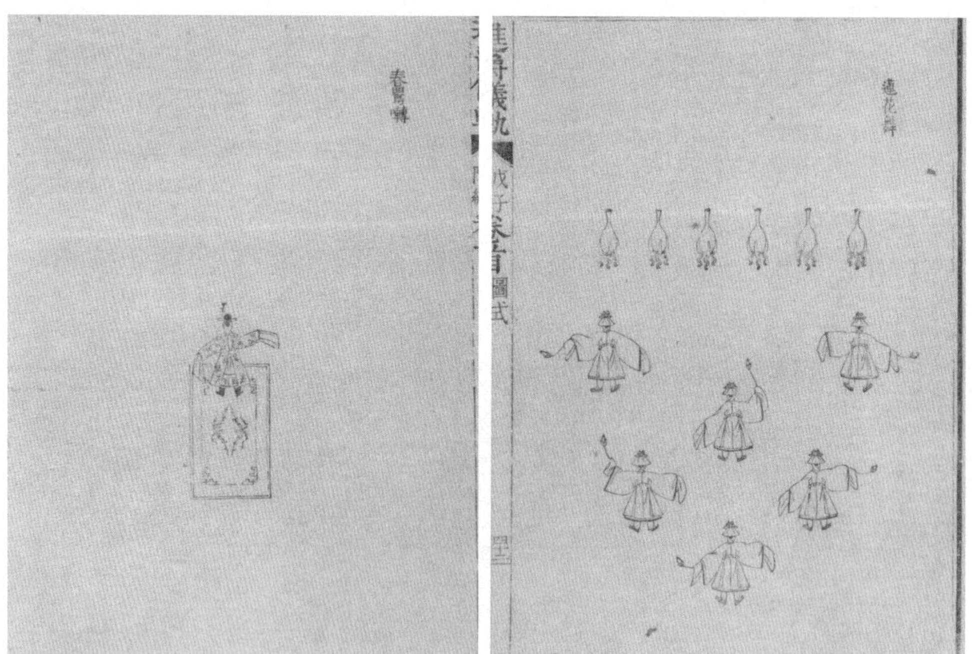

12. 춘앵전 42b

11. 연화무 42a

14. 첩승 43b

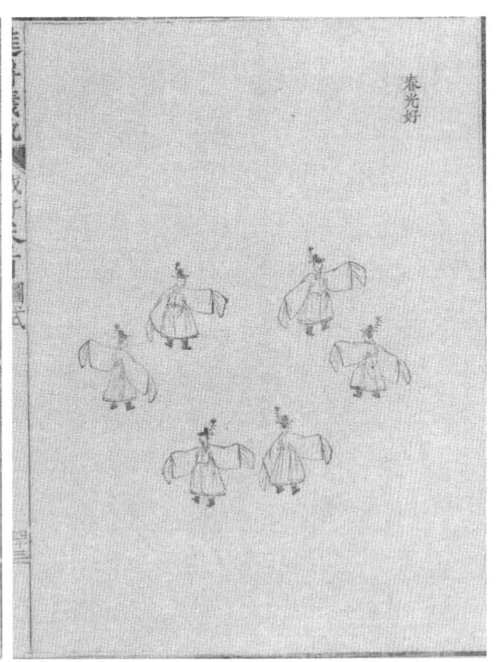

13. 춘광호 43a

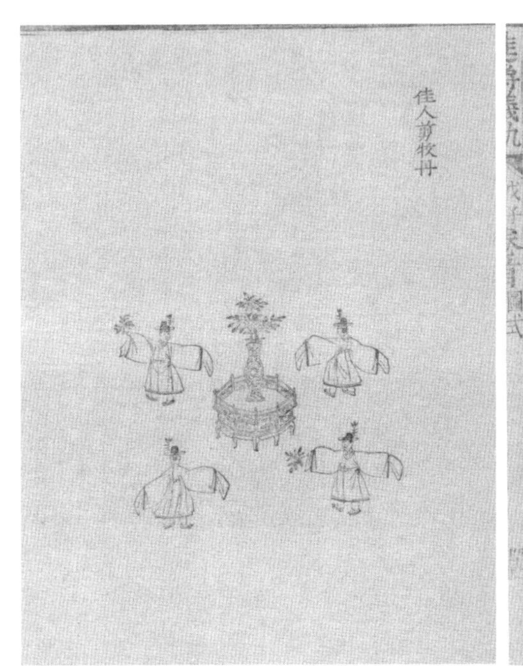

16. 가인전목단 44b

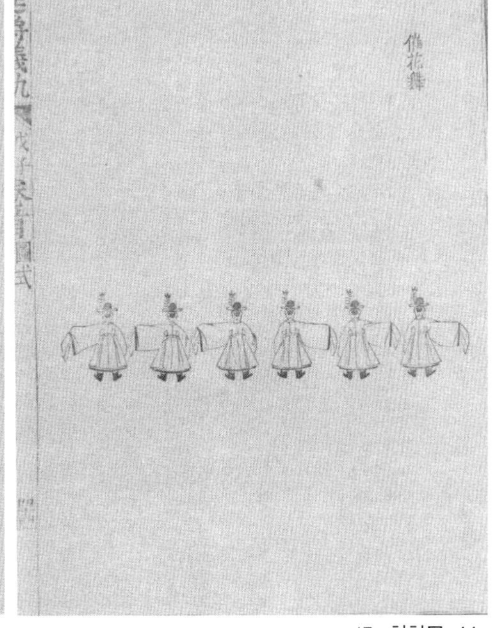

15. 최화무 44a

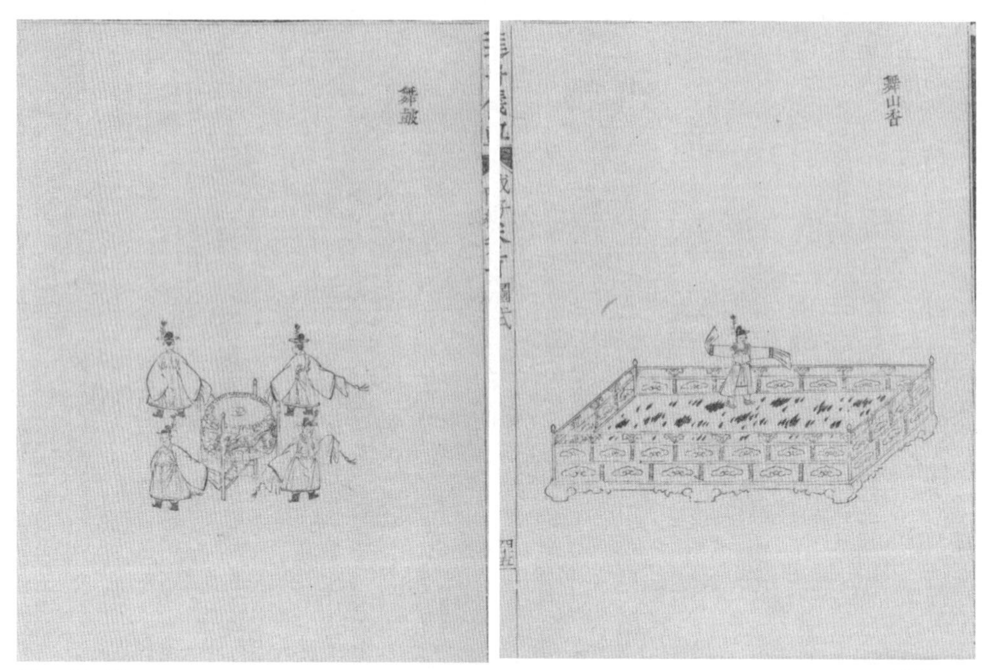

18. 무고 45b

17. 무산향 45a

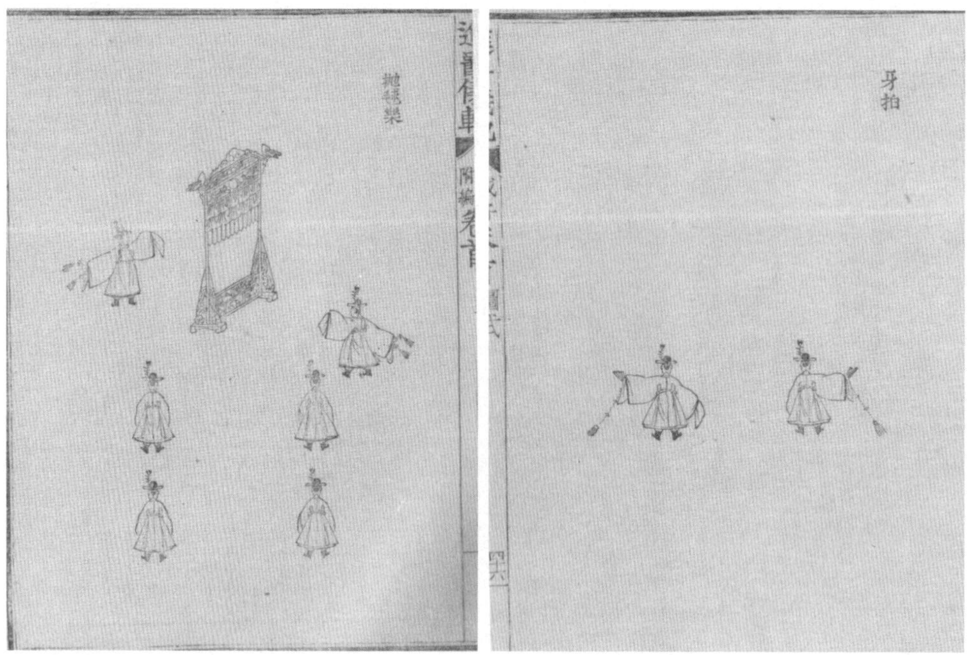

20. 포구락 46b

19. 아박 46a

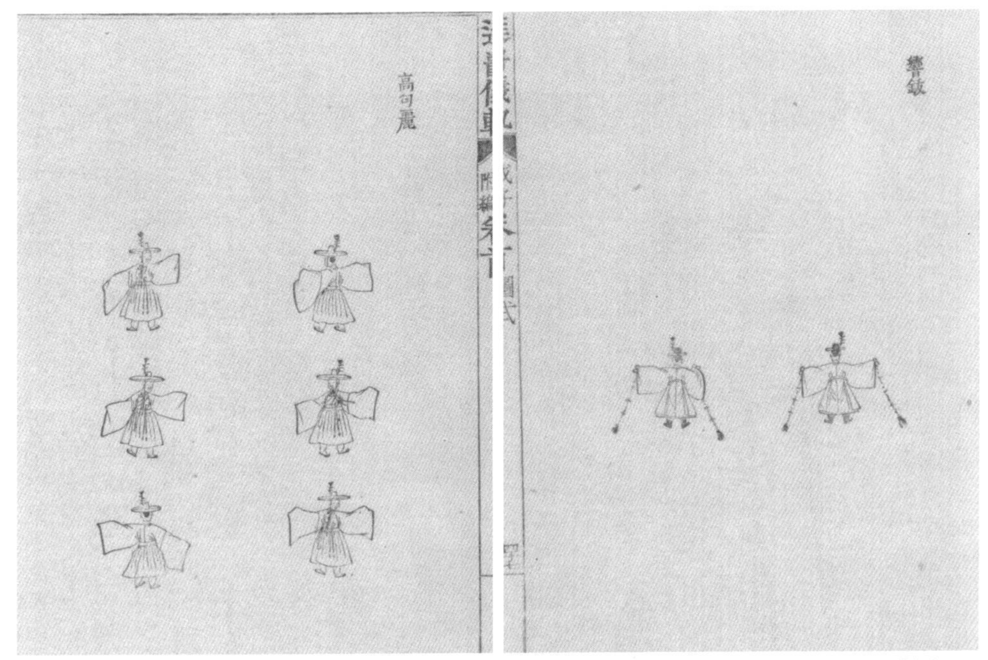

22. 고구려 47b

21. 향발 47a

23. 공막무 48a

3. 순조 기축『진찬의궤』純祖 己丑『進饌儀軌』

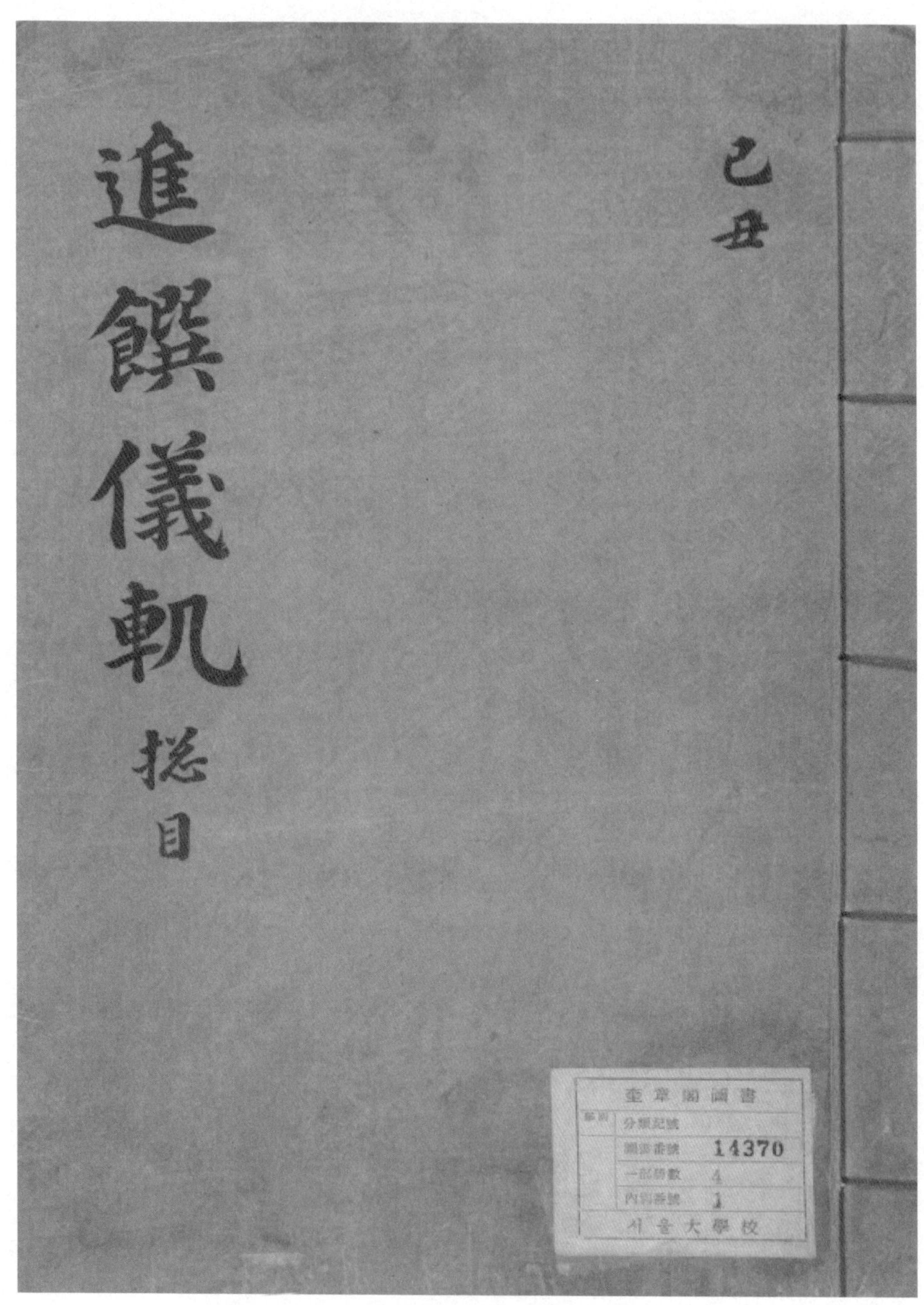

무동정재

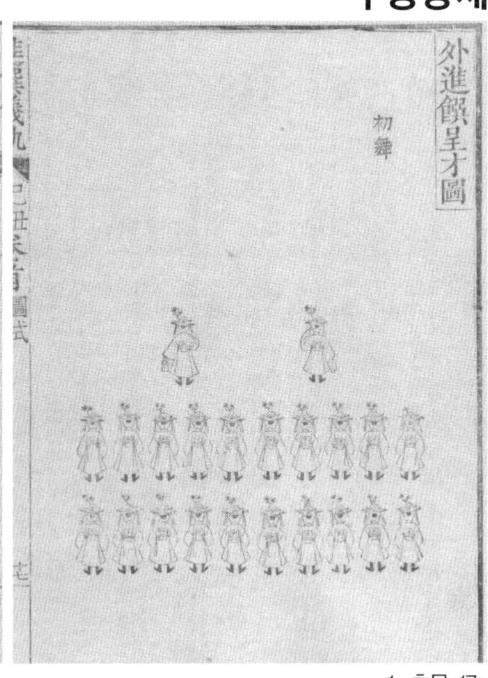

1. 초무 17a

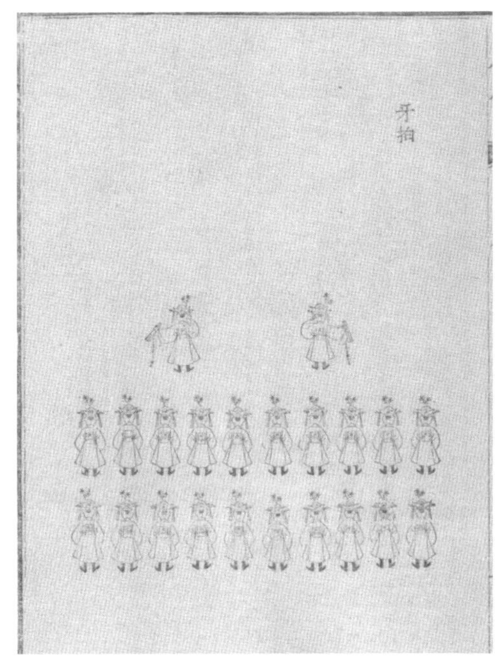

2. 아박 17b

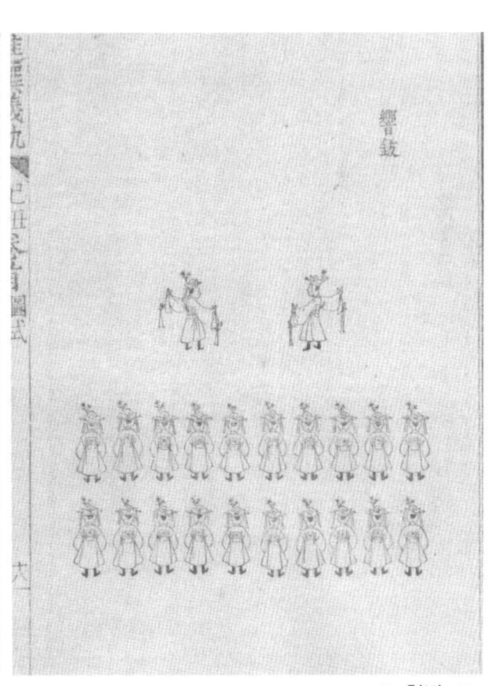

3. 향발 18a

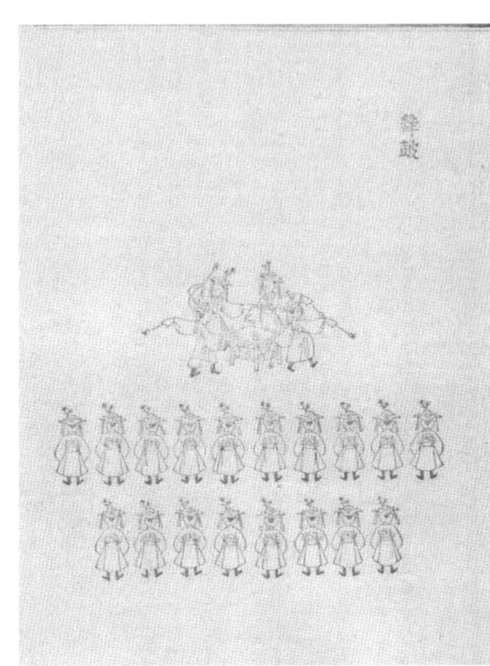

4. 무고 18b

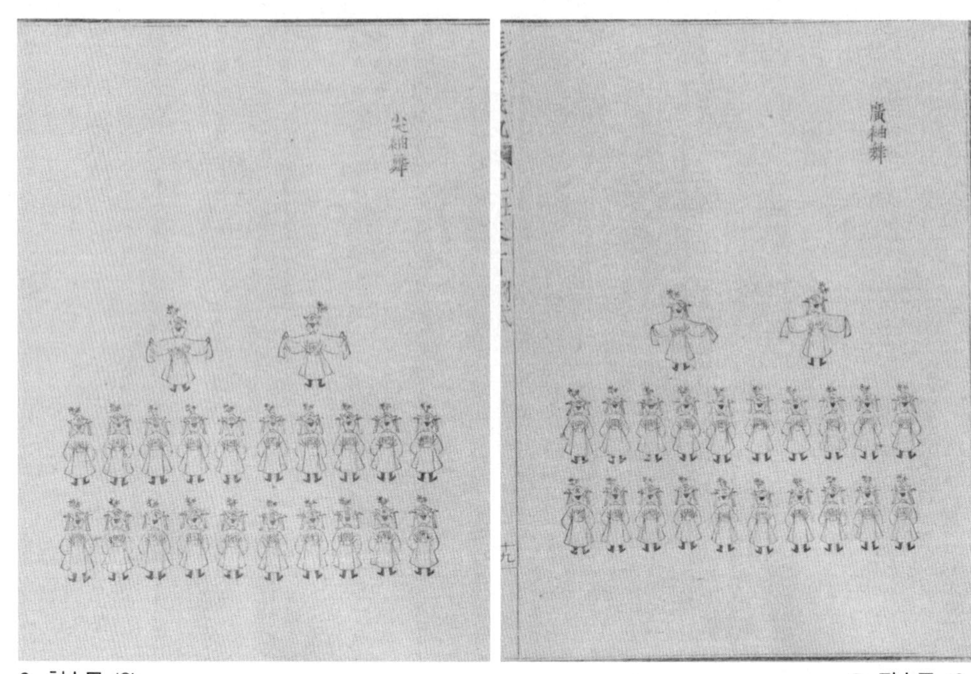

6. 첨수무 19b

5. 광수무 19a

여령정재

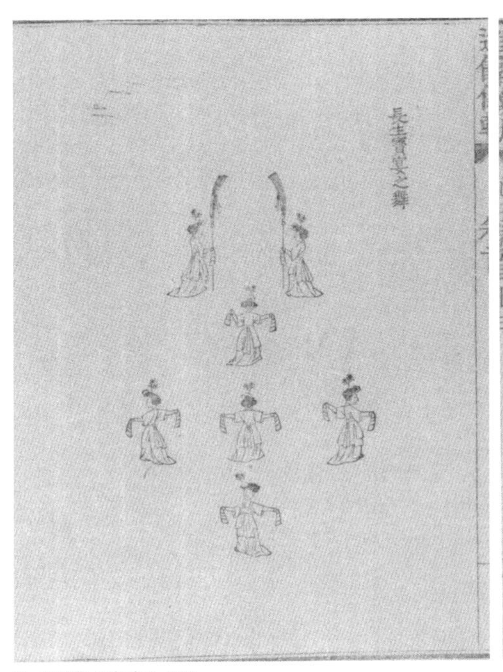

2. 장생보연지무 20b

1. 몽금척 20a

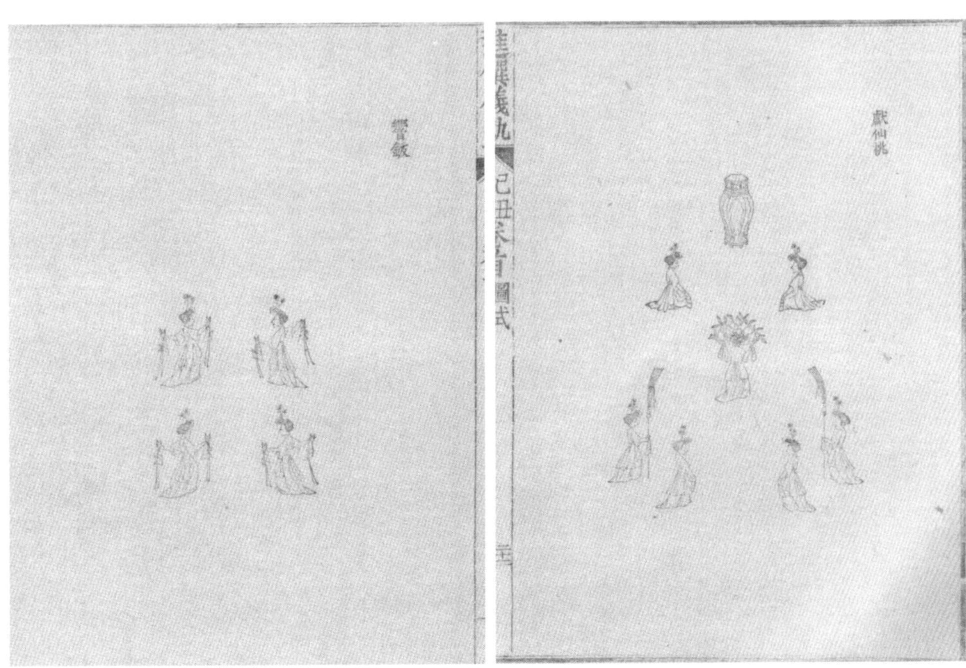

4. 향발 21b

3. 헌선도 21a

6. 포구락 22b

5. 아박 22a

8. 하황은 23b

7. 수연장 23a

10. 연화무 24b

9. 무고 24a

12. 선유락 25b

11. 검기무 25a

13. 오양선 26a

14. 첨수무 26b

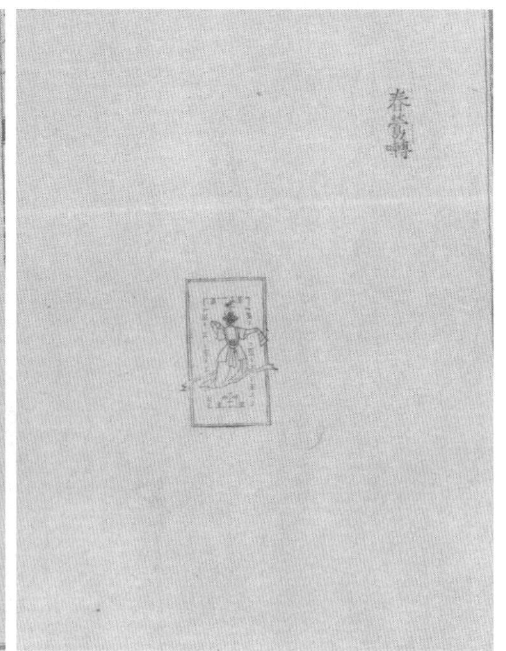

15. 춘앵전 27a

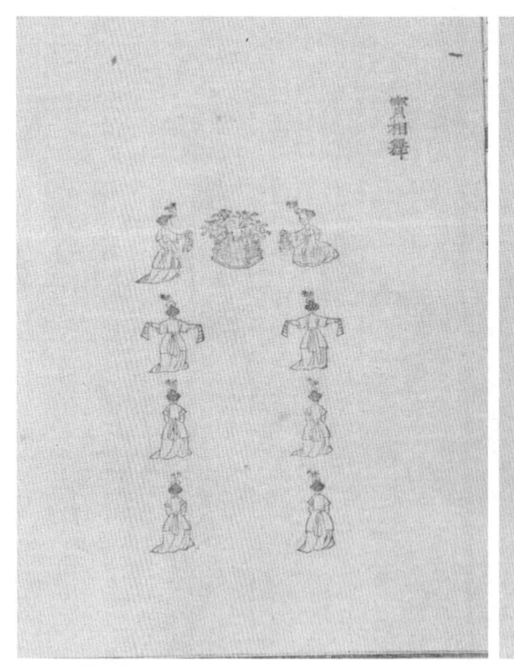

16. 보상무 27b

18. 처용무 28b

17. 가인전목단 28a

무동정재

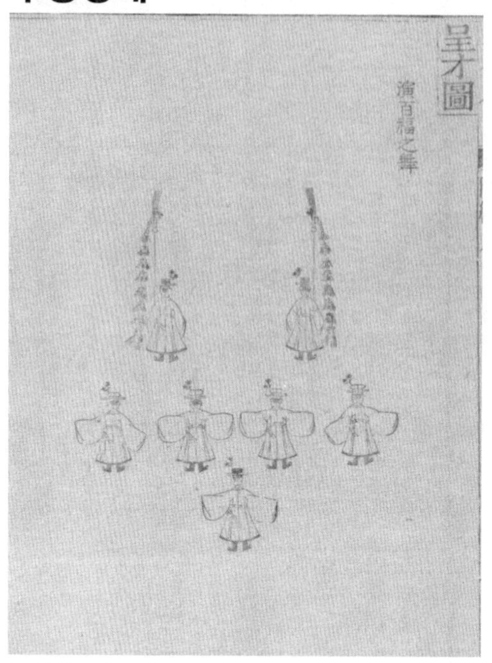

1. 연백복지무 57b

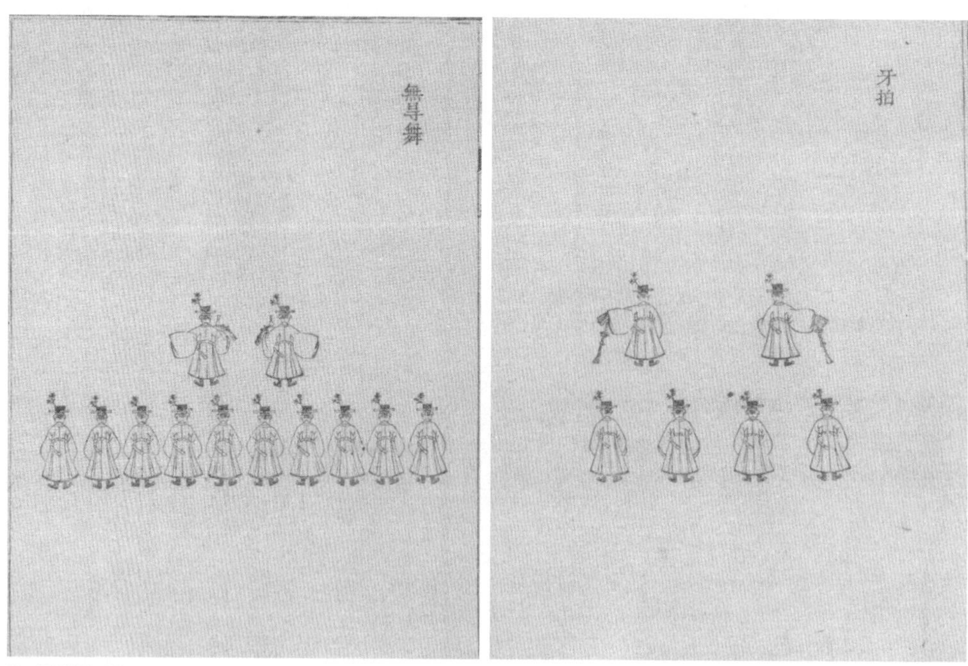

3. 무애무 58b

2. 아박 58a

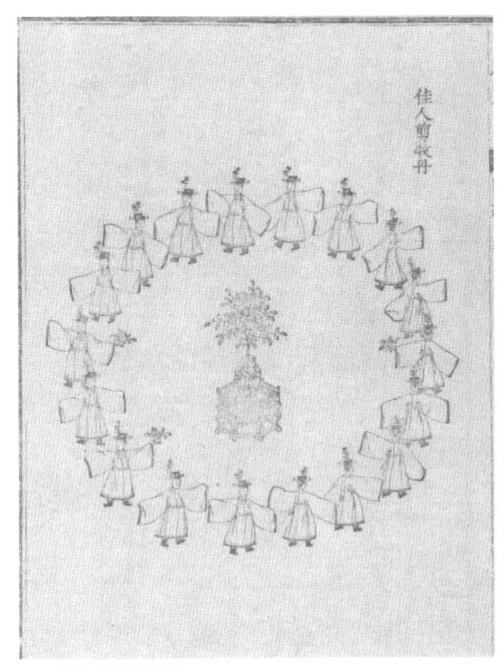

5. 가인전목단 59b

4. 최화무 59a

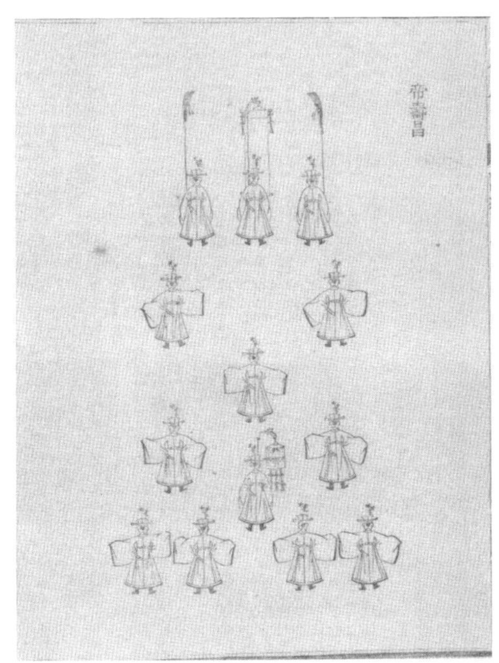

7. 제수창 60b

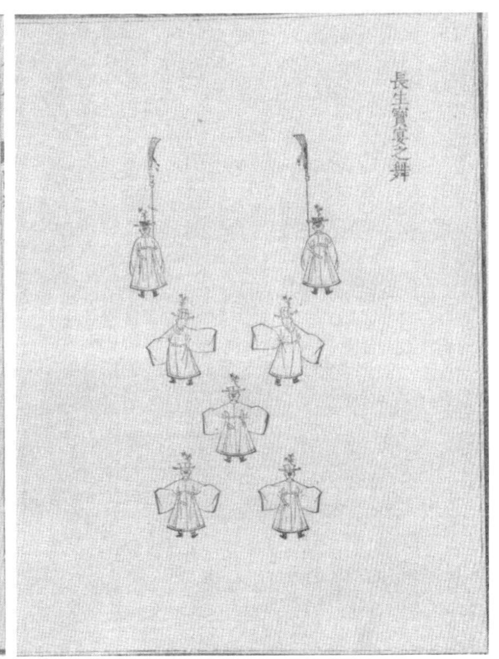

6. 장생보연지무 60a

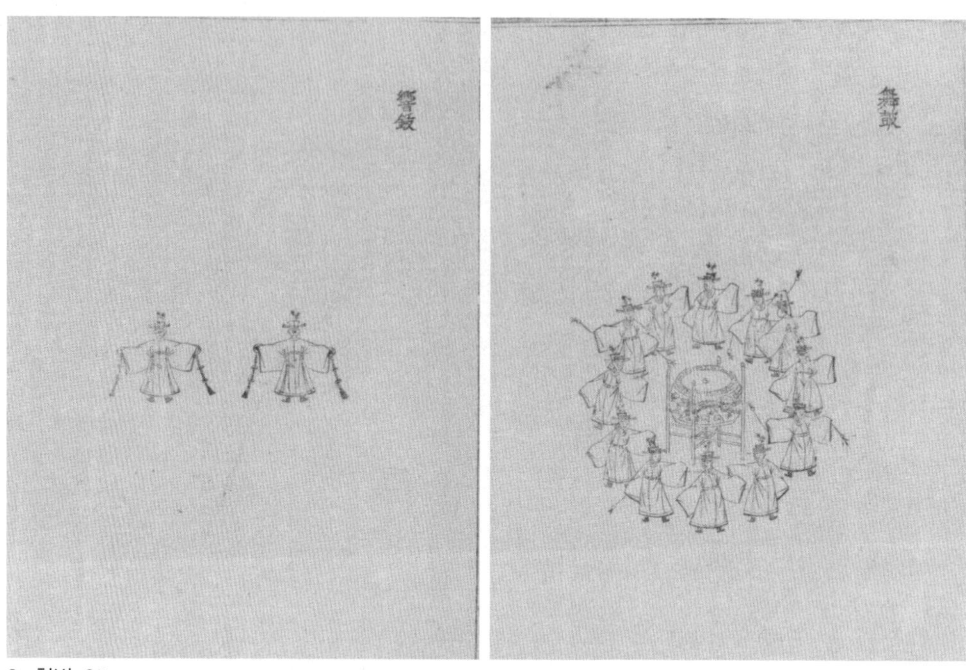

9. 향발 61b

8. 무고 61a

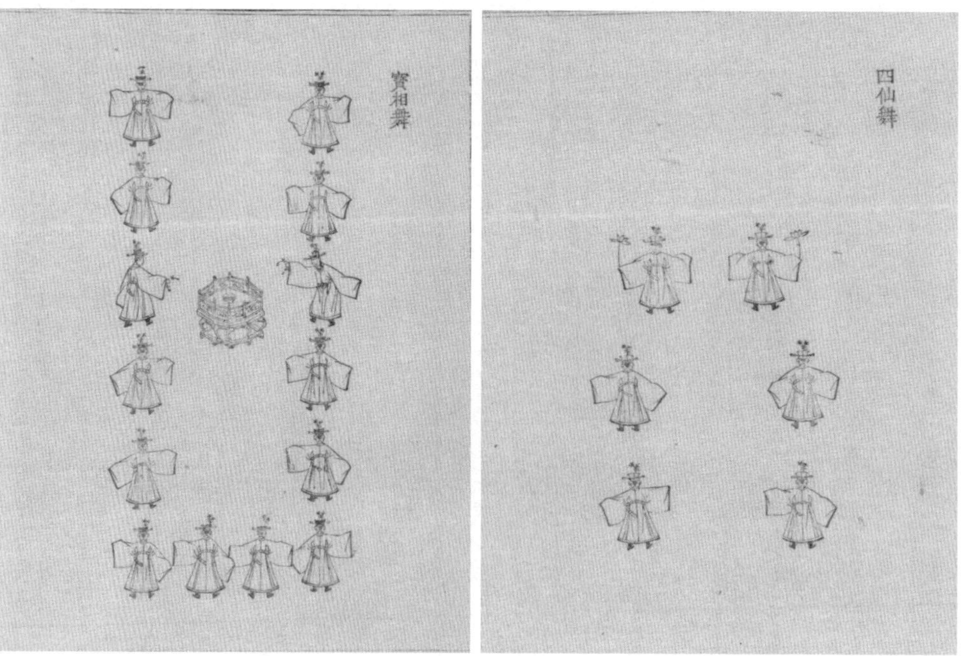

11. 보상무 62b

10. 사선무 62a

12. 가자 63a

4. 헌종 무신 『진찬의궤』憲宗 戊申 『進饌儀軌』

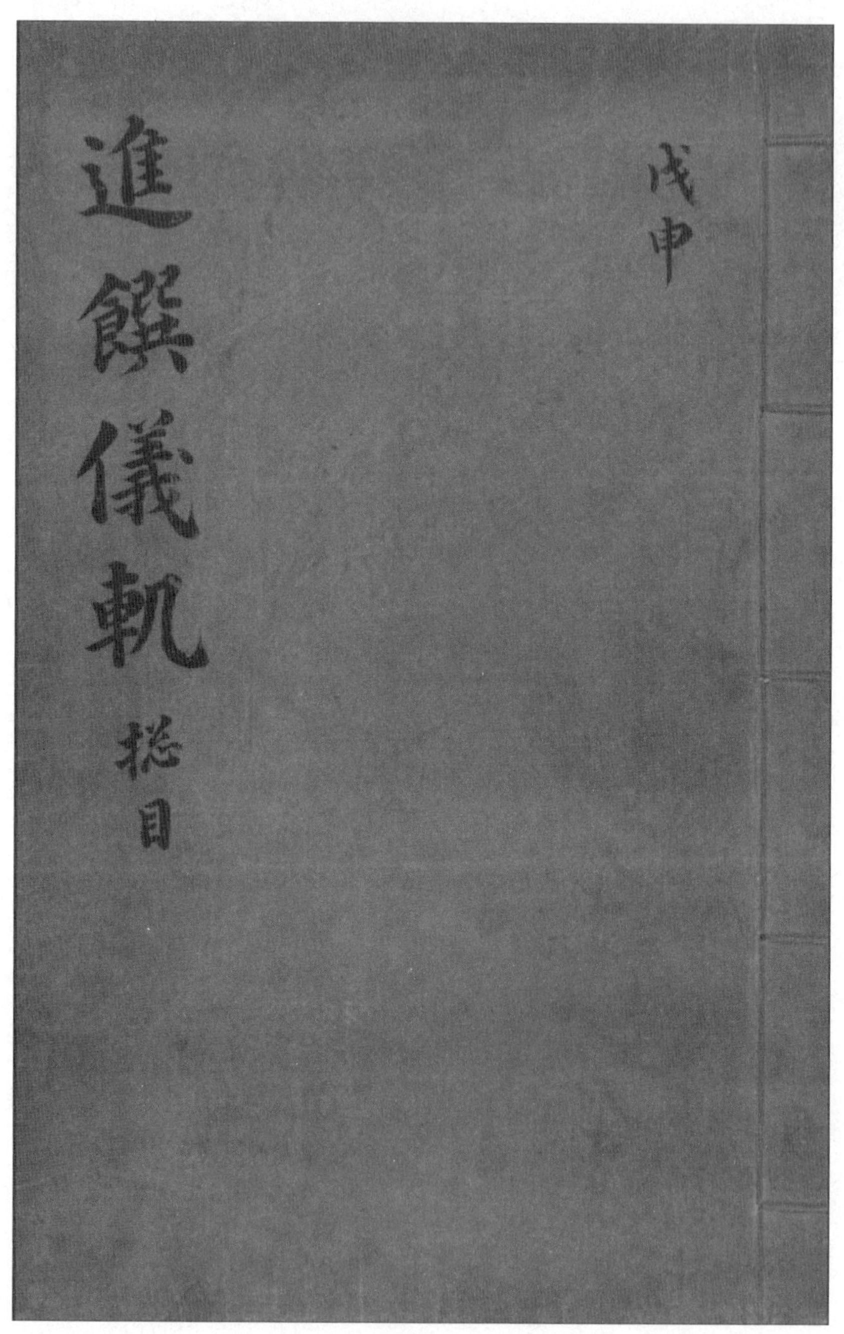

여령정재

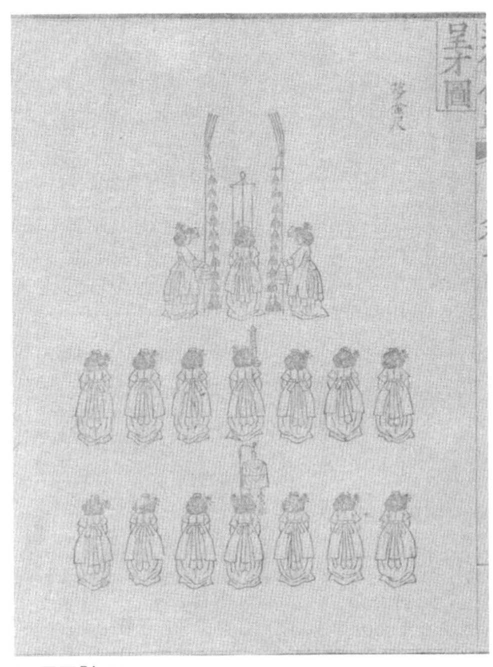

1. 몽금척 15b

3. 헌선도 16b

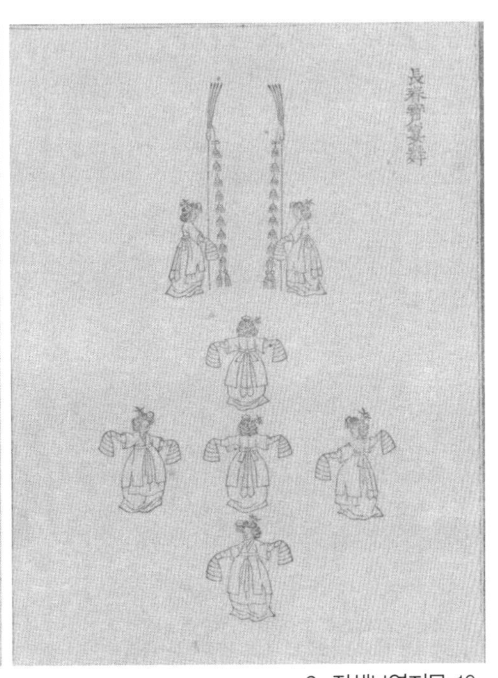

2. 장생보연지무 16a

5. 보상무 17b

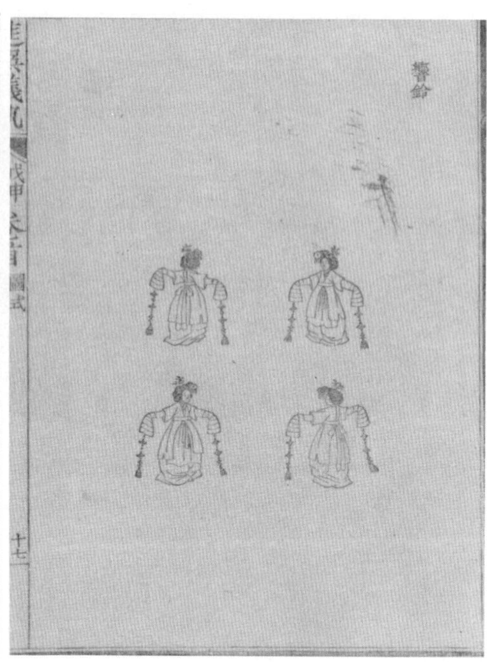

4. 향령 17a

7. 포구락 18b

6. 가인전목단 18a

9. 선유락 19b

8. 무고 19a

11. 검기무 20b

10. 관동무 20a

13. 하황은 21b

12. 처용무 21a

15. 아박 22b

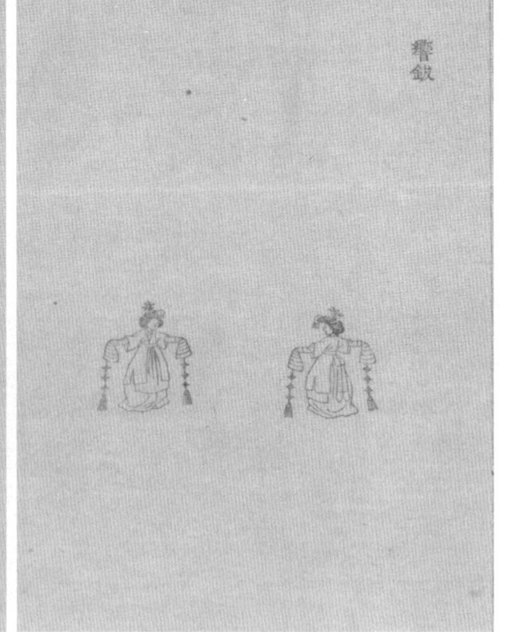

14. 향발 22a

16. 춘앵전 23a

5. 고종 무진 『진찬의궤』高宗 戊辰 『進饌儀軌』

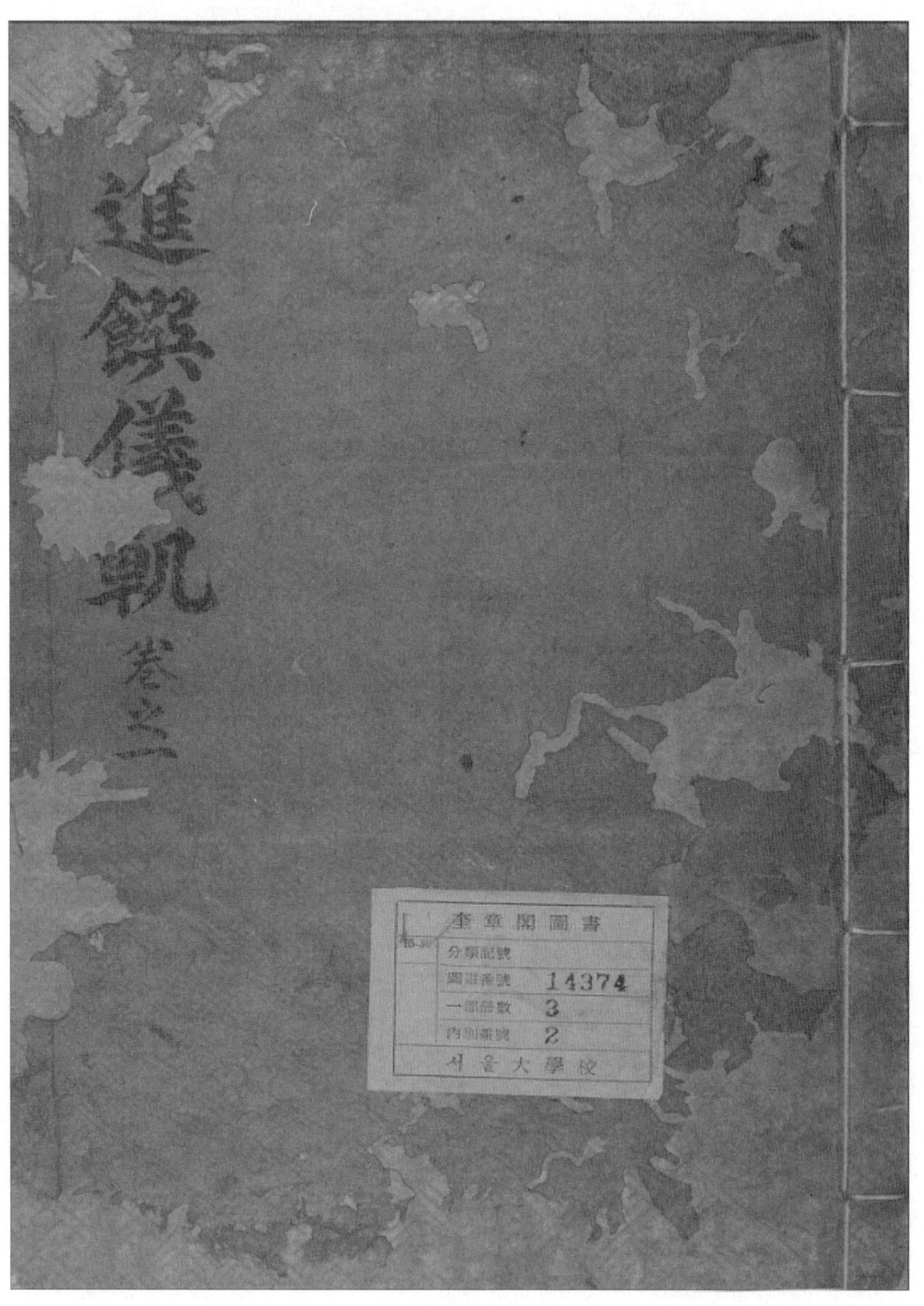

여령정재

1. 몽금척 12b

3. 하황은 13b

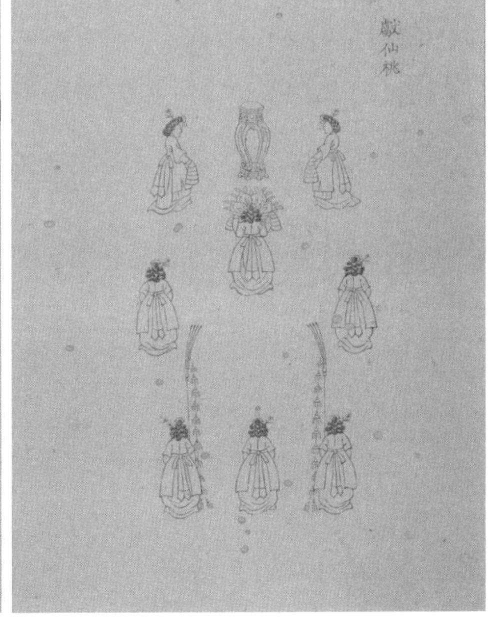

2. 헌선도 13a

5. 무고 14b

4. 포구락 14a

7. 검기무 15b

6. 선유락 15a

9. 보상무 16b

8. 가인전목단 16a

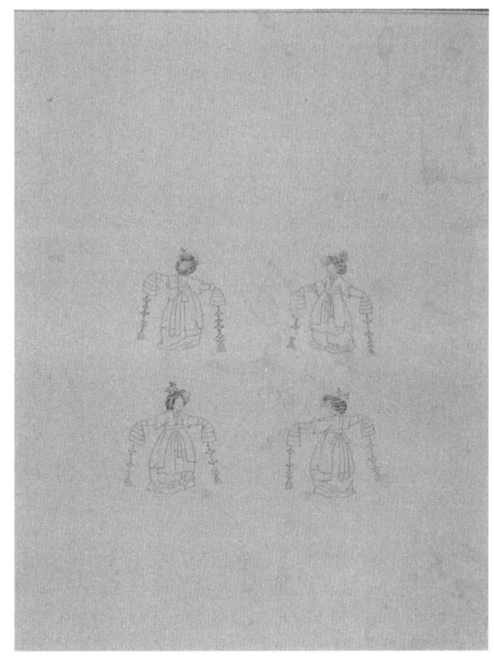

10. 향령무 17a

6. 고종 정축 『진찬의궤』高宗 丁丑 『進饌儀軌』

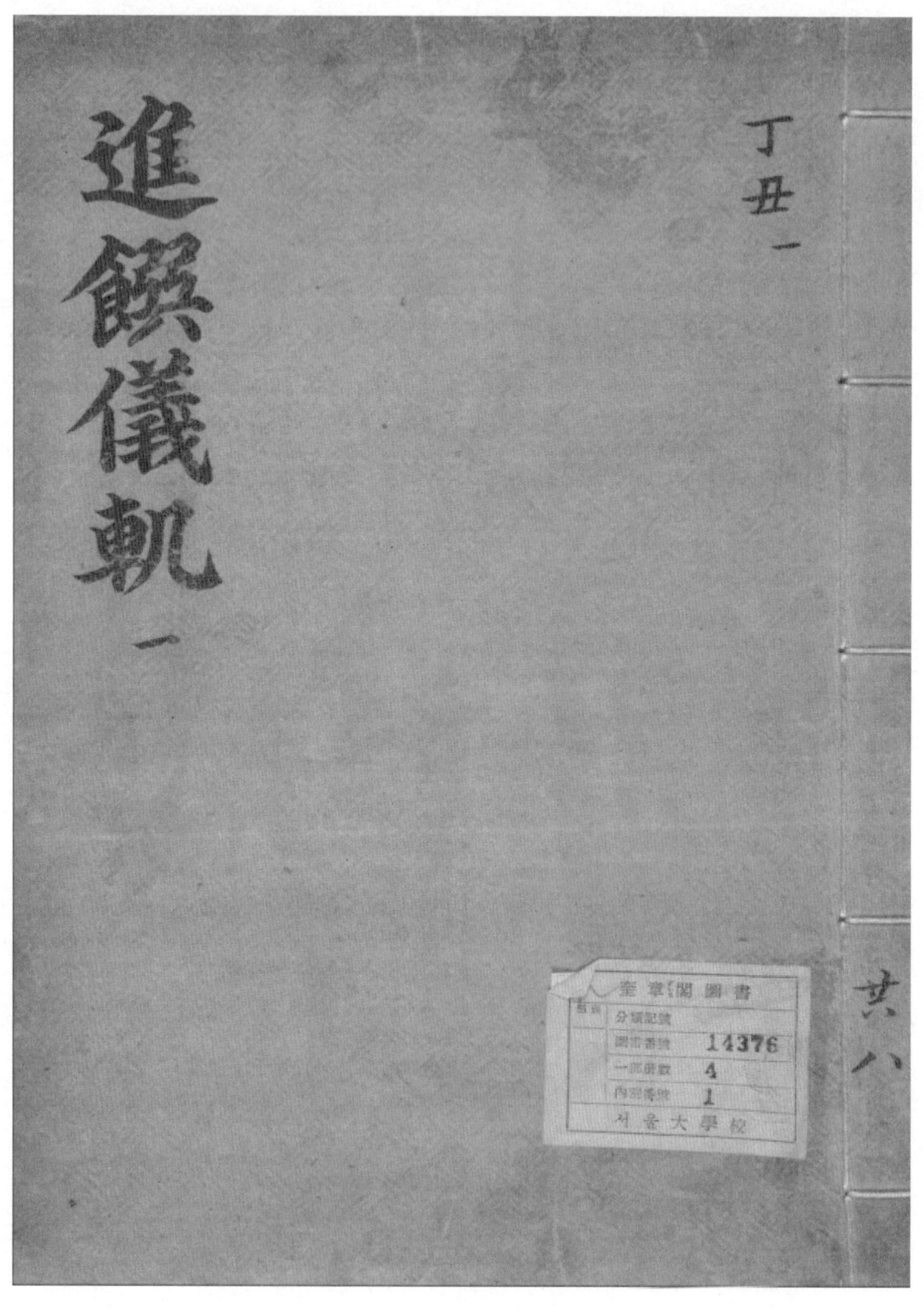

여령정재

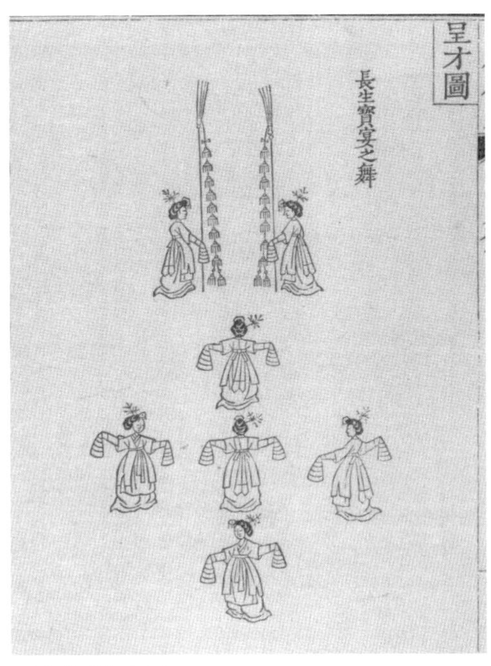

1. 장생보연지무 17b

3. 헌선도 18b

2. 몽금척 18a

5. 가인전목단 19b

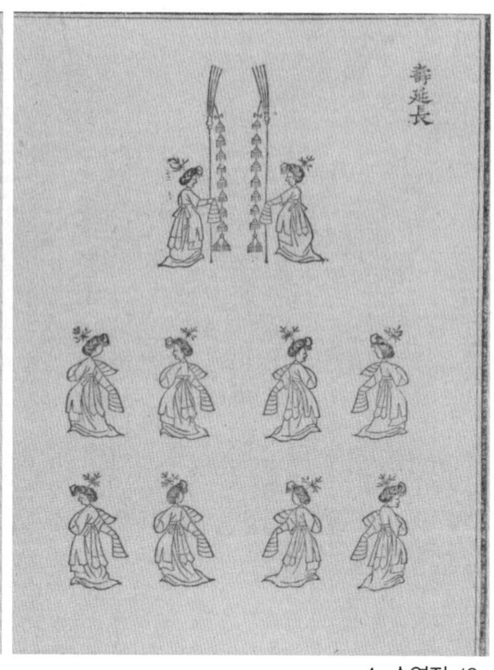

4. 수연장 19a

7. 보상무 20b

6. 포구락 20a

9. 무고 21b

8. 선유락 21a

11. 검기무 22b

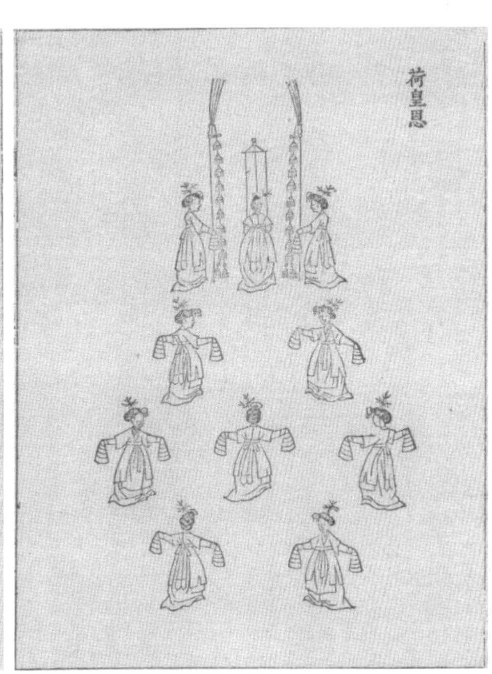

10. 하황은 22a

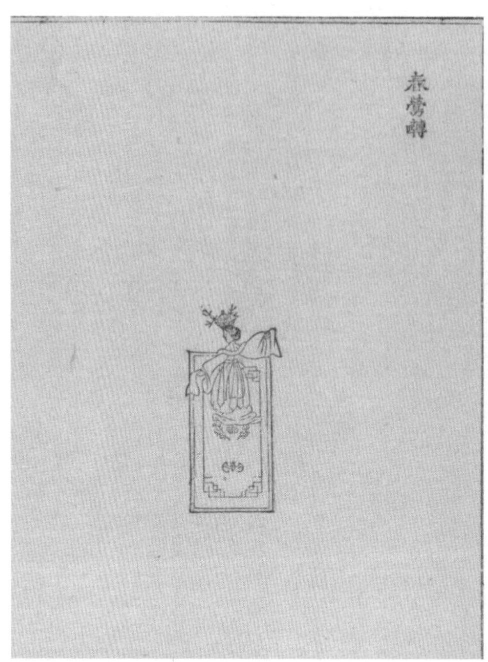

13. 춘앵전 23b

12. 향령 23a

15. 학무 24b

14. 아박 24a

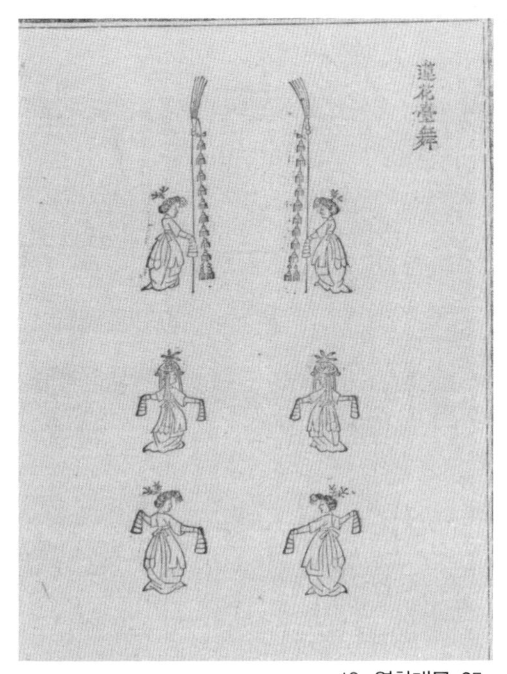

16. 연화대무 25a

7. 고종 정해 『진찬의궤』高宗 丁亥 『進饌儀軌』

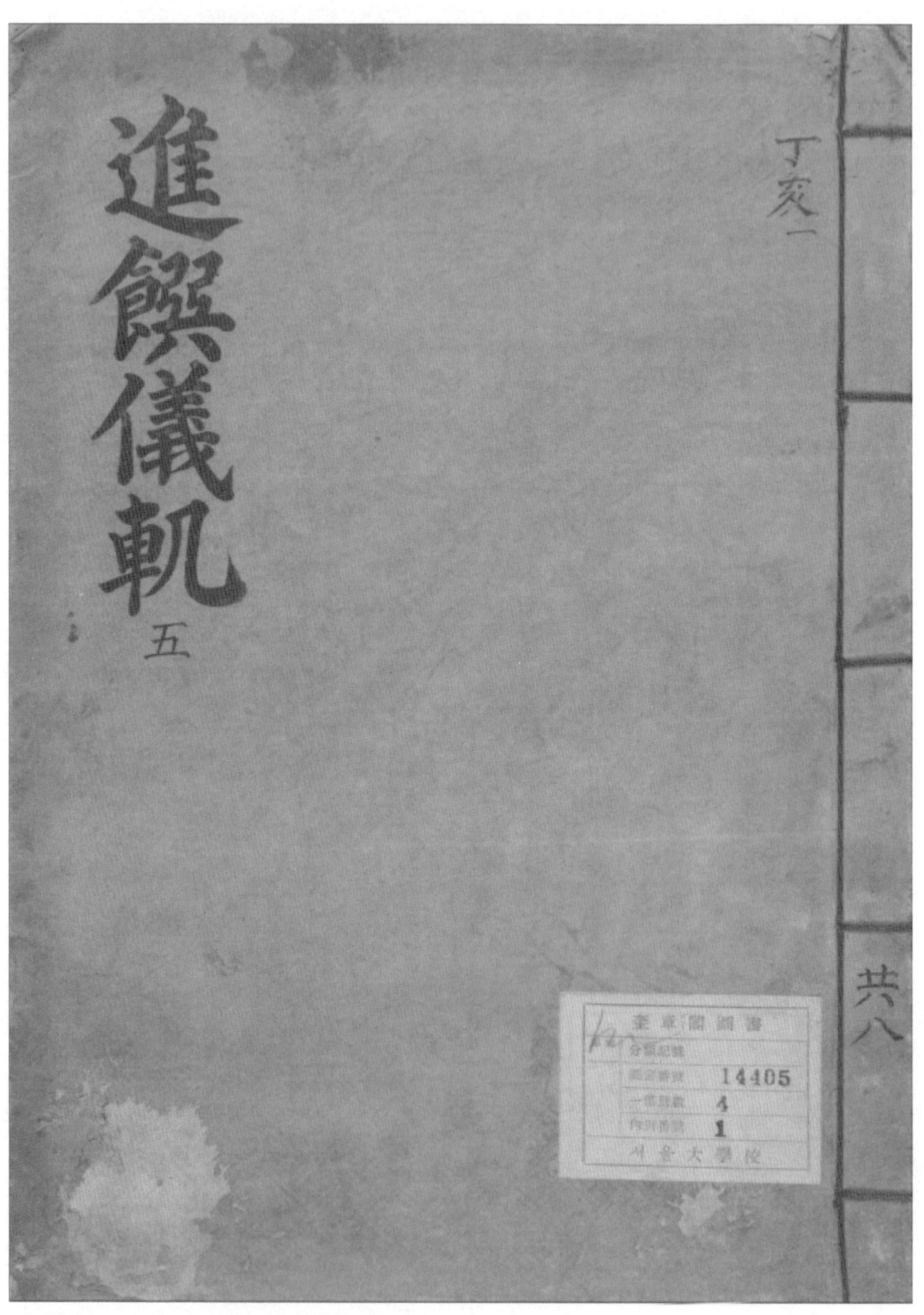

여령정재

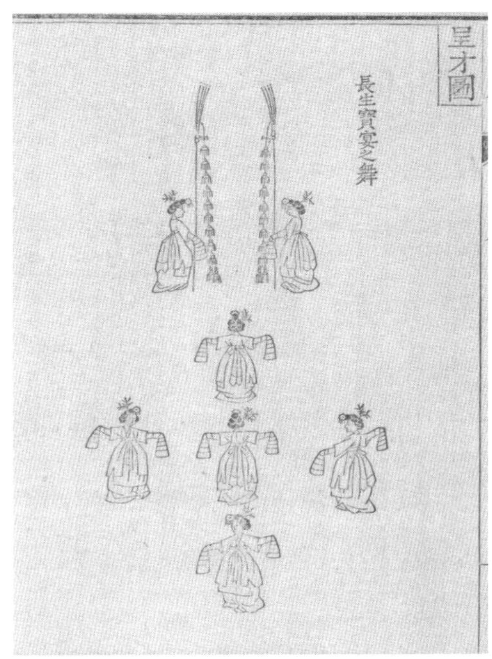

1. 장생보연지무 20b

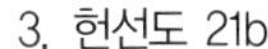

3. 헌선도 21b

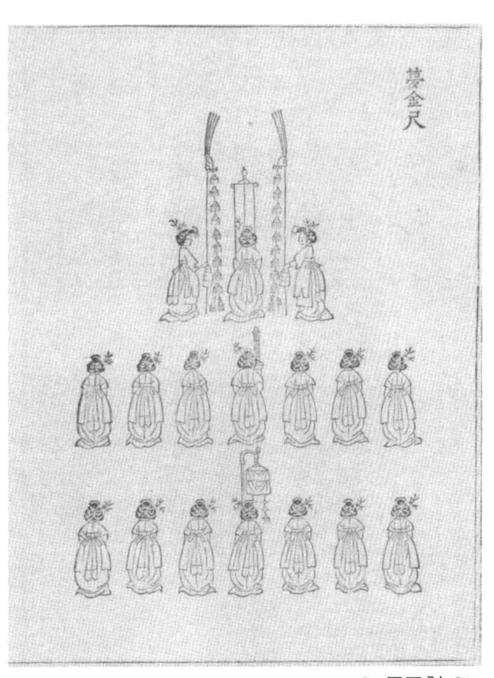

2. 몽금척 21a

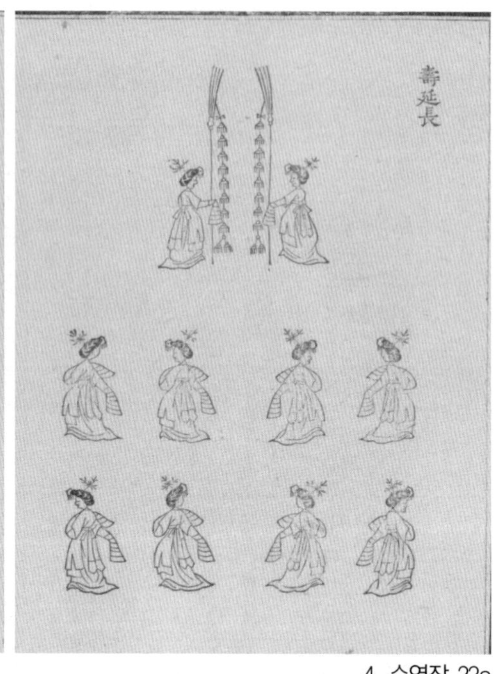

4. 수연장 22a

5. 가인전목단 22b

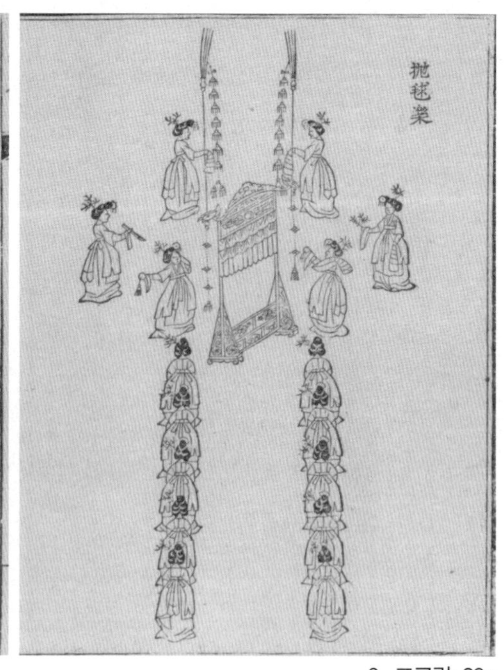

6. 포구락 23a

7. 보상무 23b

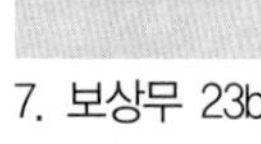

9. 무고 24b

8. 선유락 24a

11. 검기무 25b

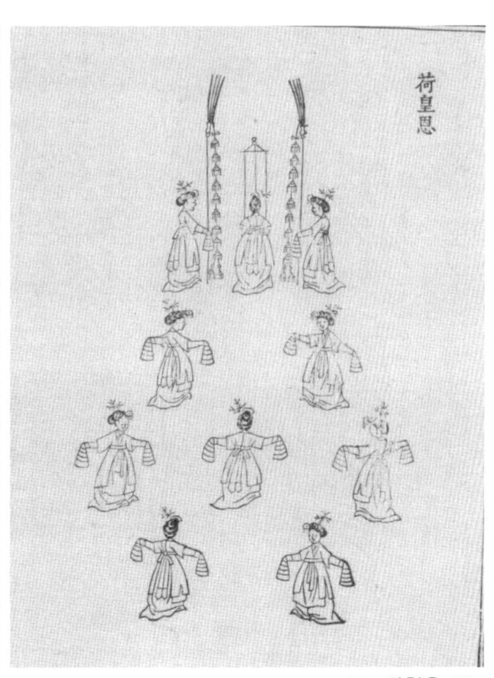

10. 하황은 25a

12. 향령 26a

13. 춘앵전 26b

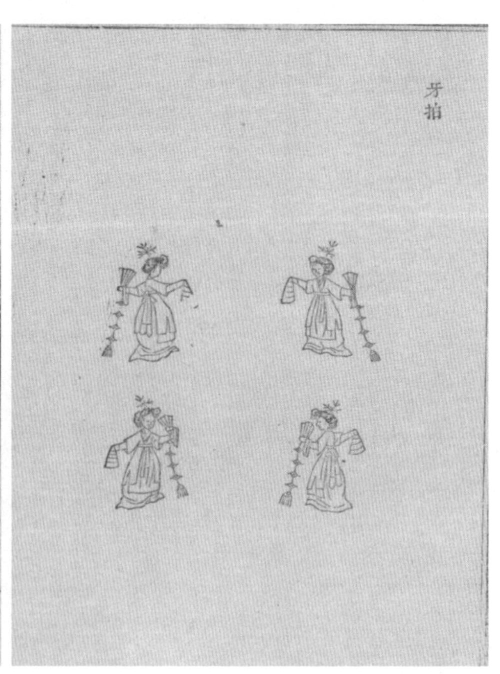

14. 아박 27a

15. 학무 27b

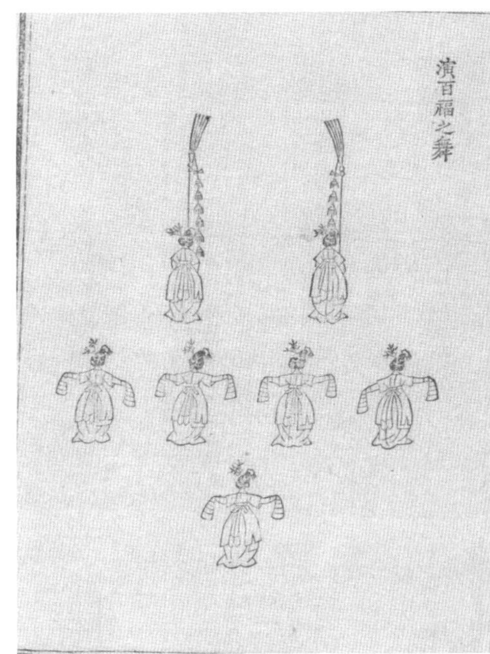

17. 연백복지무 28b

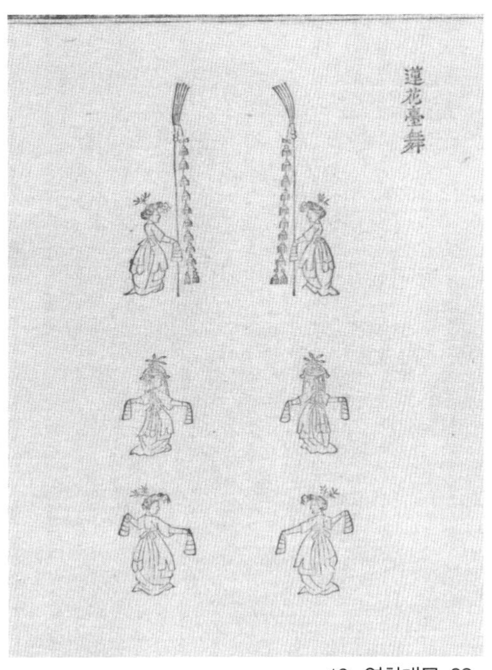

16. 연화대무 28a

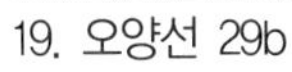
19. 오양선 29b

18. 무산향 29a

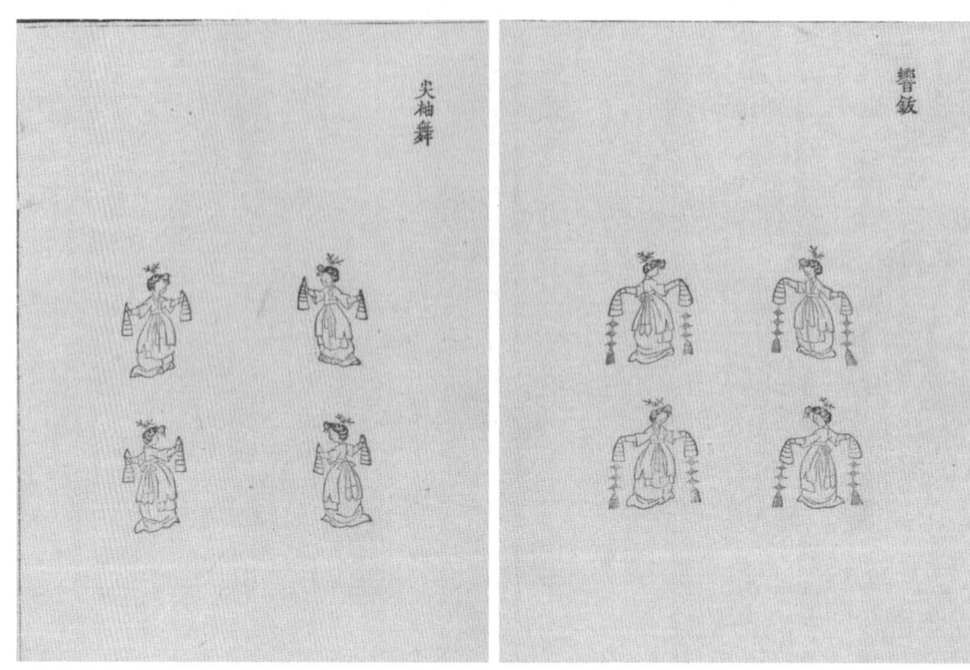

21. 첨수무 30b

20. 향발 30a

8. 고종 임진 『진찬의궤』高宗 壬辰 『進饌儀軌』

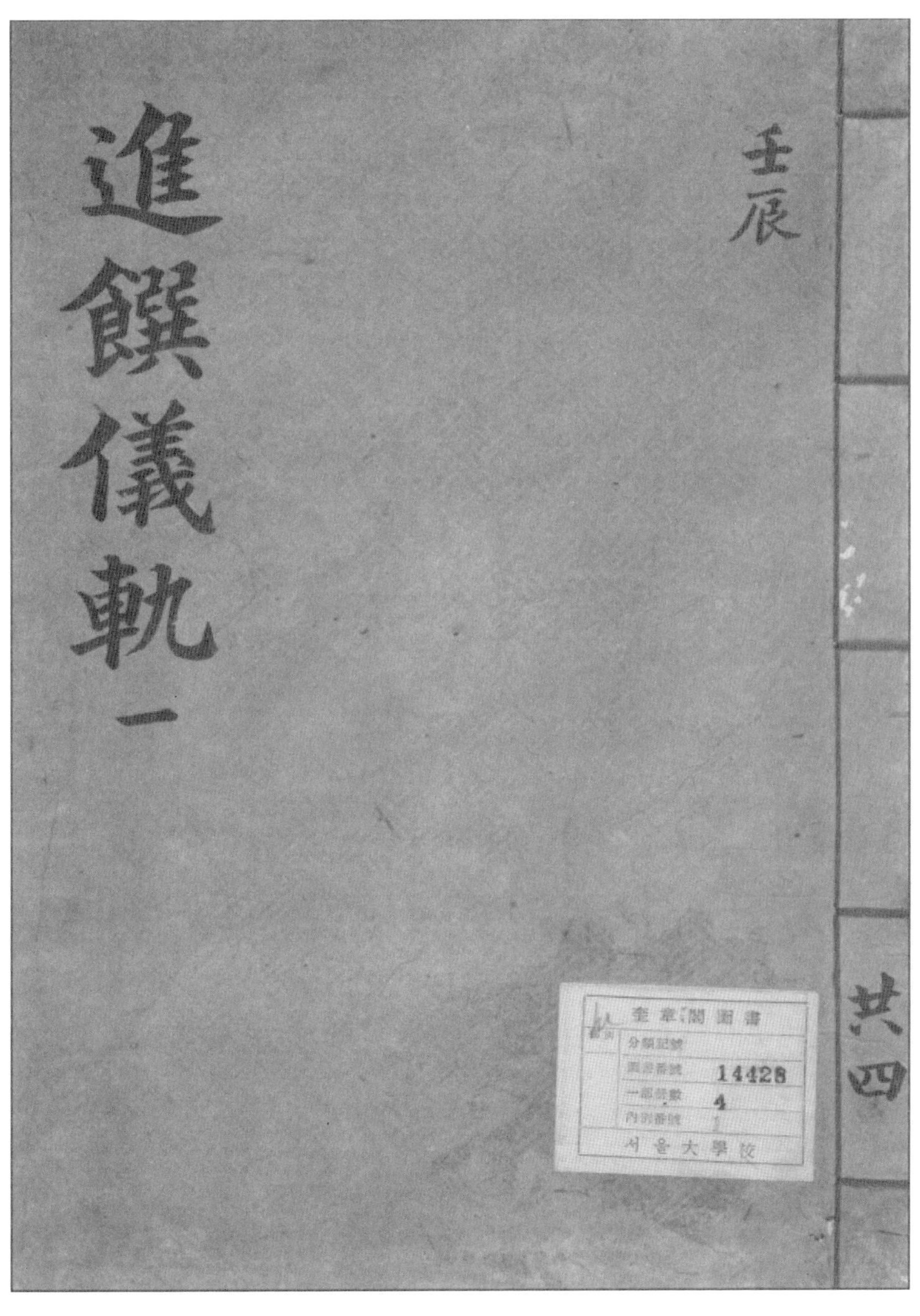

무동정재

1. 초무 20b

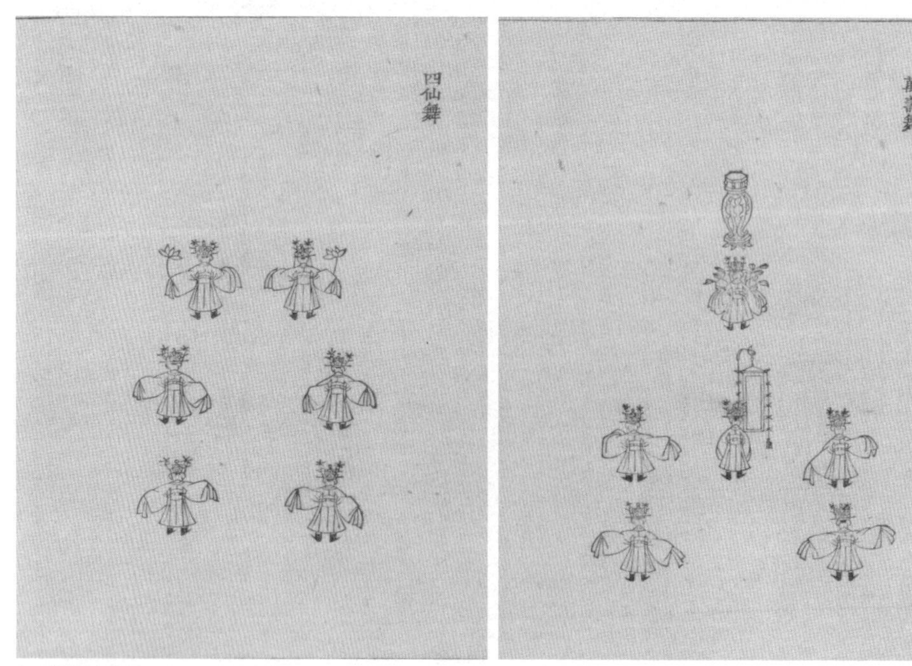

3. 사선무 21b

2. 만수무 21a

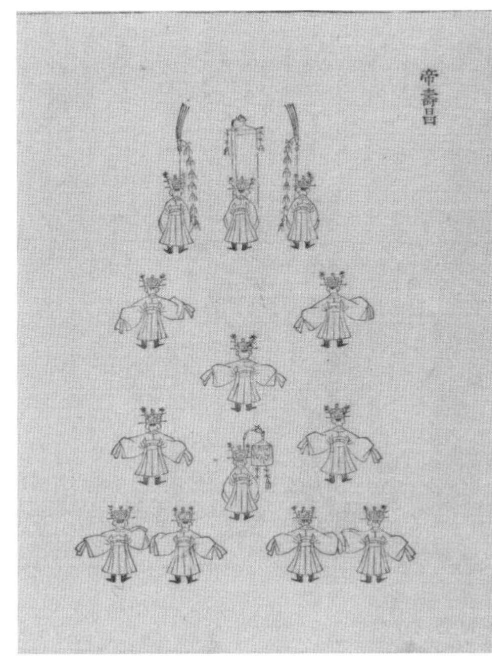

5. 제수창 22b

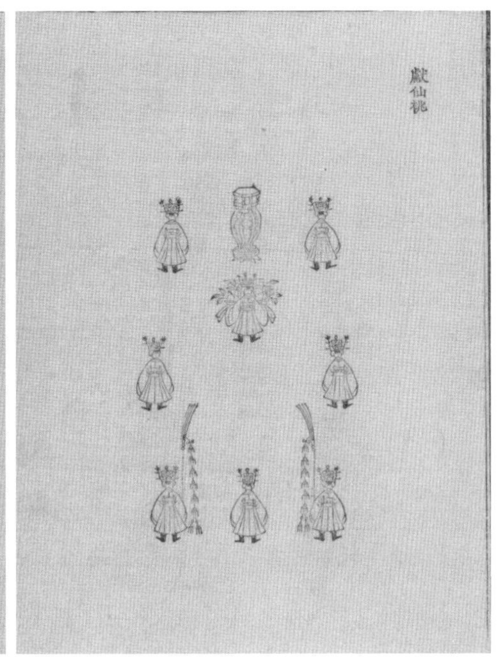

4. 헌선도 22a

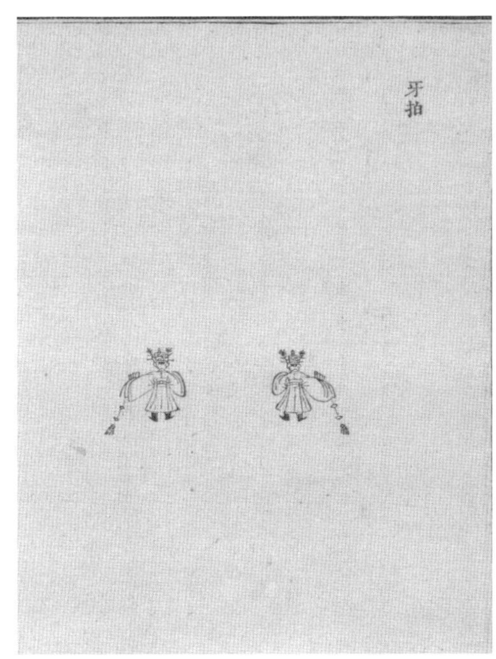

7. 아박 23b

6. 향령무 23a

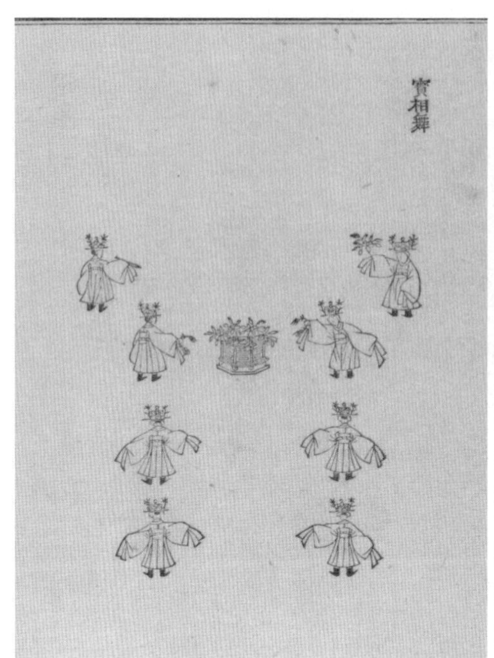

9. 보상무 24b

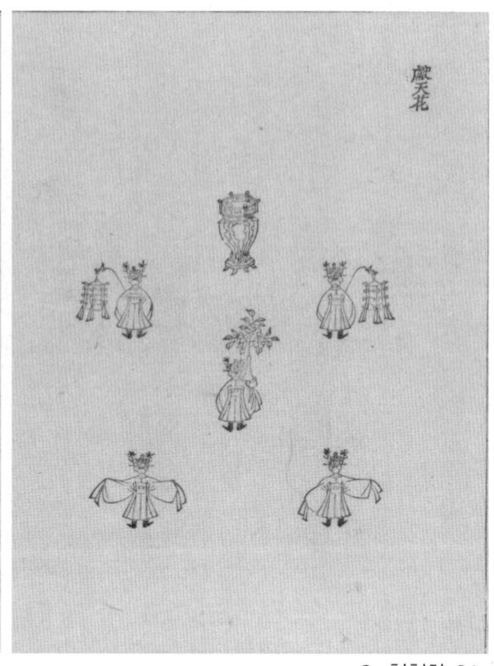

8. 헌천화 24a

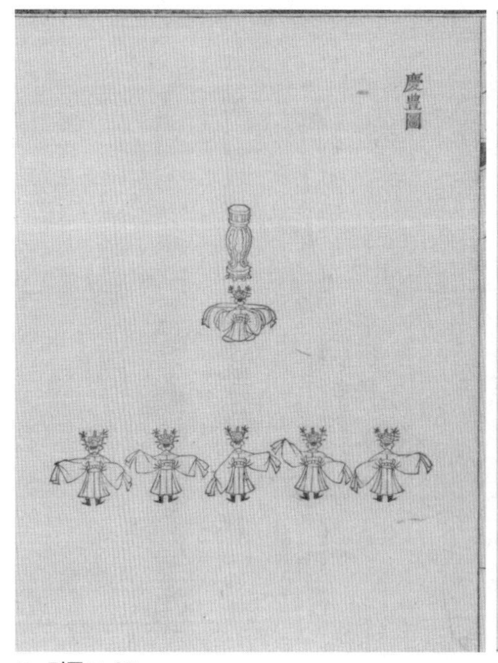

11. 경풍도 25b

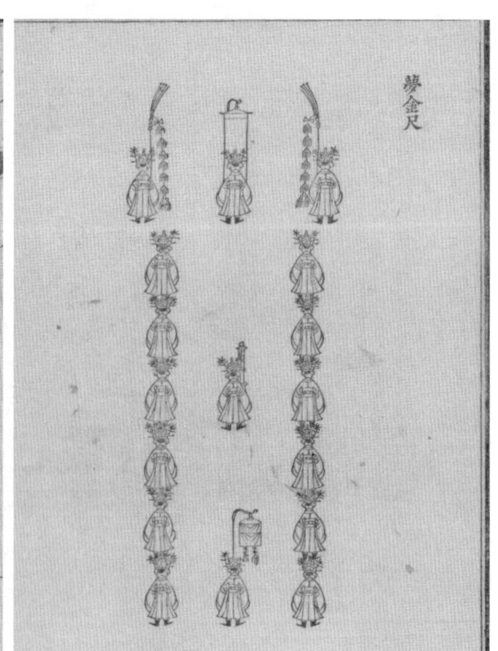

10. 몽금척 25a

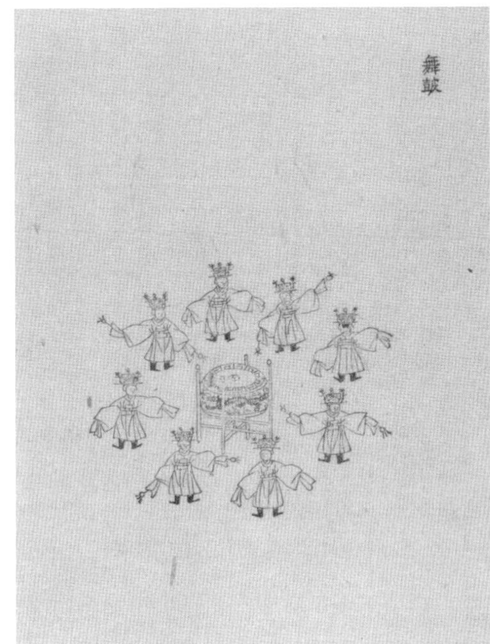

13. 무고 26b

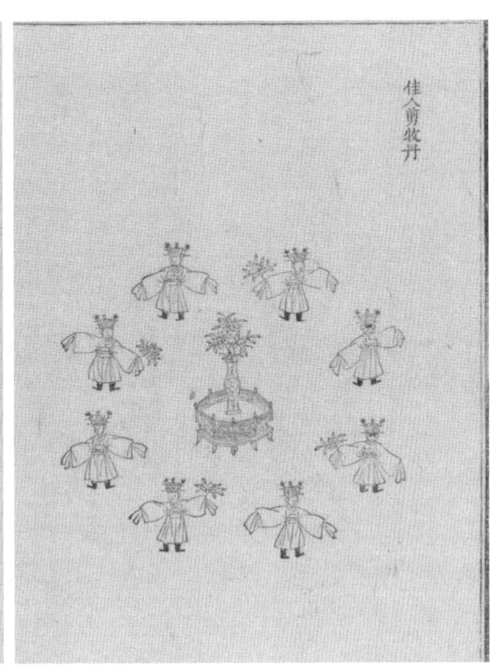

12. 가인전목단 26a

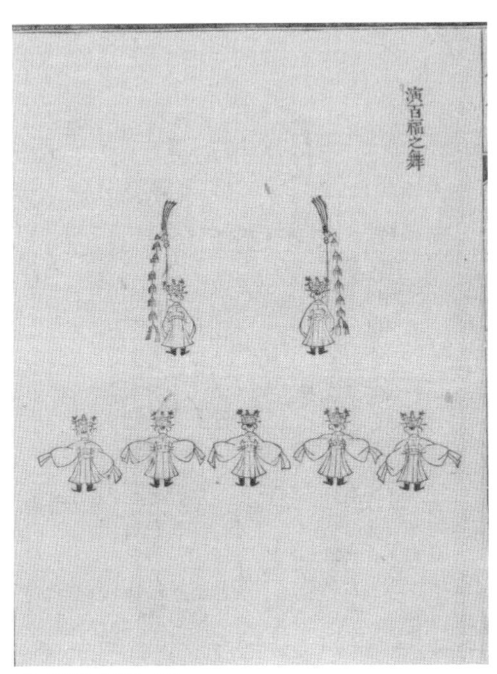

15. 연백복지무 27b

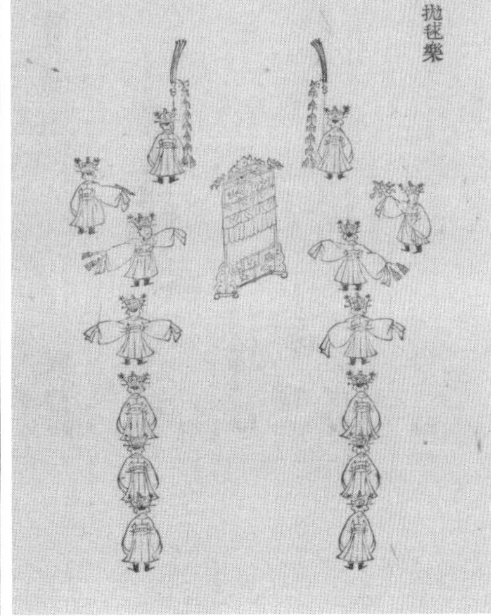

14. 포구락 27a

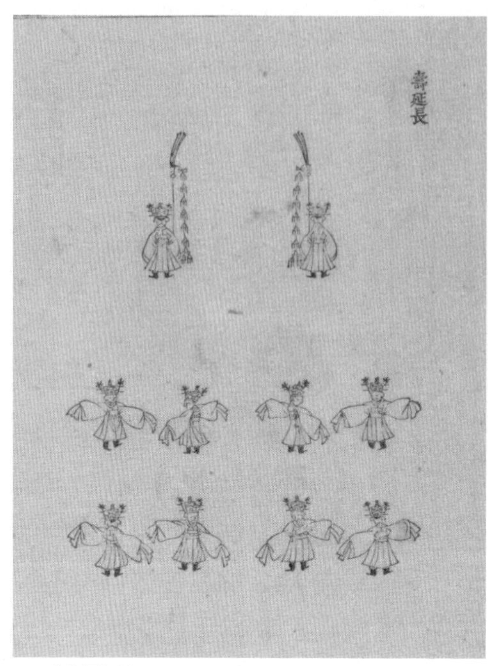

17. 수연장 28b

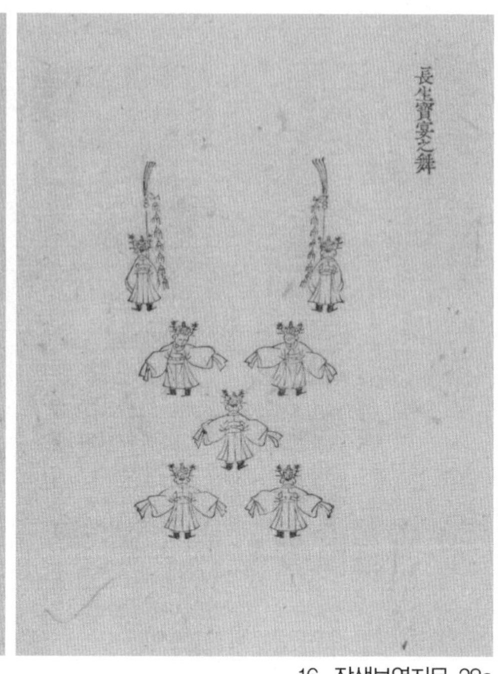

16. 장생보연지무 28a

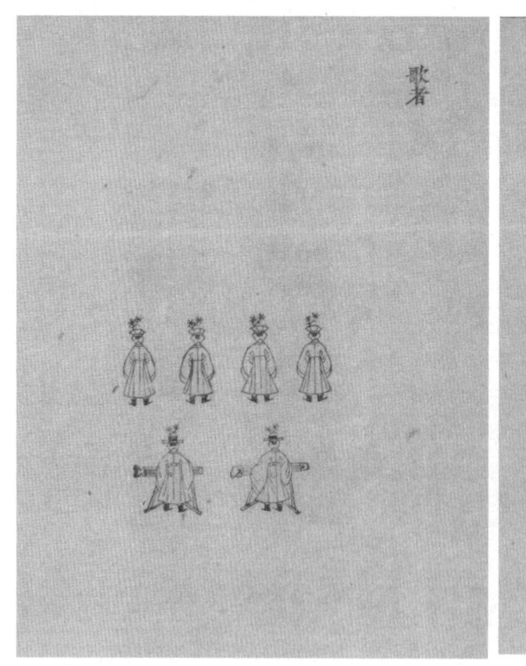

19. 가자 29b

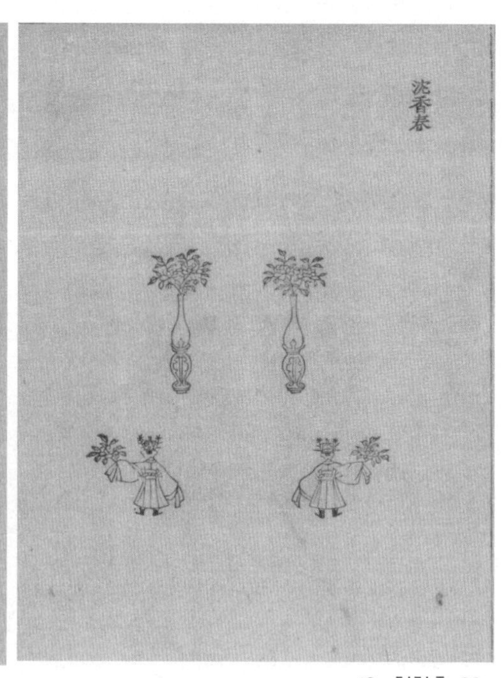

18. 침향춘 29a

여령정재

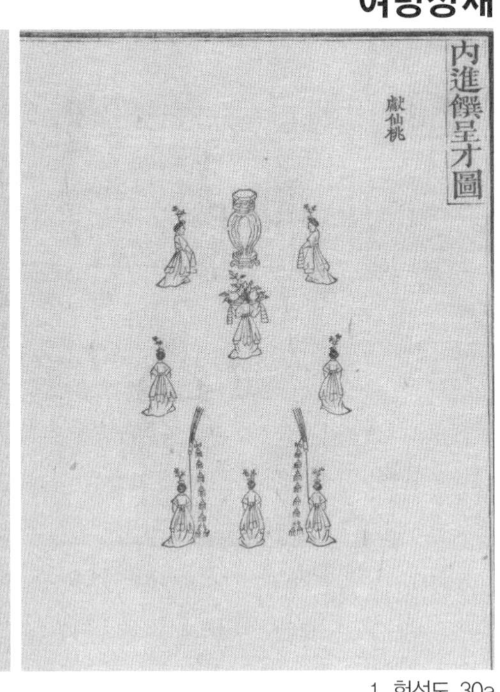

1. 헌선도 30a

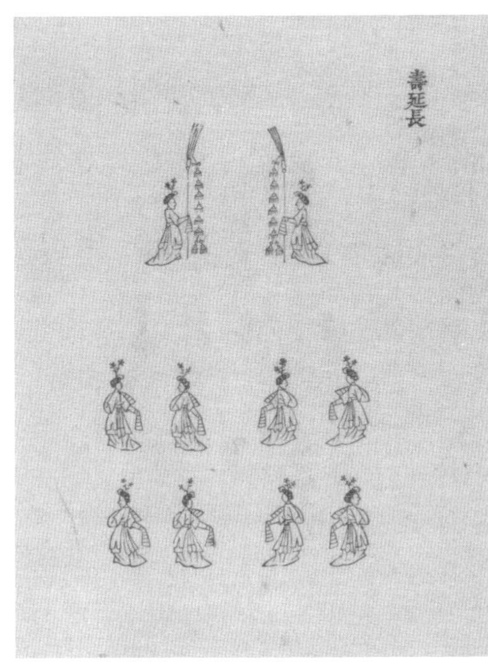

2. 수연장 30b

3. 포구락 31a

4. 사선무 31b

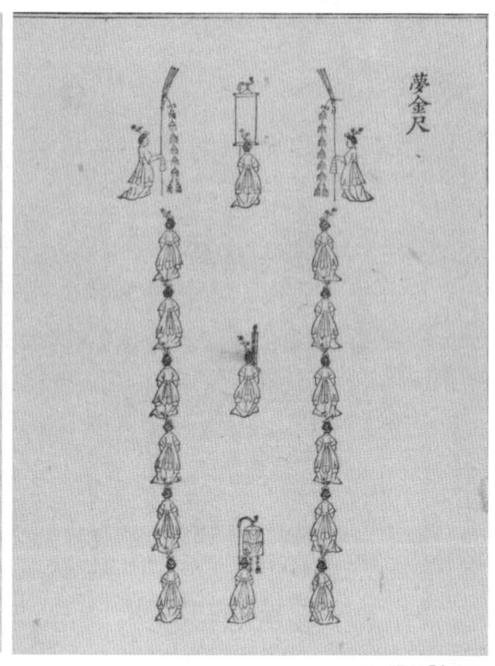

5. 몽금척 32a

6. 무고 32b

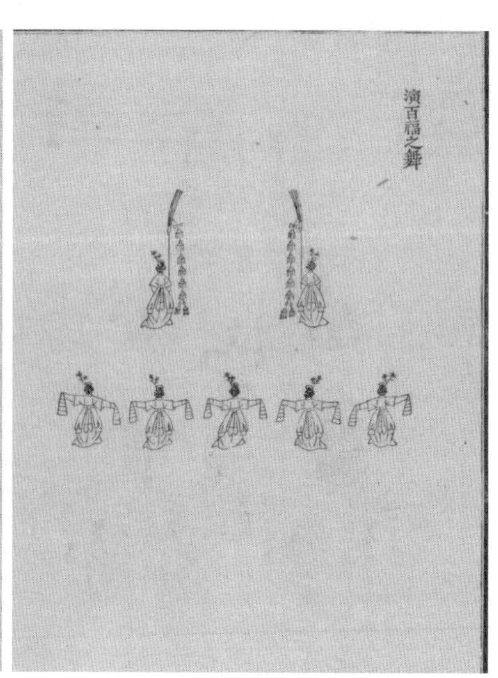

7. 연백복지무 33a

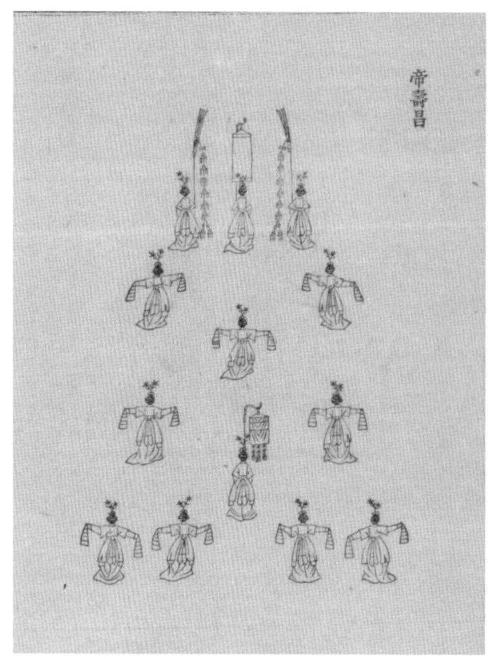

8. 제수창 33b

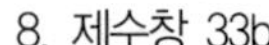

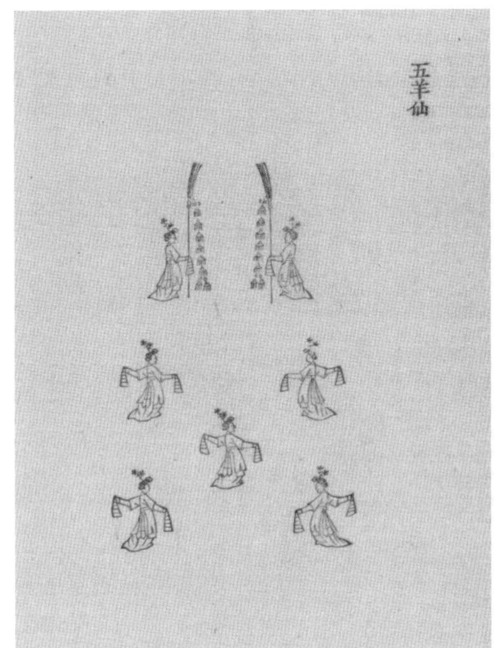

10. 오양선 34b

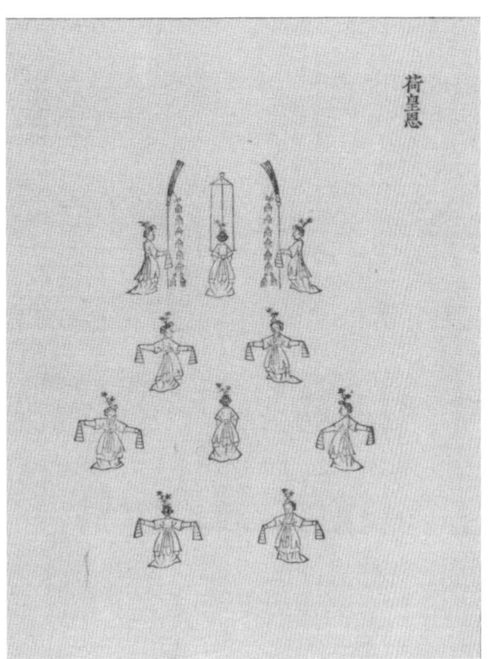

9. 하황은 34a

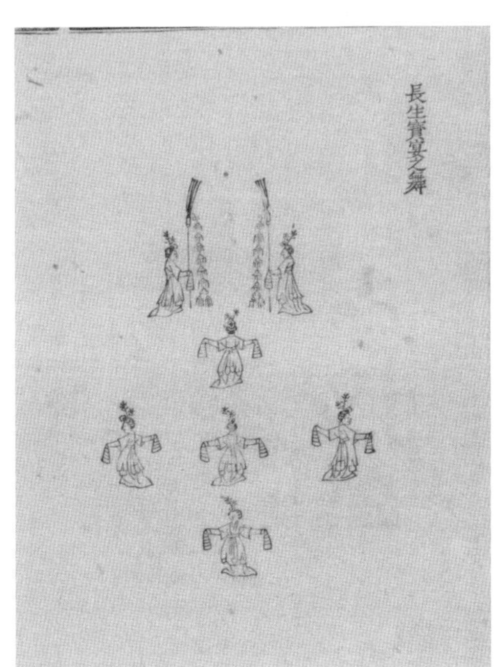

12. 장생보연지무 35b

11. 가인전목단 35a

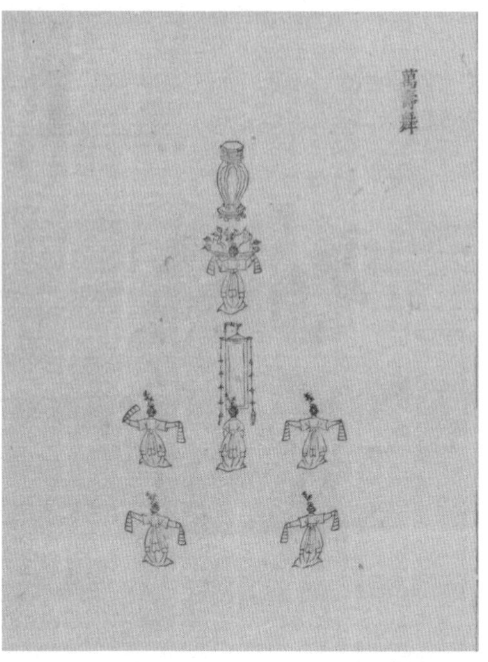

13. 만수무 36a

14. 보상무 36b

15. 최화무 37a

16. 첩승 37b

18. 경풍도 38b

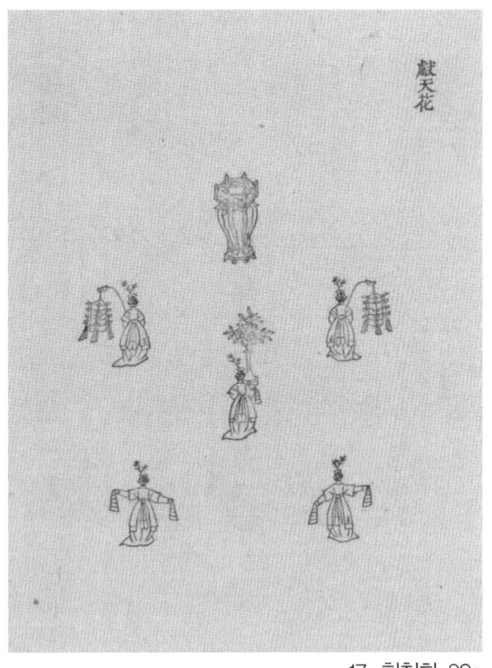

17. 헌천화 38a

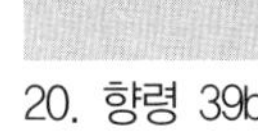
20. 향령 39b

19. 춘앵전 39a

22. 선유락 40b

21. 검기무 40a

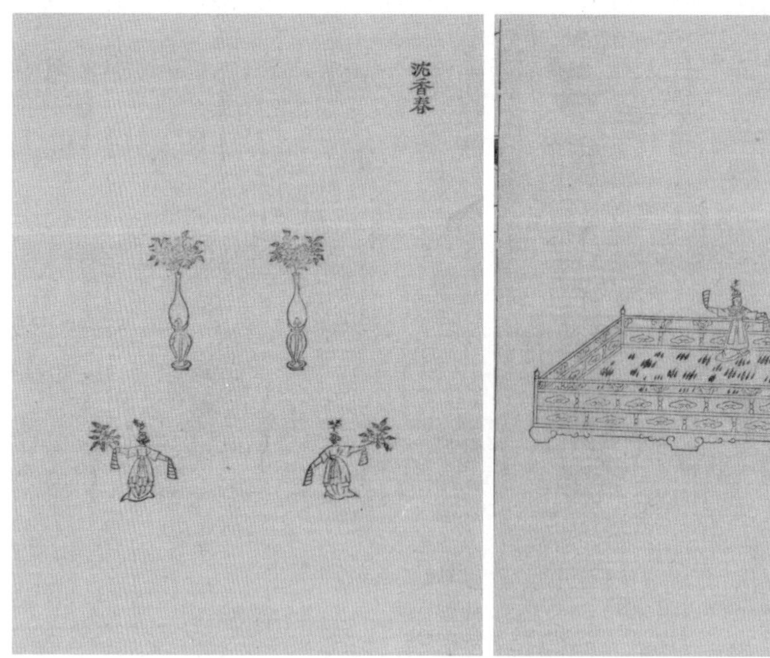

24. 침향춘 41b

23. 무산향 41a

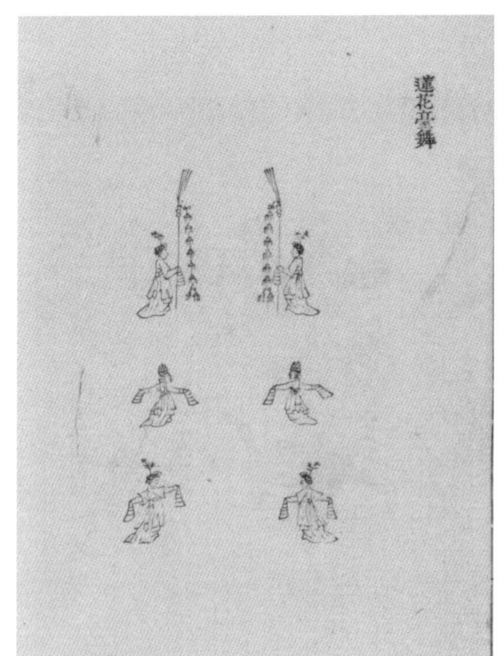

26. 연화대무 42b

25. 학무 42a

9. 고종 신축『진찬의궤』高宗 辛丑『進饌儀軌』

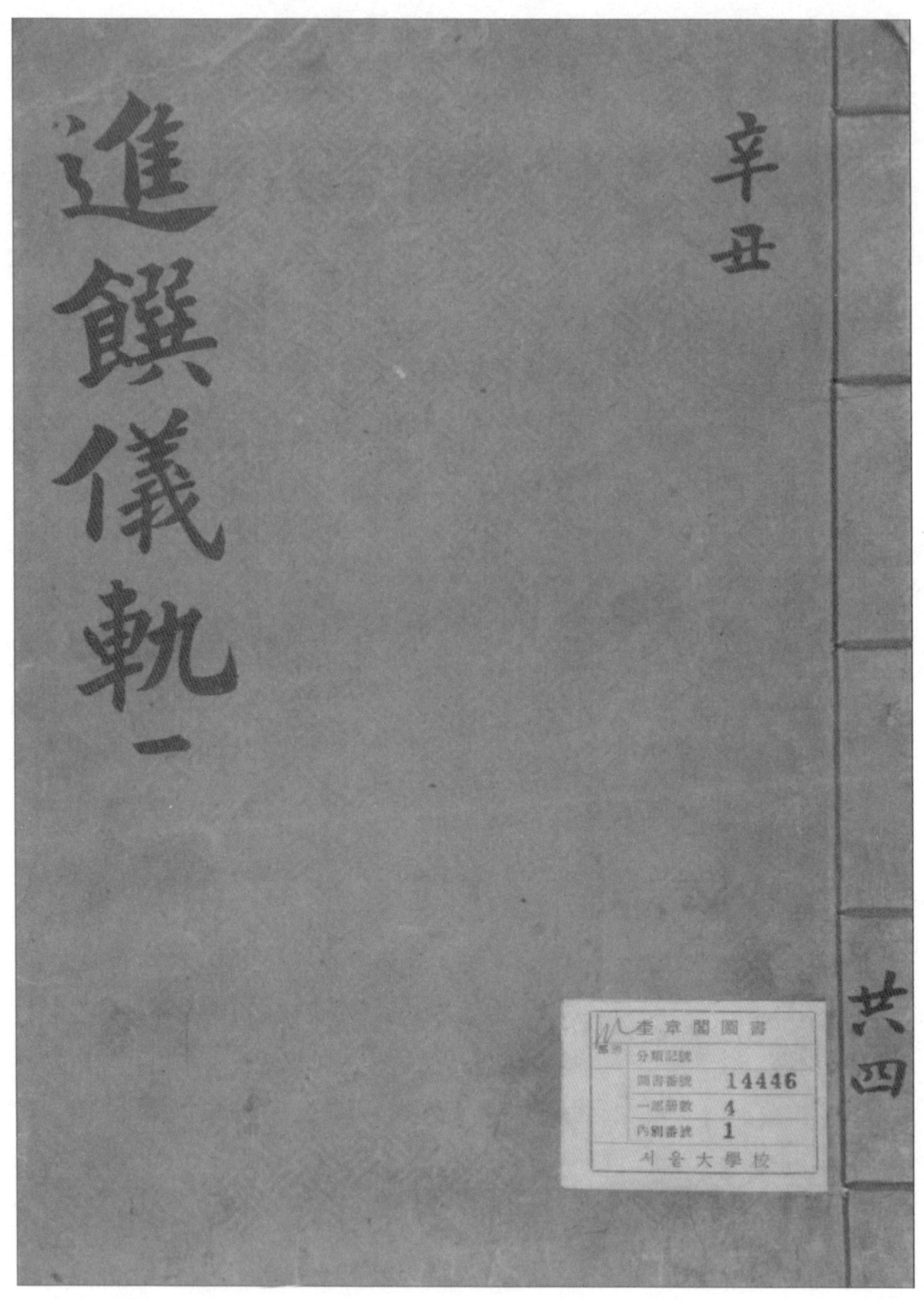

여령정재

1. 첨수무 19b

3. 무고 20b

2. 몽금척 20a

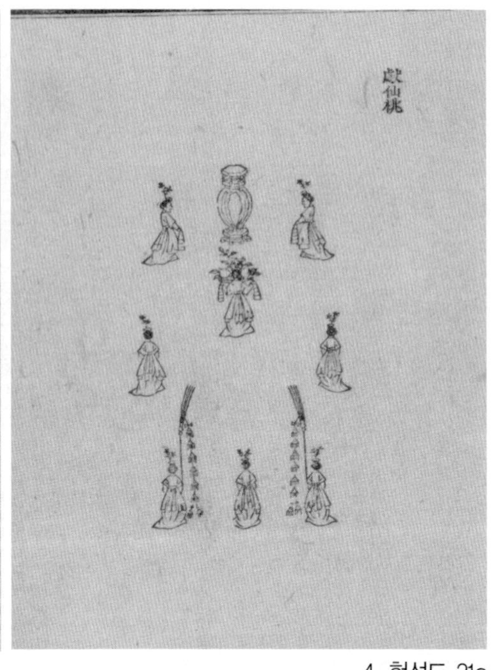

4. 헌선도 21a

5. 수연장 21b

6. 가인전목단 22a

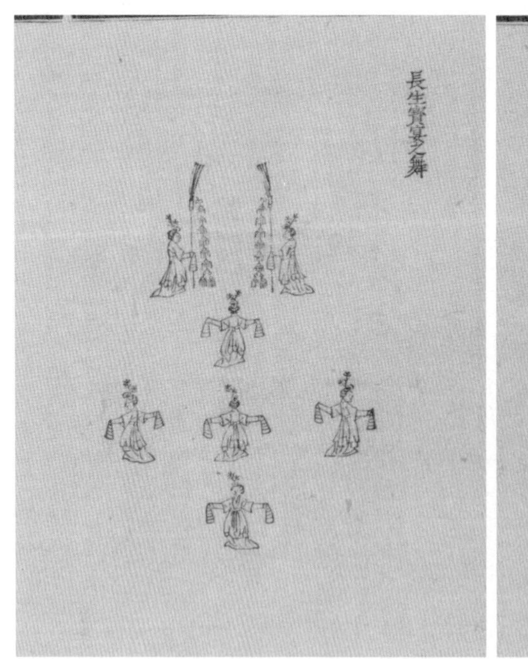

7. 장생보연지무 22b

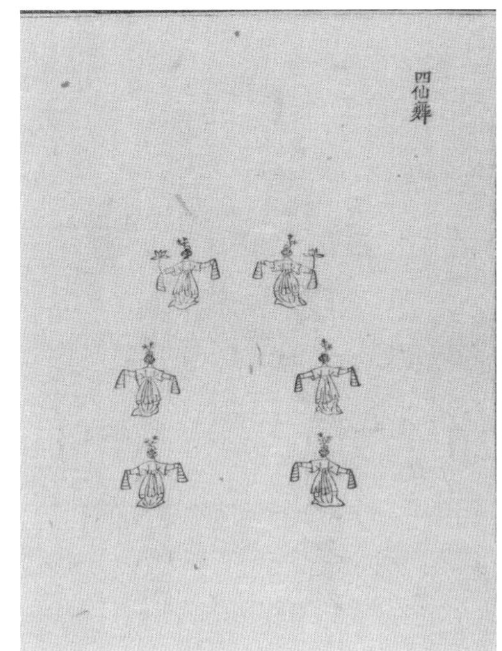

9. 사선무 23b

8. 포구락 23a

11. 선유락 24b

10. 검기무 24a

13. 향령 25b

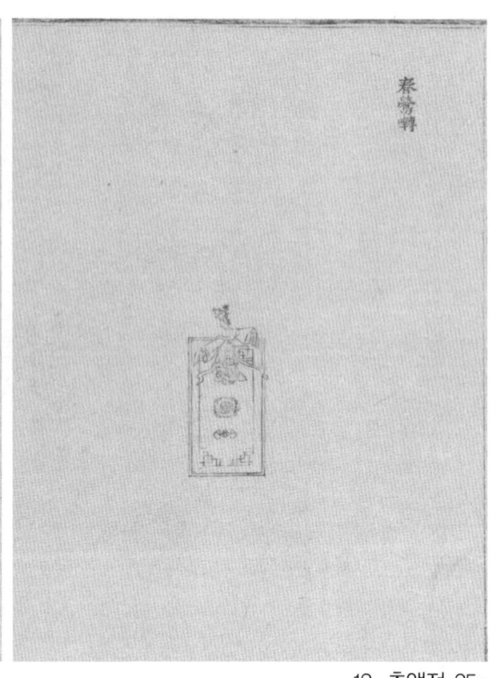

12. 춘앵전 25a

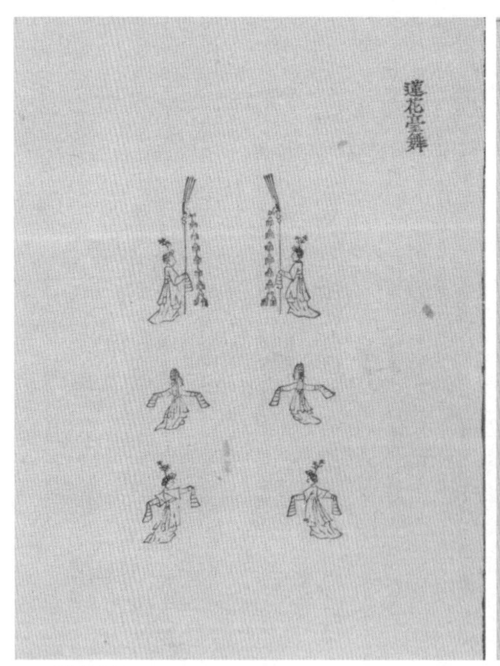

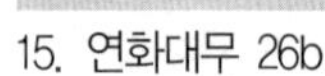
15. 연화대무 26b

14. 학무 26a

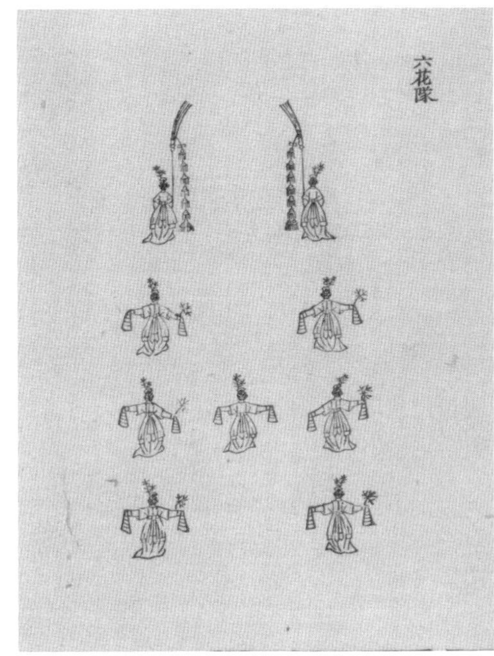

17. 육화대 27b

16. 봉래의 27a

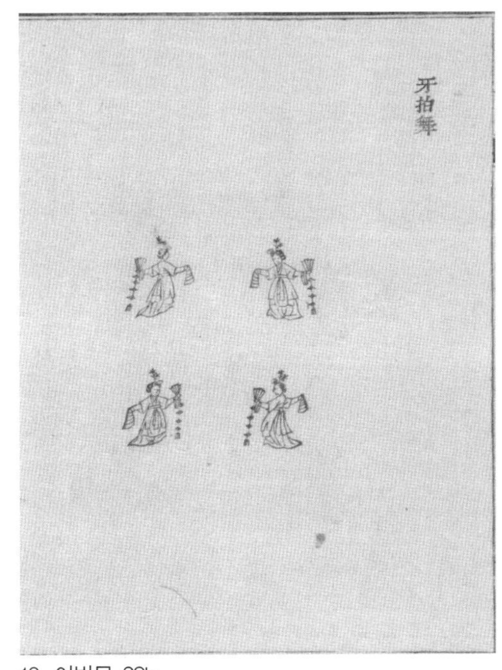

19. 아박무 28b

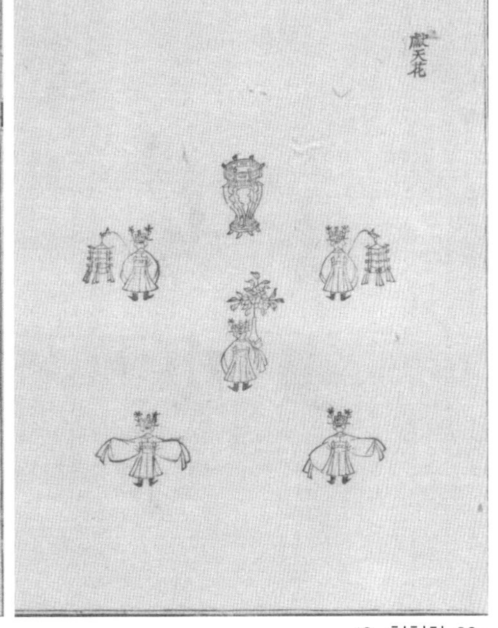

18. 헌천화 28a

20. 최화무 29a

10. 고종 신축 『진연의궤』高宗 辛丑 『進宴儀軌』

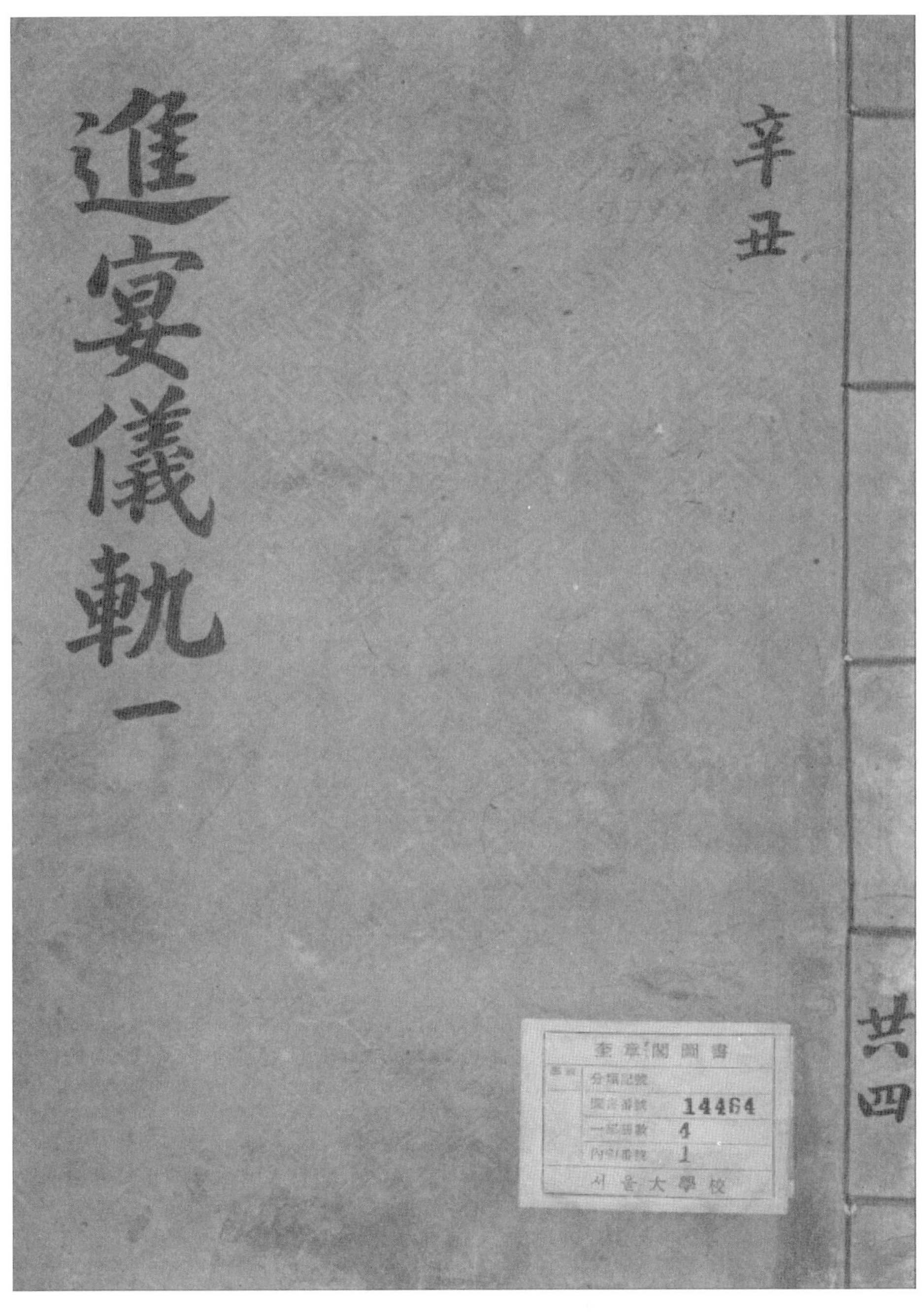

무동정재

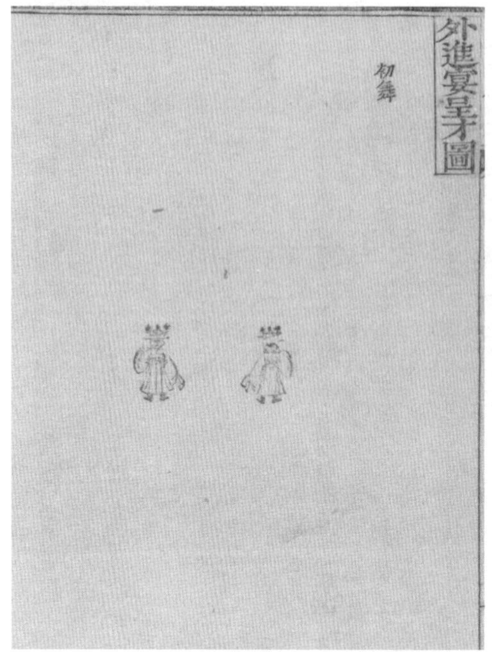

1. 초무 19b

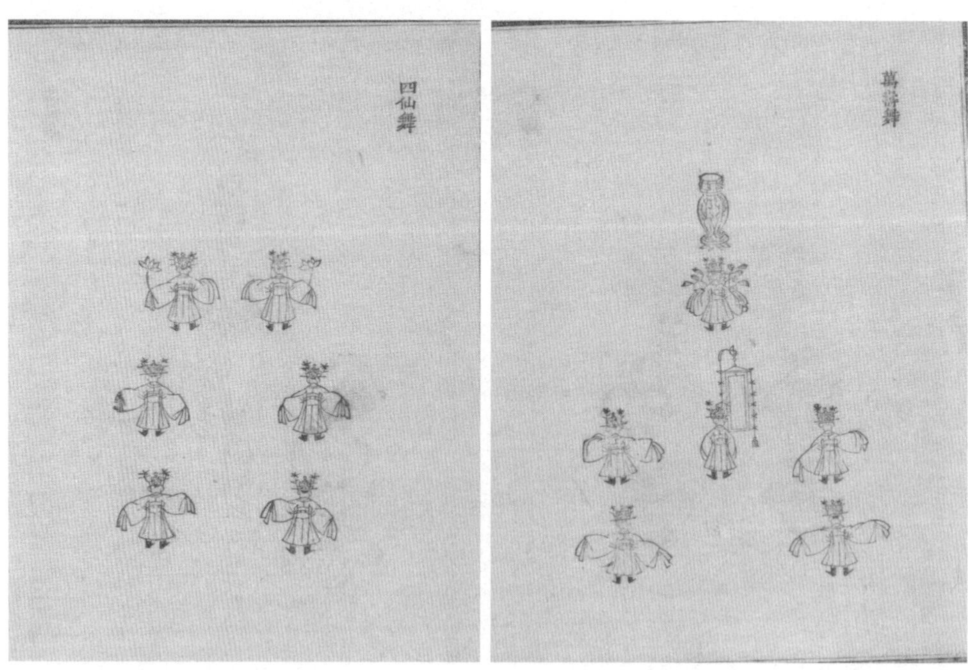

3. 사선무 20b

2. 만수무 20a

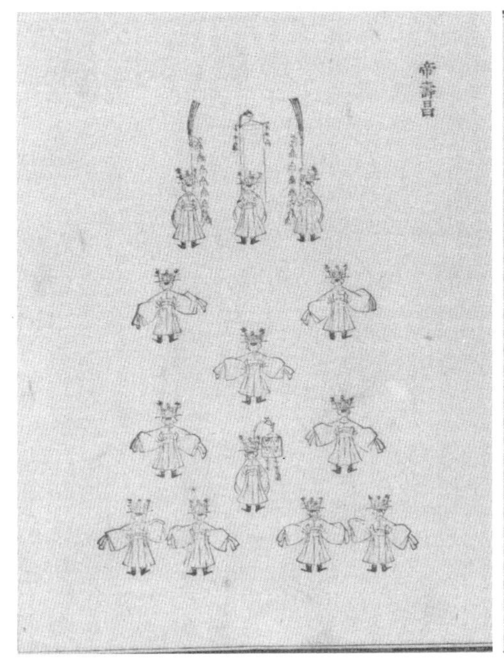

5. 제수창 21b

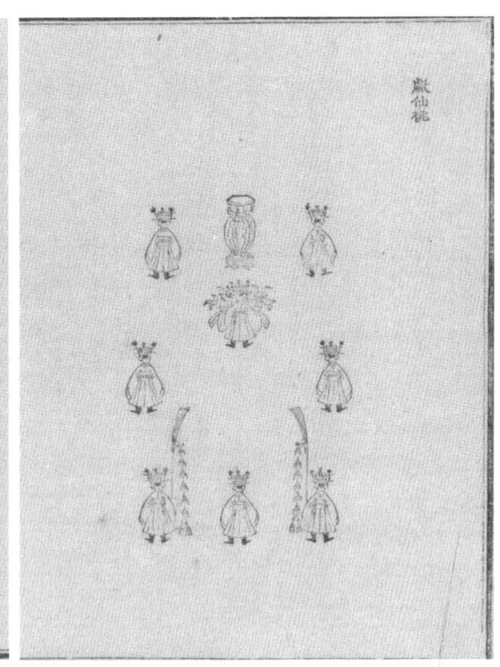

4. 헌선도 21a

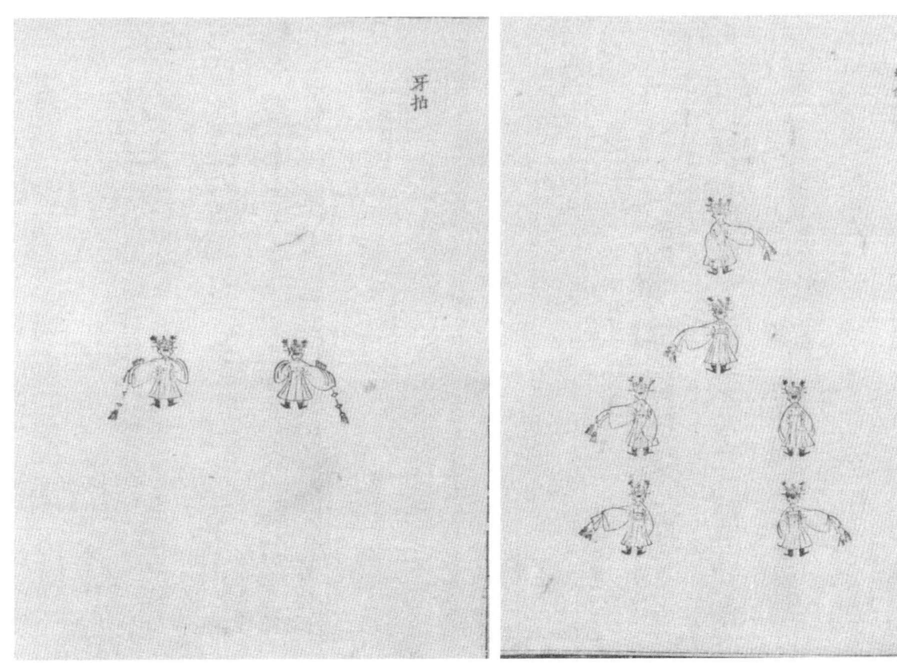

7. 아박 22b

6. 향령 22a

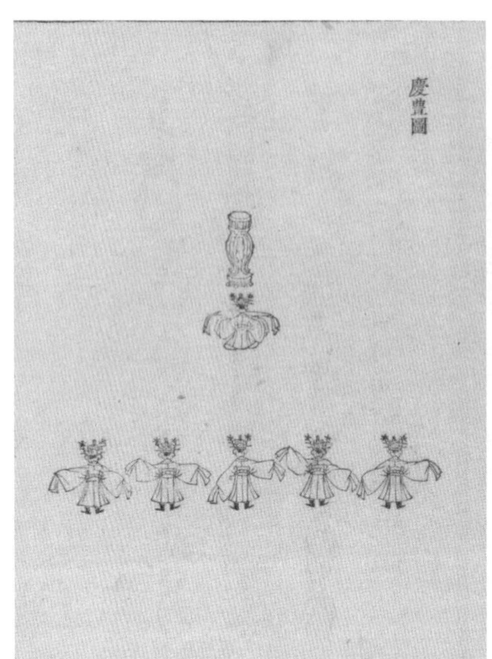

9. 경풍도 23b

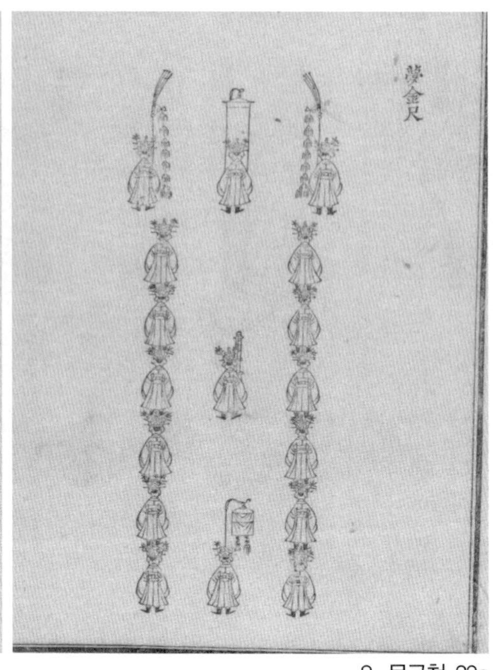

8. 몽금척 23a

11. 무고 24b

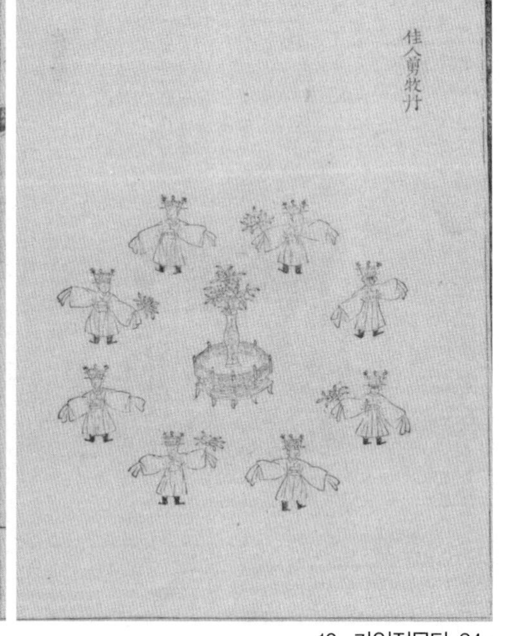

10. 가인전목단 24a

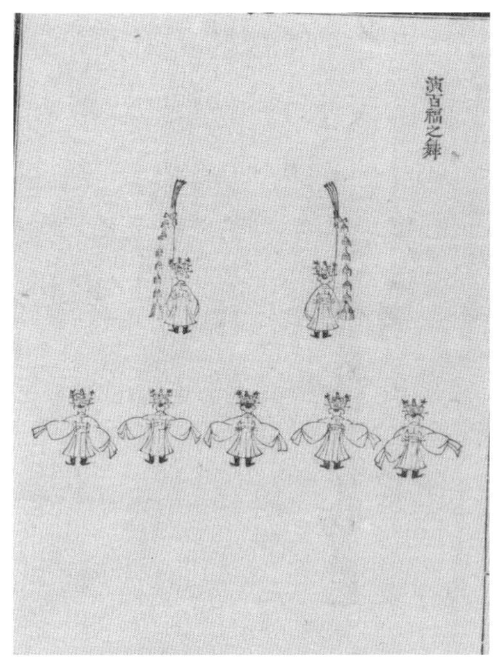

13. 연백복지무 25b

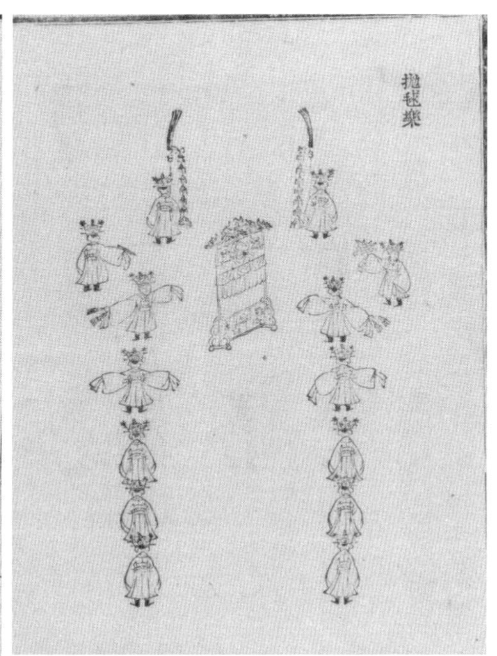

12. 포구락 25a

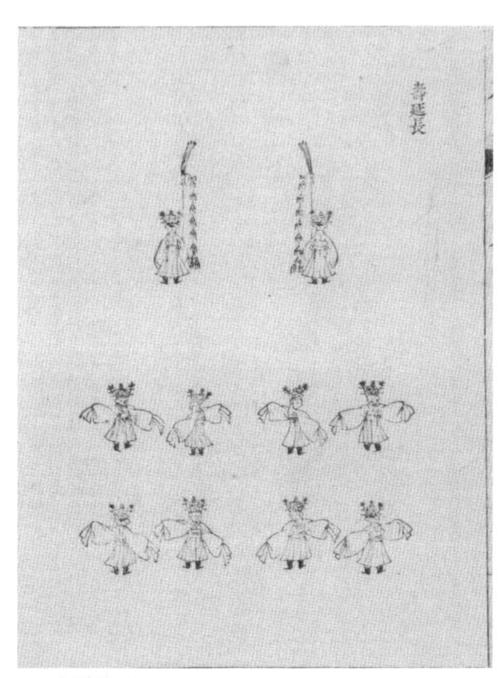

15. 수연장 26b

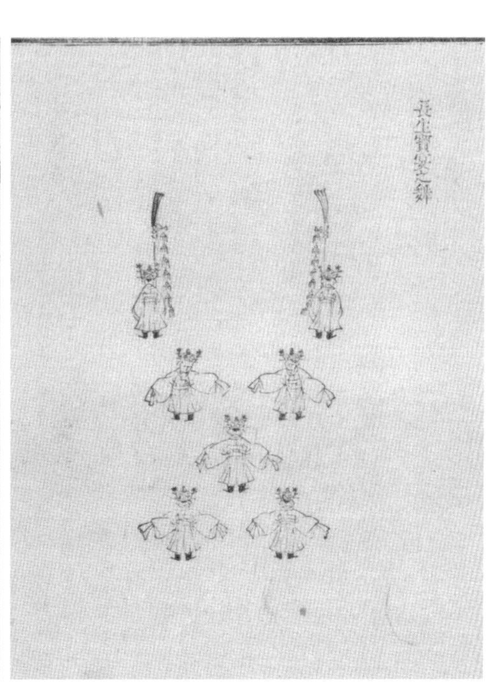

14. 장생보연지무 26a

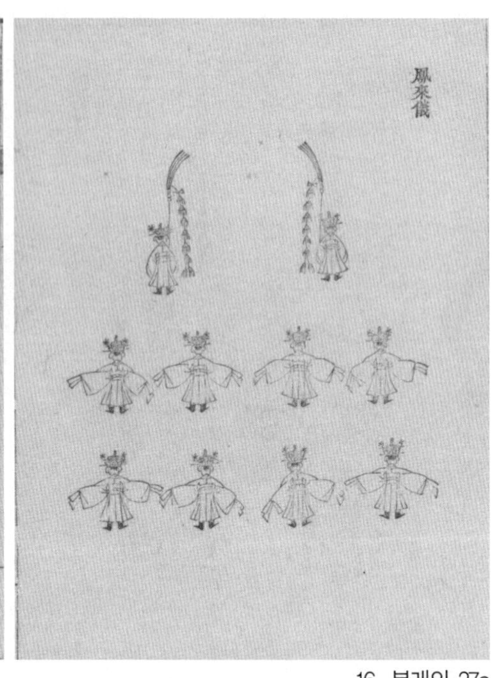

16. 봉래의 27a

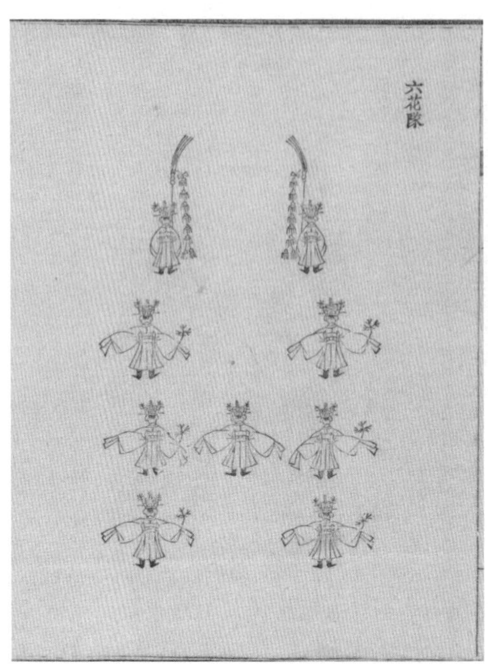

17. 육화대 27b

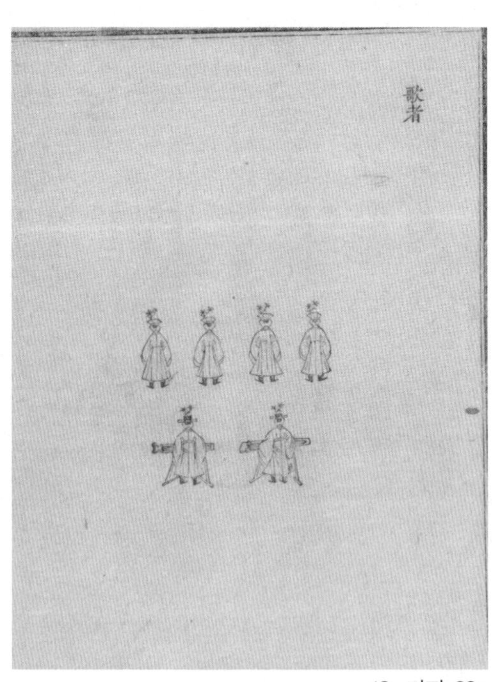

18. 가자 28a

여령정재

1. 첩승 28b

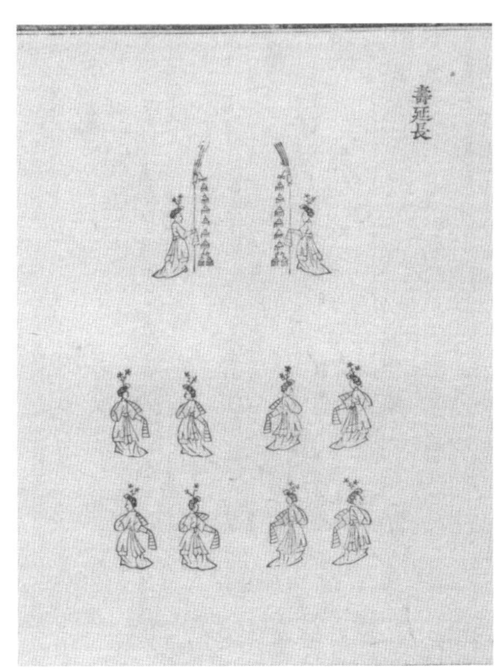

3. 수연장 29b

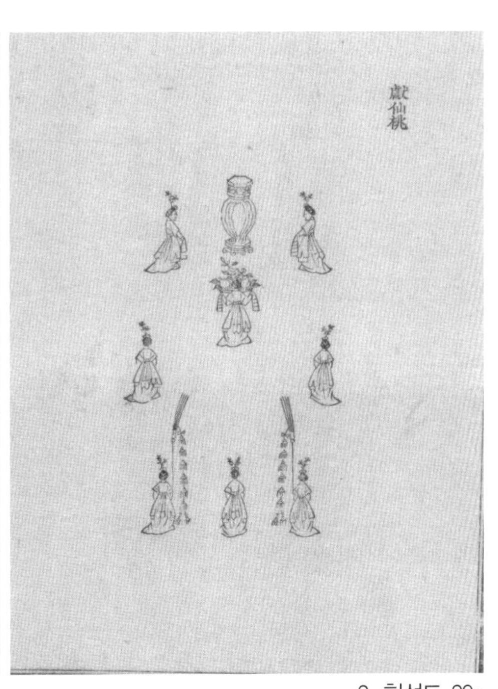

2. 헌선도 29a

5. 무고 30b

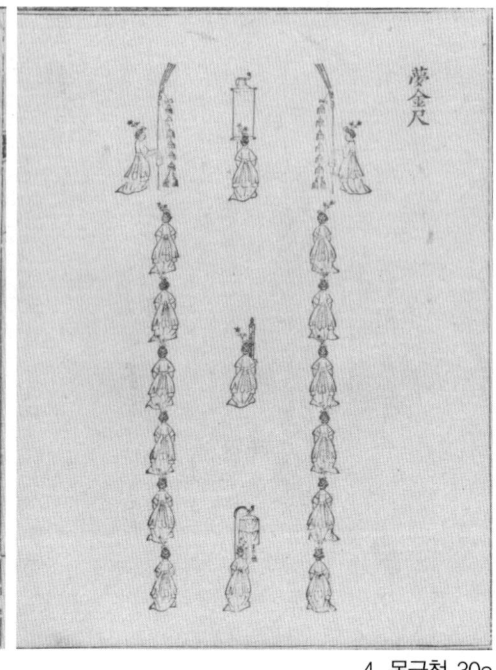

4. 몽금척 30a

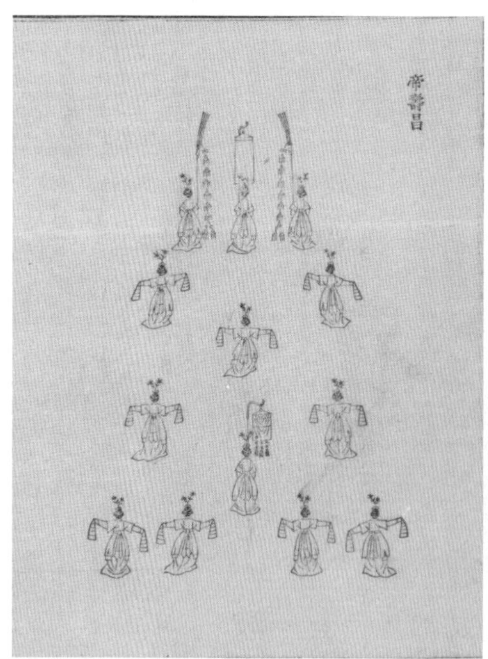

7. 제수창 31b

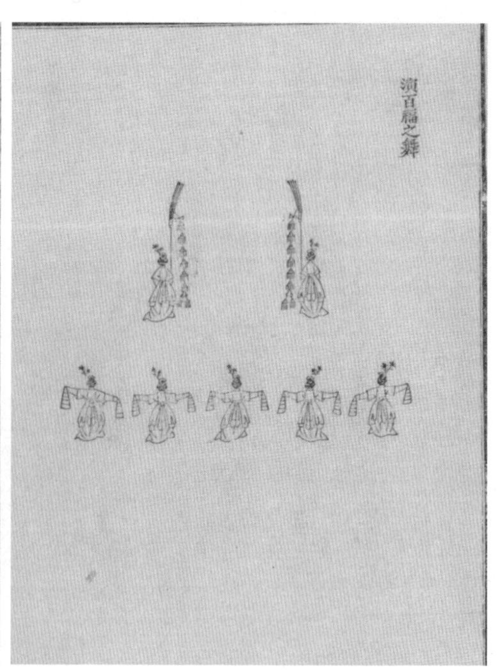

6. 연백복지무 31a

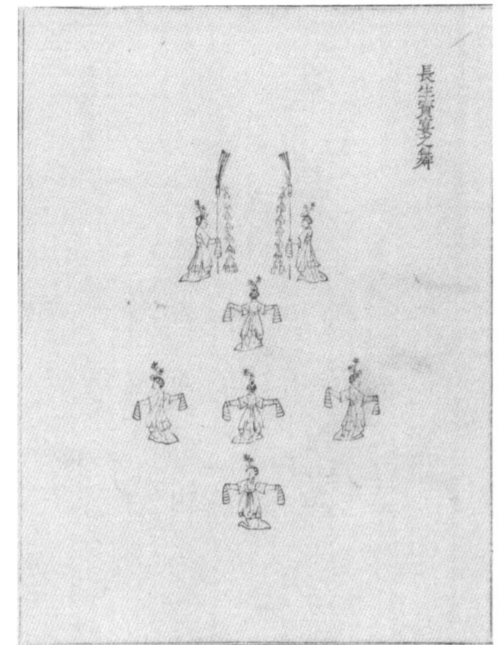

9. 장생보연지무 32b

8. 가인전목단 32a

11. 보상무 33b

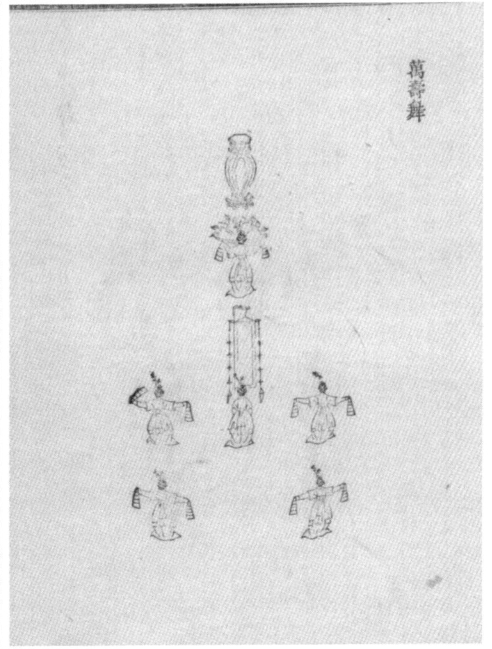

10. 만수무 33a

13. 경풍도 34b

12. 헌천화 34a

15. 향령 35b

14. 춘앵전 35a

17. 사선무 36b

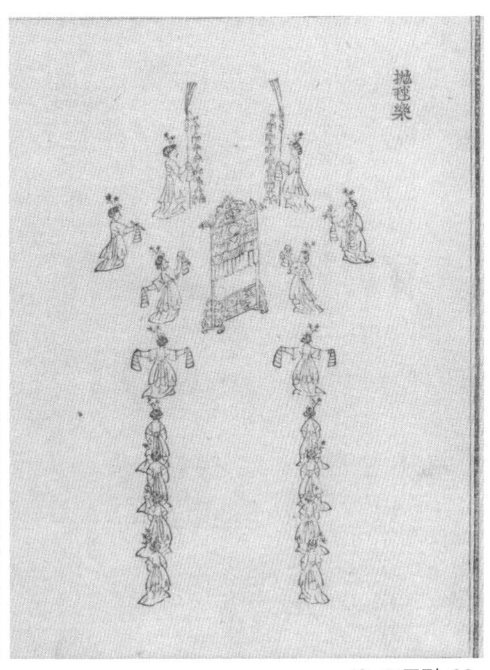

16. 포구락 36a

19. 선유락 37b

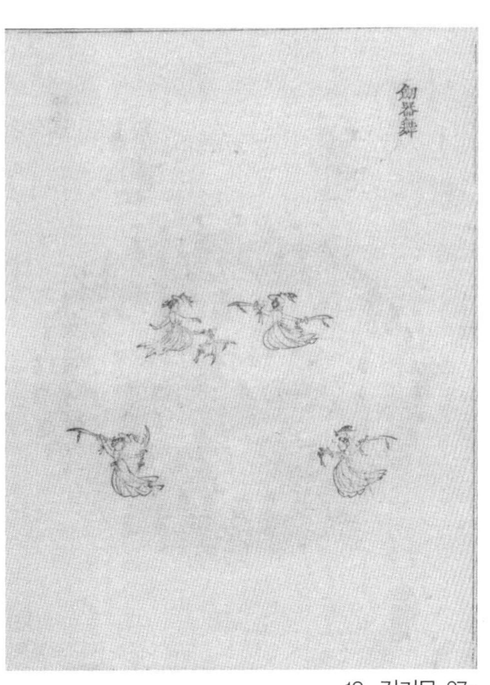

18. 검기무 37a

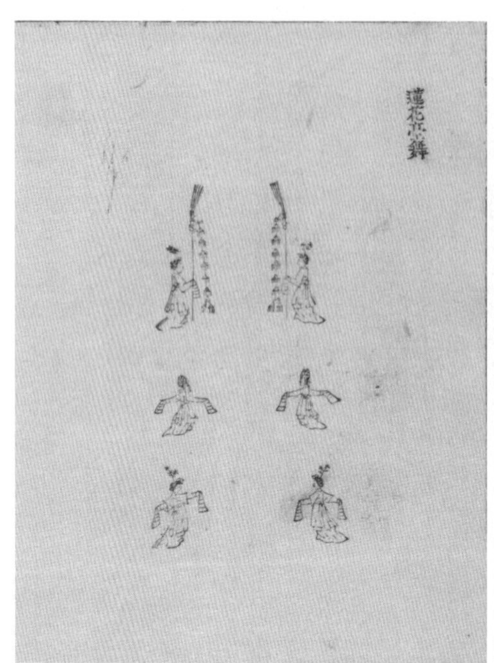

21. 연화대무 38b

20. 학무 38a

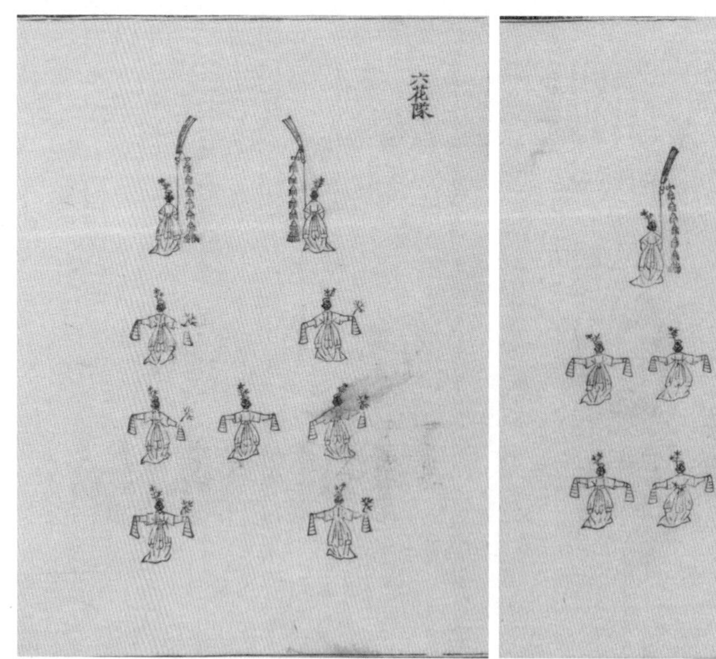

23. 육화대 39b

22. 봉래의 39a

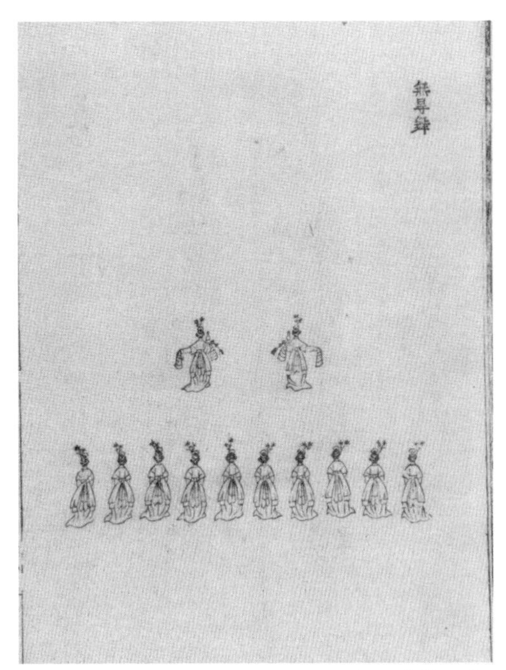

24. 무애무 40a

11. 고종 임인(4월) 『진연의궤』高宗 壬寅(4月) 『進宴儀軌』

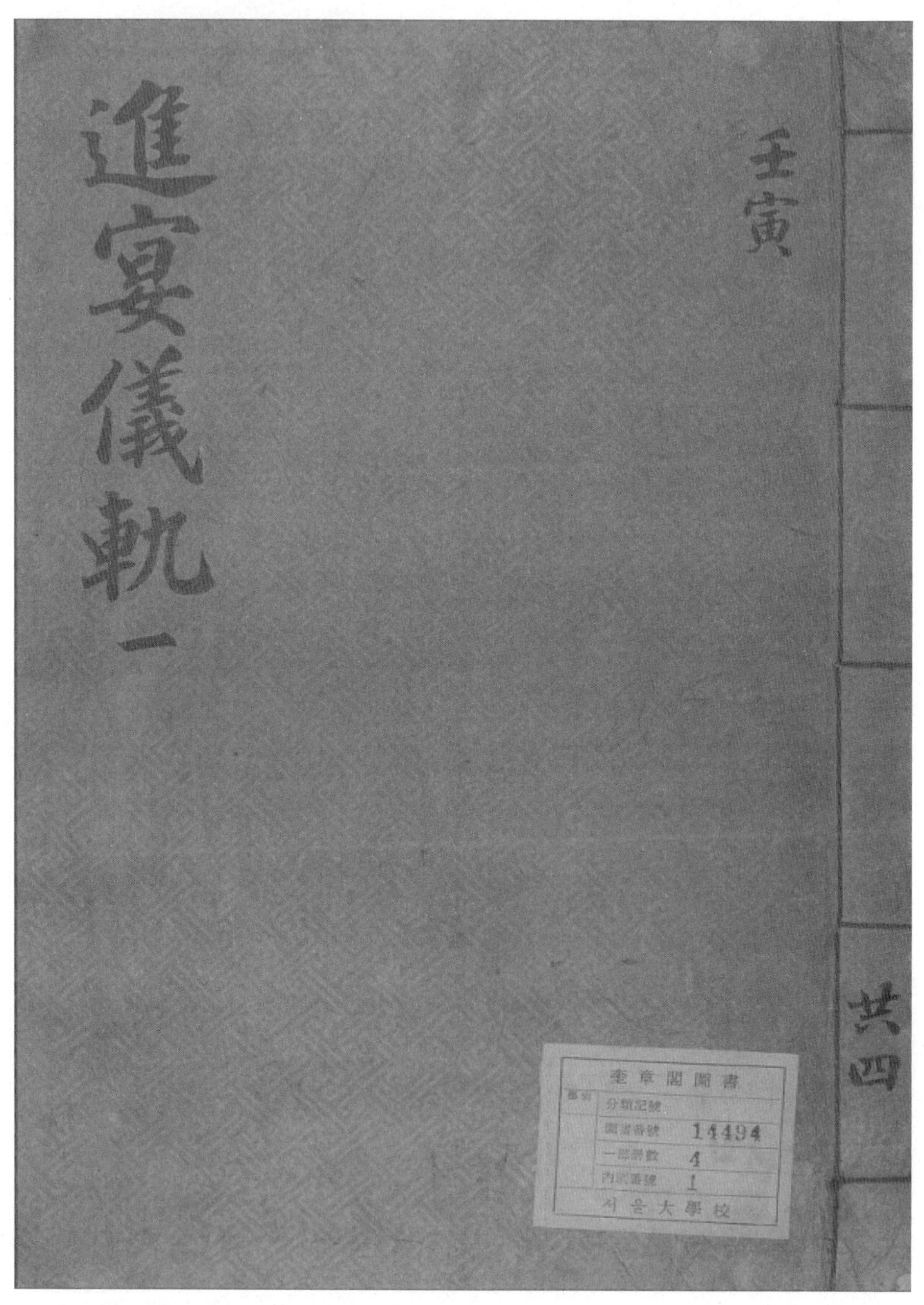

무동정재

1. 초무 17b

3. 무고 18b

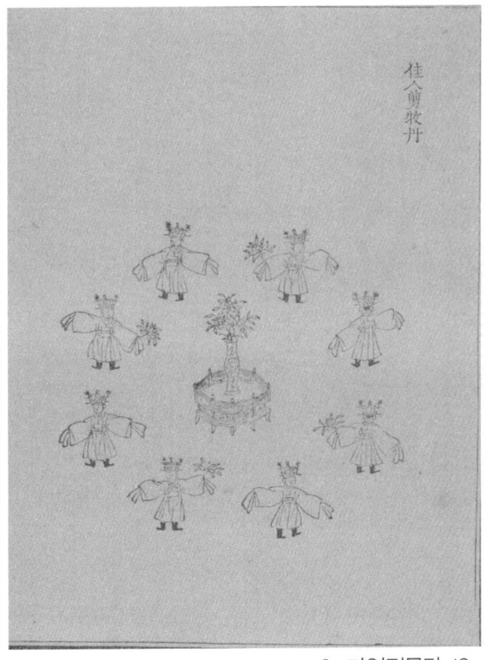

2. 가인전목단 18a

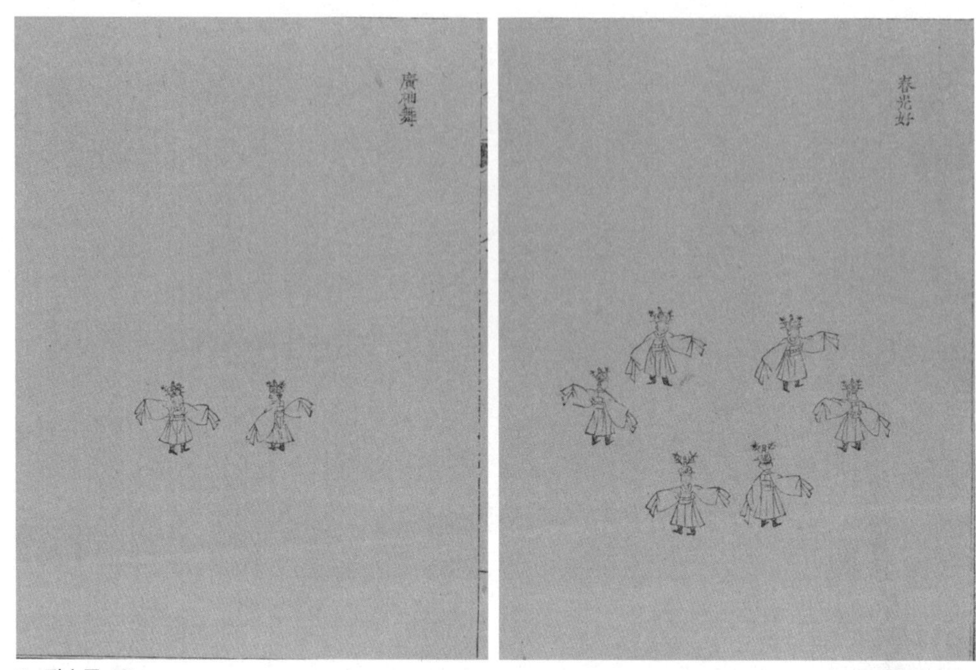

5. 광수무 19b

4. 춘광호 19a

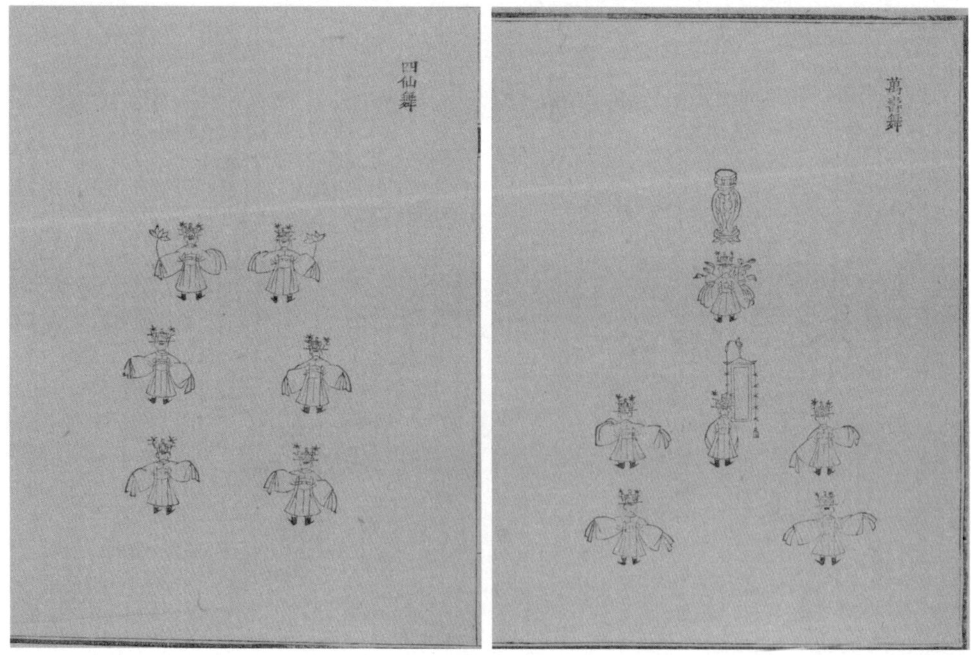

7. 사선무 20b

6. 만수무 20a

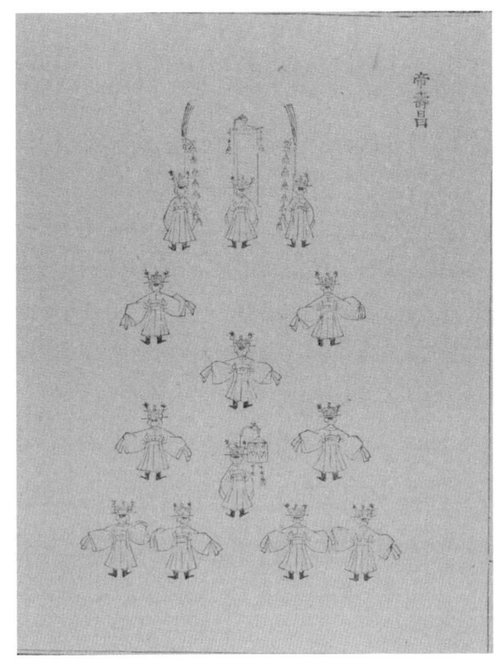

9. 제수창 21b

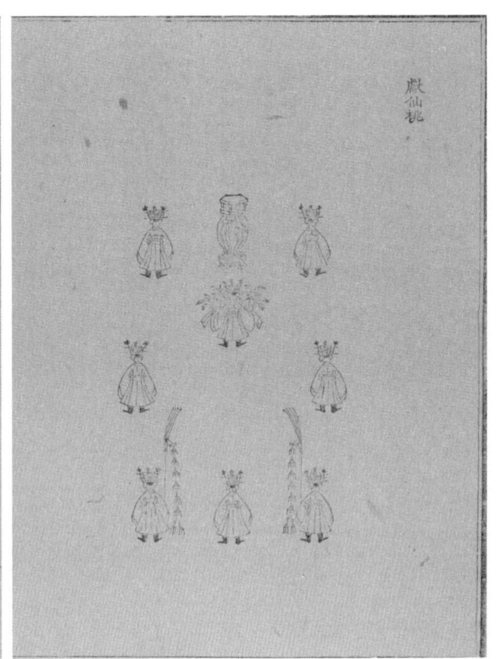

8. 헌선도 21a

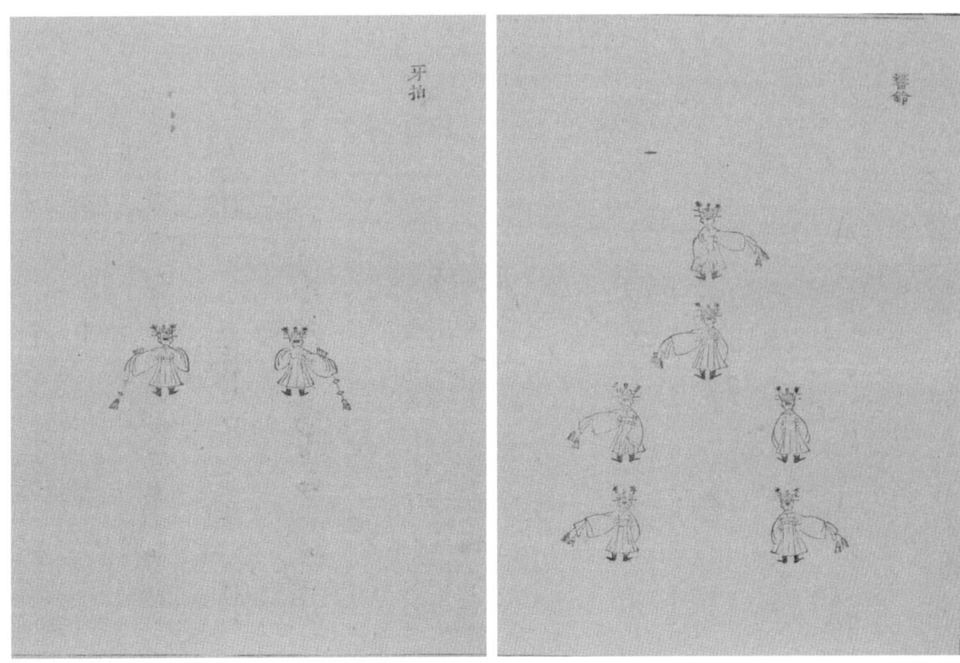

11. 아박 22b

10. 향령 22a

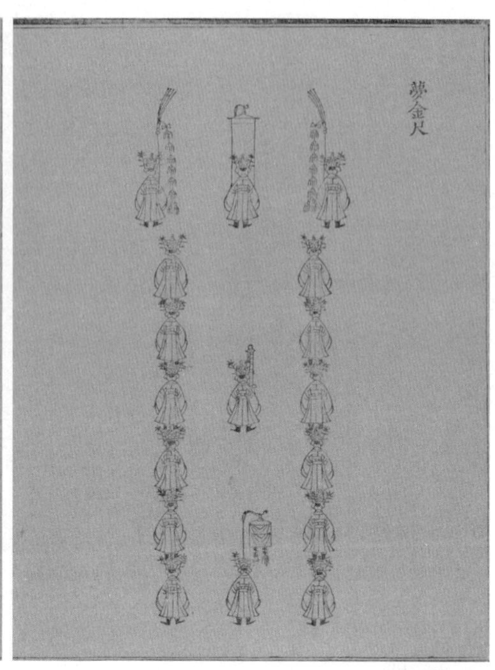

12. 몽금척 23a

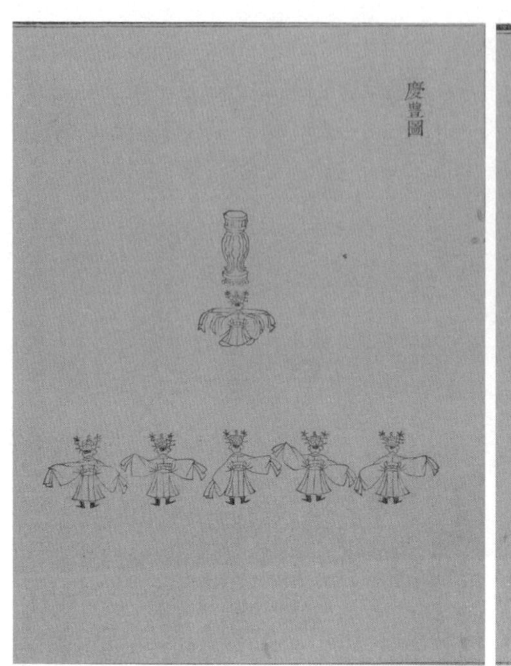

13. 경풍도 23b

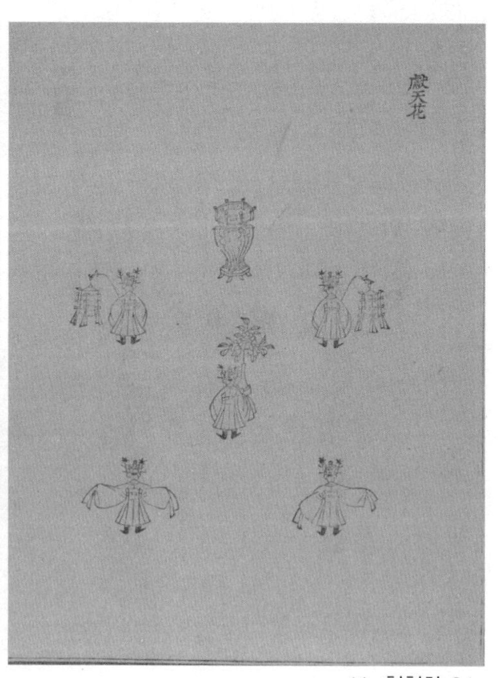

14. 헌천화 24a

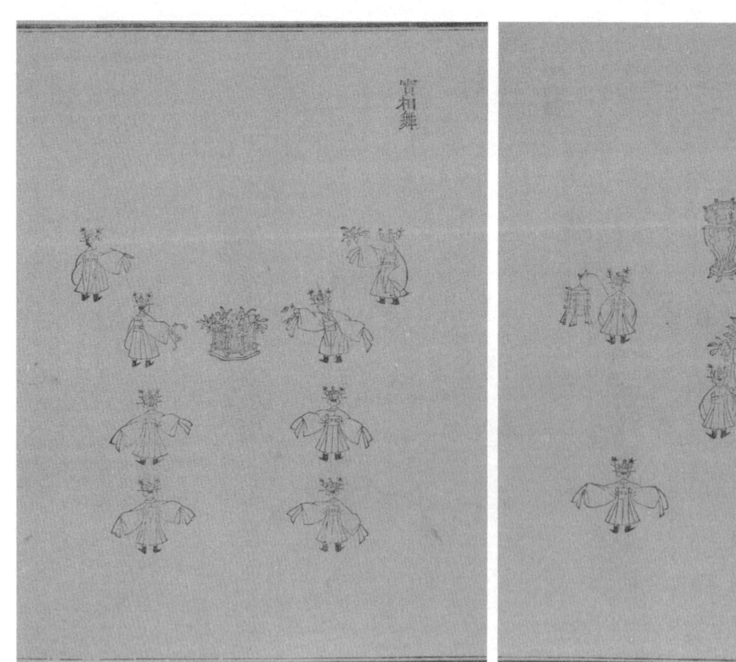

15. 보상무 24b

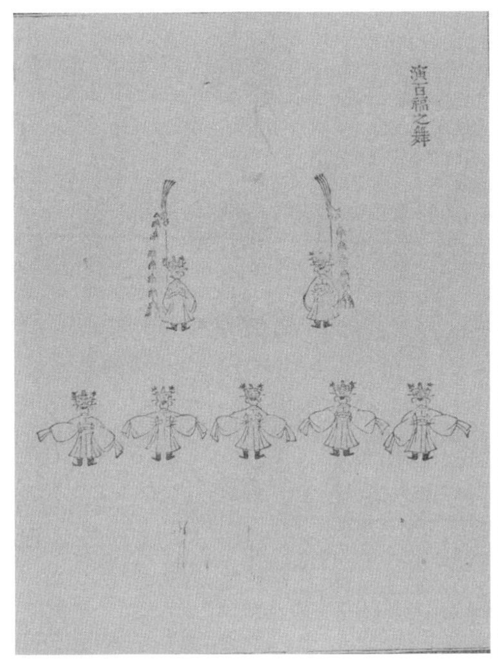

17. 연백복지무 25b

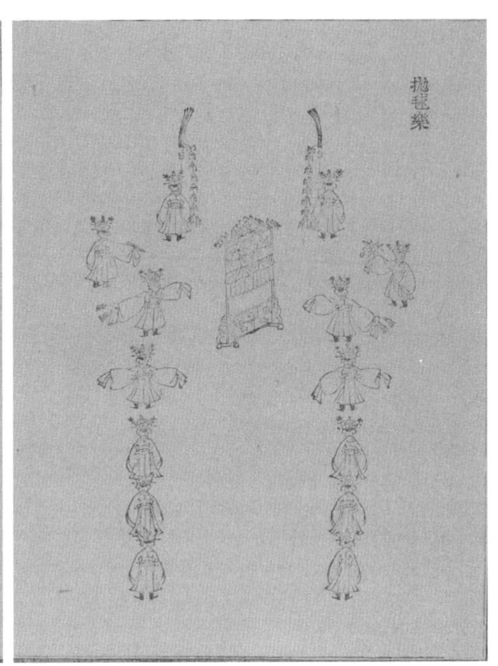

16. 포구락 25a

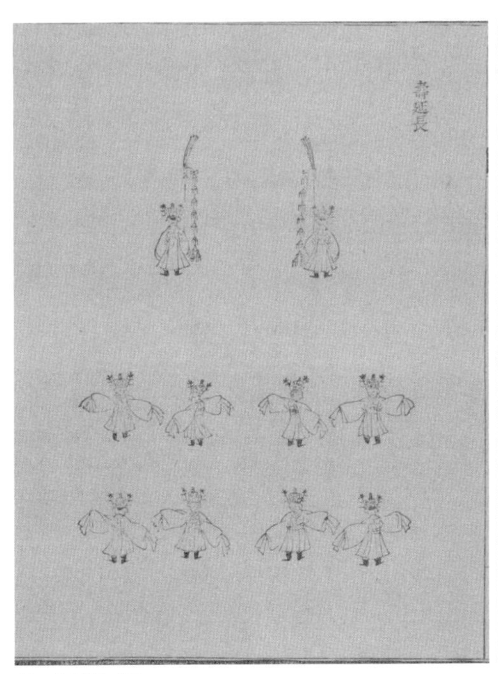

19. 수연장 26b

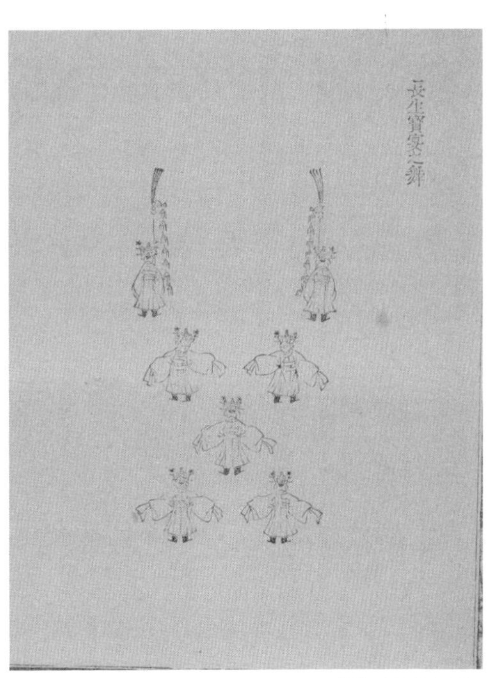

18. 장생보연지무 26a

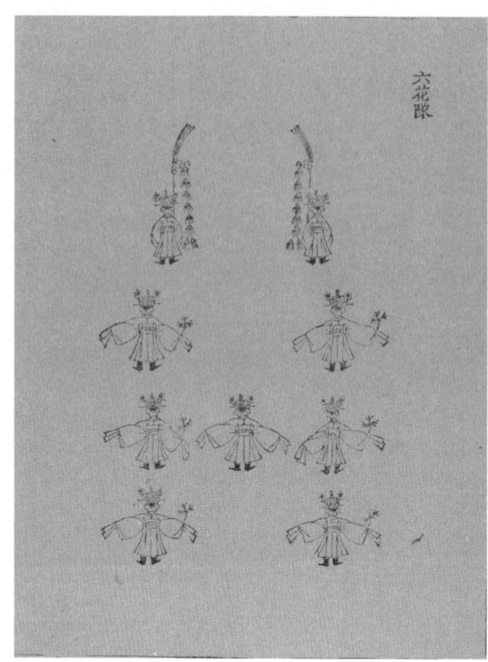

21. 육화대 27b

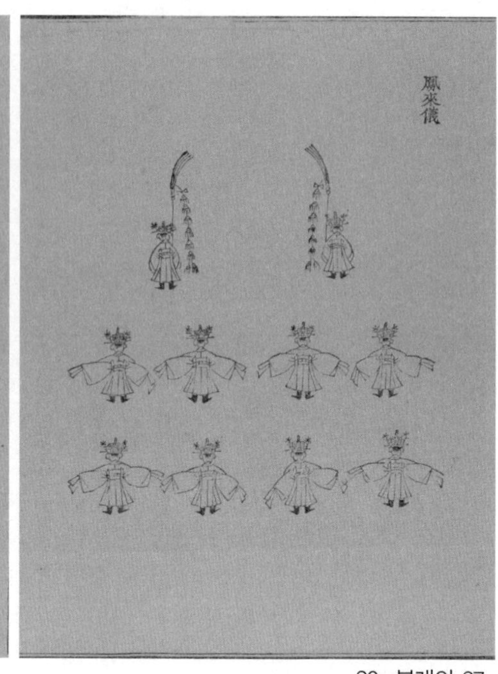

20. 봉래의 27a

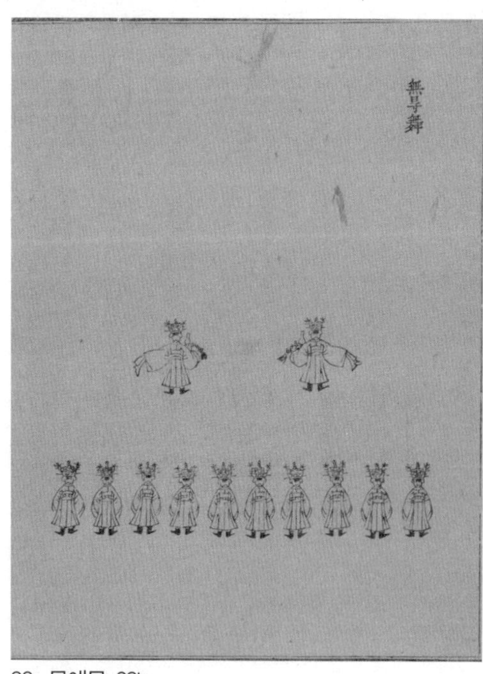

23. 무애무 28b

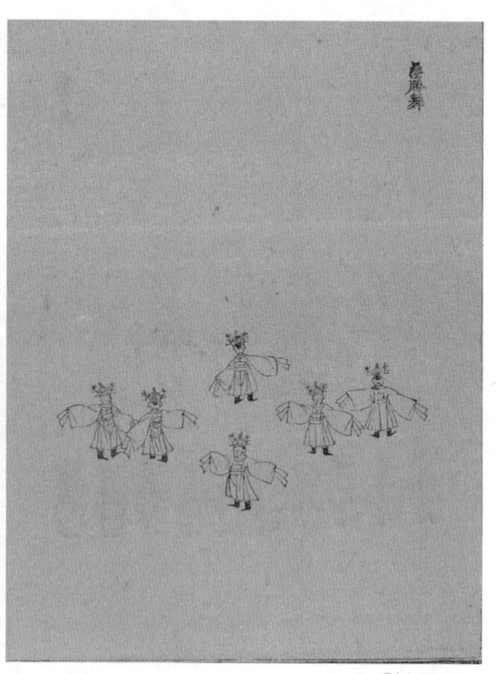

22. 첩승무 28a

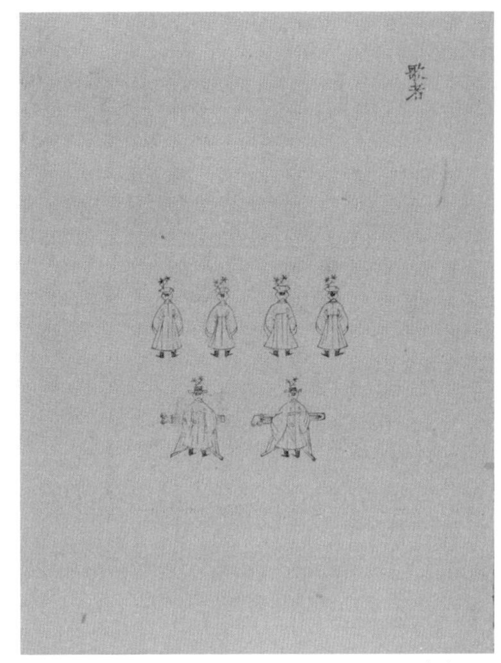

24. 가자 29a

여령정재

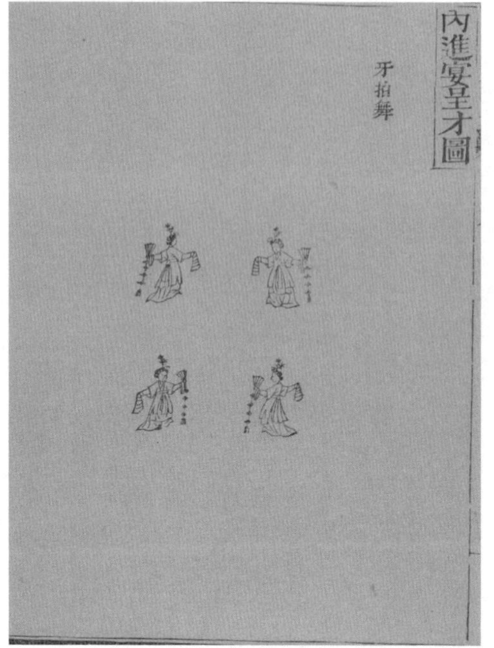

1. 아박무 29b

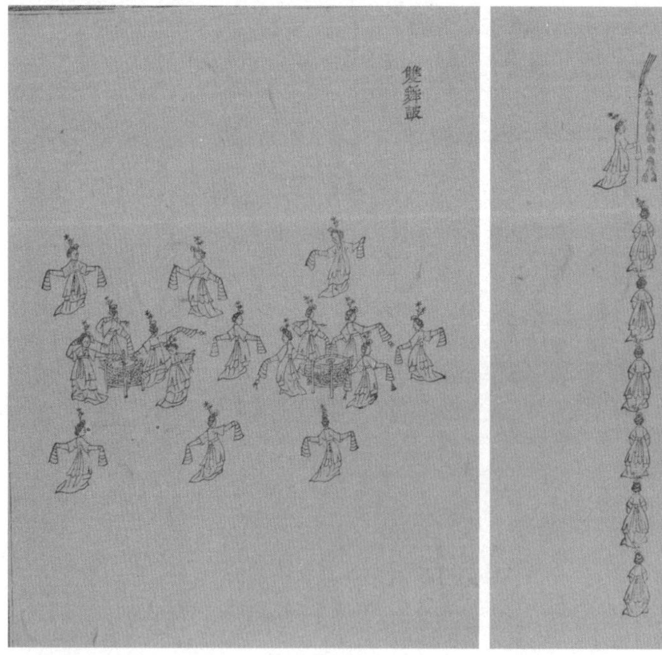

3. 쌍무고 30b

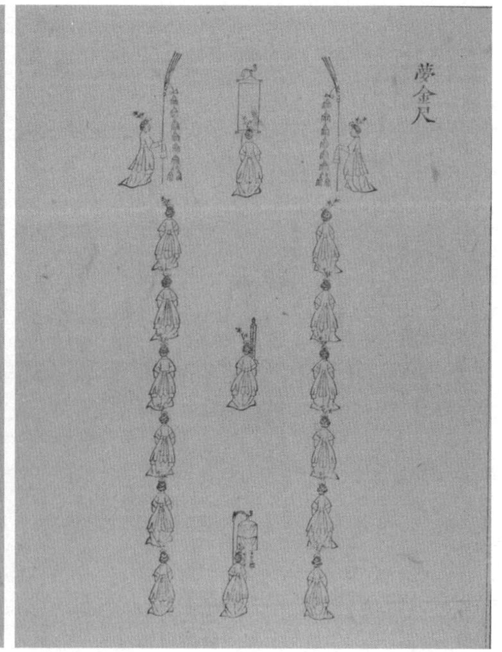

2. 몽금척 30a

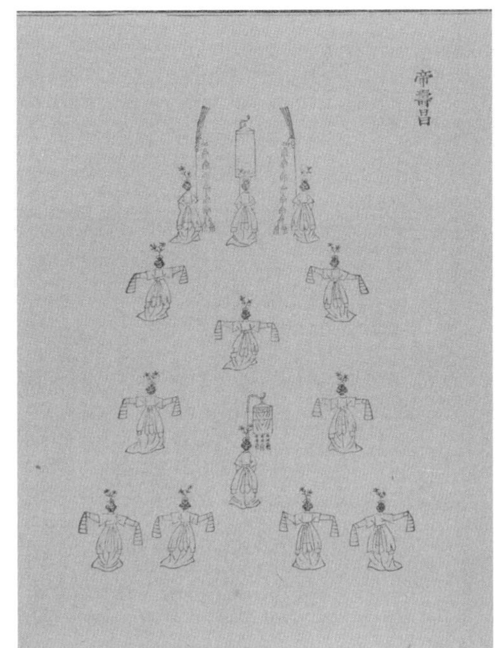

5. 제수창 31b

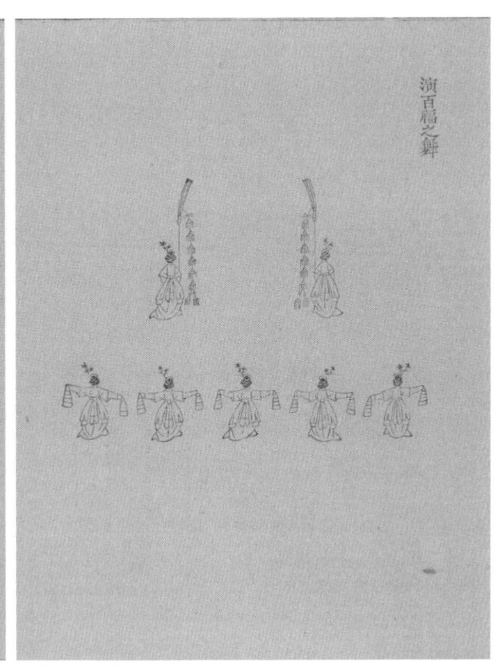

4. 연백복지무 31a

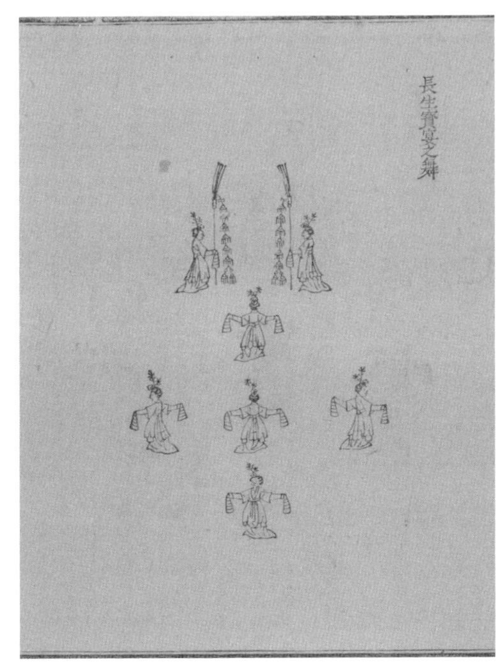

7. 장생보연지무 32b

6. 가인전목단 32a

9. 보상무 33b

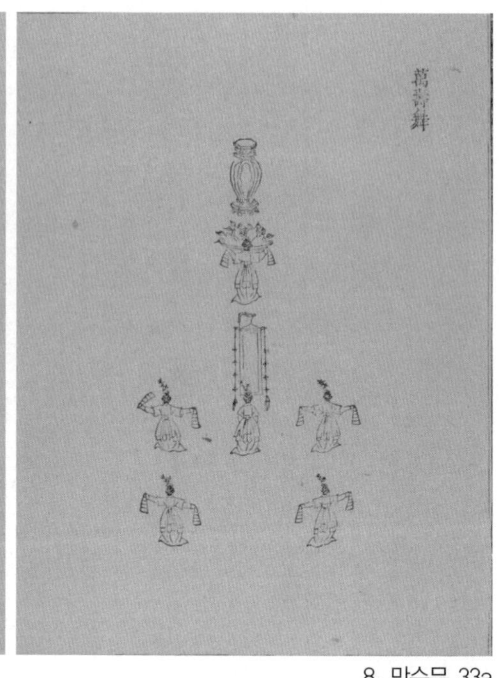

8. 만수무 33a

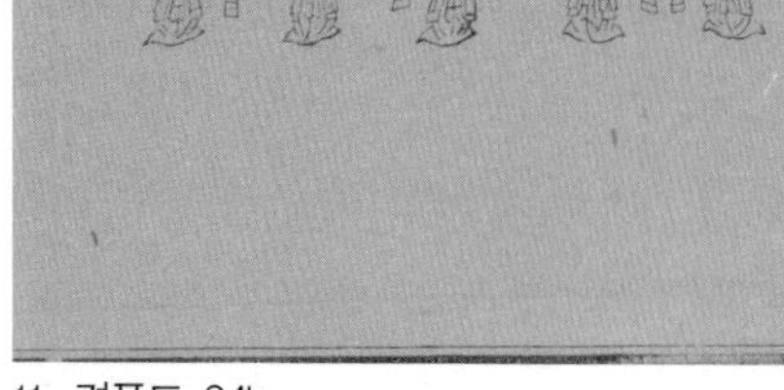

11. 경풍도 34b

10. 헌친화 34a

13. 향령 35b

12. 춘앵전 35a

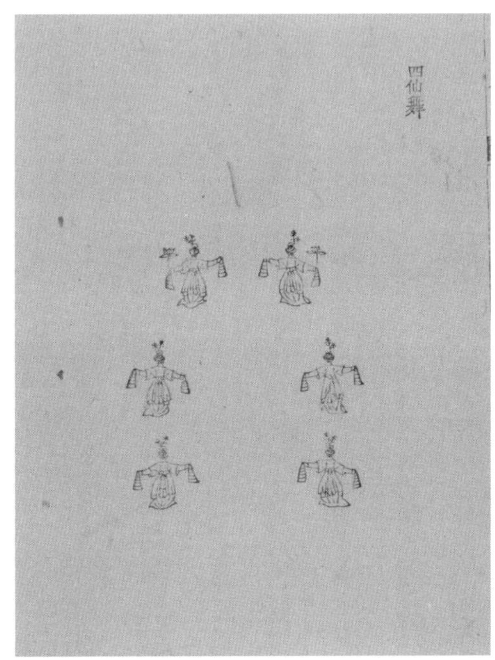

15. 사선무 36b

14. 쌍포구락 36a

17. 선유락 37b

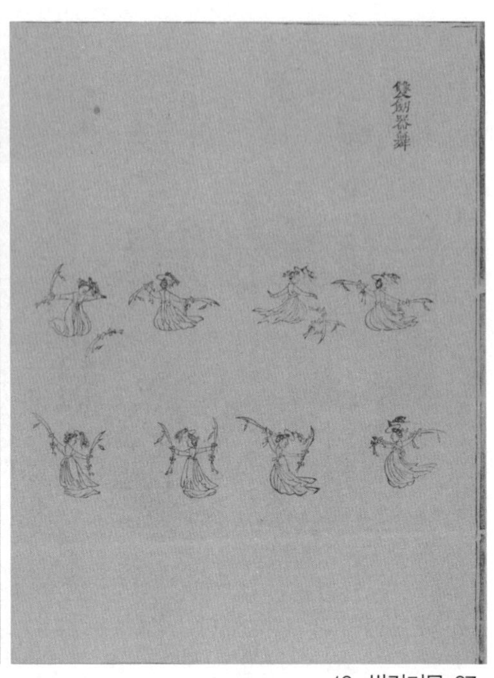

16. 쌍검기무 37a

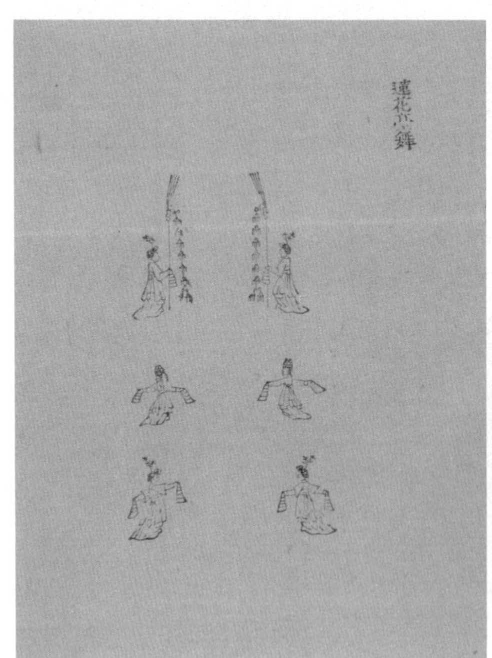

19. 연화대무 38b

18. 학무 38a

20. 헌선도 39a

21. 수연장 39b

22. 봉래의 40a

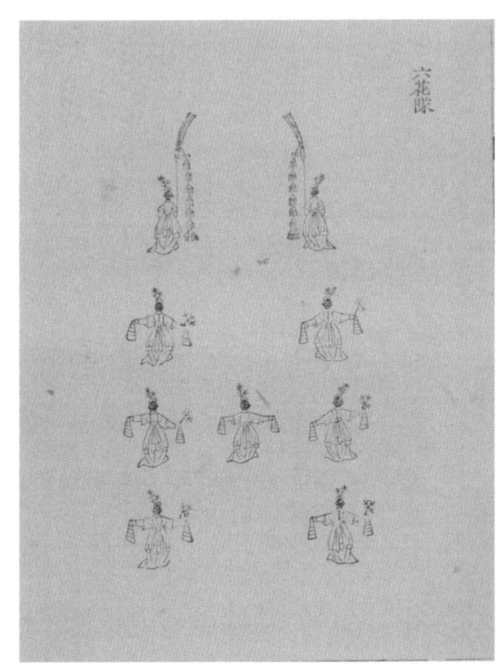

23. 육화대 40b

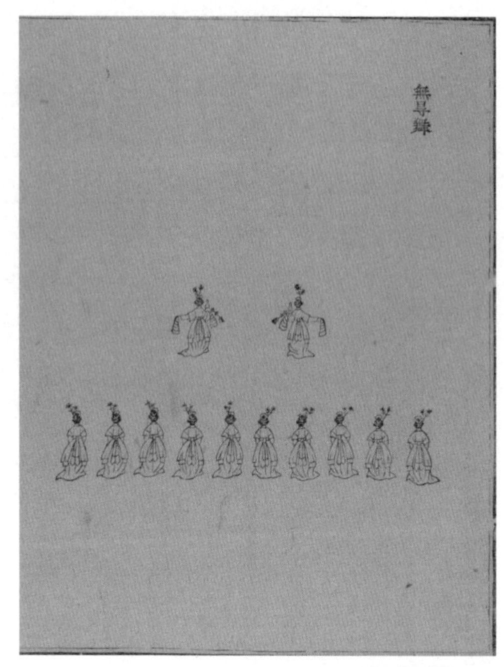

24. 무애무 41a

12. 고종 임인(11월) 『진연의궤』高宗 壬寅(11月) 『進宴儀軌』

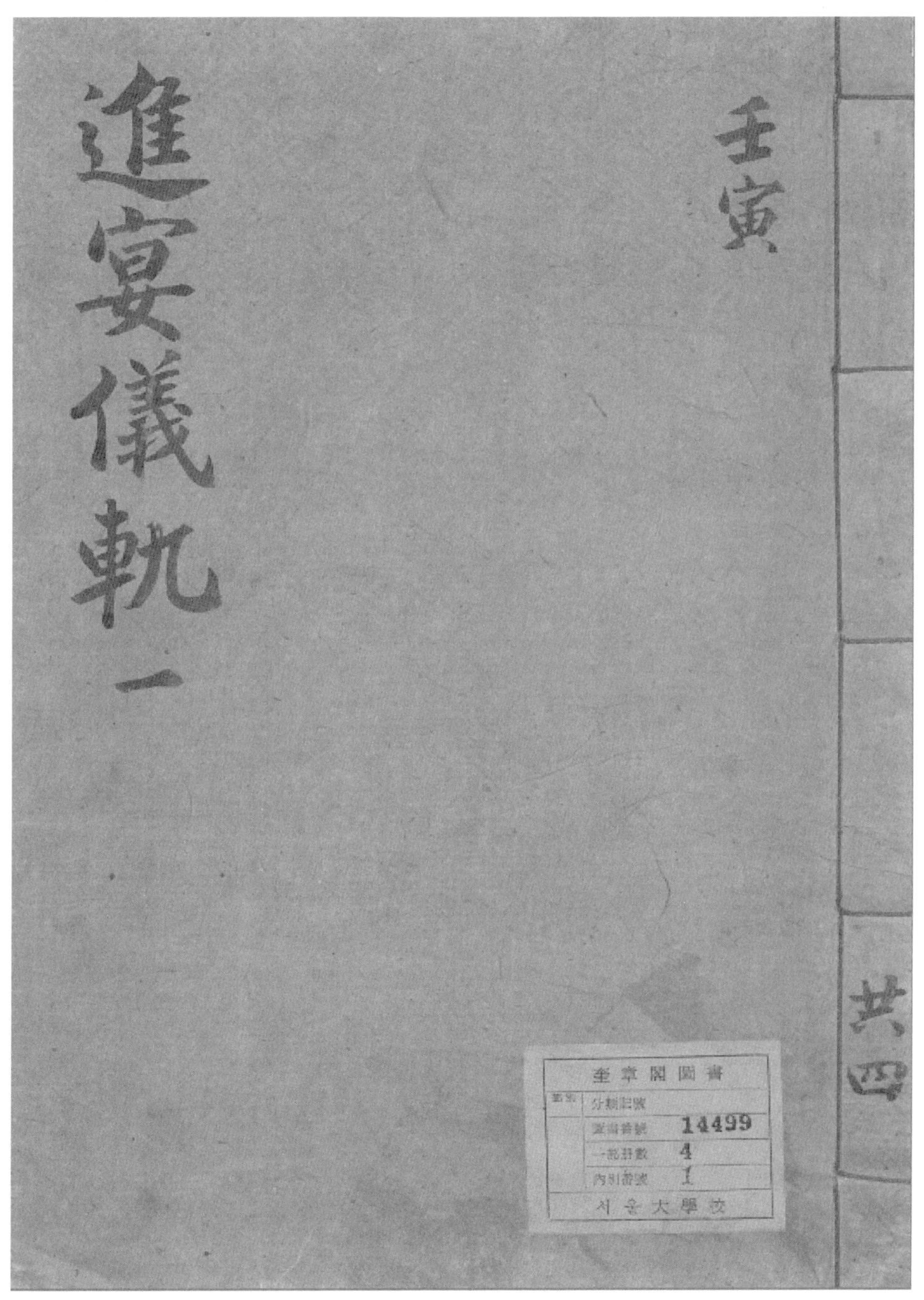

무동정재

1. 초무 20b

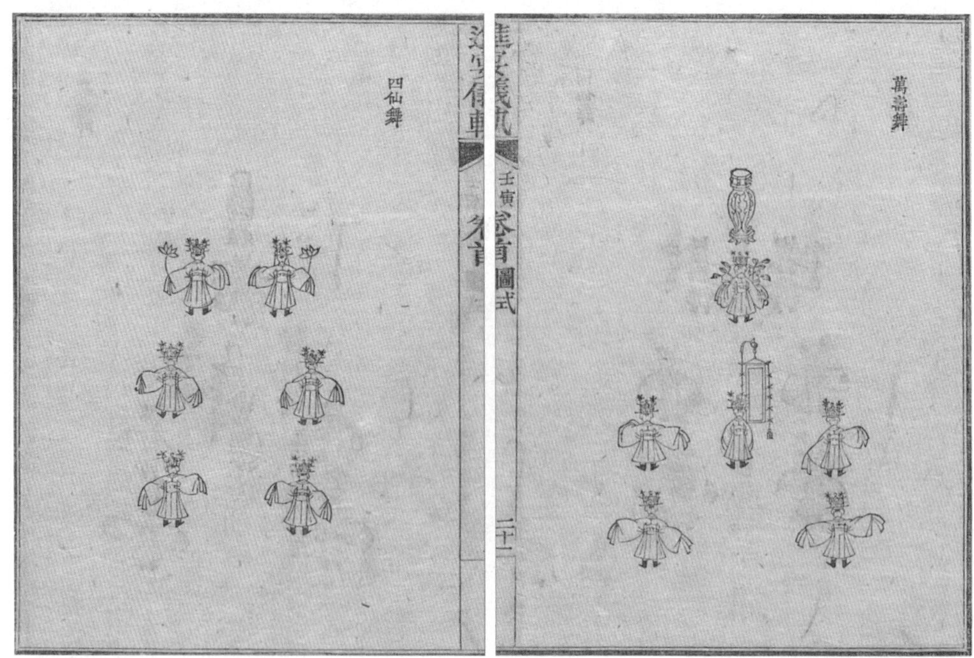

3. 사선무 21b

2. 만수무 21a

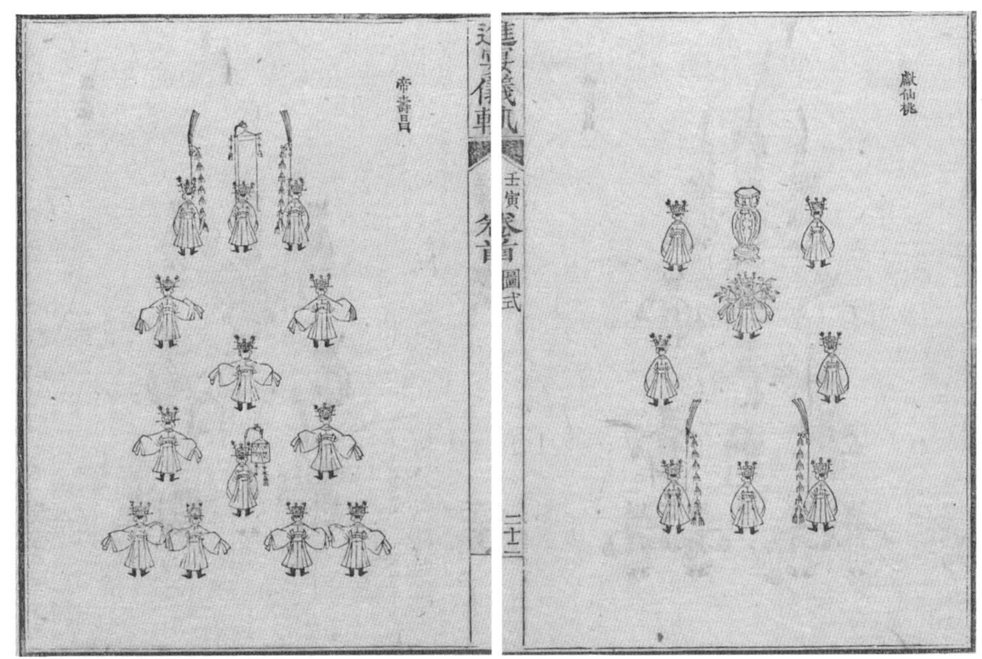

5. 제수창 22b

4. 헌선도 22a

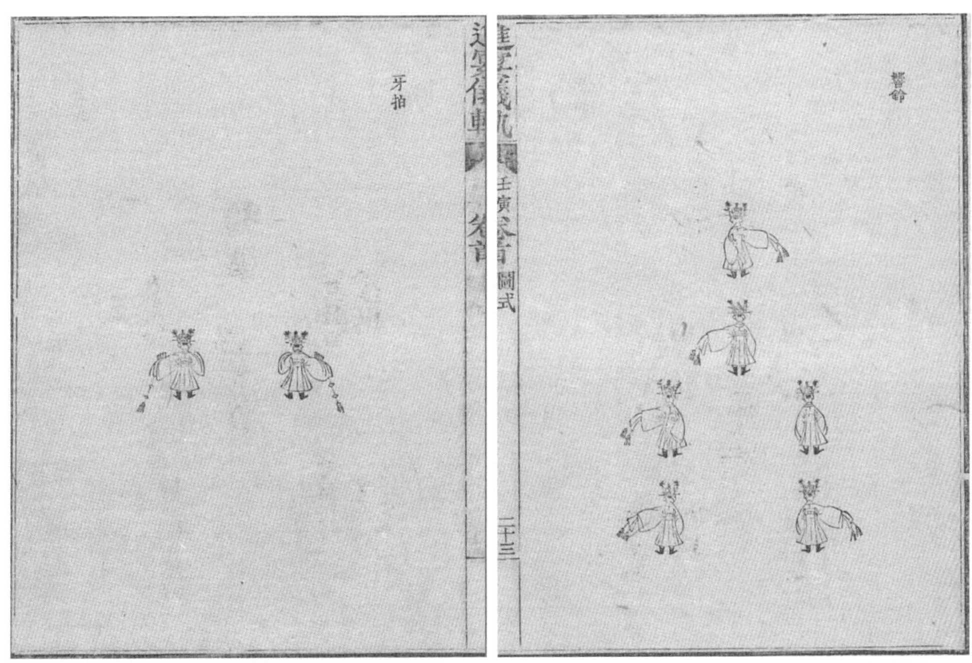

7. 아박 23b

6. 향령 23a

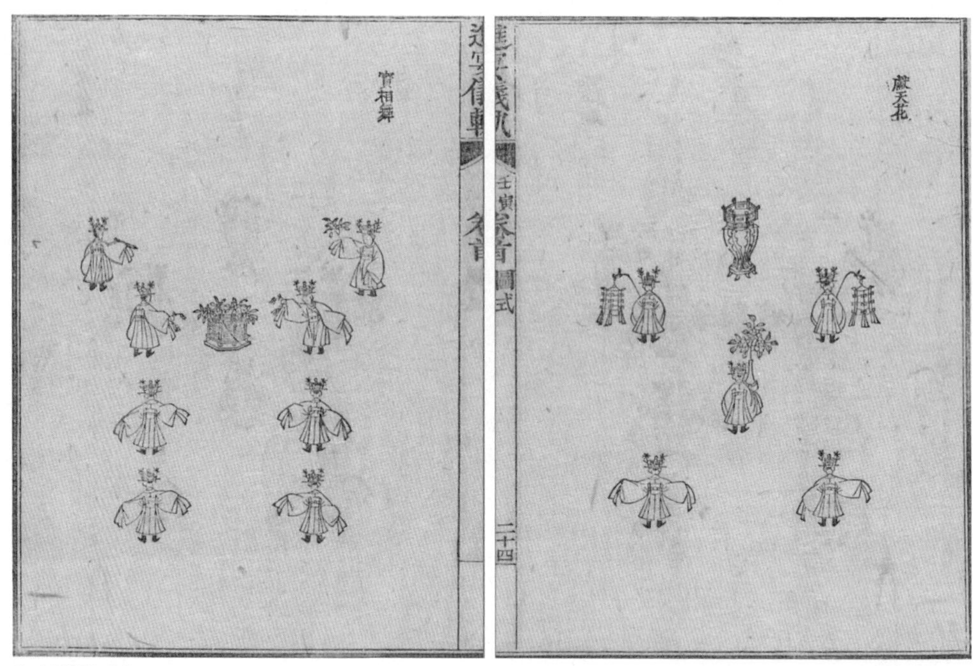

9. 보상무 24b

8. 헌천화 24a

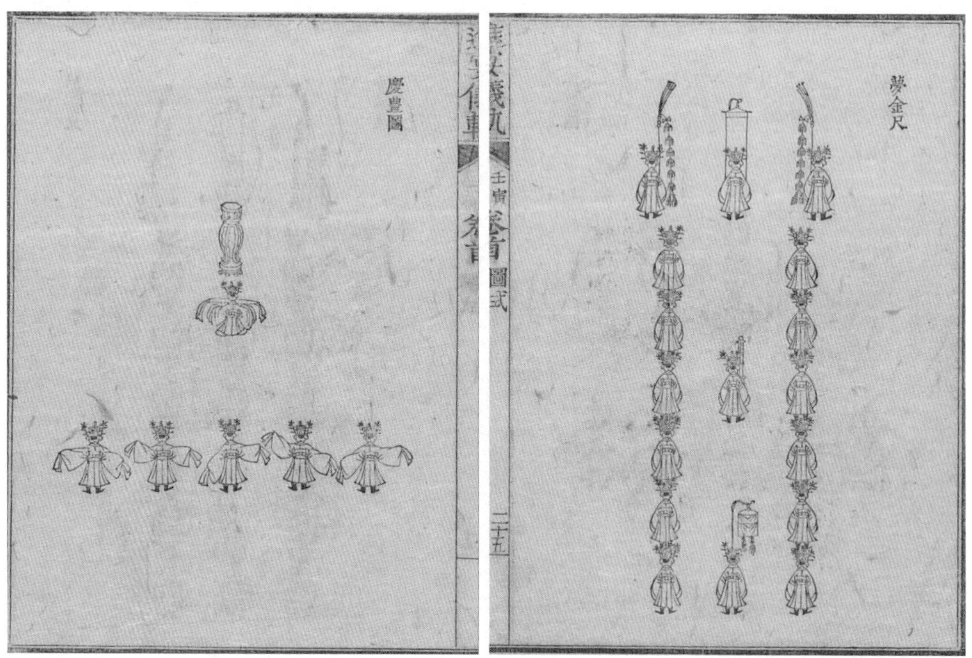

11. 경풍도 25b

10. 몽금척 25a

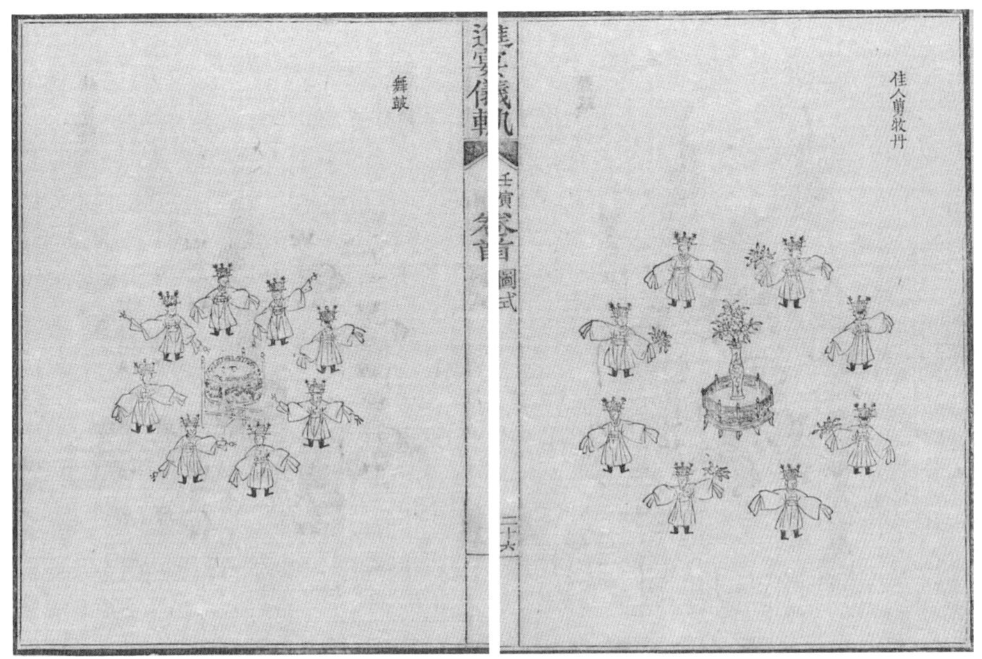

13. 무고 26b

12. 가인전목단 26a

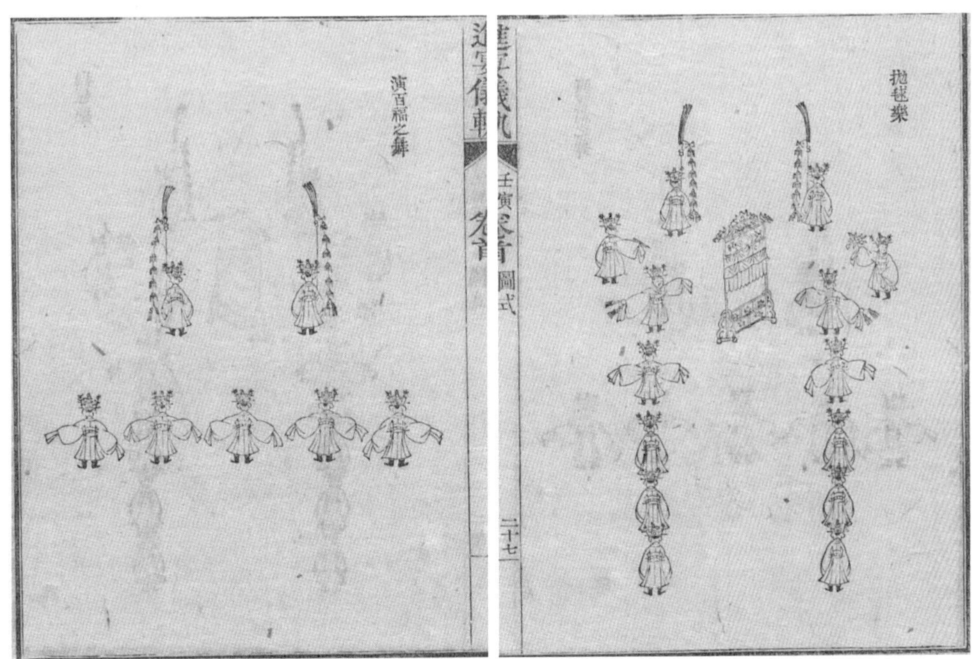

15. 연백복지무 27b

14. 포구락 27a

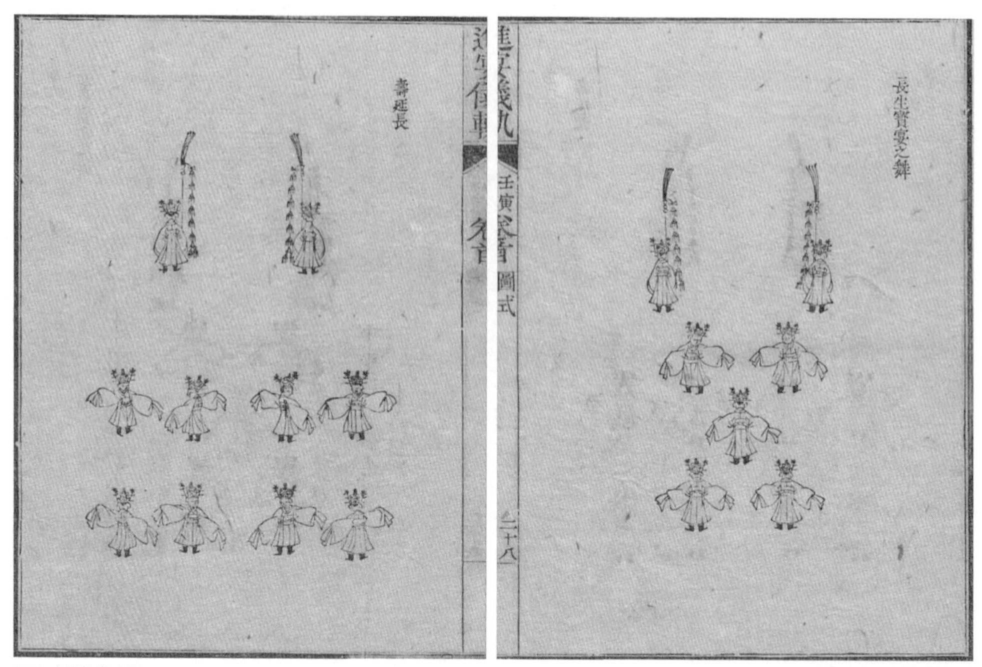

17. 수연장 28b

16. 장생보연지무 28a

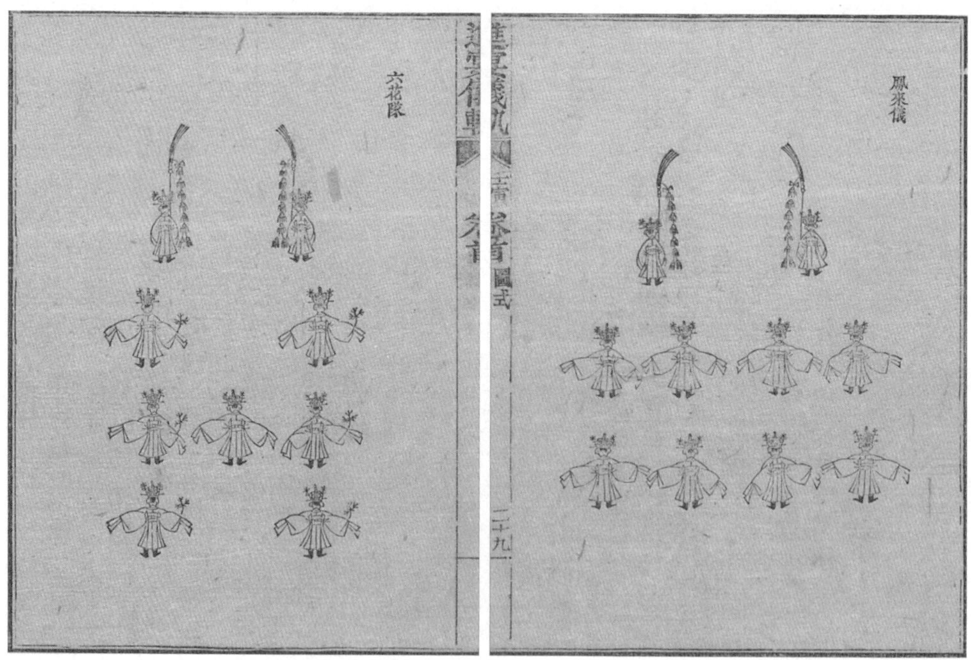

19. 육화대 29b

18. 봉래의 29a

21. 춘앵전 30b

20. 첩승무 30a

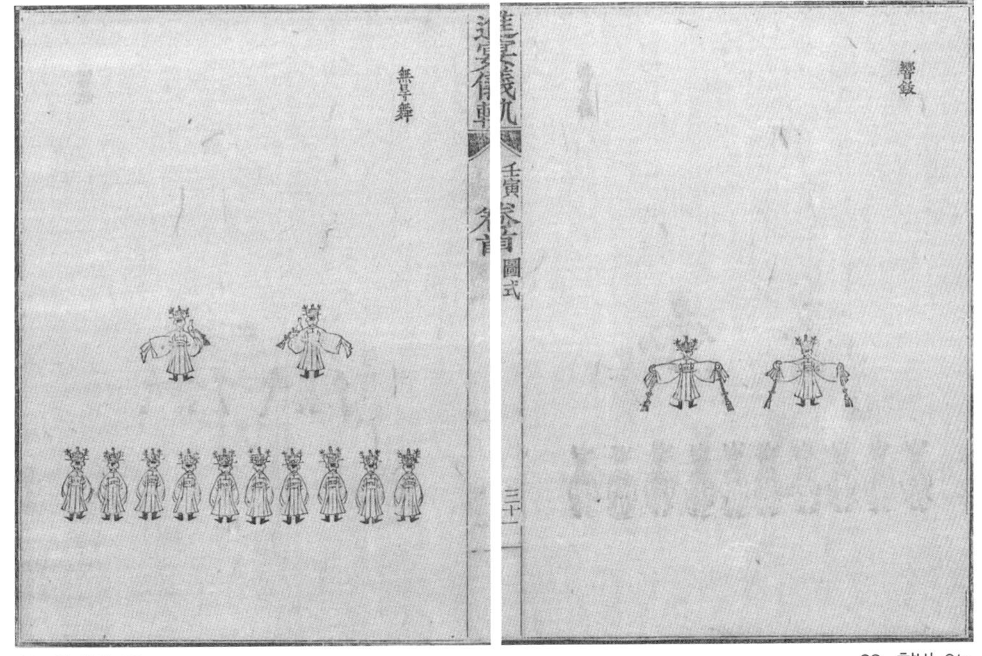

23. 무애무 31b

22. 향발 31a

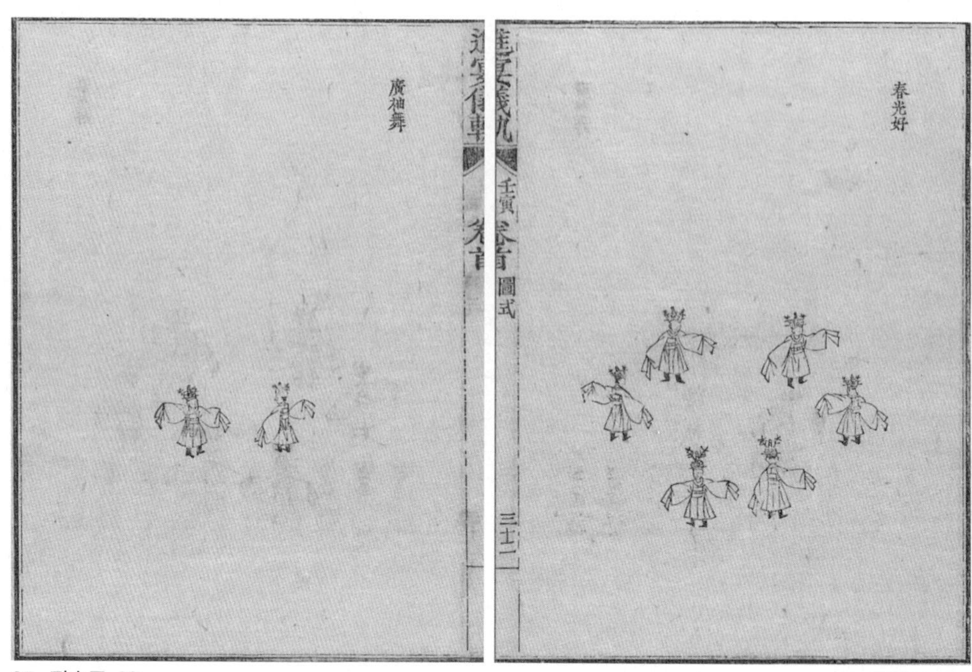

25. 광수무 32b

24. 춘광호 32a

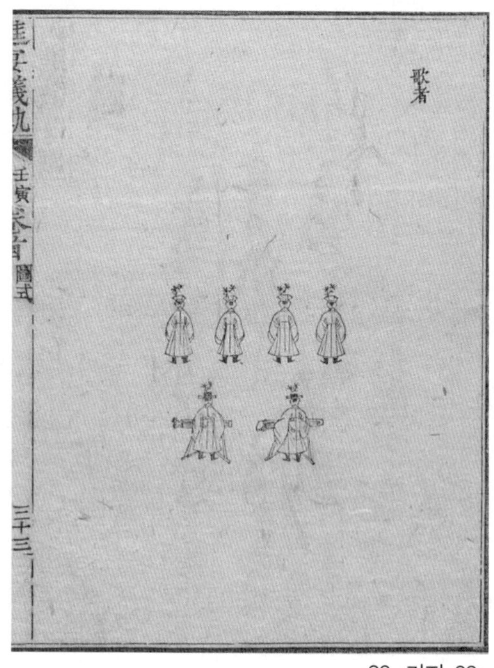

26. 가자 33a

여령정재

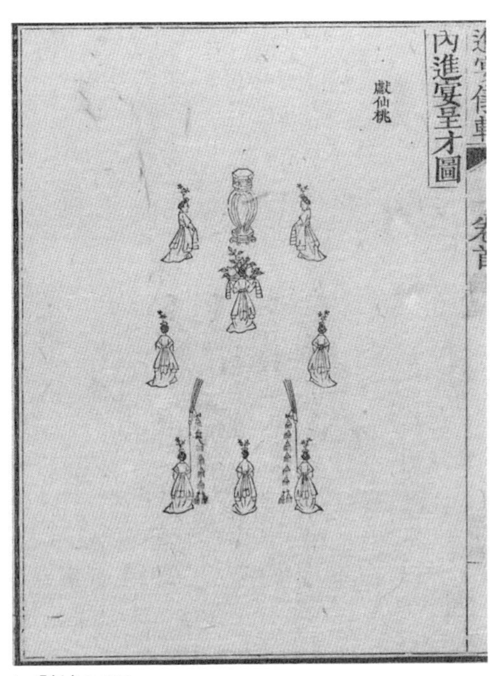

1. 헌선도 33b

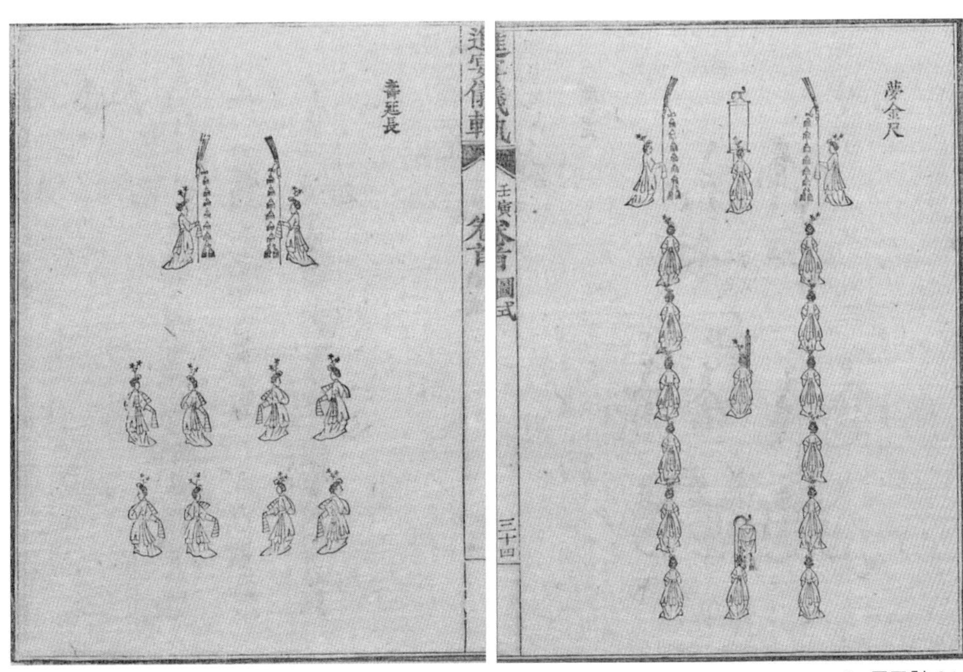

3. 수연장 34b

2. 몽금척 34a

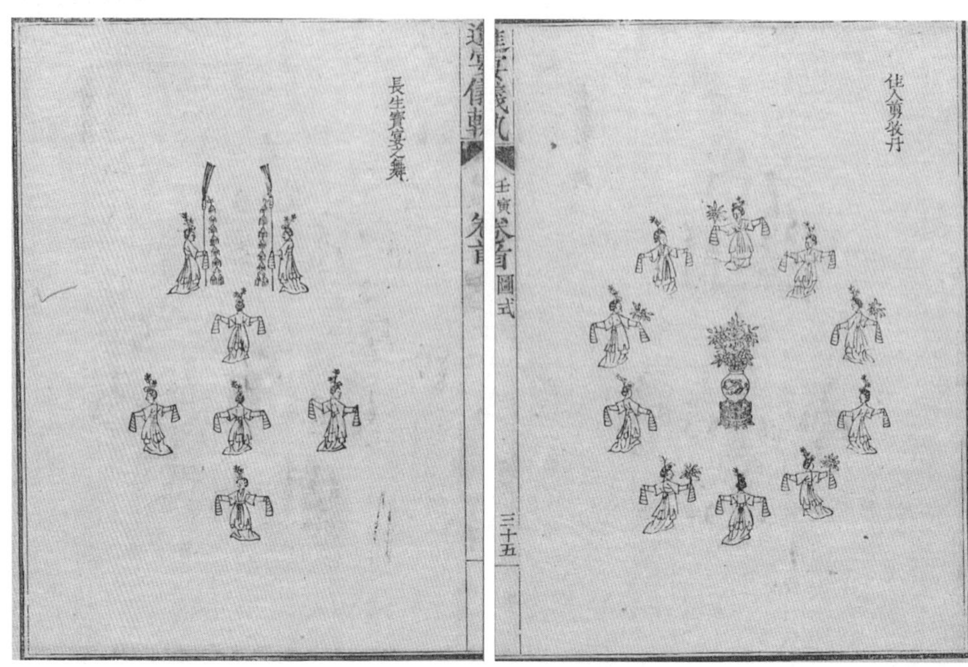

5. 장생보연지무 35b

4. 가인전목단 35a

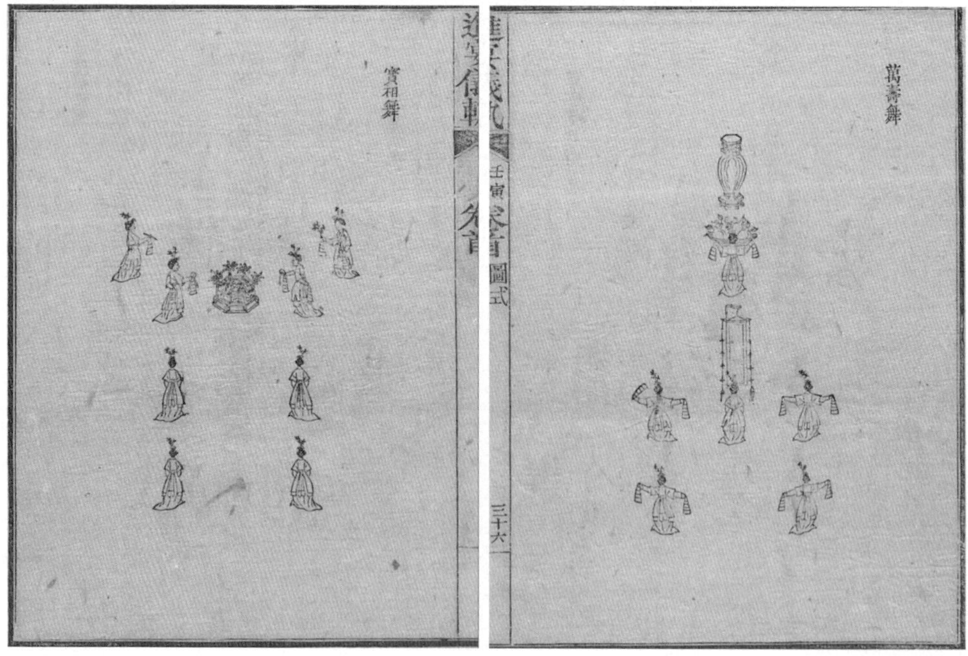

7. 보상무 36b

6. 만수무 36a

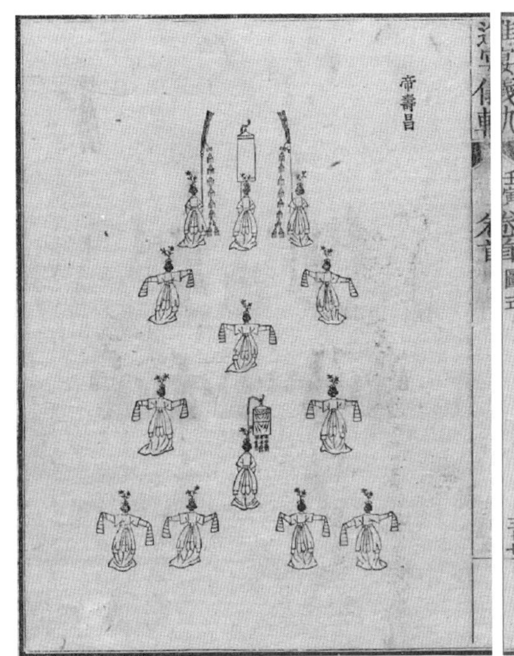

9. 제수창 37b

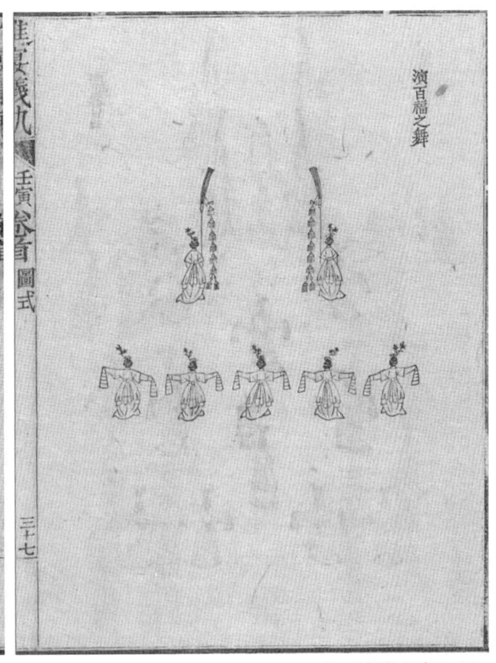

8. 연백복지무 37a

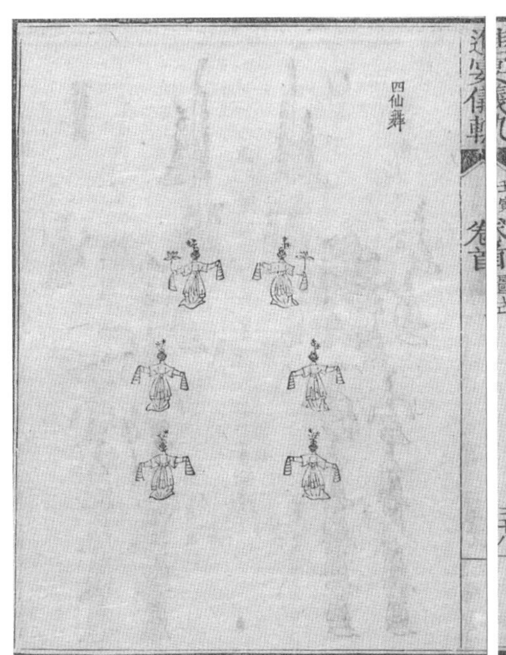

11. 사선무 38b

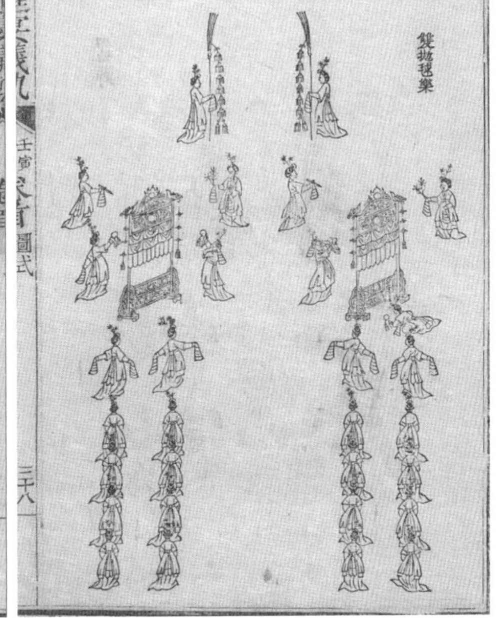

10. 쌍포구락 38a

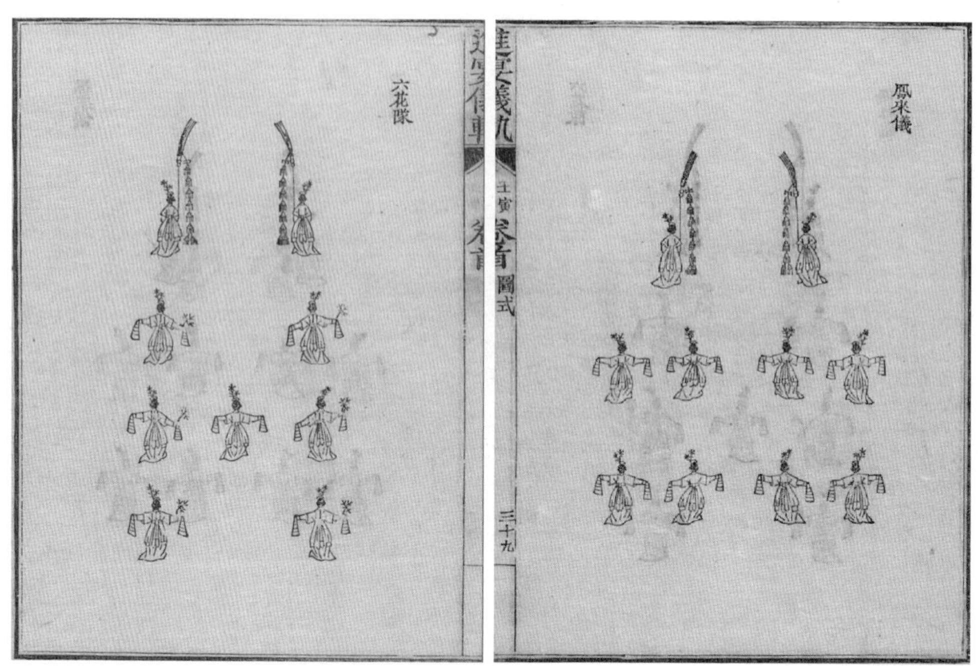

13. 육화대 39b

12. 봉래의 39a

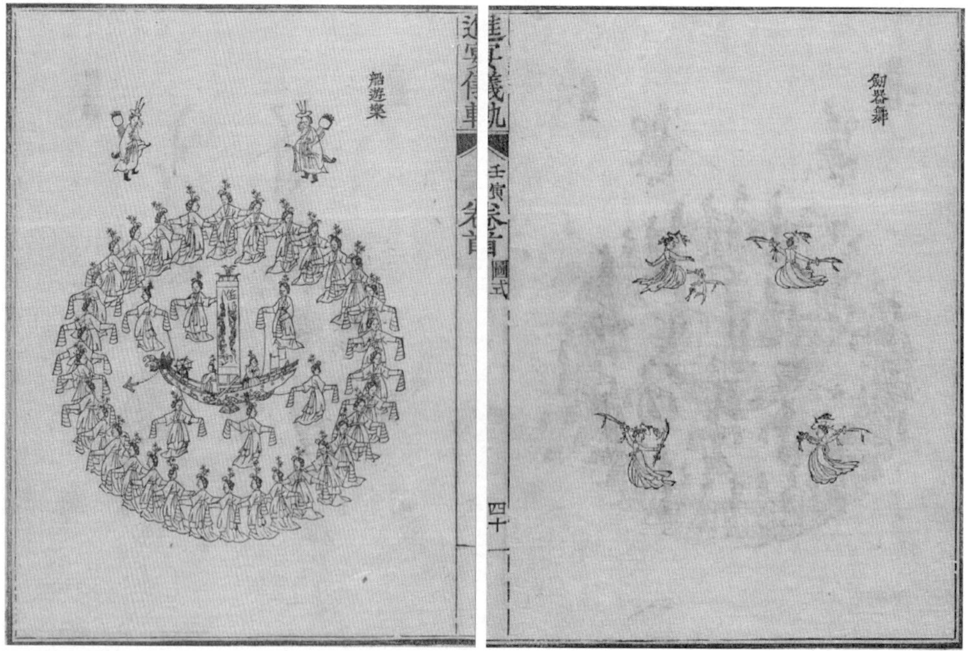

15. 선유락 40b

14. 검기무 40a

17. 향령 41b

16. 쌍무고 41a

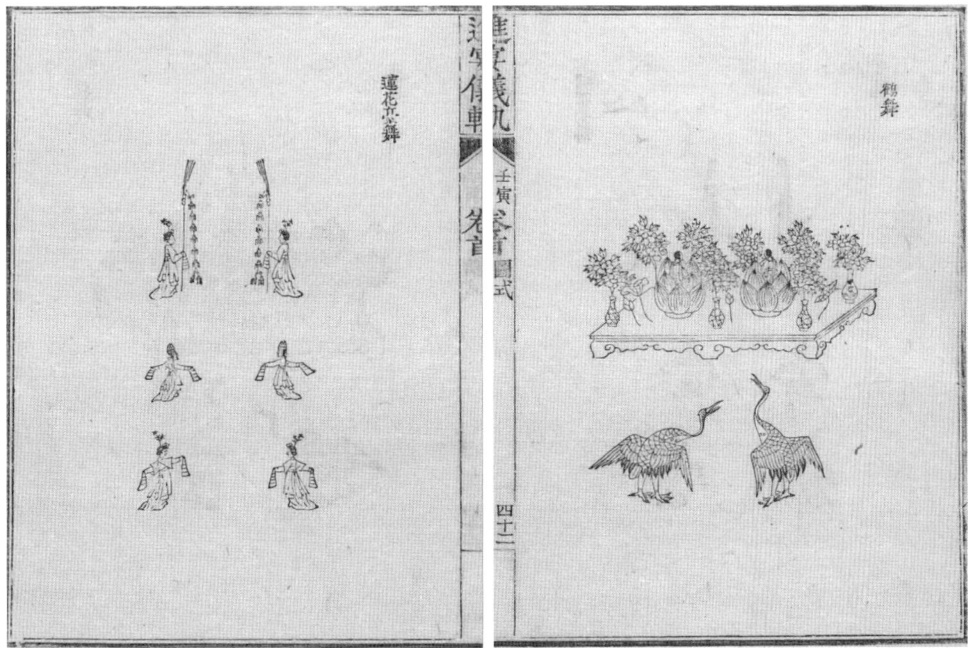

19. 연화대무 42b

18. 학무 42a

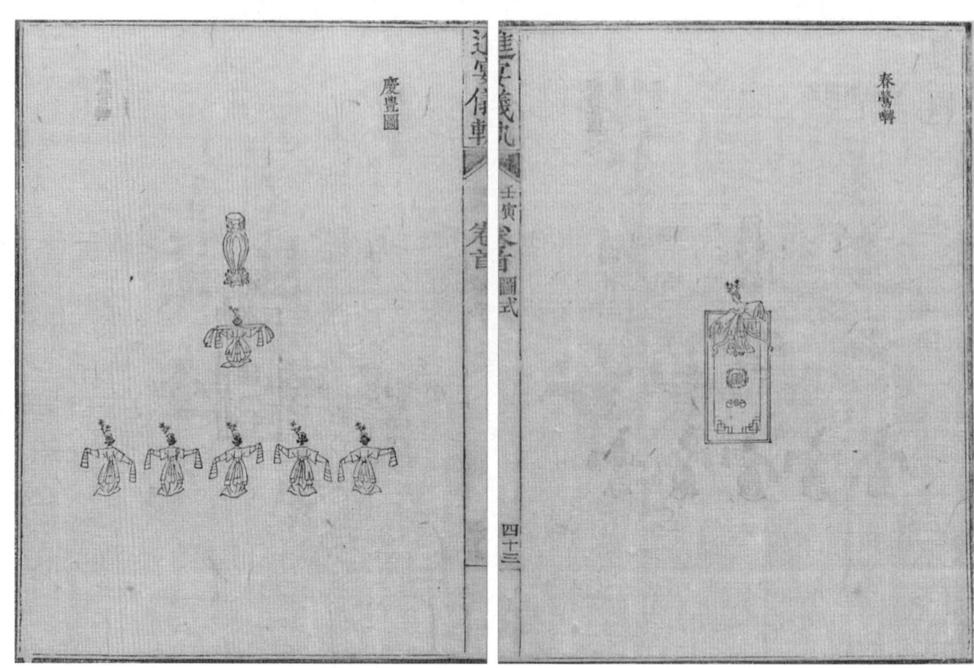

21. 경풍도 43b

20. 춘앵전 43a

Abstract

The Dance Records of Uigwe Jeongjaedo of Joseon Dynasty

Son, Seon-suk

a former Research Professor, Institute of Korean Literature and Arts Soongsil University
Expert on the restoration of Korea Court Jeongjae
Head, Court Jeongjae Academy

Jeongjaedo (picture of Jeongjae) indicates the pictures, which depict the royal ceremonial dances that were performed for festive occasions sponsored by the court. Jeongjaedo are contained in Uigwe (royal protocols). Uigwe indicates the vast compilation of royal protocols. As its name, Uigwe, implies an example of the ritual in Korean, Uigwe was compiled to set the examples of the ceremonial rituals by recording various royal and national events. It is considered to be the essence of the archival culture of the Joseon dynasty of Korea. The collection of Uigwe has a high historical value. Therefore, it was designated as UNESCO's Memory of the World Program in 2007.

Recently, people's attentions are drawn toward Uigwe again, as Oekyujanggak Uigwe, which records the history of the royal family of the Joseon dynasty, returned to the homeland after a few hundred years. Uigwe is the collection, which vividly records the royal events as well as the national events sponsored by the royal family. It is, of course, highly worth to study. Uigwe reflects not only the royal culture of that time but also the life of that time.

Jeongjaedo is recorded dance performed in a royal banquet for 107 years from the era of the King Jeongjo (1795) to the era of the King Gojong (1902) in Uigwe. There are 342 Jeongjaedo in 12 different Uigwe, and 44 different kinds of Jeongjae are recorded. As of now, from the references, we could deduce that there are 53 kinds of Jeongjae in total. Then, it could be concluded that almost all types of Jeongjae are recorded in these Jeongjaedo through

Uigwe. The higher number of Jeongjaedo there is, the broader theoretical basis there could be in order to restore Jeongjae.

As of now, it is confirmed that 12 different Uigwe contain Jeongjaedo. According to the time sequence, Jeongjaedo are contained in 『Jeongli Uigwe』 in 1795 (King Jeongjo's Eulmyo year), 『Jinjak Uigwe』 in 1828 (King Sunjo's Muja year), 『Jinjak Uigwe』 in 1829 (King Sunjo's Gichuk year), 『Jinchan Uigwe』 in 1848 (King Heonjong's Musin year), 『Jinchan Uigwe』 in 1868 (King Gojong's Mujin year), 『Jinchan Uigwe』 in 1877 (King Gojong's Jeongchuk year), 『Jinchan Uigwe』 in 1887 (King Gojong's Jeonghae year), 『Jinchan Uigwe』 in 1892 (King Gojong's Imjin year), 『Jinyeon Uigwe』 in 1901 (King Gojong's Sinchuk year), 『Jinyeon Uigwe』 in April of 1902 (King Gojong's Imin year), and 『Jinyoen Uigwe』 in November of 1902 (King Gojong's Imin year).

Jeongjaedo can be considered to be secondary dance notations. The dance notations in 『Akhakgwebeom』 in the early Joseon dynasty and 『Jeongjaemudo Holgi』 in the late Joseon dynasty even explain dance arrangements in text. Even though those could explain changes of dancing arrangements and positions, there are certain limits to denote all the body movements of dancers. In that sense, Jeongjaedo in Uigwe can be the practical reports to supplement. Those also record the changes of Jeongjae from 1795 to 1902.

Jeongjaedo has two purposes: i) to accurately record Jeongjae that were performed at the court and royal ceremonies and ii) to make reference materials for future generations. It is a kind of court painting to record various aspects of court feasts, including music and dances, in details. It plainly and vividly shows the historical scenes. Even though we are in great shortage of the other visual data about the Joseon dynasty, Jeongjaedo help us to vividly grasp scenes of the court culture. Moreover, those depict various types of Jeongjae, which were performed for diverse royal court banquets, such as Naeyeon, Oeyeon, Yayeon and Wangseja Heojag.

Jeongjaedo is not merely a supplemental tool, while studying Jeongjae. It is rather the data, which schematizes and visualizes the main contents related to Jeongjae. Jeongjaedo could be broadly categorized according to mudong (main dancer) and yeoryeong (female dancer). In addition, through Jeongjaedo, the dancers' arrangement, the number of dancers, the dancing direction, the dancing positions, and the dancing steps can be visually confirmed. In addition, Jeongjaedo depicts dance arrangements and dancing steps as detailed as enough to restore

Jeongjae in these days.

This research is to study Jeongjaedo contained in Uigwe and to accurately translate the contents of 44 kinds of Jeongjae. The research methods are as follows: i) the factual expressional elements of Jeongjaedo are examined, ii) the factual grounds of the contents of Jeongjaedo are confirmed and, iii) the contents of Jeongjaedo are comprehensively interpreted as well as Jeongjae in Jeongjaedo are interpreted from multi-faceted perspectives. This research will identify the different contents of Jeongjae between Jeongjaedo and Holgi and will suggest new directions of future researches.

This study examined Jeongjaedo of <Gainjeonmokdan> · <Geomgimu> · <Kyeongpungdo> · <Goguryeomu> · <Gongmakmu> · <Gwandongmu> · <Gwangsumu> · <Mansumu> · <Mangseonmun> · <Mongeumcheok> · <Mugo> · <Musanhyang> · <Muaemu> · <Bakjeopmu> · <Bosangmu> · <Bonglaeui> · <Saseonmu> · <Seonyurak> · <Suyeonjang> · <Abakmu> · <Yeonbaekbokjimu> · <Yeonhwadaemu> · <Yeonhwamu> · <Yeongjimu> · <Oyangseon> · <Yukhwadae> · <Jangsaengboyeonjimu> · <Jesuchang> · <Cheoyongmu> · <Cheomsumu> · <Cheopseungmu> · <Chomu> · <Choehwamu> · <Chungwangho> · <Chundaeokchok> · <Chunangjeon> · <Chimhyangchun> · <Pogurak> · <Hahwangeun> · <Hakmu> · <Hyangryeongmu> · <Hyangbalmu> · <Heonseondo> and <Heoncheonhwa> from iconographic perspective, which was compared with holgi recording for the analysis of the basis and practice of mudo.

The followings are the summarized contents of each Jeongjaedo, which are contained in Uigwe.

<Gainjeonmokdan>, flower dance centering on hwajun, illustrates the dancing process of dancers' playing, picking flowers and then dancing. There are 16 Jeongjaedo of <Gainjeonmokdan (dance depicting beautiful women picking peonies)> in 11 different Uigwe. 6 are for mudong, and 10 are for yeoryeong. The dancer composition consists of 2 jibhag agsa and 4, 8, 10, 12, or 18 hyeobmu (dancers). It also has 8 different dancing contents. The arrangements are represented Sau and Won (circle) positions, whereas Jeongjaedo realistically depict how the dancers hold flowers, how hansam are shaped, and how the dancers move around the vase in details.

Eleven pieces of <Geomgimu> Jeongjaedo are recorded in 10 different types of Uigwe and are danced into Yeoryeongjeongjae. The dance is classified into 4 types and 1 to 5 pieces at maximum are presented with the same contents. Dancers consist of two, four, or eight in a group and present performances of Nonggeom, Jipgeom, and motions after grabbing a sword in Ilryeoldaehyeong and 2-Dae & 4-Dae Jwaudaehyeong. Sangdae according to the dancers' composition is classified and presented in the standard of dancers and lines.

<Kyeongpungdo> is a dance of Hyeopmu where seonmo(Korean geisha) holds up Kyeongpungdo and kneel down to put it on a table. There are 9 Jeongjaedo of <Gyeongpungdo (dance of the harvest)> in 5 different Uigwe. 5 are mudong, and 4 are yeoryeong. The dancer composition consists of 1 seonmo and 5 hyeobmu, and it has 2 different dancing contents. The common contents of Jeongjaedo are how seonmo sits in front while holding Gyeongpungdo and how hyeobmu dance in the back with their hands stretched. Compared to Holgi, it vividly depicts how seonmo dances forward while holding Gyeongpungdo, how seonmo sings Chang (Korean traditional narrative song), how seonmo puts Gyeongpugdo on the table, and how the other 5 hudae dance with their arms stretched. Holgi does not record how 5 hudae dance with their arms stretched.

<Goguryeomu> is a type of dance that has the content singing the old poem related to Goguryeo and reminiscing about Goguryeo in the past, and composed of six Hyeopmu. One Jeongjaedo was included in one Euigwe, and danced in Mudongjeongjae. The arrangement in Jeongjaedo is that the six dancers standing in 2-dae Jwau-daehyeong, the Jwadae and the Udae outstretching their arms, and dancing in Sangdae southward and northward. Three <Goguryeomu> were recorded in Jeongjaemudoholgi. Compared this to Holgi, the dance in pair in 2-Dae Jwau-daehyeong and the dance moving northward are the realistic presentations of what was written in Holgi. On the other hand, the content that was not written in Holgi through Jeongjaedo examined in this study revealed that it was the dance with six dancers moving southward, that is to say, from the north, it is the direction and style that do Hokbae. The commonalities revealed in <Goguryeomu> Jeongjaedo so far are the dancers in pair in 2-dae Jwau-daehyeong moving northward and the dance direction and style that do Hokbae or Hokmyeon from the north.

A piece of <Gongmakmu> Jeonjaedo is included in a Uigwe and is danced into Mudongjeongjae. Dancers consist of two in Hyeopmu. The two Hyeopmu dancers sit face to face in Ilryeoldaehyeong and present the performances of Nonggeom, Jipgeom, and motions after grabbing a sword. Right hand grabs a sword first.

<Gwandongmu> refers to a dance consisting of body movements in sync with a long poem describing a magnificent mountain-scape of Gwandong on the day of Gwandongjeol. One of this Jeongjaedo is in one type of Uigwae, and expressed as a dance of Yeoryeongjeongjae. The arrangement of dancers takes on a form of eight people' Hyeopmu in which the eight dancers are positioned in a twofold left and right formation, moving towards the south, and this particular dancing direction has never appeared in <Gwandongmu> Jeongjaedo before. The dance notation of <Gwandongmu> has been passed over through the first movement of Uigwae not 『Jeongjaemudoholgi』. The content of the Uigwae movement found in Jeongjaedo suggested a spinning dance in a double symmetrical arrangement, but there were not any records for the dancing of the eight Yeoryeongs towards the south in a symmetrical position. Overall, the content on <Gwandongmu> suggested dancing and its steps with dancers heading towards the south in a double symmetrical arrangement.

<Gwangsumu> refers to a dance of which dancers express a flying bird, wearing a garment with wide sleeves. Four of <Gwangsumu> Jeongjaedos were included in four types of Uigwae, and all had been danced in Mudongjeongjae. Their arrangements of dancers are all same as 2 people' Hyeopmu, and suggested is dancing towards the north in a single file. The dancing notation of <Gwangsumu> has been passed over through the first edition of 『Jeongjaemudoholgi』. The contents of Holgi found in Jeongjaedo suggest dancing which does not involve either toward or backward movement in a single file arrangement in both introductory and final parts, but is engaged in proceedings. In which, however, dancing steps are not recorded. In summary, the commonly found contents in <Gwangsumu> are dancing in line and a dance and its steps moving towards the north.

<Mansumu> is a dance where seoenmo holds a sliver tray of peaches and sings. It presents a dance of 'Bukhyangmu', 'Mujun', and 'Mutoe'. It also has 5 kinds of Euigwe with 9 pieces, Mudong with 5, and Yeoryeong with 4. In comprehensive comparison, Jeongjaedo of <Mansumu (dance to wishing the King's longevity)> depicts 1 jogja, 1 seonmo, and 4 hyeobmu with 2 different dancing contents. <Mansumu> commonly depicts how seonmo sings Chang while holding seonmoban, how dancers dance toward the north direction, and how dancers dance forward and then backward. Holgi does not explain the position of jogja between the dancers in the first row, where seonmo stands, and how 4 hyeobmu dance.

<Mangseonmun> is a type of dance that dancers use Dang as their arms holding Jakseon

and forming Jeongjae-daehyeong; two Jipdang come in and out of the door made by 4 Jakseon and dance in Sangdae or Sangbae. The dance is composed of four Jakseon and two Jipdang. One Jeongjaedo was included in one Euigwe and danced in Mudongjeongjae. The arrangement in Jeongjaedo is that four Jakseon standing in the north and two Jipdang standing in the south in Jeonhu-daehyeong; and they move and dance toward the north. One <Mangseonmun> was recorded in Jeongjaemudoholgi. Compared this to Holgi, the arrangement position before starting dancing and the position prior to the two Jipdang coming in between the door (Jakseon) are the realistic presentations of the content recorded in Holgi. The commonalities revealed in <Mangseonmun> Jeongjaedo so far are the dancers moving northward in Jeonhu-daehyeong and the dance direction and style before the two Jipdang coming in between the door.

<Mongeumcheok> Jeongjaedo is a dance based on the 2 dae and 6 dae jwaudauhyeong. It illustrates the introduction, the conclusion and the development of a dance recorded in holgi. There are 15 Jeongjaedo of <Monggeumcheok (dream of golden ruler dance)> in 11 different Uigwe. 4 are about mudong and 11 are about yeoryeong. It has 5 different dancing contents. Jeongjaedo presents the contents, which are not included in Holgi, such as Yangsupyeonggeo dance in 6-dae Jwa-u position (bilaterally symmetrical position with 6 lines) and 2-dae Jwa-u position (bilaterally symmetrical position with 2 lines), while realistically and concretely depicting various dancing steps.

<Mugo> illustrates the dance mostly performed with the buk, which depicts the dancing before and after dancers pick up the drum stick. There are 19 Jeongjaedo of <Mugo (drum dance)> in 12 different Uigwe. 7 are about mudong, and 12 are about yeoryeong. It also has 11 different dancing contents. The arrangements include Sau, Sabang (four directions), Won, Illyeol (linear), and Jeon-hu (front and back) positions. It also records how dancers beat the drums. It also includes the contents, which are not explained in Holgi, such as how dancers move before picking up the drumsticks and how they dances, in the realistic and concrete manners.

<Musanhyang> refers to a dance spinning around the edge of Daemoban on it. Three of <Musanhyang> Jeongjaedos were included in three types of Uigwaes, and danced in forms of Mudong and Yeoryeongjeongjae. Their arrangements of dancers are all same as one person's Hyeopmu, and suggested is doing Seonjeon on top of the edge of Daemoban. Three of the <Musanhyang> dance notations have been passed down on 『Jeongjaemudoholgi』. The contents of Holgi found in Jeongjaedo suggest a dance that features a movement of spinning around

the edge of Daemoban while powerfully stretching both arms outwards. In sum, the contents commonly contained in <Musanhyang> are a dance and its steps moving towards the south on top of the edge of Daemoban.

<Muaemu> is a dance modelled on that of a great monk Wonhyo in the Silla Dynasty. Five of <Muaemu> were included in four types of Uigwaes, and expressed in forms of Mudong and Yeoryeongjeongjae. The arrangement of dancers is same as two people for Horo and 10 people for Hyeopmu, suggested is a dance whose movements are towards the north in the front and the rear arrangement, thereby performing 'Naesuyeomanoesubanhageo [2 people' Horo]'. Six dance notations of <Muaemu> have been passed down through 『Jeongjaemudoholgi』. The contents of Holgi identified in Jeongjaedo indicate a dance in which 2 Hyeopmus holding Horos are moving towards the north in the front and the rear arrangement, but dancing of 2 Hyeopmus holding all Horos inside of their hands is unrecorded. All in all, the shared contents in <Muaemu> are a dance and its steps of moving north in the front and the back position and then performing 'Naesuyeomanoesubanhageo [2 people' Horo]'.

<Bakjeopmu> is a type of dance that expresses butterflies flying up and is composed of six hyeopmu. One Jeongjaedo was included in one Euigwe and danced in Mudongjeongjae. The arrangement in Jeongjaedo is the dance that does Sangbae in Jeonhujwaubokhap-daehyeong. Three <Bakjeonmu> were recorded in Jeongjaemudoholgi. Compared this to Holgi, the dance that does Sangbae in Jeonhujwaubokhap-daehyeong is the realistic presentation of the content recorded in Holgi. On the other hand, the content that was not written in Holgi through Jeongjaedo examined in this study revealed that the positions of the dancers that do Sangbae included the dance of two Hyeopmu of Jeondae, Jungdae, and Hudae in pair and the dance style that one arm stretching to the side and the other arm holding downward.

Jeongjaedo of <Bosangmu> presents the dance type that performs the poguhui in the left and right sides of Bosangban. 14 pieces are included in 10 different kinds of Euigwe: 5 of them are Mudong and 9 of them are Yeoryeong. The contents of Mudong are categorized into 6 kinds: there are as few as 1 and as many as 6 having the same content. The dancing contents are divided according to mudong and yeoryeong. The dancer composition consists of 6 bongwha, 8 bongpil, and 15 hyeobmu. There are 14 Jeongjaedo of <Bosangmu (jewel throwing dance)>, which depict Poguhui dance either in 2-dae Jwa-u or Illyeol position. Jeongjaedo commonly presents Poguhui dance, how the dancers in the second line moves during Poguhui dance in the first line, how the dancers in the next line move forward after the dancer in the front line finish Poguhui dance, the locations of bonghwa and bongpil, how the dancers in the next line dance while waiting the dancer in the front line finish dancing, how the dancers move forward, how the dancers in the front line move backward and then dance in the linear position, and how the dancers in the next line dance facing each other. Through Jeongjaedo, the contents of Holgi are confirmed, such as how the dancers move forward and backward on the right and left sides of the colored door, how dancers move their right arm while putting the left arm behind the shoulder, how all the dancers move forward and backward before and after the dance, the present/locations of bonghwa and bongpil, and how dancers in the first line move back to the second line after Poguhui dance. We already confirmed that the dancers in the first line move back to the second line after Poguhui dance and keep performing dances toward the north direction through Uigwe Agjang. Through this, it is also confirmed that they also formed anther dancing position for other dancing movements after Poguhui dance.

<Bonglaeui> is a dance where eight dancers of Hyeopmu stand in 4 left and right formations and the music is composed of Gyoju and Gagok(Nongrak, Pyeon, Pyeonjo). It also has 4 kinds of Euigwe with 7 pieces, Mudong with 3, and Yeoryeong with 4. In comprehensive comparison, the dancer composition is the same with 2 juggnaja and 8 hyeobmu. It also consists of 2 different dancing contents. Compared to Holgi, Jeongjaedo realistically suggests where Jugganja break out chants to which direction and how 8 hyeobmu move toward the north, forward or backward in 4-dae Jwa-u position (bilaterally symmetrical position with 4 rows). Jeongjaedo includes the contents, which are not included in Holgi, such as how 8 hyeobmu dances in 4-dae Jwa-u position.

<Saseonmu> is a type of dance that has the meaning Shilla Dynasty enjoyed a reign of peace with the sacred heard of the father king as to such an extent as to fairies come down and play around, and composed of two Jipyeonhwa and four wonmu. Ten Jeongjaedo were included in six Euigwe and five in each of Mudong and Yeoryeong were presented. When compared Jeongjaedo synthetically, three type of dance contents appeared, and Jipyeonhwa was standing in the north and four dancers were standing in the south, and then moving northward in Jeonhu-daehyeong. The dance contents were categorized into Mudong or Yeoryeong, yet for Mudong, except the difference in clothes, their contents are the same, and the dance content in Yeoryeong is the same as that in Mudong. Even the composition of two Jipyeonhwa and four dancers is all the same. <Saseonmu> Jeongjaedo shows the arrangement

position of Jipyeonhwa and four dancers, the hand position holding Yeonghwa, and the dance and the dance style moving northward and doing Mujin and Mutoe in common through Mudong and Yeoryeong. Six <Saseonmu> were recorded in Jeongjaemudoholgi. Compared this to Holgi, The arrangement and the form of dancers and two Jipyeonhwa and four dancers moving northward and doing Mujin and Mutoe are the realistic presentations of the content recorded in Holgi. On the other hand, the content that was not written in Holgi through Jeongjaedo examined in this study revealed that the hand positions holding Yeonhwa are all Oesu and the dance style moving northward when doing Mujin and Mutoe. The commonalities revealed in <Saseonmu> Jeongjaedo so far are the dance moving northward in Jeonju-daehyeong, the hand position holding Mugu (Yeonhwa), and the dance style.

<Seonyurak> refers to a dance of which dancers are pulling a string attached to the boat as if it being carried away by water while singing Eobusa. Eleven pieces of <Seonyurak> were included in eleven types of Uigwaes, and all are Yeoryeongjeongjae. The arrangement of dancers is different: 15, 18, 23, 25, 26, 28, 32, 34, or 37 people for Oemugi, and 4, 6, or 8 people for Naemugi. When these Jeongjaedos were drawn into comparison in an integrated manner, it turned out that all suggested Naemugi and Oemugi turn outwards, inwards, in the right direction, or in the left direction centered on the boat. Uigwae represented these contents in 10 other ways with a slight difference in kinds of dancing instruments or forms of garments [Dongjeong]. Nine versions of <Seonyurak> dancing notations have been handed down through 『Jeongjaemudoholgi』. The contents of Holgi found in Jeongjaedo suggested a dance which features outwards, inwards, right, or left turns that pivot around directions of Jipsagi, locations of 2 Dongis, Naemugi and Oemugi, and a boat; whereas, this Holgi doesn't tell anything about dancing of both Oemugi and Naemugi with them pulling the boat regardless of dancer arrangements while two dongis are standing in the right and left sides of the anchor. Overall, repeatedly emerging contents in <Seonyurak>Jeongjaedo are the following dances: Jipsagi going south to lead, two dongis standing up with gwae in both sides of an anchor, four people holding a string in both hands, right hands or left hands to pull the boat regardless of Naemugi composition, a dance and its steps that Naemugi and Oemugi are making outward, inward, right, and left turns.

Jeongjaedo of <Suyeonjang> presents the dance types of sadaejwawu-daehyeong, sabang-daehyeong, and jeonhu-daehyeong. 14 pieces are delivered in 14 different types of Euigwe: 5 of them are Mudong and 9 of them are Yeoryeong. The contents of Mudong are categorized into 4 kinds: there are as few as 1 and as many as 8 having the same content. The dancing contents are different for yeoryeong and mudong. It consists of 2 jugganja and 4 hyeobmu (or 8 hyeobmu). 14 Jeongjaedo of <Suyeonjang> commonly depict how jugganja dance toward the north direction in the beginning and in the end, how bukdae do sangdae toward the north direction, how jugganja do sangdae, during sangdae and useon in 4-dae jwa-u position, naego and oego of jeondae, sangbae of jeonhudae, sangdae of jwa-u-dae and the introduction part. Through Jeongjaedo of <Suyeonjang>, the contents of Holgi are confirmed, such as where jugganja is headed while breaking into chants, where jugganja is headed while other dancers dance, how dancers in the front and back rows dance while facing each other, how jeongdae and hudae do hwandae and sangbae, and how two dancers dance in sabang position. However, Holgi does not record how the dancers on the right and left do naego and oego, how dancers dance with one arm stretching toward the center and the other arm bending, and how 4 mudong dances in Sabang position. However, Uigwe Agjang records that 4 mudong differentiate their dancing contents in Sanbang position according to the types of court feasts.

<Abakmu> is a dance with the abak which describes the dance after dancers pick up the abak. There are 15 Jeongjaedo of <Ahbakmu (ivory clappers dance)> in 11 different Uigwe. 6 are about mudong and 11 are about yeoryeong with 8 different dancing contents. It depicts the dance arrangement as Ilyeol and 2-dae Jaw-u positions. Also, it presents how dancers hold Ahbak while dancing toward the north direction and doing sangdae and sangbae. It also realistically and concretely includes the contents, which are not recorded in Holgi, such as various dancing arrangement (i.e. Ilyeol and Jeonhu positions) and various dancing movements/steps.

<Yeonbaekbokjimu> is a dance where dancers of Seonmu and Hyeopmu, both in front and back formations and in single formation, present Hwanbokchoyeol, Bukhyangmu, Mujin, Mutoe, and Bukhyang of Jukganja. It also has six kinds of Euigwe with 10 pieces, Mudong with 5, and Yeoryeong with 5. Jeongjaedo of <Yeonbaegbogjimu> depicts 2 jugganja, 1 seonmo, and 4 hyeobmu with 4 different dancing contents. They commonly demonstrate how jugganja dance while breaking into chants and dancing toward the north direction, how seonmo and hyeobmu dance in Choyeol (one linear line) position, and how seonmo and hyeobmu dance forward and backward in one linear line. Compared to Holgi, it additionally includes how seonmo dance in the back row while hyeobmu dance in the front row in jeonhu (front and

back) position, and how they dance together in the linear position.

<Yeonhwadaemu> refers to a dance performed by a dancer who has once hidden in a lotus, comes out from it, and wears Haprip decorated with little gold bells on her head to dance. Nine pieces of <Yeonhwadaemu> were included in Nine types of Uigwae, and all of them are Yeoryeongjeongjae. The arrangement of dancers are same as 2 people for Jukganja, 2 people for Dongi, and 2 people for Hyeopmu, and in which suggested are engagement of Jukganja in the intro and the left and right counterparts in a bilaterally symmetrical position in proceedings. Six pieces of <Yeonhwadaemu> dance notations have been handed down through 『Jeongjaemudoholgi』. The contents of Holgi found in Jeongjaedo suggested a dance involving Jukganja, Dongi, and Hyeopmu in the intro and proceeding parts, but did not include a location to which Jukganja stepped back after singing Guro in the intro. As such, commonly appeared contents in <Yeonhwadaemu> are engagement of Jukganja and a dance and its steps encountering both from right and left in a bilaterally symmetrical position.

<Yeonhwamu> is a type of dance that six dancers holding Yeonggot in a vase, singing Changsha, and dancing. One Jeongjaedo was included in one Euigwe and danced in Mudongjeongjae. Jeongjaedo shows six vases in the north and six Hyeopmu in the south over the vases, holding flowers in their right and left hands and dancing northward in Sanjakhwamu-daehyeong. Two <Yeonhwamu> were recorded in Jeongjaemudoholgi. Compared to this to Holgi, the arrangement of Sanjakhwamu and the dance with flowers in the arrangement are the realistic presentations of the content written in Holgi. The commonalities revealed in <Yeonhwamu> Jeongjaedo so far are the dance northward in Sanjakhwamu-daehyeong, the position that Mugu Yeonhwabyeong is placed, the hand position holding flowers, and the dance style.

<Yeongjimu> is a type of dance for six Hyupmu dancing in the east and the west or the south and the north, centered on the Mugu, called Yeongji, symbolizing a pond. One Jeongjaedo was included in one Euigwe and danced in Mudongjeongjae. Jeongjaedo shows the content that three dancers in Jeondae and three dancers in Hudae dance in pairs, centered on Yeongji. One <Yeongjimu> was recorded in Jeongjaemudoholgi. Compared this to Holgi, the dance in pair in Jeonhu-daehyeong centered on Yeongji is the realistic presentation of the content recorded in Holgi. On the other hand, the content that was not written in Holgi through Jeongjaedo examined in this study revealed that the positions of the dancers arranged in Jeongdae and Hudae were not linear and the dance style in pairs outstretching one arm to

the side and the other arm downward. The commonalities revealed in <Yeongjimu> Jeongjaedo so far are the dance in pair in Jeonhudaehyeong centered on Yeongji, the position of Jeonghu arrangement, and the dance style.

In <Oyangseon>, in left and right formations and two left and right formations, dancers of Seonmo and Hyeopmu present a fighting with each other and a fighting of Jukganja. It also has three kinds of Euigwe with 3 pieces. In comprehensive comparison, Jeongjaedo of <Oyangseon> generally depicts 2 jugganja, 1 seonmo, and 4 hyeobmu with 3 different dancing contents. They commonly demonstrate how seonmo and hyeobmu dance facing each other in Sau position in the center of the stage. Compared to Holgi, it realistically presents how jugganja dance while breaking into chants, how seonmo and 4 hyeobmu do seonmohyangimu, Gaggagsangdaemu, Jwauseonjeong, Daesumu, Beonsu, and Sangdae, and how 4 hyeobmu do sangdae in 2-dae Jwa-u position. They also include the contents, which are not explained in Holgi, such as where juggaja stands after breaking into chants (including the direction), and how seonmo and 4 hyeobmu dance in the Sau position and in 2-dae Jwa-u positions.

<Yukhwadae> is a dance where all dancers in two left and right formations move north(Bukhyang) and present Mujin, Mutoe, and Bukhyang of Jukganja. It also has four kinds of Euigwe with 7 pieces, Mudong with 3, and Yeoryeong with 4. In comprehensive comparison, Jeongjaedo of <Yughwadae> consists of 2 jugganja, 1 seonmo, and 6 hyeobmu with 2 different dancing contents. Jeongjaedo commonly suggest the contents, such as how jugganja dance while breaking into chants and moving forward, how hyeobmu on the left and right sides move forward in order while singing, how they move back to their original position, how they dance in Choyeol position, and how seonmo and 6 hwadae dance forward and backward while facing toward the north direction. Those are realistically suggested. On the other hand, Jeongjaedo also includes the contents, which are not explained in Holgi, such as that seonmo does not hold a flower, that 6 hyeobmu hold flowers in their right hands, and how they dance in 2-dae Jwa-u position.

Jeongjaedo of <Jangsaengboyeonjimu> presents the dance types of obang-daehyeong and sawu-daehyeong. 14 pieces are included in 9 different kinds of Euigwe: 5 of them are Mudong and 9 of them are Yeoryeong. The contents of Mudong are categorized into 3 kinds: there are as few as 3 and as many as 6 having the same content. The dancing contents are separately presented for mudong and yeoryeong. It consists of 2 jugganja and 5 dancers (1 seonmo and 4 hyeobmu). 14 Jeongjaedo of <Jangsaengboyeonjimu> commonly suggest the contents, such as that jugganja stands toward the north direction in the introduction and the ending, how dancers do Obang-bughyangmu, Obang-sangbae, and Obang-sangdae, and how jugganja do sangdae and other dances in the introduction. The contents of Holgi are also confirmed through Jeongjaedo, such as toward which direction jugganja breaks into chants, how dancers do Sangbae and other dances in Obang position, and how dancers do Saseonmu and Hwandae in Sau position. On the other hand, Holgi does not record how dancers do Sangdae in Obang position.

In <Jesuchang>, dancers are in a multiple formation of front and back and left and right. Dancers of Seonmo, Hyeopmu, and Hudae present Mujin, Mutoe, and Bukhyang of Jukganja. It also has 5 kinds of Euigwe with 9, Mudong with 5, and Yeoryoeng with 4. In comprehensive comparison, Jeongjaedo of <Jesuchang (dance for the emperor's longevity and prosperity)> commonly consist of 1 jogja, 2 jugganja, 1 seonmo, 4 hyeobmu, 1 hwanggae, and 4 hudae both for mudong and yeoryeong with 2 different dancing contents. Jeongjaedo commonly suggest the contents, such as that jogja and jugganja dance forward side by side toward the north direction while breaking into chants, how they move back to Choyeol position, and how seonmo, hyeobmu, and hudae dance forward and backward. Compared to Holgi, they realistically present where jogja and jugganja stand while facing toward the north direction and breaking into chants, how Choyeol position is formed, and how seonmo, hyeobmu, and hudae dance forward and backward. On the other hand, Jeongjaedo also include the contents, which are not explained in Holgi, such as how seonmo, hyeobmu, and hudae move while dancing forward and backward.

<Cheoyongmu> refers to a dance performed by five dancers in Cheoyong masks, wearing clothes which stand for each direction [east, west, south, north, center], keep maintaining their positions in each of those five directions while dancing. Four pieces remained in Uigwae. Four pieces of <Cheoyongmu> were included in four types of Uigwae, and expressed in forms of Mudong and Yeoryeongjeongjae. The arrangement of dancers are different as 5 people for Cheoyong and 4 or 6 people for Hyeopmu, and which indicates counterparts of the five-direction formation and the inward, outward, right, or left turns in a circle formation. One piece of <Cheoyongmu> dancing notations remains in 『Jeongjaemudoholgi』. The contents of Holgi found in Jeongjaedo recommend the arrangement and counterparts of a five-direction formation and a dancing movement of turning left. What was not recorded in there are the variety of dancer compositions such as consisting of 5 Cheoyongs or adding Hyeomu according

to the nature of banquets, or a turning of the whole group of dancers in case of Hoemu upon their appearance and exit. In summary, commonly appeared contents in <Cheoyongmu> Jeongjaedo are Obangcheoyong dancing with a partner or performing a left-turning Hoemu in a five-direction formation and a dance and its steps that makes inward, outward, right, or left turns in a circle formation.

Six pieces of <Cheomsumu> Jeongjaedo are passed down in 5 different types of Uigwe: Mudong is 2 pieces and Yeoryeong is 4. Dancers consist of two and four in Hyeopmu, which presents with three different stories: a dance holding a weapon called Cheomsu, a dance holding sleeve rolled up, and a dance grabbing a sword. <Cheomsumu>, a dance holding a sword and sleeve rolled up, is recorded in Holgi. Jungjae using a weapon of Cheomsu is not recorded in Holgi. While comprehensively comparing, Jeongjaedo of <Cheomsumu> are divided into 3 categories in terms of the dancing equipment. The first one is the dance with a weapon called Cheomsu, which shapes like a triangular pyramid, the second one is the dance with the sleeves rolled up, and the last one is the dance with a sword. It consists of 2 or 4 dancers without holding a sword. When dancers hold a sword, it is performed by 2 dancers. When there are only 2 dancers, they take the linear position. On the other hand, when there are 4 dancers, they take 2-dae Jwa-u position. When dancers dance with a sword, they use a sword called Nonggeom or Jibgeom. When dancers dance with Cheomsu, they dance facing each other in the north position. When dancers with their sleeves rolled up, they use one hand to hang Hansam downward and the other hand to hold up the sleeve. We can confirm that <Cheomsumu> is the dance with either a sword or their sleeves rolled up through Holgi. On the other hand, Holgi does not record that there 10 or 17 standby dancers, 1 jibbag agsa, and 2 donggi. In particular, it does not record that 2 donggi dance behind yeoryeong.

<Cheopseungmu> is a type of dance that 6 Hyupmu singing Changsha from 1 cheop to 10 cheop, changing among various arrangements, and dancing. Five Jeongjaedo were included in five Euigwe, and three Mudong and two Yeoryeong were presented. Compared Jeongjaedo synthetically, the dance contents were divided into three different types: Sangbae of Jeondae and Hubae in Jeonhujwaubokhap-daehyeong, Sangbae for Jwamu of Jungdae, Sangdae for Umu. The dance contents were categorized into Mudong and Yeoryeong, yet for Mudong, except the different in clothes, the contents are all the same, and the dance content in Yeoryeong is the same as that in Mudong. <Cheopseungmu> Jeongjaedo shows the dance and the dance style that Jeondae and Hudae dancing Sangbae in Jeonhujwaubokhap- daehyeong,

Jwamu of Jungdae dancing Sangbae, and Umu dancing Sangdae in common through Mudong and Yeoryeong. Four <Cheopseungmu> were recorded in Jeongjaemudoholgi. Compared this to Holgi, the arrangement position and type of the dancers and the dance that each dancer doing Sangdae and Sangbae are the realistic presentations of the content recorded in Holgi. On the other hand, the content that was not written in Holgi through Jeongjaedo examined in this study revealed that the center of Sangdae and Sangbae is the center of the dancers and the dance style. The commonalities revealed in <Cheopseungmu> Jeongjaedo so far were introduced in the division of each of the three types in Euigwe: the Sangdae and Sangbae dance in Jeonhujwaubokhap-daehyeong, the direction centered on the dancers, and the dance style.

<Chomu> refers to a dance of which dancers touch their foreheads with their left and right hands in turn in sync with a drumbeat. Six pieces of <Chomu> were included in six types of Uigwae, and every one of them is Mudongjeongjae. The arrangement of dancers are all same as 2 people for Hyeopmu, and which suggests the movement of going north in a single file. Four pieces of <Chomu> dance notations have been handed down thorugh 『Jeongjaemudoholgi』. The contents of Holgi found in Jeongjaedo suggest a dancers' movement of heading north in a row, but in which unrecorded is the different hand locations of dancers in the opposite sides who perform 'Oesuhanaesuyeoman, Naesuhaoesuyeoman' around the center of stage. So, the commonly found contents in <Chomu> were a dance and its steps to make a move towards the north to perform 'Oesuhanaesuyeoman, Naesuhaoesuyeoman'.

<Cheohwamu> is the dance to wish for the warm spring, in which spring flowers could fully bloom. There are 4 Jeongjaedo in 4 different Uigwe. 2 are about mudong and 2 are about yeoryeong with 2 different dancing contents. When they are comprehensively compared, <Cheohwamu> consists of 2 jugganja, 1 seonmo, and 4 or 6 hyeobmu either in Dangak Jeongjae or in Hyangak Jeongjae. Uigwe contains 1 Jeongjaedo of <Cheohwamu>, which consists of 6 hyeobmu. It is performed by mudong in the linear position toward the north direction while holding Oesu.

<Chungwangho> is a type of dance that 6 Hyeopmu singing and dancing with joyful heart in the warm spring sunlight on the castle. Three Jeongjaedo were included in 3 Euigwe and danced in Mudongjeongjae. When compared Jeongjaedo synthetically, only one dance content existed and it showed the dance of Sangdae and Sangbae moving southward and northward in Jeonhujwaubokhap-daehyeong. Two <Chungwangho> were recorded in Jeongjaemudoholgi.

Compared this to Holgi, the dance of Sangdae and Sangbae moving northward in Jeonhujwaubokhap-daehyeong is the realistic presentation of the content recorded in Holgi. On the other hand, the content that was not written in Holgi through Jeongjaedo examined in this study revealed Sangdae and Sangbae were the center of the dancers, the dancers were Naehyang and Oehyang centered on the lines, and the dance style. The commonalities revealed in <Chungwangho> Jeongjaedo so far were the dance of Sangdae and Sangbae moving southward and northward in Jeonhujwaubokdap-daehyeong, the direction that the dancers looking, and the dance style.

<Chundaeokchok> is a type of dance that the dancers who are holding Bodeung and Dang do Sangdae and Sangbae and turn in the order on the stage, called Yundae, and composed of two Jipdang and four Bodeung. Jeongjaedo shows the content that the dancers stand in Jeonhu-daehyeong and dance Sandbae. One <Chundaeokchok> was recorded in Jeongjaemudoholgi. Compared this to Holgi, the arrangement position of two Jipdang and the dance of four Bodeung doing Sangdae, Sangbae, Seonjeon, and Hwandae on Yundae are the realistic presentations of the contents recorded in Holgi. On the other hand, the content that was not written in Holgi through Jeongjaedo examined in this study revealed Jeonhu-daehyeong formation of four Hyeopmu holding Mugu Bodeung, three Bodeung standing in line in Jeondae and one Bodeung standing in Hudae on Yundae and the dance style. The commonalities revealed in <Chundaeokchok> Jeongjaedo so far were the formation of Jeonhu-daehyeong, the position of the hand holding Mugu, and the direction doing Sangdae, and the dance style.

<Chunangjeon> refers to a dance on the mat Hwamunseok, expressing a playful nightingale on willow branches on one spring day; eleven pieces of which remained in Uigwae. Eleven pieces of <Chunangjeon> were included in 10 types of Uigwae, danced in forms of Mudong and Yeoryeongjeongjae. The arrangement of dancers is all same as one person for Hyeopmu, and recommended is heading north and making an exchange on the north, center, and south sides of Hwamunseok. The total of nine pieces of <Chunangjeon> dance notations have come down through 『Jeongjaemudoholgi』. The Holgi contents found in Jeongjaedo suggest dancing towards the north and then not making any movement forwards or backwards, dancing by turning left, right, and forward, and dancing by shaking both arms; in which, however, the locations [north, center, south] where dancers stand on Hwamunseok and the dancing steps are not recorded. So, the contents all the <Chunangjeon> has in common are dancing and its steps to lead a movement towards the north and to make an exchange in the north, center,

or south on Hwamunseok.

<Chimhyangchun> refers to a dance by a dancer who has been appreciating a full-blown flower in the springtime and lost in the scent of it until he or she finally picks up the flower from a vase and dances. Three pieces of <Chimhyangchun> were included in two types of Uigwae, and danced in forms of Mudong and Yeoryeongjeongjae. The composition of dancers is all same as 2 people for Hyeopmu, and of which dancers heading north in a row is suggested. The total of 2 pieces of <Chimhyangchun> dance notations have been handed down through 『Jeongjaemudoholgi』. The Holgi contents found in Jeongjaedo suggest dancing towards the north in a single file, but not telling the fact that the position of a hand holding the flower is Oesu. In summary, the contents <Chimhyangchun> indicates in unison is dancing and its steps going north in a single file.

<Pogurak> illustrates the dance that depicts those enjoying poguhui with gumun in the center. There are 17 Jeongjaedo of <Pogurak (ball game dance)> in 12 different Uigwe. 6 are about mudong and 11 are about yeoryeong with 9 different dancing contents. Jeongjaedo present that dancers do Poguhui dance in the first row, that dancers in the second row move forward in order to perform Poguhui dance, and that the dancers in the other rows wait. Jeongjaedo include the contents, which are not explained in Holgi, such as to which direction dancers catch balls, how dancers dance while moving forward, and how dancers move while performing Poguhui dance in the realistic and concrete manners.

In <Hahwangeun>, dancers of Seonmo, in sangdae and samdae of two left and right formations, present a fighting with two dancers of Hyeopmu at north and a fighting of Jukganja. It also has 7 kinds of Euigwe with 7, which are all Yeoryeongjeongjae. <Hahwangeun> has two different dancer compositions. The first one consists of 2 jugganja, 1 jogja, 1 seonmo, 6 hyeobmu, 1 jibbag agsa, and 1 jibbag aggwan. The second one consists of 2 jugganja, 1 jogja, 1 seonmo and 6 hyeobmu. It also has 4 different dance arrangements. Jeongjaedo commonly depict where jugganja stand after breaking into chants (including the direction), how dancers sing Chang and dance in 2-dae Jwa-u position, and how seonmo and hyeobmu dance facing each other in the center of the stage during Samdae. Compared to Holgi, they realistically represent where jugganja stand after breaking into chants (including direction), to which direction the dancers dance while singing Suagjeolchangsa, and how seonmo in the center and 2 hyeobmu in the north position dance facing each other during Samdae. It also includes the contents, which are not explained in Holgi, sugh as that jogja stands facing toward the north direction while jugganja performing Sangdae, how hyeobmu on the left and right sides perform Sangdae in 2-dae Jwa-u position, and how hyeobmu on the left and right sides perform Sangdae and move toward the north position in Samdae.

<Hakmu> refers to a dance of which dancers in masks of a crane express the bird's movement. Eight pieces of <Hakmu> were included in eight types of Uigwae, all of which are Yeoryeongjeongjae. The composition of dancers is all same as 2 people for Hyeopmu, and out of which, a suggested dance is their partnering in a row. Six pieces of <Hakmu> dance notations remained in 『Jeongjaemudoholgi』. The Holgi contents found in Jeongjaedo suggested a location of cranes standing before Jidangpan, their facing of each other while standing in a row with turning their heads towards the north and Jidang, and lastly Dongi standing up in Yeontong. In summary, all the <Hakmu> commonly revealed dancing and its steps that features dancers facing each other in line.

<Hyanglyeongmu> is the dance for which dancers perform the shaking movements with a golden bell. <Hyangleongmu> takes 2-dae Jwa-u and Pumja positions. There are 14 Jeongjaedo of <Hyangleongmu> in 10 different Uigwe. 5 are about mudong and 9 are about yeoryeong. It has 4 different dancing contents, and they are different for mudong and yeoryeong. 14 Jeongjaedo of <Hyangleongmu> commonly represent Bughyangmu, Jeonhudae Sangbae, Jwaudae Sangdae, and other dancing movements. Through Jeongjaedo, the contents of Holgi can be confirmed, such as how dancers form Pumja position, that dancers move with one arm stretched toward the side and the other arm hanging downward, and how dancers dance forward. Even though Holgi does not record the dancing movements, such as Sangdae and Sangbae, while doing Yangsupeyonggeo in 2-dae Jwa-u position, we could confirm through Uigwe Agjang that <hyanglyeongmu> was performed by 4 dancers in 2-dae Jwa-u position.

<Hyangbalmu> refers to a dance which involves singing in harmony with how a song develops itself with its dancers putting Hyangbal on their both thumbs. Nine pieces of which remained in Uigwae. Nine pieces of <Hyangbalmu> were included in six types of Uigwae, all of which were danced in forms of Mudong and Yeoryeongjeongjae. The arrangement of dancers are varied as 2, 4, or 8 people, according to the number of people, different dancing formations were suggested: in case of two or four people, dancing and partnering in a single file or bilateral symmetrical formation, and in case of 8 people for Yeoryeong, facing north or each other in line, or pivoting around a dancer in a fourfold left and right formation. When all the Jeongjaedo was drawn into comparison, witnessed differences were only the presence

of Jipbakakgwan, Jipbakaksa, or standby dancers, involvement of Hansam, or the kinds of dancing tools [Gwan, fringed belts] and garments; but the contents of dance notations were divided into nine. The total of two pieces of <Hyangbalmu> dance notations have been handed down through 『Jeongjaemudoholgi』. The Holgi contents found in Jeongjaedo suggest a dance of 2 people for Hyeopmu not forwarding but partnering each other in line. However, the Holgi does not document a variety of dancing steps or each dance in a single file, or two- or four-fold left and right formations. As such, the contents shared by all the <Hyangbalmu> are dancing or its steps facing north or each other in a row and partnering each other in two- or four-fold left and right formations.

Jeongjaedo of <Heonseondo> presents the dance type that the seonmo sacrifices the seondo. 15 pieces are included in 11 different kinds of Euigwe: 4 of them are Mudong and 11 of them are Yeoryeong. The contents of Mudong are categorized into 4 kinds: there are as few as 1 and as many as 9 having the same content. The dancing contents are different for mudong and yeoryeong. The dancer composition consists of 2 jugganja, 1 seonmo, and 2 hyeobmu. There are 15 Jeongjaedo of <Heonseondo (peach-offering dance)>, which takes Jeonhu position, and those commonly depicts that jugganja and soenmo stand toward the north direction, that seonmo holds a small portable dining table, that jwauhyeob stand toward the north direction, that jwauheyob do Sangdae, that jibbag agsa stand toward the north direction, and how jugganja perform Sangdae and Sangdaegwe in the introduction part. We can also confirm the contents of Holgi through Jeongjaedo, such as that seonmo moves forward while holding a small portable dining table, where jugganja stands after breaking into chants (including the direction), and how jwauhyeob wait in the back row after doing Yeomsu. On the other hand, Holgi does not record that jugganja stands in the south and that hyeobmu stands behind seonmo.

In <Heoncheonhwa>, dancers of Seonmo, in front and back formation, hold a vase and sing a Changsa. Those of Seonmo and Hyeopmu also present Mujin and Mutoe. It also has 6 kinds of Euigwe with 8, Mudong with 5, and Yeoryoeng with 3. The dancer composition consists of 2 jibdang, 1 seonmo, and 2 hyeobmu. There are 2 different dancing contents, and the dancing contents are coincided in three to five Jeongjaedo. Jeongjaedo commonly depict that 2 jibdang move forward and that seonmo and 2 hyeobmu dance forward and backward together. Compared to Holgi, Jeongjaedo realistically represent that seonmo holds a flower vase while singing Chang, where 2 jibdang stands, and how seonmo and 2 hyeobmu dance forward and then backward together. On the other hand, Holgi does not record how 4 hyeobmu dance forward and then backward.

As such, Jeongjaedo delivers the most distinctive elements of the Jeongjae dance, including not only those recorded in holgi but also those not shown in it. Each Uigwe includes at least one piece to 19 pieces among the 44 kinds of Jeongjaedo. Regarding the Jeongjaedo, the title of Jeongjae item and the contents of dance turned out to vary depending on Uigwe. Jeongjaedo was used to introduce various contents by dividing them into many pieces and to present them by repeating the same contents for each Jeongjae. By inserting the various contents into one drawing, the artist tried to present the Jeongjae contents in a variety of views, and made us to experience the reality of the Jeongjae contents recorded in letters in Holgi, and reflected even the unrecorded contents as well.

In some cases, the dance notations of Mudong and Yeoryeong were same, and the pictures of one dancer were repeated in multiple Jeongjaedos. Almost all dance notations suggested similar contents, and many of which were proposed in one page. Those can be identified through Jeongjaedo were the compositions of dancers, formations, movements, directions, and locations recorded in Holgi. On the other hand, what was not documented in Holgi were supplemented by pictures, through which discovered were the fact that the arrangements of dancers varied depending on the nature of banquets, and thereby various formations were adopted, and centers around which dancers were partnering were the formed line itself or the dancer.

In Jeongjaedo, dancers are supposed to be placed in a certain position according to their roles, and the record structure observes a certain form as suggested in the 44 kinds of Jeongjaedo. Each Jeongjae has different dancers, but common dancers appearing in Jeongjaedo include Jukganja, Jokja, Seonmo [Chieoin, Jungsimmu, Hwangcheoyong], Hwanggae, Jakseon, Wonmu, Hyeopmu, Jipdang, Bodeung, Jipsagi, Bonghwa, Bongpil, Jipbagakgwan, Jipbagaksa and Gaja, a standby dancer.

It was recorded based on classification into five types, and some suggested only the dancers appearing in each Jeongjae, and others suggested both performing dancers and standby dancers. And some included performing dancers, Jipbagaksa and Jipbagakgwan, and others suggested Gaja and standby dancers.

Jeongjaedo was focused on dancers with regard to record, and there were four types of common record structures. First, Jukganja and Jokja were placed in the north, and a performing dance stood at the center with Jipbagaksa on both sides. A standby dancer is positioned in the back. Second, Jokja and Mugu (props) were placed in the north, and Jukganja was positioned in the south. A male dancer stood at the center of the stage. Third, Jipbaksa and Akgwan were placed in the north, and a performing dancer stood in the south. Fourth, only the performing dancers are positioned at the center of the stage.

Jeongjaedo presents different dance structures according to different dynasties and ceremonies. It also presents the arrangements of the dancers, the directions in which they are supposed to look and different dances for respective dancers. Jeongjaedo condenses multiple contents in one piece of picture. Therefore, it tends to be complex and multifaceted. All of the jeongjae pictures follow the same style with fixed positions of the dancers. Depending on the kind of jeongjae, some jeongjaedos repeat the same content, while others depict different contents. The reason that each jeongaedo was drawn in different style is that the contents of jeongjae found in holgi are to be presented in diverse contents condensed in one piece of picture. Therefore, for a complete comprehension of holgi jeongjae, it is necessary to go through several related jeongjaedos. Jeongjaedo especially reflects well the characteristic of jeongjae, which is the performance carried out based on formation and makes up for limitations of the written records of Jeongjaemudo Holgi.

참고문헌

■ 원전

正祖 乙卯年 『園行乙卯正理儀軌』(서울대 규장각 도서번호-14532)
純祖 戊子年 『進爵儀軌』(서울대 규장각 도서번호-14364)
純祖 己丑年 『進饌儀軌』(서울대 규장각 도서번호-14370)
憲宗 戊申年 『進饌儀軌』(서울대 규장각 도서번호-14372)
高宗 戊辰年 『進饌儀軌』(서울대 규장각 도서번호-14374)
高宗 丁丑年 『進饌儀軌』(서울대 규장각 도서번호-14376)
高宗 丁亥年 『進饌儀軌』(서울대 규장각 도서번호-14405)
高宗 壬辰年 『進饌儀軌』(서울대 규장각 도서번호-14428)
高宗 辛丑年 『進饌儀軌』(서울대 규장각 도서번호-14446)
高宗 辛丑年 『進宴儀軌』(서울대 규장각 도서번호-14464)
高宗 壬寅年(4月) 『進宴儀軌』(서울대 규장각 도서번호-14494)
高宗 壬寅年(11月) 『進宴儀軌』(서울대 규장각 도서번호-14499)
『時用舞譜全·呈才舞圖笏記』(1989), 韓國音樂學資料叢書 四, 서울: 국립국악원.
『樂學軌範』(1989), 韓國音樂學資料叢書 二十六, 서울: 국립국악원.
『樂學軌範』(1973), 韓國古典叢書(復元版)Ⅱ, 詩歌類 原本 影印, 大提閣.
『呈才舞圖笏記』(1994), 성남: 한국정신문화연구원.
『進爵儀軌』(1981), 韓國音樂學資料叢書 三, 서울: 국립국악원.
『進饌儀軌』(1981), 韓國音樂學資料叢書 三, 서울: 국립국악원.
『進饌儀軌』(1989), 韓國音樂學資料叢書 六, 서울: 국립국악원.

■ 단행본

『궁중무용무보』 제1집(1986), 서울: 국립국악원.
『궁중무용무보』 제2집(1987), 서울: 국립국악원.
『궁중무용무보』 제3집(1987), 서울: 국립국악원.
『궁중무용무보』 제4집(1992), 서울: 국립국악원.
『궁중무용무보』 제5집(1993), 서울: 국립국악원.
『궁중무용무보』 제6집(1993), 서울: 국립국악원.
『궁중무용무보』 제7집(1994), 서울: 국립국악원.
『궁중무용무보』 제8집(1997), 서울: 국립국악원.
『궁중무용무보』 제9집(1999), 서울: 국립국악원.
『궁중무용무보』 제10집(2003), 서울: 국립국악원.
『궁중무용무보』 제11집(2004), 서울: 국립국악원.
『궁중무용무보』 제12집(2005), 서울: 국립국악원.
『궁중무용무보』 제13집(2009), 서울: 국립국악원.

박정혜 외2인(2000), 『조선시대 진연진찬진하병풍』, 서울: 국립국악원.
박정혜(2000), 『조선시대 궁중기록화 연구』, 서울: 일지사.
서인화 외(2000), 『조선시대 진연 진찬 진하병풍』, 한국음악학자료총서 35권, 서울: 국립국악원.
서인화(2002), 『조선시대 음악풍속도Ⅰ』, 韓國音樂學資料叢書 권37, 서울: 민속원.
서인화(2004), 『조선시대 음악풍속도Ⅱ』, 韓國音樂學資料叢書 권38, 서울: 민속원.
서인화·윤진영(2001), 『조선시대 연회도』, 서울: 국립국악원.
성무경외(2005), 『완역집성 정재무도홀기』, 서울: 보고사.
손선숙(2017), 『한국궁중무용사』, 서울: 보고사.
손선숙(2007), 『궁중정재 교육방법론』, 한국문예연구소 학술총서(3), 서울: 학고방.
손선숙(2008), 『궁중정재 용어연구』, 한국무용사학회 학술총서(11), 서울: 민속원.
손선숙(2012), 『궁중정재의 복원과 재현: 이론과 실제』, 서울: 학고방.
손선숙(2005), 『궁중정재용어사전』, 서울: 민속원.
송방송·손선숙(2009), 『궁중홀기 속의 우리 춤과 음악찾기』, 서울: 보고사.
宋芳松외 2인(2007), 『國譯純祖己丑進饌儀軌 卷二』, 서울: 민속원.
宋芳松외 3인(2007), 『國譯純祖己丑進饌儀軌 卷三』, 서울: 민속원.
宋芳松·金鍾洙(2007), 『國譯純祖己丑進饌儀軌 卷首·卷一』, 서울: 민속원.
에케하르트 캐멀링 편(1997), 『도상학과 도상해석학』, 이한순 외 역, 서울: 사계절.
이의강(2006), 『국역순조무자진작의궤』, 서울: 보고사.
이혜구(2000), 『신역악학궤범』, 서울: 국립국악원.
인남순(2008), 『국역고종정해진찬의궤』, 서울: 보고사.
정은혜(1993), 『정재연구Ⅰ』, 서울: 대광문화사.
震檀學會(2001), 『樂學軌範』, 서울: 一潮閣.
조규익·문숙희·손선숙 공저(2015), 『세종대왕의 봉래의 그 복원과 해석』, 서울: 민속원.
한국예술학과 음악사료강독회(2001), 『高宗辛丑進宴儀軌 卷一』, 서울: 한국예술종합학교 전통예술원.
한국예술학과 음악사료강독회(2001), 『高宗辛丑進宴儀軌 卷二』, 서울: 한국예술종합학교 전통예술원.
한국예술학과 음악사료강독회(2003), 『高宗辛丑進宴儀軌 卷三』, 서울: 한국예술종합학교 전통예술원.
한국예술학과 음악사료강독회(2004), 『국역헌종무신진찬의궤 卷首·卷一』, 서울: 한국예술종합학교 전통예술원.
한국예술학과 음악사료강독회(2005), 『국역헌종무신진찬의궤 卷二』, 서울: 한국예술종합학교 전통예술원.

■ 논문

강문식(2010), "규장각 소장 의궤(儀軌)의 현황과 특징," 『규장각』제37집, 서울대학교 규장각 한국학연구원.
강미정(2003), "E. Panofsky의 미술사학에 대한 재고찰: K Moxey의 문화정치학적 입장을 중심으로," 『인문논총』50호, 서울대학교 인문학연구원.
경세진·조재모(2012), "조선후기 궁중연향의 설행과 공간운용에 관한 연구: 순조조 궁중연향의궤를 중심으로," 『대한건축학회 지회연합회 학술발표대회논문집』, 대한건축학회지회연합회.
김남희(2012), "19세기 감로탱화와 풍속화의 비교연구," 『미술교육연구논총』제32집, 한국교육대학교 미술교육학회.
김성혜(2012), "의궤에 보인 준화의 형태와 의미," 『남북문화예술연구』제10집, 남북문화예술학회.
김연주(2006), "의궤 연구의 현황과 과제," 『한국말글학』, 한국말글학회.
김영봉(1992), "조선조에 의궤(儀軌)에 나타난 연례악(宴禮樂)의 변천," 『民族音樂學』제14집, 서울대학교 동양음악연구소.
김종수(2002), "외연과 내연의 의례구성과 특징(Ⅰ)," 『韓國音樂史學報』, 한국음악사학회.

김종수(2003), "외연과 내연의 의례구성과 특징(Ⅱ)," 『韓國音樂史學報』, 한국음악사학회.
김지영(2005), "조선후기 의궤(儀軌) 반차도(班次圖)의 기초적 연구," 『韓國學報』 제31집 1호.
박가영(2010), "『순조무자진작의궤』에 나타난 궁중무용복식의 고증 및 디지털콘텐츠화," 『韓服文化』 제13집, 한복문화학회.
박용만(2011), "장서각 소장 의궤의 현황과 기록유산의 가치," 『장서각』, 한국학중앙연구원.
박일우(2013), "시각기호학에서 도상해석학의 전통과 디디 위베르망의 대안," 『한국프랑스학논집』 81호, 한국프랑스학회.
박정련(2007), "숙종조 진연의 공연문화에 관한 연구: 『숙종실록』과 숙종조 『기해진연의궤』를 중심으로," 『韓國音樂史學報』, 한국음악사학회.
손선숙(1998), "宮中呈才動作用語의 反復性에 대한 硏究: 呈才舞圖笏記를 中心으로," 『韓國舞踊協會學術論文集』(5), 한국무용협회.
손선숙(1999), "春鶯囀 硏究: 春鶯囀 舞譜를 中心으로," 『韓國舞踊敎育學會誌』 10(2), 한국무용교육학회.
손선숙(2000), "宮中呈才用語에 대한 硏究Ⅱ: 呈才用語 內容에 나타나는 區分性을 중심으로," 『韓國音樂史學報』 제25집, 韓國音樂史學會.
손선숙(2001), "交旋舞에 대한 硏究: 문헌적 근거를 중심으로," 『韓國舞踊協會學術論文集』(8), 한국무용협회.
손선숙(2002), "宮中呈才에 나타난 人舞 硏究," 『韓國音樂史學報』 제29집, 韓國音樂史學會.
손선숙(2002), "現行呈才에 나타난 새로운 呈才用語에 대한 硏究: 문헌적 근거를 중심으로," 『韓國舞踊敎育學會誌』 13(1), 한국무용교육학회.
손선숙(2003), "宮中呈才用語解釋에 대한 재검토," 『韓國舞踊史學』 제1집, 한국무용사학회.
손선숙(2003), "현행정재에 나타난 散作花舞 硏究," 『韓國音樂史學報』 제30집, 韓國音樂史學會.
손선숙(2004), "宮中呈才用語에 대한 硏究Ⅰ: 同一呈才用語의 해석차이를 중심으로," 『대한무용학회논문집』 제39집(6), 대한무용학회.
손선숙(2004), "보상무 정재도 연구: 『進爵儀軌』·『進宴儀軌』·『進饌儀軌』를 중심으로," 『무용예술학연구』 제14집, 한국무용예술학회.
손선숙(2004), "포구락 정재도 연구: 『進爵儀軌』·『進饌儀軌』·『進宴儀軌』를 중심으로," 『한국무용사학』 3집, 한국무용사학회.
손선숙(2005), "〈포구락〉 무도와 홀기의 연관성 연구," 『한무용기록학회지』 제8호, 한국무용기록학회.
손선숙(2005), "수연장 정재도 연구: 『進爵儀軌』·『進宴儀軌』·『進饌儀軌』를 중심으로," 『한국무용사학』 제4집, 韓國舞踊史學會.
손선숙(2006), "궁중정재 무원구성의 변화양상," 『한국무용사학』 제5집, 韓國舞踊史學會.
손선숙(2006), "악학궤범에 수록된 정재무도의 기록양상," 『한국무용기록학회지』 제11집, 한국무용기록학회.
손선숙(2006), "조선후기 정재춤동작 분포현황," 『무용예술학연구』 제18집, 한국무용예술학회.
손선숙(2006), "『악학궤범』에 수록된 정재무도의 기록양상," 『한국무용기록학회지』 제11집, 한국무용기록학회.
손선숙(2007), "궁중정재의 교육적 수용범위와 한계에 따른 기본적 이해," 『한국황실학논총』 제8집, 황실학회.
손선숙(2007), "정재 사동작의 이론적 토대마련과 실기방안연구," 『한국무용기록학회지』 제12집, 한국무용기록학회.
손선숙(2007), "정재춤동작의 변화와 계승," 『정재연구회논문집(1)』, 정재연구회.
손선숙(2007), "향령무 정재도 연구," 『韓國音樂史學報』 제38집, 韓國音樂史學會.
손선숙(2007), "정재 무보체계의 보완과 방안마련연구(1): 몽금척의 정재대형을 중심으로," 『무용예술학연구』 제20집, 한국무용예술학회.
손선숙(2008), "의궤 정재도 가인전목단의 도상학적 연구," 『한국동방학』 제15집, 한국동방학회.
손선숙(2008), "의궤의 검기무 정재도 연구," 『한국무용기록학회지』 제14집, 한국무용기록학회.
손선숙(2008), "정재무보체계의 보완과 방안마련연구(Ⅱ): 〈포구락〉 정재의 이동을 중심으로," 『한국무용사학』 제8집, 한국무용사학회.
손선숙(2008), "정재무보체계의 보완과 방안마련연구(Ⅲ): 〈장생보연지무〉의 정재의 방향을 중심으로," 『한국음악사학』 제39집, 한국음악사학회.
손선숙(2008), "조선후기 정재의 무적구조 변화양상," 『한국문학과 예술(창간호)』, 숭실대학교 한국전통문예연구소.
손선숙(2008), "처용무 춤동작의 기록과 현행양상," 『한국무용사학』 제9집, 한국무용사학회.
손선숙(2008), "의궤 정재도 〈가인전목단〉의 도상학적 연구," 『한국동방학』 제15집, 한국동방학회.
손선숙(2009), "궁중 학무에 나타난 마임적 요소," 『공연문화연구』 제18집, 한국공연문화학회.
손선숙(2009), "『악학궤범』을 토대로 한 처용무의 재창작," 『한국무용사학』 제10호, 한국무용사학회.
손선숙(2010), "20세기 초 궁중정재의 발현양상: 1931년도 영상자료를 중심으로," 『한국무용사학』 제11호, 한국무용사학회.
손선숙(2011), "악학궤범 〈봉래의〉 여민락 무의 이동구조 탐색," 『한국무용기록학회지』 제23집, 한국무용기록학회.
손선숙(2011), "조선후기 진주 교방의 정재공연양상," 『한국음악사학보』 46집, 한국음악사학회.
손선숙(2012), "악학궤범 〈봉래의〉 치화평무의 복원 및 재현을 위한 고무보 고찰," 『한국무용기록학회지』 25집, 한국무용기록학회.
손선숙(2013), "〈봉래의〉 치화평 사방회무 춤의 양식화를 위한 방안모색," 『공연문화연구』 27집, 한국공연문화학회.
손선숙(2013), "세종시대 〈봉래의〉의 무용구조 고찰," 『대한무용학회논문집』 71(2), 대한무용학회.
손선숙(2013), "『악학궤범』 취풍형무의 회무 연구," 한국무용기록학회, 『한국무용기록학회지』 제28집, 한국무용기록학회.
손선숙(2013), "조선초기 당악정재의 도입부종결부의 무진무퇴 고찰," 『무용예술학연구』 44집, 한국무용예술학회.
손선숙(2013), "조선초기 당악정재의 도입부종결부의 춤사위 기록 양상," 『한국무용기록학회지』 30집, 한국무용기록학회.
손선숙(2013), "조선초기 죽간자 기록유형", 『한국무용사학』 14집, 한국무용사학회.
손선숙(2013), "『악학궤범』 전인자후인자 실연구조," 『한국무용기록학회지』 29집, 한국무용기록학회.
손선숙(2014), "조선초기 대무배무 구조고찰," 『무용역사기록학』 34집, 무용역사기록학회.
손선숙(2014), "조선초기 정재춤사위의 기록양상," 『한국무용기록학회지』 32집, 한국무용기록학회.
손선숙(2015), "연화대 재연의 실제와 문제점, 나아갈 방향," 『한국문학과 예술』 제17집, 한국문예연구소.
손선숙(2015), "의궤 정재도의 도상학적 연구(Ⅰ): 〈가인전목단〉·〈몽금척〉·〈무고〉·〈아박무〉·〈포구락〉을 중심으로" 『무용역사기록학』 36집, 무용역사기록학회.
손선숙(2015), "의궤 정재도의 도상학적 연구(Ⅱ): 〈보상무〉·〈수연장〉·〈장생보연지무〉·〈향령무〉·〈헌선도〉를 중심으로" 『무용역사기록학』 37호, 무용역사기록학회.
손선숙(2015), "협무[무용수] 6인 구성 정재의 정재도 연구: 〈고구려무〉·〈망선문〉·〈박접무〉·〈사선무〉·〈연화무〉·〈영지무〉·〈첩승무〉·〈최화무〉·〈춘광호〉·〈춘대옥촉〉·〈향령무〉를 중심으로," 『우리춤과 과학기술』 31집, 우리춤연구소.
손선숙(2016), "검기무·공막무·첨수무 정재도 연구," 『우리춤과 과학기술』 34집, 우리춤연구소.
손선숙(2016), "의궤 정재도의 도상학적 연구(Ⅲ): 〈관동무〉·〈광수무〉·〈무산향〉·〈무애무〉·〈선유락〉·〈연화대무〉·〈처용무〉·〈초무〉·〈춘앵전〉·〈침향춘〉·〈학무〉·〈향발무〉 정재도를 중심으로," 『무용역사기록학』 제40호, 무용역사기록학회.
손선숙(2016), "조선후기 당악과 향악의 이중적 음악구성 정재연구: 〈경풍도〉·〈만수무〉·〈몽금척〉·〈봉래의〉·〈수연장〉·〈연백복지무〉·〈연화대무〉·〈오양선〉·〈육화대〉·〈장생보연지무〉·〈제수창〉·〈최화무〉·〈하황은〉·〈헌천화〉·〈헌선도〉를 중심으로," 『대한무용학회논문집』 제74권5호, 대한무용학회.
송혜진(2012), "≪종묘친제규제도설≫ 제7폭 〈오향친제반차도〉의 주악도상 해석," 『한국음악연구』 제25집, 한국국악학회.
신병주(2010), "조선시대 의궤(儀軌) 편찬의 역사," 『朝鮮時代史學報』 제54집, 조선시대사학회.
신병주(2011), "조선 초기 의궤편찬(儀軌編纂)의 배경과 의의," 『朝鮮時代史學報』 제59집, 조선시대사학회.

신병주(2006), "광해군 시기 의궤의 편찬과 그 성격," 『南冥學研究』, 경상대학교 남명학연구소.
신병주(2011), "조선왕실 의궤 분류의 현황과 개선 방안," 『朝鮮時代史學報』, 조선시대사학회.
신병주(2008), "조선후기 기록물 편찬과 관리," 『기록학연구』, 한국기록학회.
신상미(2006), "도상학적 해석을 통한 최승희의 보살춤 창작기법 연구," 『한국무용기록학회지』10권, 한국무용기록학회.
안태욱(2006), "조선후기 궁중연정도 연구," 『동악미술사학』제7집, 동악미술사학회.
윤정민(2002), "조선 순조 조 의궤에 기록된 정재 사료연구: 〈가인전목단〉을 중심으로," 『대한무용학회논문집』33호, 대한무용학회.
윤지영(2009), "도상해석학적 관점에서 관찰한 비비안 웨스트우드 패션작품," 『한국복식학회지』59권, 한국복식학회.
이경수(2000), "조선시대 의궤도에 나타난 조형성 研究," 『디자인 論文集』권5, 홍익대학교 산업디자인연구소.
이정민·전은자(2014), "한국무용사 연구를 위한 도상학적 연구방법론모색: 파노프스키의 도상해석학을 통한 고분벽화 분석," 『무용역사기록학』34호, 무용역사기록학회.
제송희(2012), "8세기 행렬반차도 연구," 『美術史學研究』, 韓國美術史學會.
조경아(2012), "조선후기 의궤의 정재도 기록 현황," 『무용예술학연구』제37집, 한국무용예술학회.
조규익·문숙희·손선숙(2014), "가무악 융합에 바탕을 둔 〈봉래의〉 복원 연구," 『공연문화연구』제28집, 한국공연문화학회.
한영우(2002), "조선시대 儀軌 편찬과 現存 儀軌 조사 연구," 『韓國史論』, 서울대학교 국사학과.

■ **인터넷자료**

YouTube 인터넷사이트
국립국악원 인터넷사이트
국사편찬위원회 인터넷사이트
네이버백과사전 인터넷사이트
다음백과사전 인터넷사이트
다음백과사전 인터넷자료
문화재청 인터넷사이트
문화콘텐츠닷컴 인터넷사이트
서울대학교 규장각한국학연구원 사이트
위키백과 인터넷사이트
조선왕조실록 인터넷사이트
패션큰사전편찬위원회 인터넷자료
한국민족문화대백과사전 웹사이트
한국민족문화대백과사전 웹사이트
한국콘텐츠진흥원 인터넷사이트

찾아보기

ㄱ ──

ㄴ ——

ㄷ

ㅁ

ㅂ

ㅅ ——

ㅇ ──

ㅈ ——

ㅊ

ㅌ

ㅍ

ㅎ

저자 손선숙(孫善淑, Seonsuk Son)

1984년 조선대학교 체육대학 무용학 학사
1986년 조선대학교 일반대학원 무용학 석사
2007년 단국대학교 일반대학원 무용학 박사(Ph.D)

숭실대 한국문학과예술연구소 연구교수 역임
국가무형문화재제40호 〈학연화대무〉 이수자
숭실대 한국문학과예술연구소 학술연구위원 및 편집위원
무용역사기록학회 이사 및 편집위원
봉래의&궁중정재아카데미 대표
궁중정재아카데미 예술감독
궁중정재복원전문가

■수상
2013년 무용기록학회 우수논문상
2014년 연구재단 '기초연구 우수성과'로 선정됨("조선초기 용비어천가의 악무 〈봉래의〉의 복원과 문화코탐색")
2017년 문화유산교육논문공모 당선("궁중정재의 고무보 해석을 위한 교육방법안")
2018년 2017년 PAT학술상 수상(공연과 리뷰)

■저서
2005년 『궁중정재용어사전』(2005년 문화관광부 우수도서 선정)
2007년 『궁중정재교육방법론』(2008년 대한민국학술원 '기초학문' 우수학술도서 선정)
2008년 『궁중정재용어연구』
2009년 『궁중홀기 속의 우리 춤과 음악찾기』(공저)
2012년 『궁중정재의 복원과 재현』
2015년 『세종대왕의 봉래의, 그 복원과 해석』(공저)
2017년 『한국궁중무용사』
2019년 『동동動動 궁중 융합무대예술, 그 본질과 아름다움』(공저)

■궁중정재 복원공연 : 궁정예술의 정통성 회복 및 무대예술화 Project
2008년 '『악학궤범』 봉황음 중기의 처용무' 복원(국립민속박물관)
2010년 '좌우불전이무춤 3인무' 발표(중요무형문화재전수회관 풍류극장)
2011년 '포구락 포구희의 좌우무춤' 발표(우리소리극장)
2013년 '포구락 포구희의 독무춤' 발표(중요무형문화재전수회관 풍류극장)
2013년 '조선전기 세종 조 봉래의' 복원(국립국악원우면당)
2017년 '봉래의 독무춤' 발표(중요무형문화재전수회관 풍류극장)
2018년 '봉래의 여민락의 2인무' 발표(중요무형문화재전수회관 풍류극장)
2018년 '연화대 동기 독무춤' 발표(중요무형문화재전수회관 풍류극장)
2018년 '조선전기 아박무' 복원(중요무형문화재전수회관 풍류극장)

ssson1359@hanmail.net

숭실대학교 한국문학과예술연구소 학술총서 59

조선왕조 의궤 정재도의 무용기록

초 판 1쇄 인쇄 2019년 9월 20일
초 판 1쇄 발행 2019년 9월 30일

저 자 손선숙
펴낸이 이대현
편 집 권분옥 이태곤 문선희 백초혜
디자인 최선주 안혜진 김주화

펴낸곳 도서출판 역락 | 등록 제303-2002-000014호(등록일 1999년 4월 19일)
주 소 서울시 서초구 동광로46길 6-6 문창빌딩 2층
전 화 02-3409-2058(영업부), 2060(편집부) | 팩시밀리 02-3409-2059
전자우편 youkrack@hanmail.net
홈페이지 http://www.youkrackbooks.com
ISBN 979-11-6244-406-1 93680